Bis repetita

Critiques Littéraires
Collection dirigée par Maguy Albet

Déjà parus

NAZAROVA Nina, *Andreï Makine, deux facettes de son œuvre*, 2005.
BOUGAULT Laurence , *Poésie et réalité*, 2005.
BROWN Llewellyn , *Figures du mensonge romanesque*, 2005
D. DENES, *Marguerite Duras : Ecriture et politique*, 2005.
BOUSTA Rachida Saïgh, *Romancières marocaines*, 2005.
VALLIN Marjolaine, *Louis Aragon, la théâtralité dans l'œuvre dernière*, 2005.
LAROQUE-TEXIER S., *Lecture de Mandiargues*, 2005.
HARDI F., *Le roman algérien de langue française de l'entre-deux-guerres*, 2005.
CORNILLE J.L., *Bataille conservateur. Emprunts intimes d'un bibliothécaire*, 2004.
ROCCA A., *Assia Djebar, le corps invisible. Voir sans être vue*, 2004.
BERTOLINO N., *Rimbaud ou la poésie objective*, 2004.
RIGAL Florence, *Butor : la pensée-musique*, 2004.
CHERNI Amor, *Le Moi assiégé*, 2004.
EL-KHOURY Barbara, *L'image de la femme chez les romancières francophones libanaises*, 2004.
MARCAURELLE Roger, *René Daumal. Vers l'éveil définitif*, 2004.
EMONT Bernard, *Les muses de la Nouvelle-France de Marc LESCARBOT*, 2004.
KADIVAR Pedro, *Marcel Proust ou esthétique de l'entre-deux*, 2004.
LAMBERT-CHARBONNIER Martine, *Walter Pater et les « portraits imaginaires »*, 2004.
B. CASSIRAME, *La représentation de l'espace par Marguerite Duras dans le cycle romanesque asiatique : les lieux du ravissement*, 2004.
MOUNIC Anne, *Psyché et le secret de Perséphone. Prose en métamorphose, mémoire et création (Katherine Mansfield, Catherine Pozzi, Anna Kavan, Djuna Barnes)*, 2004.

Claire Guizard

Bis repetita

Claude Simon : la répétition à l'œuvre

L'Harmattan
5-7, rue de l'École-Polytechnique
75005 Paris
FRANCE

L'Harmattan Hongrie
Könyvesbolt
Kossuth L. u. 14-16
1053 Budapest

L'Harmattan Italia
Via Degli Artisti, 15
10124 Torino
ITALIE

© L'Harmattan, 2005
ISBN : 2-7475-8322-8
EAN : 9782747583220

INTRODUCTION

Lorsqu'il déclare en 1993, à l'occasion d'une allocution adressée aux étudiants de Quenn's University que « l'esprit humain s'avance, non pas nécessairement sur le chemin d'un "progrès", notion qui, du moins dans le domaine de l'art, est dépourvue de sens, mais au sein d'un mouvement général des idées et des sociétés dans lequel il n'est que stagnation, immobilité, répétition des mêmes formes, néant. »[1], Claude Simon rejette la répétition du côté de l'archaïsme et de la nécrose. Il reprend et entérine ainsi ce que quelques mois plus tôt il avait confié à Mireille Calle : « Ce qui est répétition est nul »[2]. Pourtant lors du même entretien, il reconnaît qu'« écrire relève aussi du "ressassement" »[3]. La répétition se révèle alors comme un facteur de création et de production. Entre ces deux extrêmes antinomiques se joue ainsi, chez Simon, toute la fortune de la répétition dont l'étymologie latine met déjà en évidence la nature dichotomique car la « repetitio » est certes la redite mais c'est aussi l'action de réclamer, de demander à nouveau, d'aller chercher en arrière, en somme un agent dynamique du recouvrement.

L'auteur reconnaît bien dans la répétition, un des principes de son écriture, lorsqu'il répond à Claud DuVerlie à propos du traitement de l'érotisme dans son œuvre :

« *Vous avez déjà répondu à votre question en utilisant les mots défi, fragmentation, répétition, puisque ce sont là les caractéristiques de mes textes, qu'il s'agisse de feuilles d'arbres, de nuages, de batailles ou d'affaires d'ordre sexuel.* »[4]

Alors comment cette écriture simonienne qui ressasse les mêmes mots, les mêmes structures syntaxiques, les mêmes sons, les mêmes comportements fictionnels, les mêmes thèmes, les mêmes scènes, les mêmes figures jusqu'à saturation, donne-t-elle toujours du nouveau à lire, au point même de plonger le lecteur dans une totale dispersion ? Comment ces romans arc-boutés sur des schémas reconductibles, crispés sur des modélisations indépassables favorisent-ils pourtant la circulation émouvante du fantasme et produisent-ils une forte tonalité émotionnelle ?

Précisément, ce qui verrouille le texte simonien, c'est-à-dire les réitérations et les reprises, concurremment libère des ferments novateurs et reconstitue des champs réparateurs. Si la répétition n'est pas la reprise servile de formes institutionnelles sans créativité et sans avenir, qui justement tentent de gommer la répétition formelle au nom d'une expression bienséante, riche et maîtrisée, mais si elle se présente comme une pratique ostentatoire et excessive, paradoxalement elle participe d'une poétique rénovée et se révèle un concept fertile, médiateur et dynamique.

D'abord il faut l'entendre dans un sens élargi car elle recouvre une notion analytiquement duelle, ainsi que le souligne Gilles Deleuze, quand il distingue une « répétition du Même, qui s'explique par l'identité du concept ou de la représenta-

---

[1] C. Simon, « Allocution », dans M. Calle-Gruber, *Les sites de l'écriture, colloque Claude Simon, Queen's University*, Paris, Editions Nizet, 1995, p. 16.
[2] C. Simon/M. Calle, « L'inlassable réa/encrage du vécu », dans *Claude Simon. Chemins de la mémoire*, Grenoble/Sainte Foy (Québec), Presses Universitaires de Grenoble/Le Griffon d'argile, coll. « Traits d'union », 1993, p. 22.
[3] *Ibid.*, p. 19.
[4] C. Simon/C. DuVerlie, « Interview with Claude Simon », *Sub-Stance*, 8, Winter 1974, Madison, (Wisconsin), pp. 3/20 et notamment p. 17.

tion » et celle « qui comprend la différence, et se comprend elle-même dans l'altérité de l'Idée, dans l'hétérogénéité d'une "apprésentation". »[1].

« *Lorsque nous nous trouvons en présence d'une répétition qui s'avance masquée, ou bien qui comporte des déplacements, des précipitations, des ralentissements, des variantes, des différences capables à la limite de nous entraîner fort loin du point de départ, nous avons tendance à y voir un état mixte où la répétition n'est pas pure, mais seulement approximative : le mot même de répétition nous semble alors employé symboliquement, par métaphore ou par analogie. [...] Mais nous aurions tort de la réduire à une différence qui retombe dans l'extériorité, sous la forme du Même dans le concept, sans voir qu'elle peut être intérieure à l'Idée, et posséder en elle-même toutes les ressources du signe, du symbole et de l'altérité qui dépassent le concept en tant que tel.* »[2]

La répétition ne saurait se réduire à la représentation du même ce qui explique l'extrême disparité de ses synonymes ou de ses actualisations : redite, redondance, analogie, écho, correspondance, récurrence ; mais aussi allitération, assonance, anaphore, homonymie, comparaison ; mais encore obsession, réminiscence, retour ; ou enfin mimésis, imitation, reproduction...

Elle se définit alors comme ce qui revient ou retourne sous une forme identique, analogique ou équivalente. Ainsi distendue la répétition balaie un vaste champ épistémologique : elle interroge traditionnellement le domaine linguistique et rhétorique où elle fonde les conditions du déroulement de la langue et de son exploitation stylistique. Mais elle questionne aussi la matière philosophique en posant le problème du temps, du destin, de l'identité. La répétition s'insère dans le champ psychanalytique où elle renvoie aux pathologies de l'obsession et du deuil, où elle stigmatise le retour du refoulé et la pulsion de mort. Elle touche à la mythocritique comme renvoi à un imaginaire de l'origine. La répétition nourrit la réflexion esthétique sur les rapports mimétiques entre la fiction et le réel, entre une œuvre et ses modèles littéraires.

Le choix d'une définition élargie du terme et l'extension de son domaine d'application permettent une navigation féconde dans les romans de Simon, qui révèle que la répétition y est un « comportement » au sens étymologique de « porter avec » », de « transporter dans le même lieu », de « réunir ». La répétition fédère, explique, façonne, engendre les œuvres et les problématiques des œuvres. Elle constitue leur unité où le nouveau se dit dans le retour du même, dans le tremblé de l'analogique et forme le noyau du débordement affectif qui bouleverse les textes. Elle est moins la recherche conjoncturelle d'un effet de modernité que la révélation et le support d'une structure.

On rompt ici avec la tradition critique sur la répétition qui de Vaugelas[3] à Fontanier[4] se limite à l'aspect rhétorique et grammatical de la réitération de l'identique. Madeleine Frédéric[5], elle-même, qui a pour la première fois proposé une théorie complète de la répétition et en a rénové la perspective par quelques intrusions dans les domaines romanesques et extra-littéraires, s'en tient néanmoins à des

---

[1] G. Deleuze, *Différence et répétition*, Paris, P.U.F., 1997, p. 36.
[2] *Ibid.*, p. 37.
[3] C. Favre de Vaugelas, *Remarques sur la langue Françoise*, Fac-similé de l'édition originale, Paris, Droz, 1934.
[4] P. Fontanier, *Les figures du discours*, Paris, Flammarion, coll. « Champs », 1977.
[5] M. Frédéric, *La répétition. Etude linguistique et rhétorique*, Tübingen, Max Niemeyer Verlag, 1985.

faits de langue ; c'est aussi cette répétition littérale, volontaire et consciente, que Marie-Laure Bardèche[1] a analysée, comme indice de modernité dans les récits contemporains, ouvrant l'analyse linguistique à des horizons narratifs.

La prégnance de la répétition dans l'œuvre de Simon n'a pas échappé à la critique[2] qui note bien les réitérations linguistiques qui bégaient dans la prose de Simon, les échos qui résonnent dans l'univers fictif et narratif, les tentations mimétiques qui aimantent son esthétique aux textes des autres écrivains, mais sans considérer que la répétition, au sens élargi, constitue en soi le principe systématique de l'architecture simonienne, la clé de voûte de son cosmos romanesque.

Cette présente étude se propose de traquer les diverses modalités de la répétition et d'en montrer les vertus structurelles à travers quatre romans, *La Route des Flandres, Histoire, Les Géorgiques, L'Acacia*[3]. Vingt-neuf ans séparent ces quatre textes, qui n'appartiennent pas aux mêmes stades scripturaux dans l'itinéraire romanesque simonien. Pourtant on a choisi ici de les rapprocher en raison de l'identité de leurs thématiques centrées sur la biographie familiale et personnelle au cœur de la tourmente historique et à cause de la persistance de leurs configurations temporelles fondées sur la rétrospection. Par ailleurs les quatre œuvres s'unifient autour d'un narrateur masculin (alors que *L'Herbe*, qui présente bien des points communs avec *La Route des Flandres*, est présentée au féminin présent), et se construisent sur des unités fictionnelles identiques dans une facture qui reste relativement stable et traditionnelle (comparativement à *La Bataille de Pharsale* qui évoque les mêmes épisodes mais dans un agencement beaucoup plus perturbé). La répétition pour s'observer nécessite un corpus homogène qui favorise la coalescence plutôt que la distinction. Néanmoins il est vraisemblable que les principes généraux, dégagés à partir de cet ensemble significatif, constituent des ferments actifs aussi dans les autres œuvres, car ces postulats me semblent des universaux simoniens.

Dans ce tout organique que constituent les quatre romans choisis, il apparaît que la répétition, dégagée de son carcan linguistique et stylistique, organise de façon dialectique l'ensemble des diverses composantes de l'individu vivant, lisant, écrivant.

Elle marque d'une part l'inscription de l'être dans un monde déchu et fragmenté mais inaugure aussi les conditions d'une réparation.

Elle stigmatise la souffrance de l'être à soi, noyé dans le deuil et la pulsion de mort mais favorise parallèlement la résurrection du sujet par un retour aux origines du moi et de l'humanité primordiale.

---

[1] M.-L. Bardèche, *Le principe de répétition. Littérature et modernité*, Paris, L'Harmattan, 1999. Voir aussi l'article qui a précédé la publication de ce travail : « Répétition, récit, modernité », *Poétique*, 111, nov. 1997, pp. 259/287.

[2] La répétition a fait l'objet de quelques travaux précis : D. Sherzer, « Ubiquité de la répétition dans *Les Géorgiques* de Claude Simon », *Neophilologus*, 70, 3, juil. 1986, pp. 372/380. A. C. Pugh, « Retours et répétitions dans *L'Acacia* de Claude Simon », dans *La Répétition*, sous la direction de S. Chaouachi et A. Montandon, Clermont-Ferrand, Association des Publications de la Faculté des Lettres et Sciences Humaines de Clermont-Ferrand, coll. « Littératures », 1994, pp. 317/329. R. Sarkonak, « Un drôle d'arbre : *L'Acacia* » dans *Les trajets de l'écriture*, Toronto, Paratexte, 1994, pp. 169/218. On peut consulter aussi S. Orace, *Répétition, boucle, complication dans l'œuvre de Claude Simon*, Lille, Atelier de reproduction des thèses, 2002.

[3] Les éditions de référence seront : *La Route des Flandres*, Paris, Minuit, réédition, 1985. *Histoire*, Paris, Minuit, 1967. *Les Géorgiques*, Paris, Minuit, 1981. *L'Acacia*, Paris, Minuit, 1989.

Enfin elle pose pour l'être d'écriture les conditions d'un ancrage référentiel et hypertextuel, tout en lui assurant les moyens de son propre dynamisme scriptural.

La répétition : symptôme et réparation d'un être-au-monde problématique

L'homme, dans les romans de Claude Simon, entretient avec le monde une relation de proximité particulière. Le dehors n'est pas vu depuis une subjectivité en retrait, de l'ordre de la représentation dans l'après-coup, mais vécu dans un corps à corps, par un être toujours déjà en rapport avec le monde. C'est pourquoi, à la suite de Merleau-Ponty, qui lui-même l'avait emprunté à Heidegger (« Dasein »[1]), on peut utiliser le terme d'« être-au-monde »[2], pour signifier cet engagement dans le monde de l'homme, qui ne peut exister qu'en référence essentielle avec une extériorité ; double paternité que Claude Simon ne saurait désavouer, lorsqu'on trouve sous sa plume, le très heideggerien « étant » (« les choses, l'étant » (G, 80)), et lorsqu'on connaît sa relation privilégiée avec le philosophe français, ce dernier ayant utilisé les romans de Claude Simon dans ses cours au Collège de France. Dans ses notes de cours, Merleau-Ponty a lui-même souligné la position très originale de l'homme au monde simonien :

« <u>Claude Simon</u> : *sa profonde nouveauté*
ne plus rendre ce qui est du dehors
l'espace, le temps, les hommes selon leur
<u>*figure, comme "figures"*</u>, *contours exté-*
rieurs et perspective, mais comme <u>présences</u>
<u>*sans contours en*</u>
<u>*- transparence*</u>
mais comme "une chose qui existe totalement" »[3]

On ne peut donc penser l'être humain sans penser aussi le monde, le temps et l'espace. Et précisément, la répétition textuelle des thèmes, des pratiques narratives, des procédés d'écriture signale un être-au-monde en souffrance. La répétition est le symptôme qui, par sa pesanteur, attire l'oreille ou l'œil sur le malaise des êtres, du monde, du réel. Mais parallèlement, la répétition, comme principe de constance et de conservation, de retour du même et de l'analogique, va suturer les fissures de l'être-au-monde en déroute.

---

[1] M. Heidegger, *Être et Temps*, Paris, Gallimard, 1986, pp. 36/39.
[2] M. Merleau-Ponty, *Phénoménologie de la Perception*, Paris, Gallimard, « TEL », 1945, « Avant-propos » pp. VIII/IX, p. 97.
[3] M. Merleau-Ponty, « Notes de cours sur Claude Simon », présentation et transcription par S. Menase et J. Neefs, *Genesis, Manuscrits, Recherche, Invention*, 6, 1994, p. 139.

L'ÊTRE

L'évaporation du sujet

Le roman moderne est caractérisé par une « instabilité du personnage »[1], qu'explique dans la littérature d'après-guerre, et en particulier chez Simon[2], une conception de la personne, ruinée par des conditions traumatiques dévastatrices comme la guerre, le danger de mort, les camps. Un certain usage de la répétition révèle la dislocation de la personne simonienne et la précarité de l'être dans son identité, dans sa conscience et dans son corps.

L'identité en question

L'être simonien confronté au monde, souvent dans des conditions extrêmes, se dilue dans une identité désorientée. L'identité se déduit d'un faisceau de caractéristiques (nom, prénom, adresse, profession, apparence physique...) qui détermine un être unique, dont la personnalité repose sur un noyau stable. Or précisément, le moi du héros simonien n'est vécu ni par lui-même, ni par les autres personnages de la fiction, ni par le lecteur comme une essence, comme une permanence, comme une unité.

Dans les quatre œuvres du corpus, l'identité n'est pas une donnée a priori, elle est une conquête. Ainsi la recherche permanente de l'origine - qu'il s'agisse de la source généalogique, L.S.M. dans *Les Géorgiques*, la famille maternelle dans *Histoire* et *La Route des Flandres*, le côté paternel dans *L'Acacia* ou de la source mythico-historique - témoigne de la quête par les héros d'une identité individuelle et d'une tentative de projection dans l'identité collective. A force de compulser des archives (*Les Géorgiques*), de relire des cartes postales (*Histoire*), de revivre, de se remémorer les expériences et les épisodes de sa vie, le narrateur simonien réussit parfois à se construire une famille, comme c'est le cas dans *Les Géorgiques* où l'enquête met à jour un Jean-Marie L.S.M., à exhumer les non-dits familiaux comme les suicides dans *Histoire* et *La Route des Flandres*, le fratricide dans *Les Géorgiques*, à ressusciter un père dans *L'Acacia*, à se reconnaître dans l'identité d'un écrivain (« Un soir il s'assit à sa table devant une feuille de papier blanc. » (A,380)). Mais souvent la recherche identitaire soit s'effrite dans le doute : « moi ?... », dit la toute fin d'*Histoire* où le point d'interrogation et les trois points de suspension révèlent l'impossibilité ontologique de se reconnaître comme être, soit se consume dans les apories du temps qui clôturent *La Route des Flandres* et *Les Géorgiques*.

L'identité non seulement interroge le héros et le narrateur mais en plus elle est brouillée pour le lecteur par le mode même de la narration : en effet comment accéder au personnage dont la connaissance est rendue oblique par le détournement métaphorique ? Le roman simonien ne distille que quelques caractéristiques des personnages essaimées au cours de l'œuvre. La connaissance des héros s'en trouve limitée à quelques traits : il en va ainsi du jockey Iglésia dans *La Route des Flan-*

---

[1] P. Hamon, « Statut sémiologique du personnage », dans *Poétique du récit*, Paris, Seuil, « Points Essais », 1977, p. 143.
[2] Voir à ce sujet, L. Dällenbach, *Claude Simon*, Paris, Seuil, 1988, pp. 11/23.

dres, dont physiquement nous n'approchons que le nez, les yeux, la peau, la petite taille difforme :

« *je pouvais voir son grand nez, sa tête penchée comme si elle était entraînée vers le bas par le poids de cette espèce de bec, de truc postiche carnavalesque comme rajouté en avant de sa figure en lame de couteau telle qu'on n'en fabrique sans doute plus depuis les spadassins de la Renaissance italienne enveloppés de leurs capes d'assassins laissant juste dépasser ce nez proéminent d'aigle lui donnant cet air à la fois terrible et malheureux d'oiseau affligé de* » (RF,42)

« *jockey à tête de polichinelle* » (RF,115)

« *celui d'Iglésia à peu près pareil à une pince de homard (nez, menton, peau cartonneuse) si toutefois une pince de homard avait des yeux* » (RF, 122)

« *son dur et caricatural visage de spadassin, ce nez en lame de couteau, sa peau ou plutôt son cuir jauni, grêlé de petite vérole* » (RF,132)

« *ses gros yeux de poisson* » (RF, 230)

Or, systématiquement, les touches descriptives dérivent par le travail de l'image vers un ailleurs objectal et animal, un ailleurs culturel et historique, comme si la perspective de l'identification était frileusement dévoyée vers un espace adjacent, rendant impossible l'accès direct à un personnage protégé par la carapace métaphorique. A cet égard, Claude Simon, dans « La fiction mot à mot » cite Michel Deguy : « Autrement dit, la condition de l'homme - parlant serait essentiellement métaphorique : déporté de toute saisie apocalyptique de son être, c'est-à-dire de l'immédiateté de son identité, il est hors de soi, séparé d'une distance que mesure le comme. »[1], et nous renvoie à l'absence de coïncidence entre la langue et l'identité.

La lisibilité de l'identité des héros dans les romans traditionnels se déployait pleinement dans leur patronyme. Et de fait pour Philippe Hamon, « la récurrence est, avec la stabilité du nom propre et de ses substituts [...], un élément essentiel de la cohérence et de la lisibilité du texte, assurant à la fois la permanence et la conservation de l'information. »[2]. Or chez Simon le système des noms propres et de leurs substituts est particulièrement incomplet voire incohérent. Si on établit un état des lieux patronymiques pour chacun des romans, on constate dans *Histoire* et dans *La Route des Flandres*, une prééminence des prénoms (Charles, Paulou, Henri, Hélène, Sabine, Pierre, Georges...) sans patronyme pour les membres de la sphère familiale ; et une préférence pour les patronymes sans prénom quand on s'éloigne du noyau familial (Van Velden, Blum, Wack...), Bernard Lambert faisant exception à la règle peut-être en raison de la nature fictivement publique du personnage et de sa désignation figée par les voix de communications politiques (affiches, tracts...). Dans *Les Géorgiques*, l'information est relativement complète en ce qui concerne la génération de l'ancêtre (Jean-Pierre L.S.M., Jean-Marie L.S.M., Marianne Hassel..., Adélaïde Mircoux) mais plus on se rapproche du narrateur, plus on assiste à une déperdition patronymique, seul « oncle Charles » semble désigné avec un peu plus de précision. Quant au troisième héros du roman, après une longue période d'indétermination, il est signalé par un patronyme mutilé, « O. », assez tard dans le roman (G, 51). Dans *L'Acacia* en revanche, le narrateur ne livre aucun nom propre,

---

[1] C. Simon, « La fiction mot à mot », dans *Nouveau Roman : Hier, aujourd'hui, tome II : Pratiques*, (Colloque de Cerisy), Paris, U.G.E., « 10/18 », 1972, p. 82.
[2] P. Hamon, « Statut sémiologique du personnage », dans *Poétique du récit*, Paris, Seuil, « Points Essais », 1977, p. 143.

aucun prénom pour aucun des héros. De plus dans l'ensemble des œuvres, on observe globalement une dévalorisation des patronymes qui peut être diégétisée : les noms propres sont interchangeables (« qui s'appelait simplement Charbonnier, Ducourneau ou Lacombe » (G,123) ; « Lévy, Isaac, Abraham, Blum, Macaroni, ou Mohamed, c'est pareil » (A,229)), ils sont mal prononcés (« et lui : Reichac vingt dieux t'as pas encore compris : chac l'ixe comme ch-che et le ch à la fin comme k Mince alors jte jure çuilà qu'est-ce qu'il peut être cloche ça fait au moins dix fois que je lui explique » (RF,43)) ou sont la source d'une ambiguïté sémantique nuisible à la communication : on pense ici à la conversation, dans *Histoire,* entre deux soldats, au cours de laquelle le terme « Champenois », à la fois origine géographique et nom propre, donne lieu à un quiproquo aviné (H,334). Le nom de famille est souvent déprécié : incompatible avec la richesse (si Sabine dans *La Route des Flandres* a hérité des biens de la famille, elle en a perdu le nom : « la possession de l'hôtel familial dont, à défaut du nom et du titre, elle avait hérité » (RF, 50)) ou avec la valeur intellectuelle (dans *Les Géorgiques* le patronyme devient l'apanage d'un idiot, d'un « homme-babouin » (G152)), il finit ironiquement « peint au pochoir sur des bidons de vendanges et des barriques de vin » (G,171). Par ailleurs le nom familial constitue un clin d'œil que l'auteur adresse à son lecteur, lorsque le prestigieux patronyme historique Lacombe-Saint-Michel, nom de l'ancêtre de Claude Simon, est réduit dans *Les Géorgiques* à un misérable et anonyme Lacombe (G,123,403). Le nom propre ne peut être dans ces conditions, un moyen d'accès à l'identité des héros parce que l'information devient défaillante aux abords de la sphère privée du narrateur, peut-être par réflexe de protection, le nom étant le premier rempart de l'intériorité, peut-être par méfiance à l'égard d'un patronyme, c'est-à-dire d'une lignée, d'une famille avec laquelle tous les comptes ne sont pas soldés ; ensuite, car au cours du temps, les œuvres utilisent de moins en moins le patronyme comme outil de reconnaissance des héros, personnages qui deviennent, à terme, avec *L'Acacia* des référents sans signe, *L'Acacia* est en effet le livre de la souffrance, du deuil des parents et par conséquent de l'innommable en soi. Parallèlement, il s'agit pour Claude Simon, reprenant une formule de Gide, « de parvenir à l'universel par l'approfondissement du particulier »[1], par extrapolation, de diffracter la douleur, le malaise individuels à l'ensemble de l'humanité vivante et lisante.

L'observation du mouvement des noms propres, d'une œuvre à l'autre, permet inversement de conclure que le patronyme peut aussi se présenter comme un signe sans référent, sauf peut-être comme un référent culturel dévalorisé, un stéréotype (« Je ne m'appelle pas Lévy", dit le petit juif. - " Et moi je ne m'appelle pas Macaroni " », répond le jockey italien, (A,229)) ; en effet le retour des noms propres est assez fréquent dans les œuvres. Souvent, ils reviennent avec une relative cohérence : Charles est l'oncle du narrateur, artiste et viticulteur, dans *La Route des Flandres* et dans *Histoire,* de Reixach demeure l'officier de cavalerie hautain, assassiné sur la route des Flandres dans les mêmes romans et dans *L'Acacia* ; dans ces deux cas, les personnages, dont les noms propres sont les substituts, ont des physiques et des activités stables et occupent des fonctions durables. Mais le prénom Corinne, par exemple, renvoie dans *La Route des Flandres,* à la cousine par alliance de Georges ; dans *Histoire,* il représente à la fois la cousine germaine et la petite cousine (fille de Paulou) du narrateur. Henri est le père du narrateur dans *Histoire* et

---

[1] C. Simon/Jean-Claude Lebrun, « L'atelier de l'artiste », *Révolution,* 500, 29 septembre 1989, p. 37.

le prénom de l'ancêtre Reixach dans *La Route des Flandres*. De même Reixach est employé dans *La Route des Flandres* indifféremment pour le capitaine et son ancêtre général. Le « Georges » évoqué dans la conversation d'une voisine de table du narrateur d'*Histoire*, contrefait le « Georges » de *La Route des Flandres* (H, 172). Le retour des mêmes prénoms pour des personnages différents interroge ainsi sur le prénom comme signe identifiant et favorise le tuilage des épisodes et leur confusion. Inversement, certains personnages de *L'Acacia*, comme « le juif malingre, garçon de course (ou commis, ou comptable) dans une boutique de drap de la rue des Francs-Bourgeois et un jockey : un Italien - ou du moins pourvu d'un nom italien quoiqu'il fût mobilisé dans l'armée française » qui évoquent Blum et Iglésia de *La Route des Flandres*, perdent leur nom. Claude Simon aborde lui-même la question de la dénomination des personnages, quand il évoque dans *Les Géorgiques* les facéties de « ces auteurs qui se divertissent à plonger le lecteur dans la confusion en attribuant plusieurs noms au même personnage ou, inversement, le même nom à des protagonistes divers » (G,340). Ainsi le nom propre qui peut avoir des référents variables et intermittents signale moins une identité fixe et unifiée qu'un signe flottant dont la récurrence est facteur d'ambiguïté. Le nom propre déclenche, chez le lecteur, de nécessaires hypothèses interprétatives, qui débordent sa fonction d'indice. Par conséquent, la répétition d'une pratique confuse des dénominations et leur récurrence trompeuse dans les textes contestent la possibilité d'une identification et donc d'une identité des héros.

    En l'absence des noms ou des prénoms, ou par nécessité dans les « chaînes de référence »[1], le narrateur exploite un certain nombre de substituts qui cependant exposent la même incertitude quant à la détermination de l'identité. Ainsi, la préférence chez Claude Simon pour les formes non personnelles des verbes (participe passé, participe présent) plonge les textes dans une subjectivité percevante et pensante mais dénie aux héros une identité physique, nominale, sociale ; elle nous projette au présent du « magma » intérieur mais ne favorise pas la reconstitution extérieure du personnage et l'émergence d'un état civil. La négation de la personne est aussi la dénonciation d'une identité objective. Et on peut ici reprendre la formule heureuse de Jean Duffy qui parle d'« une subjectivité étrangement anonyme », « une sorte de conscience a-personnelle mais concrète et située »[2]. Parallèlement, l'emploi des pronoms personnels présente une autre érosion de l'identité : ainsi la récurrence des « il » ou des « elle » pour désigner indistinctement tous les personnages nous précipite dans la plus complète confusion ; dans *L'Acacia*, « il » renvoie aussi bien au père qu'au fils brigadier, sans autre indication que le contexte, puisque dans ce roman les pronoms personnels ne sont jamais référés à des noms propres ; dans *Les Géorgiques*, l'indétermination est momentanément limitée à la première partie où « il » peut représenter soit L.S.M., soit O., soit le cavalier. Bien entendu, une telle indistinction n'est pas sans bénéfice pour le narrateur : elle témoigne d'une volonté récidivante de masquer l'identité des héros, façon pour Claude Simon dans un texte à « caractère autobiographique » de trouver « une certaine distance » mais aussi

---

[1] F. Corblin, *Les formes de reprise dans le discours*, Rennes, Presses Universitaires de Rennes, 1995, p. 27 : « On appelle donc *chaîne de référence* une suite d'expressions d'un texte entre lesquelles l'interprétation établit une identité de référence. ».
[2] J. Duffy, « Claude Simon, Merleau-Ponty et la perception », dans *Lectures de La Route des Flandres*, textes réunis par F. Dugast-Portes et M. Touret, Rennes, Presses Universitaires de Rennes, 1997, pp. 97/98.

« pour *Les Géorgiques* et *L'Acacia*, le " il" [lui] a paru convenir et correspondre à [sa] façon [confuse] "d'être au monde" [...], ou plutôt de percevoir les choses »[1]. Une telle perspective a été théorisée par Benveniste pour qui « il » et « elle » sont des pronoms non personnels dans la mesure où ils peuvent renvoyer à des choses comme à des êtres animés et où ils désignent des personnes exclues de l'acte d'énonciation, personnes dont on parle et non personnes qui parlent[2]. Mais si « je » et « tu » nous sortent du mode de la « non-personne » puisque « je » est la « personne subjective » et « tu » la « personne non-subjective »[3], la modalité énonciative, en particulier dans *La Route des Flandres*, atteint parfois un degré ultime d'opacification qui ne permet plus de déterminer l'identité des interlocuteurs :

« *et Blum (ou Georges) : "C'est fini ?", et Georges (ou Blum) : "Je pourrais continuer", et Blum (ou Georges) : "Alors continue ", et Georges (ou Blum) : "Mais je dois également apporter ma contribution, participer, ajouter au tas, l'augmenter de quelques-unes de ces briquettes de charbon"* » (RF,173)

Enfin la possibilité de s'appuyer sur les substituts pour dégager une identité s'effondre totalement devant la perméabilité théoriquement impossible des pronoms personnels. On comprend qu'un « je » devienne « il » lorsque le personnage sort de la situation d'énonciation ; le lecteur est beaucoup plus bousculé quand le roman qui semble s'inaugurer dans un récit à la première personne (« Il tenait une lettre à la main, il leva les yeux me regarda puis de nouveau la lettre puis de nouveau moi » (RF,9)), bascule soudain dans un glissement du « je » au « il » :

« *j'étais pour ainsi dire englué, et peut-être parce que nous dûmes faire un détour pour l'éviter, et plutôt le devinant que le voyant : c'est-à-dire (comme tout ce qui jalonnait le bord de la route : les camions, les voitures, les valises, les cadavres) quelque chose d'insolite, d'irréel, d'hybride, en ce sens que ce qui avait été un cheval (c'est-à-dire ce qu'on savait, ce qu'on pouvait reconnaître, identifier comme ayant été un cheval) n'était plus à présent qu'un vague tas de membres, de cornes, de cuir et de poils collés, au trois quarts recouvert de boue - Georges se demandant sans exactement se le demander, c'est à dire constatant avec cette sorte d'étonnement paisible ou plutôt émoussé, usé et même presque complètement atrophié par ces dix jours* » (RF, 25)

De tels décrochages narratifs (du « il » au « je » (RF,45,142...)) ont été largement décrits et rationalisés par la critique simonienne : changement de voix peut-être simplement dû pour Dominique Viart, dans une perspective de génétique littéraire, au fait que « Claude Simon a écrit ce livre par fragments » et que « certains de ces fragments étaient à la première personne, d'autres à la troisième, selon un principe d'hésitation scripturale bien connu. »[4] ; analyse narratologique de Dominique Lancereaux qui oppose un X (je) et « l'énonciation (soit Y) pareillement tâtonnante, aventureuse, émanant cette fois d'un récitant-scripteur », « le même texte continue autrement »[5] ; hypothèses psychologiques de Didier Alexandre qui voit dans la dis-

---

[1] C. Simon/A. Armel, « Claude Simon, le passé recomposé », *Magazine littéraire*, 275, 27 mars 1990, p. 101.
[2] E. Benveniste, *Problèmes de linguistique générale*, Paris, Gallimard, « TEL », 1966, p. 228 sq..
[3] *Ibid*, p. 232 sq..
[4] D. Viart, *Une mémoire inquiète*, Paris, P.U.F., 1997, p. 84.
[5] D. Lancereaux, « Modalités de la narration dans *La Route des Flandres* », *Poétique*, 14, avril 1973, p. 241.

persion des voix les incertitudes liées à la mémoire, à la fatigue, à l'ivresse [1] et comprend dans le décrochage je/il le clivage d'un personnage qui a « un rapport difficile à sa propre image », personnage qui « demeure clivé par la guerre qui a ouvert une blessure et provoqué la perte du virginal et de la fraîcheur de la jeunesse. Cette blessure métaphorise la conscience du temps et de la condition fragile et souffrante. »[2]. Bernard Andrès lit quant à lui, dans le passage du « je » au « il », « un surcroît d'activité mentale »[3] ; perspective ontologique de Merleau-Ponty qui à la lecture des œuvres simoniennes conclut que « nous ne vivons pas avec des consciences dont chacune serait un Je inaliénable et insubstituable, mais avec des hommes doués d'un corps verbal et qui échangent ce corps verbal. être suivant le moment Je ou Tu ou Il, ou (ce qui est encore autre chose) élément d'un Nous, Vous, Ils et cela à ses propres yeux. En tant que nous vivons dans le langage nous ne sommes pas seulement Je, nous hantons toutes les personnes grammaticales, nous sommes comme à leur entrecroisement, à leur carrefour, à leur touffe. »[4]. Claude Simon rompt les distinctions classiques entre « je » et l'univers, « l'homme n'est plus le centre du monde mais *parmi* les choses »[5]. L'utilisation du « on » dans les œuvres du corpus marque bien l'effacement de la personne et la désertion de son identité : dans *L'Acacia*, par exemple, le « on » représente la force étrangère et hostile des pouvoirs militaires et politiques (A,35,232,233...), tout groupe impersonnel et anonyme de soldats, de villageois, de témoins et de membres de la famille (A,11,87,293,324,327...), plus largement encore, « on » incarne le sens commun, un des universaux de l'expérience ordinaire, ainsi le brigadier jeune et son compagnon se rendent en URSS « comme on va dans un jardin zoologique regarder des bêtes curieuses » (A,191,15,155,239, 284,326,328...). Le « on » est donc par excellence la négation de la personne, comme l'illustre cet exemple : « plus tard on raconta ceci au brigadier - on, c'est-à-dire un fantôme au crâne rasé » (A,34) ou encore le « Alors, on continue ? », adressé par le colonel suicidaire à ses trois compagnons d'infortune. « On » stigmatise une dépersonnalisation des héros dans des contextes d'esclavage, de grégarisme et de mort. Terme générique, le « on » s'interprète selon les contextes, comme « je », « tu », « nous », « eux », « elles », « les hommes en général ». Ses emplois troublent les catégories usuelles, être/non-être, fiction/réalité, laissant l'anonymat régir un univers de confusion. Se dessine ainsi une confluence entre le brouillage simonien de l'identité et la théorie du chiasme (telle qu'elle est développée par Merleau-Ponty, dans son dernier ouvrage, *Le Visible et l'invisible*[6]), ce vide, cette béance au cœur d'un sujet qui ne cesse de vouloir recomposer son unité apparente pour pouvoir parler. L'identité du sujet se donne en même temps comme non identité, comme un clivage entre soi et soi.

La contestation de l'identité du héros comme essence bouscule aussi la possibilité de son identification et le lecteur, à défaut de noms propres, aux prises avec un système patronymique et pronominal, fluctuant ou imprécis, s'en remet finale-

---

[1] D. Alexandre, *Le magma et l'horizon*, Paris, Klincksieck, 1997, p. 99.
[2] *Ibid.*, pp. 103/104.
[3] B. Andrès, *Profils du personnage chez Claude Simon*, Paris, Editions de Minuit, 1992, p. 196.
[4] M. Merleau-Ponty, « Notes de cours sur Claude Simon », présentation et transcription par S. Menase et J. Neefs, *Genesis, Manuscrits, Recherche, Invention*, 6, 1994, p. 159.
[5] C. Simon/M. Calle, « l'impossible réa/encrage de la mémoire », dans *Claude Simon, chemins de la liberté*, Grenoble, le Griffon d'argile, Presses Universitaires de Grenoble, 1993, p. 21.
[6] M. Merleau-Ponty, *Le visible et l'invisible*, Paris, Gallimard, « TEL »,1964, pp. 170/201.

ment, pour distinguer les personnages, à des périphrases identifiantes occupant en somme une fonction identique à celle que Roland Barthes voit au nom propre[1]. Le héros sans nom de *L'Acacia* est appelé « le brigadier », son père est caractérisé par son « regard de faïence » et sa mère par son « profil bourbonien ». Dans *Les Géorgiques*, le narrateur jeune est « le garçon », sa grand-mère, « la vieille dame » possède une bonne, « la boiteuse » et un père, « le faux pasteur baptiste ». Le système des noms propres se trouve donc remplacé par une organisation parallèle de périphrases qualifiantes, fondées sur des indices relatifs à l'âge, au physique, à l'intelligence, l'origine... Ces renseignements permettent, certes, au lecteur de reconnaître une identité, mais étant donné la nature figée des expressions et la pauvreté référentielle de l'information livrée (souvent un détail), ils maintiennent les personnages dans un relatif anonymat.

Si l'identité est contestée dans son essence, elle l'est également dans la permanence des caractéristiques qui la déterminent. Les personnalités se montrent changeantes, difficiles à cerner dans leurs fluctuations. Les êtres décrits dans les œuvres de Claude Simon, s'engloutissent dans deux types de métamorphoses. Outre la mutation d'ordre scriptural liée à l'utilisation des images, les personnages subissent aussi toutes sortes de transformations réelles sur lesquelles veille la figure répétée de Circé (RF,92 G,460,466 A,367) et qui s'incarnent dans la thématique réitérée du carnaval avec ses masques. Mais la référence carnavalesque ne renvoie jamais dans les œuvres à une réalité festive, elle est au contraire toujours le dévoilement de la situation tragique de l'homme, la révélation d'un ordre caché, la mise en scène de l'envers dramatique du décor euphorique. Le masque ne cache pas, la métamorphose n'est pas de l'ordre de l'imaginaire, il opère la restitution heuristique d'une hyperréalité. Ainsi l'homme au réveil, qui offre « l'image filiforme ou ballonnée d'un de ces grotesques rois de carnaval battant douloureusement des paupières » (H,45), met en évidence la fragilité de la misérable condition humaine. De même le visage de la mère agonisante est « comme du cuir ou encore ce carton bouilli des masques de carnaval, Polichinelle à l'aspect terrifiant et risible sous le coup d'un irrémédiable outrage, d'une irrémédiable blessure » (H,61) ; ou encore la guerre qui relève « d'un défi, d'une provocation, d'une carnavalesque et intolérable parodie » (A,235,348). Le motif du carnaval est toujours associé à la guerre, à la mort, à l'échec grinçant, à la laideur ou à la question douloureuse de l'origine.

A l'image du motif carnavalesque, la métamorphose opère toujours un bouleversement pessimiste des signes de l'identité. Plusieurs variateurs interviennent de façon insistante pour moduler l'identité. En premier lieu, on peut avancer que le sexe n'est jamais un repère stable car les personnages sont souvent l'objet d'une mutation sexuelle réelle ou fictive ; ainsi dans *L'Acacia*, la tante du narrateur qui reprend, à la suite de son père décédé, l'exploitation agricole, dans les montagnes du Jura, se métamorphose progressivement en homme : « son visage un peu carré se changeant peu à peu en visage d'homme (plus tard, sur sa lèvre supérieure à la peau flétrie, crevassée de petites rides, verticales, comme des incisions, apparut même une légère moustache) » (A,67) ; la mère du narrateur et son amie espagnole se font « toutes deux photographier déguisées en hommes » (A,119) ; quant au père,

---

[1] « le Nom propre fonctionne comme le champ d'aimantation des sèmes », qui, « renvoyant virtuellement à un corps », « entraîne la configuration sémique dans un temps évolutif (biographique) » R. Barthes, *S/Z*, Paris, Seuil, « Points Essais », 1970, p. 68.

sur une photographie envoyée des colonies, il ressemble à « une troisième jeune fille déguisée qui se serait, par jeu, dessiné au bouchon une ombre de barbe et de moustache » (A,79). Les personnages apparaissent ainsi à la limite du transsexualisme, mais s'ils assument pleinement leur sexualité, ce sont le désir ou la jouissance qui, dans ce cas, les transforment, comme la mère dans *L'Acacia* qui de « chrysalide » devient « papillon » (A,268). Animalisation et végétalisation opèrent alors une débilisation de l'identité : lors de sa relation amoureuse avec Corinne, Georges se met à laper, à sucer, à ramper comme un chien ou comme l'âne d'Apulée (RF,268,269), sous la férule de « cette tige sortie de moi cet arbre poussant ramifiant ses racines à l'intérieur de mon ventre mes reins m'enserrant lierre griffu se glissant le long de mon dos », (RF,237), à l'image de la mère dans *L'Acacia* qui exprime sa féminité dans « cet orgastique état de végétal épanouissement » (A,144). L'environnement est également un facteur de mobilité de la personnalité. Le contexte spatial, par exemple, transforme l'oncle Charles, et le narrateur d'*Histoire* avoue que : « chaque fois qu'il regagnait Paris à la fin des vacances l'être que je connaissais subissait comme une métamorphose » (H,86). De fait, les romans de Claude Simon exposent une dissolution de la personnalité dans le décor par une sorte d'identification au milieu. Charles, toujours, semble se fondre dans l'atelier de l'artiste auquel il est venu rendre visite, pour finalement s'évaporer « à tel point qu'à la fin il ne resterait plus de net que le décor de l'atelier [...] tandis que les silhouettes des personnages se brouillent de plus en plus, s'effacent, ne laissent plus que d'immatérielles traînées » (H,301). Si les lieux absorbent l'individu, le contexte idéologique, dont ils sont marqués, occasionne à son tour une métamorphose des caractéristiques du personnage. Un homme traqué par les communistes de Barcelone comme O., dans *Les Géorgiques*, ou par les nazis, lorsqu'il s'évade de son camp de prisonniers saxon, comme le brigadier dans *L'Acacia*, devint fantôme (A,336 RF,158), rat dont on s'occupe « à débarrasser les caves ou les greniers », chèvre contre le loup (G,266 A,349). Le père de *L'Acacia*, de même que O, reviendront transformés, des terres lointaines où des aventures nouvelles, souvent douloureuses, ne les auront pas laissés indemnes ; car les expériences sont également un facteur de labilité de la personnalité : O. est « expulsé de lui-même en quelque sorte, obligé, de se déjuger » (G,354) ; quant au père il passe de l'état de gamin à celui de « barbare » (A,83). Difficile donc, dans les œuvres de Claude Simon, d'établir un bilan stable des caractéristiques individuelles, d'autant que le temps y est de façon répétitive un agent de perturbation. Le héros simonien est sans cesse en quête de son identité qu'il recherche dans les états chronologiques de son moi. Facteur de changement, l'âge ne permet pas de dessiner les contours durables d'une identité constante. Le personnage évolue au cours du temps et le mobilisé de 1940 considère avec ironie le jeune homme qu'il fut trois ans auparavant, lors de son voyage dilettante à travers l'Europe menacée (« " Mais que nous étions jeunes, que nous étions jeunes !... " » (A,177,178,190)). De même, il voit comme un tricheur, ce « lui-même » faussement libertaire, qui s'est joint quelque temps à la guerre civile espagnole (A,193). Les textes montrent ainsi de façon répétitive ces évolutions, ces modifications dans la personnalité des protagonistes, cette complexité issue du temps, des lieux, des expériences, et qui empêche d'identifier clairement et avec constance les particularités d'un individu.

    Enfin pas plus qu'il n'y a une essence et une permanence de l'identité, il n'y a une unicité des caractéristiques identifiantes ; dans les romans de Claude Simon, aucune individuation n'est envisageable, et de ce fait l'identité personnelle se dissout dans une sorte de fortune collective, ce qu'expose manifestement la superposition des destins. Dans la tradition saussurienne, le principe différentiel est précisément ce qui constitue la langue en système et produit du sens[1]. Sur ce modèle linguistique, Philippe Hamon qui considère « a priori le personnage comme un signe », affirme que « le signifié du personnage, ou sa valeur, pour reprendre un terme saussurien, ne se constitue pas seulement par *répétition* ou par *accumulation et transformation*, mais aussi par *opposition*, par relation vis-à-vis des autres personnages de l'énoncé »[2]. Dans un roman le héros doit donc être toujours suffisamment ressemblant à lui-même pour être reconnu mais assez différent des autres pour être identifié. Or, dans les romans de Claude Simon, non seulement les caractères fédérateurs ne sont pas très stables mais en plus les traits distinctifs ne sont guère pertinents car un des modes de récit privilégié par l'auteur est la superposition des destins, qui devient véritablement une source de confusion ; le brigadier de *L'Acacia* connaît le même destin que son père : le père meurt à la guerre un 27 août, le fils y part un 27 août ; l'un est officier, l'autre brigadier ; tous deux prennent le train au moment de la mobilisation (A,52/A,153) ; tous deux porteront une plaque d'identité (A,62,325/A228) ; l'arbre jouera dans leurs deux vies un rôle fondamental : le père meurt appuyé contre un arbre (A,61), à l'inverse, c'est dans une forêt que le fils trouvera refuge lors de son évasion (A,350) et près d'un acacia qu'il puisera la force d'écrire (A,380). Dans *Histoire*, les destinées du narrateur et de son oncle Charles se rejoignent dans le veuvage (« Oui c'est une tradition de famille chez nous Je veux dire le veuvage », (H,69)). Les trois protagonistes des *Géorgiques* connaissent la guerre, la violence, la désillusion ; l'un au cours des guerres napoléoniennes et la disgrâce dans laquelle le maintient l'Empereur, l'autre lors de sa participation à la guerre civile espagnole et de l'épuration que connaît Barcelone pendant l'été 1937, le narrateur enfin qui fait l'expérience du chaos durant une embuscade allemande et sa détention dans un camp de prisonniers. On retrouve cette même convergence dans *La Route des Flandres*, entre le sort d'un de Reixach qui subit la défaite en mai 1940 et se suicide sous le feu d'un tireur isolé (RF,13) et d'un Reixach, militairement humilié par les Espagnols (RF,53) et qui se donne la mort (RF,53,76). Autant de vies qui s'entremêlent, se ressemblent, rendant parfois impossible la détermination du personnage concerné : « Il couche dans les étables. Il couche dans les bois. Il couche sous la tente. Il couche dans une église incendiée » (G,31), un tel passage, situé au début des *Géorgiques* met en évidence le total brouillard dans lequel se meut le lecteur en quête d'indices sur l'identité des héros, car il ne peut s'aider ni du système patronymique, ni des repères pronominaux, ni de la spécificité des destins puisque ces quatre phrases sont a priori imputables à L.S.M., à O. et au cavalier.

La coïncidence des vies n'engendre pas que des ambiguïtés, elle est aussi porteuse, d'une œuvre à l'autre, de contradictions dans la détermination des identités. Ainsi Georges de *La Route des Flandres* et le brigadier de *L'Acacia* qui connaissent la même expérience en 1940 : une embuscade allemande, une survie inespérée, une chevauchée suicidaire au côté d'un supérieur hiérarchique devenu fou, un voyage en train vers un camp de prisonniers, un avilissement et une souf-

---

[1] F. de Saussure, *Cours de linguistique générale*, Paris, Grande Bibliothèque Payot, 1967, p.166.
[2] P. Hamon, « Statut sémiologique du personnage », dans *Poétique du récit*, Paris, Seuil, « Points Essais », 1977, p. 117, p. 128. Hypothèse déjà évoquée par T. Todorov dans O. Ducrot et T. Todorov, *Dictionnaire encyclopédique des sciences du langage*, Paris, Seuil, « Points », 1972, pp. 288/289.

france physique insupportables dans ce même camp, les mêmes amitiés... ces deux personnages donc qu'on pourrait presque confondre, sont issus de deux familles différentes et même opposées ; la mère de Georges se présente comme une femme hystérique, volubile, tapageuse, tandis que la mère du brigadier se voile d'un veuvage austère et mortifère ; pareillement, le père de Georges est un être en expansion tant par sa graisse que par ses mots écrits et parlés, alors que celui du brigadier est un militaire, un ascète bruni au soleil des tropiques, à l'écriture laconique. Impossible dans ces conditions de construire une identité unifiée des héros de Claude Simon, soit parce que le destin individuel fait défaut, confondu qu'il est avec celui des autres protagonistes, soit parce qu'au contraire il s'exténue dans un excès de composantes contradictoires, soit enfin parce que le moi connaît définitivement des états pluriels qu'aucun récit ne peut circonscrire.

« Essayez de vous chercher », écrit Claude Simon dans *La Corde raide*, « "Je est un autre." Pas vrai : "Je est d'autres ". D'autres choses, d'autres odeurs, d'autres sons, d'autres personnes, d'autres lieux, d'autres temps. [...] Comment peut-on être toujours conséquent pendant six cent vingt-trois pages. Voilà ce que je me demande, moi qui ne suis jamais le même pendant la durée d'un millième de seconde, puisque je ne suis pas moi. »[1]. Cet aveu d'impuissance pour cerner son propre moi transparaît de façon répétitive dans les romans de l'auteur, où l'identité des personnages ne semble jamais une entité close ; elle se nourrit d'une accumulation de sensations séparées par le temps : ainsi le cavalier, dans *Les Géorgiques*, dont le narrateur explique que « plus tard l'idée de mort se confondra pour lui avec l'odeur écœurante d'huile chaude et rance qui imprégnait la nourriture servie aux volontaires étrangers dans la grande salle à manger de ce palace de Barcelone réquisitionné. » (G,226), « plus tard encore et pour de longues années, cette même idée de mort sera pour lui inséparable des noms d'une suite de hameaux ou de villages s'échelonnant entre la Meuse et la Sambre » (G,227). Le moi se construit sur des contradictions dues aux évolutions diachroniques de la personnalité tâtonnante, comme par exemple Lambert, dont l'idéologie semble d'abord marxiste (H,220,337), qui devient finalement « le seul à pouvoir empêcher les communistes d'être élus », à pourfendre la « terreur » ou « la dictature » des « kominformistes » (H,332). Le personnage est sans cesse écartelé entre des temporalités différentes, représentées dans la narration par les analepses et les prolepses. La présence à soi, unifiée dans l'ici et maintenant, est pulvérisée par le retour mémoriel de l'autre que je fus et par la pré-vision de celui que je serai. La complexité dans le traitement narratif du temps, chez Claude Simon, rend compte de cette impossible production d'un être regroupé. Un narrateur se souvient (temps t) qu'il a vécu une expérience (temps t-1), au cours de laquelle il se rappelle un épisode de sa vie (temps t-2) pendant lequel il s'est projeté dans le futur (temps t-2+1'), voici une matrice temporelle très répétitive dans les œuvres : le narrateur de *L'Acacia* devant sa table (A,380), se rappelle une de ses nuits chez les prostituées (A,301), au cours de laquelle il se revoit au côté du colonel suicidaire (A,302/303), épisode pendant lequel il anticipa sur sa propre mort (A,303). La répétition de ces structures temporelles, rétrospectives et prospectives, imbriquées, empêche toute saisie unifiée du personnage par lui-même et par le lecteur, d'autant que la personnalité s'enrichit en permanence des expériences du passé des autres : les divers narrateurs font leurs et les rapportent à leur tour, les aventures des ancêtres,

---

[1] C. Simon, *La Corde raide*, Paris, Editions du Sagittaire, 1947, pp. 174/175.

des pères, des mères... relatées dans les manuscrits, dans les cartes postales ou racontées oralement par les cousines, les jockeys... En somme, chez Simon on est toujours le biographe de quelqu'un et le sujet d'une biographie ou de plusieurs biographies ; car l'être multiple est en plus toujours perçu à travers un kaléidoscope de reconstitutions qui diffractent de façon exponentielle son identité éclatée : la Corinne de *La Route des Flandres* est « parlée » par Sabine (RF,49), par Iglésia, par Georges, par Blum et par elle-même (« M'aimes-tu pour ce que je suis », demande-t-elle à Georges, (RF,238)). Le père qui meurt dans *L'Acacia* est évoqué par son fils (A,61,327...), par son épouse et ses sœurs (A,326), par ses nièces (A,chap.VII) et par des témoins anonymes (A,324). Dilaté par le vécu des autres qu'il s'approprie, le héros simonien est aussi une production de leurs discours. Enfin, « je est d'autres », par l'intense capacité des héros simoniens à vampiriser la vie des autres, grâce à la puissance de leur imagination, à leur propension à l'identification. A partir de la photographie de l'atelier d'un artiste, sur laquelle figure son oncle, le narrateur d'*Histoire* reconstitue dans un premier temps toute une histoire de désir et de séduction, de bohème et de fragilité, pour ensuite progressivement s'infiltrer dans les émotions qui « auraient pu » être celles de son oncle, les pirater et faire basculer le récit du « il » au « je » (H,287/288). Selon ce même processus très récurrent dans les œuvres, le cavalier des *Géorgiques* imagine, depuis sa propre expérience de l'opéra, une scène dans laquelle figure son ancêtre, L.S.M. jeune ; par un phénomène de projection, le récit glisse insensiblement de l'un à l'autre : page 27, nous nous situons au XX° siècle, auprès du cavalier enfant, accompagné de sa grand-mère ; les références à l'opéra, des pages 28,30,32,33,36, dessinent une zone amphibologique ; mais page 40, nous voici au XVIII° siècle où l'entracte, à l'opéra, voit surgir des « perruques poudrées » et des « redingotes ». On peut ainsi parler à propos des narrateurs simoniens d'un imaginaire fusionnel qui produit des expériences et des souvenirs transpersonnels : la sensation, la connaissance, la mémoire sont toujours celles de l'autre, que je reconstruis et rapporte indéfiniment afin de donner un sens à mes propres aventures ; tenter de mettre en mots la mort de de Reixach, c'est une façon pour Georges de se débattre avec sa propre fin ; graviter autour du suicide de l'épouse de Charles est un moyen pour son neveu de déchiffrer celui, fantasmé ou réel, de sa propre femme. Alors, fractionnés, dissous, fusionnés, les narrateurs se trouvent au carrefour de perceptions, d'émotions, de lieux, de temps, d'expériences, de paroles et de mots qui « implosent » littéralement la notion même d'identité et justifient l'utilisation de points de vue interchangeables.

Une conscience inopérante

L'évaporation du sujet, qui rend la présence de l'être-au-monde problématique, s'explique aussi par une crise de la conscience. Si l'on définit le sujet, à l'instar de Descartes, comme un être pensant, comme le siège de la connaissance et en cela opposé à l'objet, force est de constater chez Simon que les individus ne répondent pas à cette définition, car ils sont habités par une conscience inopérante. Claude Simon en effet va refondre, dans les œuvres qui nous occupent, la notion de conscience, en remettant en question le présupposé d'une conscience transcendantale. Pour Descartes, la conscience apparaît liée à la pensée, dont elle constitue la saisie immédiate : « Par le nom de *pensée*, je comprends tout ce qui est tellement en nous, que nous en sommes immédiatement connaissants »[1]. Ce point de vue est explicite aussi chez Claude Simon, où la conscience se ramène à la certitude de penser : « il prit conscience qu'il en était conscient », dit le narrateur à propos du brigadier qui se met à entendre les coups de canon (A, 287). Or, si dans la *seconde Méditation*[2] la conscience qu'a le « je » de penser est le fondement de la certitude qu'il a de lui-même, précisément avec Claude Simon il n'y pas d'identité entre la pensée, la conscience et le « je ». Tout d'abord, structurellement, l'humain reste en marge de l'humanité, il s'absorbe dans toutes sortes d'états végétatifs où la conscience de sa propre activité psychique n'est pas encore advenue (« fœtus »), n'est plus (« momie), ou devient simulacre (« fantôme », « revenant »). Par ailleurs d'un point de vue conjoncturel, les êtres se trouvent fréquemment dans des états de « demi-conscience », de « semi-léthargie » où s'effondre la possibilité de donner un sens, de s'inscrire dans une causalité, de se repérer dans le temps et dans l'espace, la capacité de penser, de décider et d'agir. Ces états s'expliquent par la fatigue et le sommeil (RF,26,29,32,37/38,44,99,210,265 G,87,306 A,285,293,366), par l'ivresse (RF,207,109,116,188/191,205/207,289 H,335/339 A,187/189), par l'orgasme (RF,253, 264/265 A,369), l'évanouissement suite à un bombardement (RF,146/148, 160 H,178 A,88,90) ou encore par la sénilité (RF,58,265), l'arriération mentale (G, chap.III), et la folie (RF,243 A,290,299). La narration, elle-même, par la pratique itérative du « récit répétitif »[3] (raconter n fois ce qui s'est passé une fois), tend à dissoudre le personnage focal, cette conscience qui voit, dans son objet. Par le ressassement, la narration neutralise l'intention dynamique de la conscience vers son but et met l'accent sur le sujet de méditation lui-même qui s'enlise dans une autonomie impersonnelle. Cette mise en doute de la conscience pensante trouve une de ses origines, pour la génération de Claude Simon, dans l'écroulement des valeurs occasionné par la guerre : « Je ne suis ni sociologue, ni historien, ni philosophe, mais après Auschwitz les idéologies s'écroulent, tout l'humanisme apparaît comme une farce »[4], affirme Claude Simon ; et ses romans, conjointement à la philosophie existentielle et phénoménologique qui émerge alors, ne cesseront de remettre en cause le positivisme, la science du progrès et la définition de la subjectivité comme foyer possible de la connaissance. La conscience, instance pensante de l'individu, est de fait, doublement niée, comme moyen de connaissance mais aussi comme facteur de décision et d'action. Par exemple, la pensée humaine ne permet à l'individu aucune maîtrise intellectuelle des phénomènes et de l'Histoire. L'événement survient comme une incohérence, sans être immédiatement lisible, « cela me tomba dessus comme si on m'avait jeté brusquement sur la tête une couverture m'emprisonnant » (RF,236). Le brigadier de *L'Acacia*, après la débâcle, subit d'abord la chevauchée suicidaire du colonel fou (chap.X). Ce n'est que longtemps après qu'il retrouve son pouvoir d'indignation : « Le bougre de salaud, le... Il ne

---

[1] R. Descartes, *Méditations métaphysiques*, « réponses aux secondes objections », « Raisons qui prouvent l'existence de Dieu et la distinction qui est entre l'esprit et le corps humain. Définitions », édition de F. Alquié, Paris, Dunod, classiques Garnier, 1996, p. 586. Voir note 1 : « au lieu de *connaissants*, nous dirions mieux : *conscients*. Car le latin est : *ut ejus immediate conscii simus.* » La pensée (cogitatio) est donc, pour Descartes, synonyme de conscience.
[2] *Ibid*, pp. 415/416 et *Discours de la Méthode*, Paris, Garnier-Flammarion, 1966, IV, pp. 60/61.
[3] G. Genette, *Figure III*, Paris, Seuil, 1972, p.147.
[4] C. Simon/J.-C. Lebrun, « L'atelier de l'artiste », *Révolution*, 500, 29 sept. 1989, p. 40.

pouvait pas se tirer simplement une balle dans la tête ?... Nous obliger à le... A nous... » (A,366) et sa capacité d'analyse qui reste néanmoins dubitative : « Peut-être était-il persuadé qu'avec suffisamment d'audace et de sang-froid on pouvait sortir indemne de toutes les situations, ou peut-être, après tout, n'était-il pas fou ? » (A,324). Les individus dans *L'Acacia* sont donc incapables de décoder l'Histoire par ignorance et dilettantisme comme l'apprenti cubiste et de son compagnon mexicain qui traversent toute l'Europe de l'Est en 1938, insensibles au départ des trains juifs en Allemagne (A,228), aux réalités matérielles de la Russie communiste (« " Ce soir on va s'amuser ! Maintenant qu'on est pleins de flics... je veux dire : de fric, on va jouer les grands-ducs !..." » (A,185)), aux purges staliniennes (« commandant une autre bouteille [...] et à la même heure, le même soir, on fusillait le commandant en chef de toute l'armée, et comme chaque jour, chaque nuit, dans des centaines de maisons, d'appartements ou de simples fermes, des coups retentissaient contre les panneaux des portes. » (A,187)). L'Histoire reste opaque car les sujets sont insouciants : parallèlement à la préparation de la guerre, la Belle Epoque est aussi la monstration de « chapeaux fleuris, de casque à plumes, de french cancan, de princes en goguettes et de comiques troupiers. » (A,128). La conscience pensante, de surcroît, ne peut prétendre atteindre à un quelconque niveau d'abstraction puisqu'elle ramène systématiquement l'Histoire à des histoires, comme l'indique le titre d'un des romans et l'expérimentent les efforts désespérés de Georges pour assimiler la débâcle de mai 1940 et le destin conjugal d'un capitaine. Finalement, la pensée ne peut cerner les événements dont elle ne connaît ni les tenants ni les aboutissants, « comment les choses se sont passées (cela tu ne le sauras jamais - du moins celles que tu as vues » (H,172), annonce oncle Charles au narrateur d'*Histoire* et il faudra à O. des trésors de malhonnêteté intellectuelle pour, a posteriori, faire « ressortir des rapports de cause à effet » dans le récit de son aventure espagnole. Mais l'impossible conceptualisation aura généré, a priori, des erreurs d'interprétation de l'événement sur lesquelles le narrateur des *Géorgiques* insiste de façon répétitive : « la violence y était contrebalancée par l'inertie, l'une l'autre se neutralisant (ce en quoi il devait s'apercevoir plus tard qu'il s'était trompé) : maintenant il avait simplement par-dessus la tête de toute cette histoire dont il doutait (en quoi il se trompait encore) qu'elle méritât qu'on l'écrivît avec un H majuscule » (G,304).

    Pas plus qu'elle ne permet de comprendre, la conscience n'est un vecteur de décision. « Qu'est-ce qu'une décision ? On ne décide pas de faire mais de laisser se faire »[1]. Pour Merleau-Ponty comme pour Claude Simon, la décision échappe à la raison : « sans qu'il se rappelât plus tard avoir pris la décision » (A,87), « sans qu'il eût même conscience d'avoir fait tourner son propre cheval » (A,304), estime le brigadier de *L'Acacia*. D'où dans les romans, la thématique si prégnante du hasard, en particulier dans le domaine guerrier (« tous, des chefs d'état-major aux fonctionnaires des centres mobilisateurs cochant leurs listes, les avaient jetés là avec la désinvolture d'un joueur éparpillant sur le tapis vert une liasse de billets sans se soucier des numéros ou des bandes qu'ils recouvrent » (A,37)) ou révolutionnaire (O. se retrouve par hasard dans la mauvaise caserne, celle des troupes persécutées ensuite par le communisme triomphant (G,329) et c'est toujours par hasard qu'il échappe à l'épuration, « presque une question d'heure, du délai de livraison demandé par le bottier auquel il avait commandé ses chaussures » (G,354)), relayée par celle du jeu :

---

[1] M. Merleau-Ponty, « Notes de cours sur Claude Simon », *Genesis*, 6, 1994, p. 155.

les œuvres de Claude Simon réitèrent les descriptions de parties de cartes, de tripots, y compris dans les camps de travail saxons, et de courses équestres. Par ailleurs l'incompétence en matière de décision dérive fréquemment vers l'abîme de l'irresponsabilité, « cet état de démission semi-léthargique qui s'était saisi de lui » (A,293). La guerre est pour le Claude Simon de *La Corde raide* : « Cet allègement, cette illusion de liberté que donne le dégoût et la sensation d'être irresponsable... »[1], c'est peut-être pourquoi, elle est un « enchantement » (G,348). Les fantasmes de fusion avec la terre (RF,238,224), ou de retour dans la matrice protectrice (RF,237 H,402 A,145) exposent cette tentation de fuir les charges de la volonté, de la responsabilité et de l'action.

Car, là encore, pensée ne saurait signifier action : le sujet humain n'agit pas, il subit son propre destin comme celui de la collectivité. Il semble toujours que l'être simonien, « seulement quelque chose de fluide, translucide et sans consistance réelle, comme nous le sommes d'ailleurs tous plus ou moins dans le présent » (H,173), soit mû par des forces extérieures lointaines, incohérentes, telles les puissances politiques, et par des forces internes obscures et archaïques. Une telle partition conduit ainsi à remettre en question la transcendantalité de la conscience qui ne permet pas de définir le sujet. Les répétitions narratives découvrent non un être à la conscience résolue et entreprenante, mais un inconscient dans un corps, c'est-à-dire une instance livrée à des pulsions intérieures indomptables, dans une enveloppe elle-même indisciplinée. « Grosso modo, je suis matérialiste. »[2], affirme Claude Simon en 1989, propos qui confirment ceux de 1977 : « L'ennui, c'est qu'on a jamais vu d'âme sans corps, d'esprit sans matière. »[3].

Une existence proprioceptive

Le corps se présente comme la matérialité première à partir de laquelle il y a connaissance, on peut même aller jusqu'à parler de conscience corporelle, tant le corps, chez Simon est investi d'une autonomie et d'un savoir. Ses potentialités s'organisent dans deux directions apparemment exclusives l'une de l'autre. En premier lieu, les textes enracinent le corps dans la sensation, il en est le « filtre » (RF,66), qu'il s'agisse de sensations internes, comme « la formidable rumeur de son souffle », « du vacarme de notre sang », dans les situations de fuite ou de coït (RF,244 G,424 A,97,349), ou de sensations externes, liées aux quatre sens, qui composent parfois des bouquets synesthésiques, comme l'« odeur rêche Rugueuse Ridée » (H,76) du crêpe ou la voix « enrouée, rugueuse, marron foncé » de Georges (RF,99). Le corps simonien est ainsi, grâce aux sensations « notre ancrage dans un monde », « notre moyen général d'avoir un monde » ; « le sentir est cette communication vitale avec le monde qui nous le rend présent comme lieu familier de notre vie »[4]. Chez Claude Simon comme pour Merleau-Ponty, le corps est l'occasion d'un contact avec le monde, l'opportunité d'une observation « avec le plus d'exactitude possible, les feuilles d'un rameau, un roseau, une touffe d'herbe, des cailloux, ne

---

[1] C. Simon, *La Corde raide*, p. 58.
[2] C. Simon/J.C. Lebrun, *Révolution*, art. cit., p. 40.
[3] C. Simon/J.P. Goux et A. Poirson, « Un homme traversé par le travail », *La Nouvelle Critique*, 105, juin-juillet 1977, p. 32.
[4] M. Merleau-Ponty, *Phénoménologie de la Perception*, Gallimard, « TEL », p. 169, p. 171, p. 64.

négligeant aucun détail, aucune nervure, aucune dentelure, aucune strie, aucune cassure » (A,376), le retour à la chose même, car « revenir aux choses mêmes, c'est revenir à ce monde avant la connaissance, dont la connaissance parle déjà et à l'égard duquel toute détermination scientifique est abstraite, signitive et dépendante comme la géographie à l'égard du paysage où nous avons d'abord appris ce que c'est qu'une forêt, une prairie ou une rivière. »[1]. Pourtant, si chez les deux auteurs, le corps permet une reconquête du sensible, bouleversant une conception transcendantale de la connaissance, pour le philosophe français le retour à l'évidence vécue est indissociable d'une conscience réfléchie, spécifiquement humaine, tandis que chez le romancier il y a un savoir pur du corps indépendant de toute intellection, un lieu physique de connaissance : « la tête, le cerveau lui-même encore absent, endormi, le corps agile sursaute [...] sans cesser de penser (le corps), de calculer, d'organiser, de combiner avec une foudroyante rapidité » (RF,181), permettant à la savante Virginie de tromper son mari défait ; de même Paulou est possédé au rugby d'une « inspiration divinatoire dont contrairement aux lois habituelles de l'anatomie le siège ne se trouvait peut-être pas derrière le front mais dans les membres les jambes les bras la main » (H,236/237). Certes, la sensation peut ouvrir à quelques processus intellectuels comme la mémoire : la réminiscence se fait toujours à partir d'un lieu sensible susceptible d'associations, ainsi l'extrême chaleur de Perpignan rappellera au narrateur d'*Histoire* la chaleur grecque et un flot de souvenirs douloureux concernant Hélène. Parallèlement, la sensation enclenche une fantasmatique quand, par exemple, l'évocation du « rouge », du « corail », du « cerise » ou du « rose » réveille, chez Georges, le désir de Corinne, car les couleurs sont chargées affectivement. Mais, étrangement, la sensation passe difficilement à l'état de représentation, elle est de l'ordre du constat : le brigadier de *L'Acacia* « se borna (sans étonnement, ou plutôt comme un étonnement supplémentaire venant s'ajouter à une telle succession d'étonnements que la notion même d'étonnement avait disparu de son esprit) à enregistrer cela » (A,290). Quant à Georges, il passe devant le cheval mort « se demandant sans exactement se le demander, c'est-à-dire constatant avec cette sorte d'étonnement » que « ce qui avait été un cheval était presque entièrement recouvert » (RF,25). L'étonnement, qui revient systématiquement, traduit cette absence de retour réflexif, la sensation effleure la conscience connaissante mais n'est jamais détournée en analyse. S'il y a bien perception, il n'y a jamais rationalisation. Parfois même, la conscience, l'être entier s'engloutit dans sa puissance corporelle, comme le brigadier qui se trouve auprès de la prostituée « comme s'il n'était plus qu'une main, une paume, des doigts » (A,368). La matière brute des sensations se propage aussi dans la brutalité des modes narratifs : les présentatifs du type « et ceci : », « et cela : » ou encore les participes présents, maintiennent le lecteur dans la stupeur d'une sensation primaire, la perception est imposée au lecteur comme elle l'est au héros. On observe, en effet, dans les quatre œuvres, une difficulté de la perception volontaire : l'ensemble du chapitre X de *L'Acacia* nous présente le brigadier aux prises avec « une couche de matière invisible », une « espèce de verre crasseux ou plutôt de cellophane jaune », une « cloche de verre jaune » qui obstrue tout contact souhaité avec l'extérieur. Ainsi on ne peut prétendre, à la lecture des textes, que l'être s'ouvre au monde par la sensation, il est plus vrai de dire que le monde se donne à l'homme par la sensation, car définitivement le contrôle du corps échappe à

---

[1] *Ibid*, « Avant-propos », p. III.

la raison, à l'image de cette main que Georges observe, « sa propre main lui apparaissant, entrant dans son champ de vision, c'est-à-dire comme s'il l'avait plongée dans l'eau, la regardant s'avancer, s'éloigner de lui, avec une sorte d'étonnement, de stupeur » (RF,217) ou de ces yeux fureteurs que l'antiquaire d'*Histoire* ne peut retenir lorsqu'elle visite la maison du narrateur (H,228,229,231,245).

Car, si le corps est systématiquement présenté comme le lieu des sensations, il est aussi le siège de forces incontrôlables, qui expliquent son autonomie, et qu'on nomme réflexes, lorsqu'il s'agit d'une réaction individuelle à une stimulation déterminée, ou encore instincts quand les actes accomplis sont communs à toute une espèce. Pour Claude Simon, la terminologie n'est pas si claire, qui n'hésite pas à les identifier : « les habitants des sordides banlieues » de Barcelone en insurrection, par exemple, se précipitent « guidés par quelque instinct, quelque réflexe ancestral vers ces avenues, ces palaces » (G,355). L'idée retenue par l'auteur est donc celle d'un corps « automate » (A,88), souverain et libéré des diktats de la conceptualisation. Le corps en « situation d'instinct » semble se fermer au monde, annihile toute conscience sensible (« me déchirant les mains sans même le sentir » (RF,268), « il ne voit pas [...] il ne sent pas [...] il ne sent pas non plus [...] il n'entend ni [...] ni [...] il ne voit ni [...] ni [...] » (A,92)) et se recentre sur des besoins primordiaux dont des déterminations externes menacent la satisfaction. Ces nécessités sont de trois ordres : l'alimentation, la reproduction qui apparaît alors comme un acte vital, légitimé par un ordre quasi-biologique et enfin la conservation ; certaines situations cumulant les trois : « tirer sur tout ce qui remue en face de lui, au point que c'est devenu un réflexe aussi naturel que de trousser des jupons ou lamper sa soupe... » (H,174), tel est l'objectif de l'Autrichien rencontré par le narrateur d'*Histoire*, durant la guerre d'Espagne. L'être instinctif peut aussi bien se transformer en animal, les narrateurs n'hésitant pas à choisir de façon lancinante l'image du chien suffisamment humain par la proximité qu'il entretient avec l'homme pour le métaphoriser, mais suffisamment instinctif pour suggérer la bête (RF,45,268 G,425/426 A,90,349,357). On pourrait ajouter que la femme, par sa ruse, sa sensualité, son absence de moralité, relève foncièrement de l'animalité, ainsi Corinne, répétitivement comparée à une jument, à « un animal » monté « sur le dos d'un autre animal » (RF,128), lorsqu'elle pratique l'équitation. Le corps instinctif, pour satisfaire ses désirs impérieux, est déterminé par une volonté tendue vers son objectif qui s'oppose aux intentions anémiques de la conscience ; on retrouve ici la conception très merleau-pontienne du corps propre, telle qu'il la définit dans la première partie de la *Phénoménologie de la perception* : le corps n'est plus cet amas de chair et d'os mais le corps que je vis, dans lequel je m'éprouve, vecteur de mes projets mais qui possède un savoir de l'objet indépendant de la connaissance ; il s'agit d'un corps engagé dans une connivence avec le monde. Pareillement, chez Simon, le corps instinctif est habité d'une intention, d'une volonté de décision qui prend sa source dans un lieu corporel particulier : « cette partie efficace de lui-même » (A,92), « l'impitoyable partie de lui-même » (A,96), « cette froide partie de lui-même capable de ruse et d'attention, non pas futilement occupée du pourquoi mais du comment continuer à vivre » (A,95). Ainsi le corps simonien, avec ses qualités d'intelligence, de détermination et d'énergie rappelle « l'élan vital » de Bergson[1], d'abord senti en nous-mêmes (instinct de

---

[1] H. Bergson, *L'Evolution créatrice*, Paris, Quadrige/Presses Universitaires de France, 1998, voir en particulier chap. II.

conservation) et qui plus généralement est créateur de moyens permettant à la vie de durer et d'exploser dans sa diversité. Cet élan vital prend pour forme d'une part l'intelligence, réservée à l'homme, mais qui potentiellement inventive, libre et source de progrès, reste misérablement enfermée dans son abstraction et ses habitudes et d'autre part l'instinct, infaillible et qui conserve un lien originaire avec la vie. Claude Simon ne cesse de dénoncer l'entendement conceptualisateur et statique, au profit du jaillissement vital de l'instinct qui, pour lui, s'incarne dans le corps.

Pourtant ce corps euphorique, porte ouverte sur le monde et sur soi, ce corps de savoirs et de décisions vitalistes, qui semble pallier les défaillances d'une conscience flageolante, est lui-même aspiré par la spirale négative qui est la condition de l'homme dans tous ses états. Certes, on trouve dans les textes des occurrences du corps triomphant, comme la luminescence irradiante de la jeune fille rencontrée dans la grange ou la sensualité soyeuse de Corinne, mais les quatre romans nous présentent plus souvent un corps défait, que la répétition textuelle symptomatise avec insistance.

Le corps défait

Tout est prétexte à montrer ce corps morcelé : quelques années après l'annonce de la mort de son mari, la mère de *L'Acacia* fut « attaquée » par la maladie et « petit à petit, les chirurgiens commencèrent à la découper savamment en morceaux » (A,126), « grâce aux bistouris qui taillaient et retaillaient dans le corps » (A,165) ; dans le train qui les amène au camp de travail, les prisonniers ne reconnaissent plus leur membres « ou du moins quelque chose que l'on savait être l'un de ses membres quoiqu'il fût devenu à peu près invisible insensible et, en quelque sorte, séparé de vous », (RF,70) ; le corps est castré par le froid, (G,115), et même dans la mort, celui de L.S.M. ne peut trouver repos et unité, puisque après en avoir découpé les côtes, on en extirpera le cœur. Dépecé, le corps est aussi déformé comme celui du bossu, à l'aspect « monstrueux inhumain vaguement fabuleux » (H,210), ou encore déstructuré lorsque apparaît, à cause de l'âge, « cet imperceptible décalage, ce désaccord naissant entre l'enveloppe externe, qu'elle soit peau ou tissus, et ce qu'elle recouvre » (H,156). Par ailleurs, la dysharmonie entre l'intériorité et l'apparence est au comble quand le corps n'est plus « qu'une enveloppe illusoire une mince coque de plus en plus ténue » (H,359), « un simple sac de peau enfermant non plus les organes habituels foie estomac poumons et cætera mais rien d'autre que de la pâte à papier » (H,77), sorte d'« épouvantail » où seul le squelette présente une résistance au temps ; le corps s'évide et perd ses fonctions vitales, comme « ces bustes naïvement sculptés, montés sur brancards et portés les jours de fêtes votives sur les épaules des pénitents [...] et entre les seins desquels, dans la poitrine évidée, on peut voir [...] quelque relique » (A,277). Inversement, il peut être rapiécé par toutes sortes de prothèses et de postiches, « barbe assyrienne et postiche » (H,59), nez carnavalesque (RF,42), étui à revolver phallique (G,115), « chemises aux coins cornés » « comme une sorte d'inséparable complément de lui-même, d'organe supplémentaire » (RF,31).

Parallèlement, le corps est le terrain de relations problématiques entre l'intérieur et l'extérieur. Physiologiquement, lieu d'un transit banal entre dehors et dedans, par l'alimentation, la respiration, la défécation, le corps simonien semble excessivement poreux, ne connaît plus de délimitations fiables. Ainsi, le corps intérieur est en permanence vidé de ses humeurs, dépossédé de son fond par toute sortes de liquides qui suintent : la sueur due au travail (A,63,167), à la chaleur du Midi (H,72) comme à celle des tropiques (H,22), à la misère (H,119) ou à l'angoisse (A,239). Le corps qui ne s'appartient plus, s'écoule aussi dans les larmes, dans une « terrifiante diarrhée qui le vidait sauvagement de son contenu comme de son sang » (RF,185) et par les « éjaculations de semence mâle », « cette laitance, mais comme la substance même de ces membres, de ce corps amaigri et nerveux », « l'inondant, inondant sa blancheur jaillissant l'inondant » (G ,195 A,370 RF,269). Le corps défait se déverse « comme ces paquets, ces sacs dont sitôt le cordon qui les lie dénoué ou tranché le contenu se répand, roule et s'éparpille dans toutes les directions » (A,45,303). De surcroît, le corps perméable perd le sens des limites de son enveloppe, ne sent plus la frontière entre le dedans et le dehors. Ainsi, le brigadier, aux abois, lors de son évasion, confond les bruits intérieurs et extérieurs, « n'entendant rien d'autre au-dessus de ce qui lui semblait un épouvantable fracas de feuillages et de rameaux brisés que la formidable rumeur de son souffle » (A,349) ; de même un peu plus tard, il pense que s'il vomissait, « ce ne pouvait être que quelque chose comme un morceau de poumon ou de cœur » (A,350). L'extérieur infiltre l'intérieur, les organes s'enfuient au-delà de leurs limites, et dans les situations d'orgasme, les frontières sont pulvérisées par « une sorte de vertigineux maelström qui ne s'arrêtait même pas aux limites de son corps, se prolongeait encore au-dehors » (A,134 RF,244). Le corps n'est plus pensé comme une entité circonscrite mais comme un « filtre » (RF,66) et l'absence de limites physiques est doublée d'une absence de limites imaginaires. L'hybridation permanente des corps, les femmes-juments, les hommes-étalons, les centaures, les prisonniers-oiseaux, les vieilles reines-crustacés... créent un nouveau bestiaire imaginaire où le corps devient l'incarnation d'une altérité fantastique menaçante. La proximité de l'animal dévalue l'organisme qui s'abîme alors dans un corps méprisable.

Le corps exultant s'avère, en fait, un corps déprécié par la souffrance et l'invalidité car la vieillesse engendre des organismes usés, impotents et déchus (G,66,366/367), les blessures de guerre provoquent « les hurlements, les cris de douleur » (G ,291), la détention amène l'horreur de la faim, de la soif, de la vermine, et sous les coups de la maladie les yeux d'une mère prennent l'« impitoyable et peureuse dureté des regards des rapaces » (H,389). Producteur d'excréments, souvent évoqués, de « coulées de merde », de « puanteur ammoniacale », de « tiédeur pour ainsi dire intestinale », ce corps abject nous donne une leçon d'humilité et expose « les entrailles mêmes du monde étalées là ». Mais le corps misérable, c'est surtout l'exposition du cadavre en décomposition, de la pourriture habitée par le grouillement des vers. Les narrateurs de Claude Simon témoignent, à cet égard, d'un goût macabre pour la profanation des tombes ; les cadavres sont exhumés, celui de Marianne et de L.S.M. dans *Les Géorgiques* (G,367,381,449), de la grand-mère et de son propre père « réunis dans une sorte d'incestueux et macabre accouplement » (G,218). Contrairement à tous les codes de bienséances, le corps est exhibé dans sa matière en devenir, que toute notre civilisation hygiéniste et euphorisante tente de neutraliser. A leur façon, les textes essaient aussi de lutter contre cette « sorte de transmutation ou de transsubstantiation accélérée » (RF,97) de la matière par la pétrification des organismes humains : le corps de chair se transforme en « corps de pierre » (A,14), lorsque l'homme devient un buste (G,243/247), lorsque « les rigides baleines des corsets » (H,20), la « lourde carapace de drap, de cuir, de courroies »

(RF,106) forment une gangue protectrice contre la corruption physique. Mais, pourvoyeur de déchets, le cadavre devient lui-même débris, « sac », « outre », « chose », lorsqu'il ne s'évanouit pas complètement : dans le chapitre I de *L'Acacia*, la mère, les tantes et l'enfant partent à la recherche désespérée d'un corps irrémédiablement perdu.

Chez Simon, le corps est l'instrument d'une relation transitive avec le monde que ne permettent pas pleinement les composantes spirituelles de l'être. Matière en soi, il prend place « naturellement » dans la matière du monde et conditionne par sa connaissance empirique et sensitive la survie de l'individu dans son environnement ; matière pour soi, il est la base constitutive des fonctions supérieures de l'être humain. Pourtant, cette matérialité même, qui fonde son efficacité et sa souveraineté, signe aussi la fragilité d'un corps voué à la destruction et la finitude. Le corps est substance et à ce titre promis à la « bouffissure de la décomposition » (RF,40), il est le médium indispensable mais éphémère d'une existence passagère.

La répétition des thèmes, des mots, des procédés d'écriture s'est donc révélée comme le symptôme d'une pathologie de l'être : à la nécrose d'une identité douteuse et désunie s'ajoutent l'apathie d'une conscience sans application cognitive ou opérationnelle et un corps, certes intuitif et entreprenant, mais souvent morcelé, déstructuré, vil et en peine. Tel est le cruel constat de la situation du sujet humain, poétiquement mise en exergue par l'épigraphe *Histoire*, reprise à Rilke. Mais la répétition, est bien un signe du malaise. Facteur de fixité et de stabilité, elle se présente inversement comme le moyen explicite de la restauration de l'être ; elle montre ainsi les deux faces du signe linguistique car elle est le signifiant du problématique et le signifié de la réparation.

La répétition et l'avènement du personnage

l'identification

Tout d'abord, on peut soutenir que c'est la répétition qui crée le personnage car elle en assure la désignation, l'identification et l'existence. « Qu'est-ce qu'un personnage dans un roman ? » : pour Francis Corblin, « d'abord une suite d'expressions linguistiques qui réfèrent à la même chose qu'une expression antérieure du texte : noms propres, pronoms, groupes nominaux définis et démonstratifs »[1]. Cette perspective linguistique rejoint celle des sémioticiens des années 1970 pour lesquels le personnage qu'on peut a priori considérer « comme un signe », naît de la répétition de sèmes identiques[2]. La construction du personnage repose avant tout sur l'utilisation d'un certain nombre de désignateurs, dont le principal est le nom propre. Or, précisément, les romans de Claude Simon, où le nom propre est ambigu ou inexistant, mettent en place des stratégies de substitution, toutes fondées sur la répétition, pour permettre de donner corps au personnage, qui sans patronyme se présente comme un référent sans signe, comme un morphème en creux. Un relevé systématique des mots ou groupes de mots, désignant les personnages principaux de

---

[1] F. Corblin, *op. cit.*, p. 197.
[2] P. Hamon, « statut sémiologique du personnage », p. 117. Même perspective dans R. Barthes *S/Z*, *op. cit.*, p. 68.

L'Acacia (le père, la mère, le brigadier, les tantes) a permis de dégager ces procédures.

Les pronoms, qui ont parfois une valeur discriminatoire concernant le nombre et le sexe (elles = les tantes / elle = la mère) mais qui restent cependant très ambigus (il = le père ou le fils ?), trouvent dans la répétition deux sortes de solutions : le pronom peut être repris par une parenthèse identifiante du type « il (le brigadier) » ou être fixé par un indice du contexte qui dans une évocation préalable déterminait le personnage avec assurance : par exemple le « il » anonyme, apparaissant au chapitre X, s'identifie au brigadier rescapé d'une embuscade, précédemment évoquée au chapitre IV, grâce à la date 1940, à la présence du colonel et de ses acolytes et plus généralement du décor d'une route pendant la guerre. On peut donc distinguer, pour étayer le système pronominal, une répétition volontairement éclairante qui s'appuie sur la reprise explicite de l'antécédent du pronom entre parenthèses et la répétition indicielle d'un contexte permettant de dégager implicitement un référent au pronom. L'une est précise et lexicale, l'autre est globalisante et contextuelle.

Les descriptions identifiantes constituent une autre tactique pour pallier le vide onomastique. Les personnages n'existent que par la répétition mot pour mot des éléments qui les caractérisent. La description ou l'évocation du personnage n'a pas pour objectif un inventaire exhaustif et rigoureux : elle dégage quelques traits pertinents qui seront inlassablement répétés ou partiellement repris dans des groupes nominaux définis. Ainsi le père est présenté à travers ses yeux « couleur de faïence » (A,61,79,82,124), sa « barbe carrée » (A,82,124,213...), ses « moustaches en croc » (A,124,213,331...) ; mais il est aussi « l'homme à la barbe sauvage » (A,146), « l'homme à la barbe carrée, au visage marqué par de terribles climats (A,312). De même, la mère est toujours caractérisée par son « profil bourbonien » (A,14,17, 21,165...), « ses deux grands yeux » (A,110,113,115,126,133...) et ses « opulentes épaules » (A,121,127...) et apparaît également comme « la jeune fille aux grands yeux » (A,113). Ces reprises anaphoriques favorisent, face à l'anonymat des personnages, une reconnaissance et constituent un hyper-cadre qui double le vague des référents, en fournissant des repères qui font signes. Ces anaphoriques de signalement[1] se substituent ainsi aux dénominations. Ils s'étendent à quatre domaines : le registre physique où sont puisés les exemples qui précèdent, le champ comportemental (la paresse de la mère, son appétit ; la nonchalance du brigadier ; l'acharnement au travail des deux tantes par exemple), l'univers objectal (les voiles noirs de la mère ; le pantalon en tweed du fils ; les jumelles du père...), et le domaine actantiel qui détermine la fonction familiale ou sociale des personnages (« l'enfant », « la veuve », « le brigadier », « les deux institutrices », « sa mère »...).

Enfin la répétition répare l'asthénie onomastique par une réitération très particulière de la description imagée ; dans un premier temps, le personnage est présenté par une comparaison ; ainsi le narrateur nous dit de la mère qu'elle est « elle-même semblable à une citadelle » (A,116), puis la comparaison se développe en s'effaçant avec un outil de comparaison beaucoup moins assertif « cette espèce de forteresse de préjugés » (A,127) ; progressivement cette comparaison modalisée disparaît au profit de la métaphore qui en reprend les mêmes termes : le père « avait su triompher de cette imprenable forteresse d'inertie » (A,137). Ce processus de

---

[1] L'expression est reprise à F. Corblin, *op. cit.*, p. 202.

désignation par l'image anaphorique est un procédé très économique car il assure simultanément la reconnaissance du héros et son transport métaphorique.

Si dans *L'Acacia*, les anaphoriques de signalement, la clarification des pronoms et les métaphores anaphoriques s'avèrent des moyens efficaces pour l'identification des héros, le comptage, dans le roman, de chacune de leurs occurrences permet de constater que le choix de leur emploi dépend du personnage traité.

Ainsi la mère présente des anaphoriques de signalement circonscrits mais fréquents en ce qui concerne le physique : « son profil bourbonien » qui devient vers la fin de sa vie un profil « en lame de couteau », ses rondeurs, « ses yeux un peu globuleux » constituent l'essentiel des motifs repris avec variations ; les objets qui lui sont associés se limitent aux « extravagants chapeaux », au « voile de crêpe noir » et aux photographies qui l'accompagnent en toutes occasions ; son caractère est associé systématiquement à la gourmandise, la paresse, l'orgueil ; enfin elle est « la jeune fille », « cette morte », mais surtout « la veuve » en fonction du chapitre observé : en effet certains personnages, comme la mère, sont flanqués de périphrases identifiantes, qui restent fixes durant des tranches chronologiques, correspondant à un ou plusieurs chapitres ; la mère est préférentiellement désignée par « la veuve » pendant tout le chapitre I, qui narre la quête du corps du mari mort, tandis que dans le chapitre V, qui raconte sa jeunesse, elle est « la jeune fille ». L'indexation de la dénomination des personnages sur la chronologie, si elle dégage une unité du protagoniste à l'échelle du chapitre, favorise néanmoins cette impression globale de morcellement de l'être que résorbe la répétition des contextes, des scènes et des signalements. Le relevé des procédés de désignation montre par ailleurs que la mère prêtant peu à confusion du point de vue pronominal, puisqu'elle est le seul « elle » du roman, occasionne peu de pronoms précisés soit par une parenthèse, soit par le contexte ; en revanche, elle est l'objet d'un épanchement métaphorique très répétitif : « la forteresse de préjugés », « cette imprenable forteresse d'inertie », « la paresseuse sultane », l'« inaccessible princesse », « la paresseuse génisse », « le fantôme rigide », « la momie au masque ravagé et fardé »... sont des métaphores anaphoriques qui fourmillent dans le texte.

Le père donne lieu à un système de désignation différent : toute une panoplie d'anaphoriques de signalement dégage son physique « robuste », son visage « brûlé par le soleil » à « la barbe carrée », aux « yeux pâles couleur faïence », aux « moustaches en crocs ». Mais les objets qui l'environnent sont plus envahissants comme les jumelles, la plaque d'identité, l'arme, sa « tunique bleu nuit » au col de laquelle se détachent « deux ancres marines » mais surtout ce « nécessaire à fumeur en émail cloisonné » de la page 54, dont la répétition à la page 62, permettra sa reconnaissance dans le mort « au sang pâteux », abandonné au pied d'un arbre (A,61). Par ailleurs le père se prête, en l'absence de nom propre et à cause de la présence d'un autre « il » dans le texte - son fils -, à une clarification des pronoms par les parenthèses (« il (leur frère) », « il (l'homme barbu, vêtu maintenant comme un garde forestier) »), mais surtout à un important dispositif d'explication par le contexte (la vie rude dans son Jura natal, l'environnement guerrier de l'année 14, les voyages dans des régions lointaines et archaïques) et par les désignations actantielles du type « le garçon », « le frère », « le fils », « l'arrière-petit-neveu », « le cadet », « l'homme », « le mort »... La caractérisation comportementale se réduit à la répétition de l'ascétisme et du courage du héros que désignent par ailleurs des métaphores anaphoriques très limitées : sa future belle-mère voit en lui « un garde-chasse ».

Enfin, la désignation du père ne se concrétise jamais par des périphrases identifiantes fixes, ses appellations sont variables et irréductibles au chapitre analysé.

Les tantes sont l'objet d'un autre processus de désignation. Les anaphoriques de signalement restent significatifs : les visages « carrés » « flétris », « ravinés », « les yeux bordés de rose », « les mains crevassées » sont des expressions relatives à l'apparence physique qui reviennent très souvent. Certaines, d'ailleurs, en reprenant celles qui sont habituellement attribuées au père, constituent un lien quasi-génétique entre le père et ses sœurs : la barbe carrée de l'homme évoque le visage carré des deux femmes, qui ont elles aussi des yeux « couleur de faïence » (A,26). Les deux tantes sont de plus caractérisées par leurs vêtements sombres, empesés, leur irrémédiable tristesse et leur acharnement au travail. Mais, ce qui manifestement les isole, dans leur mode de désignation, des autres personnages, est la réitération de formules figées, « les deux sœurs », « les deux institutrices », « les deux compagnes », « les deux autres femmes », « les deux vieilles femmes », où le terme « deux » fonctionne immédiatement comme un signal identificatoire. On peut dire que la répétition du « deux » place la dénomination des tantes en autosuffisance par rapport au contexte référentiel ou linguistique. Toutefois, lorsque, malignement, le narrateur introduit une autre paire féminine, « les deux vieilles dames, deux veuves encore » (A,208), c'est la répétition contextuelle qui définitivement permettra de départir les protagonistes (les cousines sont veuves alors que les tantes restent « d'austères vierges montagnardes »). Le champ des métaphores anaphoriques qualifiant les tantes est bien développé dans le roman, avec le retour de groupes comme « les mules », « les statues », « les servantes ».

Reste un personnage dont la position originale (personnage /narrateur) occasionne une combinaison d'appellations tout à fait marginale : le brigadier ; tout d'abord les anaphoriques de signalement physique si déterminants, en ce qui concerne les autres personnages, sont pour lui inexistants. Quelques objets, un pantalon de tweed, un blouson d'anarchiste, des chaussures luxueuses, un comportement indolent (comme sa mère), et une vacuité existentielle le représentent, mais il se signale surtout par la précision entre parenthèses des pronoms se référant à lui : « il (le réserviste) », « il (le brigadier) », « ils (les deux étudiants) », « ils (les cavaliers) » et par l'abondance des dénominations actantielles qui le signifient : « le brigadier », « le réserviste », « l'enfant », « le peintre cubiste », « le gamin »... Ces dernières expressions, comme dans le cas de la mère, se figent et valident au sein d'un chapitre, d'une étape diachronique de la vie du protagoniste, son identité : dans le chapitre I, le brigadier est « l'enfant », il est dénommé « brigadier » après le début de la guerre (A,224). Enfin, si le contexte est éminemment nécessaire pour le distinguer du « il » de son père, le personnage du brigadier se développe dans un nombre de métaphores anaphoriques restreint, le ramenant à l'état de « chien » ou de « quadrupède » lors de son évasion ou de ses expériences sexuelles.

Le système de caractérisation des personnages par la répétition repose sur quelques principes : d'abord la compensation. Par exemple, dans le cas du brigadier, l'absence d'anaphoriques de signalement physique est corrigée par la fréquence des pronoms précisés grâce à la mise entre parenthèses de leur référent ; inversement l'abondance des métaphores anaphoriques supplée à la faiblesse identificatoire des pronoms relatifs à la mère ; et globalement la pauvreté dans la diversité des annotations physiques est compensée par leur répétition massive ; la focalisation guide également la mise au monde des personnages dans le texte, car le choix de tel ou tel procédé répétitif expose déjà, indépendamment de tout jugement de valeur ou de tout épanchement affectif, un regard sur l'autre et sur soi ; par exemple le brigadier, qui on le verra a peut-être un statut d'autobiographe à la troisième personne, n'est qu'une voix (il ne se voit pas, d'où l'absence d'anaphoriques de signalement physique) ; au cœur de sa souffrance, de sa survie, sans distance par rapport à son traumatisme, trop plongé dans son lui-même, il ne peut s'imaginer ou se rêver, d'où l'épuration des métaphores anaphoriques le concernant. Par ailleurs il se vit sur le mode du morcellement presque schizophrénique (en particulier dans le chapitre X), et l'on comprend cet effort démesuré de la mémoire pour rapprocher ces deux instances éclatées il /je et le brigadier, d'où la répétition insistante à son sujet des pronoms éclaircis par la parenthèse référente : « il (le brigadier) » ; il est si englué dans les scènes du passé (enfance, guerre) que ce passé devient la définition de son propre personnage, la référence de sa propre désignation, d'où le fonctionnement du contexte comme un déictique du discours pronominal. Car ce qui se joue dans la répétition des désignations, c'est un état de l'être propre comme celui d'autrui. Ainsi le père, ce grand Autre absent, on ne peut non plus l'imaginer car il est figé dans des discours rapportés, dans des photographies ; il ne peut être le lieu d'une métaphorisation fantasmatique car il n'a pas été éprouvé dans un échange chaleureux de chair vivante, restent donc pour l'évoquer la répétition d'un contexte historique et un fatras d'objets ; le personnage n'est jamais désigné par une périphrase identifiante qui récidive, comme c'est le cas pour « la veuve » ou « les deux sœurs », car il n'a pas d'existence précise ; il n'apparaît pas non plus dans une formule caractérisante qui évolue au cours de la chronologie des chapitres, comme pour « l'enfant » qui passe à l'état de « réserviste » puis de « brigadier », car il est figé dans une image non évolutive, en un mot, morte. La mère, en revanche, et au-delà de la métamorphose réelle qu'elle connaît en raison de sa maladie, est l'objet d'une fantasmatisation, de métaphores anaphoriques fréquentes et d'une vie nominative plus souple.

L'Acacia, roman où ne figure aucun nom propre, est donc un exemple idéal, pour montrer comment la répétition permet, en produisant un système de désignations parallèles, fortement individualisant car chargé d'affects, de laisser émerger le personnage, là où le discours narratif s'employait à le nier dans son identité, dans sa conscience et dans son corps. Le retour des personnages dans les quatre œuvres étudiées est une autre facette du travail réparateur de la répétition.

Le retour des personnages

On pourrait, d'ailleurs, préférer au terme de répétition ou de retour des personnages, celui de revenance car ce néologisme met clairement en évidence, outre le phénomène de retour textuel, la matérialité fantomatique de tous ces être issus du passé qui viennent hanter la mémoire ou l'imaginaire du narrateur. Dans l'analyse qui suit, on a considéré comme revenant tout personnage apparaissant dans plus d'un roman, qu'il participe directement à l'action ou qu'il soit simplement évoqué par l'un des personnages. Par ailleurs, on a retenu pour chaque protagoniste les caractéristiques les plus congruentes, indépendamment du nom et des variations mineures qui ne mettent pas en péril son unité psychologique ; par exemple Corinne peut bien se présenter dans *La Route des Flandres* comme la cousine par alliance du narrateur et dans *Histoire* sa cousine germaine, elle n'en garde pas moins la même rouerie, la même sensualité et le même goût pour les aventures sexuelles. Les observations ont été synthétisées dans un tableau (annexe 1) qui fait l'inventaire des revenants, de leur localisation dans les œuvres, de leurs traits communs et qui a été construit par couches chronologiques avec, en son centre le narrateur-cavalier, en amont sa famille, et en aval ses compagnons souvent d'infortune. L'analyse de la revenance simonienne permet de constater que contrairement à *La Comédie humaine* (référence explicite de *L'Acacia*, (A,379)) où Balzac souhaite, grâce à l'utilisation récurrente des personnages dont il est le maître incontestable[1], « représenter une société »[2], les romans de Simon gardent un ancrage affectif. Sans rapport avec la perspective de Balzac qui vise, par le retour des personnages, à constituer des types sociaux (l'aristocratie de Paris et de province, les courtisanes, la bourgeoisie et le monde financier...) ou moraux (la police et les criminels...), les personnages qui réapparaissent le plus fréquemment et le plus abondamment chez Claude Simon sont les membres de la famille. Revient aussi une série d'anonymes et de compagnons associés à des situations traumatiques, qui signifient donc moins pour eux-mêmes que comme témoins ou paysages d'une souffrance. Par conséquent, il s'agit ici d'une revenance de proximité centrée sur la filiation et le compagnonnage, qui permet une restructuration du personnage mis à mal par la diégèse.

D'abord, le retour des personnages apporte à chaque roman un complément d'informations et ces personnages, aux consciences désertes et aux corps qui se vident, se remplissent de roman en roman de caractéristiques et d'aventures, comme si leur revenance textuelle compensait leur déperdition diégétique. Par exemple, le père, qui n'est dans *Histoire* qu'un agrandissement sépia, une signature sur une carte postale et un nom sur un carton de condoléances adressé à la mère, devient dans *L'Acacia* un être qui parle, agit, aime et pense. La revenance nourrit donc le héros qualitativement. Elle l'alimente aussi d'un point de vue diachronique : ainsi, Corinne, dans *La Route des Flandres*, est déjà une femme mariée, son retour dans *Histoire* permet de la retrouver à un stade antérieur de sa vie. La revenance a d'ailleurs un effet rétroactif car la vie antérieure du personnage est souvent écrite après, la mère d'*Histoire* est malade, voire agonisante, *L'Acacia* la présente dans sa jeunesse et dans sa plénitude de femme mariée ; le cavalier narrateur de *La Route des Flandres* vit la débâcle de mai 40, *Histoire* et *Les Géorgiques* le montrent dans son enfance et son adolescence, *L'Acacia* remonte jusqu'à sa conception (A,137,144) et sa vie intra-utérine (A,145). Les personnages secondaires qui apparaissent dans les romans, de façon très localisée et très épisodique, comme « le patriarche », le cousin Paul ou l'amie espagnole de la mère, acquièrent par l'effet cumulatif des revenances, une épaisseur, une permanence donnant l'illusion de la densité.

Par ailleurs, le retour du personnage permet sa réunification : la diégèse le présentait éclaté entre différentes instances, morcelé dans son corps, hybride dans sa composition, la revenance étouffe la problématique de la fracture du personnage sous l'unité puissante de la famille ; selon le modèle mathématique de la démonstration par récurrence, qui consiste à étendre à tous les termes d'une série ce qui est valable pour les deux premiers, l'unité de la communauté des personnages, fondée

---

[1] Dans 75 romans de *La Comédie humaine*, Ethel Preston dénombre pas moins de 460 personnages réapparaissant dans plus d'un ouvrage. E. Preston, *Recherches sur la technique de Balzac*, Genève, Slatkine Reprints, 1984, p. 5.
[2] Voir « L'Avant-propos de *La Comédie humaine* » (1842) dans lequel Balzac expose « la pensée », « l'origine » et le plan de son œuvre. H. de Balzac, *La Comédie humaine*, Paris, Gallimard, « La Pléiade », 1976, tome 1, pp. 7/20.

sur leurs retours, construit un modèle stable et rassembleur qui rejaillit sur les individualités déstructurées. Car, comme le montre Vincent Jouve, le personnage est avant tout un effet de lecture[1], or la familiarité avec le personnage, la confiance créées par son retour, l'impression de toujours connu produite par la mémoire textuelle, font resurgir l'impression de stabilité sur le personnage lui-même.

Enfin, par le principe de fixité rassurante que dissipe la revenance, les personnages qui reviennent, apparaissent comme des « personnages référentiels »[2], sûrs et immédiatement repérables. La revenance produit une identification de la fiction avec un monde réel et connu qui exorcise l'univers diégétique, de la perte identitaire et de la transformation de la matière. Car si les personnages pour Claude Simon « n'ont d'autre "réalité" que celle dans laquelle l'écriture les instaure, n'ont d'autre existence que par elle »[3], « tout texte réfère, c'est-à-dire renvoie à un monde (préconstruit, ou construit par le texte lui-même) posé hors langage »[4]. Le texte appelle un au-delà du texte et le personnage est perçu comme une personne. Du personnage à l'illusion de personne, la répétition reste un facteur de réparation. Au sein même de la fiction, on peut en effet observer comment elle permet aux êtres périssables que sont les hommes de perdurer et trouver leur destin.

Les traces

Au cours de leur passage à la vie, les êtres laissent des traces d'eux-mêmes, qu'on peut lire comme des répétitions métonymiques de leur personne. Les quatre romans offrent de multiples traces matérielles, comme les objets « sous forme de flèches, de lances, de porcelaines, d'émaux, de paravents brodés d'oiseaux-paradis » (A,83) que le père envoie depuis les « mondes barbares » à ses sœurs, les débris de vies laissés par l'exode de 1940 sur le bord des routes du nord ; mais aussi comme les demeures, les châteaux et les tombes qui abritent leurs existences mortes ou vives. Les hommes produisent également des traces iconiques de leur présence : les romans insistent sur ces représentations, portraits, photographies, cartes postales, gravures et buste qui, par leur finalité affichée de commémoration, atteignent la dimension du « monument » et semblent dignes d'être intégrées à la mémoire collective. Les traces graphiques sont par ailleurs parfaitement représentées : il s'agit de « l'amoncellement de paperasses, de vieilles lettres et de registres laissés par L.S.M. » (G,193), des cartes postales déchiffrées par le narrateur d'*Histoire* aux écritures « haute épineuse rigide » (H,31) ou « allongée, fantasque, nonchalamment débraillée pour ainsi dire » (H,34), ou encore « pointues, prétentieuses » (H,21). Enfin un homme laisse de son passage des traces mnémoniques qui vivent dans l'esprit de l'autre, souvent durablement, comme le montre la plainte douloureuse de L.S.M. : « Que me font à moi une fortune et des honneurs dont le plus grand prix eût

---

[1] V. Jouve, *L'effet-personnage dans le roman*, Paris, P.U.F., 1992, p. 27 : « Avant d'entrer dans les détails, il convient de remarquer que l'identité du personnage ne peut se concevoir que comme le résultat d'une coopération productive entre le texte et le sujet lisant.»
[2] P. Hamon, « Pour une sémiologie du personnage », *op. cit.*, p. 122.
[3] C. Simon, « Réponses de Claude Simon à quelques questions écrites de Ludovic Janvier », *Entretiens*, 31, 1972, p. 20.
[4] C. Kerbrat-Orecchioni, « Le texte littéraire : non référence, autoréférence, ou référence fictionnelle ? » dans *Texte*, 1, Toronto Trinity College, 1982, p.28, citée par V. Jouve, *L'effet personnage dans le roman*, *op. cit.*, p. 11.

été de les partager avec cette femme adorée ensevelie dans le néant depuis si longtemps et dont le souvenir après vingt ans me déchire le cœur » (G,76). Toujours associée à une perception (« il lui semblait toujours la voir, là où elle s'était tenue l'instant d'avant, ou plutôt la sentir, la percevoir comme une sorte d'empreinte persistante, irréelle, laissée moins sur sa rétine [...] que, pour ainsi dire, en lui-même » RF,38), l'empreinte mnésique restitue un personnage dans sa totalité comme Lambert « me le rappelant la dernière fois que je l'avais vu assis à cette terrasse de café » (H,296), ou un détail physique : un visage (RF,104 A,178), un ventre (« je me rappelle que la partie de son ventre dans l'ombre était d'un vert délicat transparent comme un glacis » (H,291)) ; la mémoire réveille aussi les scènes où figure le personnage remémoré, comme celle de la mère agonisante (« pouvant la voir, cadavérique et fardée, avec ce châle mauve en laine des Pyrénées » H,60) qui prend part à « ces soirées de musique de chambre ». Ainsi, qu'elle soit matérielle, iconique, graphique ou mnémonique, la trace répète l'homme, vivant ou mort, dans sa dimension objectale, elle est son émanation tautologique. Certes, dans la tradition philosophique, la trace est habituellement rattachée à la problématique du temps, comme chez Heidegger pour qui « le *monde* n'est plus. Mais le caractère *intra-mondain* d'autrefois de ce mode est encore donné (*vorhanden*)... En tant qu'ustensile appartenant au monde, ce qui subsiste encore *maintenant*, malgré sa "passéité", conserve sa pertinence »[1]. Les restes du monde, les traces sont porteurs du passé et à la base de la démarche historienne.

Elle est aussi la révélation de l'être-là ou ayant été là ; elle est un signe qui appelle la présence au-delà de la mort car elle est la certitude de l'existence : la reprise fréquente chez Claude Simon de l'expression « disparu sans laisser de traces » (RF,188 G,342,360 A,39) associe explicitement l'idée de l'existence et celle de la trace. L'homme qui laisse sa trace, qui se répète dans la chose s'assure de son être, contrairement à un Jean-Marie L.S.M., « ce hors-la-loi », « dont il ne devait rester plus tard aucune trace, pas un médaillon, pas une lettre, pas un papier témoignant qu'il avait été » (G,420). Par ailleurs la trace est aussi la preuve de l'identité qui passe par le nom dans le cas de la vieille dame des *Géorgiques* se refusant à détruire les documents de L.S.M., la trace du « secret », « par fidélité au nom ensanglanté qu'elle avait porté » (G,193), par la lignée qui ne laisse « d'autre trace que l'arrogante suite des portraits ou des photographies de personnages compassés » (G,170) ou par la physionomie comme dans la photographie de l'atelier qui porte « la trace fuligineuse laissée par le visage » du peintre hollandais (H,269). La chose marquante signifie en outre la vérité de la chose marquée, par sa répétition dans l'endehors, le personnage se révèle sans fards et sans trucages : ainsi les services de sécurité du pouvoir communiste barcelonais, à la recherche de O., vont passer sa chambre d'hôtel au peigne fin, à la recherche des preuves de sa trahison, de « toutes les traces de germes nocifs qui pouvaient se trouver là, invisibles mais sans aucun doute virulents, se saisissant des moindres papiers, journaux, livres, coupures de presse, lettres intimes, linge sale, fouillant l'armoire, les tiroirs, la poubelle... » (G,268) ; véritables duplications de moi-même, mes expansions m'équivalent et me dévoilent ; surtout en mon absence (comme en celle de O. qui s'est enfui à temps), car précisément la trace entendue comme émanation de l'être, est une conséquence

---

[1] M. Heidegger, cité par P. Ricoeur, *Temps et récit III, Le temps raconté*, Paris, Seuil, « Point Essais », 1985, p. 220.

et non une présence, elle est, selon *Le petit Robert*, « la suite d'empreintes ou de marques que laisse le passage d'un être ou d'un objet » ; par conséquent, elle signifie dans le creux de l'absence, « à la manière de ces lourdes boîtes d'acajou, de ces écrins où peuvent se lire en creux les formes des armes ou des bijoux qui en ont été retirés » (A,208 RF,75), l'être de passage et disparu. On comprend alors que la répétition dans la trace annule la dissipation du personnage, par sa putréfaction charnelle ou la défection de sa conscience, car elle supplée la présence. Poudre d'éternité, la trace mnésique conserve l'existence des disparus dans la mémoire et l'inconscient des survivants, « non seulement les traces laissées par le souvenir les maintient en vie dans notre psychisme, mais ils réapparaissent dans notre sommeil sous la forme qu'ils avaient bien des années avant d'avoir quitté le monde. Leur corps disparu, leur âme survit en nous dans l'inconscient »[1], telle est pour André Green à la suite de Freud dans *Totem et tabou*, une des raisons pour lesquelles les hommes croient à l'immortalité, d'autant que ces signes testimoniaux sont relus, revus par le narrateur qui reconstitue ainsi les êtres en comblant les vides. Le narrateur d'*Histoire* refigure le personnage maternel à l'aide des cartes postales, dans *Les Géorgiques* une vieille main « tourne les pages des registres » de son ancêtre (G,76) pour en reconstituer l'histoire. Toutefois, à la différence de l'historien qui s'efface derrière ses élaborations, le narrateur lui-même se construit sur l'édifice des documents, sur les traces des autres : *Histoire*, par exemple, met en perspective la naissance finale d'un homme (H,402) avec la revisitation familiale par cartes postales interposées, à tel point qu'on peut en paraphrasant la formule de Jean Starobinski parler d'une « précaire et monumentale reconstruction d'un moi vivant à partir » non « de ses ruines »[2] mais à partir des ruines des autres. La trace laissée ici et maintenant, qui se trouve à l'intersection entre la personne révolue et la subjectivité présente se construisant dans le discours de la mémoire, opère donc une double réparation de l'être problématique : la restauration dans l'absence de l'être disparu et l'édification dans le témoignage du narrateur-décrypteur.

La superposition des destins

Ainsi se dessine la nature référentielle de l'identité. Le héros simonien se définit toujours par rapport à autrui. La lecture des œuvres de Claude Simon confirme Merleau-Ponty dans son idée que « les hommes aussi sont des hommes-gigognes ; si l'on pouvait ouvrir l'un on y trouverait tous les autres comme dans les poupées russes »[3], car la superposition des destins, subtilement mise en évidence par le texte lui-même « l'Histoire s'amusait à faire se croiser là trois destins » (G,437), peut être lue comme un des avatars de la répétition, permettant la restauration de l'être. Les tableaux placés en annexe (2 à 7), qui récapitulent les concordances entre les vies des protagonistes des quatre romans, montrent cet empiétement des destins ; l'analyse a permis de dégager six niveaux, six unités de correspondances entre les destinées : une communauté des expériences, une répétition des situations affectives et des perceptions, une identité des pratiques intellectuelles ou artistiques, la perma-

---
[1] A. Green, *Narcissisme de vie, narcissisme de mort*, Paris, Editions de Minuit, 1983, p. 276.
[2] J. Starobinski, « La Journée dans "Histoire" », dans *Sur Claude Simon*, Paris, Editions de Minuit, 1987, p. 32.
[3] M. Merleau-Ponty, « Notes de cours sur Claude Simon », *Genesis, op. cit.*, p. 152.

nence de certains lieux et le retour de constantes particulières qui accompagnent la vie des personnages.

Les expériences communes faites par les héros s'organisent autour de quatre grands pôles : l'émergence du héros à la vie publique avec la guerre et la défaite, la révolution et la désillusion ; les textes sont très imprégnés par ailleurs de l'idée de la mort avec les suicides, les morts naturelles, les sépultures impossibles et le thème récurrent du veuvage précoce ; le parallélisme des vies familiales est également très frappant avec des héros qui fréquemment s'opposent au père et au milieu social et qui sont marqués par une défaillance paternelle ; leur vie sexuelle est souvent centrée sur l'adultère, l'inceste réel ou métaphorique et les séparations. On peut rajouter un cinquième apprentissage, périphérique, celui des voyages que partagent de nombreux personnages.

Ils éprouvent aussi les mêmes sentiments ou émotions liés à leurs expériences : de nombreux héros connaissent une jouissance physique ou fantasmatique exacerbée, parallèlement à la souffrance du corps livré à la faim, au froid, aux poux, à la fatigue et entaillé par les blessures ; la peur et l'amour des chevaux sont deux autres constantes de leurs situations affectives. On peut s'étonner dans cette unité, de l'absence d'un regroupement portant sur la souffrance émotionnelle, alors que les personnages subissent de nombreux deuils et séparations ; certes on trouve dans les textes des larmes, quelques confidences douloureuses, mais dans l'ensemble la pudeur l'emporte et la douleur morale s'exprime plus nettement par des actes (le suicide, la recherche du corps aimé dans des paysages dévastés d'après-guerre) que par des paroles et, plus implicitement, par des figures et des répétitions que par la dénotation sémantique

La perception fait aussi l'unité entre les personnages : perception visuelle des lumières et des formes et observation réitérée des vols d'oiseaux dans le ciel, perception auditive du cri des oiseaux, en particulier du coucou, frémissement et froissement des feuilles des arbres, réveil des sensations et retour à des perceptions primordiales lors de situations extrêmes.

En outre les héros s'adonnent aux mêmes activités intellectuelles comme la pratique du latin et la lecture des œuvres de Rousseau, et à des plaisirs artistiques identiques : ils vont à l'opéra, ils peignent, ils écrivent et se livrent abondamment aux rites de l'autoreprésentation qu'il s'agisse de portraits, de sculptures ou de photographies.

Leurs déplacements les conduisent dans trois lieux récurrents : l'Espagne et en particulier Barcelone, la région des Flandres, et un troisième lieu plus symbolique que géographique, le cimetière.

Enfin la vie des héros est escortée de constantes naturelles comme l'acacia, la haie et notamment la haie d'aubépine, la pluie et la boue mais aussi d'autres motifs itératifs tel le sang qui se fige, celui du rideau et celui du triangle.

Que déduire de cet inventaire qui forme la synthèse des concordances entre les vies des personnages ? D'abord, que le narrateur-cavalier est présent dans toutes les unités de correspondances. On peut justifier ainsi son existence comme point focal de toutes les œuvres car son omniprésence dans les connexions montre finalement que les expériences d'autrui ne sont que des expansions de sa subjectivité, elles ne se repèrent que par rapport à son vécu, elles ne sont vues par lui que parce qu'elles sont senties en lui. Les réseaux de concordances s'entrelacent autour de lui comme une émanation de son regard intérieur. Par ailleurs sa présence au point d'intersection des destinées le construit comme voix narrative : c'est en élaborant une famille de destin et en s'y projetant que le narrateur réussit à parler de lui-même, le moi se constitue en parlant de l'autre. Les seules expériences dont il est exclu, sont nécessairement pour la poursuite des histoires, la mort et le suicide ; et l'absence de toute autoreprésentation artistique : pas de portrait, pas de photographie, le narrateur-cavalier, point focal, voit plus qu'il n'est vu. Par ailleurs, comme il se vit sur le mode de la contingence « vingt-six années de paresse et de nonchalante inertie - au mieux, de velléitaire expectative, d'attente frustrée de quelque chose qui ne s'était jamais produit » (A,166), il ne peut se représenter comme un monument, sous la forme emphatique d'un buste par exemple, comme un L.S.M., qui souhaite témoigner « pour la postérité du défi qu'il avait lui-même incarné » (G,197).

La résonance entre le destin des différents personnages s'établit selon un double étalonnage : parfois syntagmatique, sort identique de congénères qui vivent dans des lieux semblables des expériences comparables, la résonance est essentiellement paradigmatique qui relie des époques différentes et qui intègre le narrateur-cavalier dans la lignée biographique (ainsi l'évasion du narrateur-cavalier du stalag allemand rappelle la traque de Jean-Marie, l'ancêtre royaliste de retour en France) ; par ailleurs la sphère privée fait souvent écho au patrimoine historique et culturel et par exemple les désirs orgastiques des personnages sont étayés sur de nombreuses références à *L'Ane d'Or* d'Apulée.

Si donc empiétement des destins il y a, en quoi permet-il de fonder l'avènement de la personne en péril ? En premier lieu l'atavisme héréditaire dégage les personnages de leur labilité en les inscrivant dans une généalogie. La répétition du destin familial fournit à la fois des systèmes d'interprétation rassurants car permanents, elle offre aussi une assise, un statut fondés sur la solidité du comportement durable et enfin elle donne des modèles identificatoires à l'épreuve du temps et des accidents de la vie ; ainsi le brigadier de *l'Acacia*, orphelin très jeune, peut par la répétition des expériences parentales se réinscrire dans une double lignée qui lui a été prématurément dérobée. Il répète inexorablement le destin du père jusque dans la représentation de sa mort : le capitaine meurt de « la rencontre d'un morceau de métal » (A,210) et son « sang pâteux faisait sur la tunique une tache d'un rouge vif dont les bords commençaient à sécher, déjà brunis » (A,61) ; le fils s'imagine « attendant passivement cette chose brève, brutale, gris-noir, qui allait d'un moment à l'autre lui arriver (A,303) et il se viderait de son sang, « rouge et brillant d'abord, puis se coagulant, se figeant, absorbé comme un buvard par le drap où une tache brun sombre s'élargissait peu à peu » (A,303). On observe entre la mère et le fils également des échos, centrés non plus sur l'action mais sur les perceptions : les deux personnages aux abois - le fils qui après l'embuscade du 17 mai 1940 tente d'échapper au piège allemand et la mère qui, de retour de Madagascar, accoste en France, pour l'irrévocable et funeste destin qui l'attend - concentrent toute leur conscience dans leurs perceptions : le fils « peut sentir sur la langue le goût de la vase », « écoutant les bruits », il « regarde » (A,100) ; la mère « voit un amas de particules », « peut entendre le timbre d'une sonnerie », « peut sentir le pont cesser de trembler » (A,149). Pareillement, un moment de bonheur s'accompagne chez les deux personnages « du frémissement des feuilles faiblement agitées » (A,144) ou de la palpitation des « feuilles semblables à des plumes » (A,380). Ainsi la répétition des destins parentaux permet au brigadier de se réintégrer dans une filiation niée par l'Histoire, de s'offrir un statut d'homme conforme à celui des hommes de sa famille partis à la guerre (le père, les deux ancêtres), ce qui n'est pas rien lorsque comme lui on est élevé dans un milieu exclusivement féminin (la mère, la grand-mère, les tantes) et enfin de lire sa vie perceptive et sa mort à la lumière de celle de ses prédécesseurs.

Parallèlement, l'inscription historique et culturelle des protagonistese les dissout dans un type (tous les hommes qui voyagent s'uniformisent dans le personnage d'Ulysse (G,460), les êtres qui se séparent sont préfigurés par Orphée et Euridice (G,36)) et ramène toute expérience individuelle à une donnée collective et historique (l'insurrection espagnole vécue et éprouvée par le cavalier-narrateur dans *Histoire* est systématiquement mise en perspective avec la révolution russe telle que l'a présentée John Reed dans son ouvrage *Dix jours qui ébranlèrent le monde* (H,110/111,121,124/128), toute guerre semble se référer à la matricielle *Guerre civile* de César (H,118/120)[1]). Si chaque destin individuel s'abîme dans le sort commun permettant alors une généralisation de la réflexion sur la condition humaine, inversement le type met en évidence les caractéristiques fondamentales d'une personne et l'Histoire collective donne les clés d'une histoire privée : dans *Histoire*, la répétition des titres de faits divers concernant le suicide d'une femme nous conduit vers celui des épouses de Charles et de son neveu ; pareillement la débâcle historique de mai 1940 dévoile le désastre conjugal que connaît de Reixach dans *La Route des Flandres*. De plus la superposition des destins historico-culturels et individuels ancre le personnage dans une ascendance des subjectivités confrontées à l'événement et dans une causalité établie par la tradition : la guerre de 1940 vécue par le narrateur-cavalier répète celle du père subie en 1914, qui reprend à son tour l'épisode de Waterloo (H,100), qui réitère les affres des guerres révolutionnaires et impériales présentées dans *Les Géorgiques*, faisant écho à *La Guerre civile* de César... Le personnage n'est plus cet être changeant, sans identité et sans passé : la fusion des destins individuel et culturel, loin d'annihiler le sujet dans un magma uniforme, lui donne sa consistance et sa légitimité.

Gémellité et dédoublement

C'est avec l'émergence du double, forme spéculaire de la répétition, que la superposition des expériences individuelles va culminer de façon massive dans les œuvres. On observe dans *L'Acacia*, en particulier, mais aussi dans les autres romans, un envahissement des doublets de personnages, qu'une énumération déjà longue ne pourrait pourtant circonscrire : les deux cousins de la mère, les deux cousines du narrateur, les deux sœurs du père, les deux souteneurs juifs, les deux prostituées, les deux jockeys, les deux personnages exotiques (la négresse et l'ami mexicain), les deux cyclistes, les deux sœurs de la mère, les deux femmes de L.S.M., les deux soldats blessés sur le bord de la route, les deux hommes à la banque... Néanmoins ces clones, ces doubles très peu différenciés dans les textes, qui témoignent du dualisme de la pensée occidentale depuis Platon, sont peu productifs du point de vue de l'identité car en ramenant le deux à un, ils nient l'autre comme repère identificatoire. Cette altérité spéculaire ne favorise pas la définition identitaire du sujet. Parallèle-

---

[1] Voir sur l'intertexte historique dans *Histoire*, V. Gocel, Histoire *de Claude Simon : écriture et vision du monde*, Louvain, Editions Peeters, « Bibliothèque de l'information grammaticale », 1996, p.141 sq..

ment donc aux doublets stériles, les textes proposent plusieurs paires de personnages dont l'émergence individuelle dérive de la confrontation au double.

Certains personnages sont explicitement déclarés doubles par les textes ; c'est le cas de la mère du narrateur et de son frère Charles qui envoie à sa sœur, « son double en quelque sorte sous forme de femelle » (H,129), une lettre qu'il ne peut écrire qu'à elle seule, dans laquelle il interroge, devant la tombe de sa femme, le néant de la mort. L'association des deux protagonistes repose ici sur une identité génétique et une intimité affective dans la mesure où l'un comme l'autre connaît la souffrance du veuvage. Jean-Pierre et Jean-Marie L.S.M. sont aussi des doubles proclamés par le texte, le second est « comme un double en creux du premier » (G,432) ; Jean-Marie représente pour Jean-Pierre « son double une partie de lui-même » (G,435) et il voit dans son aîné « ce double à peine plus âgé que lui » (G,433) ; l'analogie entre les deux héros a encore une origine génétique qui se poursuit dans une identité des caractères (la « même opiniâtreté », la « même obstination ») cependant que le destin semble en avoir fait des doubles négatifs : l'un « se cachait le jour dans des greniers, des étables, courait la nuit les réunions de conjurés, vivait comme un bandit de grand chemin », tandis que l'aîné « avait siégé dans les assemblées, les comités, jugé un roi, destitué des généraux, conduit des guerres » (G,433). Le couple Reixach/de Reixach est un double non plus explicitement donné pour tel par le texte, mais diégétisé par les déclarations de Blum et Georges, qui au cours de leurs interminables élucubrations, tentent de confondre leur défaite militaire, leur débâcle amoureuse et leur suicide. Les doubles peuvent aussi se dégager des indéterminations textuelles dans le système de désignation des personnages ; l'indécision est certes laissée à l'interprétation du lecteur mais elle est un signe implicite du texte : ainsi la confusion entre « je » et « il » amène à identifier le narrateur d'*Histoire* à son oncle Charles (H,287/288,289/291,299/300...) ; O., L.S.M., le narrateur-cavalier des *Géorgiques* fusionnent dans un « il » commun, de même que le père et son fils dans *L'Acacia*. Enfin l'impossibilité de savoir qui parle « et Blum (ou Georges) », « et Georges (ou Blum) » (RF,171/173), implique les deux protagonistes dans une situation de spécularité. Qu'il soit donné implicitement ou explicitement par le texte, le double renvoie toujours, en outre, à une concordance préférentielle entre les destins, qui dépasse la simple analogie passagère : pour Reixach et de Reixach, la vie se décompose en trois unités : guerre et défaite/adultère subi/suicide ; pour Charles et le narrateur d'*Histoire*, on observe : l'adultère voulu/le suicide de l'épouse/le veuvage coupable ; O., L.S.M. et le narrateur des *Géorgiques* subissent tous les trois : la révolution et la désillusion/la guerre et la défaite. Autant d'épreuves lourdes pour les uns et pour les autres, qui engagent leur vie. On peut ainsi décider que deviennent des doubles les personnages dont le texte signale explicitement ou implicitement la spécularité et qui partagent une communauté essentielle de destin. On peut constater de plus, ce qui n'est pas sans importance pour l'interprétation ultérieure, que le double se manifeste toujours aux abords de la mort (mort de guerre, mort d'amour) et toujours dans une situation de communication (parole directe entre Blum et Georges, entre Charles et son neveu, entre Jean-Marie et Jean-Pierre, échange de lettre entre Charles et sa sœur, transmission d'archives, de documents ou de livres entre L.S.M., son descendant et O.).

Le double, ainsi défini et délimité, favorise l'avènement d'un être que nous avons montré à bien des égards déchu de ses prérogatives de sujet. D'abord l'intégration dans un réseau de doubles est aussi l'intégration dans un réseau d'informations ; l'identité des destins permet d'éliminer des zones d'ombre par reconstitution, elle induit par des voies détournées des renseignements sur le personnage. Par exemple les situations de Charles et de son neveu s'informent et se complètent mutuellement : la mort de la femme de Charles (H,129) ainsi que celle d'Hélène (H,384) sont avérées ; l'adultère de Charles est un fait acquis (H,351) ; la séparation entre le narrateur et Hélène et le départ douloureux de cette dernière sont très souvent décrits dans le roman (H,39/40,322,365/366,370,375,381,390/392) ; le suicide d'Hélène est entendu, « je ne pouvais voir que ses cheveux blonds son dos comme un mur énigmatique enfermant cachant cette espèce de tragique mélancolie cette chose sombre noire qui était déjà en elle comme un noyau de mort cachée comme un poison un poignard sous le léger tissu de sa robe imprimée » (H,110). Il est ainsi très aisé de transférer les informations de l'un à l'autre : Charles a trompé sa femme donc elle se serait suicidée et inversement Hélène s'est suicidée car son mari, le narrateur, l'aurait trompée.

Le double facilite ainsi, pour le lecteur, la reconstruction du destin incertain des personnages. Mais pour le personnage lui-même, il est un moyen de restaurer une identité trouée car se projeter dans l'autre permet de saisir son moi, d'ordinaire impénétrable, sous une forme objective ; soit pour s'identifier à lui, c'est le cas du narrateur d'*Histoire* à l'égard de son oncle, ainsi que le prouvent les échanges de pronoms personnels, « je »/« il » ; soit pour découvrir à travers l'autre ce qu'il ignore de lui-même ou qu'il refuse : avec la disparition de Jean-Marie c'est pour Jean-Pierre « une partie de lui-même » qui « s'éloignait pour toujours de lui » (G,435), « ce quelque chose de fantasque, de capricieux : une insolence, une désinvolture, une superbe » (G,432) qui caractérisent son frère rebelle et insoumis. La rencontre du double est l'occasion de se redéfinir, même par la négative, c'est la découverte en somme des potentialités, des devenirs inexploités en soi, c'est pour Freud qui analyse dans *L'inquiétante étrangeté* les représentations du double, « toutes les possibilités avortées de forger notre destin auxquelles le fantasme veut s'accrocher encore, et toutes les aspirations du moi qui n'ont pu aboutir par suite de circonstances défavorables, de même que toutes les décisions réprimées de la volonté, qui ont suscité l'illusion du libre arbitre.»[1]. Si le double détermine l'identité du sujet et la justifie par la complétude du duel, il a aussi à voir avec le renforcement et l'émergence du narcissisme.

Avec le double s'instaure un espace de communauté qui permet une réassurance narcissique lorsque l'environnement est agressif ou destructeur. Ainsi, par l'échange de paroles, Blum et Georges dans le contexte de la guerre et du stalag, ou encore la mère et Charles dans celui du deuil, peuvent sauver leur moi de la désintégration ou de la mélancolie. La présence du double favorise, parce qu'il est un reflet de mon humanité pensante et langagière, le maintien à flots d'un moi malmené par les événements. Car si le double surgit toujours dans la proximité de la mort, c'est que le dédoublement narcissique qu'il représente est une attitude de défense contre elle. Cette perspective a d'abord été développée par Otto Rank : « Il apparaît donc avec évidence que c'est le narcissisme primitif, se sentant particulièrement menacé par la destruction inévitable du Moi, qui a créé comme toute première représentation de l'âme une image aussi exacte que possible du Moi corporel, c'est-à-dire un véri-

---

[1] S. Freud, « L'inquiétante étrangeté », *L'inquiétante étrangeté et autres essais*, Paris, Gallimard, NRF, « Connaissance de l'inconscient », 1985, p. 238.

table Double pour *donner ainsi un démenti à la mort par le dédoublement du Moi sous forme d'ombre ou de reflet.* »[1]. Freud a vu lui aussi dans le phénomène du double « une assurance contre la disparition du moi », car « il y a dans notre inconscient actuel aussi peu de place que jadis pour la représentation de notre propre mortalité. »[2]. Le double représente donc pour le moi, non seulement le moyen de déployer une identité triomphante, mais aussi d'afficher sa toute puissance et son éternité. Pourtant le double narcissique devient parfois un rival dont la liquidation est inévitable : pour Otto Rank en effet « le Double vu du dehors, est un rival de son modèle primitif, surtout dans l'amour de la femme »[3], il est bien vrai que chez Simon les doubles se partagent réellement ou fantasmatiquement les femmes : Blum et Georges se gorgent simultanément du fantasme de Corinne ; pour Charles et son neveu, l'indétermination pronominale semble les jeter dans les bras du même modèle ; quant aux deux frères des *Géorgiques*, qui ont Batti pour terre commune, l'antagonisme se solde par une mise à mort.

Le double peut donc être lu comme une projection narcissique vivifiante de moi-même sur autrui, mais il se constitue aussi dans le dédoublement du moi ; ainsi, un tel passage de *La Route des Flandres* : « à moins qu'il (Georges) ne fût pas en train de dialoguer sous la froide pluie saxonne avec un petit juif souffreteux [...] mais avec lui-même, c'est-à-dire son double, tout seul sous la pluie grise » (RF,171/172), met nettement en évidence sous couvert de dialogues, le solipcisme de la conversation et le dédoublement de la personnalité, il n'y a pas d'autre interlocuteur avec Georges que lui-même. La même observation s'impose pour le narrateur d'*Histoire* qui discutant avec son oncle constate que « c'était comme si je dialoguais avec quelque fantôme, ou peut-être avec mon propre fantôme » (H,151). Pourtant ce dédoublement verbalisé, loin d'entraîner le héros vers la psychose, est salvateur. On peut ici comprendre, à la lumière de Jung, que la dissociation du moi qui n'est finalement qu'un assemblage de complexes contradictoires, se résout dans le dialogue, dans la vocalisation de toutes ces voix qui existent en moi, dans la répétition de soi à soi. Le dédoublement dans le dialogue, cette écoute de l'« ami intérieur », de cet « *aliquem alium internum* », a donc des vertus réparatrices et réunificatrices[4]. Le dépassement des conflits entre les instances contradictoires du Moi dépend de l'assimilation par le sujet de la diversité en soi, par le dédoublement extériorisé et accepté. C'est aussi dans la répétition, spéculaire cette fois et non plus dialogique, que Lacan a vu la possibilité de l'avènement du narcissisme et l'émergence d'un moi : le stade du miroir[5]. Le concept désigne d'abord le stade de l'enfance durant lequel l'enfant anticipe la maîtrise de son unité corporelle par une identification à l'image du semblable et par la perception de sa propre image dans un miroir, puis plus largement la réalisation du moi en sujet grâce à la médiation de l'autre sans rapport avec un vrai miroir. Dans *L'Acacia*, le brigadier fait à plusieurs reprises, la rencontre spéculaire de lui-même dans le regard des autres, par exemple dans celui du garçon de café qu'il croise après son évasion : « le garçon [...] le dévisageant, détaillant [...] la mince salopette souillée, la barbe de huit jours, la main zébrée d'une

---

[1] O. Rank, *Don Juan et le double*, Paris, Petite Bibliothèque Payot, 1973, p. 112.
[2] S. Freud, « L'inquiétante étrangeté », *op. cit.*, p. 236, p. 247.
[3] O. Rank, *Ibid*, p. 87.
[4] C.G. Jung, *L'Ame et le Soi*, Paris, Albin Michel, 1990, pp. 38/39.
[5] J. Lacan, « Le stade du miroir comme formateur de la fonction du je », *Ecrits I*, Paris, Seuil, « Points Essais », 1999, pp. 92/99.

estafilade de sang séché » (A,360) ; et une fois il se découvre « soudain dans l'une des glaces qui couvraient le mur d'en face, au-dessus des banquettes vides [...] dessinant une suite d'arceaux, leurs bords biseautés renvoyant des lamelles d'images, de sorte que dans la lumière blafarde il pouvait se voir plusieurs fois : en entier, puis découpé en minces bandes irisées, avec son crâne rond aux cheveux presque ras, son visage inexpressif où ce qu'il s'imaginait être un sourire retroussait tout juste sur le côté l'un des coins de sa bouche, pensant : « "Mais peut-être que je ne sais plus rire... ?" » (A,366). Dans le second exemple, si l'évadé se perçoit bien comme une forme totale (« entier »), la narration met en évidence des fantasmes de corps morcelé (« découpé en minces bandes ») à travers une description dispersée de l'individu : la salopette/la barbe/la main/le crâne... L'homme qui se regarde est bien comme l'enfant entre six et dix-huit mois en train de se constituer comme être humain : la non-maîtrise de son unité corporelle et l'absence de concordance entre la conscience qu'il a de son corps et ses aptitudes motrices (« ce qu'il s'imaginait être un sourire ») vont se résoudre dans le stade du miroir par l'avènement du narcissisme et la naissance d'un moi. C'est précisément au moment où il renoue avec sa propre sexualité qu'il revit le stade du miroir, car la scène se passe, après son évasion, dans ce « bordel » de Perpignan qui inaugure la lente reconstruction de sa personnalité. On peut noter, par ailleurs, dans le même exemple, la soudaineté de la confrontation spéculaire et l'interrogation à laquelle elle donne lieu, de même que l'observation clinique des enfants montre combien la prise de conscience de leur visage est brutale et dérangeante. Lorsqu'il s'aperçoit dans un miroir, Georges de *La Route des Flandres* éprouve « cette espèce d'étonnement de malaise de répulsion » (RF,40) ; le narrateur d'*Histoire* se découvre dans la glace avec « cette stupeur empreinte d'une sorte d'effarement, d'exaspération » (H,241). Car « l'inquiétante étrangeté » éprouvée par le héros dans la rencontre avec soi, « cette variété particulière de l'effrayant qui remonte au depuis longtemps connu, au depuis longtemps familier », est pour Freud l'effraction de l'archaïque en soi, la surprise et la crainte devant le double dans le miroir sont « quelque chose du refoulé qui fait retour »[1]. La répétition spéculaire de soi fait donc resurgir des complexes infantiles refoulés[2] et de fait, à plusieurs reprises, les textes nous proposent un lien direct entre l'autovision dans le miroir et le renvoi à le vie infantile : ainsi le narrateur d'*Histoire* se perçoit au réveil, tel un « fantôme inglorieux du genre humain en pyjama fripé, traînant les pieds, et du nombril duquel pend le ruban de coton tressé, flasque et blanchâtre [...] comme s'il conservait encore, exsangue, mal sectionné et déchiqueté en franges quelque lien viscéral, décoloré par les ténèbres, arraché au ventre blême de la nuit » (H,43), expérience plus loin reprise dans une formulation comparable « le décor [...] que la glace multiplie par deux et au centre duquel se tient mon double encore vacillant au sortir des ténèbres maternelles » (H,45). Cette réitération spéculaire de soi équivaut manifestement à une renaissance et l'on perçoit ici encore la valeur maïeutique de la répétition : elle laisse jaillir le moi profond, archaïque, « ce visage qu'en réalité personne ne voit jamais parce qu'il est le sien, trop familier pour être connu » (H,241).

---

[1] S. Freud, « L'inquiétante étrangeté », p. 246.
[2] S. Freud dans « L'inquiétante étrangeté », p. 257, propose comme exemples de complexes infantiles refoulés, le complexe de castration, le fantasme du sein maternel, etc.

Ainsi le sujet dont la répétition textuelle met à jour les signes de la vacuité, retrouve néanmoins grâce à elle une organicité réparatrice. Elle restaure à la fois le personnage comme catégorie de la narration et répare l'être au sein de la fiction, aux prises avec un monde, dont par le même mouvement ambivalent, elle révèle la déstructuration tout en favorisant son apprentissage et son appropriation par l'homme.

LE MONDE

Dans les quatre romans, le monde est compris comme tout ce qui n'est pas la subjectivité des personnages : les autres, les lieux, les choses - « le monde, les choses » (A,305), l'« En-dehors » pour reprendre une formule de Ludovic Janvier[1], un monde extérieur parfois hostile mais souvent indifférent à l'homme, telle cette nature dans la glorification de sa plénitude un jour de mai 1940, alors qu'un brigadier tente désespérément de survivre ; pourtant si l'En-dehors se donne comme un toujours déjà là, comme une réalité objective, la vision simonienne exclut toute perspective naturaliste du monde comme une réalité à part, car le monde est toujours monde pour une conscience : après le traumatisme de l'embuscade allemande, le brigadier retrouve un fonctionnement normal et « à l'abri maintenant, la conscience du monde extérieur lui revient peu à peu autrement qu'à travers l'élémentaire alternative du couvert et du découvert ; il peut alors percevoir les menus bruits qui composent le silence de la haute futaie immobile » (A,97). Il est possible ainsi de dire que chez Claude Simon le monde est un « en-soi-pour-nous » en paraphrasant l'expression que Merleau-Ponty applique au concept de chose car « on ne peut [...] concevoir de chose perçue sans quelqu'un qui la perçoive »[2]. Le monde est donc le milieu de nos expériences enveloppant tout, y compris la conscience qui le thématise. Mais le rapport des personnages simoniens au monde n'est pas non plus une relation de pure intelligibilité, héritière de l'idéalisme platonicien où seules les Idées intelligibles, en opposition au monde sensible, se constituent comme réalité. Ainsi les quatre romans abandonnent toute « position de l'esprit qui consiste à chercher une cause ou une explication logique à ce que l'on voit ou ce qui vous arrive » (RF,25). Le monde s'appréhende dans une reconquête sensible : « toute la connaissance du monde que nous pouvions avoir c'était ce froid cette eau qui maintenant nous pénétraient de toutes parts » (RF,255). Le monde n'est rien d'autre que ce que je peux voir (« pouvant voir », (RF,18,21,23...)) ainsi que le martèle *La Route des Flandres*, ce qui est donné aux hommes « de percevoir dans leur chair », comme « l'espèce d'épais magma, tiède, puant, palpable pour ainsi dire, alourdi par les respirations et les exhalaisons des centaines de corps mal lavés qui les entouraient » (G,208), lorsqu'ils se rendent au cinéma. Ni empirique, ni idéaliste, la connaissance du monde est un engagement qui part de l'évidence que le monde est une présence à l'homme comme l'homme est une présence au monde. Chez Claude Simon, la connivence de l'homme et du monde, cette constitution du monde comme horizon de l'existence humaine exclusive de toute représentation et connaissance est perceptible, notamment, à travers deux catégories d'exemples. Ceux, d'abord, où le personnage voit avec surprise, sa propre main lui échapper et s'approcher, indépendamment de sa volonté, d'un corps désiré (RF,217 A,368), montrent que l'intention de saisie du monde ne se distingue pas de la saisie elle-même. Un tel acte met en évidence une présence aux choses, indépendante de l'action causale, une relation transitive avec le monde. Parallèlement à l'intention qui porte les héros simoniens vers le monde, le monde les envahit dans une interpénétration fusionnelle : c'est l'intersubjectivité générale qui mélange les « je » et les « il », l'imbrication des membres dans le magma corporel des effusions sexuelles, la silhouette d'une femme

---
[1] L. Janvier, *Une parole exigeante, le Nouveau Roman*, Paris, Editions de Minuit, 1964, p. 89.
[2] M. Merleau-Ponty, *Phénoménologie de la Perception*, op. cit., p. 372.

« non pas s'éloignant mais, aurait-on dit, se dissolvant, se fondant dans cette chose à vrai dire plus grisâtre que bleuâtre et qui était sans doute le jour » (RF,37). La connaissance du monde ne peut donc s'exprimer dans un discours conceptuel, ou être appréhendée dans une routine qui galvaude la transitivité avec l'En-dehors, comme le signifie métaphoriquement l'image répétitive de la vitre, de la cloche de verre qui isole tour à tour chacun des narrateurs simoniens du monde extérieur (RF,36 H,40 G,376 A,chap.X). Elle suppose au contraire un regard neuf et appliqué qui décrit dans le détail une goutte d'eau (RF,24) ou la porte d'un poulailler (RF,228) mais aussi des expériences extrêmes qui exacerbent le sentiment d'être au monde comme la guerre, l'évasion, la proximité de la mort.... et du même coup renvoient du monde une vision chaotique par sa violence et sa dissolution. C'est la présentation de ce monde bouleversé que la répétition textuelle met en scène quand paradoxalement elle se présente aussi comme un moyen d'y trouver du sens.

Un monde chaotique

Le monde policé et structuré n'est dans les romans de Claude Simon que l'endroit d'un envers chaotique susceptible à tout moment de refaire surface : « à tout instant le monde ordonné et rassurant peut soudain chavirer, se retourner et se mettre sur le dos comme une vieille putain troussant ses jupes et, retournant au chaos originel, en dévoiler la face cachée pour montrer que son envers n'est qu'un simple entassement d'ordures et de détritus » (H,66/67). Pas de pérennité donc du progrès et de la civilisation, menacés par les forces de la destruction, par la délitescence de la confusion et du non-sens.

Violence et destruction

Le monde simonien est la proie de forces brutales, incontrôlables et dévastatrices qui semblent constituer un capital de violence toujours à disposition, toujours renfloué, dépensant périodiquement son énergie mais gratuitement, sans raison précise, au petit bonheur des circonstances comme un « permanent et inépuisable stock ou plutôt réservoir ou plutôt principe de toute violence et de toute passion qui semble errer imbécile désœuvré et sans but à la surface de la terre » (RF,264/265). Cette représentation du monde dirigé par la puissance transcendante et aléatoire de la violence rend improbable toute préméditation scientifique et intellectuelle et explique ainsi les échecs de la raison humaine, l'impuissance de la bibliothèque de Leipzig, par exemple, pour « empêcher que se produisent des choses comme le bombardement qui l'a détruite » (RF,205/206). Car l'action humaine et l'empire de la violence ne se situent pas sur le même plan : celle-là est une puissance régionale et provisoire tandis que l'autre est de l'ordre de la causalité originelle et universelle. Les comportements des hommes et les événements qu'ils subissent ne semblent en effet que les avatars, l'émanation de cette violence pandémique qui infiltre toutes les situations, « comme si ses soucis d'argent les histoires de domestiques les décolletés ou la conduite de Corinne n'étaient qu'une seule et même manifestation d'un monde violent malintentionné et redoutable » (H,78).

La violence naturelle se présente comme la forme la plus essentielle des phénomènes de violence dont on a aperçu la diversité. La répétition pointe en effet dans les quatre romans les excès du climat, « de terrifiants climats », « de terribles climats » (A,53,312) qui occasionnent cataclysmes et désastres. L'eau d'abord, dans ses manifestations débordantes, qu'il s'agisse de la forme aggravée de « trombes d'eau » ou de « pluies diluviennes » (A,145 G,287) ou qu'elle prenne l'apparence du symptôme bénin de la pluie insidieuse, « monotone, infinie » (RF,29), transforme « le jardin en lac » (A,145) et les ruisseaux en « torrent furieux, rugissant, ne laissant subsister après son passage [...] qu'un désert de pierrailles large de deux cents mètres » (A,266,312). Une température démesurée, ce sont aussi « les torrides et étouffants climats (A,309), « le terrible soleil » à « la lumière aveuglante décolorée dans un ultime paroxysme de violence (A,275 H,187), mais également le froid « cosmique », « cette espèce de chose invisible, impossible à toucher, et pourtant d'une présence, d'une matière aussi dure que l'acier », « coupante comme du verre » (G,108,103) et leur cohorte de grêle, d'inondation, de sécheresse et d'orage (A,63,68,72,312). Les textes évoquent aussi, de façon insistante « la pluie de cendres » (G,324), « la pluie de feu » (RF,73), conséquences de quelque séisme ou éruption volcanique (H,110 A,244). Par ailleurs les romans sont entachés par l'évocation des épidémies et des parasites, tels le phylloxéra, les doryphores, l'« ergot du seigle » et la « cochylis » (G,149,182 A,63), qui anéantissent périodiquement le travail humain. La destruction naturelle s'incarne finalement dans cette terre dévoratrice à laquelle retournent toutes les créations qu'on pense au cheval « comme si elle (la nature) sécrétait une sorte de bave, de suc digestif gluant qui avait déjà commencé à le dissoudre tandis qu'elle l'avalait lentement en commençant par l'arrière-train » (A,42) ou même à l'homme (RF,222,238). Les textes sont lestés par le poids des menaces naturelles ; toutefois, si ces cataclysmes échappent totalement au contrôle de l'homme, ils ne sont pas sans rapport avec ses activités. Les fléaux sont largement utilisés dans la narration comme outils métaphoriques caractérisant les activités humaines. Par exemple, la guerre dans *L'Acacia* est présentée comme « une tornade géante détruisant tout sur son passage » (A,25) ; le paysage qu'elle laisse est « défoncé ou plutôt écorché par quelque herse gigantesque » (A,19) ; la colonne des cavaliers qui assistent au passage de trois avions allemands vient « d'assister à quelque phénomène cosmique de production de la matière hurlante à partir de l'air lui-même condensé soudain dans un bruit de catastrophe naturelle comme la foudre ou le tonnerre, de mutations de molécules inertes en un ouragan furieux (A,33) ; enfin les foules qui attendent le train de la mobilisation sont « comme ces groupes rassemblés sur la place d'un village après quelque catastrophe naturelle, grêle ou inondation » (A,223), « on aurait dit des gens surpris par un orage ou quelque cataclysme » (A,155). Par ailleurs la catastrophe naturelle, pourvoyeuse de chaos et de destruction, se décode comme une anticipation dès désordres humains (le mariage du père annoncé par le débordement des rivières ne durera que quatre ans (A,312)) ou une confirmation du destin des personnages (le deuil et le déchirement de la mère lors de l'annonce de la mort de son mari, à l'hôtel Ibrahim Pacha, se solderont par la disparition de ce dernier (A,266)). Le cataclysme obéit donc à une causalité transcendante qui sanctionne l'Histoire des hommes. Inversement les activités humaines, apparemment maîtrisées par eux, sont en fait régies par des lois cosmiques, qui libèrent sporadiquement des « forces tenues habituellement cachées [...] animées de leur formidable férocité à la fois aveugle, négligente et sommaire, obéissant à cette irrécusable logique, à cette irrécusable cohérence propres aux éléments et aux lois naturelles » (A,294) : ainsi la guerre qui est une « machinerie obéissant à des règles de pesanteur ou d'attraction particulière, à quelque loi supérieure de physique et de migration échappant à toute justification autre que cosmique » (G,107), loi universelle à laquelle se soumet également la jouissance sexuelle, émotion on ne peut plus humaine mais qui se vit cependant au niveau de la polarisation des particules (A,369) et du déferlement furieux du mascaret (RF,244). Ainsi le monde subit en permanence la menace des fléaux naturels et de leurs corollaires, qu'ils soient réels ou métaphoriques. Les forces collectives ont la même sauvagerie que les forces naturelles.

La violence sociale est en effet une autre des formes de la brutalité qui habitent le monde simonien. Les révolutions et les guerres y occasionnent une destruction des biens, « répétition d'amas, de débris (quelque chose à l'aspect de détritus plutôt que de décombres : pierres, boîtes de conserves, chevrons, grilles tordues, bidons, lits-cages, matériaux de démolition, moellons, tuiles cassées) » (H,104), une violence sensorielle exacerbée lors des bombardements (H,152), un anéantissement des corps par la faim, le froid, la maladie, les blessures et la mort violente, « enfin connue non plus sous la forme abstraite de ce concept avec lequel nous avions pris l'habitude de vivre mais surgie ou plutôt frappant dans sa réalité physique, cette violence cette agression, un coup d'une brutalité inouïe insoupçonnée démesurée injuste imméritée la fureur stupide et stupéfiante des choses qui n'ont pas besoin de raison pour frapper » (RF,82), agression aussi à l'égard des familles que l'on sépare (A,156/157,214/215) et de la culture mise à mal par le bombardement d'une bibliothèque (RF,205). La violence transparaît de façon réitérée, dans la société simonienne, à travers l'injustice des échanges économiques entre les hommes : le propriétaire terrien, qu'est le narrateur de *L'Acacia*, s'enrichit de « la sueur monnayée des hommes et des chevaux qui arpentaient pour lui des hectares de vigne dont il ne connaissait même pas l'emplacement » (A,167) et telle antiquaire d'*Histoire* pille « les familles ruinées de la région » (H,224), d'où précisément cette référence répétée au « philosophe qui a dit que l'homme ne connaissait que deux moyens de s'approprier ce qui appartient aux autres, la guerre et le commerce, et qu'il choisissait en général tout d'abord le premier parce qu'il lui paraissait le plus facile et le plus rapide et ensuite, mais seulement après avoir découvert les inconvénients et les dangers du premier, le second c'est-à-dire le commerce qui était un moyen non moins déloyal et brutal mais plus confortable » (RF,33). La guerre et le commerce se situent donc dans une même logique de violence sociale, tout comme la vie politique, la loi qui n'est finalement, pour Georges « que la consécration, la sacralisation d'un état de force » (RF,140).

Les forces de destruction du monde trouvent enfin leur exutoire dans une violence privée et pulsionnelle. La communication entre les personnages des romans est toujours d'une grande brutalité. L'échange verbal dégénère toujours en injures et menaces, comme entre Paulou et sa sœur Corinne (H,209), entre deux amis qui ne réagissent pas identiquement à l'angoisse libérée par la société russe (A,186), entre soldats épuisés par leurs conditions de vie, contraints à une existence commune et qui trouvent dans l'invective raciste un dérivatif à leur souffrance (RF,62/63,91,251/252), entre civils et soldats qui n'appartiennent plus au même univers (A,246), entre le boiteux et l'adjoint au maire pour une sombre histoire de « chèvre » (RF 57/59). La violence pulsionnelle des échanges devient parfois passage à l'acte : jet de brique (RF,159), coups de pied (A,34) et crachats (H,61). L'agressivité et la passion semblent dans le monde simonien un mode de relation parfaitement authentique et évident, comme si toute la violence cosmique constituait un modèle d'échange et de circulation de la matière et se diffusait dans une brutalité ordinaire. Pareillement, la relation amoureuse et sexuelle n'est qu'une mise en abyme de la violence universelle avec « les mêmes coups sourds le même bélier nous ébranlant tous deux comme un animal allant et venant cognant allant et venant violemment » (RF,269), avec ce corps que l'on heurte « chaque fois plus fort ne lui laissant pas le temps la force de répondre sa gorge son cou ne lui laissant plus passer qu'un son inarticulé mais sa tête roulant furieusement à droite et à gauche » (RF,243) et qui évoque plus un combat physique qu'un duo d'amour. Cette violence privée se retourne finalement en autodestruction instituée, qu'illustrent les multiples suicides qui hantent répétitivement les quatre narrations (voir annexe 2). Suicides souvent imputables à une déception amoureuse ou à une jalousie morbide (ancêtre1, de Reixach, femme de Charles, Hélène) et qui sont de la violence à l'état pur autant pour celui qui disparaît et s'extermine souvent de manière furieuse (balle dans la tête pour l'ancêtre, soumission à la balle de l'ennemi pour de Reixach) que pour celui qui reste et demeurera toute sa vie un coupable. La répétition des motifs montre donc que les puissances de destruction se développent depuis les espaces intersidéraux, en passant par les comportements collectifs et socialisés, jusqu'aux relations les plus privées, telles les liaisons amoureuses, et aux décisions les plus intimes, comme le choix de sa propre mort.

La violence au sein de la fiction est aussi relayée par la violence d'un texte qui, en raison des procédures d'écriture particulières et répétitives, participe de la fureur dominante. La parataxe d'un roman comme *Les Géorgiques* dans sa première partie, qui marque à la fois le passage entre les séquences et l'organisation de chacune d'entre elles, instaure une effraction brutale de la fiction dans l'univers du lecteur et le laisse aussi désemparé devant le texte que le héros face au monde :

« *A son arrivée à Barcelone il s'engage dans les milices populaires. Il combat pendant l'hiver sur le front d'Aragon.* Il fait la campagne de Belgique. Il fait la campagne de Hollande. Il fait la campagne de Suisse. Il fait deux campagnes en Italie. Il fait la campagne de Prusse. Il conduit le siège d'Ostalrich, en Espagne, quand sa santé déclinante l'oblige à quitter le service. *Un vol noir de corneilles tournoie au-dessus de la terrasse dans un lent battement d'ailes et un tapage de cris discordants...* » (G,25). Car la violence se caractérise par l'irruption soudaine et sans préparation d'un événement et donc sans l'aptitude à la réception. Or la syntaxe sans conjonctions causales ou consécutives vide le texte de toute force explicative et laisse le lecteur démuni devant une avalanche d'informations qu'il n'a pas prévue, qu'il ne maîtrise pas et sous la puissance de laquelle il s'étouffe. On peut multiplier les preuves de cette écriture agressive et chaotique qui meurtrit le lecteur dans sa capacité de compréhension : l'absence de majuscule dans la première séquence d'*Histoire*, qui le plonge ex abrupto dans un univers inconnu, les déictiques comme « et ceci », « et cela », qui surgissent sauvagement du texte, sans rapport avec ce qui précède, les parenthèses qui détournent brutalement du fil initial et découvrent un monde ignoré et concurrent (G,143/172). La violence sourd de ces textes qui, par le surgissement des informations au moyen de procédés éruptifs variés, maintiennent en permanence le lecteur sous la menace de la désintégration intellectuelle. L'extrême précision de certaines descriptions morbides constitue une autre violence apte à choquer ; il en va ainsi des représentations très crues de cadavres en décomposition, de l'« innommable magma flottant mollement dans un liquide noir, putride, la longue et imputrescible chevelure ondulant, se déroulant en paresseuses volutes autour de la face aux orbites vides, à la bouche sans langue, sans lèvres, aux incisives saillantes sous le nez dévoré, les seins vidés, pareils à de plates et noires mamelles de guenon » (G,381). Si on s'habitue aisément aujourd'hui au réalisme brutal des scènes sexuelles parsemées dans le texte simonien, la présentation si précise d'un cadavre reste encore malgré les Baudelaire et les Bataille d'une obscénité taboue. Julia Kristeva l'explique dans *Pouvoirs de l'horreur* par l'idée que « le cadavre - vu sans dieu et hors de la science - est le comble de l'abjection. Il est la mort infestant la vie. Abject. Il est un rejeté dont on ne se sépare pas, dont on ne se protège pas ainsi que d'un objet. Etrangeté imaginaire et menace réelle, il nous appelle et finit par nous engloutir. »[1]. Or, chez Simon, l'exhibition de ces morts dans des descriptions contenant force détails - les mouches, les vers, le sang qui coagule (voir annexe 7), les lambeaux de chair, les gaz, les liquides brunâtres - a quelque chose d'une fureur barbare et nécrophile. La violence des textes, tant par la répétition des procédés de leur constitution que par celle des motifs, confirme donc cette violence universelle à laquelle est livrée le monde simonien, monde qui s'offre au néant à cause des forces furieuses qui l'habitent mais aussi des puissances souterraines de la décomposition qui le minent.

Décomposition et confusion

Dans son magistral article « Un ordre dans la débâcle »[2], Jean Ricardou a montré que *La Route des Flandres* développait « un monde en complète désagrégation », principalement dans le domaine militaire. Mais la détérioration du monde déjà présente dans *Histoire* se poursuit bien après *La Route des Flandres* jusqu'à *L'Acacia* et dans les quatre romans se déploie bien au-delà de la question militaire.

Certes, tous les textes sont marqués par la désagrégation militaire qui trouve son point d'orgue dans la débâcle de mai 1940, inlassablement répétée dans les narrations, et son illustration dans un petit passage très didactique des *Géorgiques*, lorsque, à cause d'une « faute commise aux échelons supérieurs, d'un ordre donné inconsidérément » (G,88), la troupe en exercice se disperse dans « la cessation de toute cohésion, de toute discipline (chose presque inconcevable dans un corps aux traditions aussi sévères et rigides que celui de la cavalerie), toute notion de commandement et d'obéissance apparaissant aux uns et aux autres sans objet, privée de sens, nulle. » (G,95). Les principes destructeurs d'une manœuvre malfondée ont naturellement des effets autrement dévastateurs quand il s'agit de la guerre grandeur nature, qui laisse lors de l'embuscade allemande les hommes errer dans la nature à la recherche de leur unité de rattachement.

Le monde est le terrain de dissolutions sociales régulières et répétitives, dans le cas des guerres mais aussi lors des révolutions. *Les Géorgiques* présentent la Terreur à Paris en 1793 et 1794 ainsi que la guerre civile espagnole à Barcelone en 1937, comme le terrain de jeu de factions rivales et meurtrières, liquidant toute structuration politique constituée et tout tissu social organisé, (G,383/392, 263/280). Parallèlement, les romans sont marqués par les débâcles économiques mises en scène aussi bien dans l'évocation des famines de la période révolutionnaire (G,393) que dans le rappel répété de l'impact catastrophique du phylloxéra sur le vignoble

---

[1] J. Kristeva, *Pouvoirs de l'horreur*, Paris, Editions du Seuil, 1980, p. 12.
[2] J. Ricardou, *Problèmes du Nouveau Roman*, Paris, Seuil, 1967, pp. 44/55.

languedocien ou par la ruine d'une famille dont *Histoire* nous présente les démêlés du dernier membre avec sa banque (H,99/101), l'obligation pour lui de vendre une commode et d'hypothéquer un bout de terrain (H,247,308).

Les quatre romans sont aussi le lieu d'exposition d'une désorganisation généalogique complète, au niveau de la structure des familles, là où les séparations succèdent aux adultères et les veuvages aux tentations incestueuses (voir annexe 2), comme au niveau du modèle d'inscription sociale prôné par la famille, que les enfants ne respectent presque jamais (voir annexe 2). La Corinne d'*Histoire* est une condensation exemplaire d'un ordre familial qui se défait : fille d'un père qui a conduit sa femme au suicide à cause de ses frasques amoureuses, elle-même, par ses tenues osées comme par son comportement scandaleux (liaison avec le garçon-coiffeur, mariage avec un vieillard), ne peut trouver sa place dans l'univers bourgeois et provincial qui est le sien.

Enfin la décomposition du monde physique, autre preuve des désordres de l'univers simonien, peut prendre trois formes : soit la fonte, la liquéfaction qui trouve son agent dans la pluie, la boue, toutes les matières liquides produites par les corps et exerce une action érosive sur les paysages, les organismes, les choses, « le monde lui-même tout entier [...] en train de se dépiauter se désagréger s'en aller en morceaux en eau en rien » (RF,16) ; soit la putréfaction qui sous l'action d'autres facteurs extérieurs, microbiens cette fois, engendre la désagrégation des tissus, la transmutation de la matière, phénomène caractéristique de l'automne où « les touffes d'herbe d'un vert paradoxalement tendre émergeaient d'entre les feuilles mortes accumulées en tapis, brunes, rouillées ou ocre, certaines commençant déjà à pourrir, noires, gluantes, avec le squelette de leurs nervures encore visibles, claires, parfois entourées d'une frange olive » (G,161), caractéristique aussi de la mort humide, du cadavre en « bouillie », « aux lambeaux [...] gluants » (G,381) ; soit enfin la fragmentation qui procède d'un ordre plus dynamique et d'une dessiccation des liens entre les éléments constitutifs du tout ; c'est le travail de la mort sèche, « sous la surface des choses », « cet imperceptible grignotement de termites de vers », « quelque chose de vorace, grouillant », « qui ne laisserait plus à la fin des assistants, des meubles, du salon tout entier qu'une mince pellicule extérieure, une croûte prête à s'effriter » (H,83). Il est à noter que les trois principes de décomposition du monde physique constituent des matrices de lecture de la déstructuration des autres composantes du monde ; comme toujours chez Claude Simon, les processus naturels constituent une donnée de référence aux événements historiques, culturels, qui ne font que répéter en les adaptant les principes primordiaux ; ainsi la Terreur à Paris, épuisement de l'ordre social et politique est décrite comme une longue et odorante putréfaction, « sous son pestilentiel couvercle aux relents de sang croupi et de cadavres mal chaulés » (G,390) ; l'épisode de la manœuvre malheureuse relatée dans *Les Géorgiques* et qui sonne le glas de l'ordre militaire, relève quant à lui de la fragmentation car comme l'indique le narrateur, « à partir de là (car, en somme, cette reprise de la marche avant le regroupement de l'escadron consacre ce que dans des circonstances normales aucun commandant d'unité ne peut permettre : la rupture de cohésion) il faut (puisqu'il n'y a plus d'unité constituée) passer du pluriel au particulier » (G,97).

Le monde militaire, social, économique, familial et physique en décomposition, c'est-à-dire sans plus de structure, sans plus de liens entre les éléments qui le constituent, sous l'effet de la liquéfaction, de la putréfaction et de la fragmentation, trouve dans la répétition des thèmes et des épisodes la manifestation de son malaise. La répétition est une nouvelle fois le symptôme d'une réalité malade mais elle devient elle-même un agent perturbateur de l'ordre du monde, lorsqu'on considère que la désagrégation ne s'opère pas seulement par une déficience des liens structurels mais aussi par un excès des relations, en somme une décomposition par osmose, une déperdition des caractéristiques individualisantes dans la fusion. Forme douce du chaos, la répétition draine un monde confus qui s'uniformise dans l'écho, la correspondance et l'analogie. Car la répétition, c'est le ventre mou du désordre, par la dépression des données qualifiantes, à l'image du stalag allemand, forme emblématique du chaos, avec sa « répétition monotone de la même baraque posée tous les dix mètres environ sur la plaine nue, alignées, toutes pareilles », (RF,109).

Signe éminent de l'uniformisation destructrice, l'uniforme militaire trouve pleinement sa place dans l'univers guerrier des romans de Claude Simon. Car hormis quelques décorations distinctives très marginales, « parements rouges d'artilleur » (G,58), « épaulettes à franges d'or » (A,133), « galon » (A,79,132), l'uniforme est plutôt l'artisan d'un « anonyme et viril déguisement » (G,331 A,235), d'autant moins individualisant qu'il est souvent présenté dans sa « couleur de terre » (A,226,317), « couleur de boue (A,250), « souillé de boue » (A,213). Cet uniforme, qui puise parfaitement son sens dans son origine étymologique, témoigne de la confusion du monde où l'analogie anéantit la pertinence des catégories aristotéliciennes[1]. Par exemple, la fusion permanente des règnes humain, animal, végétal et minéral (« la carte postale représentant trois Noirs, trois squelettes plutôt [...] trois choses hybrides, à mi-chemin entre le végétal et l'humain, c'est-à-dire où l'on ne distinguait pas très bien ce qui appartenait à l'un ou à l'autre règne, ni l'endroit où l'un et l'autre règne se séparaient » (A,135)), l'emploi d'expressions répétitives et neutralisantes comme « espèce de », « sorte de », « vague », « informe », « tas de », « masse de » vont dans le sens d'une annulation de la catégorie de la substance. Parallèlement, celle de qualité est remise en cause dans la fusion des qualités sensibles de l'objet, déterminée par les correspondances synesthésiques : ainsi, l'air du wagon de prisonniers, « l'air tellement épais et souillé qu'il semblait non pas véhiculer l'odeur, le suffocant remugle des corps, mais suer et puer lui-même, et non pas transparent, impalpable, comme l'est habituellement l'air, mais opaque, noir lui-même, si bien qu'il lui semblait essayer d'aspirer quelque chose comme de l'encre » (RF,66), est dans le dialogue associatif des perceptions, caractérisé par une couleur, une odeur, une consistance, une matière, objectivement inconciliables avec sa propre substance ; la surdétermination analogique brouille l'identification claire de sa matière ; si bien que tous les textes se fondent dans une absence de couleur, le gris, le grisâtre, la grisaille, qui infiltrent les paysages, les cartes postales, les visages, comme le résumé fusionnel de toutes les couleurs ; si bien que « le bruit, le martèlement monotone et multiple des sabots sur la route se répercutant, au point (comme le crépitement de la pluie) de s'effacer, se détruire lui-même, engendrant par sa continuité, son uniformité, comme une sorte de silence au deuxième degré » (RF,28) devenu indistinct par la répétition, s'exténue dans le silence. Le temps et le lieu perdent aussi, dans les œuvres simoniennes, les qualités discriminantes qu'Aristote voyait en eux. Les époques - fin du XVIII° siècle, 1914, 1936, 1940, 1982 ... - se

---

[1] Aristote, *Organon*, Paris, Vrin, 1997, pp. 5/76. Pour la substance, pp. 7/20. Pour la qualité, pp. 42/54.

mêlent ; les lieux - Perpignan, le Jura, les Flandres, L'Espagne... - s'amalgament au hasard d'une mémoire qui tâtonne et d'une narration qui en suit les méandres.

Fondu dans l'indistinction, le monde simonien perd donc toute validé de réalité, ce que prouvent à diverses reprises les jeux de reflets dans le miroir qui mêlent le réel et son image. Ainsi, pour le héros d'*Histoire*, les reflets, sur la vitre, des clients du café où il se trouve, se superposant en transparence sur la devanture du salon de coiffure d'en face, flottent « impondérables, dans l'air, en fragments éparpillés sur une lamelle, une pellicule vernie de ténèbres, et sans plus de réalité ni d'épaisseur que des fantômes, sans regards » (H,346). Bien plus, il arrive que la vitrine qui sépare matériellement la réalité et l'image, barrière qui trace la limite entre une structuration rationnelle du monde et le désordre de la folie ou du chaos, soit franchie. Par exemple, le peintre (« un tas de viande flamande »), regardé par oncle Charles, et la toile sur laquelle il travaille (« un fragment d'incertaine réalité ») sont d'abord, selon le texte, « séparés par un écran », celui des limites de la personne et de la distance physique entre l'homme et son chevalet ; cependant, aussitôt, le texte se corrige et Charles croit voir « en quelque sorte deux parties du Hollandais (l'une qui était du vert, de la nacre, des parfums, de la nuit, du cyclamen - l'autre faite de muscles et d'os) se rejoindre et se réconcilier sur une mince trame de fils de lin » (H,278), comme si s'effaçait la frontière entre la réalité extérieure, sa représentation et la projection du monde intérieur de l'artiste. Se pose alors dans nos romans le problème de la certitude d'un monde qui fusionnant avec ses représentations, avec ses imitations mimétiques, reste à l'état virtuel. En somme, la répétition, qu'elle soit simple révélateur ou agent actif, détermine dans le monde des romans simoniens un chaos par déstructuration et par fusion, qui engloutit jusqu'à l'évidence de sa réalité et de son sens.

Le non-sens du monde

Les quatre romans de Claude Simon se présentent bien comme des romans de la quête du sens[1] et ce à deux niveaux. D'abord, la narration d'une aventure, des hommes à la guerre dans *La Route des Flandres*, *Les Géorgiques* et *L'Acacia*, ou la journée d'un homme ordinaire à la recherche d'argent dans *Histoire*, cède le pas à une problématisation de ces histoires, présentées alors comme des énigmes : pourquoi et comment la mort de de Reixach prend-elle toutes les apparences d'un suicide ? Pourquoi et comment un Anglais bon teint et un petit bourgeois français peuvent-ils se fourvoyer dans une révolution espagnole ? Pourquoi et comment devient-on écrivain ? Comment et pourquoi un homme peut-il échapper à une mort annoncée ? L'exposé diégétique se présente comme la dramatisation des interrogations en scènes illustratives et la proposition d'hypothèses de résolution des « énigmes » (RF,288), que la lecture permettra de formaliser en une question synthétique. Mais la portée des questions qui interrogent excède l'anecdote au programme, elle touche aux questions métaphysiques de la destinée humaine : le « pourquoi j'existe ? », qui pose en premier lieu le problème de l'origine et de l'existence du « moi ? » (H,402), questionne aussi sur la finitude, cette mort qui, dans les textes simoniens, frappe par

---

[1] Lucien Dällenbach voit *La Route des Flandres* comme « une quête cognitive », dans « le tissu de mémoire », postface de *La Route des Flandres*, Paris, Editions de Minuit, « Double », 1984, pp. 299/316 et notamment p. 305.

sa plate banalité, « l'air idiot la bouche grande ouverte » de ce Wack, « sur le revers du talus » (RF,108) ; c'est l'idiotie du réel dont Clément Rosset a montré la nature « nécessairement quelconque »[1]. Parallèlement le philosophe met en avant la composante « nécessairement déterminée » du monde, de la réalité où la mort, en attente, transforme l'assistance des courses de Chantilly en une « foule élégante et parfumée de morts et de mortes » (H,63). La mort renvoie également au scandale de son irruption, « de sa brutalité inouïe insoupçonnée démesurée injuste imméritée » (RF,88), elle n'est pas seulement un « concept avec lequel nous avons pris l'habitude de vivre » (RF,88) mais une évidence dont les héros ne finissent pas de sonder la validité et l'irrésolution : « Il doit bien y avoir quelque chose que je ne sais pas voir » (H,133), dit Charles devant la tombe énigmatique de sa femme. Le questionnement des œuvres se pose aussi en terme historique : en tant qu'être social, quelle signification donner à mon intégration dans une collectivité qui produit guerres et holocaustes, « au milieu d'un pays où on massacrait et brûlait les juifs par centaines de mille » (RF,202) ? Enfin comme être individuel, quelle part donner à ma liberté de choix lorsqu'elle est régie simultanément par les puissances du hasard et du déterminisme familial et social ? D'un côté, en effet, un héros comme le brigadier de *L'Acacia* est issu de la semence d'un père qui s'en va mourir « comme ces insectes mâles après avoir accompli leur fonction » (A,217), pourtant, il suit à la lettre le destin de ce père, entre l'aléatoire de la reproduction animale et l'inscription dans la geste héréditaire.

Du sens inexistant ...

Mais, de même que la résolution de l'intrigue quasi policière (avec « assassin » (RF,288) et « meurtre » (RF,15)) concernant la mort mystérieuse de de Reixach s'éparpille dans la multiplicité des interprétations (A,323) ou dans la fantaisie fantasmatique d'un Blum et d'un Georges, discréditant ainsi toute lecture des signes, de même le rideau ne se lèvera jamais sur le secret métaphysique qui hante les textes. Les promesses se ferment répétitivement sur une absence de signification, sur le « décevant secret qu'est la certitude de l'absence de tout secret et de tout mystère » (RF,249), expérience que le cheval en décomposition de *La Route des Flandres* a acquise par-delà la mort et dont l'apparition récurrente sonne comme un rappel à la désillusion. La quête cognitive échoue donc à trouver des significations, car le monde n'a pas de sens, qu'il s'agisse du monde à l'endroit, celui où tâtonne le héros simonien (« comment savoir ? », « que savoir ? », « Mais exactement ? », « Quoi encore ? ») ou du monde des ombres, où louvoie le proscrit Jean-Marie, le « monde à présent pour ainsi dire retourné à la façon d'un gant, d'un vêtement, révélé dans son envers ou plutôt perverti en ce sens que plus rien n'y avait la même signification, sinon de signification tout court » (G,426). A ce sujet et après avoir énuméré toutes les épreuves de sa vie, Claude Simon conclut dans le *Discours de Stockholm* : « Je n'ai jamais encore, à soixante-douze ans, découvert aucun sens à tout cela, si ce n'est, comme l'a dit, je crois, Barthes après Shaskespeare, que "si le monde signifie quelque chose, c'est qu'il ne signifie rien" - sauf qu'il est. »[2]. Un

---

[1] C. Rosset, *Le Réel. Traité de l'idiotie*, Paris, Editions de Minuit, 1977, pp. 13/14. « Ce qui fait verser la réalité dans le non sens est justement la nécessité où elle est d'être *toujours* signifiante. », p.13.
[2] C. Simon, *Discours de Stockholm*, Paris, Minuit, 1986, p. 24.

relevé systématique des emplois du mot « sens » dans les quatre romans révèle d'ailleurs cette impossibilité aussi bien d'un signifié car les choses ou les paroles sont systématiquement « dépourvu[es] de sens », « dénué[es] de sens », « privé[es] de sens » ou indécidables car à « double sens » (G,268,275,406), que d'une direction spatiale, une téléologie, tout étant toujours dans « le mauvais sens », en « sens contraire », en « sens inverse », voire « sens devant derrière » ou « sens dessus dessous ».

Ici encore, la répétition des thèmes, des motifs et des questions stigmatise le malaise du monde dont le non-sens est révélé par un épiphénomène obsédant dans les textes, la guerre. Ce processus collectif porte en effet à son comble l'incohérence de la réalité. De manœuvres absurdes (G,95,103,344), en incohérences stratégiques (A,37), elle désigne l'incapacité du pouvoir militaire et politique (G,127,131,137,375 A,37) et la difficulté d'articuler la planification d'une tactique et les opérations concrètes sur le terrain (G,49). Le champ de bataille est le lieu du désordre le plus extravagant - les soldats errent à la recherche de leur régiment (RF,16 G,44), « personne ne sait au juste qui tire sur qui » (G,42), ce sont « les cris, les rafales des mitrailleuses, la tête de la colonne refluant [...], les cavaliers se mêlant, se heurtant, la confusion, le tumulte, le désordre, les cris encore, les détonations, les ordres contraires » (A,89), on ne sait même plus où se trouve le front (RF,101/102). Après le combat, l'absurdité de la situation transforme la guerre en une vaste scène de théâtre (RF, 284) qui propose « les redites d'une pièce cent fois jouée » (G,385) ou les mystifications d'un prestidigitateur escamotant une brigade entière « comme volatilisée, escamotée, gommée, épongée sans laisser de traces » (RF,188). Insensée dans sa prévision, dans sa réalisation et dans sa résolution, la guerre confronte aux lignes de fracture du monde : rupture sociale entre le front et l'arrière, entre les civils et les militaires qui se haïssent ou au mieux s'ignorent, (G,70/71 A,128,236,317) ; la guerre met aussi en lumière la faille qui existe entre une humanité souffrante et une nature indifférente, la brisure d'un être qui confronté à une situation traumatique, tel le brigadier de *L'Acacia*, est exclu des grandes dichotomies structurantes comme le propre et le sale (A,92), le jour et la nuit (A,249), la vie et la mort (A,88). Il est également banni, ainsi que ses compagnons, de toute humanité possible car expulsé de sa vie passée, « comme si s'était détachée d'eux la dernière section de la chaîne (ou plutôt du cordon ombilical) qui les raccordait encore à leur vie passée » (A,240), ils deviennent des pions que les responsables de la débâcle de 40 « avaient jetés là avec la désinvolture d'un joueur éparpillant sur le tapis vert une liasse de billets sans se soucier des numéros ou des bandes qu'ils recouvrent » (A,37). Du sacrifice volontaire (RF,231 A,38) au hasard inconséquent (G,247 A,37), la guerre est donc le signe réitéré d'un réel désorganisé et sans structure qui échappe au contrôle rationnel de l'homme. Elle révèle en les extrêmisant, dans un grand spasme collectif, les fêlures du monde et résume ainsi toute la condition humaine : souffrance et incohérence.

Cette expérience de la douleur et de l'absurde, cette impossibilité de découvrir une vérité organisatrice dans le monde simonien s'explique par la réfutation des valeurs qui jusqu'alors assuraient les fondements de notre civilisation, de ces idéalismes dénoncés par le nihilisme. « Dieu est mort »[1] proclame Nietzsche, selon lui le

---

[1] F. Nietzsche, *Le gai savoir*, dans *Œuvres*, Paris, Editions Robert Laffont, collection « Bouquins », 1993, tome 2, p. 121 et p. 132.

dieu des chrétiens n'est qu'une gigantesque fiction fabriquée par les hommes pour justifier leur existence. Dans les œuvres de Claude Simon[1], quelques traces de Dieu subsistent : des repères géographiques et touristiques (une carte postale de Lourdes (H,28), « Presbyterian Church » - « St Andrew's Cathedral » (A,130)), le rappel des déchirements historiques entre catholiques et protestants qui ont interdit l'inhumation de la femme huguenote de L.S.M. dans le cimetière du village (G,169), des traces mnésiques qui évoquent les souvenirs d'une éducation religieuse (A,207), systématiquement humiliée, dans *Histoire*, par la trivialité des calembours de Lambert (H,42/43,141/143). L'influence de la religion persiste dans des rites de passage comme la cérémonie de l'extrême onction qu'on administre à la mère (H,14/17), au cours de laquelle le décorum semble avoir plus marqué le jeune esprit du narrateur que la spiritualité, ou le mariage, vestige d'une convention sociale dépassée, présenté par le père à ses sœurs récalcitrantes, comme « une formalité, des simagrées, des concessions à de ridicules usages » (A,273). La religion peut encore s'intégrer à un discours d'érudition avec des références explicites aux personnages et aux épisodes bibliques (« Pierre » (H,310) « Moïse » (G,283), « l'Eden » (A,146), « le Déluge » (A,312)...), ou travesties (la mère évoque la Madeleine biblique lorsque « dénouant l'espadrille crasseuse, lavant la plaie, le pied noueux aux ongles cornés et jaunes », elle donne « les premiers soins » à « l'un des hommes qui travaillaient à la cave » et qui « eut le pied écrasé par une comporte » (A,322)). La formule chrétienne devient aussi un langage lexicalisé dans les si nombreux « Bon Dieu ! Bon Dieu ! » qui fourmillent dans les textes. Par ailleurs, les personnages les plus chrétiens qui s'immolent dans le sacrifice pour leur frère, les deux tantes du brigadier, sont pourtant les plus définitivement athées : « jamais on n'avait vu un membre de la famille, homme ou femme, s'asseoir à l'un des bancs de l'église » (A,65). De la religion ne se manifestent donc plus, dans les textes simoniens, que des rituels ridiculisés, des pratiques laïcisées, des souvenirs digérés et un anticléricalisme acerbe exprimé par L.S.M. : « A mesure que j'ai approché des environs de Rome j'ai été péniblement affecté par l'inculture des campagnes qui l'avoisinent, cette nature aride, délaissée, annoncerait-elle qu'il y régna trop longtemps un pape, un vice-dieu d'une religion absurde et indigne ? » (G,74). Quant à Dieu, comme principe d'explication de l'existence du monde, « lui qui peut tout » parce qu'il aurait « pu dans sa toute-puissance sa toute-bonté fabriquer des pines pour qu'on s'en serve seulement quand on voudrait » (H,374), ce dieu dérisoire est particulièrement absent de nos romans, « l'invisible metteur en scène » (G,385) de la vie éternelle, comédie grotesque qui attend ironiquement un de Reixach dérangé « d'avoir à renifler à coté de lui mon fantôme crasseux et puant jusqu'à la fin des siècles » (A,294) ; il se fond parfois dans le panthéiste « tout originel » (RF,275). Mais la transcendance est le plus souvent concurrencée par le « néant » que fixe l'ancêtre sur le point de se suicider (RF,186 A,213) et qui constitue la seule vérité de « la vieille croûte millénaire, desséchée et fissurée d'une vieille bouse tombant sans fin en tournant sur elle-même dans le néant, les solitudes effroyables, le silence effroyable » (H,252). L'homme est livré au « néant sans haut ni bas ni ouverture » (H,320), il n'y a donc pas de sens à son existence, ni en termes de direction, ni en termes de signification. Claude Simon

---

[1] Claude Simon lui-même, revendique son athéisme : « si je n'étais pas naturellement athée, je verrais partout le visage de Dieu : dans une pierre, dans un arbre, sur le visage d'un enfant. ». Entretien avec André Bourin, « Techniciens du roman », *Les Nouvelles Littéraires*, 1739, 29 déc. 1960, p. 4.

envisage une métaphysique sans Dieu, ni religion, dont il ne reste finalement qu'une coquille vide. Et les romans qui répètent l'abolition de la téléologie transcendante, invalidant par là même toute possibilité de signification du monde, expriment aussi dans leur mode narratif l'absence de causalité. Selon Roland Barthes, « Tout laisse à penser, en effet, que le ressort de l'activité narrative est la confusion même de la consécution et de la conséquence, ce qui vient *après* étant lu dans le récit comme *causé par* »[1]. Or, dans les romans simoniens, où la succession linéaire des événements est abandonnée au bénéfice des associations ambiguës de la langue et de la mémoire, la causalité ne peut pas prendre. Cet effet est encore accentué par la répétition, qui en isolant le fait de son fil chronologique, en le sérialisant, l'exclut définitivement de tout tissu causal. La réitération des structures narratologiques répète ainsi en écho la réitération thématique pour dénoncer l'illusion d'une logique transcendante.

Les textes sonnent aussi le glas d'un idéalisme immanent, celui de l'humanisme et de la foi dans le progrès. Le monde de souffrance révèle l'échec du projet chrétien, mais aussi celui des idéaux politiques. *Les Géorgiques* mettent en évidence les impasses de la Révolution française avec l'évocation de la période sanguinaire de la Terreur (G,384/385) ; « la pensée de théoriciens barbus et porteurs de lunettes cerclées de fer, aux têtes eux-mêmes de maîtres d'école » (A,64), de ce Marx, « le prophète à grande barbe », si présent en filigrane dans les textes, et de ses suppôts, Trotsky et Lénine (H,352 G,283,318,329,354 A,64/65...) a engendré une révolution meurtrière relatée par *Histoire*, dans une reprise à John Reed et accouché d'un empire soviétique rongé par la délation, l'ivresse, la misère et la violence (A,172/191). Le nazisme a produit l'extermination des juifs après leur déportation (A,22), les ghettos (A,174) et le stalag broyeur d'hommes et de dignité, omniprésent dans les quatre romans. L'espoir démocratique en Espagne s'est déchiré dans une lutte fratricide entre factions rivales (G,263/280 A,192/193) pour se solder par un échec. Les valeurs morales, par ailleurs, sont englouties par la raison d'état lorsqu'il s'agit de « sacrifier » stratégiquement des escadrons, ou annihilées par la puissance des financiers qui « décident du meilleur placement de leurs capitaux et se mettent alors à construire suffisamment de canons, de camions, de mitrailleuses, d'avions, de bateaux et de bombes » (A,139). Les œuvres simoniennes constatent la faillite de vingt siècles de culture occidentale, de deux siècles de projets révolutionnaires, héritiers de la philosophie des Lumières, qui en relation avec la dépréciation d'un Rousseau, « à l'incendiaire bavardage de vagabond touche-à-tout, musicien, exhibitionniste et pleurard » (RF ,77), ne peut manifester ni le progrès de l'homme, ni sa capacité à trouver une logique au monde. Et la révolte de Georges contre son père peut se lire comme un rejet de sa croyance en un humanisme culturel bien-pensant.

Soit par la dérision, soit par la banalisation, soit par la dénonciation feutrée, la répétition textuelle enseigne donc que le sens du monde ne se dévoile ni dans l'idéalisme transcendant, ni dans les idéaux humanistes ; il n'est pas à la portée de l'homme, sens d'autant moins accessible que l'homme ne peut prétendre qu'à une saisie incertaine de son environnement.

---

[1] R. Barthes « Analyse structurale des récits » dans R. Barthes, W. Kayser, W.C. Booth, Ph. Hamon, *Poétique du récit*, Paris, Seuil, « Points Essais », 1977, p. 22.

... à l'impossibilité de donner du sens

Certes, si chez Simon comme dans l'approche phénoménologique, l'être-au-monde est fait de la même texture que le monde, si la suprématie du corps percevant autorise une transitivité entre le sujet et le monde, l'évidence transparente de la présence sensible, les questions lancinantes de *La Route des Flandres* (« comment savoir ? », « que savoir ? ») constituent néanmoins le monde comme objet de connaissance. Connaître la réalité, c'est accéder à une certaine intelligibilité de ses principes, or la finitude conjoncturelle ou structurelle de l'homme rend la connaissance du monde, et de là sa capacité à en dégager un sens, parfaitement illusoire. Un passage des *Géorgiques* signale les trois bornes qui limitent notre horizon cognitif :
 « *il rapporte dans un roman les circonstances et la façon dont les choses se sont déroulées entre-temps : en tenant compte de l'affaiblissement de ses facultés de perception dû à la fatigue, au manque de sommeil, au bruit et au danger, des inévitables lacunes et déformations de la mémoire, on peut considérer ce récit comme une relation des faits aussi fidèle que possible* » (G,52)

La perception, la mémoire et la représentation, trois modes d'accès au monde privilégiés par Claude Simon, sont montrées ici dans leurs carences. Les textes insistent sur la difficulté perceptive avec l'image répétée de la vitre qui constitue un obstacle infranchissable entre la conscience du sujet et son univers extérieur (RF,36,44,210,219 H,40, G,265 A,chap.X). Par ailleurs, lorsque accès il y a, la perception du monde reste toujours fragmentaire, souvent parce que la perception simultanée et totale de la teneur et de l'ordre des stimuli qui nous assaillent, en dépit des efforts des textes pour la relayer, reste irréalisable : c'est le cavalier des *Géorgiques* pour qui « Tout se passe en effet en quelques instants, presque simultanément » et à qui il « sera impossible de dire avec certitude dans quel ordre se succèdent les diverses phases de l'action (soit, par exemple : le bruit des moteurs des avions, puis la dispersion et les cris de terreur des réfugiés, le bruit de l'explosion, le moment où il a tourné la tête et vu le buisson de fumée grise (gris brun) troué d'étincelles, de lueurs - ou si , au contraire [...] » (G,176/177). La parcellisation de la perception est occasionnée aussi par une polarisation incongrue sur un détail insignifiant sans rapport avec la gravité de la situation : ainsi le soldat de mai 40, tout juste réchappé de l'embuscade allemande meurtrière, aux abois dans sa fuite, tente d'étancher sa soif dans un petit étang et semble absorbé par la contemplation de « l'une des grenouilles qui se laisse dériver dans le faible courant » (RF,150 A,101). Les incertitudes de la perception produisent de fait une remise en question de la validité perceptive : la répétition, dans *La Route des Flandres*, par exemple, d'expressions comme « avais-je vu n'avais-je pas vu seulement cru voir » (RF,248/249), « Mais l'ai-je vraiment vu ou cru le voir » (RF,289) montre une mise en doute par la réflexion de la compétence perceptive, qui peut par extension s'appliquer à la réalité même du monde perçu : la jeune paysanne, rencontrée dans la grange, après une marche nocturne éprouvante pour l'acuité perceptive, est semblable à « une apparition » (RF,36,255) qui finalement s'en va « se dissolvant, se fondant » (RF,37) ; de même, les jeux de miroir perturbant pour la rationalité sensorielle laissent les visages humains « sans plus de réalité ni d'épaisseur que des fantômes » (H,346). Aussi bien, la perception, au lieu de favoriser un avènement du monde objectif, conteste le principe même de son existence. Cet évincement dialectique de la réalité dans la perception cause même son dépassement par l'émergence d'une surréalité, celle de l'imagination percevante notamment ; les héros croient entendre, mais surtout voir des scènes auxquelles manifestement ils n'ont pu assister. Les « il lui sembla voir » appliqués à Georges qui traque dans son imagination les faits et gestes de Corinne, et qui opposent l'irrésolution d'un modalisateur comme « sembler » à l'évidence d'un « voir », résument bien le hiatus d'une perception inopérante dans le monde et réinvestie dans « une réalité plus réelle que le réel », celle de la « vision intérieure » (RF,120). La perception, compte tenu de ses limites, renonce donc à s'exercer sur le spectacle de l'univers et reste ainsi doublement imperméable à la signification du monde. C'est aussi ce que nous dévoile un passage d'*Histoire*, (H,184/188), qui décrit un combat de rues à Barcelone et les tentatives de négociation entre les adversaires. Cette séquence, où le narrateur n'est qu'un œil et qu'une oreille, ne produit aucune interprétation, aucune analyse, comme si en dépit de la saturation des sensations, qui restent malgré tout un moyen privilégié d'accéder au monde et de le comprendre, le sens des actions des belligérants, leurs motivations, leurs objectifs, demeuraient inaccessibles. En somme, la perception nous enferme dans le non-sens du monde, tout comme la mémoire qui présente un fonctionnement sensiblement similaire.

La répétition inlassable des souvenirs de l'enfance, de la guerre, de la révolution, de la famille... expose le peu de fiabilité, pour un décodage du monde dans l'après-coup, d'un processus lui-même par essence répétitif, la mémoire, qui réactive, réitère grâce à une trace mnésique, un événement passé. La répétition narrative est donc encore ici l'indice révélateur de l'impossible accès à un monde, qui de ce fait apparaît absurde, pour une fonction psychique qui tire elle-même sa légitimité de la répétition. Symptôme, elle contient aussi en germe l'étiologie du malaise, car les défaillances de la mémoire sont à chercher dans les trous de la répétition, dans l'improbable retour du même ; la répétition mémorielle suppose une distance temporelle qui recouvre une absence, ce que déclare explicitement *L'Acacia*, avec le brigadier évadé, tentant de se remémorer sa promenade suicidaire aux côtés du colonel, « essayant de se rappeler (mais c'était déjà impossible) d'être de nouveau comme il avait été sur ce cheval trop grand » (A,303). L'impossible restitution du monde par le souvenir est à rechercher dans la déperdition d'informations que suppose l'oubli. La mémoire ne peut tout emmagasiner, ni tout restituer, et l'on voit dans les œuvres des héros désemparés devant cette amnésie qui emporte une part d'eux-mêmes, comme le narrateur d'*Histoire* devant les protagonistes de sa guerre d'Espagne : « puis ils sombreront de nouveau s'enfonceront continuant encore un moment à gesticuler comme les passagers d'un navire lentement submergé disparaissant peu à peu dans les épaisseurs du temps et moi impuissant les regardant s'engloutir lentement » (H,395). Avec l'oubli, ce sont des fragments du monde et du moi qui s'évanouissent, et les textes témoignent des efforts désespérés accomplis par les personnages pour maintenir à flot le navire de la mémoire, « cherchant en vain à se rappeler » (G,155), « il ne parviendra même pas à se rappeler » (A,94). Car la mémoire sélectionne les éléments du réel, comme dans les « dessins exécutés au fusain et à l'estompe », « où les volumes apparaissent saillants hors de l'ombre ou s'y enfonçant tour à tour comme dans la mémoire, certaines parties en pleine lumière d'autres... », (H,283), en fonction de données affectives dont les répétitions sont toujours le signe dans la parole. Certains épisodes traumatiques sont massivement et explicitement remémorés (l'épisode de mai 40, la mort de la mère, par exemple), d'autres au contraire le sont de façon itérative mais allusive ou détournée (la mort d'Hélène qui est à lire ailleurs). La mémoire opère donc des déplacements comme elle produit des condensations[1]. En effet, « tout revenant à la fois » (H,106), les informations se chevauchent, se télescopent, « se bousculent pêle-mêle » (G,310), selon « le foisonnant et rigoureux désordre de la mémoire » (H,273), ou encore les souvenirs s'appelant sans raison chronologique ou narrative constituent un raccourci magmatique. Enfin, processus dynamique, la mémoire, réactivée par le présent, est aussi transformation des éléments du passé. Les souvenirs ne sont pas figés, leur surgissement est impliqué par une contextualisation, donc une interprétation au regard de la vie présente, phénomène fictionnalisé dans *La Route des Flandres*, par les interrogations de Georges qui ne fait plus la part entre le souvenir de Blum et la réalité de sa présence : « Alors peut-être avait-elle raison après tout peut-être disait-elle vrai peut-être étais-je toujours en train de lui parler », (RF,255) ; bien plus, le souvenir est recréation et la limite n'est jamais définitive entre le rappel du passé et l'imagination, d'où les questions répétées des héros « Est-ce que je l'ai inventé dis-je, Est-ce que je l'ai inventé ? » (RF,265). Par conséquent, déperdition, sélection, fusion, transformation, recréation d'informations, la mémoire ne saurait constituer un mode de relation au monde suffisamment fidèle pour en permettre la compréhension.

Si la perception aboutit à une impasse dans l'immédiateté, si la mémoire conduit à une déception dans l'après-coup, la représentation de la réalité, elle aussi un processus répétitif, n'autorise pas plus de certitude quant à son décodage. O. entreprend de narrer son histoire espagnole car il espère « qu'en écrivant son aventure il s'en dégagera un sens cohérent » (G,310). Ecrire le réel, c'est la conviction de faire « ressortir des rapports de cause à effet » et par conséquent de restituer une cohérence inaccessible dans le vécu. Toutefois, qu'il est malaisé le chemin qui mène de la réalité à sa représentation et le sévère examen critique auquel le narrateur des *Géorgiques* soumet le livre de O. (G,308/362), souligne la malhonnêteté inconsciente d'un auteur qui pourtant se veut objectif mais « qui fait penser à quelqu'un qui s'obstinerait avec une indécourageable et morne persévérance à relire le mode d'emploi et de montage d'une mécanique perfectionnée sans pouvoir se résigner à admettre que les pièces détachées qu'on lui a vendues et qu'il essaye d'assembler, rejette et reprend tour à tour, ne peuvent s'adapter entre elles » (G,311). Le brigadier de *L'Acacia* se trouve devant la même difficulté car « plus tard, quand il essaya de raconter ces choses, il se rendit compte qu'il avait fabriqué au lieu de l'informe, de l'invertébré, une relation d'événements telle qu'un esprit normal [...] pouvait la constituer » (A,286). Autrement dit, les quatre romans répètent que toute représentation des événements du monde se heurte à un problème de légitimité. La falsification du monde par la représentation en exclut un savoir véritable, de sorte que la connaissance du réel par expérience (dont on a montré qu'elle était déjà bien incomplète), est sans comparaison avec celle qu'on peut retirer des livres (RF,156,213 H,152 G,337). Et pour finir de démonter les trahisons de la référence, les textes renvoient tautologiquement le récit des expériences vécues, les signes du réel, à d'autres signes. Les personnages avancent « comme dans ces trucages de cinéma », (RF,67). Le petit garçon devient brusquement un homme, de même que deux épisodes sur l'écran sont séparés par « la brève apparition d'un placard où scintillaient

---

[1] On aura bien sûr reconnu ici une utilisation abusive des termes que Freud emploie à propos des mécanismes inconscients du rêve, dans *Le rêve et son interprétation*, Paris, Gallimard, « Idées », 1975, chap. 4/5.

[...] de brèves indications comme : "Et le lendemain" ou "Quinze ans plus tard" » (G,215). Le paysage entrevu à une fenêtre, « derrière la trame du grillage à moustiques mangé de rouille » ressemble « à un dessin que l'on aurait biffé emprisonné sous un croisillon serré de hachures » (H,153). En somme, les signes renvoient aux signes, hors d'une réalité inaccessible.

Le discours sur le monde ne peut dans ces conditions que s'exprimer dans une poétique du doute[1]. Les rectifications permanentes de la parole témoignent de cette impossibilité de construire du sens dans un monde qui en est privé. Les « peut-être », les « plutôt », les « sembler », les « je suppose »... s'inscrivent dans la même perspective hésitante que les questions obsédantes, toujours sans réponse, qui parcourent les textes :

- « *(mais) comment (le) savoir ?* » (RF,78,196,273,277,278, 279,280,282,284)
- « *que savoir ?* » (RF,282)

Ces deux interrogations majeures de *La Route des Flandres* sont d'autant plus questionnantes qu'elles sont décontextualisées, difficilement imputables à une voix narrative, et que leur fil est incohérent. En effet, dans un premier temps, la question porte sur les moyens d'un savoir sans objet (« Comment savoir ? » quoi ?) pour secondairement s'intéresser à l'objet d'un savoir sans finalité (« Que savoir ? » sur quoi ?). Les questions interrogent sur un signifié dans la chair même de leur signifiant.

- « *Mais exactement(, exactement) ?* » (H,78,87,93)
- « *(Mais) (quoi) encore ?* (H,283, 5 occurrences)

Histoire propose un état similaire d'incomplétude des questions, auxquelles il est par conséquent impossible de répondre. Le texte secrète ainsi dans la demande de sens, la destitution de ce sens même. Dans *Les Géorgiques* la question qui revient :

- « *Et où irez-vous ?* » (G,39,44,52,53,186)

suppose un sens plus explicite, repérable dans une lettre de L.S.M., portant la date du 29 Ventôse an 3. Néanmoins, cette interrogation, en posant la question du sens géographique, pose aussi, par polysémie, celle du sens signifiant. Le discours des narrateurs trébuche dans l'hésitation itérative, les questions obsédantes restent sans réponse car la répétition souligne le désarroi devant « un monde qui, sans cesse, "fait question". »[2]

Alors, puisque selon Blum, « à part la certitude de crever qu'est-ce qu'il y a de plus réel ? » (RF,120), la mort paraît la seule réalité; le seul moyen d'échapper au non-sens. On comprend de ce fait que le suicide devienne un comportement collectif (voir annexe 2). La répétition des suicides signale que, perdu dans un monde sans signification, le héros « décid[e] qu'il ne lui rest[e] plus qu'à mourir » (H,191), certes dans une perspective très stoïcienne, pour se libérer des passions douloureu-

---

[1] Claude Simon a lui-même pointé le doute qui habite les personnages : « dans *La Route des Flandres*, les faits sont sans cesse contestés, remis en question, par les différents personnages qui en formulent plusieurs versions, s'interrogent, se demandent s'ils ne se trompent pas, si les choses se sont bien passées telles qu'on les leur a racontées, ou telles qu'ils les imaginent, ou même encore telles qu'ils ont cru les voir. ». Entretien avec Madeleine Chapsal, *L'Express*, 10 nov. 1960, p. 31.
[2] C. Simon/J. van Apeldoorn et Charles Grivel, dans *Ecriture de la religion, écriture du roman*, Lille, Presses Universitaires de Lille, 1979, pp. 87/107 et notamment p. 88.

ses, mais aussi pour fuir « une sorte de vide de trou. Sans fond. Absolu. Où plus rien n'avait de sens, de raison d'être » (RF,196).

La répétition met en lumière les stigmates d'un monde chaotique, tant par sa violence que par sa confusion, d'un monde sans signification comme le prouvent les guerres, acmés spasmodiques de l'incohérence et comme l'explique l'impossibilité de tout projet idéaliste et de toute saisie certaine de la réalité. Pourtant la répétition apparaît aussi comme une solution moins finale que le suicide pour retrouver un sens au monde et y vivre en bonne intelligence.

La répétition ou l'harmonie au monde

Dans *La Corde raide*[1], Claude Simon déclare : « L'absurde se détruit lui-même. Dire que ce monde est absurde équivaut à avouer que l'on persiste encore à croire en une raison. ». Pour l'auteur, si le monde reste hermétique, on ne peut néanmoins dire qu'il est absurde, « solution de remplacement » qui, par son caractère affirmatif et globalisant, entre encore dans les catégories acceptables pour la raison et témoigne d'une certaine naïveté. On note ici l'écart qui sépare Claude Simon de l'existentialisme contemporain, même si le fondement phénoménologique reste commun. Prétendre à l'absurdité du monde, consiste à montrer d'une part qu'il n'est pas conforme aux lois de la cohérence et de la logique et d'autre part qu'il ne peut constituer un sens. Toutes choses précisément que la répétition s'emploie à désamorcer car sous l'apparent chaos, se cachent des lois et des sens d'une autre nature.

La cohérence du monde

Le monde simonien reste réfractaire à toute pénétration logique car il réfute deux des principes qui fondent la logique classique. Tout d'abord il est aisé de montrer que l'univers de la diégèse invalide le principe de non-contradiction, élaboré par Aristote[2] et qui stipule que deux propositions contradictoires ne peuvent être toutes deux vraies en même temps ; les textes multiplient les exemples de l'infidélité à ce principe. Dans les faits, l'indifférence de la nature à la souffrance humaine, « cette même somptueuse indifférence, cette pérennité, absorbant de la même façon les échos des explosions ou des rafales qui se répercutaient de coteau en coteau, se perdaient dans les bois, dérisoires, anecdotiques, les opulentes forêts, les opulents pâturages s'enveloppant peu à peu de la brume bleuâtre du soir [...], puis resurgissant lentement de la nuit impollués, d'un vert tendre » (A,43), cette imperturbabilité de la nature est systématiquement contrebalancée par une solidarité pour la chose humaine, comme ces pluies diluviennes et prophétiques qui s'abattent sur la France au moment du mariage du père ou ces torrents qui débordent dans le lieu de l'annonce bouleversante de sa mort (A,312). Il en va de même pour la catégorie du jugement, toujours enfermé dans une contradiction indépassable (sur Pichegru, par exemple, dont L.S.M. assure d'abord la promotion pour ensuite se réjouir de son arrestation (G,24,26)), comme pour le raisonnement (on pense ici à la description de la réclame pour une bière anglaise à laquelle Georges associe sa halte dans un bis-

---
[1] Claude Simon, *La Corde raide*, p. 64.
[2] Aristote, *La Métaphysique*, tome 1, livre Γ, 4, Paris, Vrin, 1991, p. 197.

trot, tout en précisant : « avec cette différence qu'il n'y avait rien de tout cela » (RF,20), dans une sorte de déduction par l'absurde). En somme, le monde simonien présente toujours une affirmation et son contraire, construit un univers dont les valeurs sont incompatibles, par conséquent un monde qui ne peut exister. Car la logique dans la tradition classique se confond avec une recherche de la vérité et par suite de la réalité.

Il est en outre extrêmement hasardeux de tenter de dégager des lois causales dans l'univers simonien. Aucune des quatre causes déterminées par Aristote[1], la cause formelle (qu'est-ce que ceci ?), la cause matérielle (matière dont est fait l'objet), la cause efficiente (l'origine de la chose, l'agent de son existence), et la cause finale (ce en vue de quoi la chose existe) ne s'applique par exemple au décodage du comportement de de Reixach. Le capitaine est-il un homme ou « un cavalier de plomb » (RF,12 A,304), fait de chair ou d'« un métal gris », « commençant à fondre » ? On voit sur cet exemple comment les figures du discours sapent systématiquement la possibilité de s'accrocher à une cause formelle et matérielle. Par ailleurs l'insouciance de cet homme devant la mort est-elle due à « la légende selon laquelle il se refusait de lire les ordres ou les documents s'il n'était pas fait mention, en plus de son grade, de son titre de baron », (A,323), à la folie, au sentiment d'invulnérabilité que lui procure « la conviction de l'absolue supériorité » de son courage, à sa souffrance d'amour ? On le constate, au-delà des hypothèses, les textes restent indécidables du point de vue de la cause efficiente. Parallèlement et selon le même procédé de l'hésitation, il est impossible de spécifier la cause finale qui pousse de Reixach à monter l'alezane lors de la course de chevaux, aux dépens d'Iglésia : désir de victoire d'un cavalier qui veut faire ses preuves ou volonté d'un mari qui souhaite symboliquement chevaucher seul et victorieusement sa femme. Les deux finalités ne s'excluent pas mais l'indécision générale semble se diffuser clandestinement sur l'évidence même de l'existence de la causalité. Et justement, la répétition, qui participe de cette acausalité ambiante dans la mesure où, comme nous l'avons montré, en déchronologisant les événements, elle les désengage des réseaux déductifs, instaure d'autres lois, indifférentes aux lois aristotéliciennes, qui autorisent malgré tout une structuration du monde. « Dans la peinture hollandaise, il était de tradition que les miroirs jouent un rôle de redoublement : ils répétaient ce qui était donné une première fois dans le tableau, mais à l'intérieur d'un espace irréel, modifié, rétréci, recourbé. On y voyait la même chose que dans la première instance du tableau, mais décomposée et recomposée selon une autre loi. »[2]. Cette autre loi, évoquée par Michel Foucault et due aux reflets spéculaires, est suggérée dans *Histoire*, à travers les déformations des objets du restaurant, renvoyées par les parois d'une carafe (H,137). La carafe n'invente pas, elle produit une autre vérité du monde, elle souligne dans répétition déformante d'autres lois que celles de la perspective classique, elle raconte un autre visible. De même la répétition sous-tend d'autres lois du monde, souterraines et ignorées mais qui pourtant la régissent.

Tout d'abord, dans l'univers simonien les êtres, les choses, les événements obéissent à la loi du retour. Les mêmes phénomènes se répètent inlassablement, qui déterminent des rapport invariables et universels, autorisant de ce fait une généralisation.

---

[1] Aristote, *La Métaphysique*, tome 1, livre Δ, 2, Paris, Vrin, 1991, pp. 247/252.
[2] M. Foucault, *Les mots et les choses*, Paris, Gallimard, « TEL », 1966, p. 23.

Concernant les faits naturels, les textes, et en particulier *Les Géorgiques*, insistent sur le cycle de l'année, « ce cycle toujours recommencé des saisons » (G,448,301) qui conditionne l'activité agricole évoquée dans *Les Géorgiques* et indexe la durée de la vie, « La dernière année. Ce qu'il a appelé à plusieurs reprises dans ses lettres "l'intervalle qui sépare la vie de la mort". Cette dernière suite des quatre saisons, des douze mois aux noms de glaces, de fleurs ou de brouillards » (G,75). De même, les phénomènes climatiques s'organisent dans un retour de périodes chaudes et de périodes froides, « les alternances de gels et d'été incandescents » (G,343), de phases humides, comme celles qui semblent baigner toutes les guerres des romans avec leur corrélat boueux et de phases sèches comme le terrible hiver 39/40, « d'un ciel boréal lavé de tout nuage et aux couleurs de pétales » (G,109). Les cataclysmes eux-mêmes réapparaissent périodiquement (A,63,68) et à défaut d'en prévoir la date exacte, les héros peuvent toujours en prévoir le retour. La loi du retour dégage ainsi le monde naturel de ses hasards et de ses incohérences. Les événements y sont prévisibles, et les actions humaines peuvent s'y épanouir en toute sécurité. La répétition, parce qu'elle favorise une logique du monde, se dévoile ainsi comme un facteur d'apaisement et de stabilité.

Le domaine biologique est pareillement structuré par la loi du retour, où rien ne se perd et rien ne se crée, comme ces « choses sorties de la terre pour y être de nouveau absorbées » (G,347), les chevaux (RF,26 A,42) comme les êtres humains (RF,238/239), à l'image aussi de la respiration, principe cyclique qui anime la vie et auquel les textes sont sensibles : évoquée dans sa difficulté lorsque le héros s'étouffe dans le train de prisonniers ou dans le stalag irrespirable, décrite dans son accélération au moment des courses de survie et des relations amoureuses, exposée dans sa pesanteur lorsque les époux se déchirent, la respiration exprime, en suivant la cadence de « son ventre [qui] se soulevait et s'abaissait palpitait comme une délicate gorge d'oiseau » (RF,248), le rythme de la guerre, de la souffrance physique, de la déshérence affective, et s'exténue dans la mort ; car la fin de la répétition, c'est aussi l'épilogue de l'existence. Etroitement associée au cycle et aux épisodes de la vie, la répétition retrouve, dans ce contexte, des couleurs vitales que lui dénient les interprétations qui y voient un tableau de l'enfermement et de la sclérose. La loi du retour distribue par ailleurs l'inévitable alternance entre la vie et la mort. A l'échelle de l'individu, elle rappelle que le progrès vers la mort est aussi régression, dans le schéma classique du vieillard qui retombe en enfance, tel L.S.M. dont la fidèle Batti s'occupe dans ses vieux jours et qu'elle installe sur sa terrasse, « comme les femmes se débarrassent d'un enfant à la mamelle pendant qu'elles vont s'occuper du ménage » (G,366). La vieillesse semble ainsi un retour vers l'innocence de l'origine. La répétition fonde la finalité de l'être vivant qui, comme le père de *L'Acacia*, choisit « avant de mourir de déposer sa semence et se survivre dans l'une de ces femelles destinées à la reproduction de l'espèce » (A,128). L'un meurt, l'autre naît, éternel renouvellement des générations, mis en spectacle dans les innombrables photos de famille présentées dans les textes (voir annexe 5), « les groupes familiaux présidés par le sévère patriarche, puis quand il eut disparu, la vieille dame aux flasques bajoues entourée de la sœur aînée et de ses petits-enfants qui grandissaient » (A,120), qui ne montrent pas autre chose que des figures totalement substituables, soit le recommencement de la vie. Car pour Batti devant Eugène, le fils de L.S.M. qu'elle élève, comme pour tous les êtres biologiques, avec un petit, « c'était comme si tout recommençait : les mêmes lieux, les mêmes jeux, les mêmes genoux écorchés, les mêmes écrevisses dans le ruisseau, les mêmes grillons, les mêmes oiseaux dénichés... » (G,412). En somme, la répétition organise non seulement la perpétuation de l'espèce mais à chaque génération renouvelle des expériences séculaires.

Le principe de répétition organise aussi le monde historique :

« *l'invisible metteur en scène pressé d'en finir, accablé par les redites d'une pièce cent fois jouée, laissant à peine aux acteurs le temps de lancer leur réplique, faisant déjà signe au suivant, tyrans, despotes pour un mois, une semaine, un jour, morts le soir d'après, se succédant, vieux acteurs usés à trente ans* » (G,385)

Les quatre romans sont une illustration de cette longue métaphore théâtrale développée dans *Les Géorgiques*, à propos de la Révolution française et par laquelle, il faut le souligner, la répétition s'exprime dans tous ses sens, celui de redite bien sûr, mais aussi celui de travail avant la représentation. Dans les quatre œuvres, les guerres reviennent de même que les révolutions, l'épigraphe du *Palace* nous en rappelant d'ailleurs la définition :

« *Révolution : Mouvement d'un mobile qui, parcourant une courbe fermée, repasse successivement par les mêmes points*
Dictionnaire Larousse. »

La terminologie choisie pour désigner les événements politiques insiste bien sur la nature fondamentalement répétitive de la donne historique. Et la première partie des *Géorgiques* se joue de cette similitude entre des situations chronologiques et géographiques différentes. Guerres révolutionnaires françaises ou seconde guerre mondiale ? Terreur de 1794 à Paris ou liquidation communiste à Barcelone ? Révolution en Espagne ou Révolution française ? Les événements sont permutables comme les hommes politiques, « réapparitions sporadiques d'un unique personnage répété à travers les siècles », avec « un de ces noms interchangeables aux creuses et poussiéreuses sonorités de plâtre César, Verrius, Charles, Laurent, Philippe, Law, Rothschild, le Bref, le Chauve, le Bel, le Magnifique » (H,85). L'histoire des individus est également soumise à la loi de la répétition. Certains personnages ont une vie parfaitement répétitive. La mère jeune, par exemple, s'enfonce dans une existence de paresse et d'indolence, à peine ponctuée par quelques voyages en Espagne, quelques déplacements à Paris et dont la narration par le choix stratégique du récit anaphorique[1] (par exemple les voyages en Espagne qui sont évoqués en A,115,117,133,267...), voire du récit répétitif (par exemple la rencontre du père ou le voyage de la plénitude amoureuse à Madagascar qui sont relatés en A,chap.V,VII,IX) met à jour et accentue « ce qui n'était pour elle qu'immuable immobilité un temps toujours identique toujours recommencé heures jours semaines non pas se succédant mais simplement se remplaçant dans la sérénité de son immuable univers » (H,33). La vie affective des héros, à l'instar de la société dans laquelle ils vivent, est jalonnée d'événements qui se répètent : des mariages, des divorces (« se mariant, divorçant, se remariant, divorçant de nouveau » (G,236)), des deuils. Elle est faite d'effondrements, de traumatismes douloureux - comme la guerre, l'emprisonnement, la perte des êtres chers - et de lentes reconstructions, avant de plonger dans les abîmes de nouveaux tourments, dans un mouvement d'alternance qu'énonce l'épigraphe d'*Histoire* repris à Rilke. Mouvement qui de manière significative s'incarne dans la sexualité humaine tant dans sa pratique mue par les coups

---
[1] G. Genette, *Figures III*, Paris, Editions du Seuil, 1972, p. 146/147.

sourds du bélier « nous ébranlant tous deux comme un animal allant et venant » (RF,269) que dans son résultat où l'orgasme, toujours suivi par la déception de la petite mort, la « solitude frustrée » (RF,244) ira s'éveillant vers d'autres désirs.

Ainsi la loi du retour structure le monde dans toutes ses composantes. Toutefois, la mise en application de cette loi est diversifiée. Elle peut se faire sur le mode de l'irruptif : retour périodique mais imprévisible des cataclysmes, des tornades (A,63,68), dont la réitération étouffe l'angoisse, due à leur imprévisibilité, sous l'évidence de l'inévitable ; la loi peut aussi se manifester sur le mode du régulier : il s'agit des coups de canon qui ponctuent l'air des batailles ou encore du « cri redoublé de l'oiseau », « lancé avec une régularité d'horloge » (A,97). Ici la répétition est un indice de fiabilité, elle ordonne les événements et comble ainsi l'horizon d'attente. Enfin la loi s'applique sur le mode de l'alternatif, elle instaure une rythmique de l'échange entre les voix qui alternent (H,328), entre les galets et les briques dans l'appareil d'un mur (H,218), entre la couleur citron ou bleutée des petites feuilles qui clignotent dans le soleil (H,41). L'alternatif, par le soit l'un, soit l'autre, est une issue aux contradictions aporétiques du monde. Il est la sécurité d'un ailleurs présent et réciproque, d'une complétude bivalente. On peut noter qu'un roman comme *L'Acacia*, dont les chapitres sont construits sur le mode de l'alternatif, est aussi le plus optimiste de notre corpus, car il se résout par la naissance d'un écrivain. Irruptif, régulier ou alternatif, le retour stabilise, domestique les événements du monde et les rend positifs.

Tout revient, tout est « toujours à recommencer » (H,78), ainsi que le dit Corinne à sa grand-mère à propos du rafistolage du papier peint, qui apparaît finalement comme un motif majeur pour figurer le monde. Tombant en lambeaux, en désordre et en non-sens, le monde comme le papier peint tiennent par la répétition du même acte, par le retour du même. La répétition a donc au sens propre comme au sens figuré une vertu réparatrice.

La loi de l'analogie constitue une autre clé de voûte sur laquelle s'appuie le monde simonien, et par laquelle la répétition vient suppléer aux carences des lois causales. On peut en effet admettre que l'analogie, parce qu'elle est ressemblance, est une répétition légèrement tremblée de l'autre. Ainsi les différents domaines dont il a été question plus haut, naturel, biologique, historique et humain, non seulement sont le terrain de retours périodiques, mais ils se combinent aussi de manière transversale et s'appellent les uns les autres. Un événement naturel comme la pluie est par exemple fréquemment corrélé à un événement historique comme la guerre. Une femme-forteresse, la mère, est systématiquement rattachée à une citadelle « édifiée six cents ans plus tôt par un roi d'Aragon, fortifiée par Charles Quint », (A,116). Un accident biologique comme la mort d'un homme, le père, provoque le débordement destructeur d'un torrent de montagne, (A,266). Le mariage de ce même homme, qui s'ancre donc dans une histoire individuelle, engendre des inondations massives, (A,312). La mort violente des hommes, celle de Wack (RF,82), par exemple, illustre dans la catégorie biologique, la brutalité historique des guerres et des révolutions. Ces transferts paradigmatiques créent, souvent à la faveur des figures comme la comparaison et la métaphore, un système d'inférence non logique mais associative ; et la répétition analogique favorise ainsi l'éclosion d'un monde de libre circulation des motifs et des signes, un univers libéré des contraintes et de la sclérose du cloisonnement. Elle est donc moins l'enfermement dans le même que l'ouverture sur un ailleurs similaire. Par ailleurs, si le mélange, c'est la confusion et le non-sens, l'association, c'est aussi le foisonnement du sens. En effet l'existence de réseaux souterrains de relations dissipe une signifiance à la manière de Barthes[1] et laisse éclore un bourgeonnement de sens. Observons par exemple un passage de *L'Acacia*, qui dans le cadre d'une prolepse, met en scène dans l'immédiat après-guerre les tantes du brigadier et sa mère, à la recherche du corps du père :

« *comme vingt-cinq ans plus tard elles devaient errer, les yeux rougis mais secs et s'employant à calmer une folle dans des campagnes et des bois dévastés par une tornade géante* » (A,73).

Le tissu des analogies dévoile du sens, celui de la signification objective, mais parallèlement il en crée « celui des vibrations sémantiques greffées sur le message dénoté »[2]. D'une part, l'association entre la folie du deuil et la dévastation des paysages permet de décoder la « tornade géante » comme la guerre. D'autre part, le texte tisse un réseau de correspondances entre la douleur des femmes, dont l'une est détruite par le chagrin (« une folle »), la dévastation des paysages naturels et un phénomène climatique qui métaphorise la guerre. Un tel condensé ramène l'historique au naturel remettant ainsi en cause la notion même d'Histoire, car la guerre comme un jaillissement échappe ainsi à toute chronologie, à toute inscription dans le temps et parce que sa naturalisation la dégage du déterminisme causal. Parallèlement, la congruence entre la détérioration du paysage intérieur du personnage de la mère et celle du paysage extérieur dissipe les limites de la conscience et de la raison humaines, la folie du monde étant l'épanchement, la projection du trouble intérieur ou inversement l'En-dedans navré se présentant comme le reflet de l'En-dehors brisé. La répétition analogique nous parle donc de la folie du deuil comme déperdition de personnalité (symptomatisée ausi par le dététerminant indéfini « une » femme) dans la fusion schizophrénique avec l'environnement. Enfin la folle n'est pas calme et l'on observe un dernier écho entre la folie dévastatrice de la tornade-guerre et l'agitation nerveuse de la mère qui met en évidence la solidarité de l'être-au-monde avec le monde, terrain de toutes ses expériences. La répétition organise de fait les textes simoniens dans des réseaux analogiques plurisémantiques.

Elle intervient en outre dans des analogies d'ordre structurel dont le meilleur exemple est le concept physique de fractalité. On connaît chez Claude Simon, l'intérêt pour la matière, Lucien Dällenbach parle même à son sujet d'« un matérialisme à la Lucrèce »[3]. Et il est bien vrai que les corps dans nos textes se présentent comme des conglomérats d'atomes, la mort comme une décomposition de la substance et l'esprit comme « cette permanente série d'actions et de réactions d'acides, de bases, de sels, ces relais, ces signaux, d'une fantastique complexité et d'une foudroyante rapidité qui font la raison, la tristesse, la joie, la mémoire, la parole » (G,158). Et puisque les textes observent à maintes reprises « la logique interne de la matière » (G,352) ou « les lois de la matière » (G,354), on peut légitimement rechercher dans la construction du monde simonien les lois physiques de structuration de la matière. Précisément les fractales sont des structures très irrégulières, souvent

---

[1] A la manière seulement, car la signifiance, qui est selon Barthes « le sans-fin des opérations possibles dans un champ donné de la langue », porte plus, dans le cadre théorique d'une productivité du texte, sur le jeu des signifiants que sur les associations de signifiés. R. Barthes, « Texte (Théorie du) », *Encyclopaedia Universalis*.
[2] *Ibid.*
[3] L. Dällenbach, « La question primordiale », dans J. Starobinski, G. Raillard, L. Dällenbach, R. Dragonetti, *Sur Claude Simon*, Paris, Editions de Minuit, 1987, p. 71.

construites par itération, et qui possèdent des symétries de dilatation par lesquelles l'agrandissement d'une partie est semblable au tout. Cette loi de l'analogie, non paradigmatique cette fois mais plutôt synecdochique semble particulièrement régir le monde de nos romans. Les textes sont traversés de motifs et de phénomènes dont la structure interne est à l'identique des structures qui les englobent : dans le dernier chapitre des *Géorgiques*, le narrateur considérant Jean-Marie L.S.M., « le proscrit », Jean-Pierre L.S.M., « le jacobin » et Adélaïde, « la royaliste exaltée », nous dit que « l'Histoire s'amusait à faire se croiser là trois destins » (G,437), dans un roman où précisément et à plus grande échelle se croisent trois autres destins : celui de L.S.M., celui de O. et celui du cavalier de mai 1940, d'abord enfant puis soldat. Pareillement, on remarque fréquemment dans les romans le motif des particules, à l'agitation grouillante et autonome dont pourtant le mouvement général reste uni et solidaire. Il s'agit par exemple du vol des étourneaux où « il n'est pas possible de distinguer les individus, s'étirant ou se contractant tour à tour, constitués d'un agrégat de points apparaissant et disparaissant selon le battement rapide de leurs ailes », mais qui « obéissent tous à un même mouvement cohérent » (G,67) ou encore le déplacement de la foule, sur le quai de la gare, à l'arrivée du train qui emporte les hommes vers la guerre : « corps assemblés en couronnes autour de centres » qui se maintiennent d'abord à distance des wagons, « par une sorte d'instinctive horreur » pour ensuite s'agglutiner le long des flancs du train, « empêchés de progresser ou parfois même repoussés, éloignés des marchepieds par quelque poussée, quelque convulsion ou dilatation du grouillement bigarré » (A,156). Ainsi ces mouvements browniens, cette agitation incessante de la matière, trouve son sens dans des trajectoires plus vastes et homogènes, comme nos textes constitués d'une multitude éparpillée de prolepses, d'analepses, d'ekphrasis qui s'inscrivent dans une composition générale et déterminée. La partie est construite comme le tout, le motif est l'image de l'organisation de la narration. La répétition manifeste ainsi dans la loi d'analogie - qu'elle soit paradigmatique, transversalité des phénomènes, ou synecdochique, fractalité des structures - son aptitude à ordonner le monde en dehors de toute logique causale.

  Finalement, si toute trace de transcendance a bien disparu des textes, éliminant de ce fait toute causalité efficiente, on peut néanmoins signaler que la répétition, par la sérialisation des actes et des phénomènes, restitue un certain déterminisme qui obéit à la loi de la nécessité. Déchronologisés, les événements échappent à une logique causale, mais mis en série, ils réintègrent une logique alternative, celle du destin. La cohérence du sens ne provient pas de l'avant ou de l'après, elle n'est pas d'ordre déductif mais s'enracine dans le parallélisme et la confrontation. Ainsi, par exemple, à l'échelle de la société, il semble à travers la rencontre que fait L.S.M. avec La Terreur, celle que font O. et le narrateur d'*Histoire* avec la guerre civile espagnole, à travers la violence et les échecs de la révolution russe narrés dans *Histoire* et *L'Acacia*, que toute révolution soit nécessairement une défaite et une expérience déceptive. La cause de ces échecs est moins à rechercher dans des conditions historiques, économiques ou sociales, passées en général sous silence par les textes (celui qui d'ailleurs tente de rechercher des causes, O., est maltraité par le narrateur qui l'accuse de naïveté (G,310) ou de malhonnêteté intellectuelle), que dans le schéma nécessairement fatal de toutes les révolutions de l'Histoire. L'échec ne s'articule pas sur des raisons précises, localisées et datées, mais sur l'imitation d'un même phénomène précédent et l'intégration dans une série.

De même, au niveau de la famille, la logique est de l'ordre du fatum, là où tous les personnages sont veufs : la grand-mère, la mère, oncle Charles, Corinne, le narrateur. « Oui c'est une tradition de famille chez nous Je veux dire le veuvage » (H,69). Ici encore, peu importe l'origine de la perte du partenaire, la guerre, la maladie ou le suicide, peu importent finalement les raisons, ce que dit aussi le silence troublant du narrateur sur celles de la mort de sa tante et d'Hélène. Car la cause est à rechercher dans la loi des séries qui transforme le trajet individuel en parcours fatidique et le fond dans la nécessité familiale. En somme, la répétition, par la loi des séries, restitue au monde une dimension téléologique ni de nature temporelle (il n'y a pas de projet dans le temps), ni de nature transcendante (il n'y a pas de finalité divine) mais associative et confluente. C'est le destin des juifs de subir « la stupidité et [...] la méchanceté humaines » (RF,155,172,202), c'est le destin des soldats, « inéluctable destin de bestiaux », d'aller à l'abattoir (A,235). Il existe bien un « destin hors série » (G,169), celui de L.S.M., qui ne s'inscrit précisément dans aucune série répétitive et qui permet peut-être de résoudre le problème de la première fois dans la répétition, le paradoxe du début toujours déjà commencé, que souligne Gilles Deleuze, « répéter, c'est se comporter, mais par rapport à quelque chose d'unique ou de singulier, qui n'a pas de semblable ou d'équivalent. »[1].

Loi du retour, loi de l'analogie, loi des séries, les modalités de la répétition sont multiples qui structurent le monde et participent ainsi de la restauration d'une harmonie.

La lecture du monde : les sens / l'essence

Le monde obéit à certaines règles. Mais derrière la détermination de cette logique interne se cache, conformément à l'initiation du terme par la philosophie classique, une recherche de la vérité. La logique est avant tout une opération de l'esprit pour distinguer le vrai du faux et cette problématique de la vérité ramène à la question du sens. Pour Claude Simon, le monde n'a pas de sens, « il est ». Indépendant de toute activité de connaître, de toute réflexion sur soi, le monde est un en-soi qui ne parle pas, qui par essence ne peut signifier. Mais selon Paul Ricoeur : « Les cieux ne parlent pas ; ou plutôt ils parlent par le prophète, ils parlent par l'hymne, ils parlent par la liturgie ; il faut toujours une parole pour reprendre le monde et faire qu'il devienne hiérophanie. »[2]. Le sens du monde ne peut se dégager que d'une activité de lecture et d'interprétation. Pour tenter de comprendre le vécu du monde, les héros simoniens relisent leurs expériences à l'aide de mots (« tu ne disposes que de mots, alors tout ce que tu peux essayer de faire... » (H,152), dit Charles à son neveu), soit par l'écriture comme O., soit par le récit oralisé comme le brigadier de *L'Acacia* qui « essaya de raconter ces choses » (A,286). Toute relecture s'affirme donc comme une mise en sens de la réalité. Précisément, la répétition participe à l'élaboration de ce dire du monde, en en dévoilant les sens et l'essence.

Cette lecture est d'abord de l'ordre de l'enregistrement, de l'inscription d'une trace qui permet de saisir le monde à retardement, dans « l'après coup ». La mémoire chez Claude Simon était prioritairement perceptive. Tout souvenir reste associé à une sensation marquante. Cependant si l'on suit le concept de frayage

---

[1] G. Deleuze, *Différence et répétition*, Paris, P.U.F., 1968, p. 7.
[2] P. Ricoeur, *De l'interprétation*, Paris, Editions du Seuil, 1965, p. 25.

élaboré par Freud et relu par Jacques Derrida, l'accès au monde apparaît médiatisé par la mémoire et le monde se ramène à une relecture de la trace oubliée. Selon Derrida[1], la problématique du frayage se construit progressivement chez Freud entre deux textes, l'*Esquisse* (1895) et *Note sur le bloc magique* (1925), dans lesquels la structure de l'appareil psychique se présente comme une représentation métaphorique de la trace écrite. La mémoire est le résultat du frayage, du chemin que se tracent les impressions à travers les résistances du tissu nerveux. « Le chemin tracé ouvre une voie conductrice. Ce qui suppose une certaine violence et une certaine résistance devant l'effraction. La voie est rompue, brisée, *fracta*, frayée. »[2]. La conception freudienne trouve un écho dans une expression simonienne comme « le cheminement de la mémoire » (A,357) mais surtout dans l'image matricielle de la route qui chez l'écrivain préside à toute la construction de ses récits du souvenir. Le frayage permet l'enregistrement durable des perceptions en traces mnésiques mais suppose aussi une certaine virginité des neurones ouverts à des impressions futures, « la nudité toujours intacte de la surface réceptive ou perceptive »[3]. Il est effraction et effacement, « comme la surface de l'eau se referme sur un caillou, le paysage reflété un moment brisé, fracassé, dissocié en une multitude incohérente d'éclats, de débris enchevêtrés de ciel et d'arbres [...] se reformant, le bleu, le vert, le noir se regroupant, se coagulant pour ainsi dire [...] puis s'immobilisant, et plus rien, [...] plus rien maintenant que cette surface laquée et impénétrable » (RF,213). Par ailleurs, s'interrogeant sur ce qui motive l'impression, Freud en conclut que « la mémoire, c'est-à-dire la force (*Macht*), toujours à l'œuvre, d'une expérience, dépend d'un facteur qu'on appelle la quantité de l'impression, et de la fréquence de répétition de la même impression. »[4]. La répétition est à l'origine de l'inscription de la trace de même que la douleur qui « laisse derrière elle des frayages particulièrement riches »[5]. On est frappé ici de la congruence entre la théorie freudienne et les ferments de la création simonienne où les traumatismes et la souffrance ressassée du deuil, de la guerre, de l'emprisonnement sont clairement les bases de l'architecture mémorielle. Mais la répétition ne se limite pas à fixer les impressions dans une trace, elle est aussi le sens même du monde. Car ce que nous croyons voir n'est pas le réel, la perception n'est que la trace laissée par le réel. Selon Freud, en effet, « la couche qui reçoit les excitations - le système P.Csce - ne forme aucune trace durable ; les fondations du souvenir se produisent dans d'autres systèmes de suppléance » et Derrida d'ajouter « "le perçu" ne se donne à lire qu'au passé, au-dessous de la perception et après elle. »[6]. Ainsi, le monde n'existe que par la mémoire et dans une relecture de la trace laissée par le frayage. « Tout commence par la reproduction »[7], dit Derrida, car le sens n'est jamais donné dans le présent, il est toujours une reconstruction dans l'après-coup. Conception que partage Claude Simon, signalant simplement à propos de sa participation à la guerre d'Espagne : « J'y étais, mais je suis profondément d'accord avec la phrase de Proust qui dit que la réalité ne se

---

[1] J. Derrida, « La scène de l'écriture », *L'écriture et la différence*, Paris, Editions du Seuil, « Points Essais », 1967, pp. 293/340.
[2] *Ibid.*, p. 298.
[3] *Ibid.*, p. 298.
[4] *Ibid.*, p. 300.
[5] *Ibid.*, p. 301.
[6] *Ibid.*, p. 332.
[7] *Ibid.*, p. 314.

forme que dans le souvenir. Dans le moment présent, moi je ne vois rien. »[1]. Les œuvres mettent en avant ce fondu de la perception dans la mémoire. Par exemple, l'apparition de la jeune fille dans la grange devient immédiatement chez Georges trace intérieure, puisqu'il lui semblait « la percevoir comme une sorte d'empreinte persistante, irréelle, laissée moins sur sa rétine [...] que, pour ainsi dire, en lui même », (RF,38). Car, l'œil chez Simon est moins l'organe de la vision que le support de la mémorisation, « L'œil non pas voit mais bien plutôt se souvient » (H,273). Détournement que révèle aussi l'emploi d'une forme verbale comme « revoyant » (RF,204 A,357) qui dit tout aussi bien la répétition d'une perception que le voir de nouveau par la mémoire. Le sens du monde ne peut donc se donner dans le hic et nunc de la perception présente mais dans l'apparaître répétitif de la trace frayée. D'ailleurs, les romans simoniens font souvent état de ce retardement chronologique dans l'émergence du sens, la perception est en effet souvent présentée dans l'après, médiatisée par le souvenir :

« *Georges se rappelant avoir d'abord été frappé par l'ombre* » (RF,99)

« *Plus tard l'idée de la mort se confondra pour lui avec l'odeur écœurante d'huile chaude et rance* » (G,226)

« *Plus tard, il (le brigadier) se rappellera les chevaux montés à cru, les échos de la trompette* » (A,259)

De telles expressions déplacent le présent de la sensation dans la rétroaction de la mémoire car le sens présent n'existe pas, il est reconstitué par le matériel de la mémoire dans le travail de la répétition. Pour Derrida, « avant cette récurrence, le présent n'est qu'un appel de note. », il n'est pas « originaire mais reconstitué »[2], tel est l'enseignement de Freud. Cette inversion dans la temporalité, imposée aux structures psychiques par la trace mnésique, constitue tout l'enjeu de romans comme *La Route des Flandres* ou *Histoire,* dont la construction repose sur une permanente incertitude entre présent et souvenir : Georges ne sait jamais clairement définir s'il est au présent vivant d'une chambre d'hôtel avec Corinne ou au cœur du passé aux côtés de Blum (RF,88/89,172). Pour le narrateur d'*Histoire,* la journée ordinaire d'un homme qui se lève, se rend à la banque, rencontre une antiquaire et finalement prend l'apéritif chez son cousin, s'ouvre au passé des cartes postales et du souvenir, effaçant de la sorte toute primauté de réalité et de sens à la journée support. Le sens du monde n'est donc jamais vécu au présent, mais il est doublement produit par le pouvoir de la répétition qui assure d'une part la réalisation du frayage et d'autre part la relecture à retardement de la trace qu'il a laissée. Retour, ressouvenir qui se jouent dans nos œuvres sur le mode de la disponibilité, de la contingence, du « pouvant se rappeler » (RF,51 A,172,179,228...) ou qui se rattachent à la nécessité, à la détermination des chocs émotionnels et relève du « devait se rappeler » (RF,104 A,236,358,360...). Ajoutons à cela que la mémoire, constituée par une superposition de strates, est soumise « à une *restructuration (Umordnung)* selon de nouveaux rapports, à une transcription (*Umschrift*) », dit Freud, « la nouveauté essentielle de ma théorie, c'est donc l'affirmation que la mémoire n'est pas présente une seule et simple fois mais se répète, qu'elle est consignée (*niederlegt*) en différentes sortes de signes... »[3]. Et ce souvenir, qui fait l'objet d'une recomposition, occasionne dans les

---

[1] Claude Simon/M. Chapsal, « Claude Simon parle », *L'Express*, 5 avril 1962, p. 32.
[2] J. Derrida, *op. cit.*, p. 314.
[3] *Ibid.*, p. 306.

textes le retour des mêmes thèmes, des mêmes motifs, des mêmes scènes avec d'infinies variations concernant leur contenu et l'ordre d'apparition des éléments qui les constituent. La répétition textuelle renvoie donc à la restructuration permanente de cette mémoire vivante qui réciproquement lie la production d'un sens mondain au pouvoir de répétition de ses traces mnésiques.

Si malgré cette inscription mnésique, la quête cognitive échoue dans l'insignifiance et la vanité, s'il n'existe pas de réponses au « comment savoir ? », au « que savoir ? », si le monde semble définitivement voué au non-sens, c'est qu'une lecture d'un autre type s'impose. L'approche causaliste et téléologique, en effet, a montré ses limites pour une saisie significative du monde. Le non-sens n'est pas dans le contenu du monde mais dans la méthode pour l'aborder. Et les lois nouvelles, qui régissent le monde simonien, nous invitent à une autre lecture d'ordre herméneutique. En effet les textes fictionnalisent, à travers les traductions ânonnantes du latin par le narrateur d'*Histoire* (H,128), la nécessité de décoder un au-delà des signes explicites, et les spéculations interprétatives quant à la motivation des actions des personnages, se muent en quête herméneutique, sur « cette espèce de mystère au second degré caché au-delà du visible, du palpable, cette terrifiante énigme, insoluble, vertigineuse » (H,283). Car la trace de la balle dans le mur (RF,176,288), la coulure de peinture sur le tableau de l'ancêtre, le motif du rideau qui occulte tout en promettant, si fréquent dans nos œuvres (voir annexe 7), témoignent d'un appel du monde derrière. Et la lecture du monde qui s'impose est celle qui mène du sens manifeste au sens latent, grâce à « une structure intentionnelle qui ne consiste pas dans le rapport du sens à la chose, mais dans une architecture du sens, dans un rapport du sens au sens, du sens second au sens premier »[1] ; ainsi Paul Ricoeur définit-il le travail d'interprétation. L'approche herméneutique détermine le monde comme un ensemble de signes qu'il s'agit de faire parler pour en connaître le sens. Si Michel Foucault évoque « la prose du monde »[2], on observe dans les œuvres de Simon une proximité comparable entre le monde comme champ d'expériences et le monde comme champ de signes à déchiffrer. Ainsi l'explosion d'un obus forme « comme un énigmatique point d'exclamation au-dessus des collines » (A,40) ; le peintre hollandais face à son chevalet forme un « tout semblable à quelque idéogramme oriental : deux signes, deux caractères tracés l'un à côté de l'autre en quelques coups de pinceau » (H,275) et « les branches entrecroisées du platane » laissent sur la rétine du héros « une empreinte qui épouse vaguement la forme d'un 7 », « signe [qui] avait été tracé à l'encre sur un buvard » (G,43). Le monde se présente comme un livre à décrypter et d'ailleurs Georges associe systématiquement l'interrogation sur ses propres expériences à la quête de son père dans l'écriture :

« qu'avais-je cherché en elle espéré poursuivi jusque dans son corps des mots des sons aussi fou que lui avec ses illusoires feuilles de papier noircies de pattes de mouches » (RF,253)

« pensant à ce premier jour trois mois plus tôt où j'avais été chez elle et avais posé ma main sur son bras, pensant qu'après tout elle avait peut-être raison et que ce ne serait pas de cette façon c'est-à-dire avec elle ou plutôt à travers elle que j'y arriverais (comment savoir ?) peut-être était-ce aussi vain, aussi dépourvu de

---
[1] P. Ricoeur, *De l'interprétation*, Paris, Editions du Seuil, 1965, p. 26/27.
[2] Titre du chapitre II, M. Foucault, *Les mots et les choses*, Paris, Gallimard, « TEL », 1966.

sens de réalité que d'aligner des pattes de mouche sur des feuilles de papier » (RF,272)

Il y a pour le fils une sémiologie du monde comme il y a pour le père une philologie des textes, car le monde est un texte, et le comprendre, c'est faire parler les signes qui le composent. Et dans la structure comme dans la démarche herméneutique, la répétition trouve une place qui favorise la saisie du monde.

Elle reflète un mode de savoir, fondé sur la ressemblance, en vigueur, selon Michel Foucault, jusqu'à la fin du XVI° siècle dans la culture occidentale. « Le monde s'enroulait sur lui-même : la terre répétant le ciel, les visages se mirant dans les étoiles, et l'herbe enveloppant dans ses tiges les secrets qui servaient à l'homme »[1]. Le monde se donne à lire comme un système de correspondances, magnifiquement figuré dans les textes simoniens par les courriers, la correspondance que s'échangent indéfiniment les personnages (le père à la mère, la mère à son amie espagnole, L.S.M. à Batti ...), comme une configuration répétitive dans l'analogie universelle ; mais « chercher le sens, c'est mettre au jour ce qui se ressemble. Chercher la loi des signes, c'est découvrir les choses qui sont semblables. »[2]. Par conséquent, une herméneutique du monde, qui suppose un décodage des répétitions analogiques, ne peut que s'appuyer sur une sémiologie de la répétition. Ainsi par exemple, au Moyen Age, l'exégèse des textes sacrés repose sur la doctrine du quadruple sens de l'Ecriture, le même texte pouvant être interprété selon quatre perspectives superposées : le sens littéral, le sens allégorique qui recherche dans l'Ancien Testament des figures du Christ et de son enseignement, le sens moral destiné à la conduite éthique du croyant et le sens anagogique appelé à révéler des vérités d'ordre eschatologique[3]. L'interprétation s'organise donc en couches signifiantes. Dans chacun des quatre romans dont nous avons montré la forte densité analogique, il est possible de même de construire un schéma stratifié du sens qui, bien que sans objectif spirituel, rappelle l'herméneutique biblique[4]. On peut en effet y dégager respectivement un premier sens littéral qui expose les conditions explicites de l'énigme : Pourquoi de Reixach agit-il ainsi sur la route des Flandres ? Qu'est-il advenu d'Hélène ? Quel est ce manteau d'infamie qui enveloppe L.S.M. ? Qu'en est-il de la vacance du père et de sa mort ? Ce premier niveau en appelle un second renvoyant systématiquement à une référence typologique, à une figure emblématique, à un passé qui initie un présent ou un présent qui se cache dans le passé : le sort de de Reixach est résumé dans celui de son ancêtre, celui d'Hélène dans celui de la femme de Charles. Le personnage de L.S.M. convoque la figure de son frère, de O. et du cavalier. Quant au père de *L'Acacia*, sa situation en août 1914 évoque celle de son fils en mai 1940. La confrontation entre les deux premiers sens dégage un troisième sens, existentiel, qui enracine l'interprétation dans les conditions de vie des personnages mais aussi un quatrième niveau d'interprétation, métaphysique, qui engage non vers une méditation spirituelle comme dans l'exégèse des textes sacrés

---

[1] M. Foucault, *op. cit.*, p. 32.
[2] *Ibid.*, p. 44.
[3] Sur les quatre sens de l'Ecriture, voir J. Grondin, art. « Herméneutique », dans *Encyclopédie philosophique universelle. Les notions philosophiques*, P.U.F., p. 1130 et T. Todorov, *Symbolisme et interprétation*, Paris, Le Seuil, 1978, p. 107.
[4] Dominique Viart propose une lecture de *La Route des Flandres* qui suit le schéma patristique dans « La destitution du sens », *Littératures contemporaines*, 3, *Claude Simon. La Route des Flandres*, Paris, Klincksieck, 1997, pp. 158/161.

mais qui élève tout de même vers une réflexion abstraite : de Reixach comme son ancêtre, navrés par la vie, défaits dans leur confiance pour des valeurs de progrès (la révolution) ou de réaction (l'aristocratie), pour des êtres (leurs femmes adultères), pour des institutions (l'armée), se rejoignent dans le doute, dans la mise en doute de la vie et dans la mort. Autour de la femme de Charles et d'Hélène, se cristallise dans *Histoire* le deuil associé à la perte et, sous le coup de la culpabilité, émerge la problématique de l'identité et de l'origine pour des êtres qui vivent quand d'autres sont morts pour les avoir trop aimés. Dans *Les Géorgiques*, la confrontation entre L.S.M., son frère, O. et le cavalier de mai 1940 pose le problème de la légitimité du pouvoir lorsque certains comme L.S.M. le fabriquent et d'autres le subissent au péril de leur vie, pendant la période révolutionnaire en France, pendant l'épuration communiste en Espagne en 1937, ou pendant la seconde guerre mondiale. Se pose alors le problème de la vérité historique et de la place de l'être dans l'Histoire. Enfin la répétition de la situation du père dans celle du fils place *L'Acacia* sous le joug du déterminisme et questionne sur le champ d'expression de la liberté. Ainsi, là où l'analogie participe de la constitution du monde, il est possible de fonder un réseau de significations par les correspondances étagées du sens. Si la répétition est à la base d'une vision du monde, elle est aussi constitutive d'un savoir sur ce monde, d'une démarche herméneutique pour en dégager le sens. Le monde simonien se décode en effet selon une structure toujours répétée d'un roman à l'autre ; et dans une même œuvre les éléments particulièrement écartelés, les signaux dispersés de la réalité, qui donnent à penser le chaos du monde, sont fédérés dans une architecture du sens où les différents étages sont corrélés selon le principe de l'analogie, où un sens premier renvoie à un sens second qui ne peut être atteint que par lui, où se répète de niveau en niveau un noyau dur du signifié qui s'élargit dans des lectures en résonance.

On peut dire par des lectures symboliques, car le symbole est pour Paul Ricoeur l'essence même de l'interprétation : « l'interprétation appartient organiquement à la pensée symbolique et à son double sens »[1]. La lisibilité du monde est assurée, dans une démarche herméneutique, par le symbole qui, à la différence du signe, ne repose pas sur une relation arbitraire mais suppose une « homogénéité du signifiant et du signifié »[2] et donc une structure analogique.

Le motif du rideau mérite une lecture symbolique particulière car il est à double titre signifiant, d'une part comme « métaphore emblématique d'un livre hanté par le dé-voilement », il nous engage sur la voie de l'interprétation ainsi que l'a déjà pointé Lucien Dällenbach[3], d'autre part sa fréquence (voir annexe 7) et son association avec des thèmes majeurs des œuvres le rendent spécialement fertile pour la saisie du monde simonien. Les textes proposent quelques emplois dénotatifs du terme « rideau » : des « rideaux de toile blanche pendant à des tringles » (A,13), le « rideau du magasin » dans une gare (A,201) et aussi « un rideau ou une courtepointe rose à dessins verts » (H,232). On trouve également des emplois métaphoriques du mot, « un rideau de lauriers » (A,123), « un rideau d'arbres » (A,200). Mais le plus souvent la référence au rideau est révélatrice, il ne s'agit pas de planter un décor. Le rideau comme matière, comme objet, est toujours investi dans un rôle de

---
[1] P. Ricoeur, *De l'interprétation, op. cit.*, p. 27.
[2] G. Durand, *Les structures anthropologiques de l'imaginaire*, Paris, Dunod, 1992, p. 25.
[3] L. Dällenbach, « Le tissu de mémoire », postface à *La Route des Flandres*, Editions de Minuit, « Double », 1984, p. 306.

représentation et dans un système de deuxième sens à rapporter aux problématiques fondamentales des œuvres. Ainsi les rideaux, simples témoins du suicide de l'ancêtre dans sa chambre, parce qu'on les retrouve, « les mêmes rideaux à rayures passées » (RF,76), dans la pièce où dorment les parents de Georges, portent dans leurs plis l'empreinte du suicide, la trace de la débâcle domestique et symbolisent la perpétuation généalogique du destin familial. Il faut qu'un rideau soit ouvert ou fermé, et précisément dans les deux cas le symbolisme diffère. Le rideau écarté, c'est la possibilité de voir le monde à travers la fenêtre ou l'objectif de l'appareil photo (H,67) : « Il alla à une fenêtre écarta le rideau Regardez voir » (H,218). Parallèlement le rideau comme le cadre de la fenêtre opère un cadrage de la réalité, il représente une conquête sur le chaos du monde, ce que montre le dessin à la plume de Claude Simon reproduit dans *Orion aveugle* où le rideau reprend les lignes verticales des immeubles qui composent le paysage urbain extérieur. Sur ce même dessin figure une main en train d'écrire : manifestement, l'ouverture du rideau et de la fenêtre est associée à la création, comme si la possible lecture des signes du monde, grâce à l'irruption du visible, favorisait en conséquence la production de signes individuels. L'ouverture sur le monde engendre une lecture-bilan de l'extérieur et des expériences qu'il suscite, fondatrice d'écriture. Mais le rideau est parfois aussi fermé ou se referme. Si le rideau clos est vu de l'intérieur, il représente le lieu du caché, de la vision transgressive : dans le domaine privé, c'est Batti qui, « cachée par le rideau de sa fenêtre », observe secrètement la rencontre nocturne entre les deux frères, en « froissant le pan du rideau devant sa bouche, en faisant une boule, l'enfonçant entre ses lèvres, mordant dedans » (G,434/435). Le rideau dessine donc un espace d'interdit, de silence et de répression des émotions. Dans le domaine public, il symbolise le pouvoir secret, les arcanes obscurs de l'Histoire : les manipulations et les tractations des apparatchiks communistes, « se déplaçant discrètement dans des voitures aux rideaux tirés » (G,339) et réels détenteurs du pouvoir dans la Barcelone en guerre ; les conciliabules et les décisions dans l'urgence des membres du Comité de Salut Public qui observent près du rideau la foule affamée des femmes (G,394). Le rideau dévoile alors le problème de la légitimité du pouvoir, pouvoir occulte qui tire sa force de son mystère et impose sa tyrannie par les « rideaux de fer baissés », transformant les magasins de Barcelone en prisons (G,64). Symbole de l'oppression, de la répression, le rideau permet de voir sans être vu, il est le truchement d'une politique opaque. Mais il est aussi le moyen de se protéger contre l'agression extérieure, qu'il s'agisse de la vindicte populaire, en se tenant « à l'abri des embrasures de fenêtres », (G,339) ou de la vision du nazisme en marche, sur un quai de gare en « abaissant le rideau » du compartiment (A,228). Car le rideau est aussi un symbole de séparation comme le sentent particulièrement ceux qui l'observent de l'extérieur. Le rideau fermé renvoie alors à la problématique de l'individu face à son désir. Le rideau met en scène un montré/caché de la chair, « d'une étroite bande de chair nue entre les pans du peignoir glissant à la façon d'un rideau de théâtre », (A,367), dans l'interstice duquel se glisse le désir. Le rideau au paon (RF,27,112,242,248/249,253) promesse de jouissance, devant lequel Georges extravague, matérialise la relation d'interposition entre le sujet et l'objet de son désir[1]. Il exacerbe même ce dernier dans le retardement ou même l'impossibilité de

---

[1] Pour Jacques Lacan, « le voile, le rideau devant quelque chose, est encore ce qui permet le mieux d'imager la situation fondamentale de l'amour » car le rideau « prend sa valeur, son être et sa consistance,

la satisfaction qu'il représente. Mais en oblitérant la vision de la chair convoitée, il ouvre la porte à une fantasmatisation discursive chez Georges et chez Charles, à un phénomène hallucinatoire où le rideau se mêle amoureusement au corps de désir : « chevelure, épaules, seins, hanches, ventre, cuisse, le vieux rideau drapé contre le mur en guise de fond et la couverture tunisienne » deviennent « une combinaison, d'un ombreux et fulgurant enchevêtrement de lumières et de lignes où les éléments éclatés, dissociés se regroupent » (H,273). Mais les textes proposent des rideaux d'un troisième type, des rideaux fermés qui s'ouvrent sur du fermé, les rideaux du cinéma et de l'opéra qui exposent l'univers de la représentation du monde. Le rideau de cinéma, « divisé en cases violemment coloriées où s'inscrivaient les mérites des principaux magasins de la ville et leurs raisons sociales » (G,206) propose une figuration parodique d'un monde soudain très structuré et ramené à la trivialité de ses affaires commerciales, avant de s'ouvrir sur des « visions » (G,206), c'est-à-dire sur les artifices d'une fausse réalité. Le rideau de théâtre, lui même en « trompe l'œil » (G,27,31,221) s'écarte sur un faux monde de décors (G,31) et sur des « personnages réels et sans pourtant plus rien d'humain, vêtus de péplums ou d'armures, leurs visages violemment maquillés » (G,228). Et même si les rideaux s'inscrivent dans une axiologie divergente, celui du cinéma symbolisant la vie bariolée, celui du théâtre, « misérablement fastueux », évoquant la déliquescence de la mort et des vieillards qui le regardent (G,221), tous deux sont investis d'une « fonction magique » (G,206) et inaugurent « un de ces rituels à la fois sacrés et barbares » (G,224). Le rideau qui se soulève, comme un rite d'initiation, marque l'entrée dans le monde symbolique de la représentation et symboliquement, pour le narrateur des *Géorgiques*, l'entrée dans l'âge où l'on est toléré parmi les spectateurs du cinéma et de l'opéra. Le motif du rideau pose symboliquement les problèmes de la jouissance et du désir, de l'Histoire et du pouvoir, de la représentation et de la réalité, qui constituent la matière essentielle de notre relation au monde. Structurellement répétitif par le principe de constance qu'il établit entre symbolisant et symbolisé, fondamentalement interprétatif par les sens qu'il libère, le symbole apparaît comme un moteur déterminant pour la saisie du monde, dans une démarche herméneutique.

Mais grâce à cette pratique et à une nouvelle lecture des textes guidée par la répétition, peut-on conclure à un lieu global du sens, à une révélation ? Si le sens est à chercher dans l'objet du monde, la répétition conduit certes à une mise en doute d'un sens univoque mais pas au soupçon du sens. En effet la prose simonienne nourrie de redites et d'associations illimitées, construite sur des entassements synonymiques, luxuriante et déployée dans une clôture improbable, ne peut renvoyer à un sens du monde mais fait mesurer au contraire de quel pluriel il est fait. S'il n'y a pas de signification, il y a des sens. L'herméneutique répétitive décode le monde dans un espace transversal, à la surface, où tout renvoie à tout.

Inversement, on peut suggérer qu'elle le lit dans le creusement, dans l'approfondissement, et l'on comprend les métaphores géologiques qui dans *Histoire* associent la recherche du sens de la mort à l'étude des sols dans « le Bassin Parisien » (H,104,120/121,130). Dans son travail sur la description chez Claude Simon,

---

d'être justement ce sur quoi se projette et s'imagine l'absence ». Le rideau dit que l'objet est au-delà et « l'objet peut alors prendre la place du manque, et être aussi comme tel le support de l'amour, mais c'est en tant qu'il n'est justement pas le point où s'attache le désir ». *Le séminaire*, Livre IV, « La fonction du voile », Paris, Seuil, 1994, pp. 151/164, pp. 155/156.

Maarten van Buuren reconnaît dans l'utilisation des figures d'analogie par l'auteur la réduction eidétique, décrite par Husserl, selon laquelle « il est nécessaire de faire abstraction des qualités contingentes de l'objet pour pouvoir arriver à la "vision des essences". »[1]. Grâce au principe de variation, sur lequel fonctionnent les figures d'analogie, peut en effet se dégager l'eidos, « constitué de l'invariant qui demeure identique à travers les variantes ». Cependant Pascal Mougin remet en question l'analyse du corpus des figures proposées par van Buuren et renverse les hypothèses du critique : « chez Simon la comparaison n'a pas pour fonction de dépasser les apparences vers les significations, mais au contraire, comme la description dans son ensemble, d'intégrer la signification dans les apparences concrètes. Il s'agit toujours d'imputer le sens à l'apparence »[2]. La notion de recherche de l'eidos reste pourtant très opératoire chez Simon qui semble toujours vouloir préciser, cerner son objet de plus près, jusqu'à l'idée, jusqu'au concept : ainsi pour Georges, la jeune paysanne entrevue dans la grange, après une chevauchée nocturne, représente « la découverte à la fin de cette chair diaphane modelée dans l'épaisseur de la nuit : non pas une femme mais l'idée même, le symbole de toute femme » (RF,39). En somme, s'il y a bien une réduction eidétique dans les œuvres, elle ne se construit pas sur les figures d'analogie mais bien plutôt sur la répétition des motifs, des épisodes. Et l'on peut en cela rejoindre Gérard Genette qui, s'interrogeant sur la fascination qu'exerce sur lui l'idée de répétition et de variation, propose, en utilisant la réflexion de Saussure[3] sur les « identités synchroniques », d'y voir un lien avec l'idéalité et la matérialité[4] : la répétition apparaît alors comme la recherche d'une idéalité dans la mouvance. La répétition textuelle du geste de de Reixach, maintes fois mise en scène dans *La Route des Flandres* mais aussi d'une œuvre à l'autre, exprime, dans les différentes hypothèses émises, dans les infimes variations qui entourent la description et les conditions de sa mort, la recherche d'une essence, de la substance même du suicide.

Tentons, par exemple, de déterminer comment les répétitions relatives à la fille de ferme, « non pas une femme mais l'idée même, le symbole de toute femme, c'est-à-dire ... » (RF,39), comblent les trois points de suspension et dégagent l'essence même de la féminité. La jeune fille est présentée à diverses reprises dans *La Route des Flandres* et nous avons relevé les éléments de la description qui reviennent d'une occurrence à l'autre, par ordre décroissant d'importance :
- la blancheur, la lactescence de la peau (RF,37x3, 38,56x3,113,117, 245,266)
- la demi-nudité (RF,36x2,37x2,113,114,266)
- l'irréalité, l'apparition (RF,36x2,37,38x2,113,245)
- la tiédeur (RF,36,38,113,245)
- la chair (RF,36,37,38,114)

---

[1] M. van Buuren, « L'essence des choses. Etude de la description dans l'œuvre de Claude Simon », *Poétique*, 43, sept. 1980, pp. 324/333 et notamment pp. 327/328.
[2] P. Mougin, *L'effet d'image. Essai sur Claude Simon*, Paris, L'Harmattan, 1997, pp. 114/117 et en particulier p. 114.
[3] F. de Saussure, *Cours de linguistique générale*, Paris, Grande Bibliothèque Payot, 1995 : « Ou bien si une rue est démolie, puis rebâtie, nous disons que c'est la même rue, alors que matériellement il ne subsiste peut-être rien de l'ancienne. Pourquoi peut-on reconstruire une rue de fond en comble sans qu'elle cesse d'être la même ? Parce que l'entité qu'elle constitue n'est pas purement matérielle ; elle est fondée sur certaines conditions auxquelles sa matière occasionnelle est étrangère, par exemple sa situation relativement aux autres », p. 151.
[4] G. Genette, « L'autre du même », dans *Corps écrit*, 15, Paris, P.U.F., 1985, pp. 11/16.

- les parties du corps (RF,36,37,39,266)
- la luminosité de la peau (RF,37,38x2)
- la chemise de nuit (RF,37,266)

Les éléments secondaires, parce qu'ils n'apparaissent qu'une seule fois, comme « la tendre langueur du sommeil », « les gros souliers d'homme pas lacés », le « châle en tricot violet » (RF,36/37) ont été abandonnés. La féminité dans notre texte est essentiellement maternelle, comme l'atteste la référence permanente au lait. Mère nourricière et protectrice, la femme reconstitue un nid de tiédeur, « un creuset originel », et lorsque le narrateur nomme les parties de son corps, il choisit d'évoquer le ventre, les seins, la vulve, la matrice qui avant d'être des zones sexualisées sont à l'origine de la vie et de sa conservation, « les entrailles du monde » (RF,39). Mais la femme est aussi matière, une « chair » qui a une lumière, une douceur (« soyeux », « suave », (RF,245)), une consistance végétale et animale (RF,39), une substance charnelle et désirable donc, « qui donne envie de se mettre à ramper et à lécher » (RF,57), qui s'expose en se refusant, « demi-nue » malgré « la grossière chemise de nuit », « à peine entrevue ». La féminité tire enfin de ses ambiguïtés son mystère irrationnel, elle est « apparition » et elle « s'évanouit », et aussi sa pureté (RF,37) perverse et trompeuse, qui peut se révéler menaçante, comme son sexe semblable « à ces organismes carnivores aveugles » (RF, 39). La répétition des sèmes permet ainsi d'éliminer les éléments contingents de la description et de dégager un invariant de la féminité ; caractéristiques essentielles que l'on peut tout aussi bien retrouver chez les autres femmes du roman, Corinne, qui par la grâce de ses seins accorde « le lait de l'oubli » (RF,241) et « cette virginale Virginie haletante et nue, ou plus que nue, c'est-à-dire vêtue - ou plutôt dévêtue - d'une de ces chemises », (RF,175), mais aussi chez les femmes des autres romans comme la Corinne d'*Histoire* et le modèle de l'atelier de peinture, Adélaïde Micoux dans *Les Géorgiques* et les prostituées de *L'Acacia*, « (parfum, respirations, tiédeur, coulées de blancheur, densité) », (A,364). Si certaines femme ne répondent pas aux canons de la féminité, la mère par exemple, qui ne peut être, dans le discours manifeste du fils, l'origine et la jouissance, d'autres en revanche comme « cette effroyable vieille à profil et barbiche de bouc » représentent « la corruption même de l'idée de femme de grâce de volupté » (RF,246). Le concept de féminité émerge grâce à la « réduction eidétique », par la vertu de la répétition, qui travaille le monde en profondeur et permet de passer du particulier au général, de dégager des variantes, une essence des objets du monde.

    La lecture et la saisie du monde simonien s'opèrent à la faveur de la répétition, par la recherche des sens pluriels des éléments mondains et dans l'exploration de leur essence. Mais on peut considérer par ailleurs que la signification n'existe pas seulement dans l'objet de la quête signifiante, elle est également dans la démarche elle-même. En somme, si le monde simonien n'en a pas fini avec le sens, c'est parce qu'il subsiste toujours des interprétants. La lecture des signes n'est pas seulement déterminée en fonction de son objet mais aussi à partir du sujet interprétant et le sens du monde est à examiner dans les conditions subjectives qui l'ont initié. Le monde confus, chaotique et répétitif des romans simoniens n'est plus alors qu'une projection de l'univers obsessionnel d'un narrateur défait par la vie, marqué par les deuils et les expériences critiques et il tire son sens, non de son existence propre, qui reste à jamais un en-soi insignifiant, mais de ce qui se dit dans la démarche d'un héros en quête de sens. La révélation, c'est la quête. Ainsi les quatre romans qui témoignent tous d'une enquête et d'une quête, même si leur épilogue reste questionnant, s'achèvent tous dans un mouvement résolutif : le brigadier de *L'Acacia* se met à l'écriture ; les interrogations de Georges : « Mais l'ai-je vraiment vu ou cru le voir ou tout simplement imaginé après coup ou encore rêvé, peut-être dormais-je n'avais-je jamais cessé de dormir » (RF,289), sont l'expression d'un bilan au passé. *Histoire* se termine sur la rencontre, même questionnante, avec soi-même : « moi ? » et *Les Géorgiques*, dans une somptueuse volute, livrent finalement des lettres qui éclairent les misérables extraits que nous fournissait le début du roman. La fermeture du sens coïncide ainsi avec la fin de la quête, quel que soit d'ailleurs le contenu de ce sens puisque seule en importe la conquête répétitive.

La répétition, qui dans un premier temps révélait les symptômes d'un non-sens du monde, fabrique donc aussi un mode de lecture qui permet de contourner l'aporie. Dominique Viart[1] voit bien dans les romans de Simon « un système herméneutique très ferme et très assertif » qui fonctionne, « mais ce qui est absurde et vide de sens, ce n'est pas le fonctionnement du système interprétatif, c'est le contenu auquel il est sensé aboutir » ; et il conclut que « le roman constitue bien un sens, mais c'est celui de la destitution du Sens, le désaveu des pensées téléologiques déployé selon un modèle conçu pour leur donner force et cohérence ». Or chercher le sens dans les œuvres de Simon s'avère une opération déplacée, une démarche à côté, surtout si on espère le trouver dans une quelconque téléologie, dessein cette fois inutile, puisque le monde simonien n'obéit pas aux lois de la causalité. Car le sens du monde est à déchiffrer, grâce à la répétition analogique comme une polysémie, par les reprises, il est à comprendre comme une essence et enfin il est à rechercher dans la démarche même qui motive sa quête, là où herméneutique et heuristique se rejoignent.

Si une certaine lecture permet de dominer intellectuellement la réalité, l'action et l'expérience répétée du monde sont une autre façon d'en assurer la maîtrise.

L'emprise sur le monde

Pour l'être-au-monde, le monde est la somme des objets d'une expérience. Précisément le monde simonien offre toujours la possibilité d'un apprentissage par une observation, une pratique des situations mondaines. Dans cette perspective très empiriste, la maîtrise du monde passe par l'habitude et l'expérience, deux dispositions par essence répétitives, l'habitude étant le fruit de la répétition et l'expérience son art.

La routine n'expose jamais à l'ennui et à la lassitude monotone, elle représente au contraire l'équilibre et l'identité du régulier (« la guettant, connaissant ses habitudes, ses travaux, les chemins qu'elle suivait » (G,413), Jean-Marie pourra aisément faire connaître à Batti son retour), elle désigne aussi le bien-être du connu, du moule sur mesure, « mes habitudes » (H,55). Dans tous les cas, elle débouche sur une connaissance du monde emmagasinée, exploitable, et indice d'une stabilité. Le savoir-être tout d'abord, qui répond à l'étymologie même du mot « habitude », issu du latin *habitudo* signifiant « manière d'être », et sur laquelle le narrateur joue,

---

[1] D. Viart, « La destitution du sens », dans *Littératures contemporaines*, 3, *Claude Simon. La Route des Flandres*, Paris, Klincksieck, 1997, pp. 161/167 et notamment pp. 162/163.

« j'avais l'habitude je veux dire j'habitais l'attitude je veux dire j'habitudais » (RF,286), provient d'une répétition des comportements et des manières : une façon de s'exprimer (G,286 A,161), de se tenir (H,85 A,23), d'écrire (A,267) ou de se conduire (G,252). L'habitude fonde également un savoir-vivre que l'on discerne dans les usages banals de la vie quotidienne, l'heure du café (RF,282), le confort dans un vêtement familier (A,131,378), la manie de se « lever dès l'aurore » (G,366). La répétition des actes, en particulier dans le domaine professionnel, produit aussi un savoir-faire, qui repose sur l'acquisition d'une méthode : c'est le peintre dans le prologue des *Géorgiques* qui commence un tableau en « posant ici et là quelques rapides touches de couleur pour établir l'harmonie générale » (G,15), ou le militaire qui par métier, pour sauver une situation critique, « a l'habitude de fermer les yeux » sur un trafic de « tord-boyaux bon marché » ayant toujours un effet positif « sur le moral des troupes par la transgression d'un interdit » (G,87). Enfin l'accoutumance au monde, la pratique répétée de la difficulté, développe aussi un savoir-accepter, une manière stoïcienne de subir ; « nous avons pris l'habitude de vivre » avec l'idée de la mort (RF,82), pour les héros d'*Histoire* le veuvage est une habitude familiale (H,76) et « les jeunes bergers ou les jeunes montagnards illettrés aux crânes tondus d'écoliers, [sont] habitués dès l'enfance à se battre contre les éléments de la terre exigeante » (A,53). La répétition distribue par conséquent, grâce à l'habitude, une capacité d'organiser le monde, d'agir sur lui et de dépasser certaines angoisses fondamentales qui lui sont liées. Elle produit des êtres d'expérience qui savent s'accommoder du monde et venir ainsi à bout de situations parfois cruciales.

Certains personnages ont une expérience quasi-génétique du monde : ainsi les juifs avec Blum possèdent une « expérience intime, atavique, passée au stade du réflexe, de la stupidité et de la méchanceté humaines » (RF,155). D'autres, parallèlement, s'aguerrissent à la faveur du désir ou de la nécessité, tel le père qui, souhaitant changer de classe sociale, apprend « à cacher, gommer peu à peu le petit paysan rustaud, observant et se sachant observé, s'intégrant par degrés à cette sorte de clan, de caste, de secte » (A,76). L'expérience est ici le produit d'un apprentissage répété, la force de l'habitude salvatrice qui permet à Iglésia de survivre dans le monde des courses et lui donne « à quatorze ans, l'expérience d'un homme de soixante, ou à peu près, ou peut-être pire » (RF,133), à Georges de se conserver en économisant ses forces, dans son camp de travail saxon, par le choix de la pelle plutôt que la pioche (RF,168), tandis qu'un O. non préparé au monde espagnol où « la violence, le prédation et le meurtre sont installés depuis toujours » (G,318) se trouve constamment en danger de mort et n'a plus finalement pour solution que l'évitement. La répétition dans la relation au monde est en effet déterminante pour le choix des meilleures stratégies de succès. L'être d'expérience est de ce fait celui qui, grâce à une maîtrise progressive des données du monde, parvient à faire fructifier la réitération de ses essais et le père l'emportera sur le clivage des classes en épousant « l'inaccessible et paresseuse sultane » (A,137). Cette acquisition de l'expérience conditionnée par un rapport répétitif et pédagogique avec la réalité, peut à son tour être répétée par l'écriture ou la narration dans des récits témoignages, des récits bilans. Tous les héros sont écrivains ou narrateurs au sein même de la fiction, tous tentent de cerner le monde de leurs expériences par la répétition scripturale ou orale des épreuves qu'ils ont traversées : *Histoire* s'ouvre sur le narrateur à sa table de travail, *L'Acacia* s'y termine ; en ce qui concerne L.S.M., « on le voyait sans cesse écrire, écrire : Voltaire » (G,454). Le narrateur d'*Histoire* fait à son oncle le compte rendu de sa guerre d'Espagne et Georges le tableau de ses années de guerre à des narrateurs multiples. La maîtrise du monde se construit donc sur des strates de répétitions : maîtrise concrète dans un rapport réitéré avec la réalité, maîtrise intellectuelle par la répétition narrative des événements à destination d'un autre, qui peut à son tour y trouver les fondements de sa propre souveraineté. En effet, même si Georges voit disparaître la bibliothèque de Leipzig sans états d'âme (RF,204/206), le récit d'une expérience est souvent malgré tout la transmission d'un acquis, pour O. dont « le plus gros des connaissances lui avait été inculqué par les livres » (G,345), mais aussi pour Georges qui éprouve, dans son wagon à bestiaux, la validité de la poésie latine : « j'avais déjà lu en latin ce qui m'est arrivé, ce qui fait que je n'ai pas été trop surpris et même dans une certaine mesure rassuré de savoir que ç'avait déjà été écrit » (RF,92). Habitude et expérience confèrent un savoir accumulable, facteur d'adaptation et d'intégration mais aussi de survie et de profit et leur exposé, une conquête mentale et rétroactive de la réalité, à son tour transmissible.

Mais si le personnage simonien, pour s'assurer une emprise sur le monde, se porte résolument vers lui et en triomphe par son expérience, il peut aussi attirer de façon répétée le monde à lui pour le circonvenir. Se dessine alors la figure du collectionneur qui accumule, qui conserve, qui rassemble des objets du monde dans un espace réduit et intime pour ainsi se les approprier. La mère collectionne les menus (A,121), les photos, les cartes postales (A,124) et celle qui n'a « pas de désirs, pas de regrets, pas de pensées, pas de projets » (A,114) compense son incuriosité du monde et son inexpérience par le comblement, grâce à des objets réitérés et hautement symboliques du temps et de l'espace mondains. Le même processus se dessine chez L.S.M., qui bien que rompu à la fréquentation du monde, éprouve cependant le besoin d'accumuler les chevaux (G,47,50), les documents (G,439/440), l'argenterie, le linge, la toile (G,166/167 A,113), moins par souci d'embourgeoisement que par lutte contre l'usure, moins par thésaurisation que pour s'assurer une maîtrise matérielle du monde. Son goût pour les listes (G,47/48 50) est à cet égard significatif : il s'agit dans la récapitulation et la répétition des éléments constitutifs d'une même série, de se procurer, par une démarche totalisante, une autorité virtuelle et incontestable sur le monde.

Or ces deux démarches - compensation et totalisation - établies sur une politique répétitive de l'entassement, dessinent deux modes d'être au monde qui renvoient à deux lectures de la répétition. Tout se répète dans la vie de L.S.M. : les batailles (G,390), les mêmes déplacements « dans un va-et-vient sans cesse recommencé qui le ramenait sans cesse aux mêmes lieux, aux mêmes rivages, aux mêmes places fortes, aux mêmes fleuves, sous les mêmes remparts » (G,244) ; les mêmes lettres à Batti ; jusqu'à son enterrement qui sera fait et à refaire après l'exhumation de son corps (G,450). La vie itérative de L.S.M. construit son empire sur la réalité par la fonction organisatrice et globalisante de la répétition. Répéter, revenir, redire, c'est contrôler et décider. Si donc par l'itération il y a emprise sur le monde, une déprise du monde peut aussi se produire à la faveur de la répétition. En effet un retour régulier des événements, des bruits, des êtres, a une vocation apaisante. La guerre par exemple semble s'adoucir dans la réapparition périodique du cri du coucou et du grondement du canon (A,100,299), le brigadier de *L'Acacia* se reconstruit finalement dans une vie structurée par des activités qui reviennent régulièrement, et ce roman lui-même semble bien l'œuvre de l'apaisement avec l'alternance suivie des chapitres. Mais si la mère fonde sa vie sur « un temps toujours identique toujours recommencé heures jours semaines » (H,33) et de ce fait s'épanouit dans la sérénité d'une régularité où rien ne peut perturber son esprit (A,119), elle est aussi « la souveraine léthargique de quelques royaumes d'absence ». Car la répétition a une fonction lénifiante qui s'exténue dans l'apathie et détermine un second rapport au monde, fondé sur la déprise et la démission. Le soldat de mai 40, à la traîne du capitaine sur la route des Flandres, bercé par le pas régulier des chevaux, est englué dans le demi-sommeil et l'irresponsabilité (RF,25 A,293). L'anesthésie répétitive, en désengageant le sujet de toute problématique temporelle, en le désinvestissant de tout pouvoir décisionnel, à cause de la nature foncièrement prévisible de la répétition, favorise cette fusion dans le grand Tout où le sujet se perd, mais où il puise aussi les sources de sa liberté : « cette espèce d'état de grâce auquel accèdent ceux qui se sont délibérément installés dans l'illégalité ou la folie » (G,426), comme Jean-Marie, ou celui qui par un concours de circonstances se trouve de fait « délivré donc libéré relevé pour ainsi dire de ses obligations militaires à partir du moment où l'effectif de son escadron avait été réduit à nous quatre » (RF,16), tel de Reixach. Ainsi la répétition manifeste deux façons de vivre le monde. La première, une itération dans l'agitation, dans la conquête, assure une maîtrise de la réalité, fondée sur la nature obsessionnelle et hégémonique de la répétition. La seconde, assoupie par la régularité et l'abandon, laisse le sujet à « cet allégement, cette illusion de liberté que donne le dégoût et la sensation d'être irresponsable. »[1]. Elle ne prétend nullement à une emprise sur le monde, mais contourne la question de la soumission/domination, en proposant la voie alternative du dessaisissement volontaire, de l'émancipation, le bercement hypnotique de l'éternel retour du même, liberté hors-jeu qui s'inscrit dans la problématique du temps.

---

[1] C. Simon, *La Corde raide*, p. 58.

L'ESPACE-TEMPS

S'il est vrai, comme le pense Merleau-Ponty, que le monde est ce milieu de nos perceptions et de nos actions, l'être-au-monde se présente alors nécessairement comme un être dans le temps et dans l'espace, « parce que toutes nos expériences, en tant qu'elles sont les nôtres, se disposent selon l'avant et l'après, parce que la temporalité, en langage kantien, est la forme du sens intime, et qu'elle est le caractère le plus général des "faits psychiques" »[1].

La réalité vécue n'est jamais complètement coupée de l'univers de la fiction et l'accès au monde se détermine aussi dans une représentation et une mise en écriture du temps et de l'espace. Pourtant dans les années 60, le Nouveau Roman, autour duquel gravite Claude Simon, fait peser une lourde hypothèque sur la temporalité « dans le récit d'aujourd'hui »[2] où le « le temps se trouve coupé de sa temporalité. Il ne coule plus. Il n'accomplit plus rien. »[3] car « les recherches actuelles semblent [...] mettre en scène, le plus souvent, des structures mentales privées de "temps" »[4]. Mais il est impossible de se passer dans un récit de toute construction temporelle ainsi que le confirme Paul Ricoeur :

« *Croire qu'on en a fini avec le temps de la fiction parce qu'on a bouleversé, désarticulé, inversé, télescopé, redupliqué les modalités temporelles auxquelles les paradigmes du roman "conventionnel" nous ont familiarisés, c'est croire que le seul temps concevable soit précisément le temps chronologique. C'est douter des ressources qu'a la fiction pour inventer ses propres mesures temporelles, et c'est douter que ces ressources puissent rencontrer chez le lecteur des attentes, concernant le temps, infiniment plus subtiles que celles rapportées à la succession rectilinéaire.* »[5]

Sa déchronologisation, sa délinéarisation ne signifient pas l'abolition du temps. Au contraire, chez Simon les œuvres sont hantées par lui, au niveau du récit comme de l'histoire. Les quatre romans sont un voyage dans le passé et la mémoire : histoires individuelles marquées par des deuils douloureux, par des choix idéologiques, par des sentiments amoureux, par des enfances en suspens ou des maturités souffrantes mais aussi Histoire collective des guerres meurtrières et des instabilités politiques. Leur composition s'appuie sur un repérage temporel particulièrement strict : *Histoire* respecte les vingt-quatre heures de l'unité de temps classique, chaque chapitre de *L'Acacia* est rigoureusement daté et *Les Géorgiques* sont rythmées par les dates du calendrier révolutionnaire. Le paratexte inclut également la dimension temporelle dans le choix de certains titres, *Histoire*, bien entendu, mais aussi *Les Géorgiques* qui renvoient à l'Antiquité, et dans les épigraphes comme celle de *La Route des Flandres* empruntée à Malcolm de Chazal et celle de *L'Acacia* tirée de *Four Quartets* de T. S. Eliot. La pression du temps se fait sentir en outre dans les clausules de romans qui s'achèvent sur le constat de « l'incohérent, nonchalant,

---

[1] M. Merleau-Ponty, *Phénoménologie de la perception*, Paris, Gallimard, « TEL », 1945, p. 469.
[2] A. Robbe-Grillet, « Temps et description dans le récit d'aujourd'hui », *Pour un nouveau roman*, Paris, Editions de Minuit, 1963.
[3] *Ibid.*, p.133.
[4] *Ibid.*, p.130.
[5] P. Ricoeur, *Temps et récit II*, Paris, Editions du Seuil, « Points Essais », 1984, p. 51.

impersonnel et destructeur travail du temps » (RF,289) ou sur la nécessité de l'économie du temps : « croyez-vous que j'aie tant d'années à jeter par les fenêtres ?... » (G,477). Certains personnages des romans sont par ailleurs des médiateurs du temps. Charles et Sabine ont pour fonction de dévoiler l'histoire familiale, histoire généalogique pour l'une (RF,50), drames ancestraux pour l'autre qui, dans *Les Géorgiques*, révèle à son neveu l'existence du frère et du fratricide de L.S.M., tout comme il l'accouche, par reconstitution, de sa guerre d'Espagne. Grâce à ces deux personnages, « un pont est ainsi jeté entre passé historique et mémoire, par le récit ancestral, qui opère comme un relais de la mémoire en direction du passé historique, conçu comme temps des morts et temps d'avant ma naissance »[1]. Et c'est par eux également que transitent les traces écrites du passé, les documents, « les paperasses jaunies que Sabine lui avait montrées un jour, religieusement conservées dans une de ces malles poilues » (RF,50) et par eux qu'ils sont transmis aux générations futures : « "Ils sont à ta disposition, si ça t'intéresse. Peut-être es-tu encore trop jeune mais plus tard..." » (G,445). A cette puissante thématisation du temps, s'ajoutent, des commentaires du narrateur, qui s'interroge sur le positionnement du temps du récit par rapport à celui de la fiction : est-il légitime, alors que l'expérience n'a pas d'« exacte temporalité » (A,286), qu'il est impossible de se rappeler « comment les choses se sont passées » (« cela tu ne le sauras jamais » (H,172)), d'« énumérer dans leur ordre chronologique des événements qui se bousculent pêle-mêle dans sa mémoire » (G,310) ? Souci temporel du narrateur qui relaie, en abyme, les préoccupations de l'écrivain lui-même, maintes fois exprimées dans les entretiens ou les communications, et dont il serait superflu de faire l'historique, tant les convictions de Claude Simon relativement au temps de l'écriture présentent une constance isotropique : le refus de la chronologie, du temps des horloges qui n'est pas « conforme à la façon dont les choses se présentent dans la mémoire »[2], le choix d'un « présent de l'écriture » car « on n'écrit (ou ne décrit) jamais quelque chose qui s'est passé avant le travail d'écrire, mais bien ce qui se produit (et cela dans tous les sens du terme) au cours de ce travail, au *présent* de celui-ci »[3]. Loin d'être « aboli » ou « assassiné » comme l'ont écrit certains critiques, le temps simonien envahit la fiction, tout comme il est commenté dans la narration et médité dans le processus d'écriture. On ne peut donc contester que la littérature simonienne soit un art du temps, le temps d'une histoire, le temps d'une énonciation, le temps d'une écriture.

Mais il s'agit, devant les objections formulées par Simon lui-même à l'encontre du temps dans le roman traditionnel[4], d'envisager d'autres configurations du temps et en particulier une saisie spatiale, que suggère Stuart Sykes, prenant pour appui les affinités entre l'écriture de Simon et la peinture. Dans la problématique de l'œuvre simonienne, se révèle la « tentative de réconcilier deux catégories traditionnellement opposées - celles de l'espace, rempli par le travail du peintre disposant des couleurs sur une surface plane et visible dans sa simultanéité, et du temps, qui gouverne toute entreprise romanesque. »[5]. L'analyse de Stuart Sykes souligne l'intimité

---

[1] P. Ricoeur, *Temps et récit III*, Paris, Editions du Seuil, Points, 1985, p. 208.
[2] C. Simon/M. Chapsal, « Claude Simon : Il n'y a pas d'art réaliste », *La Quinzaine littéraire*, 15-31 décembre 1967, p. 5.
[3] C. Simon, *Discours de Stockholm*, Paris, Minuit, 1986, p. 25.
[4] Par exemple, dans « La fiction mot à mot », in *Nouveau Roman : hier, aujourd'hui, tome 2, Pratiques*, Colloque de Cerisy, Paris, U.G.E., « 10/18 », p. 76.
[5] S. Sykes, *Les romans de Claude Simon*, Paris, Editions de Minuit, 1979, p. 7.

entre le temps et l'espace simoniens qu'il faut penser sur le mode symbiotique. C'est aussi à cette hypothèse que Claude Simon nous invite lorsqu'il éprouve le besoin de schématiser la narration de *La Route des Flandres* par la figure du trèfle, ou celle du puits artésien, *Histoire* par des sinusoïdes de longueur d'ondes variables[1]. Le commentaire qui accompagne ces figures n'a par ailleurs de cesse de métaphoriser le temps de l'histoire par un discours géographique, géologique ou géométrique :

« [...] *exploration du terrain autour d'un camp de base, d'un point de référence permanent, comme, par exemple, dans La Route des Flandres, les cavaliers dans leur errance (ou le narrateur errant dans sa forêt d'images) repassent par ou reviennent toujours à ces points fixes que sont Corinne ou, topographiquement, le cheval mort au bord de la route, suivant ainsi un trajet fait de boucles qui dessinent un trèfle, semblable à celui que peut tracer la main avec une plume sans jamais quitter la surface de la feuille de papier.* »

« [...] *l'ensemble se présentant en somme un peu comme ces coupes de terrains au centre desquels se trouve un puits artésien et dont les différentes couches superposées (sableuses, argileuses, etc.) décrivant une courbe, en profondeur, affleurent à la surface de part et d'autre du puits.* »

« [...] *sous la forme de plusieurs sinusoïdes de longueur d'ondes variables qui courent tantôt au-dessus, tantôt au-dessous (invisibles alors) d'une ligne continue AA'* [...] »

Espace / temps : la convergence spéculaire

Les textes simoniens sont marqués par une spécularité entre le temps et l'espace, une répétition, une correspondance entre deux formes distinctes qui fusionnent dans un espace-temps. La concomitance du repérage spatial et temporel est frappante : « Mais quand ? Et où donc ? ... » (RF,93), dit Georges, la maison de *L'Acacia* est « une sorte de lieu épargné, préservé dans l'espace et le temps », (A,207), la semeuse des timbres tourbillonne sans fin « à travers le temps et l'espace » (H,226) et ainsi toute situation est à rapporter à un système de références qui simultanément localise et temporalise : « l'état (temps, espace, froid) où devait être le monde à l'époque des cavernes » (G,119). Ce lien indissociable de coïncidence entre les deux notions est à rechercher dans leur principe commun. Emmanuel Kant, dans l'« Esthétique transcendantale », précise qu'il y a « deux formes pures de l'intuition sensible, comme principe de la connaissance a priori, savoir : l'espace et le temps »[2]. Selon lui, l'espace et le temps constituent les formes a priori dans l'esprit, de notre sensibilité, de nos intuitions empiriques, qui rendent possible la représentation des choses non comme elles sont en elles-mêmes mais comme phénomènes. L'espace et le temps forment des intuitions pures, des schèmes abstraits dans lesquels nous représentons les phénomènes, déterminés comme objet de notre connaissance. Il en résulte que l'espace et le temps forment, de façon complémentaire, le cadre de toutes nos connaissances.

La proximité métaphysique de ces deux formes explique alors mieux pourquoi l'usage de la langue simonienne les définit figurativement l'une par l'autre : « le cheminement même du temps » (RF,28), « la surface du temps » (RF,126),

---
[1] C. Simon, « La fiction mot à mot », pp. 89, 93, 94.
[2] E. Kant, « Esthétique transcendantale », *Critique de la raison pure*, Paris, P.U.F., 1985, p. 55.

« l'espace d'un instant » (RF,114), « l'espace d'une seconde » (G,215), « l'espace d'une matinée » (H,308), « du fond des âges » (RF,141), constituent autant de métaphores qui formulent le lien entre ces deux concepts. La contiguïté linguistique apparaît aussi comme le reflet de l'interdépendance physique entre ces deux notions qui présentent les mêmes propriétés : densité (les « épaisseurs de temps et d'espace » (G,39)), couleur (« quelque part dans le temps grisâtre l'espace grisâtre » (H,140)), isotropie, puisque chez Simon le temps est réversible tout autant que l'espace (« il effectue dans le temps un parcours inverse » (G,319), « Comme si j'avais non pas avancé progressé mais reculé dans le temps » (H,321,323)). L'espace et le temps produisent par ailleurs des effets comparables et déterminent les mêmes lois : l'Espagne, par exemple pend « aux derniers confins d'un continent », comme « une sorte de fruit desséché et ridé, oublié par l'histoire et rejeté, repoussé par la géographie » (G,320). Enfin, la mesurabilité physique des deux formes s'opère dans la réciprocité. D'une part, les héros déduisent l'heure de la position du soleil et des ombres, comme Georges qui conclut « le soleil se trouvait dans la position sud-ouest donc environ deux heures de l'après-midi » (RF,273,149,98) ou comme le narrateur d'*Histoire* qui calcule qu'il est à peu près dix heures, sur une carte postale, « puisque le ciel au-dessus de l'opulente construction n'est pas encore chauffé à blanc » (H,254). C'est donc l'espace qui permet de mesurer le temps à travers le mouvement, le mouvement des horloges, le mouvement des planètes, le mouvement des corps. Déjà chez Aristote, la perception du temps est corrélée à celle du mouvement : « nous disons qu'un temps s'est écoulé quand nous avons eu une perception de l'antérieur et du postérieur dans le mouvement »[1]. Et de la même façon, chez Simon, « cette forme futile et illusoire de la vie qu'est le mouvement (le temps de parcourir à son tour une dizaine ou une quinzaine de mètres » (RF,225) permet de définir l'espace comme évaluation du temps. Inversement, c'est aussi le temps qui autorise la mesure de l'espace. Ainsi, dans la seconde partie des *Géorgiques*, lors de la chevauchée neigeuse et nocturne, les soldats, qui ne peuvent apercevoir le paysage, évaluent les distances parcourues en heures (G,93). Pareillement pour Batti, le monde se limite à un « rayon de six ou sept lieues (la distance que l'on pouvait parcourir aller et retour dans une journée » (G,420,460). L'extrême communauté physique entre l'espace et le temps, permet finalement de dessiner chez Simon un espace-temps tel que l'a défini la théorie de la relativité, selon laquelle la position d'un phénomène dans l'espace est solidaire de sa position dans le temps. C'est ce continuum à 3 + 1 dimensions, fondant l'exercice de notre perception et de notre connaissance du monde qui, dans *Les Géorgiques*, est révélé au héros, par la confrontation entre l'irréalité de son expérience de la guerre avec la facticité du cinéma :

*« il devait se demander si les années qui s'étaient écoulées entre-temps n'avaient pas eu, en fait, moins de réalité encore, de consistance, que les illusoires fictions dont les personnages en noir et blanc et à **deux dimensions** se mouvaient, s'aimaient, s'affrontaient au sein d'une **quatrième dimension**, un **temps** soumis à de foudroyantes compressions, de foudroyantes annulations ou régressions »* (G,215)

Le concept d'espace-temps est particulièrement opératoire pour comprendre la construction des romans simoniens. Chaque séquence s'organise en effet autour d'un espace-temps, et le rapport au passé comme au futur dans le travail de la mé-

---

[1] Aristote, *Physique*, IV, 11, 219a 25, Paris, GF Flammarion, 2000, pp. 251/252.

moire ou de l'anticipation repose sur leur circulation dans la conscience. Pour tous les héros, un temps est toujours relié à un lieu. Ainsi par exemple, pour le narrateur d'*Histoire*, des *Géorgiques* et de *L'Acacia*, l'enfance est associée à la maison de Perpignan, « où il avait lui-même grandi, enfant sous les plafonds de cinq mètres de haut » (A,207) ; pour la mère, la vie maritale triomphante est liée à Madagascar ; quant à L.S.M., il projette le temps du repos et de la fin dans sa propriété de Saint-M. (G,74). La narration est ainsi construite sur l'irruption d'espaces-temps, autonomes et touffus, qui se substituent les uns aux autres, sans relation ni chronologique ni consécutive. La densité et l'instabilité des espaces-temps est variable d'un roman à l'autre : dans *La Route des Flandres* comme dans *Histoire*, les sauts d'un lieu et d'une époque à l'autre sont particulièrement fréquents et désordonnés. Ainsi tel passage d'*Histoire* (H,143/155) enchaîne à la file, un épisode de jeunesse du narrateur au collège (« - Tu parles [...] »), un repas dans un restaurant de Perpignan à l'époque tardive de liquidation des biens familiaux (« Déjà penchée disant Terminé [...] »), l'évocation d'une conversation avec oncle Charles dans la propriété familiale de la campagne, relative à la guerre d'Espagne (« Et lui disant qu'il n'y avait que les couvents [...] »), et dans cette même maison la scène enfantine de cueillette des cerises avec Corinne et Paulou (« derrière la trame du grillage à moustiques [...] »). Le texte ne fournissant jamais d'informations sur les intervalles qui chronologiquement les séparent, les espaces-temps ne sont pas perçus dans un glissement en continuité mais comme des îlots compacts et intrinsèquement solidaires. En outre, la conscience ne se déplace pas d'un point à un autre du temps mais les espaces-temps s'interchangent au présent de l'énonciation, si bien que l'espace-temps présent, celui où s'engage le processus de mémorisation ou d'anticipation, s'en trouve parfaitement gommé. *La Route des Flandres* est l'exemple extrême de cette abolition du repérage spatio-temporel présent, puisqu'il est même impossible de répondre aux questions : où et quand Georges parle-t-il ? Où et quand se souvient-il ? Le rapport au passé et au futur n'est donc jamais ni vécu, ni présenté, si on se risque à l'illustrer par une métaphore géométrique, comme le déplacement d'un point sur une ligne du temps unidimensionnelle mais comme la permutation en un point fixe, le présent de l'énonciation, de masses à quatre dimensions. L'espace-temps présent est donc lourd d'espaces-temps alternatifs qui le rejoignent et commutent en son cœur.

Equivalence des principes métaphysiques, interférence des identifications linguistiques, convergence des caractéristiques physiques, l'espace-temps chez Simon n'est pas seulement le lieu de l'analogie, de la contiguïté solidaire, il se construit aussi dans un rapport fusionnel de spécularité, dans une répétition miroitante. « On ne peut pas séparer l'histoire de la nature. Voyez dans l'enseignement. Et la géographie commande en quelque sorte à l'histoire », affirme Claude Simon dans un entretien de 1981[1]. Cette osmose entre l'espace et le temps, l'Histoire et la géographie, est véritablement incarnée dans les œuvres par un personnage, L.S.M., qui comme personnage à haute densité historique a accompli « l'exploit titanesque d'accoucher un monde et de tuer un roi » (G,149) mais qui parallèlement reste « un paysan » (G,447), un « homme de la terre » (G,387), et signifiée par un mot, « révolution », dont le contenu spatial nous est rappelé dans l'épigraphe du *Palace* et dont le sens historique résonne dans les quatre romans étudiés (cf. annexe 2).

---

[1] C. Simon/J. Piatier, *Le Monde*, 4 sept. 1981, p. 13.

La géographie fait donc l'Histoire, elle est pour l'auteur, reprenant Bismarck, dans l'épigraphe de *L'Invitation*, « Le seul facteur permanent de l'Histoire ». En effet l'Histoire se fait toujours dans les mêmes lieux. La guerre est « réservée aux populations malchanceuses de provinces faites exprès pour çà, comme Les Flandres, l'Artois ou la Moselle » (A,39) car « c'étaient les mêmes chemins, les mêmes mares gelées, les mêmes forêts silencieuses qu'avaient traversé et retraversé les hordes successives de pillards, d'incendiaires et d'assassins, depuis celles venues du fond de l'Asie, et ensuite d'hommes aux barbes rouges habillés de fer [...] et plus tard des armées aux pieds simplement enveloppés de chiffons, et après d'autres encore, et toujours les mêmes vallées, les flancs des mêmes collines escaladées, franchies, ravagées, refranchies, ravagées de nouveau, simplement parce que c'était le meilleur passage qui menait de l'Est à l'Ouest » (G,136). Chez Claude Simon, la géographie apparaît comme une nécessité de l'Histoire et les romans nous tracent une carte de l'évidence historique. Le lien qui unit le temps historique à l'espace s'avère donc profondément tautologique et il en va pareillement du temps intime car le malheur familial vient toujours frapper dans les mêmes lieux : c'est « la même chambre, la même cheminée, et à cent vingt ans d'intervalle » qui voit « la triple agonie » d'un ancêtre suicidé, d'une femme et de son mari en partance pour la guerre (A,212). L'affaire de temps est avant tout une affaire d'espace, l'Histoire répétant la géographie, le cycle des saisons nécessitant le retour des mêmes travaux des champs, « cet éternel recommencement, cette inlassable patience ou sans doute passion qui rend capable de revenir périodiquement aux mêmes endroits pour accomplir les mêmes travaux (G,447). Ce déterminisme qui s'impose entre le temps et l'espace est d'autant plus absolu que les lieux sont porteurs de temps et de mémoire. Certes, au même titre que la sensation proustienne, le lieu favorise la réminiscence par l'association, imprégnée durablement dans le pré-conscient des héros, d'un lieu, d'une époque et d'un contexte affectif. Ainsi par exemple, la vue de l'escalier de sa maison, dans lequel il accompagne l'antiquaire, fait surgir chez le narrateur d'*Histoire* des images de l'agonie de sa mère (H,224/225). Le poids mnésique des lieux est d'ailleurs lié aux temps marquants de l'enfance, en fonction de la quantité de souvenirs investis ou de leur densité affective : la maison de Perpignan, par exemple, focalise un nombre important de souvenirs car c'est là que le jeune narrateur a passé le plus clair de son enfance, mais elle est, au surplus, le lieu d'ancrage du tragique, la mort de la mère, de la grand-mère, et à ce titre possède à jamais une « vieille odeur de moisi de mort » (H,294,328). Pourtant, plus vraisemblablement chez Simon, l'enregistrement mémoriel est décentré des consciences vers les lieux, car les espaces ont intériorisé le passé, et si la maison, évoquée dans *L'Acacia* « constituait comme un îlot, une sorte de lieu épargné, préservé dans l'espace et le temps » (A,207), c'est bien sûr parce qu'elle reste protégée de l'urbanisme sauvage qui gangrène son environnement, mais l'expression « préservée <u>dans</u> le temps » qui n'exprime ni une préservation contre le temps moderne, ni une préservation contre le temps qui passe, situe le lieu dans la masse du temps, préservé de l'oubli dans la parenthèse du souvenir. La maison garde en effet en elle la mémoire du passé : « c'était comme si la maison elle-même, l'énorme masse de maçonnerie, la pièce [...] conservaient aussi, à la manière de ces lourdes boîtes d'acajou, de ces écrins où peuvent se lire en creux les formes des armes ou des bijoux qui en ont été retirés, la mémoire de ce qui s'était passé là soixante-huit ans plus tôt » (A,208). Le temps simonien ne s'infiltre pas seulement dans la conscience des lieux, il est aussi imprégné dans l'espace lui-même. Car les lieux ont la faculté de captiver le temps et de le figer, c'est l'exemple du bureau de Charles qui apparaît comme « un univers fixe où le temps ne s'écoulait pas à la même vitesse » (H,49) ; c'est aussi le temps du stalag dans lequel les prisonniers paraissaient « se mouvoir non dans le temps mais dans une sorte de formol grisâtre, sans dimensions, de néant, d'incertaine durée » (RF,112) ; c'est enfin l'espace des cartes postales où les paysages immobilisent pour toujours le temps qui a été et « qui ne pourra jamais plus se répéter existentiellement »[1] : la carte titrée « TONKIN - HAÏPHONG - Bac et Batelières » expose « les mornes eaux jaunes les mornes berges la morne surface jaune du temps immobile jaune sans passé ni futur » (H,263). L'espace opère donc l'ek-stase du temps (pour dévoyer un terme heideggerien), c'est-à-dire qu'il capture le temps et le fixe hors de soi, hors de sa fugacité. Cette ek-stase temporelle dans l'espace se trouve d'ailleurs magistralement illustrée par la métaphore, répétée dans *La Route des Flandres*, du « lent glacier à l'invisible progression » qui emprisonne le temps dans ses « épaisseurs transparentes et glauques » (RF,30,257). La nature matérielle et tangible de l'espace permet d'absorber et de conserver l'abstraction temporelle. Les lieux donnent du corps et de la chair à l'évanescence du temps, l'espace est bien la substance du temps. Paradoxalement, l'espace figé dans la représentation permet par ailleurs de saisir le temps dans son processus. Ainsi le repentir dans le dessin qui inaugure *Les Géorgiques* :

« On peut voir en effet (quoiqu'elle ait été soigneusement gommée et apparaisse maintenant d'un gris très pâle, comme fantomatique) que la main droite du personnage assis a été primitivement dessinée dans une position différente » (G,16/17),

et la photo bougée dans *Histoire*, qui postule

« la double suite des instants passés et futurs, la double série, dans le même cadrage, et le même décor, des positions respectivement occupées par les divers personnages avant et après », (H,269),

contiennent dans leur production même l'écart temporel qui sépare l'avant de l'après ; ils retiennent le passage chronologique du temps, dans le présent débordant de leur fixité. Il ne s'agit pas ici d'exposer une lamelle du temps dans son éternité mais de désigner le cours même du temps dans un espace arrêté. Processus temporel que l'on retrouve à l'œuvre, dans l'omniprésent tableau de l'ancêtre, « ensanglanté plus tard par le temps » (RF,171), avec « cette tache sanglante que la peinture écaillée semblait avoir ouverte à partir de la tempe, glissant le long de la joue, du cou dénudé, venant souiller le col de la chemise » (A,355), où cette fois l'espace représentatif n'est pas intrinsèquement producteur de temps mais intègre dans l'après-coup le travail du temps. L'espace révèle donc et l'essence du temps et son procès.

Pourtant, inversement, L'Histoire s'enracine chez Simon dans un espace qu'elle modèle et c'est aussi la thèse de Braudel, pour qui selon Ricoeur, « la géographie est si peu autonome que les confins de l'espace considéré ne cessent d'être redessinés par l'histoire »[2]. Les fréquentes références géologiques, par exemple, illustrent le rôle de l'Histoire terrestre dans le façonnement de l'espace planétaire

---

[1] On emprunte la formule à Roland Barthes, *La chambre claire*, Paris, Cahiers du cinéma, Gallimard Seuil, 1980, p. 15.
[2] P. Ricoeur, *Temps et récit I*, Paris, Seuil, « Points Essais », 1983, p. 368.

(H,104,120,383/384 G,343), il s'agit alors d'un temps géologique, d'un temps géographique. L'Histoire politique réorganise administrativement l'espace national, car les unités révolutionnaires françaises vont « substituer à la vieille mosaïque de royaumes, d'électorats et d'évêchés une nouvelle géographie » (G,371). L'Histoire des hommes transforme également, par les guerres en particulier, l'aspect des paysages, « tout, collines, champs, bois, villages, avait été défoncé ou plutôt écorché par quelque herse gigantesque et cahotante, aux dents tantôt écartées, tantôt rapprochées, ne laissant subsister derrière elle rien d'autre que quelques pans de murs et quelques troncs d'arbres mutilés » (A,19). Le peuplement de l'espace s'en trouve de fait profondément modifié, ainsi que le montre la description des populations en exode, des royalistes en exil (G,121/122) et des soldats à cheval, en train, en chaise de poste, en bateau, qui sillonnent la France, l'Europe, le monde. Les textes signalent aussi la transformation de l'espace par l'Histoire économique, l'appel du capitalisme, par exemple, au XX ° siècle qui souille le « long désert de sable où venaient mourir les rouleaux des vagues », la plage, « d'immeubles (ou plutôt de mille-feuilles) en béton, de fast-foods, de palmiers apprivoisés, de boutiques proposant des maillots de bain en lamé or » (A,210). Mais l'Histoire des hommes ne se résume pas à l'insistante dévastation de l'espace, car l'histoire individuelle de L.S.M. notamment, est entièrement vouée à l'entretien et à la restauration de son domaine, où il plante, abat, sème, laboure, redresse une clôture, bâtit une terrasse. Le temps, dans toute son amplitude historique, modèle l'espace dans son apparence et son organisation, il en est le vecteur dynamisant et par suite, la condition a priori de son existence.

On le perçoit, le continuum spatio-temporel, selon Simon, ne se présente pas comme une juxtaposition de repères analogues, l'espace et le temps, mais comme une convergence spéculaire, où l'espace est la matière du temps et où le temps est l'avenir et le passé de l'espace. L'espace-temps se construit sur une répétition résonante entre deux formes qui se répondent dans une réciprocité constitutive, car nous spatialisons le temps et nous temporalisons l'espace.

Tant qu'ils sont impliqués dans un maillage réfléchissant et engagés dans une responsabilité mutuelle, l'espace et le temps opèrent le repérage de l'être-au-monde, c'est leur répétition en miroir qui fonde leur efficace, en revanche, pris isolément, chacun d'eux plonge dans la confusion, la dispersion, la contrainte.

Les affres du temps orphelin

Les tentatives pour définir le temps, lui trouver un ordre et observer sa continuité s'égarent dans des apories. Du point de vue méthodique, ce sont encore une fois les répétitions dans le traitement du thème qui mettent à jour les défaillances d'un concept que d'autres formes de la répétition stabilisent et structurent.

L'impensable du temps

La fréquence, dans les romans simoniens, des demandes sur l'heure qu'il est (RF,20,65,69,93,148,256,269,272 H,266,383), des regards interrogateurs jetés sur les horloges (H,35,39,69 G,277 A,22,363), témoigne d'un questionnement sur l'essence même du temps, trop présent à la condition humaine, comme ces « milliers de montres » (RF,157), qui s'échangent en toute illégalité dans l'univers carcéral et parallèlement trop abstrait pour être pensé par l'homme. Et c'est peut-être aussi le sens de la référence au mythe d'Orphée, dans *Les Géorgiques* (G,32,36,39,74), où la disparition définitive d'Eurydice nous rappelle l'impossibilité de reprendre le passé en même temps que la forclusion de tout avenir. Le temps s'exténue dès lors qu'on essaie de le percevoir. Il est en effet « invisible, immatériel » (RF,28) et Georges va jusqu'à proclamer : « le temps n'existe pas » (RF,20).

Cette difficulté fondamentale pour saisir l'essence du temps est encore aggravée, chez Claude Simon, par les dispositifs narratifs et linguistiques qui tentent de réaliser une phénoménologie de la mémoire. En effet parce qu'il est le temps de la mémoire - souvenirs de la guerre, de l'enfance, de l'amour, de la révolution, de la famille - le temps simonien est pensé hors de soi, hors de sa consistance, dans ses failles et dans son non-être. Car le travail de la mémoire se réalise précisément dans le nivellement de toute perspective temporelle, même si son matériau reste le temps. Le temps est, par nature, marqué par la discontinuité. Il est pensé en termes de « périodes » (G,320), de « fragments » (H,385), de « tranche » (G,197), d'« intervalle » (H,39), « découpé en millions de millions d'infinitésimales fractions, de secondes, d'années, de siècles... » (G,164), forme sécable à l'infini, troué d'intermittences et de suspensions. Le temps mémoriel l'est d'autant plus que la mémoire s'organise autour de failles et de ruptures, ainsi que le souligne Claude Simon :

« *Essayez par exemple de vous rappeler une de vos journées de la semaine dernière. Vous allez vous apercevoir aussitôt que non seulement il y a des trous, de grands pans de la journée que vous avez oubliés, mais encore que les événements dont vous vous rappelez, ou les images que vous gardez, ne se présenteront pas à vous suivant l'ordre dans lequel ils se sont succédés dans le temps des horloges.* »[1]

Le temps simonien, pourtant si présent, est ainsi exhibé dans ses dérèglements. Et c'est ce rendu fractionné que l'organisation narrative poursuit, la discontinuité narrative renvoyant à la discontinuité temporelle. *La Route des Flandres* aurait pu s'appeler, selon Simon lui-même, « Description fragmentaire d'un désastre »[2]. L'univers narratif s'y construit, suivant le mécanisme de la mémoire, sur une succession de moments remémorés qui ne constituent aucunement une progression temporelle, car ils sont empruntés à des époques différentes. Ainsi *La Route des Flandres* s'ouvre sur l'épisode de la lettre de Sabine qui date de l'hiver 39/40 (RF,9/11), se poursuit par le rappel du mariage de Reixach avec Corinne, quatre ans auparavant (RF,11), enchaîne sur la mort de Reixach qui a lieu en mai 40 (RF,12/13). Ces quelques séquences inaugurales du roman montrent le choix d'une composition de la rupture, qui perdure dans *Histoire* et s'amplifie dans les romans ultérieurs dans la mesure où le foyer de mémoire se diversifie. Ces volumes de temps fractionné s'appuient par ailleurs dans *Histoire* et dans *Les Géorgiques*, sur des documents - cartes postales, citations de livres ou documents de L.S.M. - présentés à l'état brut et sans ordre apparent, qui ne favorisent pas la continuité du logos, par une organisation causale ou chronologique. Lambeaux de temps dispersés, dont la forme la plus visible est dans ces deux romans l'alternance typographique, et

---

[1] C. Simon/M. Chapsal, « Claude Simon : Il n'y a pas d'art réaliste », *La Quinzaine littéraire*, n° 41, 15-31 décembre 1967, p. 5.
[2] C. Simon, « la fiction mot à mot », *Nouveau roman : hier, aujourd'hui, tome 2, Pratiques*, Colloque de Cerisy (20-30 juil. 1971), U.G.E., « 10/18 », 1972, p. 87.

la modalité la plus audible, dans les quatre œuvres, « ces bribes de phrases navrées » (H,26), inachevées, interrompues, à l'image du temps déchiré de la mémoire.

Temps du creux, le temps mémoriel est aussi celui du non-temps. Construit sur des séquences qui s'enchaînent apparemment dans l'arbitraire, sans rapport chronologique, le récit de souvenirs est indépendant du temps. Paradoxalement, la remémoration s'élabore au cœur même du temps mais sa temporalité se constitue dans l'écrasement de la perspective temporelle. Bien plus, le lien fréquemment marqué, dans les textes, entre des événements vécus et des épisodes de la tradition culturelle, renvoie le temps de la mémoire à un hors-temps, celui qui échappe à la mesure humaine. Les femmes amoureuses sont des « Léda, Io, Pasiphaé » (G,389) ou encore des « Déjanire » (H,365) ; la passion jalouse évoque « la folie le meurtre les Atrides » (RF,112), une violence « très loin dans le temps, ou de tous les temps, ou en dehors du temps » (RF,59) ; et la guerre, dont le brigadier entend le bruit, semble lui parvenir « des profondeurs de l'Histoire » (A,241). Le temps de la mémoire est métaphoriquement associé à l'immémorial du hors-temps légendaire.

Le temps reste donc dans l'impensable, ne se manifeste que dans la discontinuité de ses failles et ne s'appréhende que dans son non-être ou dans son hors-être. Aussi devant l'impossibilité de poser une définition pleine et positive du temps, les récits s'engagent, afin d'en favoriser, malgré tout, une approche intelligible, dans des représentations malencontreusement perturbées par des contradictions.

Les représentations contradictoires du temps

Même si, comme le souligne François Châtelet, les romans simoniens et en particulier *Les Géorgiques*, ne proposent qu'une « vision de l'histoire » et « en aucun cas une théorie » car « Claude Simon ne cherche pas à systématiser, encore moins à conceptualiser un réseau d'expériences afin d'en dégager une conception unifiée »[1], l'approche du temps se fait d'abord, scientifiquement par l'Histoire. C'est l'Histoire « avec un H majuscule » (G,304), celle des grandes périodes historiques - la Préhistoire (H,125 G,119,124 A,129), l'Antiquité (H,109,117 G,27,389), les grandes invasions et le Moyen Age (G,136), la période révolutionnaire avec la Terreur (G,384), la Restauration (G,33), le Directoire (G,71), et l'époque contemporaine avec ses deux guerres mondiales et ses insurrections en U.R.S.S., en Espagne ; c'est aussi l'Histoire des grandes dates (juin 1789 (G,43), nuit du 4 août 1789 (RF,53), août 1914 (A,261/263), mai 1940 (A,27)...) et des grands hommes (César (H,118/120), Louis XVI, Louis XVIII (G,33), Napoléon (G,446), Lénine (H,107/108), Guillaume II (A,332/333)...). A ce repérage historique s'ajoute une contribution à la question des sources historiques : le document officiel dûment archivé et autres vestiges archéologiques labellisés par l'Histoire positiviste et qui constituent le fonds du musée que visitent en Grèce le narrateur et Hélène ; la diversité des sources, même les plus humbles, exploitées par l'Ecole des Annales et qu'on retrouve, par exemple, dans l'amoncellement « de paperasses, de registres, de manuscrits (lettres, rapports, ordres de marches, bordereaux d'approvisionnements, mémoires de bijoutiers, mouvements de troupes, discours, décrets de la Convention, comptes de domestiques... » (G,439/440), qui constituent le legs de L.S.M. à ses

---

[1] F. Chatelet, « Une vision de l'histoire », *Critique*, 414, nov. 1981, p. 1219.

descendants. l'Histoire est aussi une conceptualisation du temps dans une analyse causale, ce qu'explique oncle Charles :

« *Si tu n'es pas encore arrivé à décider ce que tu allais faire là-bas essaie au moins de te rappeler non pas comment les choses se sont passées (cela tu ne le sauras jamais - du moins celles que tu as vues : pour les autres tu pourras toujours lire plus tard les livres d'Histoire) mais comment ...* » (H,172)

Car le rôle de l'Histoire est de substituer à un donné brut, un système de concepts élaboré par l'esprit. C'est par exemple à ce genre de modèle organisateur que vise dans *L'Acacia,* le narrateur qui oppose la « drôle de guerre » sur le front de la Meuse en mai 1940 et sa conception traditionnelle de la guerre : « pas de barrages d'artillerie », « aucune tranchée à conquérir ou à défendre », « pas de face-à-face, ou plutôt de seul-à-seul où chacun courageux ou peureux, peut prendre la mesure de son courage ou de sa peur », « et pas de morts (seulement des chevaux qui n'avaient plus de cavaliers), et pas de blessés non plus » (A,40 /41). Par ailleurs la problématisation historique, dans les œuvres simoniennes, rapproche les événements historiques des phénomènes physiques qui relèvent de lois et de principes causalistes :

« *sans doute en vertu de cette loi qui veut que l'Histoire [...]* » (RF,171),
« *Donc cette loi qui veut que l'Histoire [...]* » (RF,173),

Il y a bien dans les romans une recherche des causes qu'il s'agisse de la causalité logique, comme celle que tente de découvrir O., dans son aventure espagnole (G,311), mais aussi de la causalité éthique, des responsabilités dont sont coupables, durant la seconde guerre mondiale, « les proviseurs de collège promus au rang de dignitaires maçonniques, les dignes clergymen, les rusés milliardaires, l'ancien séminariste, le vieux cabot américain et les bouchers harnachés de cuir » (G,131,137). Car l'épistémologie historique vise avant tout comme les sciences de la nature, à l'établissement d'une vérité du temps, qui peut se révéler, soit dans une méthode objectiviste par laquelle O. choisit de rapporter sa guerre d'Espagne (G,314), soit dans une reconstruction de la réalité vécue par les héros, reconstruction probablement subjective mais qui ne peut nier la réalité du fait historique : les guerres, les stalags, les révolutions sanglantes.

Ainsi, si d'un côté, la représentation du temps est abordée, dans le roman simonien, du point de vue scientifique, dans une épistémè historique, elle y est paradoxalement aussi traitée, par un discours figuratif, fondamentalement sans logique heuristique et livré aux aléas de l'association. Les textes organisent ainsi une appréhension oblique de ce concept fuyant. Le temps est d'abord saisi métaphoriquement par des substituts sensoriels. Il est un temps-matière, « consubstantiel au toucher » (RF,233), « masse d'acier refroidi » (RF,29), « comme une espèce de boue, de vase stagnante » (RF,111), « une sorte de formol » (RF,112), « dans la matière cotonneuse d'un temps sans dimensions », (H,361). Le temps a une couleur, « jaune » (H,263) mais plus souvent « grisâtre » (RF,126 H,140) ; une épaisseur (G,39 A,144) ; une odeur, « cette impalpable, nostalgique et tenace exhalaison du temps » (RF,39), « sous le poids du suffocant couvercle de puanteur » (RF,111) ; un bruit, comme « le martèlement monotone et multiple des sabots sur la route se répercutant, se multipliant [...], engendrant par sa continuité, son uniformité, comme une sorte de silence au deuxième degré, quelque chose de majestueux, monumental : le cheminement même du temps » (RF,28), comme le battement de la pluie qui ressemble à « un invisible système d'horlogerie égrenant, patient et indifférent, les parcelles successives du temps » (G,162) ou comme le cri du coucou « lancé avec une régularité d'horloge », (A,97,11). Parallèlement, le temps transparaît dans des équivalents métonymiques. Il s'écoule, par exemple, dans le jeu de l'ombre et de la lumière maintes fois réitéré dans les romans, qu'il s'agisse de la rivalité dans le bureau de Charles entre la lumière électrique et la lumière du soleil (H,48), de « la lente progression des rayons du soleil », au petit matin sur Barcelone et qui sonne pour O. la fin de la traque nocturne, ou encore de la progression de l'ombre sur le coteau observée par L.S.M., depuis sa terrasse et qui signale à la fois la fin d'une après-midi et celle d'une vie (G,378/380). Le cours du temps s'exprime dans l'alternance des saisons, « un printemps, un été, un automne et les premiers jours d'un hiver » (G,366) et du travail de la terre qui l'accompagne, « des labours, des semailles, des moissons, des vendanges » (G,449). Par ailleurs le travail du temps se livre dans tout ce qui ronge ou pourrit, de « l'invisible armée des termites poursuivant son invisible travail » (H,88/89,83,359 RF,29) à « la bouffissure de la décomposition », symptôme « de transmutation ou de transsubstantiation accélérée » (RF,40,97,221/222 G,139), dans tout ce qui est « rouille, souillures, ruines, corrosion des corps » (RF,188) et qui gangrène les tracteurs, les murs et les papiers peints de même que les amours et les sociétés. Mais le temps a un résidu, les multiples traces qui restent de son passage, les objets et les documents du passé qui en portent eux-mêmes les stigmates dans leur matérialité, tout en permettant un témoignage, une parole sur le temps. C'est d'ailleurs sur ces scories métonymiques du temps, cartes postales, documents de L.S.M., photographies, que s'élaborent les romans ; nourri d'images, le temps est réciproquement producteur d'imaginaire.

Pour tenter de conjurer l'irrecevabilité du temps, Claude Simon entraîne ainsi soit dans une mise en perspective historique du concept, soit plonge dans un contact empirique et figuratif avec la matière-temps. Parce qu'elles sont incompatibles, les représentations du temps ainsi proposées ne permettent pas d'éclaircir la notion, d'autant que le temps s'enferme dans un autre dualisme contradictoire. Les textes imposent en effet de façon répétitive l'image d'un temps linéaire, d'un « cheminement du temps » (RF,28). Même si de nombreuses dates sont présentées dans un ordre achronologique, leur existence suppose une successivité des événements que la reconstruction permet de rétablir, car l'ordre de la narration ne doit pas être confondu avec l'ordre de l'histoire. La présence des dates est donc une garantie de la progression continue et anisotrope du temps. Or les dates pullulent dans les romans simoniens ; les cartes postales collectionnées dans *Histoire* sont pour la plupart datées (H,18,33,34,37,54,57,65,66...), de même les échanges épistolaires que L.S.M., entretient avec ses contemporains (G,73,186,187,189,190,240, 402...). Les actions relatées dans *L'Acacia* le sont également et avec vigueur puisque les dates constituent les titres de chapitres, par ailleurs le texte s'emploie régulièrement à des récapitulations qui permettent d'articuler chronologiquement les uns aux autres les événements : le parcours final du père entre le 22 et le 27 août 1914 (A,56), le destin de la mère (A,267/268) ou la configuration temporelle de la guerre pour le brigadier (A,376). Et même *La Route des Flandres*, dont la situation temporelle est la plus floue, fournit sporadiquement des indications qui situent les événements sur la ligne du temps (RF,88,212,273...). Si l'on s'enfonce dans une répartition temporelle plus fine on trouve dans les romans tout un réseau de calendriers, de fêtes religieuses et d'horloges qui inscrivent les actions dans un maillage relativement précis : par exemple au cours de la journée support d'*Histoire*, il est d'abord « onze heures » (H,69), « Puis midi » (H,102), « cinq heures » (H,284), « cinq heures et demie »

(H,294), « dix heures et demie » (H,347), et « midi ou minuit moins dix moins cinq minuit juste » (H,351), lorsque l'histoire est sur le point de s'achever. Ce temps linéaire a par ailleurs une origine, « le commencement des temps » (RF,257), et une issue, le « jour du jugement dernier » (H,213) ou « la fin des siècles » (A,257). Mais pas plutôt posés les jalons de ce temps fléché, les textes s'emploient à l'ébranler, à le dévaluer à l'image de ces montres que les héros finissent systématiquement par échanger à perte, contre de la farine (RF,156), contre des roubles sans valeur (A,183,191) ou contre une salopette et des espadrilles en hiver (A,343). Car le temps n'est qu'un décor de la vie sociale qui ne constitue aucune ontologie, ni aucune téléologie, « sans commencement ni fin ni repère » (RF,28 H,368), « sans passé ni futur » (H,263). L'origine du temps est impensable parce que comme le souligne Philippe Bonnefis les romans simoniens thématisent une « structure d'universelle antécédence », « on est toujours le second », « on vient toujours après »[1], et la fin du temps est oblitérée ainsi que l'illustre le déboulonnage de la statue « LES TEMPS FUTURS », réquisitionnée au titre des métaux non ferreux durant la guerre et dont il ne demeure que le socle « seul, vide » (H,212). Le temps ne se construit ni sur un enchaînement déterministe ni sur une configuration finaliste, au mieux il s'écoule, même s'il n'avance pas[2]. Et la composition des romans, la structure en trèfle de *La Route des Flandres*, l'organisation circulaire d'*Histoire*, le miroir en diptyque et en triptyque de *L'Acacia* et des *Géorgiques* renvoient à cette stagnation temporelle.

Face au temps linéaire et son impropriété se dresse paradoxalement une deuxième conformation du temps : un temps pensé par strates. L'organisation du temps en niveaux temporels disjoints est visualisée dans les textes par la variation typographique, l'italique renvoyant au début des *Géorgiques* à l'époque contemporaine, tandis que les caractères romains réfèrent à l'époque révolutionnaire, système qui ensuite s'inverse. Représentation matérielle donc d'un temps qui loin de courir le long d'un fil, s'accumule pour « s'entasser, s'épaissir » (A,97). On se rappelle que pour Braudel, il existe trois temporalités différentes, « une histoire quasi immobile, celle de l'homme dans ses rapports avec le milieu qui l'entoure », « une histoire lentement rythmée » ou histoire sociale qui recouvre l'histoire économique, celle des institutions politiques et des mentalités et enfin « l'histoire à la dimension de l'individu », c'est-à-dire l'histoire événementielle, brève, rapide, nerveuse[3]. Sur ce principe de modélisation historique, nous percevons aussi dans les romans simoniens, une stratification ternaire mais quelque peu divergente. On y trouve bien un temps immobile, ce temps géographique, qui a déjà été évoqué, le temps géologique (H,104,120,318,383/384 G,343) mais aussi le temps du froid intersidéral que connaissent le cavalier et O. au front (G,119,138), un temps « immémorial, comme parvenant des profondeurs de l'Histoire » (A,241) et même « hors de l'Histoire », « au-delà de toute mesure » (G,119). Parallèlement, les romans exposent un temps des événements, celui des masses en guerre, des combats politiques, temps histori-

---

[1] P. Bonnefis, « Le fantôme du kiosque », in *Claude Simon, La Route des Flandres*, Littératures contemporaines, 3, Paris, Klincksieck, 1997, p. 89.
[2] Telle est l'analyse proposée par Yves Berger : « Voilà bien la façon du temps : il progresse, et l'ignorerions-nous, la dernière phrase de *La Route des Flandres* nous l'apprendrait. Cependant il n'avance pas, c'est-à-dire qu'il ne crée rien, amenant à la vieillesse et à la mort le même homme qui depuis le fond des temps accomplit le même geste et pense la même chose. ». Y. Berger, « L'enfer, le temps », in *La Nouvelle Revue Française*, n° 97, 1 janv. 1961, p. 109.
[3] On reprend ici à Paul Ricoeur la lecture de F. Braudel in *Temps et récit I*, pp. 186,365,381.

que et social qui absorbe aussi le temps de l'individu, d'une part car l'homme est avant tout un être historique qui subit l'Histoire ou qui comme L.S.M. est saisi par elle, « sublimé pour ainsi dire, porté au-dessus de lui-même pendant le temps où elle avait besoin de lui » (G,435), d'autre part parce que, chez Simon, il n'y a pas de destin individuel, c'est toujours le même homme qui fait les mêmes guerres ou les mêmes révolutions, qui vit les mêmes histoires d'amour et de sexe et qui meurt de la même mort. L'être-en-lui-même est un être-en-tous. Ce temps de la conjoncture historico-individuelle se construit sur des événements souvent extrêmes qui en perturbent l'isochronie. Ainsi le temps peut ralentir lorsque les personnages attendent l'événement : attente de la rencontre magique avec le père pour la mère, « pour qui le temps s'était arrêté dès avant sa naissance » (G,199 H,33), attente de la mort pour le brigadier qui suit son colonel dans sa marche suicidaire, « comme si tout se déroulait au ralenti » (A,286), ou lorsqu'ils sont dans l'après-coup traumatisant de l'événement comme Charles, coupable, qui se cloître dans son bureau, « univers fixe où le temps ne s'écoulait pas à la même vitesse » (H,49). Inversement au cœur de l'événement, « il y a cette espèce d'accélération du temps d'extraordinaire rapidité avec laquelle la guerre produit des phénomènes - rouille, souillures, ruines, corrosion des corps - qui demandent en temps ordinaire des mois ou des années pour s'accomplir » (RF,188). Finalement le temps des événements par sa brutalité et sa puissance peut suspendre toute idée même de temps. L'orgasme plonge dans un temps sans fin (RF,244 H,388), la jouissance s'éternise dans un temps extatique alors qu'il se produit une négation du temps de la souffrance : pour Georges et Blum, dans le wagon de prisonniers, « le temps ne pouvait leur être maintenant d'aucun usage » (RF,69), pour le brigadier qui échappe à l'embuscade allemande, « depuis longtemps la notion d'heure a perdu toute signification », (A,88) et pour un soldat à la guerre « le temps est une notion dénuée de sens » (A,240). Le temps des événements est ainsi le théâtre d'accélérations mais aussi de « foudroyantes compressions, de foudroyantes annulations ou régressions ». Le temps qui perd son caractère homogène et uniforme et son élasticité, propre à la théorie de la relativité, a pour référence notoire le modèle cinématographique : les transformations du petit garçon en homme (G,215), le lever du soleil (H,41) ou le temps des passions paysannes (RF,64) sont des scénarios en accéléré ; tandis que la mort de Wack, (RF,146), la chevauchée suicidaire avec le colonel, (A,286), le trot dansant et aérien des chevaux (G,101,134), le mouvement de l'Histoire (G,385) sont tournés au ralenti. Enfin les romans se fondent sur une troisième dimension temporelle, le temps de la conscience, non pas le temps aristotélicien dans lequel l'homme est enveloppé[1], un temps extérieur où l'homme se situe, mais le flux d'une conscience qui pense, se souvient, raconte, écrit et qui est constitutive du temps lui-même. C'est cette conception phénoménologique qu'il faut explorer maintenant, pour montrer les dommages qu'elle occasionne pour une saisie rassurante du temps.

Les confusions temporelles

Saint Augustin, le premier, balaye la conception aristotélicienne du temps comme extériorité objective et considère le temps comme une réalité mentale. Il n'y

---

[1] « C'est pourquoi il est nécessaire que tout ce qui est dans un temps soit enveloppé par un temps [...] » Aristote, *Physique* IV, 12, 221 a, Paris, GF Flammarion, 2000, p. 261.

a en effet pour lui de temps ni pour Dieu, ni pour les choses mais pour l'âme.[1] C'est cette hypothèse que confirme un épisode d'*Histoire* où le narrateur perdant conscience, dit : « je restai suspendu dans un temps abstrait » (H,178). L'abolition de la conscience sonne donc comme une déréalisation du temps car temps et pensée sont consubstantiels. Claude Simon va plus loin, qui, en convergence avec la phénoménologie, en particulier husserlienne[2], laisse lire dans ses romans que ce n'est pas le temps qui s'écoule dans la conscience mais la conscience qui constitue le temps même. Ainsi par exemple la notion de durée n'est pas de l'ordre de la perception mais de la représentation : O., en mission sur le front d'Aragon, vit l'attaque-surprise avec « l'impression d'effroyable lenteur, temps et distances multipliés interminables, l'interminable progression, une minute une heure, cent mètres plusieurs kilomètres » (G,288). C'est précisément dans ce temps vécu, qui échappe aux mesures objectives des horloges, que s'installent les confusions temporelles, ruinant un peu plus la validité d'une notion, dont les représentations sont contradictoires. Chez Simon, les perturbations temporelles apparaissent comme une remise en cause de l'ordre passé/présent/futur, qui constitue pourtant selon Saint Augustin, sa seule intuition du temps, car après avoir reconnu qu'il ne peut expliquer ce qu'est le temps, il poursuit :

« *Pourtant, je le déclare hardiment, je sais que si rien ne passait, il n'y aurait pas le temps passé ; que si rien n'arrivait, il n'y aurait pas le temps à venir ; que si rien n'était, il n'y aurait pas le temps présent.* »[3]

Cette conviction anime les héros simoniens, « confondant passé présent et futur » (G,214) et qui vivent sans savoir s'ils sont « le lendemain et non pas la veille, ou encore le même jour » (RF,126,97). La difficulté dans laquelle sont les personnages pour se situer dans le temps et sur laquelle les narrateurs insistent de façon répétitive, est due à des conditions extrêmes qui bouleversent leur vie quotidienne et renvoie au combat mené contre leur mémoire, « le foisonnant et rigoureux désordre de la mémoire » (H,273). Et c'est donc le temps non plus comme thème, mais comme discours, lié à une pensée intime qui se déroule en pensant et en se souvenant, dans la confusion, qu'on se propose d'observer.

Les désordres temporels relèvent d'abord de la perturbation entre l'ordre de la fiction et celui de la narration. Dans *La Route des Flandres*, dans *Histoire* et dans *L'Acacia*, l'ordre du récit transforme systématiquement l'ordre de la fiction, par des analepses et prolepses qui s'enchaînent les unes aux autres sans transition. Dans *Les Géorgiques*, le procédé est encore accentué par l'hétérogénéité des histoires de référence (L.S.M., le narrateur ou O. ?). On peut donc parler avec Jacques Brès de la « déconstruction du temps vraisemblable », l'ordre d'un récit étant « senti comme vraisemblable si l'ordre d'apparition et de succession de ses éléments (ou fonctions) calque l'ordre d'apparition et de succession de ces mêmes éléments dans la fiction. »[4]. Le flou référentiel maintient, par ailleurs, une incertitude temporelle, car les marqueurs temporels, lorsqu'ils existent, ne sont que des leurres. Par exemple dans *L'Acacia*, dont on a indiqué la puissante charpente temporelle (épigraphe, titre de

---

[1] Saint Augustin, *Les Confessions*, livre onzième, Paris, GF-Flammarion, 1964.
[2] Voir E. Husserl, *Leçons pour une phénoménologie de la conscience intime du temps*, Paris, P.U.F., 1964, pp.14/15.
[3] Saint Augustin, *op. cit.*, XI, 14, p. 264.
[4] J. Brès, « Problématique temporelle de *La Route des Flandres* de Claude Simon », in *Simon /La Route des Flandres*, sous la direction d'A. Cresciucci, Paris, Klincksieck, Parcours critique, 1997, pp. 147/148.

chapitres, deux époques bien distinctes - celle des parents et celle du fils -), tout ce temps qui se donne à voir et qui semble organiser le roman, n'est qu'une vaste machine à produire de la confusion. Miné par le travail de la mémoire et un parti pris phénoménologique, le temps ne constitue jamais dans la narration un repère fiable et constructif. Tout d'abord les titres de chapitres, bien qu'ils soient exclusivement des dates, ne respectent pas la connivence de temporalité : leur notation n'est pas uniforme (une année, un jour, un espace entre deux années...). Les titres ne peuvent donc constituer un fil conducteur dans la jungle temporelle. Par ailleurs, à l'intérieur des chapitres, on assiste à un brouillage délibéré de la construction temporelle car le titre ne correspond pas au contenu temporel annoncé : le chapitre VI, par exemple, est intitulé « 27 août 1939 », date à laquelle le brigadier prend le train des mobilisés qui doit l'amener jusqu'à sa garnison d'affectation. Il est, bien sûr, centré sur la description du train, des conditions de voyage, des foules croisées dans les gares ; mais il met aussi en scène les états d'âme du brigadier et donne lieu à de longues digressions : un rappel de sa vie et celle de ses parents, l'évocation de son voyage en U.R.S.S., le récit de sa participation à la guerre d'Espagne. En somme, la date du 27 août 1939 constitue un alibi, le récit obéissant au principe de farcissage, de l'association mentale et non à une structuration rationnelle et chronologisante. D'autres repères temporels se révèlent en fait factices : le chapitre XII commence par « Ce fut seulement trois jours plus tard qu'il y pensa », mais « trois jours plus tard » par rapport à quoi, quand on commence un chapitre ? Les connecteurs temporels manquent systématiquement d'un référent qui les rendrait opératoires. Ainsi, les fréquents « maintenant », « à présent » qui parsèment ce texte, comme les autres romans de Simon, n'ont aucune valeur temporelle, car ces déictiques ont besoin de se référer à une instance narrative et un temps de l'énonciation précis, pour prendre un sens. Quant aux autres marqueurs, toujours les mêmes - « puis », « plus tard », « alors »..., leur réitération dévaluante comme l'imprécision de leur sens, les rend tout aussi inopérants. Paradoxalement, les signes de temps instaurent la confusion temporelle. On ne peut pas non plus compter sur le système des temps verbaux pour injecter de l'ordre dans la narration, car l'écriture simonienne s'emploie à le pervertir. Il faut bien sûr s'interroger sur le lien entre le temps verbal et le temps vécu qu'il est censé véhiculer. Benveniste, déjà, proposait de répartir des temps verbaux en temps du discours et temps du récit[1], introduisant une classification sans lien avec la valeur temporelle mais en rapport avec l'énonciation. On peut rapporter, chez Simon, la confusion temporelle vécue à la corruption dans l'emploi des temps verbaux ; une phrase du type : « Et maintenant il allait mourir .» (A,163), résume à elle seule la complexité d'un système qui unit le présent d'une énonciation (sans instance d'énonciation claire d'ailleurs), « maintenant », une flexion passée, « -ait » et un verbe dont le sens est futur, « aller mourir». Cette incohérence dans l'utilisation des temps verbaux s'illustre, par ailleurs, dans la labilité du transit entre le passé et le présent, pas même justifiée par les modifications de l'énonciation :

« *Plusieurs d'entre eux parvenus à un degré d'épuisement qui les rendait incapables de porter un cavalier et même de se tenir sur leurs jambes <u>durent</u> être abandonnés. C'est ainsi qu'il <u>est obligé</u> de se séparer de sa jument la veille de l'affaire de Saint-Gérard. On <u>est</u> le mardi qui <u>suit</u> la Pentecôte.* » (G,232),

---

[1] E. Benveniste, « Les relations de temps dans le verbe français », *Problèmes de linguistique générale*, Paris, Gallimard, « TEL », 1966, pp. 237/250.

ou du passage entre le futur et le passé :

« d'abord il y <u>aura</u> le bruit des poubelles [...] *puis le bruit du taxi <u>parut</u> rentrer dans le silence* » (H,383)

« *celui qui <u>portait</u> des lunettes et <u>parlait</u> avec patience et bientôt tout <u>disparaîtra</u>* » (H,391).

On peut aussi évoquer l'utilisation très récurrente du participe présent, dont la caractéristique est d'emprunter sa référence temporelle au verbe conjugué de la phrase, employé si longuement seul dans certains passages, qu'il se trouve abandonné de tout repérage temporel. Dans *Les Géorgiques*, la visite du tombeau de Marianne par « l'idiot » et le narrateur (G,161/166) s'effectue presque exclusivement au participe présent et sécrète ainsi sa propre temporalité coupée du temps linéaire. Enfin la valeur aspectuelle des temps verbaux est perturbée, quand par exemple, dans *L'Acacia*, un passé simple ponctuel : « un jour de grand vent, il prit le vieux tramway [...] » (A,377) est modulé dans la même séquence en un imparfait de répétition : « De retour en ville où les lumières s'allumaient, il passait [...] » (A,377). Ces exemples, empruntés à différents domaines, dont le principe est fréquent dans les œuvres, stigmatisent les errements d'une temporalité verbale, qui révèlent la confusion du temps vécu.

Participe aussi du brouillage temporel l'indécision dans la fréquence narrative[1]. Genette distingue le récit singulatif qui consiste à raconter une fois ce qui s'est passé une fois ; le récit répétitif qui raconte n fois ce qui s'est passé une fois ; le récit itératif qui relate une fois ce qui s'est passé n fois et enfin le récit anaphorique qui dit n fois ce qui s'est déroulé n fois. On trouve bien entendu dans les romans de Simon des exemples de ces situations canoniques, mais bien plus frappant est le balbutiement de certains choix. Ainsi par exemple, certaines scènes, qui n'ont pu à l'évidence arriver qu'une fois, sont pourtant racontées comme si elles avaient eu lieu plusieurs fois, par le choix de l'imparfait itératif et du participe présent qui supplantent le passé simple. On peut alors parler avec Genette, de récit pseudo-itératif[2]. Le passage du colonel (G,120/124), le sauvetage d'Adélaïde pendant la Terreur (G,383/392) sont deux exemples parmi d'autres de cette hésitation dans la fréquence. Pareillement, certaines scènes, qui ont eu lieu plusieurs fois, qui sont racontées plusieurs fois comme les soirées musicales auxquelles la mère mourante assiste (H,60/61,61/63,77/78,82/84...) et appartiennent de ce fait au récit anaphorique, sont soudain trouées par un passé simple (« plus tard pendant la soirée je regardai l'endroit... » (H,82)), qui vient individualiser la scène comme un événement ponctuel et l'on bascule ainsi, au risque d'imiter la formulation de Genette, dans le récit pseudo-répétitif. Enfin certains récits répétitifs, comme ceux relatifs à la mort du père dans *L'Acacia* (A,61,77,210,303,324), qui ressassent un moment nécessairement unique, ne le font jamais à l'identique, introduisent des variations qui différencient chacune des scènes comme autant d'épisodes distincts, on est alors dans des récits pseudo-singulatifs. Cette indécision sur la fréquence contribue elle aussi à obscurcir la situation temporelle des scènes et à renforcer l'opacité générale du temps diégétique.

L'imbroglio temporel au sein de la fiction renvoie à une conscience qui sait et qui n'a pas besoin d'organiser dans le temps des événements qui sont pour elle de

---

[1] G. Genette, *Figures III*, Paris, Seuil, 1972, chap. 3.
[2] *Ibid.*, pp. 152/153.

l'ordre de l'évidence, puisqu'elle les a vécus. Pourtant le brouillage temporel s'ancre aussi dans la confusion entre le temps du souvenir et celui de la conscience, comme si le présent de la conscience s'alourdissait du poids des souvenirs. Chez Claude Simon, passé, présent, futur ne sont pas alignés sur un fil tendu. Passé et futur coexistent dans le présent. Tout se vit au présent pour Saint Augustin qui déclare :

« *Ce n'est pas user de termes propres que de dire : "Il y a trois temps, le passé, le présent et l'avenir." Peut-être dirait-on plus justement : "Il y a trois temps : le présent du passé, le présent du présent, le présent du futur."* »[1],

comme pour Simon qui dit :

« *Encore une fois, il n'y a pas, comme on le croit communément, diachronie. Il n'y a pas quelque chose qui s'est passé et qu'on écrit ensuite : il n'y a jamais que l'écriture de ce qui se passe au présent de l'écriture.* »[2].

Tout se vit donc au présent de la conscience ou de l'écriture ; un présent feuilleté qui inclut des strates de passé et des désirs d'avenir et qui se love dans la longue phrase simonienne, gigogne elle aussi, dont l'écartèlement entre thème initial et digression, et dont la tension entre réminiscence et avenir, illustrent la « distentio animi » de Saint Augustin[3]. L'extension du temps est une distension de l'âme à l'image de cette phrase distendue entre des temporalités divergentes. Les romans de Simon sont ainsi construits sur des séquences fragmentaires qui enchaînent des analepses et des prolepses et les rassemblent dans le temps présent de la conscience pensante. Le présent s'annonce alors comme un nœud transtemporel. Le modèle simonien évoque le concept d'intentionnalité longitudinale de Husserl, dans lequel le présent n'est pas un instant ponctuel mais s'élargit dans la continuité, de rétentions, adhérences du passé au présent vécu et de protentions, symétriques dans le futur de la rétention[4], un modèle qu'illustre le commentaire de la photo tremblée de l'atelier, avec « la double suite des instants passés et futurs, la double série, dans le même cadrage, et le même décor, des positions respectivement occupées par les divers personnages avant et après » (H,260). Tout se dessine ici de la représentation du temps phénoménologique chez Simon, un passé qui persiste, un futur qui s'annonce, des instances temporelles fusionnant de la sorte « dans le même cadrage », dans le présent de la conscience ou dans le quasi-présent des souvenirs. L'impression de fraîcheur des souvenirs et des anticipations, de présence vive du vécu, recouvre chez Simon cette immédiate proximité avec le présent, avec le juste perçu. Et s'il en est ainsi dans les œuvres simoniennes, c'est qu'avant tout, le présent est senti comme un flottement, un œil aveugle, « translucide et sans consistance réelle, comme nous le sommes d'ailleurs tous plus ou moins dans le présent » (H,173). Il se remplit naturellement alors de ce passé dont on n'a jamais fini, comme la vieille dame qui voit dans l'épidémie de phylloxéra, dans la série de deuils qui frappent la famille, l'inéluctable expiation du meurtre d'un roi (G,145,182). Ce passé dont les effets perdurent dans le présent, qui s'affirme continûment en devenir, ce passé est donc toujours déjà un futur présent. Inversement, aller aujourd'hui, de façon compulsionnelle, à la rencontre de son passé, ainsi que le font tous les héros des romans, ou à la découverte du passé d'autrui, comme c'est le cas de Blum et

---

[1] Saint Augustin, *op. cit.*, p. 269.
[2] C. Simon/J. P. Goux et A. Poirson, « Un homme traversé par le travail », *La Nouvelle Critique*, 105, juin-juil. 1977, p. 37.
[3] Saint Augustin, *op. cit.*, livre onzième, chapitre XXVI, pp. 275/276.
[4] Voir P. Ricoeur, *Temps et récit III*, p. 51 sq.

Georges, qui tentent de comprendre les motivations du suicide de de Reixach et de son ancêtre, signale que le présent est toujours un passé relu ou un passé virtuel. Et cet enfant jeune qui traverse *Histoire*, *Les Géorgiques*, *L'Acacia*, et qui constitue le futur de la mémoire (« plus tard, dans la mémoire des enfants (ou plutôt de ceux qui avaient été les enfants) » (G,172/173)), l'avenir de la narration, est en soi un futur du passé, quand la prolepse devient analepse. L'épigraphe de *L'Acacia* résume à elle seule cet embrouillamini temporel qui confond dans le présent, le passé et le futur.

A la fusion des temps dans la conscience, s'ajoute chez Simon une confusion entre le temps de la fiction et celui de la narration. Ainsi dans *La Route des Flandres*, l'enchâssement des récits occasionne un déplacement permanent du temps de la narration. Car, comme le souligne Lucien Dällenbach, « ce qu'on est porté à considérer comme un pur récit rétrospectif au tout début du roman apparaît plus tard comme le souvenir d'un récit fait à Blum, et plus tard encore, comme le souvenir du récit fait à Corinne du récit fait à Blum. »[1]. Le temps se creuse intérieurement et le temps de la narration rejoint toujours celui de la fiction, jusqu'à un temps réel de la narration qui reste quant à lui totalement problématique. Outre la composition, l'écriture simonienne, éminemment jaillissante maintient le temps de la fiction dans l'immédiateté du temps de l'énonciation. Ainsi les parenthèses qui disent en montrant que l'on dit, les interventions du narrateur qui sait le devenir de la diégèse (« Mais le temps n'était pas encore venu » (G,130), « comme elle devait le faire pour lui vingt-deux ans plus tard », (G,408), « Mais ils n'en étaient pas encore là » (A,233), « Mais on n'en était encore qu'au tout début » (A,263)), le choix du participe présent qui écrase tout horizon temporel, maintiennent le temps de la fiction dans une concomitance avec celui de la narration.

Enfin, la confusion temporelle s'explique par la collusion entre le temps de la fiction et celui de l'écriture. Les textes jouent en effet à subvertir cette distance pourtant inévitable entre l'histoire et l'instance d'écriture. Le début d'*Histoire* présente le narrateur à sa table de travail, soulignant ainsi la proximité entre le héros de la journée et l'écrivain qui est en lui. Dans *Les Géorgiques*, le jeune héros d'hier rejoint l'écrivain de demain, « celui qui avait été le garçon, était maintenant à son tour un vieil homme » (G,236), car la fiction intègre l'auteur, un vieil homme aux mains flétries, en train de parcourir les documents qui feront l'objet de son roman :

« *Il cesse de feuilleter les cahiers et regarde sa main dans le soleil qui fait ressortir les milliers de rides plus ou moins larges se chevauchant, s'entrecroisant, mais toutes orientées dans le même sens, comme des plissements de terrain.* » (G,28)

« *Au-delà du cahier ouvert sur la table et des volutes du balcon il peut voir en contre-bas la cour de la caserne où se succèdent les cavaliers. Ceux-ci sont vêtus de tuniques noires. Sur la page du registre le nom de Moustapha ainsi que les trois lignes de son signalement sont barrés de traits obliques.* » (G,29)

Et en effet, le nom de Moustapha apparaît à plusieurs reprises dans l'œuvre, soit comme référent du récit, (G,23), soit dans des documents qui y sont directement reproduits (G,50,185,188). *Les Géorgiques* présentent l'auteur à la peine avec son propre travail et qui jette un regard critique sur ce qu'il vient d'écrire :

« *Ils comprennent alors qu'ils sont tombés dans une embuscade et qu'ils vont presque tous mourir. Aussitôt après avoir écrit cette phrase il se rend compte*

---

[1] L. Dällenbach, « Le tissu de mémoire », art. cit., p. 302.

qu'elle est à peu près incompréhensible pour qui ne s'est pas trouvé dans une situation semblable et il relève la main. » (G,47)

La juxtaposition entre le produit fini et son processus de production, mélange alors deux temps normalement incompatibles, celui du récit et celui de l'écriture de ce récit. L'auteur se met en scène et intègre paradoxalement sa propre temporalité à un temps qui ne peut le recevoir, puisqu'il est produit par lui sur le mode de la fiction. *L'Acacia* va plus loin qui introduit dans la fiction un temps excédant même celui de l'écriture. A la fin du livre, le brigadier « s'assit à sa table devant une feuille de papier blanc » et se met à écrire ce que l'on peut supposer être son histoire douloureuse, c'est-à-dire ce que nous venons de lire. C'est cette fois le temps de la lecture qui se dessine dans l'histoire d'un roman déjà lu avant que d'être écrit. Bien plus, on peut supposer que le temps de l'écriture est contemporain du retour des camps, or la fiction intègre un personnage âgé, « et à présent il était à son tour un vieil homme » (A,207), le brigadier devenu vieux, qui se met en scène dans un roman écrit alors qu'il était encore jeune. Le plus-que-futur de l'écrivain devient ici une des composantes du temps de la fiction.

La répétition des procédures textuelles met bien en évidence la confusion d'un temps subjectif qui n'apporte pas à l'être-au-monde les données pour se situer. Et pourtant ce temps informe et sans consistance, qui ne donne rien, pèse du poids de la douleur, pour le narrateur « titubant sous le poids du jour » (H,41).

Le poids du temps

Le temps qui passe est de façon répétitive une épreuve douloureuse pour les héros simoniens. Pour ceux qui sont mêlés aux charges de l'Histoire, la rencontre avec le temps en action est l'expérience du dessaisissement de soi. S'adressant à la Convention Nationale, L.S.M., député du Tarn, déclare : « Législateurs, oubliez ce moi individuel ; songez que chacun de vous est le représentant de la France entière » (G,201). Le moi individuel est subsumé par le moi historique, ce que traduit pour le brigadier l'image de cette « Histoire qui était en train de les dévorer, d'engloutir tout vivants et pêle-mêle chevaux et cavaliers » (A242). L'homme face au temps historique est privé de lui-même.

Mais pour tous, le temps est avant tout, l'expérience irréversible de la dégradation. C'est pour Aristote une évidence « car par lui-même le temps est plutôt responsable de corruption, car il est nombre d'un mouvement, et le mouvement renverse ce qui existe. »[1]. Le temps, qui participe du mouvement, détruit ce qui est. Les œuvres désignent de même : « les outrages du temps (G,221), le « destructeur travail du temps » (RF,289), « le temps, la dégradation, l'érosion des jours » (RF,171). Malgré leur prétendue pérennité, le minéral et le métal subissent les assauts du temps. Les tracteurs rouillent (G,144,145) et l'érosion naturelle, qui s'exerce sur les roches (H,120 G,343/344), attaque également les œuvres humaines. De ces tombeaux, à la pierre rongée par les archipels de lichen, dont les inscriptions s'effacent (H,118 G,162/168), au château du Tarn, avec « ses moignons de tours », ses « bâtiments désolés » (G,144,146,152,169,183,254), en passant par les vestiges de Carthage (G,244) ou ceux de Pompéï et Herculanum (G,27), les romans simoniens sont une sinistre traversée des ruines du temps.

---

[1] Aristote, *Physique*, IV, 12, 221b, Paris, GF Flammarion, 2000, p. 261.

Dans le château délabré se repose une fragile petite vieille (G,158), dans l'hôtel particulier de Perpignan, dont les murs suintent le moisi circule une vieille dame (G,194), la vieillesse des pierres est métonymique de la vieillesse des hommes. Les êtres vivants subissent eux aussi l'usure du temps. Les quatre romans présentent sans compassion, des portraits abondants mais humiliants de vieux : la grand-mère et ses amis, la vieille du château, la vieille à la barbiche de bouc de *La Route des Flandres*, le vieil ami de la mère croisé dans *Histoire*, L.S.M. vieux et l'auteur lui-même âgé qui se montre dans *L'Acacia* et *Les Géorgiques*. Dans ces textes, la sénescence est envahissante et répugnante, elle se ventouse au vivant, comme ce vieillard d'*Histoire* qui se cramponne au narrateur, « le contact de ses vieux os gluants me retenant, s'accrochant, sa vieille voix gluante me rappelant » (H,69). Le rejet des vieux s'explique par leur déliquescence mentale, qui donne lieu au radotage des éternels souvenirs et lamentations (H,26/28), à la sénilité qui s'installe « dans le vieux cerveau mal irrigué », où tout se brouille, se superpose, se fond en « une espèce d'indistinct magma, les hommes, les pays, les vieilles rancoeurs » (G,374). Les narrateurs ne témoignent pas non plus de pitié pour le corps flétri dont ils s'emploient au contraire à détailler la décrépitude dans un portrait-type qui se répète d'une œuvre à l'autre. Le « goyesque » visage (RF,246), avec la « bouche édentée » (G,159) ou « ses dents jaunâtres » (H,52), « ses joues parcheminées » (H,52), « son masque plâtreux, ses yeux soulignés de poches bleuâtres » (G,175), les mains ridées et surtout l'« humiliante déchéance physique » (G,365) qui cloue sur une chaise-longue l'être autrefois actif, « les attributs aujourd'hui pendouillants et ridés de sa défunte virilité maintenant cachés inutiles sous la braguette d'alpaga » (H,52). Si tous les vieux se confondent dans une présence abîmée, aux deux sens du terme, c'est qu'ils s'avancent aux frontières du néant mortel.

Le temps qui passe a un horizon et la fin de l'être-au-monde est la mort. Car il est par essence un être-pour-la-mort[1] dont la mort constitue une clôture à tous ses projets. L'organisation du temps doit donc être revue et il faut affirmer le primat du futur sur le passé et le présent car toute détermination humaine contient en soi le futur de la mort, l'incoercible certitude de l'issue, « cette chose sombre noire qui était en elle comme un noyau de mort cachée comme un poison un poignard sous le léger tissu de sa robe imprimée » (H,110). La condition humaine s'origine dans son futur. La temporalité mortelle est très pesante dans les romans simoniens où les êtres vivants sont toujours présentés comme des morts en puissance. Vieux, ils le sont non en puissance mais en proximité. Plus jeunes, étourdis par la vie, ils ne sentent pas l'avenir de la mort en eux, que les narrateurs s'emploient à traquer. Ainsi, les gens photographiés sur les cartes postales sont « les morts qui étaient passés là ce jour-là » (H,35) ou encore « la foule élégante et parfumée de morts et de mortes » (H,63). Le futur du temps humain est à terme la putréfaction des cadavres et de toute vie organique, pour laquelle l'exploitation narrative témoigne tout à la fois d'une attraction et d'une répulsion. Le futur n'est donc pas, chez Simon, le temps du projet, il est celui de l'angoisse, car il contient l'imprévisible, dans les aléas de la vie mais surtout le prévisible, la mort.

Si le futur et sa temporalité mortelle exercent sur les personnages une pression souvent imperceptible et fuyante, le passé, quant à lui, est un poids accablant et inéluctable. Car le temps simonien n'apporte pas l'oubli des traumatismes graves.

---

[1] On emprunte à Heidegger ce concept. Voir *Etre et Temps*, § 50/53, Paris, Gallimard, 1986, pp.304/322.

Au contraire, en passant il fixe les fautes et les remords, il enkyste les douleurs. Le temps toujours restitue le passé à la conscience, comme il fait finalement resurgir des entrailles du mur les documents de L.S.M (G,194). Tous les héros sont dans l'impossible amnésie du passé. La mère vit dans l'indélébile souvenir de ce mari « toujours présent » (H,18), L.S.M. souffre d'amour pour Marianne, « cette femme adorée », « ensevelie dans le néant depuis si longtemps et dont le souvenir après vingt ans [lui] déchire le cœur. » (G,76). Georges revit et revoit et redit inlassablement sa guerre, ses fantasmes d'amour et ses compagnonnages. O., de retour en Angleterre, n'a de cesse de raconter et d'écrire son expérience espagnole. Les narrateurs d'*Histoire*, des *Géorgiques* et de *L'Acacia* nourrissent leur discours de l'impensable enfouissement des souvenirs familiaux. Quant à oncle Charles, il se consume lentement, retiré dans son bureau, d'une culpabilité inextinguible (H,285/286) : « je voudrais je voudrais si je pouvais l'enlever l'arracher de moi retrouver la fraîcheur l'oubli Déjanire » (H,365). La répétition des séquences et des scènes est ainsi l'empreinte dans la structure même de la narration de cet irréalisable oubli du temps dans les consciences, du temps chargé d'affects.

En dehors de sa configuration spatiale, c'est donc un temps problématique qui, dans l'univers simonien, habite le monde et les consciences. Concept confus et indéfinissable, il se ferme sur des représentations incompatibles et incohérentes, lorsqu'on tente de le cerner, mais réalité de la perte, il afflige l'intégrité du moi, il hypothèque l'avenir, paralyse l'oubli. Malgré ses incertitudes, le phénomène du temps est pourtant là, inévitable, baignant le monde et consubstantiel à l'être et la répétition apparaît comme un événement narratif et fictionnel, capable de le structurer, en en figurant le contenu, en lui insufflant stabilité et ordre, en inversant son pouvoir destructeur.

La maîtrise du temps

La répétition est par essence un dispositif temporel, car elle s'appuie sur un écart entre un phénomène et sa réitération. Elle suppose donc une identité, c'est-à-dire un retour du même, du semblable ou de l'équivalent mais aussi un progrès temporel. Cette extrême liaison entre la répétition et le temps est d'ailleurs illustrée, dans *Les Géorgiques*, par la référence symbolique « aux deux montres à répétition » (G,418), qui condensent dans leur mécanisme la mesure du temps et son retour. Car si la répétition se construit sur du temps, inversement le temps se capture dans la répétition.

La saisie du temps

Chez Claude Simon, l'approche du temps par des concepts traditionnels est largement désavouée : présent, passé et futur sont inopérants en raison de leur débordement réciproque ; de même la durée ne s'avère pas un outil très efficace car l'absence de référentialité des romans escamote le point originaire fixe et stable, qui permettrait d'en prendre la mesure ; elle se présente plutôt comme « une sorte de formol grisâtre, sans dimensions, de néant, d'incertaine durée » (RF,112). Pareillement, la succession nous replonge dans l'aporie persistante du temps qui se dit tout en se niant, car la succession déploie un temps qui fuit, qui coule, et ne peut donc favoriser la saisie d'un concept qui se dérobe, « ce qui maintenant était déjà accompli révolu ne sera plus jamais » (H,359). La simultanéité enfin, pourtant bien souvent revendiquée par Simon lui-même[1], comme rapport de base de la mémoire et de la perception avec le monde, est peu pertinente, lorsqu'il s'agit de fonder une ontologie du temps, car elle mélange plusieurs séries, organise une saisie frontale de temps en concurrence : le temps du général/le temps de Georges, (« Peut-être était-ce à cette même heure que le général [...] » (RF,195)), le temps de Georges/le temps de son père, (« tel qu'il était sans doute à cette même heure dans la pénombre du kiosque [...] » (RF,223)), le temps de la tyrannie communiste/le temps du plaisir à bon compte, (« et à la même heure, le même soir » (A,187)). La simultanéité est un facteur de dispersion, qui pense des temps au lieu de penser le temps et en parasite l'approche de l'essence. La répétition semble ainsi le seul phénomène temporel, propre à dégager, à incarner l'idée du temps, car elle lui donne corps dans un intervalle, (A...A), dont elle fixe les bornes et sur un champ qu'elle contrôle. Elle est même pour Gilles Deleuze, « une synthèse du temps ». Reprenant, en effet, la théorie de Hume, et la complétant, il explique « que les cas identiques ou semblables indépendants se fondent dans l'imagination. L'imagination se définit ici comme un pouvoir de contraction : plaque sensible, elle retient l'un quand l'autre apparaît ; elle contracte les cas, les éléments, les ébranlements, les instants homogènes, et les fond dans une impression qualitative interne d'un certain poids. »[2]. La répétition est alors, dans une synthèse passive, la contraction les uns dans les autres « des instants successifs indépendants ». Le temps n'est donc plus, ce vide conceptuel de la discontinuité et du non-temps, il existe et se définit, par la répétition, dans l'anticipation ou dans la mémoire de la contraction. Le temps devient par elle un plein, une consistance, il existe dans l'intervalle entre la première occurrence et sa réitération ou entre la seconde occurrence et le souvenir de la première. De plus, la répétition délivre une conscience non conjoncturelle du temps puisqu'indépendante de la datation, qui reste toujours confuse chez Simon. Elle représente donc un système cohérent, ciblé et autonome pour approcher le concept du temps.

Le fil de la lecture des œuvres simoniennes découvre cependant plusieurs formes de la répétition, qui contribuent distinctement à l'édification du temps. D'abord, les romans sont habités par la répétition réelle de mots, de syntagmes, de structures, la réitération effective sur l'axe syntagmatique de la langue. Le temps y est matérialisé par les mots qui séparent les diverses occurrences réitérées. La répétition sculpte ici le temps dans la masse des mots et elle en scande le cours, par le retour du même, à l'instar du cri du coucou qui hante nos textes, « lancé avec une régularité d'horloge non pour le troubler mais le ponctuer, délivrer une accumulation de temps » (A,97) ou des gouttes de pluie qui « par la répétition des mêmes chocs distincts, séparés, comme une scansion, comme le battement d'un invisible système d'horlogerie égr[ène], patient et indifférent, les parcelles successives de temps » (G,162). La répétition constitue donc la pulsation du temps narratif dont elle désigne aussi la matière langagière.

La répétition peut renvoyer également au retour des mêmes actes, des mêmes phénomènes et des mêmes situations ; cette répétition fictionnelle s'étale sur

---

[1] « Dans le roman traditionnel, on a toujours pensé, d'une façon à mon sens assez naïve, qu'il s'agissait simplement de traduire de la durée par de la durée. A la page un, naissance du bonhomme, à la page dix, ses premières amours, etc. Pour moi, il ne s'agit pas du tout de traduire du temps, de la durée, mais de rendre du simultané. » C. Simon/M. Chapsal, *L'Express*, 10 nov. 1960, p. 30.
[2] G. Deleuze, *Différence et répétition*, Paris, P.U.F., 1968, p. 96/97.

l'axe syntagmatique des événements. Ainsi par exemple l'exhumation du corps de L.S.M. en favorise une exhibition particulièrement dense : « la poitrine béante recousue à grands points de croix, comme une chaussure lacée, la tunique tant bien que mal remise en place, tant bien que mal reboutonnée, le corps de nouveau renfourné dans son cercueil, le cercueil recloué, redescendu dans la tombe, la tombe comblée de nouveau » (G,450). A la différence de la répétition textuelle, la répétition des actes ne nécessite pas une réitération des mêmes mots, elle utilise des termes qui contiennent en eux leur propre redite. Une petite collecte hasardeuse, effectuée dans le texte des *Géorgiques*, met à jour la diversité et l'abondance de l'arsenal lexical et morphologique utilisé, qui permet cette économie de moyens en mots. La répétition se dit dans des noms : « recommencement », « habitude » « rituel », « monotonie », « cycle », « litanie », « répétition »... ; dans des adjectifs : « périodique », « réguliers », « quotidien », « constant », « obsédant », « éternel », « perpétuel », « même »... ; dans des formes verbales qui utilisent le préfixe -re : « reconstruire », « retraverser », « refranchir », « recommencer », « réitérer », « redire »... ou l'imparfait ; des adverbes : « toujours », « de nouveau », « encore », « périodiquement »... ; des syntagmes comprenant des déterminants indéfinis : « tous les jours », « chaque jour », « chaque matin »... ; et toutes sortes d'expressions qui insistent sur la périodicité : « deux ou trois fois par an », « été comme hiver », « jour après jour », « de génération en génération », « à longueur de journée », « une nouvelle fois »... Si la réitération figure le cours du temps dans son extension, dans des battements et des intervalles, la répétition fictionnelle met du temps en épaisseur, car l'emploi d'un seul terme pour désigner plusieurs actions, suppose un ailleurs, un contrechamp au texte ; cette forme de retour dans l'implicite substitue une répétition verticale à la répétition horizontale, paradigmatique par rapport au cours des événements et dégage une profondeur de temps.

La troisième forme de répétition que l'on observe dans les textes simoniens est la répétition conceptuelle, répétition de la même idée qui se manifeste dans l'utilisation de vocables différents comme par exemple les énumérations synonymiques, « battue, poursuite, traque, farce, hallali » (A,348), « volatilisée, escamotée, gommée, épongée sans laisser de traces » (RF,188). La recherche du terme juste, la volonté de convaincre ou la volonté de se libérer qui président à ces sortes de rafales, creusent le temps de l'énonciation, non pas le décomposent dans la succession mais le fouillent dans sa compacité autour du même ancrage. Ainsi, si la répétition textuelle constitue l'extension du temps, si la répétition fictionnelle en fonde l'épaisseur, la répétition conceptuelle en élabore la densité. Née du temps et de l'identité, la répétition produit réciproquement une identité du temps, elle en assure l'existence et en dessine les contours.

Une quatrième forme de répétition, purement narrative cette fois, c'est-à-dire le retour des mêmes séquences et des mêmes scènes, outre sa fonction de réassurance du temps par des répétitions textuelles, consolide une chronologie elliptique ou ambiguë.

La stabilisation chronologique

Les analepses et les prolepses, parce qu'elles perturbent l'ordre linéaire du récit, sont d'ordinaire perçues comme des ruptures. On veut montrer comment dans les quatre œuvres, à l'inverse, la discontinuité narrative, à condition qu'elle se fonde sur la répétition, transforme la fracture en récit et garantit une restauration chronologique. Là encore les itinéraires de la répétition narrative sont pluriels et nécessitent une description analytique.

La même scène peut revenir en se présentant dans son déroulement ; c'est l'exemple du cheval dans *La Route des Flandres* dont la description récidivante suit le cours de la décomposition (RF, 25,97, 221,283). La répétition marque, dans ce cas, la progression du temps. Par ailleurs chaque occurrence se définissant par rapport à la précédente, (« c'était la seule modification qui s'était produite depuis la première fois » (RF,98), « à la même place que le matin » (RF,221)), il est possible de restituer une chronologie dans le retour des scènes du cheval : le cheval vient de mourir, « car le sang était encore frais » (RF,26), lorsqu'au matin, Georges le longe, en compagnie de la petite troupe, guidée par le capitaine ; puis le cheval est entré en décomposition avec l'apparition des mouches et le sang qui « avait commencé à sécher, s'était maintenant terni » (RF,98), quand il le reconnaît, en milieu de journée, sur la route, après la mort du capitaine ; ensuite c'est le crépuscule et le cheval, que Georges aperçoit, depuis un fossé, de l'autre côté de la route où défilent les Allemands, a « le ventre, maintenant énorme, gonflé, distendu » (RF,221). La répétition de la même scène, par le retour évolutif des éléments récurrents, orchestre ainsi une chronologie dynamique des événements de la scène mais aussi des récits satellites qui l'encadrent : l'attente dans le fossé, la fuite sur la route après la mort de de Reixach. Dans cette chronologisation en dynamique, la répétition marque l'écoulement d'un temps, que par ailleurs elle fixe dans un dispositif de repérage.

La répétition des séquences restitue aussi une chronologie statique des événements, une photo des faits et non plus un film. Au fil des réitérations des scènes, au fil des ponts chronologiques qui s'établissent, le lecteur glane ou finit par entendre dans la touffeur de la langue simonienne, des renseignements qui faisaient défaut ou qui lui feront défaut, pour visualiser l'action dans sa succession. La séquence répétée contient par exemple une information rétroactive, permettant de situer temporellement la scène dans sa première occurrence : « Frascati » apparaît soudainement dans *Histoire*, « cette guinguette comment s'appelait-elle Frascati un peu en dehors de la ville sur la route de Nancy » (H,335), sans repérage temporel. Le retour de la même scène (H,338,339/340,342/343) permet de dater l'épisode de l'époque du service militaire du narrateur. Inversement une information temporelle, succincte et "préactive" va permettre de situer dans le temps une scène qui se déploiera plus tard : toute la densité narrative du premier chapitre des *Géorgiques* repose sur ce principe, qui pose des jalons, pour ensuite reprendre et développer les scènes. Par exemple, « Il a onze ans. Il est assis à l'orchestre à côté de sa grand-mère. » (G,27) évoque et déjà précise les scènes d'opéra et de cinéma, vaguement datées du temps de l'enfance qui seront déroulées dans le troisième chapitre. Par la répétition des séquences et la diversité des indications temporelles qui y sont fournies, les événements se situent progressivement sur le fil du temps absolu des horloges et des dates.

C'est en outre grâce au retour de scènes identiques ou semblables, que les séquences s'organisent les unes par rapport aux autres, dans une temporalité relative, non pas cette fois par l'apport d'informations supplémentaires mais au contraire par le retour d'éléments récurrents qui fixent la référence, une répétition au carré donc, qui multiplie les détails redondants dans des séquences redites. Cette organisation à double détente autorise le repérage des scènes les unes par rapport aux autres. Par exemple, on peut fixer, avec Georges, à six ans l'intervalle qui sépare la scène inau-

gurale de *La Route des Flandres*, la première confrontation de Georges avec de Reixach (RF,9/10) et son premier contact verbal et physique avec Corinne (RF, 212) car dans les deux conversations les mêmes mots reviennent :
  « *il dit Je crois que nous sommes plus ou moins cousins* » (RF,10),
  « *"Mais je crois que nous sommes vaguement parents, quelque chose comme cousins par alliance, non ?... "* » (RF,212),
ce que constate le héros lui-même, qui souligne, « l'entendant prononcer six ans après et presque mot pour mot les paroles qu'il (de Reixach) avait lui-même dites dans un petit matin glacé d'hiver » (RF,212). Pareillement la scène de rupture entre Georges et Corinne, (RF,269/272) est postérieure de trois mois, (« le premier jour trois mois plus plutôt », (RF,272)) à la première entrevue, au cours de laquelle Georges lui avait posé la main sur le bras. Ce dispositif complexe à double fond, la reprise des mêmes paroles ou le rappel des mêmes gestes à l'intérieur de scènes comparables de rencontre, offre la possibilité de mesurer le temps de l'histoire, un peu plus de six ans, en dehors de toute datation et en dépit des perturbations du temps linéaire.

La répétition des mêmes caractéristiques favorise enfin le repérage temporel, entre elles, de scènes qui n'appartiennent pas à la même histoire. Ainsi on sait le flou qui caractérise le premier chapitre des *Géorgiques*, des héros non identifiés dans un « il », des actions et situations substituables, or la permanence de certains éléments permet d'identifier l'époque de référence. Par exemple l'histoire du cavalier et celle d'O., ne se distinguent même pas par la typographie. Le retour du thème de la ville (G,25,31,42) renvoie, en toute sécurité, à Barcelone et au temps de la guerre d'Espagne, tandis que l'évocation répétée de la Meuse et des scènes d'avion (G,22,23,24,26,31,41) se rapporte à l'époque de la seconde guerre mondiale subie par le cavalier. Le retour des détails isole les fils narratifs les uns des autres et en garantit le repérage temporel dans la fiction.

Aussi bien, voir dans les quatre romans étudiés, le règne de l'achronologie, correspond à une lecture superficielle ou naïve des œuvres, car la chronologie se reconstruit aisément à partir de la répétition. Les stratégies de cette dernière sont variées, retour ou anticipation des scènes avec des informations relatives au temps complémentaires, permanence de caractéristiques qui fixent le fil des histoires ou les histoires entre elles, afin de contrôler le temps narratif et de dégager des chronologies dynamiques ou des perspectives cavalières. Les réticences de l'écrivain ne portent pas sur un refus de l'ordre des événements, qui au contraire est plus d'une fois restauré dans de larges rétrospectives diachroniques ramassant les épisodes canoniques des histoires : le parcours du brigadier de *L'Acacia* est, par exemple, récapitulé en (A,165/167,207), celui de L.S.M. en (G,253), celui de la mère en (H,366,388), celui du père en (A,209/210), celui de Georges en (RF,156,168/169) - mais sur le rejet d'un ordre narratif académique, infidèle au fonctionnement de la mémoire et de la perception. La répétition simonienne apparaît alors comme le résultat d'un compromis entre un choix de composition réglée sur le fonctionnement hasardeux des consciences et en contrepartie, une sécurité temporelle des diégèses. Répétition complexifiante qui supporte des choix idéologiques et des options phénoménologiques, en matière de finalité littéraire, par l'incessant retour des analepses et des prolepses, mais aussi répétition facilitatrice qui rétablit la lecture chronologique, par le recadrage des discontinuités temporelles. On peut dire qu'elle exhibe à la surface narrative un désordre calculé du temps, tout en dictant un ordre souterrain. Car la répétition a à voir avec les puissances occultes de l'ordre temporel. Elle ne relève pas de la structure dominante que régit le temps linéaire des horloges, elle engage plutôt le temps dans des organisations clandestines.

Les ordres clandestins du temps : le temps analogique

La répétition impose un ordre du temps, non pas l'ordre officiel des horloges dont la linéarité s'effondre dans la discontinuité, la contradiction, la confusion, mais une structure officieuse qui offre une sécurité dans un univers parfaitement contrôlé, sans désir, sans attente et sans surprise, un environnement où tous les moments se ressemblent. Le temps s'engage, par la répétition, dans un ordre analogique fondé sur les correspondances entre les diverses expériences racontées. Dans *La Route des Flandres*, le suicide de de Reixach appelle celui de son ancêtre, *Histoire* trace un lien entre Charles et son neveu, *Les Géorgiques* associent les destins de L.S.M., O. et du cavalier, et *L'Acacia*, celui du père et du fils. Ainsi ce qui apparaissait comme confrontation des époques, comme discontinuité temporelle, comme cassure dans le fil du temps, se mue par la répétition des situations, en complicité. Par l'analogie, la distance temporelle qui sépare devient une distance qui rapproche. Et si la répétition analogique n'est pas le couronnement d'un temps ordonné par la continuité, elle est l'épiphanie d'une temporalité nouvelle, organisée autour de la ressemblance.

Une telle conception induit une nouvelle approche méthodologique du passé qui n'apparaît plus comme un ailleurs, ni comme une différence. Mon passé comme celui de l'autre sont en continuité avec mon propre présent, non par la vertu de la succession temporelle qui mène d'autrefois à aujourd'hui mais grâce à la conjonction de moments éclatés qui se rejoignent dans l'association des temps. Ainsi les romans simoniens exploitent largement la rétrodiction que Paul Ricoeur, reprenant le concept à Paul Veyne, définit ainsi :

« *cette opération inductive par laquelle l'historien comble une lacune dans son récit par l'analogie avec un enchaînement semblable mais sans faille dans une autre série.* »[1]

C'est par rétrodiction que Georges et Blum imaginent le passé de l'ancêtre en l'alignant sur l'histoire de de Reixach. Les deux hommes s'étant suicidés dans des conditions historiques comparables (une défaite militaire), les situations privées doivent aussi être corrélées et si de Reixach meurt d'amour, il faut trouver dans la vie de son ancêtre une faille amoureuse, une petite « pigeonne » adultère (RF,183). La répétition permet ainsi de combler les discontinuités du temps, les lacunes temporelles, l'insuffisance des informations, en reconstruisant un ordre qui raisonne du semblable au semblable et parie sur la permanence des comportements et des psychologies : jalousie, déréliction, suicide. La reconstruction du passé par rétrodiction, qui transfère, grâce à l'analogie des temps, des données d'une série à une autre, est elle-même transférable de la fiction à la lecture de cette fiction. Mais si la répétition révèle une continuité non plus entre le passé et le présent mais entre plusieurs passés, elle découvre également une continuité entre le passé d'autrui et mon présent propre. En effet comprendre le passé des hommes ainsi que le font Georges et Blum à la recherche des motivations de de Reixach, ou Charles et son neveu, à l'égard des

---

[1] P. Ricoeur, *Temps et récit I*, Paris, Seuil, « Points Essais », 1983, p. 306.

relations entre L.S.M. et son frère, c'est se transporter dans une vie psychique, revivre une situation, dans l'empathie historique de la « réeffectuation »[1]. Georges et Blum scrutent minutieusement les raisons qui ont poussé de Reixach à monter l'alezane à la place d'Iglésia, un jour de course :

« *"Et alors il - je veux dire de Reixach... (et Georges : "Reichac", et Blum : "Quoi ? Ah oui...") ...a voulu lui aussi monter cette alezane, c'est-à-dire la mater, sans doute parce qu'à force de voir un vulgaire jockey la faire gagner **il pensait** que la monter c'était la mater, parce que sans doute **pensait-il** aussi qu'elle... (cette fois je parle de l'alezane-femme, la blonde femelle qu'il n'avait pu ou qu'il n'avait su, et qui n'avait d'yeux - et vraisemblablement autre chose aussi que les yeux - que pour ce...) Bref : peut-être **a-t-il pensé** qu'il **ferait** alors, si l'on peut dire, d'une pierre deux coups, et que s'il parvenait à monter l'une il **materait** l'autre, ou vice versa, c'est-à-dire que s'il matait l'une il **monterait** l'autre aussi victorieusement [...]"* » (RF,169/170)

Dans la conception identitaire du temps, rejoindre le passé d'autrui suppose de se situer en pensée dans la conscience de l'autre et repenser comme lui les conditions de ses actes. Un tel passage, même s'il relève de l'hypothèse, « sans doute », « vraisemblablement », « peut-être », nous replonge bien, avec la réitération du verbe penser à la troisième personne et les conditionnels, dans les circonvolutions labyrinthiques de la pensée du capitaine. Lire le passé ne consiste pas à dérouler un film mais à faire le chemin, par l'affinité des temps, vers une autre époque que je ne peux pénétrer qu'à la mesure de ma disponibilité empathique. Tel est le message de Charles transmettant les précieux documents familiaux à son neveu : « "Ils sont à ta disposition si ça t'intéresse. Peut-être es-tu encore trop jeune, mais plus tard... Quand tu seras vieux toi-même. Je veux dire quand tu seras capable non pas de comprendre mais de sentir certaines choses parce que tu les auras toi-même éprouvées..." » (G,445). Aller vers le passé, conduit vers l'intérieur de soi au présent du ressenti. La répétition trace donc un ordre analogique du temps, engageant un autre regard sur le passé, qui n'est plus seulement l'avant de l'après mais qui fait lien entre des passés divers, par la rétrodiction et entre l'hier d'autrui et mon aujourd'hui, par la réeffectuation. En ce sens, on comprend pourquoi une approche scientifique du passé par l'Histoire n'est pas en contradiction avec une approche poétique du temps. Relire le passé à la lumière de ma subjectivité, dans l'interprétation analogique des circonstances suppose une part imaginaire qui se noue dans les figures du récit. « [L]es métaphores de poètes » (G,130), comme « ces vagues récits (peut-être de seconde main, peut-être poétisant les faits » (A,326), sont autant d'approches de la guerre qui établissent un écho analogique et complémentaire entre l'Histoire et le récit.

C'est aussi dans la mémoire que la répétition instaure l'ordre analogique du temps. La mémoire est de nature doublement répétitive : on l'a montré plus haut, à la suite de Derrida relisant Freud, la répétition est à la base, d'abord, de l'inscription mnésique, par l'insistance de son retour ; ensuite le souvenir s'apparente à la relecture d'une trace laissée par le frayage. Le présent n'est plus alors que la synthèse de traces et de rétentions, il n'est, pour Derrida, jamais originaire mais toujours « reconstitué ». Par la mémoire, le passé n'est plus l'ancien présent tel qu'en lui-même mais l'ancien présent re-présenté dans l'actuel. Reste à déterminer ce qui

---

[1] Le terme est de Paul Ricoeur, *Temps et récit III*, Paris, Seuil, « Points Essais », 1985, p. 256.

motive cette re-présentation, cet appel de note, ainsi que la nomme Derrida[1]. Cherchant à expliquer le mode sélectif de la mémoire, Claude Simon a lui-même, au cours d'un entretien, apporté une réponse :

« *Il se peut très bien que vous commenciez à revoir en premier quelque chose qui s'est passé le soir, soit parce que c'est ce qui vous a le plus vivement frappé, soit parce que cet événement ou cette image se rattachent par quelques similitudes à vos préoccupations présentes.* » [2]

Précisément, si le souvenir est à concevoir comme un retour dans le présent, ce n'est certes pas sur le mode de la successivité mais sur celui de la « similitude », de l'analogie, car le lien entre les différents temps de ma vie se fonde sur le principe de l'association. C'est aussi l'hypothèse de Deleuze qui voit dans la mémoire une « synthèse active » où les reproductions du passé dans le présent « sont en fait déterminées par les rapports variables de ressemblance et de contiguïté connus sous le nom d'association »[3]. Les quatre romans, bâtis sur le temps de la mémoire, enchaînent les souvenirs au présent ou les souvenirs aux souvenirs sur le principe de l'analogie.

L'association peut être phonique lorsqu'un mot d'une époque en appelle un autre d'une autre époque, par une correspondance des sonorités et on pourrait multiplier, en particulier dans *La Route des Flandres* et dans *Histoire*, les exemples de ces glissements où la répétition phonique construit l'analogie temporelle. Le lien se fait entre le présent et le passé, lorsque le narrateur d'*Histoire*, observant l'alliance au doigt de la serveuse du restaurant, imagine la cérémonie du mariage, et enchaîne par association phonique sur une photo de sa mère jeune, en blanc, lors d'une partie de tennis : « alors mariée ring the **bells belles** en robes à cloches comme sur cette photo où elle jouait au tennis en corsage blanc à jabot » (H,199). La mémoire chavire aussi d'un temps à l'autre en fonction du jeu sémantique entre les mots, polysémie et homonymie. L'analogie temporelle relayée par l'association sémantique est particulièrement riche dans *La Route des Flandres*, où le champ lexical du sexe apparaît comme un des ressorts de l'association. « Moule » par exemple est un transit entre le souvenir fantasmatique de la fille de ferme, « moule poulpe pulpe vulve » (RF,39) et le rappel d'une scène de jeunesse où Georges évoque « ces moules dans lesquels enfant il avait appris à estamper soldats et cavaliers ». Pareillement le mot « gland » appartient d'abord aux souvenirs affamés de la captivité (RF,239), puis il provoque l'émergence d'un souvenir érotique avec Corinne : « et à un moment elle le prit d'abord entre ses lèvres puis tout entier dans sa bouche comme un enfant goulu ». Les images sont enfin le support de la correspondance entre les temps, comme la métaphore du chien qui relie le souvenir de l'évasion, « traversant les buissons me déchirant les mains sans même le sentir toujours courant galopant à quatre pattes j'étais un chien », et une scène d'amour, « la langue pendante galopant haletant tous deux comme des chiens je pouvais voir sous moi ses reins creusés » (RF,268) ; ou encore celle de la « boîte » dans *L'Acacia*, qui rattache dans un tourbillon mortifère

---

[1] « Le texte qu'on appelle présent ne se déchiffre qu'en bas de page, dans la note ou le post-scriptum. Avant cette récurrence, le présent n'est qu'un appel de note. » J. Derrida, *L'écriture et la différence*, Paris, Seuil, « Points Essais », 1967, p. 314.
[2] C. Simon/M. Chapsal, « Claude Simon : Il n'y a pas d'art réaliste », *La Quinzaine littéraire*, 41, 15-31 déc. 1967, p. 5.
[3] G. Deleuze, *Différence et répétition*, Paris, P.U.F., 1968, p. 109.

de figures, le cercueil de la mère, le train qui conduit le brigadier vers la guerre et la « boîte à couleur du peintre cubiste » (A,166) qu'il n'a jamais pu être.

L'ordre qui sous-tend tous ces circuits de mémoire est donc bien un ordre analogique, fondé sur l'association et qui repose, dans les textes, comme dans le discours, sur les richesses associatives de la langue. Sous la discontinuité linéaire se dissimule ainsi une continuité pulsionnelle, d'un souvenir à un autre et formelle, d'une séquence à une autre. Les exemples choisis ont de fait nettement souligné la nature profondément sexuelle des associations, ce que valide l'analyse de Deleuze qui affirme : « toute réminiscence est toujours érotique, qu'il s'agisse d'une ville ou d'une femme. C'est Erôs, le noumène, qui nous fait pénétrer dans ce passé pur en soi, dans cette répétition virginale, Mnémosyne. »[1] Les exemples proposés semblent toutefois ajouter que c'est aussi Thanatos qui permet de rejoindre Mnémosyne. Pulsion de vie, pulsion de mort sont clairement l'enjeu des associations, qui seront analysées comme productions inconscientes dans la deuxième partie de ce travail. La répétition analogique produit bien un ordre du temps, tant dans la lecture du passé des autres que dans le dispositif individuel de la mémoire. Dans les deux cas, le temps cloisonné de la chronologie dérape vers les rives obscures du temps des affects. En chemin, il pourra aussi bien se dissoudre dans les gouffres non moins subversifs du temps cyclique, qui ne concerne plus cette fois le temps des hommes mais s'élargit à celui du monde.

Les ordres clandestins du temps : le temps cyclique

Les œuvres simoniennes sont marquées par le refus de toute théorie du progrès historique, magnifiquement métaphorisé par ces gitans, « rebelles aux siècles, au progrès, aux successives civilisations et au savon » (G,208). Le temps n'est pas orienté vers une fin ou vectorisé vers la perfectibilité. Le nihilisme simonien concerne le projet rédempteur contenu dans la transcendance religieuse, qui interprète l'Histoire comme le salut de l'humanité : le Péché originel, la Rédemption par la naissance et la mort du Christ, le Jugement dernier, suivant les desseins de la Providence divine, théologie chrétienne qui est ramenée à un décorum socialisé, dégagé de toute foi ou ensevelie dans la parodie des calembours et du rejet athée. Mais le pessimisme simonien à l'égard d'un temps en développement s'étend aussi aux projets immanents des systèmes politico-philosophiques. Les textes balaient en effet, les principales théories de l'Histoire moderne et contemporaine, qui engagent le temps dans la voie fléchée du progrès, pour les débouter.

Ainsi « ce siècle encyclopédique et sacrilège » (G,146), qui boit aux mamelles « de la Raison et de la Vertu » (RF,185,287), n'a pu grandir jusqu'à « cet état supérieur », suggéré par les lectures philosophiques, (RF,178), si bien qu'un L.S.M. « ne croit plus à rien » (G,222) et que l'ancêtre de *La Route des Flandres* préfère se suicider plutôt qu'affronter ses désillusions. Car « les révolutions se renforcent et s'affirment dans les désastres pour se corrompre à la fin, se pervertir et s'écrouler dans une apothéose de triomphes militaires » (RF,203) et le siècle des Lumières, outre la violence de la Terreur (G,383/390) et la trahison des masses (RF,206), n'a finalement engendré que « la lignée des puantes machines dont une des ultimes incarnations était venue s'échouer là sous l'espèce métallique, huileuse et impotente

---

[1] G. Deleuze, *op. cit.*, p. 115.

d'un tracteur Ferguson. » (G,146), c'est-à-dire une révolution industrielle, qui assoira les bases d'une bourgeoisie exploitant « la sueur monnayée des hommes et des chevaux » (A,167) et se figeant dans l'image glaciale et menaçante du banquier rencontré dans *Histoire* (H,99/103). L'humanisme démocratique et égalitaire de l'idéologie des Lumières n'a pas seulement échoué à tracer un sens positif de l'Histoire, les textes simoniens constatent qu'il a retourné les valeurs humaines en produits instrumentaux et marchands.

Les romans de Simon sont par ailleurs un défi permanent à la philosophie de Hegel, fortement influencé par le rêve encyclopédique et grand admirateur de la Révolution française, qui développe une philosophie du progrès historique. Car si pour Hegel, le sens de l'Histoire va d'une universalité de la violence vers l'émergence d'un Etat qui, fondé sur le droit et l'idée du contrat, (« Contrat social » (G,446)), reconnaît la liberté et l'égalité à tous les membres[1], tel l'Etat issu de la Révolution française, Simon ne présente que des états oppresseurs qu'il s'agisse de l'état totalitaire communiste en Espagne, dont O. fait la sinistre expérience (« une autorité dont la légalité était le dernier des soucis, du fait qu'elle sécrétait elle-même sa propre légalité » (G,272)) ou en U.R.S.S. (A,187), ou de l'état démocratique français, qui apparaît aux soldats de mai 1940 comme une « toute-puissance occulte et sans visage » (A,36), un « pandémonium » (A,37), les expédiant arbitrairement au sacrifice. Les deux guerres mondiales évoquées présentent une Europe en décomposition, et non pas le phare de la civilisation, l'idéal prometteur que Hegel y a vu au début du XIX° siècle, bien loin d'être dirigée par des grands hommes, dont une envolée lyrique de L.S.M., dans un discours à la Convention, rappelle la fonction très hégélienne :

« *L'Europe étonnée voit dans cette assemblée une foule d'hommes de bien ; elle y voit de grands talents, mais elle y cherche un homme d'Etat : qu'il se montre donc ; qu'il prenne l'ascendance que l'on doit au génie ; rallions-nous à lui pour attaquer nos tyrans et nos préjugés.* » (G,235),

Pour Hegel, en effet le grand homme est celui qui pénètre le sens de la nécessité historique au-delà des contingences et à qui l'on doit obéissance en vertu des exigences de l'Histoire :

« *Ce sont maintenant les grands hommes historiques qui saisissent cet universel supérieur et font de lui leur but ; ce sont eux qui réalisent ce but qui correspond au concept supérieur de l'Esprit.* »[2]

Or, dans les romans simoniens, les grands hommes qui font l'Europe du XX° siècle sont des fantoches, un Guillaume II qui s'agite sur le film ancien avec sa « petite main qui termine un bras atrophié, comme un bras de poupée » (A,314), « les proviseurs de collège », « le vieux cabot américain et les bouchers harnachés de cuir » (G,131). L'émergence de l'Etat libérateur, sous l'impulsion des grands hommes est le résultat d'étapes successives dont l'entreprise rétrospective de Hegel fait le bilan. Le passé n'y est pas montré comme une contingence mais comme l'enjeu d'une rationalité à l'œuvre, qui donne un sens à l'Histoire : « la Raison gouverne le monde »[3], et le temps historique se confond avec le développement de la Raison. Aussi le temps est-il fléché, car tout ce qui a été, doit être nécessairement et

---
[1] F. Hegel, *La Raison dans l'histoire*, Paris, U.G.E., « 10/18 », 1965, pp. 134/145.
[2] *Ibid.*, p. 120.
[3] *Ibid.*, p. 47.

en vue d'une fin ultime de l'Histoire, la réalisation de la liberté. Claude Simon prend doublement le contre-pied de cette conception progressiste du temps : dans le résultat d'abord car si l'époque moderne sonne ironiquement la fin de l'oppression :

« *l'affiche emphatique apposée sur l'une des glaces [...] proclamait la fin de l'ère de l'esclavage et de l'humiliation symbolique par les pourboires, progrès que dans la méconnaissance relative de la langue dont les étrangers étaient en droit de se prévaloir ils pouvaient feindre d'ignorer, le barbier sans doute lui aussi incapable (mais peut-être était-il analphabète ?) de saisir le sens et d'apprécier le pouvoir libérateur de l'affichette* » (G,270),

elle occasionne dans les guerres, les camps et les holocaustes évoqués par les romans, des dommages autrement plus tyranniques. Dans le procès ensuite, car la marche triomphante de l'Histoire selon Simon devient avec les déconvenues de la Révolution française un « ralentissement », une « progressive immobilisation. Comme la roue de la loterie foraine, le crépitement serré de la languette de métal (ou baleine) sur l'étincelante couronne des butoirs » (RF,206) ; avec les souffrances de la captivité en Saxe, le héros éprouve le sentiment que « l'été, le temps, l'Histoire, pourrissaient eux-mêmes, se décomposaient » (G,210), et dans son expérience espagnole, O. a l'impression d'avoir reculé dans le temps (G,319). Le temps historique chez Simon stagne et même régresse. En somme, les textes simoniens rejettent la conception d'un temps qui avance vers le progrès, la théorie de Hegel se ramenant finalement à une théologie laïque, ce que fait remarquer malgré lui « cet avocat de province au langage ampoulé » (G,456), qui associe la révélation providentielle à l'heuristique temporelle : « Heureusement la Providence […], comme le temps découvre la vérité » (G,454). Se défont ainsi les religions divines ou terrestres du salut où la Raison se confond avec Dieu.

C'est de cet idéalisme, qui réduit l'Histoire humaine aux aventures des concepts, que se déprendra Marx, au profit d'un matérialisme historique, comprenant les idées, non à partir d'elles-mêmes mais en prise avec le contexte social et surtout économique, dont le déterminisme fonde l'évolution historique. Toutefois sa « philosophie de la matière » (A,173) garde sa foi dans le progrès historique, assurant dans un processus conflictuel le passage à une société meilleure. Et si les œuvres simoniennes marquent une certaine adhésion au constat marxiste, dans la reconnaissance de l'exploitation économique par les classes dominantes d'un prolétariat dont la bourgeoisie tire profit du travail (G,122 A,167), sous couvert d'un contrat dont « le droit, la loi, ne sont jamais que la consécration, la sacralisation d'un état de force » (RF,140), elles dénoncent globalement l'idéologie marxiste, inspiratrice de violence, qui se poursuit au-delà de la mort de Marx lui-même :

« *cette espèce de violence concentrée particulière aux emballages d'explosifs, comme si ce qu'ils contenaient était quelque chose comme de la nitroglycérine sous forme de papier imprimé, comme ce qui continuait par-delà la mort à secréter l'inerte et formidable cadavre du prophète aux majestueuses pilosités* » (G,318).

Les romans de Simon remettent aussi en cause cette philosophie progressiste de l'Histoire, en l'assimilant à un messianisme sécularisé, dont Marx est le « prophète », « un autre Moïse, tout aussi barbu » (G,283) et son *Capital*, « l'autre Bible » (G,283).

Les théories du progrès historique, qu'elles soient transcendantes ou immanentes, ne légitiment, selon les romans de Claude Simon, aucune vision téléologique du temps, car de perfectibilité future, il n'y a qu'illusion fidéïste. Et l'ordre qui régit le temps du monde est à rechercher ailleurs que dans une configuration fléchée, dans un modèle que d'ailleurs Hegel a pris en compte lorsqu'il dit :

« *Si nous comparons les modifications de l'Esprit et de la nature, nous voyons que, dans celle-ci, l'être singulier est soumis au changement tandis que les espèces demeurent immobiles. Ainsi la planète abandonne telle ou telle place mais sa trajectoire est fixe. Il en est ainsi des espèces animales. Le changement est un mouvement circulaire, une répétition du même. Tout est constitué par des cycles, et c'est à l'intérieur de ces cycles, parmi les individus que le changement a lieu.* »[1]

Pour Hegel, la nature est le règne de la répétition pure, organisée en cycles, « dans la nature, l'espèce ne fait aucun progrès, mais dans l'Esprit, chaque changement est un progrès. »[2]. Nous retiendrons ce mode d'existence du biologique fondé sur la reprise des mêmes phénomènes, contrairement au domaine spirituel, où la « transfiguration » opère un changement « dans le concept ». Cette perspective reprend partiellement le modèle de la loi du retour, qui organise le monde naturel et organique, tel qu'il se présente dans les œuvres simoniennes. Toutefois cette même loi s'y extrapole à l'ensemble des activités humaines : destinée, affectivité, sexualité, intellectualité et historicité. Hegel et Marx ont bien reconnu une répétition d'ordre historique, mais sans y voir un facteur structurant, car elle est pour le premier une résistance à la marche de l'Histoire, orchestrée par une des ruses de la Raison, et pour l'autre, le retour d'un événement ou d'un personnage historique apparaît « la première fois comme tragédie, la seconde fois comme farce. »[3]. Le narrateur d'*Histoire* fait d'ailleurs implicitement référence à cette dévaluation marxiste de la répétition, lorsqu'il rapproche les acclamations adressées par le public révolutionnaire aux orateurs bolcheviks et le meeting de Lambert : « *l'immense ovation qui se prolongea pendant plusieurs minutes* Quand elle se répète pour la deuxième fois plus rien qu'une farce Et la combienième maintenant Alors » (H,352). Répétition bouffonne, fausse répétition donc, qui donne néanmoins le temps au sujet de l'Histoire de prendre conscience qu'une forme est caduque ; la répétition marxiste a des vertus pédagogiques.

Loin du temps orienté et progressiste, le monde simonien est régi par la temporalité cyclique : le cycle de l'année ou du jour, les cycles climatiques, le cycle de la respiration de la vie et de la mort, les cycles historiques où l'Histoire est « divisée non en siècles mais en courtes périodes d'une vingtaine d'années » (G,121), les cycles affectifs ou alternent des phases de deuil, d'angoisse et des moments de bonheur et de jouissance. Collusion entre le temps du monde et celui de l'art, car « la nature élémentaire, sans cesse travaillée par les cycles des saisons, devient l'exemple d'un ordre recherché par le roman »[4], c'est aussi un modèle cyclique qui structure un roman comme *Histoire* : il contient douze chapitres, chiffre qui « symbolise l'univers dans son déroulement cyclique spatio-temporel »[5], se déroule

---

[1] *Ibid.*, p. 182.
[2] *Ibid.*, p. 182.
[3] K. Marx, *Le Dix-huit Brumaire de Louis Bonaparte*, Paris, Editions sociales, 1984, p. 69.
[4] P. Longuet, *Claude Simon*, Paris, Ministère des Affaires étrangères, adpf, nov. 1998, p. 21.
[5] J. Chevalier, A. Gheerbrant, *Dictionnaire des symboles*, Paris, Robert Laffont/Jupiter, « Bouquins », 1982, p. 365.

sur le cycle d'une journée, dans une narration formant « un cercle qui revient à son point de départ (le narrateur étendu sur son lit) ».[1]

La répétition est un facteur de structuration du temps car le retour des repères en permet la mesurabilité et la permanence des phénomènes, en assure la stabilité quand tout donne l'impression de couler. Cette organisation cyclique s'oppose à la conception téléologique des idéologies dominantes et rejoint la démarche générale de soupçon d'un Nietzsche, qui forge le concept de « l'éternel retour ». En ce sens on peut dire que les romans simoniens choisissent Nietzsche contre Hegel. Simon et Nietzsche se rejoignent sur le subversif chantier de la déconstruction nihiliste qui marque les romans de l'un et occupe la pensée philosophique de l'autre. Tous deux s'entendent pour penser un monde sans Dieu, car pour Nietzsche le dieu des chrétiens n'est qu'un alibi pour trouver du sens à l'existence. « L'homme a créé Dieu ! » répond Nietzsche à « l'homme pieux »[2]. Si Nietzsche dénonce, dans *La Naissance de la Tragédie*, l'homme théorique initié par Socrate, pourfend les illusions de la pensée abstraite, du logos et de la dialectique, qui ont signé l'arrêt de mort de la tragédie et de l'art en général, c'est à l'égard de toute pensée, de toute philosophie, de tout idéalisme, que Claude Simon manifeste sa méfiance. Ses romans mettent en scène la dispersion de la notion de sujet humain tandis que pour Nietzsche, la conception d'une conscience voulante et d'un moi individuel s'abîme dans l'élan de flux, d'instincts en devenir portés par le volonté de puissance. Pour l'un comme pour l'autre la Nature et le monde sont caractérisés par la pérennité du jaillissement vital et de son corollaire destructeur, et par l'indifférence aux choses humaines. Mais malgré son pessimisme devant la condition humaine - pessimisme de la force selon Nietzsche, qui permet de tourner le dos à la tradition pour un renversement des valeurs - Claude Simon dit pourtant un « oui » à la vie, au sens nietzschéen, dans ce qu'elle a d'exubérance, d'excès, de surabondance aveugle acceptée dans la jouissance comme dans la souffrance :

« *Dire que ce monde est absurde équivaut à avouer que l'on persiste encore à croire à une raison. J'ai mis longtemps à découvrir qu'il n'y avait rien à corriger, seulement à prendre - tout à prendre et que tout ce qui avait été, était et serait, et suffisait en soi, et bien au-delà, à satisfaire les plus exigeants désirs, que l'on n'arriverait jamais à se rassasier de cette somptueuse magnificence du monde, pourvu que l'on parvînt à en être conscient.* »[3]

Et l'acceptation de la vie passe pour les héros simoniens comme pour Zarathoustra, par une valorisation des valeurs du corps et de la matière. Enfin, chez Claude Simon, en dépit des efforts pour produire une représentation historique du temps, on constate que l'Histoire relève du hasard, de « l'effroyable domination de l'absurde et du hasard »[4], l'histoire apparaissant à Nietzsche comme une entreprise de causalité que l'on a fabriquée et qui en plus d'être une mystification, constitue une menace éventuelle au développement vital. Or le temps se déploie en cycles, « quelque chose d'aussi cyclique d'aussi régulier que le retour des aiguilles d'une montre sur les mêmes chiffres d'un cadran » (G,447), en rythmes cosmiques qui effondrent la conception historique linéaire, le temps de l'éternel retour dont la défi-

---
[1] C. Simon, « La fiction mot à mot », *op. cit.*, p. 94
[2] F. Nietzsche, *Le gai savoir*, in *Œuvres*, tome 2, Paris, Robert Laffont, « Bouquins », 1993, p. 42.
[3] C. Simon, *La Corde raide*, Paris, Editions du sagittaire, 1947, p. 64.
[4] F. Nieztsche, *Par-delà le bien et le mal*, in *Œuvres*, tome 2, Paris, Robert Laffont, « Bouquins », 1993, p. 647.

nition proclamée par les animaux à Zarathoustra, « prophète de l'Eternel Retour des choses », unit la vision temporelle des romans simoniens et l'approche métaphysique du temps de Nietzsche :

« Vois, nous savons ce que tu enseignes : que toutes choses reviennent éternellement et que nous revenons nous-mêmes avec elles, que nous avons déjà été là une infinité de fois et que toutes choses ont été avec nous. Tu enseignes qu'il y a une grande année du devenir, un monstre de grande année : il faut que semblable à un sablier, elle se retourne sans cesse pour s'écouler et se vider à nouveau : - en sorte que toutes ces années se ressemblent entre elles, en grand et aussi en petit, - en sorte que nous sommes nous-mêmes semblables à nous-mêmes, dans cette grande année, en grand et aussi en petit. »[1]

Le temps simonien, sur le modèle de la doctrine nietzschéenne de l'éternel retour des choses, se présente comme une éternelle répétition, nécessairement tout a déjà été et tout doit revenir, dans « cet éternel recommencement » (G,447). L'idée de l'éternel retour supprime alors l'opposition du passé et de l'avenir puisque le passé présente des caractères d'avenir et l'avenir des caractères de passé, puisque « time présent and time past are both perhaps present in time future, and time future contained in time past. » (A,7). Et le temps apparaît comme « quelque chose sans commencement ni fin » (H,368), car le caractère de la répétition ne naît pas dans le temps par le retour d'un événement premier, la répétition est le temps. Le temps de Simon trouve dans le concept nietzschéen de l'éternel retour, d'une part un modèle théorique qui répond à son mode alternatif de construction et d'autre part le moyen de liquider certaines apories qui en grevaient l'approche, notamment l'idée du temps immobile qui avance ou la contradiction entre un temps pensé en strates mais présenté parallèlement dans sa linéarité.

Si donc Nietzsche se relit dans Simon, on ne peut néanmoins occulter ce qui les sépare dans l'approche de l'éternel retour. Pour le philosophe, la répétition est concept, nécessité métaphysique devant l'impossibilité de penser le passé et l'avenir comme deux éternités ; tandis que chez le romancier, la répétition du temps est de l'ordre du constat, de l'observation de la réalité ou de l'interprétation subjective qui rapproche deux phénomènes. Or si dans la philosophie nietzschéenne, l'hypothèse théorique de la circularité du temps peut supposer un éternel retour du même : « - je reviendrai éternellement pour cette même vie, identiquement pareille, en grand et aussi en petit, afin d'enseigner l'éternel retour de toutes choses »[2], la répétition simonienne est porteuse des variations qui accompagnent la diversité du réel et les approximations analogiques de l'interprétation. L'éternel retour dans les romans simoniens est donc le retour du semblable plutôt que du même, de la répétition dans la différence, de la permanence dans « l'incessant mouvement de transformation qu'est l'histoire »[3]. Enfin Nietzsche voit dans ce temps qui revient l'optimisme d'un périssable qui devient constant, l'expression d'une liberté oblitérée jusque là par l'immuabilité du passé ; c'est le message de Zarathoustra à son âme :

« O mon âme, je t'ai appris à dire "Aujourd'hui", comme "Autrefois" et "Jadis", et à danser ta ronde par-dessus tout ce qui était ici, là et là-bas. »

---

[1] F. Nietzsche, *Ainsi parlait Zarathoustra*, in *Œuvres*, tome 2, Paris, Robert Laffont, « Bouquins », 1993, p. 458.
[2] *Ibid.*, p. 459.
[3] C. Simon/J.P. Goux, A. Poirson, « Un homme traversé par le travail », *La Nouvelle Critique*, 105, juin-juil. 1977, p. 43.

[...]
« *O mon âme, je t'ai rendu la liberté sur ce qui est créé et sur ce qui est incréé : et qui connaît comme toi la volupté de l'avenir ?* »[1]

Dans les quatre romans en revanche, le poids du retour a « l'esprit de lourdeur » d'un déterminisme qui asservit. L'être simonien est « accablé par les redites d'une pièce cent fois jouée » (G,385), par ce retour du « même » qui symboliquement alourdit aussi la phrase jusqu'à la surcharge :

« *cette inlassable patience ou sans doute passion qui rend capable de revenir périodiquement aux **mêmes** endroits pour accomplir les **mêmes** travaux : les **mêmes** prés, les **mêmes** champs, les **mêmes** vignes, les **mêmes** haies à regarnir, les **mêmes** clôtures à vérifier, les **mêmes** villes à assiéger, les **mêmes** rivières à traverser ou à défendre, les **mêmes** tranchées périodiquement ouvertes sous les **mêmes** remparts* » (G,447)

L'éternel retour structure efficacement le temps, il représente le confort de la régularité, il jugule l'angoisse de la dégradation temporelle et de la finitude par la perspective résurgente de l'avenir et imprègne la répétition d'un parfum d'éternité. Dans les textes simoniens, la répétition immobilise le temps. L'orchestre des prisonniers joue « le même air, les mêmes mesures reprises, rabâchées, le même refrain s'élevant, se répétant [...], les notes sautillantes, légères, insouciantes, dans une inlassable répétition, le **temps** pour ainsi dire **immobile** lui aussi » (RF,111). La mère vit dans « une immuable **immobilité** un **temps** toujours identique toujours recommencé » (H,33). Le retour du même supprime la distinction entre le passé, le présent, le futur. Le passé se retrouve dans le présent qui lui même fonde ce qui revient. « et alors qu'est-ce qui est avant ou après ? » (G,98), se demande le cavalier qui remonte la colonne éclaircie des soldats en perdition, « cela recommence, c'est-à-dire un autre cheval et un autre cavalier arrêté ». En éliminant la valeur distinctive des repères temporels, la répétition les fond dans une impression générale de persistance. Puisque la conscience de la répétition de deux faits suppose que l'on mémorise l'un quand l'autre va apparaître, la réitération exige une plénitude de l'entredeux, comme dans « le cri redoublé de l'oiseau répercuté entre les troncs verticaux » qui après avoir retenti « continuait à exister par son absence même » (A,97). Elle transforme ainsi, en comblant les vides, la succession en permanence.

Ce temps de la répétition, où passé et futur fusionnent dans un présent immobile, « immobilisés pour l'éternité » (RF,55), ressemble au temps de l'éternité. Saint Augustin, dans le livre XI des *Confessions* oppose le temps humain à l'éternité divine : « la splendeur de l'éternité » est « toujours stable », alors que « la longueur du temps n'est faite que de la succession d'une multitude d'instants, qui ne peuvent se dérouler simultanément ». « Dans l'éternité, rien n'est successif, tout est présent, alors que le temps ne saurait être présent tout à la fois »[2]. L'éternité apparaît comme un pur présent, sans passé ni futur, où rien ne change dans la stabilité. La répétition dans les romans de Simon est une approche de l'éternité augustinienne, dégagée de sa dimension chrétienne. Elle y dépasse le contraste entre le temps et l'éternité car elle assure le paradoxe d'exprimer l'éternel dans la succession de la temporalité. L'éternel se captive dans un principe de succession qui se déploie en permanence, dans une répétition qui produit sa stase. Et le bruit répété des milliers de sabots sur

---
[1] F. Nietzsche, *Ainsi parlait Zarathoustra, op. cit.*, p. 459, p. 460.
[2] Saint Augustin, *op. cit.*, livre onzième, chapitre IX, p. 261.

la route qui métaphorise « le cheminement du temps [...] sans commencement ni fin » (RF,28), dit bien le paradoxe d'un temps répétitif, qui creuse son éternité tout en avançant. Car l'éternité dans les romans de Simon, ne signifie pas l'abolition du temps. Au contraire, elle approfondit la temporalité, car l'expérience de la répétition éternisante se fait au cœur du temps où elle immobilise dans un éternel présent les instances du passé et du futur. On comprend alors mieux les expressions métaphoriques, foisonnantes dans les textes, « masse du temps » (H,286), « épaisseur(s) de temps » (H,395 G,39 A,144), qui insistent sur cette densité, cette intensification d'un temps chargé de son histoire et de son avenir. Si l'éternel retour opérait un saut quantitatif, la répétition ainsi définie, assure le saut qualitatif, d'un présent, non qui revient, mais qui se dilate, de l'instant qui s'éternise. La répétition, parcelle d'éternité, délivre donc des contingences du temps, tout en le requalifiant dans l'instant qui se creuse.

Lorsqu'on cherche à le penser sans l'espace, le temps révèle ses apories, ses contradictions et ses confusions, que la répétition, par son génie protéiforme vient résoudre. Le même mouvement dialectique s'observe pour l'espace.

Espace et répétition

L'espace, comme le temps, fait l'objet de questions lancinantes qui obsèdent les textes : « Et où donc ? » (RF,93), « (Et) où irez-vous ? » (G,39,44,52,53,186), « où vas-tu ? » (H,97). Ces interrogations, qui témoignent d'un souci de l'espace, s'expliquent à plusieurs niveaux. D'abord elles renvoient chez Simon à un intérêt primordial pour tous les arts visuels, la peinture et la photographie, que lui-même a pratiquées, le cinéma et le théâtre, fréquemment évoqués dans les œuvres, soit comme lieu de l'action, soit comme sujet de la narration, soit comme référent figuratif. Le cadre romanesque est donc fortement impressionné par un regard, presque professionnel, qui voit, qui construit et qui remplit l'espace. Par ailleurs, en matière de choix littéraire, le sens de l'espace est guidé chez Simon par le parti pris de la description contre la narration, ou en tous cas du refus de la traditionnelle distinction entre les deux[1]. Il affirme, en effet, au cours d'un entretien :

« *ce que j'ai tenté, donc, c'est de pousser encore le processus amorcé par Proust, et de faire de la description (autrefois ornement-parasite, même au yeux de certains) le moteur même, ou si vous préférez le générateur de l'action* »[2]

Support essentiel de la description, le décor n'est jamais secondaire. Il est projeté au premier plan par les options poétiques de l'écrivain. La prééminence de l'espace est particulièrement évidente, lorsque les héros de l'action se fondent avec le décor, lorsqu'ils sont digérés par l'espace, comme les personnages qui figurent dans la photo de l'atelier, « leurs pâles formes transparentes se mêlant s'interférant se brouillant à tel point qu'à la fin il ne resterait plus de net que le décor de l'atelier

---

[1] « peu à peu ces descriptions vont non seulement se multiplier mais se fragmenter, elles vont se répandre dans le récit, non plus alors confinées en tête ou lors de la première apparition des personnages mais principalement avec Flaubert, revenant sans cesse par petites touches, allant s'agrandissant peu à peu pour à la fin constituer le tissu même du texte et chez Proust l'envahir tout entier, constituer le texte lui-même, abolissant à la fin la traditionnelle distinction entre narration et description » *Discours de Stockholm*, p. 21.
[2] C. Simon/J.P. Goux et A. Poirson, « Un homme traversé par le travail », *La Nouvelle Critique*, 105, juin-juil. 1977, p. 35.

[...], tandis que les silhouettes des personnages se brouillent de plus en plus, s'effacent, ne laissent plus que d'immatérielles traînées, de plus en plus diaphanes, semblables à des traces douteuses. » (H,301), comme si le cadre finissait par supplanter des protagonistes falots et dérisoires. La prédominance des paysages s'exprime également quand, dans un renversement total, le cadre inerte s'anime d'une vie autonome, aux dépens de personnages qui se figent : ainsi par exemple, l'image réitérée dans les textes de « ces personnages immobiles dont les jambes imitent sur place le mouvement de la marche tandis que derrière eux se déroule en tremblotant une toile de fond sur laquelle sont peints maisons arbres nuages » (RF,28/29,67,154/155 A,47).

L'espace aimante l'auteur, il questionne les héros et apparaît comme une catégorie problématique dans la fiction.

D'abord il semble difficile d'en donner une représentation unifiée. L'espace est présenté d'une part comme un « froid décor géométrique » (G,14), euclidien, avec ses « rectangles de ciel gris et de toits parallèles » (H,270), avec son « chemin empierré les pierres apparaissant triangles ou polygones irréguliers » (RF,148 A,90), avec « au-dehors, par les rectangles des hautes baies », les « trois rangées de fenêtres surmontées de frontons triangulaires » (G,13), un espace abstrait, donc, un milieu homogène, vide et infiniment divisible. Mais ce cadre indifférent à son contenu peut aussi bien devenir le lieu de nos expériences et se transformer en espace empirique. Chez Batti, par exemple, pour qui la totalité du monde connu se limite au territoire effectivement exploré, le reste étant un « vague au-delà sans dimensions ni formes bien définies » (G,460). Cet espace concret, terrain des perceptions et des sensations, apparaît comme un espace représentatif lorsqu'il se transforme en paysage intérieur du souvenir et de l'imagination. O., qui a rêvé l'Espagne dans ses livres, se rend compte finalement « qu'il a pensé son voyage en termes de distances alors qu'il s'est agi d'une mutation interne de sa propre personne, parce que ce ne sont pas seulement les lieux qui ont changé mais lui, sa substance » (G,266). L'espace devient ainsi chez Simon, une composante de la subjectivité, une catégorie de l'être.

La dispersion des représentations inconciliables de l'espace, se concrétise dans une présence fictionnelle éparpillée. Discontinu, il ne peut se concevoir que dans des listes qui mettent en évidence son éparpillement : « Coblence, Pavie, Namur, la Meuse, Mantoue, l'Yssel, Anvers, l'Adige, Vérone, Peschiera, Mayence » (G,447), « Bar-le-Duc, Epernay, Chalons, Toul, Lunéville, Baccarat » (G,249), (G,227,107 RF,273/274). Par ailleurs, l'espace fictionnel est caractérisé par sa fausseté que révèlent les innombrables références textuelles aux représentations en « trompe-l'œil », « l'immense rideau pourpre » du théâtre (G,221, 27,31), la balustrade sur une photographie des antipodes (A,270), le dessin des mains (G,15), la reconstitution de paysages (RF,155 G,32), la reproduction de billets (H,203), ou de noisettes (H,248). Théâtre d'illusions, l'espace simonien est un cadre factice, délié de la réalité profonde subie par les hommes qui l'habitent ; les paysages sont souvent présentés comme des « décors » : le stalag est « ce fantomatique décor que dessinaient les baraques alignées sur la plaine sablonneuse » (RF,158) et les cavaliers exténués se déplacent dans « le pimpant décor de prés fleuris, de haies et de boqueteaux » (A,43) ; « le luxuriant décor » de Madagascar, le « décor soufflé ou plutôt boursouflé » de Barcelone (G,326), le « décor de pics, de forêts, de pelouse » de la station thermale, (A,277), renvoient l'espace réel de la pseudo-réalité à sa vérité artificielle de fiction. La facticité de l'espace dit ainsi sa déconnexion de la réalité douloureuse vécue par les hommes et son statut définitivement fictionnel. « Espaces sans bornes, sans contours » (G,163), qui se superposent, qui se fondent dans « une espèce d'indistinct magma » (G,374/375), les lieux simoniens sont nébuleux et incertains et cette ambiguïté est ouvertement débattue, dans *Histoire*, lorsque un soldat éméché rapporte une conversation qu'il a eue avec un camarade, sur le sens du mot « Champenois » :

« *alors j'ai dit Champenois voilà c'est simplement mon nom malgré que je sois pas Champenois parce que si mes parents ils étaient de l'Aube près de Troyes moi j'habite Saint-Mandé à côté de Paris mais pour ce qui est de s'y connaître en champagnes tu repasseras*

alors i me dit Troyes c'est en Champagne
mince ça va pas mieux Troyes en Champagne c'est le chef-lieu de l'Aube
alors i me dit je parle pas des départements
alors j'y ai dit si tu parles pas des départements de quoi tu causes
alors i me dit les départements ça veut rien dire tu prétends que tu t'y connais en champagnes et tu ne sais même pas qu'y a des maisons de champagnes fameuses à Troyes aussi bien qu'à Reims c'est la Marne y a aucun département qui s'appelle la Champagne si tes parents ils étaient de Troyes alors t'es bien Champenois y a pas » (H,339)

Ce débat burlesque met en lumière la nature fondamentalement équivoque de l'espace : Qu'est-ce qui définit un lieu ? Sa situation géographique ou ses productions ? Qu'est-ce qui définit mon lieu d'origine ? L'endroit où je réside ou le lieu de naissance de mes parents ? Qu'est-ce qui constitue un espace géographique ? Son rattachement administratif à un département, une région ou un espace vécu par les hommes ? Les textes simoniens, loin de répondre à ces questions posées par la fiction, renforcent dans la narration les incertitudes spatiales. L'absence de dénomination de certains lieux fondateurs, comme Perpignan et Madagascar qui n'apparaissent dans les romans qu'au hasard de quelques cartes postales, quelques lettres parmi d'autres, maintient un flou référentiel sur l'espace fictionnel. Pareillement la re-présentation de certains lieux à des époques différentes et relativement à des personnages distincts entretient un brouillage amphibologique. Ainsi la terrasse, dont il est question dans *Les Géorgiques*, est à rapporter soit au narrateur qui visite le château délabré (G,25,30), soit à L.S.M. qui l'a fait construire durant sa période d'activité (G,21,27,29), soit à L.S.M. âgé qui s'y repose (G,366,367, 379) ; la ville de Barcelone est, dans *Les Géorgiques*, à la croisée indécise des chemins suivis par L.S.M., (G,24), par O. (G,25) et par le cavalier narrateur (G,226). L'espace fusionnel et ambigu, qui ne se réfère pas à un temps ou à un personnage stable ne permet pas au lecteur de s'orienter dans la narration. De même, dans *La Route des Flandres*, le décentrement systématique de la parole, laisse dans l'incertitude totale le lieu originaire de la voix, qui n'est ni le stalag, ni le compartiment du train puisque la chambre d'hôtel partagée avec Corinne se révèle un lieu postérieur, mais non le lieu définitif, car les épisodes y sont relatés au passé.

L'espace incertain, construit sur des illusions et des ambiguïtés, est par voie de conséquence, un espace piégé. Il est investi de placards secrets, dissimulés sous les papiers peints, de tireurs isolés, embusqués derrière les haies, de fondrières qui ressemblent à d'accueillantes clairières, il est l'espace de tous les dangers masqués. Et de fait la plupart des lieux évoqués présentent les mêmes caractéristiques, lieux de dévastation, comme le château, avec « les tours démantelées, l'aile effondrée et les restes décrépis de la façade assaillie de mauvaises herbes et d'orties » (G,145), ou comme ces paysages de guerre qui tourmentent les narrations ; lieux en décomposition aussi comme les paysages des Ardennes qui se dépiautent sous l'action corrosive de la pluie, ou comme Barcelone, « ville murée occultée oblitérée égouts bouchés puants » (H,366) qui pourrit du ferment de l'idéologie indue. Les espaces simoniens sont à terme des lieux mortifères, ainsi la maison familiale, dans les quatre romans, est toujours un « mausolée », un « tombeau », « vide, noire, sonore » (H,26), avec sa « vieille odeur de moisi de mort » (H,294,328), tandis que les lieux de plaisir, cinéma, bordel, sont rejetés dans un au-delà « de mensonge, d'interdit et de clandestinité » (G,220).

Pourtant si la répétition met à jour des lieux antinomiques, confus et dangereux, c'est aussi elle qui structure l'espace et l'engage dans des réseaux analogiques qui lui donnent un sens. En premier lieu, comme pour les personnages et le temps, la réitération narrative permet de combler la vacance toponymique. Certes le nom de Perpignan n'apparaît jamais dans *L'Acacia*, mais le retour des mêmes informations permet d'identifier la ville d'une occurrence à l'autre :

« *sortant de la **citadelle**, franchissant entre les quatre colosses de pierre la porte de la **muraille** construite par **Charles Quint**, suivant les **étroites ruelles** de la ville **haute*** » (A,56)

« [la maison] *l'espèce de **citadelle** de silence et de respectabilité au centre du **dédale des vieilles rues** de la vieille ville, elle-même semblable à une **citadelle** au pied de celle édifiée six cents ans plus tôt par un roi d'Aragon, fortifiée par **Charles Quint**, entourée ensuite par Vauban de formidables et vertigineuses **murailles*** » (A,116)

« *la replacer dans cette **citadelle**, cette forteresse de somnolente respectabilité* », (A,109)

« *suivant le **lacis des ruelles** qui montaient vers la **citadelle*** » (A,358)

Les passages en gras soulignent le retour des renseignements (citadelle, Charles Quint, ville haute, ruelles), autorisant la reconnaissance, indépendamment de son nom, de la même ville au cours de ses apparitions dans la fiction.

Une fois qu'ils sont identifiés par un moyen ou par un autre, les lieux parce qu'ils reviennent, constituent de puissants fédérateurs de la narration. Dans *Histoire*, par exemple, alors que les époques comme les personnages, évoqués, varient (jeunesse de la mère et de Charles, maladie de la mère, enfance, jeunesse et âge adulte du narrateur...), l'hôtel familial reste un repère stable. De même dans *Les Géorgiques*, une fois passé le tourbillon vertigineux du premier chapitre, le deuxième se concentre sur une région des Flandres, le troisième sur la maison de Perpignan et le quatrième sur le nord de l'Espagne. Dans ce roman, ce sont d'ailleurs les lieux qui font le lien entre les protagonistes, qui permettent d'unifier la narration autour d'expériences communes dans des lieux identiques et de comparer des destins. L.S.M., O. et le cavalier sont marqués par Barcelone, L.S.M. et le cavalier se battent dans les Flandres, comme le père et son fils dans *L'Acacia*. On l'a dit, l'Histoire s'enracine dans les mêmes lieux, mais le sens de la narration se construit aussi dans les mêmes paysages qui reviennent. Les espaces simoniens sont des espaces qui se surimpriment, comme dans les jeux de miroir, qu'observe le narrateur d'*Histoire*, un couple passant dans la rue et traversant « successivement le garçon le patron mon image le corsage rouge les trois bustes bariolés » dont les reflets miroitent sur la devanture du café (H,347). Cet « espace d'ubiquité » exprime d'ailleurs pour Merleau-Ponty « le rapport de notre chair et de la chair du monde »[1]. Ces lieux qui se répètent dans l'emboîtement marquent l'inscription ontologique de l'être-au-monde dans un espace englobant, qui le constitue et le révèle. Le mode narratif rejoint ainsi par la répétition, une phénoménologie de l'espace vécu.

Ces lieux qui reviennent sont aussi des lieux du retour. Bernard Andrès observe que « le personnage simonien se déplace énormément, en ville ou à la campagne. Il faut cependant noter que ces pérégrinations s'effectuent toujours dans un espace restreint, que le même trajet soit emprunté à plusieurs reprises (dans un sens ou dans l'autre) ou que le circuit se recoupe en de nombreux points. »[2]. Les personnages simoniens voyagent beaucoup et parfois très loin, contrairement à ce que dit B. Andrès, le père d'*Histoire* et de *L'Acacia* parcourt le monde, sa femme l'accompagne à Madagascar, L.S.M. sillonne « l'Europe en tous sens » (G,366), quant au narrateur de *L'Acacia*, il s'est rendu en Europe centrale, en U.R.S.S. et en Espagne. Mais leurs déplacements donnent une impression limitative car toujours les héros reviennent dans un lieu d'ancrage, qui finalement annule leur départ. Quand le revenir n'est pas décrit dans la narration, c'est que le personnage est mort au loin. Le retour de la guerre ramène toujours vers la maison familiale (RF,213/214 A,342), le retour d'exil pour Jean-Marie se fait nécessairement vers St. M... et vers Batti (G,413) et c'est là aussi que L.S.M., usé, se réfugie pour mourir (G,365/366). L'espace simonien est donc essentiellement un espace rétrospectif, qui ramène vers les lieux de l'origine : c'est un espace de mémoire, chargé d'affects. Le retour vers la maison se signale en effet comme une régression vers la mère, l'une et l'autre étant décrites dans les mêmes termes, la mère est « cette imprenable forteresse d'inertie » (A,137), tandis que la maison apparaît comme « cette forteresse de somnolente respectabilité » (A,209). La maison est alors un lieu d'involution qui autorise la réminiscence.

L'espace simonien prend ainsi son sens dans une répétition métonymique des êtres. Anthropomorphe, il a comme Barcelone une odeur d'« intestins » (H,376), des « entrailles » comme la bâtisse dans laquelle se tient O., il est comme la grange qui accueille Georges, « une sorte d'espace organique, viscéral » (RF,36), il est de l'ordre du corps intérieur, lieu des organes vitaux et des émotions, de la vérité profonde et indéniable. Aussi les êtres primordiaux des romans s'y trouvent investis de façon préférentielle. Le père est l'homme de l'espace « parcouru conquis vaincu » (H,33), qui s'occupe « à des missions d'occupation de terrain, de travaux publics ou de cartographie » (A,53), à des « relevés géodésiques » (A,269). La mère, outre sa reprise métonymique dans la figure de la maison, est fréquemment associée à Barcelone. La ville, souvent fréquentée par elle dans sa jeunesse (H,31/32,166/167 A,114,267), se charge en plus de représenter sa mort. D'un côté, Barcelone, « énorme et monstrueux cancer » (G,321), « lourd et jaunâtre cancer » (G,325), « n'était cependant déjà plus qu'un cadavre de ville », et « elle (la mort) attaquait, minait la ville d'où s'exhalait cette macabre odeur de cadavre, de pourri [...], comme si elle (la mort) avait aussi commencé à les dévorer de l'intérieur par ce qu'ils avaient de plus vulnérable », (H,192/193) ; en vis-à-vis, se décompose cette mère à « faire part. Faire peur » (H,77,362), « cadavre vivant à la tête fardée » (H,62),

---
[1] M. Merleau-Ponty, *Genesis*, art. cit., p. 148.
[2] B. Andrès, *Profils du personnage chez Claude Simon*, Paris, Minuit, 1992, p. 107.

« simple sac de peau enfermant non plus les organes habituels foie estomac poumons et cætera » (H,77). Il semble aussi que Barcelone se substitue à la mère dans les fantasmes interdits que le narrateur élabore : c'est par l'intermédiaire de « ce B majuscule au double renflement opulent et majestueux initiale aussi de Barcelone comme un poitrail de pigeon » (H,168), que la rêverie du narrateur dérive vers un fantasme de désir morbide : « m'ensevelirait m'étoufferait sous la masse molle informe et insexuée de sa poitrine maternelle » (H,169). Barcelone apparaît comme un lieu de répulsion et d'attraction, substitutif de la mère, avec qui ces deux rapports restent tabous. Oncle Charles, enfin, qui est présenté dans *Histoire* et dans *Les Géorgiques*, comme l'initiateur du passé dont il révèle les secrets familiaux au narrateur, comme un alchimiste qui dissocie la matière « en principes élémentaires dans l'appareil compliqué et poussiéreux » (H,49), qui seul « fantôme » (H,151), rescapé de la génération des parents, semble posséder les arcanes de la vie et de la mort, officie dans un bureau, dont Jean-Yves Laurichesse[1] souligne la symbolique sacrée, avec sa veilleuse (H,49), son temps aboli (H,49), et où se joue le mystère de la matière (H,49). Dans la répétition métonymique des êtres qui l'habitent, l'espace dépasse la facticité et les incertitudes de l'en-dehors et se pose en projection heuristique de l'en-dedans, de la vérité essentielle des corps et des destins.

La représentation de l'espace se construit, dans notre monde, par une répétition symbolique de la réalité, on pense ici à tous les plans (H,103,180,205 G,33,377), cartes (RF,273/275,278 G,33,128,245,319,377,383,462 A,56,83) ou mappemonde (G,14), parsemés dans les œuvres, qui sont une représentation codée du monde, où « la division bleue, la division verte, la division rose » figurent arbitrairement « ces peupliers, ces acacias, ces champs, ces vignes » (G,462). La description de l'espace y est aussi d'essence symbolique, car construite sur l'accumulation de détails récurrents, qui finissent par se charger d'un sens plein. Ainsi, le chapitre 9 d'*Histoire* propose une longue présentation de l'atelier du peintre dans laquelle les mêmes éléments d'un décor géométrique et épuré sont repris : un fauteuil en osier où s'assoit oncle Charles (H,261,271,273,276), un transatlantique où se tient un autre personnage (H,271,281), un divan sur lequel pose le modèle (H,267,273,282), le chevalet du peintre (H,269,276,277,281), un rideau (272,276,279) et un service à thé (H,265,281,282,283). Parce que ces éléments sont en nombre réduit et parce qu'ils reviennent de façon insistante, ils se remarquent et semblent ainsi lestés d'un poids emblématique : l'atelier est un espace d'illusions (le rideau, le chevalet) où, sous couvert de convivialité (le thé, les fauteuils de la conversation), se prépare un piège d'amour et de mort (le divan). L'espace simonien n'est donc jamais un espace réaliste, servi par l'accumulation des détails mais un espace symbolique reconstruit à partir de la désignation de quelques particularités.

Si l'espace s'édifie sur des symboles, réciproquement il crée lui-même des réseaux symboliques, dans la narration. Par exemple la chambre, qui lorsqu'il s'agit de la mère est alternativement chambre de jeunesse ou chambre de mort, devient à propos du narrateur chambre de création, dont la fenêtre ouverte est le lieu privilégié de la production écrite[2]. Dans *L'Acacia* le brigadier, meurtri par la guerre, renaît

---

[1] J. Y. Laurichesse, *La bataille des odeurs*, Paris, L'Harmattan, 1998, pp. 122/123.
[2] Voir M. Roelens, « La fenêtre de ma chambre à Perpignan », in *Claude Simon, Cahiers de l'Université de Perpignan*, n° 1, automne 1986, pp. 7/41. J.-C. Vareille, « Ce que nous apprend une fenêtre ouverte », in *Fragments d'un imaginaire contemporain*, Paris, José Corti, 1989, pp. 113/138. C. Genin,

dans l'écriture lorsqu'il s'assoit « à sa table de travail devant une feuille de papier blanc. C'était le printemps maintenant. La fenêtre de sa chambre était ouverte sur la nuit tiède. » (A,80). L'incipit d'*Histoire* utilise sensiblement les mêmes mots pour décrire l'activité du narrateur : « l'une d'elles touchait presque la maison et l'été quand je travaillais tard dans la nuit assis devant la fenêtre ouverte » (H,9). Enfin, O. est représenté en train d'écrire, « assis devant une table (il ne dit pas où, sauf que c'était de nouveau l'Angleterre), la table peut-être devant une fenêtre ouverte » (G,312). Ce motif de la chambre de travail, avec table devant la fenêtre ouverte, se retrouve explicitement dans le dessin, de la main de Claude Simon, qui figure en ouverture d'*Orion aveugle*. Cette pièce où l'écrivain est enfermé comme en lui-même sur sa mémoire et son inconscient, mais ouverte sur l'extérieur, sur l'infini des perceptions et des relations au monde, devant sa table de travail, sa table maïeutique, métaphorise le lieu de la genèse poétique. On mesure alors ici comment l'espace de contradictions, d'illusions et de dangers devient grâce à la répétition un facteur d'unité narrative, un espace constitutif de la mémoire et de l'origine pour le héros et parce qu'il s'inscrit dans des réseaux analogiques de nature métonymique, symbolique et métaphorique, se révèle un ferment heuristique pour le lecteur.

La répétition textuelle, par l'insistance des manifestations qu'elle souligne, révèle, dans les quatre œuvres étudiées, une vision pessimiste de l'étant (au sens d'Heidegger, toute chose qui est en tant qu'elle a une réalité). Les défaillances de l'être, du monde, du temps et de l'espace sont de fait à regrouper autour de quatre paradigmes qui dégagent finalement malaise et souffrance : la confusion, la dispersion et la déperdition des repères, liées à une absence d'organisation logique et à des contradictions internes, et une carence de contenu prenant l'apparence du vide ou de l'illusion. Mais la répétition qui travaille les textes simoniens à tous les niveaux, la fiction par le retour des actions, des comportements, des destins, des lieux, des temps, des souvenirs, la narration par celui des informations, des scènes, des séquences, des thèmes, des personnages, l'écriture par la réitération des mots, des tournures linguistiques, des choix figuratifs, la lecture enfin par la mise en correspondances de toutes les analogies et leurs interprétations, la répétition donc, grâce à la diversité de ses manifestations, apparaît comme un facteur de sauvegarde et de restauration de l'étant. Elle apporte en effet par la sérialisation ou la variation plus précise, des informations manquantes, qui permettent ainsi la reconnaissance des éléments ambigus. Elle insuffle un ordre et une cohérence dans un étant déstructuré, retrouvant alors stabilité et confiance. Elle favorise, en conséquence, l'expression d'un sens et d'une signification qui restructure l'étant autour d'une plénitude, d'une identité, d'une existence. Enfin elle engendre une emprise sur les éléments fuyants et une échappatoire libératrice aux facteurs pesants. La répétition permet sur les ruines d'un réel chaotique et d'une narration chancelante de redonner une consistance à l'être-au-monde, une cohérence au monde dans lequel il évolue, une rigueur au temps et à l'espace qui le baignent.

Mais l'être-au-monde simonien est aussi un être-en-soi, et même un être-en-souffrance dont la répétition dévoile les structures profondes.

L'expérience du lecteur dans les romans de Claude Simon, Paris, Honoré Champion, 1997 et notamment « Fenêtres », pp. 55/80.

La répétition ou l'archéologie des profondeurs

Les héros de Simon sont aspirés, à plusieurs reprises par « la boue brunâtre » des fondrières (G,422/424 A,96,353), qui sous couvert de « ruisseau » sans danger ou d'innocente « clairière » révèlent les absorbants et invisibles pièges des profondeurs abyssales, avec lesquels il faut durement lutter pour survivre. De même la pensée simonienne est sans cesse attirée par les profondeurs vaseuses, incertaines, insondables de l'affectivité, du temps et de la culture, irrémédiablement ramenée à la question de l'affect et de l'origine. Et les récits s'engagent comme un combat contre la résistance de ces profondeurs qui engluent, qui étouffent, mais que la narration et l'écriture ramènent à la surface .

LE DISCOURS DE L'AFFECT

Les romans de Claude Simon et en particulier ceux que nous avons choisis, s'articulent autour d'épisodes obsessionnels souvent récurrents d'une œuvre à l'autre. Comme sabine, le narrateur exploite « trois ou quatre thèmes autour desquels sa pensée semblait graviter avec le monotone, opiniâtre et furieux acharnement de ces insectes suspendus dans le crépuscule, voletant, tournoyant sans trêve autour d'un invisible - et inexistant, sauf pour eux seuls - épicentre » (RF,49) : la mort du colonel, la déroute de l'escadron en 1940, l'histoire d'amour entre le père et la mère, l'expérience de la révolution... Ils sont par ailleurs relatés dans une langue, elle-même répétitive : amoncellement de synonymes, redondances phoniques, comparaisons et métaphores, réitérations de mots... Comment comprendre le ressassement de ces scènes souvent pénibles pour le narrateur et leur expression articulée sur le doute, la reprise, la récidive ? Coquetterie d'écrivain ? Stérilité de l'inspiration ? « Le psychanalyste pense autrement : rien ne lui est trop minime de ce qui peut exprimer les mouvements cachés de l'âme et il a appris depuis longtemps que de tels oublis ou répétitions sont pleins de sens. »[1] Or, on peut lire un récit comme un long fantasme, comme un récit manifeste dont il faut s'interroger sur le contenu latent. Si l'on considère la narration comme le langage codé de l'inconscient, on déchiffre le texte non comme la transcription de la réalité mais comme l'expression d'une parole désirante.

Précisément, tout l'enjeu des débats au sein de la critique d'obédience psychanalytique est de poser la question de l'origine de cette parole ? Les tenants historiques de la psychobiographie, initiée par Freud[2] et poursuivie par Marie Bonaparte[3], qui cherchent dans les œuvres les traces des conflits internes de leur auteur, qui s'intéressent à sa vie réelle pour expliquer ses textes, y voient la parole inconsciente de l'écrivain. C'est aussi plus tardivement la perspective rénovée de Didier Anzieu, qui s'il n'est pas question pour lui de connaître la biographie du créateur, entend dans les textes de Robbe-Grillet par exemple, « le long, le confus, le plat monologue d'un patient qui répète interminablement les mêmes façons de cacher quelque chose. » et où « c'est l'inconscient de l'auteur, réalité vivante et individuelle, qui donne à un texte sa vie et sa singularité. »[4]. Charles Mauron se recentrera dans les années 60 sur le texte car « la psychocritique prétend accroître notre intelligence des œuvres littéraires simplement en découvrant dans les textes des faits et des relations demeurés jusqu'ici inaperçus ou insuffisamment perçus », mais il poursuit « et dont la personnalité de l'écrivain serait la source. »[5]. Et si Charles Mauron se propose, de superposer des textes afin de dégager des « réseaux de métaphores obsédantes » où

---

[1] S. Freud, *Un souvenir d'enfance de Léonard de Vinci*, Paris, Gallimard, coll. « Idées », 1977, p. 118.
[2] S. Freud, *Délire et rêves dans la Gradiva de W. Jensen*, Paris, Gallimard, coll. « Connaissance de l'inconscient », 1986. « L'Inquiétante étrangeté » in *L'Inquiétante étrangeté et autres essais*, Paris, Gallimard, « Connaissance de l'inconscient », 1985. *Un souvenir d'enfance de Léonard de Vinci, op. cit.*.
[3] M. Bonaparte, *Edgar Poe, étude psychanalytique*, Paris, P.U.F., 1958.
[4] D. Anzieu, *Le corps de l'œuvre*, Paris, Gallimard, coll. « Connaissance de l'inconscient », 1981, p. 257, p. 12.
[5] C. Mauron, *Des Métaphores obsédantes au Mythe personnel. Introduction à la psychocritique*, Paris, Corti, 1963, p. 13.

affleurent des « processus mentaux complexes et largement involontaires », c'est toujours au « mythe personnel » de l'écrivain qu'il se réfère en dernière analyse.

Pour jean Bellemin-Noël, de telles démarches, quoique saluées pour la richesse de leurs analyses, sont douteuses, car leurs perspectives unifiantes et abusivement préconstruites ne sont pas assurées d'explorer l'inconscient d'un auteur à travers ses œuvres. De ce fait, si tout texte est bien porteur d'un discours du désir, il s'agit de « l'inconscient du texte »[1]. La textanalyse se définit alors comme la psychanalyse d'un texte limité, sans référence à l'auteur ni à ses autres œuvres, posant que l'origine de la parole inconsciente est le texte lui-même, « que le discours du texte occupe une place, connaît un destin, révèle un mode de fonctionnement analogues à ceux qui définissent le discours d'un homme. »[2]. Pourtant Bellemin-Noël soulève lui-même l'objection principale que l'on peut formuler à l'encontre de sa théorie : « sous le nom d'inconscient du texte, est-ce que d'une certaine manière je ne cherche pas à ma façon un homme ? peut-être... »[3] et de proposer ultérieurement une formulation plus acceptable : « le travail inconscient du texte ». Le théoricien prend la peine de préciser que dire qu'« il y a un inconscient du texte, ne signifie pas que le texte a un inconscient » mais que « l'inconscient est dans le texte comme événement et avènement »[4]. Nous tenons obstinément l'inconscient pour de la pensée, alors qu'il est un travail et « c'est parce que nous le sentons comme une chose que nous sommes induits à lui donner un propriétaire. »[5]. Pourtant comment penser l'inconscient sans l'homme, comment un phénomène de langage, comme le texte pourrait-il désirer ? Le psychanalyste Didier Anzieu, en témoignant de sa pratique, jette le doute de l'artifice sur le concept du critique littéraire :

« L'inconscient auquel j'ai à faire est une réalité vivante et individuelle. Vivante, car articulée au corps, réel et imaginaire, à ses pulsions, à ses fonctions, aux représentations d'abord sensori-motrices et secondairement verbales que s'en font certaines parties de l'appareil psychique. Individuelle, car tout au long d'une psychanalyse, c'est d'une personne particulière qu'il s'agit, avec son inconscient singulier, avec la multiplicité de ses identifications et des sous-systèmes qui composent son appareil psychique comme un groupe interne. »[6]

La répétition parle l'inconscient et à la question « De qui ? », nous proposons une troisième voie. Les quatre œuvres du corpus peuvent être entendues comme la parole désirante, non d'un auteur dont la vie privée reste secrète, hormis les quelques bribes qu'il a bien voulu livrer lors de ses entretiens, ni celle d'un texte car l'inconscient n'est pas concevable sans un homme même s'il est de fiction, mais comme le discours du désir d'un sujet-narrateur, comme le matériel clinique d'une énonciation qui se parle. Il s'agira donc d'écouter la souffrance psychique d'un narrateur qui livre le flux continu d'un long monologue perdurant dans le temps. Contrairement aux options de Bellemin-Noël, qui par souci de vérité et de justesse s'en tient à une étude microscopique des textes, au risque d'ailleurs de la « myopie » selon ses propres termes[7], nous utiliserons les quatre romans, qui illustrent chacun

---

[1] J. Bellemin-Noël, *Vers l'inconscient du texte*, Paris, P.U.F., 1979.
[2] *Ibid.*, p. 9.
[3] *Ibid.*, p. 9.
[4] *Ibid.*, p.193.
[5] *Ibid.*, p. 196.
[6] D. Anzieu, *op. cit.*, p. 11.
[7] J. Bellemin-Noël, *op. cit.*, p. 193.

des aspects différents mais aussi récurrents de sa personnalité, pour dégager le mode de fonctionnement d'un être narrateur à travers l'organisation de son discours. L'étalement dans le temps des textes ne peut constituer un problème dans la mesure où Freud a montré que le temps est ignoré de l'inconscient, qui une fois constitué au moment de l'Œdipe ne se modifie pas dans la durée, en dépit de la variété apparente des comportements, qui restent toujours les manifestations d'un même désir. Bien qu'éliminant la recherche du moi profond de l'écrivain, qui finalise l'entreprise psychocritique de Charles Mauron, nous retiendrons cependant, son idée d'une méthode fondée sur la comparaison et la superposition analogique des textes. Il semble en effet, particulièrement opératoire, dans l'œuvre simonienne si spécifiquement obsessionnelle et à l'expression profondément réitérative, de confronter les thèmes, les scènes, les épisodes, les métaphores d'une narration qui révèle ainsi les noyaux inconscients de la configuration psychique du narrateur.

Mais nos hypothèses de lecture ne pourront se valider que si nous montrons préalablement que les quatre œuvres expriment le discours d'un seul homme narrateur et que la parole libérée fournit un matériel exploitable analytiquement.

Qui parle ?

Chaque œuvre étudiée installe une configuration particulière de la voix narrative. Et tenter de cerner la singularité de ces instances narratives implique de répondre spécifiquement aux questions « Qui parle ? Quand ? D'où ? Comment ? A qui ? ».

Les configurations narratives

La Route des Flandres présente de nombreux narrateurs au niveau intradiégétique : la rumeur, Blum, Sabine, Iglésia, Georges... Mais l'ensemble de leurs récits est enchâssé dans le discours d'un narrateur extradiégétique, le même Georges, qui se présente alternativement sous la forme grammaticale « je » ou « il », indépendamment du discours direct et qui relate ses propres aventures (alors narrateur autodiégétique) ou celles d'autrui, par exemple l'histoire de la fille de ferme et du boiteux, celle de de Reixach et de Corinne, celle de Reixach..., (alors narrateur hétérodiégétique). La spécificité du roman est de brouiller les niveaux narratifs, le lecteur découvre soudain un décrochage, il n'est plus dans un récit au premier niveau mais dans un récit de récit (RF,19) et même dans un récit de récit de récit, (RF,87), ainsi que de confondre les personnes qui parlent (« et Blum (ou Georges) [...] et Blum (ou Georges) [...] » (RF,173)). Le roman, par son écriture au passé, rejette le présent de la narration, explicite dans le texte (« je pense » (RF,235,271)), vers un temps indéfini, postérieur à la dispute avec Corinne, et ne fournit aucune indication sur le lieu de la production narrative. Essentiellement orale, la narration semble s'adresser d'abord à Blum, puis à Corinne (RF,86,87), puis à un narrateur indéterminé, un fantôme qui est peut-être Georges lui-même (RF,172).

Dans *Histoire* la situation de la voix narrative peut sembler plus limpide. Nous sommes ici dans le récit à la première personne d'un narrateur extradiégétique, anonyme mais stable, qui raconte les événements d'une de ses journées récentes[1], s'articulant sur ceux d'un passé plus ou moins lointain (l'enfance, la guerre civile espagnole...), mais relate aussi l'histoire de quelques membres de sa famille (oncle Charles, Corinne, Paulou, sa mère...). Cependant le « je » est loin d'être unifié car il se double d'un « moi » (H,402) et semble ainsi se décomposer entre un « je » sujet du discours et un « moi » objet de ce même discours ; par ailleurs le « je » du narrateur se transforme momentanément en « je » de Charles, lorsque le neveu se projette dans l'expérience de son oncle (H,287/288,289/291,292/293). D'autre part le narrateur extradiégétique est largement concurrencé par des narrateurs diégétiques en particulier d'ordre scriptural (Reed, Apulée, César, les auteurs des cartes postales...) qui lui confisquent la parole. Situer le temps de la narration par rapport au double temps de l'histoire (passé et journée) s'avère encore une entreprise complexe car s'il y a bien un présent de la narration (« je suppose » (H,43)), il tend à se confondre avec le temps de la journée. L'emploi des temps verbaux passés dément l'hypothèse d'une narration simultanée au profit d'une narration ultérieure, pourtant l'utilisation, par le narrateur, d'une prose surgissante, souvent privée de verbes conjugués pour la situer dans le temps (« Et l'autre toujours là, vieux con sur fond de filles à poils... » (H,68)) et toujours infiltrée de déictiques (« Puis ceci : la porte franchie, passer brusquement de la sueur, du bruit, du soleil, à la fraîcheur, au silence, à l'ombre » (H,70)), rapproche le temps de la journée et le temps de l'énonciation, le temps du vécu et celui de son récit à la table de travail qui est évoquée en début de roman. S'esquisse ici peut-être le lieu narratif de cette journée particulière, à son tour mis en doute par la valeur itérative de l'imparfait et du complément circonstanciel de temps qui inaugure le roman (« l'été quand je travaillais tard dans la nuit assis devant la fenêtre ouverte » (H,9)) et rejeté dans le temps de la diégèse.

Les Géorgiques, en liaison avec l'éparpillement consommé des histoires, offrent une configuration narrative également complexe. Un narrateur extradiégétique, dont on voit à ses mains qu'il est âgé (G,24,28,41,47,69), relate sur le mode de la narration ultérieure dont la date est indécidable (les temps verbaux sont d'abord au présent de narration jusqu'à G,100 puis au passé), la vie d'un cavalier de la dernière guerre mondiale, qui se révèle, malgré le « il », être lui-même (G,47) ; celle d'un L.S.M., qui se découvre progressivement comme son ancêtre ; les aventures de O. en Espagne, durant la guerre civile, sous la forme d'un discours narrativisé, ayant pour support le livre écrit par le personnage à son retour en Angleterre (« Plus tard il racontera que... » (G,309), « il raconta tout le reste... » (G,331)). A la fois homodiégétique et hétérodiégétique, le narrateur extradiégétique laisse aussi la parole, dans la diégèse aux documents de L.S.M. et à quelques interventions intertextuelles comme celle de Michelet (G,57,61). Dans ce roman, où, plus clairement que dans Histoire, le temps de l'énonciation se confond avec le temps d'une écriture, (G,47), on peut émettre l'hypothèse que le lieu de l'énonciation scripturale est cette pièce où on aperçoit avec le héros « le bord de la table, puis les volutes et les feuillages de fonte du balcon au-delà desquels continuent à se succéder les vagues formes noires » des cavaliers de la caserne qui fait face.

---

[1] Per Nykrog rappelle que les nouveaux billets de 10 nouveaux francs à l'effigie de Volaire dont il est question en H,202/203, ont été mis en circulation en 1963. « veuf croquis d'une lecture naïve », in *Claude simon 3, lectures de « Histoire »*, sous la direction de Ralph Sarkonak, *Revue des Lettres Modernes*, Paris, Minard, 2000, p. 24.

Le modèle de *L'Acacia* est une épure simplifiée de celui des *Géorgiques*. Un narrateur vieillissant (A,207) et extradiégétique y décrit au nom d'un « il », les événements de sa propre vie ainsi que ceux de ses propres parents. Toutefois la narration est largement informée aussi par les récits des cousines, des tantes, de la mère, et de toutes sortes de témoins qui alimentent l'imaginaire du héros que le souvenir ne peut seul satisfaire. Il est possible, au vu du titre d'un chapitre qui en intègre la date, d'affirmer que la narration est postérieure à 1982 et de supposer que le lieu de sa production écrite est la table devant la fenêtre ouverte qui clôture le roman.

Ces romans sont donc caractérisés par une grande ambiguïté narrative. A la question « Qui parle ? », ils répondent toujours, indépendamment de la diversité des situations narratives mises en scène, par l'équivoque et l'éclatement.

D'abord le narrateur est diffracté en instances distinctes (je/il, je/moi, il/je...) ; inversement la similitude de situations amène la confusion de narrateurs différents (Blum/Georges, oncle Charles/je narrateur, Apulée/je narrateur...). Ensuite le discours du narrateur extradiégétique est contesté par une multitude de relais de paroles internes à la diégèse. Par exemple dans *L'Acacia*, l'épisode de l'entrée du père à Saint-Cyr, à la suite d'une fracture qui le prive de passer le concours d'entrée à Polytechnique, est raconté par le narrateur (A,68), par le père lui-même relayé par le narrateur dans un discours indirect libre (« le blessé leur expliquer en se forçant à sourire quelle chance il avait d'avoir encore assez de mois pour préparer un autre concours » (A,69)), par les deux sœurs du père (« naturellement, elles ne racontèrent pas les choses de cette façon. Elles dirent... » (A,69)), le tout ramassé finalement dans la déclaration d'un « on » vaporeux et indéterminé (« c'était tout juste si en les regardant on pouvait soupçonner non pas la déception mais quelque chose comme un timide regret. Comme on dit dans une famille de paysans sans même maudire le sort que depuis qu'il est tombé de l'échelle ou de la batteuse le jeune frère est resté bossu. » (A,70)). Cette dispersion de la voix narrative engendre bien entendu des contenus divergents voire contradictoires qui accentuent encore la crise de la position énonciative. Dans *L'Acacia*, la mort du père est héroïque lorsqu'elle est rapportée par les quelques vagues témoins ou par la mère (A,325/326) ; en revanche elle est totalement désacralisée lorsqu'elle est imaginée par le narrateur (A,327). Par ailleurs la plus grande incertitude règne sur le moment de la narration dont les œuvres ne nous fournissent qu'une fourchette évasive ; le lieu de la narration, bien que toujours hypothétique offre un peu plus de sécurité. Enfin le narrataire est éludé soit en raison de son inexistence définitive, soit à cause de sa multiplicité équivoque. Par le flou des repères qui ne les marquent pas, par la dissémination et l'ambiguïté des signaux de leur présence, on pourrait presque dire que les narrateurs des quatre romans sont des sujets à perte, des absences incertaines qui parlent.

Un narrateur hégémonique

Pourtant conclure à une carence de la référence énonciative serait une réponse superficielle à la question « Qui parle ? ». Car s'affirme dans les romans, au-delà de la scission des narrateurs, de leur origine spatiale et temporelle incertaine, la permanence manifeste d'un narrateur fédérateur, dont on pourra expliquer rationnellement les errements signalés plus haut. Malgré l'apparente dispersion de la voix narrative, il semble au contraire que le narrateur extradiégétique impose sa puissance hégémonique, dans une situation où les conditions de production de l'énonciation ont finalement moins d'importance que l'acte même de dire. *L'Acacia*, probablement le roman le plus traditionnel parmi les quatre, car il maintient une distance confortable entre la source d'énonciation et l'énoncé, est pourtant totalement infiltré par l'instance narrative. En montrant son propre processus de production, la voix narrative déborde ses frontières et envahit l'espace de la fiction. Le récit progresse en effet, sur des hésitations devant les ambiguïtés phoniques de la langue (« indolent (pas insolent : indolent) » (A,30)), sa complexité sémantique (« sales (pas la glorieuse et légendaire boue des tranchées : simplement sales : comme peuvent l'être des hommes qui n'ont eu ni le temps de se déshabiller ni de se laver » (A,29)), ses illusions synonymiques dénoncées dans l'accumulation de termes voisins (« battue, poursuite, traque, farce, hallali ? » (A,348)). La narration se nourrit des doutes de l'énonciateur sur la fiabilité de la mémoire et l'interprétation des événements vécus : le cheminement suicidaire du colonel à la recherche de son honneur perdu, engendre chez le narrateur de multiples interrogations, traduites par l'anaphore de « peut-être » : « **Peut-être**, tout compte fait, la légende selon laquelle il se refusait à lire les ordres.../**peut-être** [...] ne vint-il se placer à la tête du premier escadron.../**peut-être** que ce fut cette intime et absurde conviction.../**Peut-être** était-il persuadé.../**peut-être** après tout, n'était il pas fou... (A,323/324). Le narrateur découvre aussi sa présence tâtonnante dans ses corrections (« ou plutôt »), et ses explications introduites par « c'est-à-dire ». Inversement si l'être du narrateur est sensible dans ses hésitations, il est perceptible aussi dans ses certitudes, telles les perspectives d'avenir qu'il semble nous livrer dans un au-delà de la fiction, dans un entre-nous du devenir historique : alors que le brigadier est en route vers le front, le narrateur annonce déjà que la guerre durera « le temps que les banquiers, les hommes d'affaires et les fabricants d'automobiles d'un autre continent décident du meilleur placement de leurs capitaux et se mettent alors à construire suffisamment de canons, de camions [...] pour [...] écraser l'insatiable monstre » (A,39). Cet exemple dévoile également le narrateur dans les sèmes évaluatifs et émotifs qui émaillent sa remarque prospective. Enfin le sentiment presque physique de son existence provient de l'abondance des déictiques (« ceci », « cela », « maintenant ») qui aspirent le monde de l'histoire vers celui de son récit, de l'emploi du participe présent qui, dénué de valeur temporelle, réduit la distance entre le temps de la narration et celui de la diégèse, jusqu'à ces interventions directes, « - mais comment dire ? », qui transforment le récit en discours. Un être est là, qui parle et se questionne sur sa langue, sur le contenu de son message, sur la validité de ses informations et de ses interprétations. Qui peut le moins, peut le plus ; et si un récit plutôt lisse comme *L'Acacia* offre une telle prise à l'énonciation narrative, les trois autres romans présentent toute la palette des stratagèmes interventionnistes du narrateur évoqués précédemment, aggravée par une situation narrative beaucoup plus subjective, où le narrateur brandit son « je » face à l'apathie neutralisante du « il » (*La Route des Flandres, Histoire*) et où, comme c'est le cas dans *Les Géorgiques*, le roman construit un pseudo-récit sur le commentaire revendiqué des écrits d'autrui. La fantaisie hégémonique du narrateur s'exerce en effet non seulement par la disqualification intérieure du récit au profit du discours mais aussi par la capture à l'extérieur de la parole de l'autre. Dans *Histoire* comme dans *Les Géorgiques*, l'intégration dans la fiction de citations de César, Reed, Apulée, L.S.M., Orwell, sans évocation de leur auteur, les place au même niveau que les productions personnelles du narrateur, tandis que par le procédé du discours narrativisé[1] (G, chap. IV), le récit par Georges Orwell de ses aventures en Espagne devient effectivement une création personnelle. Le narrateur simonien n'est donc pas une instance déliquescente, mais plutôt un être de pouvoir qui assure sa suprématie sur ses terres intérieures par des interventions qui confondent la diégèse avec son propre discours et sur l'étranger par la confiscation d'une parole qu'il fait sienne en l'état ou après transformation.

D'un autre côté, on ne peut déduire une scission du narrateur, de la division grammaticale entre un « je » et un « il », car si dans *La Route des Flandres*, la voix change (« je »/« il »), le point de vue reste celui de Georges[2] et se trouve ainsi assurée une continuité de l'instance narrative. Pareillement dans *Les Géorgiques* ou *L'Acacia*, le point de vue adopté est toujours celui du cavalier/brigadier et malgré le « il », « on entend les phrases comme si elles étaient prononcées à la première personne »[3]. Le point de vue réunifie la position énonciatrice ou se pose comme un équivalent d'une parole à la première personne. L'observation prouve que le mouvement général des romans simoniens tend à transformer tout narrateur hétérodiégétique en narrateur homodiégétique voire autodiégétique : le narrateur parle toujours de lui ou de ce qui s'approche de lui, lorsqu'il narre la vie d'autrui. Il n'y a donc jamais dans les romans de « il » pur, la troisième personne est toujours un « je » ou un « il » teinté de « je ». On a déjà signalé cette propension du narrateur simonien à s'approprier la vie d'autrui par le pseudo-souvenir, par l'imagination, par la projection dans l'autre : Georges raconte ses propres aventures lorsqu'il imagine le couple de Reixach/Corinne, puisqu'il en est le faux témoin dans un faux souvenir : « Et il me semblait y être, voir cela » (RF,18) ; de même par la similitude de leurs expériences, le narrateur des *Géorgiques* parle de lui-même à travers l'aventure de O. en Espagne ou de L.S.M. face à ses désillusions, celui d'*Histoire* se retrouve dans les déboires de son oncle et celui de *L'Acacia* dans ceux de son père. Par delà la dissémination diégétique et la labilité pronominale, ces narrateurs en permanence autodiégétiques sont ainsi, dans chaque œuvre, des êtres qui s'unifient par introjection (« il » devient « je ») ou par projection (« je » devient « il »), des egos parlant, particulièrement hypertrophiés.

Un narrateur réunifié

On peut même aller plus loin et faire l'hypothèse, grâce à la superposition et la confrontation des quatre œuvres, que les différents narrateurs qui s'y dévoilent n'en forment qu'un, dont le discours se poursuit à travers le temps, d'une œuvre à l'autre. Le « je » d'*Histoire* est en fait le « il » brigadier/cavalier de *L'Acacia* et des *Géorgiques*, ou encore le Georges (« je »/« il ») de *La Route des Flandres*. Des analogies ponctuelles tissent un lien entre les instances narratives : le prénom Georges de *La Route des Flandres* se retrouve dans le titre *Les Géorgiques*, la situation du « je » narrateur qui inaugure *Histoire* se confond avec celle de « il » qui clôt

---

[1] « ... un discours « *narrativisé* », c'est-à-dire traité comme un événement parmi d'autres et assumé comme tel par le narrateur lui-même... », G. Genette, *Figures III*, Paris, Seuil, 1972, p. 190.
[2] Sur la stabilité du point de vue, voir D. Viart, *Une mémoire inquiète*, Paris, P.U.F., 1997, p. 85, pour *La Route des Flandres* et B. Andrès, *op. cit.*, p. 253, pour *L'Acacia*.
[3] G. Raillard, « *L'Acacia* de Claude Simon », *La Quinzaine littéraire*, 1-15 sept. 1989.

L'Acacia, et dans ces deux œuvres est évoquée la même carte postale avec quasiment le même texte (H,253 A,133).

Plus globalement, d'un roman à l'autre, la répétition dans le discours des quatre narrateurs, des mêmes scènes, des mêmes épisodes, le retour des mêmes personnages, la similitude de l'environnement géographique, autorisent leur fusion en une seule entité discourante et permettent de conclure à la permanente ipséité du narrateur. Chaque œuvre éclaire un aspect du parcours d'un même homme : *La Route des Flandres* est centrée sur son expérience de la débâcle en mai 40, *Histoire* sur la liquidation de la mère, *L'Acacia* sur celle du père et *Les Géorgiques* sur la quête généalogique. Les structures familiales présentent, malgré des variations de surface, des convergences unificatrices. D'abord on observe le retour des mêmes membres de la famille : le père, la mère, la grand-mère maternelle, le grand-père paternel, l'arrière-grand-père maternel, les lointains ancêtres, les deux sœurs du père, l'oncle Charles, des cousins dont Corinne et de Reixach. Les arbres généalogiques sont toujours tirés vers le haut, vers une exhibition attentive de l'ascendance, mais s'arrêtent au narrateur, ne lui assignant aucune descendance, malgré son âge parfois avancé. Par ailleurs l'organisation familiale signale, de façon constante, un déséquilibre complet entre la branche maternelle toujours largement développée, avec une présence systématique de la mère, tandis que celle du père et de sa lignée est plus aléatoire et toujours plus ramassée. La vacuité de la fonction paternelle est alors comblée par la figure substitutive de l'oncle. La convergence globale entre les quatre systèmes familiaux incite donc à confondre les quatre narrateurs en un seul.

De même, sous une apparente disparité des noms, des situations d'énonciation et des inscriptions chronologiques, ce sont toujours les mêmes épisodes et les mêmes scènes qui sont relatés d'une œuvre à l'autre. A partir de la confrontation des textes et de la répétition des événements et des situations, il est possible de reconstituer, sous forme de frise chronologique, l'itinéraire diachronique d'un narrateur réunifié (cf. annexe 8). Du point de vue de la méthode, précisons qu'un événement est placé sur cette frise dès qu'il apparaît dans plus d'un roman, car sa répétition signe le substrat commun aux narrateurs. Le repérage systématique des scènes qui se répètent ainsi que leur localisation dans les œuvres, permet de dépasser ce qui reste de l'ordre de l'impression même justifiée pour arriver à une mesure à peu près fondée de la nature des événements qui se répètent, de leur ampleur dans les romans et de leur situation dans le temps. Hormis la date de mariage du narrateur (avant la guerre dans *Histoire*/pendant la guerre dans *L'Acacia*) et l'opposition entre la représentation parentale dans *La Route des Flandres* et celle des trois autres romans, trop caricaturale pour signer une différence, tous les autres épisodes sont totalement compatibles du point de vue de la chronologie et s'emboîtent parfaitement. C'est le silence occasionnel sur certaines aventures et non leur incompatibilité chronologique ou leurs différences, qui distingue la trame des quatre romans, comme si le fonds restait le même, le narrateur allant puiser diversement au réservoir des souvenirs. Les épisodes qui reviennent le plus fidèlement se situent à deux moments très circonscrits de l'existence du narrateur, d'une part la protohistoire familiale avec l'histoire des deux ancêtres, d'autre part les faits de guerre qui s'étendent de la guerre d'Espagne à la seconde guerre mondiale dont l'obsessionnel épisode de la mort de de Reixach (alias le capitaine, le colonel) est évoqué dans les quatre romans. La phase qui va de la préconception (jeunesse, rencontre, fiançailles, mariage des parents) jusqu'à la mort de la mère est aussi bien représentée, tandis que seules quelques informations indigentes et isolées éclairent la période qui court du décès maternel jusqu'à la guerre d'Espagne et celle qui succède à la seconde guerre mondiale. Le matériau privilégié des répétitions, qui fonde le parcours du narrateur fédéré, s'organise autour de foyers constitutifs de la personnalité comme l'héritage généalogique et l'enfance, et autour de noyaux menaçants pour la personnalité comme la mort des parents et la mort propre.

Ce détour par la répétition autotextuelle confirme donc la perspective d'un narrateur hégémonique qui impose sa présence discursive, malgré les aléas grammaticaux de son apparition ou les apparentes incertitudes de son énonciation, et qui poursuit le même discours d'une œuvre à l'autre, dans une parole très unifiée par sa forme même. Par exemple, on retrouve dans les quatre narrations les mêmes mots rares très distinctifs (« reître(s) » (RF,30 G,136 A,43), « lansquenet(s) » (RF,30 G,103,136 A,43,275), « pachydermique » (RF,205 H,236,237 A,140,141)), la même utilisation du participe présent et des « comme si », la même abondance des transports analogiques dont Pascal Mougin[1] a souligné l'extrême homogénéité d'une narration à l'autre, la même respiration de phrases souvent amples, digressives et ressassantes. En somme les structures de la langue utilisées révèlent une singularité identifiante, un mode du dire, de se parler qui signe un même énonciateur. Nous pouvons de ce fait interpréter les quatre romans comme le discours manifeste d'un même homme, qui poursuit son monologue à travers le temps.

Monologue, voilà bien un concept qui permet de résoudre les contradictions dans lesquelles on enferme la voix narrative. Le monologue intérieur explique par exemple l'absence de narrataire final aux narrations simoniennes, repli solipsiste que les romans reflètent lorsque Georges se demande si finalement le partenaire de ses dialogues n'est pas « lui-même » (RF,171/172), constat déterminant aussi pour le narrateur d'*Histoire* qui a l'impression de dialoguer avec son « propre fantôme » (H,151). Discours d'un « je » sous couvert parfois d'un « il », qui dans un roman comme *L'Acacia* émerge progressivement (A,293/294350,355/356,359), l'indécision du mode de désignation grammaticale de la personne trouvant son origine dans la difficulté de se dire (« je ») dans le récit de soi (« il »), dans la distance qui dévoile sans blesser, qui approche la vérité de l'émotion sans réveiller les vieilles douleurs. Car si déjà pour Jean-Luc Seylaz la narration simonienne est un « monologue de la mémoire »[2], pour Dorit Cohn, plus récemment, elle est avant tout un monologue remémoratif qui « à la différence des autres monologues », « vide l'instant de l'énonciation de toute expérience actuelle, simultanée : le monologueur n'est plus qu'un médiateur, un relais désincarné, une pure mémoire pas même située dans le temps et dans l'espace. »[3]. C'est ainsi que peut s'éclairer cette difficulté fondamentale à insérer le discours du narrateur simonien dans des repères spatio-temporels car sa situation d'énonciation est pour celui qui parle une évidence telle qu'elle ne mérite pas d'être précisée. Cette immersion dans le passé explique aussi que le narrateur soit habité par les voix d'autrefois qui le hantent, qui parlent en lui et finalement donnent l'illusion d'une dispersion de sa propre parole. Pourtant le monologueur simonien, même englué dans son passé, n'est pas totalement expulsé

---

[1] P. Mougin voit par exemple dans le thème « cortical », un élément figuratif commun aux quatre œuvres, in *L'effet d'image*, Paris, L'Harmattan, 1997, pp. 152/158.
[2] J.-L. Seylaz, « Du *Vent* à *La Route des Flandres* : la conquête d'une forme », in *Revue des Lettres modernes*, n° 94-99, 1964, p. 236.
[3] D. Cohn, *La transparence intérieure*, Paris, Seuil, « collection Poétique », 1981, p. 279.

de son actualité, car la rétrospection se fait au présent d'un discours qui se souvient ; « discours immédiat » pour Gérard Genette[1], le monologue intérieur postule une concomitance entre la temporalité du récit et celle du vécu. Cette extrême contiguïté est concrétisée dans *Histoire* par la proximité entre le temps de la journée support et celui de sa narration ; c'est par des participes présents non temporels que le passé se présentifie comme un vécu simultané de la parole ; et c'est par ses interventions que le discours du narrateur se donne comme une énonciation surgissante.

Finalement à la question, « Qui parle ? » dans les quatre romans, on peut répondre : un même narrateur, très présent qui, dans une forme monologuée variable, s'énonce au fil du temps, en discourant sur un passé qui le hante. L'inconscient du narrateur auquel nous allons nous intéresser, comme origine de la répétition, est bien cette « réalité vivante et individuelle » dont parle Anzieu, vivante car articulée sur un corps qui sent, qui souffre, qui désire et qui jouit, sur une présence physique dont il nous est parfois donné d'entrevoir la main au moment même de la narration écrite :

« *Il cesse de feuilleter les cahiers et regarde sa main dans le soleil qui fait ressortir les milliers de rides plus ou moins larges se chevauchant, s'entrecroisant, mais toutes orientées dans le même sens, comme des plissements de terrain. Elles se dirigent en oblique à partir du tranchant de la paume vers l'index, ondulant, se resserrant ou s'écartant, s'engouffrant entre les bases des doigts comme l'eau d'un courant.* » (G,28/29)

Individuelle car le narrateur exprime les expériences affectives d'une vie particulière, ponctuée de traumas et de fantasmes, dans une parole singulière à l'identité unifiée. Précisément, il convient de signaler que le matériel qui est livré dans le discours du narrateur, est au plus près des productions inconscientes et qu'il légitime une investigation clinique.

Le monologue inconscient

En effet en quoi consiste l'essentiel des récits ? Pas d'événements contemporains de l'énonciation mais toujours un contenu régressif d'ordre traumatique ou libidinal, qui s'exprime dans des souvenirs, des fantasmes et des hallucinations.

Le matériel fantasmatique

Les souvenirs relatés sont de trois ordres. D'abord des souvenirs de guerre, répétition transformée de l'inscription inconsciente et traumatique des événements affrontés en Espagne pendant l'insurrection de 1936, lors de la débâcle de 1940 et de l'internement dans le stalag allemand. On note ensuite des souvenirs sexuels, dans *La Route des Flandres* avec Corinne (RF,236/238,242/244,268/269), dans *Histoire* avec une jeune fille lors du service militaire (H,342/344), puis avec Hélène (H,120,123/124) et peut-être compte tenu du contexte de culpabilité, avec une maîtresse (H,370/371), dans *L'Acacia* avec les prostituées (A,368/370). Ces souvenirs érotiques qui reviennent fréquemment et qui sont décrits en détail, laissent affleurer la fonction déterminante chez l'humain d'un ordre libidinal inconscient. Enfin le texte s'ouvre majoritairement à des souvenirs d'enfance. Or selon Freud, « nos sou-

---

[1] G. Genette, *Figures III, op. cit.*, p. 193.

venirs d'enfance [...], à l'inverse des souvenirs conscients de l'âge adulte, ne se fixent pas à partir de l'événement même mais ne sont évoqués que tard, l'enfance déjà écoulée, et alors modifiés, faussés, mis au service de tendances ultérieures : de telle sorte qu'ils ne peuvent en général pas très bien se distinguer des fantasmes »[1] et le psychanalyste de poursuivre, « ce qu'un homme croit se rappeler de son enfance n'est pas indifférent. En général sous ces vestiges, se cachent d'inappréciables témoignages ayant trait aux lignes les plus importantes de son développement psychique. »[2].

Outre ces reconstructions du passé édifiées par la mémoire consciente, la narration propose de vrais fantasmes de l'âge adulte. Moins immergés que les rêves ou les symptômes dans le fonctionnement inconscient, les fantasmes, conscients dans leur architecture, relèvent bien du système inconscient, car ils sont, comme les formations oniriques, en rapport étroit avec le désir, en tant qu'ils essaient de reproduire un mode premier de satisfaction à jamais perdu, la satisfaction des désirs infantiles[3]. C'est exactement cette plénitude du rapport fusionnel et repu avec la mère que Georges recherche dans les fantasmes d'amour avec Corinne :

« *il ne restait plus alors de mon corps qu'un fœtus ratatiné rapetissé couché entre les lèvres du fossé comme si je pouvais m'y fondre y disparaître m'y engloutir accroché comme ces petits singes sous le ventre de leur mère à son ventre à ses seins multiples m'enfouissant dans cette moiteur fauve* » (RF,237)

La narration simonienne nous propose des fantasmes originaires qui s'organisent autour des ancêtres mais surtout des parents du narrateur depuis la scène primitive (H,152 A,128,217) où la jouissance de la mère est largement évoquée (H,388 A,134/136,144/145,268), jusqu'à la gestation (H,402 A,145,207,274). Les romans présentent aussi de nombreux fantasmes sexuels où sont reconstitués les coïts de Corinne et d'Iglésia (RF,48), de Virginie et de son valet (176/177), de L.S.M. avec Adélaïde (G,389/390), de Charles avec le modèle (H,370/371). Dans tous ces scénarios imaginaires, la séquence est toujours une « dramatisation »[4] en images sensorielles, où la régression hallucinatoire s'opère grâce à la métaphore et la métonymie dans les longues descriptions simoniennes, mises en scène auxquelles le narrateur assiste en voyeur et où les permutations de rôles sont possibles (on pense ici au glissement pronominal progressif entre Charles et son neveu et à cette scène de *La Route des Flandres* dans laquelle Georges prend la place de de Reixach : « je pensais qu'il l'avait tenue comme cela mes cuisses sous les siennes cette soyeuse et sauvage broussaille contre mon ventre » (RF,240)). La mise en scène du désir est indissociablement liée à celle de l'interdit, persistante dans le discours du narrateur où les fantasmes sexuels évoqués sont souvent associés à une situation d'illégitimité ou d'adultère.

Enfin, au-delà du fantasme, la narration laisse surgir trois bouffées délirantes, trois hallucinations incontrôlées, celle de l'enterrement de campagne dans *La Route des Flandres*, (RF,74), celle du cavalier à la « tête de mort aux orbites vides », (G,66), et celle de « la table dressée dans un pré, au bord de la route » (G,63). Ces scènes qui ne s'apparentent à aucune séquence, émergent inopinément dans la parole

---

[1] S. Freud, *Un souvenir d'enfance de Léonard de Vinci*, Paris, Gallimard, collection « idées », 1977, p. 50.
[2] *Ibid.*, p. 52.
[3] S. Freud, *Le rêve et son interprétation*, Paris, Gallimard, collection « idées », 1975, chap. XII.
[4] *Ibid.*, p. 50.

narrative, se projettent à la façon d'un rêve vécu dans le champ spatial du narrateur pour lequel le principe de réalité s'est effondré et sont fortement chargées d'anxiété. Même si aucun discours n'est jamais anodin pour le psychanalyste, le matériel apporté par le narrateur simonien est particulièrement riche, dans la mesure où il plonge aux sources les plus parlantes de la voix inconsciente : le symptôme traumatique, les formations fantasmatiques et oniriques.

Les élaborations inconscientes sont par ailleurs favorisées dans la narration par la proximité de situations où le moi baisse la garde, où les résistances s'affaiblissent. Les souvenirs par exemple émergent très fréquemment la nuit : *Histoire* commence lorsque le narrateur travaille « tard dans la nuit » ; c'est lorsqu'il se trouve couché dans le train de la mobilisation, envahi par le noir, que le narrateur se remémore, dans *L'Acacia*, les vingt-six premières années de sa vie (A,163/195) et c'est aussi lorsqu'il est allongé dans son lit, de retour chez lui, qu'il revoit sa vie dans le stalag, son évasion et s'ouvre à son désir sexuel (A,chap.XII) ; dans *La Route des Flandres*, la nuit passée à l'hôtel, en compagnie de Corinne, est très fertile en remémorations, de même que l'obscurité nocturne de la grange amène toute une fantasmatique désirante sur la fille de ferme (RF36/37). Il y a dans l'état d'assoupissement, comme dans l'ivresse, comme dans la fatigue, états si fréquemment évoqués par la narration simonienne, un laisser-aller qui, par l'affaiblissement de la conscience vigile et tyrannique, facilite un abandon aux pulsions et son laisser-dire. C'est en effet grâce au sommeil, par le rêve, que le narrateur, comme Claude Simon, peut retrouver le véritable chemin vers un passé, constitutif de la personnalité d'aujourd'hui et de ses crispations :

« *Moi, je dors. C'est ainsi que je peux me retrouver, moi, retrouver ma vie, retrouver mes rêves et le rêve de mon passé qui n'existe pas autrement.* »[1]

Les processus inconscients

Le récit du passé dans les œuvres de Simon s'organise de fait tel un rêve et on peut lire *Le rêve et son interprétation* de Freud comme un manuel d'écoute critique de la narration simonienne. Forme de compromis entre l'expression d'un désir inconscient refoulé et une censure persistante bien qu'affaiblie, le rêve révèle les processus primaires de la pensée inconsciente. Les pensées latentes y sont soumises à un certain nombre de transformations qui, tout en rendant leur lecture manifeste obscure, les maintient acceptables pour le conscient. Mécanisme fondamental du travail du rêve, la condensation consiste à fusionner en une image unique des situations liées à des souvenirs différents, à superposer « les éléments, de manière à faire ressortir en l'accentuant le point central commun à toutes les images superposées »[2]. Or cette « association par ressemblance, par contact et par correspondance »[3] est caractéristique de la structuration de la parole narrative chez Simon. Les quatre narrations sont construites sur une analogie des situations révolutionnaires, guerrières, adultères, des états de deuil et sur la superposition des destins. « On explique aussi, par le travail de condensation, certaines images spéciales au rêve et que l'état de veille ignore absolument. Ce sont les figures humaines à personnalité multiple ou

---

[1] C. Simon, *La corde raide*, p. 170.
[2] S. Freud, *Le rêve et son interprétation*, Paris, Gallimard, collection « idées », 1975, p. 43.
[3] *Ibid.*, p. 66

mixte, et aussi ces étranges créations composites qui ne se peuvent comparer qu'aux figures animales conçues par l'imagination des peuples d'Orient. »[1]. La narration simonienne produit nombre de ces figures hybrides, Jockey-homard (RF,122), cavalier-centaure (H,237 A,31), antiquaire-araignée (H,230), de ces êtres composites et contradictoires qui, comme Corinne, associent « cet aspect enfantin, innocent, frais, prévirginal en quelque sorte » et la perversité d'« une femme sans âge, comme une addition de toutes les femmes, vieilles ou jeunes, quelque chose qui avait aussi bien quinze, trente ou soixante ans que des milliers d'années », (RF,129,136). Le rêve se construit également sur des transferts d'intensité psychique, sur la « substitution de l'incident banal au fait émouvant, des matériaux quelconques à ceux qui peuvent justement intéresser »[2], que Freud nomme le déplacement. La différence de centrage dans le détail anodin qui se révèle en fait fondamental, est aussi à la base de la construction des romans de Simon où par exemple le titre de presse, qui signale épisodiquement dans *Histoire* la défenestration d'une femme, est la clé qui finalement déverrouille le mystère des malheurs conjugaux du narrateur et de son oncle ; de même dans *Les Géorgiques*, le passage du premier chapitre, extrêmement insignifiant qui indique, « il vote la peine de mort contre tout émigré rentré en France qui sera pris les armes à la main » (G,26), contient en lui le fratricide de L.S.M. et sa répudiation par son milieu familial. La narration simonienne institue le déplacement comme règle de fonctionnement de textes qui transportent la puissance signifiante de la pensée latente sur la banalité de l'expression manifeste. Freud insiste, par ailleurs dans le rêve sur l'absence de liens logiques remplacés par des juxtapositions, « un rapprochement dans le temps et dans l'espace »[3]. On a montré, dans la première partie, la dévaluation des liens logiques et la construction en tableaux contigus des narrations qui sautent d'une époque à l'autre, d'un lieu à un autre, établissant une relation intime mais « manifestement » sans logique entre les idées latentes que représentent ces éléments. « C'est à l'analyse à rétablir après coup les enchaînements et les relations logiques de ces idées. »[4]. Enfin cette parole du narrateur s'organise comme la parole du rêve et comme celle de l'inconscient dans une temporalité autre que chronologique, car ainsi que le rappelle Freud « les processus du système Ics sont *intemporels*, c'est-à-dire qu'ils ne sont pas ordonnés dans le temps, ne sont pas modifiés par l'écoulement du temps, n'ont aucune relation avec le temps. »[5]. Le discours du narrateur simonien, si proche par son contenu et sa structure des processus inconscients qui s'expriment dans le rêve, pourrait ainsi être appelé monologue inconscient plutôt que monologue intérieur ou remémoratif.

Le discours inconscient se traduit alors, dans son mode d'expression, par des lapsus (« populer je veux dire copuler je veux dire copulation pour peupler » (H,343)), des silences (on pense ici au silence définitif qui règne sur la mort de la femme du narrateur dans *Histoire* ou à la révélation tardive du fratricide de L.S.M. dans *Les Géorgiques*), les enchaînements d'une parole associative et bien sûr des répétitions.

---

[1] *Ibid.*, p. 45/46.
[2] *Ibid.*, p. 56.
[3] *Ibid.*, p. 64.
[4] *Ibid.*, p. 63
[5] S. Freud, « L'inconscient », *Métapsychologie*, Paris, Gallimard, collection « idées », 1940, p. 97.

Le principe de répétition est essentiel dans la théorie analytique, à tel point que Lacan en a fait un des quatre concepts fondamentaux de la psychanalyse[1]. Pourtant la diversité de ses formes comme le fourmillement de ses apparitions ont probablement empêché une synthèse théorique de la notion psychanalytique, qui n'existe pas à ma connaissance et qu'on propose ici d'ébaucher, avant de la valider dans une analyse archéologique du monologue inconscient du narrateur. Il semble à la lecture des textes freudiens et lacaniens que la répétition, signe manifeste, trouve toujours son origine dans des processus inconscients et qu'elle s'étendent à deux domaines.

Dans le champ de la normalité, la répétition est liée à la problématique du désir, car tout désir au présent est métaphore d'un désir passé, une re-jouissance qui cherche à retrouver de façon hallucinatoire une première expérience de satisfaction réelle, comme le suçotement qui est lié à l'apaisement de la faim. Elle dessine par exemple sur le corps de l'adulte, des zones érogènes qui ont été déterminées dans l'enfance par le tracé des besoins comblés[2]. La répétition participe aussi du fonctionnement de la mémoire, où comme nous l'avons déjà signalé, le frayage installe la possibilité de la trace mnésique et le retour du souvenir. Enfin chez Lacan, la répétition est liée au symbolique, « l'automatisme de la répétition (Wiederholungszwang) prend son principe dans ce que nous avons appelé l'insistance de la chaîne signifiante »[3], le signifiant ne cesse de revenir du fait même de la structure du langage organisé autour de la disparition d'un premier signifiant.

Dans le domaine pathologique, la répétition est à lire comme un symptôme. Par exemple, le ressassement dans le discours peut s'analyser comme la fixation au trauma, comme le refoulé qui fait retour dans le cas d'une névrose traumatique, conception développée par Freud dans *Au-delà du principe de plaisir*[4] et que rejoint Lacan, sous le terme aristotélicien de « tuché », lorsqu'il voit dans la répétition la recherche de symbolisation d'un trauma non maîtrisé par la parole[5]. La quête répétée de situations déplaisantes, « la compulsion de répétition », permet alors à Freud de supposer l'existence d'un au-delà du principe de plaisir, d'une pulsion de mort, qui tend au retour vers l'inanimé[6]. La répétition a donc à voir avec la destruction, l'anorganique, la pulsion de mort. Parallèlement la réitération, peut se découvrir comme le symptôme du discours dépressif, mélancolique où le sujet enfermé dans un deuil pathologique ne peut accéder au signifiant, tout comme les ruminations mentales, les compulsions obsédantes signent la névrose obsessionnelle. Par ailleurs les récurrences significatives dans la vie d'un individu, dans le destin de ces personnes qui semblent sous le coup d'une fatalité, comme le narrateur simonien qui doit affronter des deuils répétitifs, trouvent aussi leur origine dans des phénomènes in-

---

[1] J. Lacan, « Les quatre concepts fondamentaux de la psychanalyse », *Le séminaire*, livre XI, Paris, Seuil, collection « Points Essais », 1973, pp. 25/75.
[2] Voir S. Freud, *Trois essais sur la théorie de la sexualité*, Paris, Gallimard, collection « Idées », 1962, notamment chap. II.
[3] J. Lacan, « Le séminaire sur "La Lettre volée" », *Ecrits I*, Paris, Seuil, collection « Points Essais », 1999, p. 11.
[4] S. Freud, « Au-delà du principe de plaisir », *Essais de psychanalyse*, Paris, petite bibliothèque Payot, 1981, pp.57/64.
[5] J. Lacan, « Les quatre concepts fondamentaux de la psychanalyse », *Le séminaire*, livre XI, *op. cit.*, pp. 63/74.
[6] S. Freud, « Au-delà du principe de plaisir », *Essais de psychanalyse, op. cit.*, p. 77/88.

conscients[1]. Mais si le patient répète sans savoir qu'il répète, ni qu'il répète ce qui ne peut être remémoré, le phénomène de re-production des conflits inconscients sera directement exploitable dans le transfert pour transformer l'automatisme de la répétition en remémoration. Le transfert, résorption de la répétition est lui aussi « un fragment de répétition »[2]. On le constate les manifestations pathologiques de la répétition sont multiples et leur étiologie complexe.

C'est donc à la lumière de ces présupposés théoriques, essentiellement freudiens et lacaniens, qu'il convient d'éclairer les réitérations et les obsessions dans le discours du narrateur, comme les récurrences dans ce qu'il dit de sa vie.

---

[1] *Ibid.*, pp. 61/62.
[2] S. Freud, « Remémoration, répétition et perlaboration », in *La technique psychanalytique*, Paris, P.U.F., 1997, p. 109.

LES FOUILLES DE L'INCONSCIENT

Le travail archéologique sur le discours du narrateur, auquel il nous invite lui-même, lorsqu'il fait métaphoriquement référence à Pompéi (H,110,330 G,27,59,324,374) ou Herculanum (G,27,374), quand il se met lui-même à fouiller le passé de sa propre famille comme en témoigne l'exhumation des « malles poilues » (RF,50) et autres archives cachées dans les placards dérobés (G,439), ce chantier de fouilles commencera donc, méthodologie oblige, par la couche supérieure, la plus récente pour le narrateur et peut-être la plus insistante, l'expérience de la guerre et des « chocs nerveux » (G,233) qu'elle a infligés.

Le psychotraumatisme de guerre

La Route des Flandres, *Les Géorgiques*, *L'Acacia* et dans une moindre mesure *Histoire*, sont avant tout la narration par un homme de sa guerre : mobilisation, enrôlement, départ vers le front, longs mois d'attente et de préparation, rencontre avec l'ennemi, capture, camp de travail, évasion, démobilisation et reconstruction d'une vie malmenée. Le récit de guerre occupe la totalité de *La Route des Flandres*, plus de la moitié des chapitres de *L'Acacia*, le chapitre deux et partiellement les chapitres un et trois des *Géorgiques*. L'épisode de la guerre est massivement relaté, toutefois son traitement ne se veut ni chronologique, ni minutieusement exhaustif. Il est construit sur le retour, dans chaque œuvre et d'une œuvre à l'autre, des mêmes scènes obsédantes. Parmi les séquences de guerre les plus souvent et les plus longuement évoquées se trouvent trois expériences qui se révèleront, pour le narrateur, trois scènes traumatisantes.

Les circonstances traumatiques

La première est liée à la proximité de la mort : le brigadier ainsi que son escadron de cavalerie tombent dans une embuscade préparée par les Allemands, qui à la croisée des chemins anéantiront la totalité de l'effectif hormis quatre survivants (RF,143/147 G,46/47,51/52,60,61 A,89/91,284). Le déroulement de la scène est particulièrement intéressant car il contient les raisons du choc émotif. D'abord l'absence d'anticipation favorise l'avènement du traumatisme, les cavaliers n'ont pas dormi depuis quarante-huit heures (G,46), au sortir d'une nuit de marche en retraite, on les voit « dodelinant la moitié en train de dormir sans doute » (RF,143), « s'assoupissant » (G,46), « somnolant encore » (A,89). Et les soldats psychiquement sans défense vont être livrés à la brutalité imprévue d'un événement extérieur, à « la surprise, la soudaineté, la violence de l'attaque » (G,61), dont le narrateur rend compte par des adverbes comme « soudain » (A,89), par des passés simples, « cela arriva sur nous » (RF,144) ou des verbes à valeur ponctuelle, « lorsque éclatent les premiers coups de feu » (G,47). L'impréparation conjuguée à la brusquerie de l'agression qui fait effraction dans leur passivité vulnérable, provoque un état de détresse d'autant plus choquant que cette brutale commotion est l'oracle d'un funeste destin ; car si les soldats comme les hommes savent qu'ils doivent mourir un jour, dans l'embuscade, la mort apparaît comme une donnée probable et imminente, « ils comprennent alors qu'ils sont tombés dans une embuscade et qu'ils vont presque tous mourir » (G,47), « on est foutus » (RF,149). Le récit par le narrateur de ce qui se passe au cours de l'embuscade, une fois la surprise passée, ne fait paradoxalement aucun état de l'angoisse, les conditions « ne permettent pas de penser à la peur » (G,61), il se situe « au-delà de la peur » (A,92), dans une sorte de sidération sensorielle car le discours est surinvesti par la réalité perceptive d'ordre auditif, le tapage (G,60 A,89,90), les cris (G,60 A,90), les rafales de mitrailleuses, les détonations (A,89), et visuel avec l'insistance sur le mouvement désordonné. La perte de conscience qui suit est attendue comme l'évidence de l'irruption mortelle : « puis soudain plus rien [...] : le noir, plus aucun bruit [...], sourd, aveugle, rien, jusqu'à ce que lentement, émergeant peu à peu comme des bulles à la surface d'une eau trouble, apparaissent de vagues taches indécises qui se brouillent » (A,90), comme le simulacre de la mort vive dont le réveil mime avec l'« eau trouble », l'émergence du milieu fœtal, le procès de la naissance. A cette régénération s'oppose toutefois le constat de l'hécatombe humaine dont témoignent les cadavres et les blessés sur le bord du talus (RF,147/148 A,90/91). Puis toujours sans manifestation d'affects ou de pensées, le narrateur raconte une automatisation du corps, qui, mû par des réflexes d'autoconservation, trouve les ressources instinctives pour fuir et se cacher (RF,149 G,52 A,88,90,284), cette péripétie étant marquée par le sentiment de solitude du soldat errant à travers les bois, sans plus d'encadrement ni de structure communautaire. D'où cette espèce d'excitation jubilatoire de l'homme qui, lorsqu'il retrouve son colonel, décline toutes les preuves de son intégration sociale, « haletant, au garde-à-vous, énumérant d'un trait l'un après l'autre son grade, son nom, le numéro de son escadron, celui de son peloton » (A,103), et se place dans une confortable situation de dépendance infantile. L'épisode de l'embuscade se clôt sur la description d'un état de confusion psychotique où le narrateur se sent « séparé du monde extérieur par la pellicule craquelée et brûlante » (G,52), « une cloche de verre », une « paroi de cellophane » (A,chap. X), réaction paroxystique qui le relègue en dehors de la réalité, et à tendance suicidaire ainsi que le prouve son indifférence aux signaux de danger émis par des civils le long de la route des Flandres (RF,16 A,298).

La seconde scène traumatisante, qui s'impose par sa répétitivité et qui court sur les quatre narrations, suit immédiatement la conclusion de l'épisode de l'embuscade, et n'a pas laissé le temps au narrateur de se restructurer : il s'agit de la mort spectaculaire du colonel. Le déroulement de cette séquence est exactement comparable à celui de la précédente : un état de passivité et de renonciation, troué par des coups de feu soudains et mortels au cours desquels le colonel trouve une mort, sur le modèle de laquelle le narrateur imagine la sienne (A,303) ; après quoi succède une agitation motrice dans une fuite pour la survie, qui doit affronter le rejet et la méfiance du corps social (signalés par le « foutez le camp » (RF,84) que formulent des paysans auxquels est demandée la route) et le sentiment d'être abandonné par l'institution militaire (RF,193).

Le troisième épisode choquant, moins fulgurant mais plus corrosif, est l'expérience du stalag où le narrateur sera retenu prisonnier par les Allemands. Il s'agit là d'une autre approche de la mort, non plus la mort de la vie mais celle de l'humanité, de l'individualité. Le soldat y connaît l'humiliation et l'impuissance des captifs, la faim, la soif, la saleté, la maladie, le travail physique jusqu'à l'épuisement, l'absence de sommeil, en somme les conditions suffisantes pour transformer un groupe d'hommes en une « foule fantomatique » (A,336). Le camp de prisonniers constitue ainsi une autre menace de destruction du moi, un danger pour l'intégrité de la personne. Ici encore le narrateur échappe à son destin par une fuite dans la solitude et la clandestinité où son corps retrouve une animalité instinctive (RF,268 A,342/344,349/354,359/360).

Ces trois chocs traumatisants ont en commun la rencontre avec la mort. Non pas la mort abstraite, mais la confrontation avec la mort directe de l'autre que la rupture des cadres communautaires ne permet plus de penser. Dans ces trois scènes traumatisantes, le paroxysme destructeur place le narrateur dans un état d'abandon social et d'urgence où les rituels de deuil ne peuvent trouver leurs places. Les corps disparaissent, comme celui de Blum, ou sont abandonnés là sur le champ de bataille, comme celui de Wack. La guerre ne laisse pas le temps pour les prises en charge sacrées ou au moins pour la distance affective, qui assureraient les transitions du deuil. Pire même, le narrateur éprouve la culpabilité du survivant qui l'amène à revenir sur la disparition injuste des compagnons, sur « le corps sans vie du cavalier qui chevauchait un moment plus tôt à son côté, à côté de qui il avait vécu, dormi et mangé depuis huit mois » (A,91 RF,146/147). Mais le stress de guerre, provient surtout et avant tout de la proximité de la mort propre. Normalement cette mort est impensable, on sait que pour Freud, « notre propre mort ne nous est pas représentable et aussi souvent que nous tentons de nous la représenter nous pouvons remarquer qu'en réalité nous continuons à être là en tant que spectateur », car « dans l'inconscient, chacun de nous est persuadé de son immortalité. »[1]. Or dans le premier choc évoqué plus haut, cette mort est métonymiquement vécue dans la perte de connaissance, qui puisque aucune atteinte physiologique ne la justifie, peut s'entendre comme un effroi et une fuite devant l'irruption brutale de la mort mais aussi comme une abdication, un abandon prématuré au destin. C'est précisément le contenu du trauma, que mettent explicitement en scène les trois hallucinations subies par le narrateur :

« *Désemparé il erre à pied dans la campagne peu à peu envahie par le crépuscule. Il est sujet à des hallucinations. Il entend croître un bruit de clochettes et se jette à l'abri d'une haie. Dans la lumière indistincte de la nuit tombante il voit passer sur le chemin un cavalier coiffé d'un casque rond derrière lequel flotte au vent un long voile de mariée. Le cavalier a une tête de mort aux orbites vides. Le trot du cheval secoue les clochettes qui font entendre un bruit argentin décroissant rapidement. Il se relève et contemple avec incrédulité le chemin vide.* » (G,66)

A la faveur de l'obscurité envahissante et de la perte de soi (« désemparé » a pour sens étymologique « démantelé », « hors d'état de servir »), l'angoisse intérieure projette dans une réalité contemporaine du trauma - la guerre avec le cavalier, le casque, le cheval, la haie, le chemin - une imagerie hautement symbolique. Ce passage signe la rencontre directe avec la mort qui regarde le narrateur, de ce fait le désigne, le choisit et, par le voile de mariée, semble l'inviter à une noce macabre. Cavalier de l'Apocalypse, la mort ne s'arrête jamais et poursuit au trot son activité de châtiment, au son des clochettes qui résonnent comme un appel magique.

La deuxième hallucination est une synthèse complexe de données culturelles (*Un Enterrement à Ornans* de Courbet ?), familiales (le portrait de l'ancêtre) et individuelles avec la référence au contexte guerrier (« la capote couleur de terre des soldats tués », « bombe », « obus ») :

---

[1] S. Freud, « Considérations actuelles sur la guerre et sur la mort », in *Essais de psychanalyse, op. cit.*, p. 26.

« *la mort, donc, s'avançant à travers champs en lourde robe d'apparat et dentelles, chaussée de godillots d'assassin, et lui (l'autre Reixach, l'ancêtre) se tenant là, à la manière de ces apparitions de théâtre, de ces personnages surgis d'une trappe au coup de baguette d'un illusionniste, derrière l'écran d'un pétard fumigène, comme si l'explosion d'une bombe, d'un obus perdu, l'avait déterré, exhumé du mystérieux passé dans un mortel et puant nuage non de poudre mais d'encens qui, en se dissipant, l'aurait peu à peu révélé anachroniquement vêtu (au lieu de l'omnirégnante capote couleur de terre des soldats tués) de cette tenue aristocratique et faussement négligée de chasseur de cailles dans laquelle il avait posé pour ce portrait.* » (RF,74)

On retrouve ici l'idée d'une mort déguisée, dont l'ambivalence hésite entre le féminin et le masculin, qui vient à la rencontre de l'élu, « s'avançant ». Toutefois cette mort en majesté ne s'adresse pas directement au narrateur lui-même, mais à l'un de ses avatars, l'ancêtre, dont la présence ne relève finalement que de l'escamotage illusionniste, qui fait écran à la réalité guerrière de 1940.

La troisième apparition met clairement en image l'angoisse d'abandon d'un narrateur qui subit la dissolution traumatique des liens communautaires :

« *La table est dressée dans un pré, au bord de la route, recouverte d'une nappe blanche, entourée de deux fauteuils Voltaire et de trois chaises d'ébène au siège de velours rouge. Les fauteuils et les chaises ont été repoussés en arrière et de biais comme par des convives qui après un bon repas se mettent à l'aise, croisent leurs jambes et fument une cigarette.* » (G,63)

Cette vision qui, on l'aura noté, se situe, comme les précédentes, dans un champ et au bord d'une route, est donc aussi ancrée dans la guerre avec son champ de bataille et cette route chargée pour le narrateur du poids traumatique de la mort du colonel. Par ailleurs théâtre vide, scène désertée, le banquet de la mort revêt les couleurs du sang (« rouge ») et du deuil (« ébène ») et laisse le narrateur à sa solitude qui paie sa survie illégitime.

Le trauma, généré par les événements que le narrateur subit, le conduit à une situation d'aporie qui d'une part l'empêche de faire le deuil coupable de l'autre et l'oblige d'un autre côté à faire le deuil impossible de soi-même. Obligé de trouver un compromis inconscient à la contradiction, le narrateur va développer les signes d'une névrose.

Les symptômes

En effet démobilisé, le narrateur ne semble pas pouvoir reprendre une vie civile exactement normale. Dans La *Route des Flandres*, le retour sonne comme une rupture, « Georges déclarant qu'il avait décidé de s'occuper des terres » (RF,213), mais aussi une provocation pour son intellectuel de père, Georges « se contentant de le défier, de l'épier sans même le regarder » (RF,213). Car le narrateur fait preuve d'une certaine instabilité nerveuse, une agressivité qui s'exprime dans le discours par l'injure, l'ironie mordante, et dans les actes par la violence physique. Cette colère est destinée tout aussi bien aux voyageurs d'un train dont il referme « violemment la porte » du compartiment (A,359), qu'au garçon de café qui lui signale qu'il a oublié sa monnaie, « revenant alors vers la table, balayant d'un revers de main le billet crasseux resté sur le marbre avec les pièces qui s'éparpillèrent, roulèrent sur le carrelage, allèrent se perdre dans l'écume sale de sciure repoussée »

(A,362) ; elle vise aussi le pouvoir politique et militaire à qui incombe la responsabilité de la débâcle (G,127,131,137 A,37) et en particulier le colonel, « le bougre de salaud » (A,366) qui les a conduits sur « cette putain d'abattoir de route » (A,303).

Paradoxalement si l'heure est sporadiquement au règlement de comptes, le traumatisme de guerre plonge le narrateur dans une régression narcissique. On a déjà évoqué l'image insistante de la « cloche de verre », de la « pellicule visqueuse et tiède », de la « paroi de cellophane » qui émaille son discours et figure l'hypothèse d'un retour à la vie intra-utérine alors que parallèlement, dans son comportement, on observe un émoussement de la réalité, une déperdition du contact avec l'extérieur. A son retour de guerre le narrateur se désintéresse des événements militaires : « il passait sans s'arrêter devant le hall du journal où, chaque soir, un commis écrivait à la craie sur un tableau les chiffres des pertes des armées ou des flottes canonnées. » (A,377). Il désinvestit toute activité intellectuelle, « il ne lisait rien même pas le journal » (A,376) ou culturelle comme le cinéma (A,375) ; dans l'après-guerre de *La Route des Flandres*, il passe ses « lentes et vides journées » à conduire le tracteur « suivant les lents sillons, regardant à chaque aller et retour son ombre d'abord distendue, étirée, changer lentement autour de lui comme les aiguilles d'une montre » (RF,214).

La situation traumatique engendre aussi dans l'après-coup une anesthésie émotionnelle, une inhibition affective. Dans une proportion inverse au choc qu'il a subi, le sujet traumatisé raconte son aventure en exprimant très peu d'affects. Une seule fois le narrateur de *L'Acacia* formulera un jugement de valeur sur son expérience de la guerre, « disant donc seulement que tout avait été dur » (A,348) et on perçoit ici combien « dur » est un euphémisme relativement à l'horreur vécue et encore affadi par le « seulement ». L'homme blessé psychiquement se détache de ses émotions, « incapable de formuler ce qu'il éprouvait » (A,374) comme il se délie des autres, insensible qu'il est à leur souffrance. Le narrateur constate « la complète indifférence [...] avec laquelle il regardait le blessé en train de crier » (A,90). La pauvreté des affects exprimés, soit dans le souvenir même du vécu traumatisant, soit dans le récit de celui-ci, témoigne d'une fracture du moi.

La narration se fait d'ailleurs à plusieurs reprises le miroir de ce clivage, dans l'hésitation entre « je » et « il » qui marque *La Route des Flandres*, et dans le choix d'un récit de vie à la troisième personne qui rend le narrateur spectateur de lui-même, comme dans *Les Géorgiques* et *L'Acacia*. Devant la menace de dissociation intérieure du moi, le discours du narrateur exprime souvent une angoisse primaire de fusion, de dévoration, sous l'action d'un agent extérieur, que l'on retrouve dans l'image obsédante du cheval absorbé par la boue (RF,25/27,97/99,221/222,283 G,53 A,42) auquel le narrateur, allongé dans le fossé, finit par s'identifier :

« *retournés, donc, à l'état de chaux friable, de fossiles, ce qu'il était sans doute lui-même en passe de devenir à force d'immobilité, assistant impuissant à une lente transmutation de la matière dont il était fait en train de se produire à partir de son bras replié et qu'il pouvait sentir mourir peu à peu, devenir insensible [...] à moins qu'il ne fût maintenant aussi mort que le cheval et déjà à demi englouti, repris par la terre, sa chair se mélangeant à l'humide argile, ses os se mélangeant aux pierres, car peut-être était-ce une pure question d'immobilité et alors on redevenait simplement un peu de craie, de sable et de boue* » (RF,223)

Ce fantasme de retour à l'inorganique, qui n'est pas sans rapport avec la répétition, on le verra, révèle la peur de la dissociation de la matière constitutive du moi, comme de l'absorption de l'individualité dans le grand Tout ; l'effraction inconsciente du moi occasionnée par le trauma, se transforme en images conscientes de fractionnement de l'unité de ce moi et de son effacement dans un corps étranger.

Mais le symptôme majeur, qui caractérise le narrateur traumatisé par la guerre, est le syndrome de la répétition. Dans les actes d'abord où le retour à la vie civile le montre enfermé dans des rituels immuables, accentués par l'emploi de l'imparfait : « Il la quittait tôt, avalait un liquide âcre, amer, dans l'un des premiers cafés ouverts, se recouchait, dormait encore jusqu'à midi, déjeunait avec les deux vieilles femmes, sortait s'asseoir au soleil à une terrasse » (A,370). Mais surtout dans le discours pénétré du ressassement obsédant, par le narrateur, de sa guerre (la putain près de laquelle il est finalement allongé « faisait semblant de l'écouter, l'air vaguement alarmée, ou simplement ennuyée, comme on écoute radoter un vieillard ou un malade » (A,301)) et aussi de la guerre des autres, celle de son père, celles de ses ancêtres, celle de ses contemporains en Espagne, celle de César, comme si le symptôme de répétition réduisait, par analogie, la réalité de l'existence humaine à l'expérience de la guerre et même par extension à l'épreuve de toutes les catastrophes naturelles si fréquemment évoquées et qui constituent pareillement des situations traumatisantes. A l'intérieur de ce vécu apocalyptique, la narration s'organise en plus autour de la reviviscence des scènes les plus traumatiques, soit pour en chercher le sens inaccessible par la multiplication et la réitération de questions (« que savoir ? », « comment savoir ? »), soit pour revoir les événements, comme un appel à la souffrance, sur un mode hallucinatoire, cinématographique : la mort de Wack par exemple est revécue « au ralenti », « comme dans un film privé de sa bande de son » (RF,146). Il s'agit en particulier de revenir à l'événement stressant dans sa dimension la plus morbide, la mort la plus crue comme l'exhibition du cadavre étendu dans « une mare de sang » (RF,148), livré au « grouillement sombre » des « grosses mouches bleu-noir se pressant sur le pourtour, les lèvres de ce qui était plutôt un trou, un cratère, qu'une blessure » (RF,98). Les détails sauvages témoignent du besoin de revoir la mort dans sa dimension corporelle et intolérable. Répéter les moments de guerre montre par ailleurs la nécessité de faire revivre, au moins dans le discours, les morts auxquels on a survécu. Faire parler les défunts, raconter les disputes au sein de l'escadron entre Wack et Blum, revenir sur l'instant fatidique du passage entre la vie et la mort du compagnon d'infortune, c'est autant de fois les rappeler à une existence que, d'une certaine façon, on leur a volée. Aussi le rescapé traumatisé ne peut se vivre que comme un mort-vivant quand il retourne à la vie civile. Georges occupe ses « lentes et vides journées » sur son tracteur, il se laisse totalement aller à une négligence régressive lorsqu'il se rend « à table dans sa salopette souillée, avec ses mains non pas souillées mais pour ainsi dire incrustées de terre et de cambouis » (RF,214). L'horizon du narrateur dans *L'Acacia* se limite au « bordel » qu'il fréquente et aux quelques promenades qu'il fait, quand il ne s'endort pas d'un sommeil de mort qui l'engloutit « non pas dans mais sous son épaisse chape de noir » (A,343), tel un tombeau. Seuls les coïts, qu'ils soient consommés avec Corinne (RF,87/89,236/238,240/244) ou avec quelques prostituées (A,368/370) semblent permettre une décharge partielle car ce sont les seules expériences de satisfaction relatées dans l'après-guerre.

Cet être dévitalisé qui souffre d'une absence d'affect, d'une inhibition à la pensée et à l'action, qui ressasse, présente le tableau clinique de ce que la théorie freudienne désignera progressivement sous le terme de névrose traumatique ou névrose de guerre. Ces stress psychosomatiques, consécutifs, selon Freud, à une catastrophe extérieure pour laquelle le sujet n'est pas préparé et qui met sa vie en danger - c'est la tuché de Lacan, la mauvaise rencontre, « comme au hasard »[1] - sont particulièrement caractérisés par le syndrome de la répétition[2]. La répétition est donc à lire comme un symptôme traumatique qui transparaît non seulement dans l'obsession des scènes traumatisantes vécues par le narrateur, dans le retour des épisodes de la débâcle de 39, dans les références permanentes aux guerres en général et à toutes les catastrophes naturelles, mais qui a contaminé aussi l'ensemble de l'arsenal discursif : le temps, les lieux, les personnages, la langue. Le narrateur est névrotiquement englué dans la répétition.

Comment comprendre alors chez le sujet choqué par la confrontation soudaine avec la mort l'envahissement de la répétition et la perte d'objet narcissique ?

Le retour du refoulé

Freud voit « dans l'insistance de l'expérience traumatique à faire retour même dans le sommeil du malade, une preuve de la force de l'impression qu'elle a produite. Le malade serait, pour ainsi dire, fixé psychiquement au traumatisme. »[3]. Pour le psychanalyste en effet, à cause de la brutalité de l'accident et de la menace vitale qu'il représente, le sujet n'a pas mobilisé ses possibilités de défense devant l'afflux des excitations et débordé, n'a pu répondre par une élaboration psychique[4]. Dans ces conditions les affects liés au trauma n'ont pu être liés, n'ont pas été élaborés par une symbolisation (« ... ne lui permettent pas de penser à la peur » (G,61), « il ne pense pas » (A,94), « incapable de formuler ce qu'il éprouvait » (A,374)) et subsistent à l'état refoulé dans l'inconscient. Et cet effroi qui ne peut se dire, génère, au moment du trauma, un surinvestissement sensoriel, perceptif et un automatisme de la motricité, que nous avons signalés plus haut, au détriment de la représentation psychique et des affects maintenus à l'écart.

Ce trauma qui n'a pu être intériorisé, qui n'a pu être lié, n'est pas un souvenir mais une « chose » qui demeure à l'état brut. Cette fixation au trauma est très explicite dans le discours du narrateur car outre le retour des scènes traumatisantes, on observe que la répétition se fait toujours dans les mêmes termes. La fixité du lexique et celle de la mise en scène témoignent d'une marque indélébile dans le système psychique du narrateur, incompatible avec la labilité de la mémoire. Les deux tableaux, qui suivent, mettent en lumière la parfaite identité dans les différents romans des deux scènes traumatiques. On a souligné en caractères gras, les expressions qui révèlent la similitude de leur déroulement et les termes qui se répètent d'un récit à l'autre.

---

[1] J. Lacan, « Les quatre concepts fondamentaux de la psychanalyse », *op. cit.*, p. 65.
[2] S. Freud, « Au-delà du principe de plaisir », *Essais de psychanalyse, op. cit.*, p. 73/75.
[3] *Ibid.*, p. 50.
[4] *Ibid.*, p. 73/75.

Les récits de l'embuscade

LA ROUTE DES FLANDRES	LES GÉORGIQUES	L'ACACIA
• […] avec leurs identiques encolures arrondies de pièces d'échecs leurs bustes voûtés, dodelinant la moitié en train de dormir sans doute quoiqu'il fît jour depuis un bon moment […] (RF,143) • puis cela arriva sur nous par-derrière le tonnerre des sabots la galopade des chevaux fous démontés la pupille agrandie les oreilles couchées en arrière les étriers vides et les rênes fouettant l'air se tordant comme des serpents et tintant, et deux ou trois couverts de sang et un cavalier criant […] (RF,144) • seulement quand j'attrapai le pommeau et le trousséquin pour m'enlever la selle tourna sens dessus dessous […] (RF,145) • j'essayais de lui remettre cette foutue selle sur le dos au milieu de tous les types qui me passaient maintenant autour lancés au grand galop et alors je m'aperçus que mes mains tremblaient mais je ne pouvais pas les empêcher pas plus qu'elle ne pouvait s'empêcher elle non plus de trembler toujours de tout son corps et à la fin j'y renonçai me mis à courir à côté d'elle en la tenant par la bride elle se mettait au petit galop avec la selle maintenant à peu près sous le ventre parmi les chevaux montés et démontés qui nous dépassaient […] (RF,145) • au bout d'un moment j'essayai de remuer mais rien ne se produisit réussissant à me mettre à quatre pattes la tête dans le prolongement du corps le visage dirigé vers la terre je pouvais voir le sol le chemin empierré les pierres apparaissant triangles ou polygones	• A mesure qu'il monte dans le ciel il projette devant eux leurs ombres distendues et pâles de statues équestres, aux formes d'insectes géants sur leurs pattes étirées qui semblent se rétracter et s'allonger tour à tour sans avancer. La lumière est d'une qualité perlée et blondit peu à peu. Les ombres commencent à raccourcir lorsque éclatent les premiers coups de feu. Des chevaux se cabrent ou s'écroulent et la tête de l'escadron qui s'était engagée sur la droite dans un chemin de traverse reflue en désordre vers la croisée des chemins où elle se heurte aux cavaliers du dernier peloton attaqués par-derrière et arrivant au galop. Ils comprennent alors qu'ils sont tombés dans une embuscade et qu'ils vont presque tous mourir. (G,46/47) • Au milieu du tapage assourdissant, des cris et du désordre il essaie vainement de replacer la selle sur le dos de sa jument, le front collé à son flanc, la visière des casques repoussée en arrière. (G,60) • Des chevaux démontés passent au galop sur le chemin dans un grondement confus de sabots et un tintement d'étriers vides et de coquilles de sabres entrechoquées. La surprise, la soudaineté, la violence de l'attaque et le bruit ne lui permettent pas de penser à la peur. (G,61) • Le bref combat de l'embuscade dans laquelle est tombé l'escadron semble terminé. Tout est maintenant silencieux. Au bout d'un moment il voit une mosaïque de polygones irréguliers de différentes dimensions, gris clair, gris bleuâtre, crayeux, ocre ou roses. Il est à quatre pattes sur le sol. Au centre du	• ce sont des ombres encore pâles et transparentes de chevaux sur le sol, un peu en avant sur la droite, tellement distendues par les premiers rayons du soleil qu'elles semblent bouger sans avancer, comme montées sur des échasses, soulevant leurs jambes étirées de sauterelles et les reposant pour ainsi dire au même endroit comme un animal fantastique qui mimerait sur place les mouvements de la marche, la longue colonne des cavaliers battant en retraite somnolant encore au sortir de la nuit, les dos voûtés, les bustes oscillant d'avant en arrière sur les selles, la tête de la colonne tournant sur la droite au carrefour, puis soudain les cris, les rafales des mitrailleuses alors sur l'arrière, la queue de la colonne prenant le galop, les cavaliers se mêlant, se heurtant, la confusion, le tumulte, le désordre, les cris encore, les détonations, jurons, contraires, puis lui-même devenu désordre, jurons, s'apprêtant à remonter sur la jument dont il vient de sauter, le pied à l'étrier, la selle tournant, et maintenant arc-bouté, tirant et poussant de toutes ses forces pour la remettre en place, luttant contre le poids du sabre et des sacoches, les rênes passées au creux de son coude gauche, bousculé, se déchirant la paume à l'ardillon de la boucle, assourdi par les explosions, les cris, les galopades, ou plutôt percevant [...] comme des fragments qui se succèdent [...] - puis renonçant, se mettant à courir, jurant toujours, parmi les chevaux fous, les cris, le tapage , la jument qu'il tient par la bride au petit galop, la selle sous le ventre, puis soudain plus rien (ne sentant même pas le choc, pas de douleur, même pas la conscience de trébucher, de

158

| irréguliers d'un blanc légèrement bleuté dans leur gangue de terre ocre pâle il y avait comme un **tapis d'herbe au centre du chemin** puis à droite et à gauche là où passaient habituellement les roues des charrettes et des voitures deux couloirs nus puis de nouveau l'herbe reprenait sur les bas-côtés [...] (RF,148) | **chemin**, dans la bande préservée des roues des véhicules, de **petites touffes d'herbe**, de minuscules plantes aux feuilles en étoiles et dentelées poussent entre les cailloux. Il n'entend plus tirer les mitrailleuses. Son ombre bleu pâle de **quadrupède** s'allonge sur sa droite, distendue. (G,51) | tomber, rien) : le noir, **plus aucun bruit** [...] jusqu'à ce que lentement [...] apparaissent de vagues taches indécises qui se brouillent, s'effacent, puis réapparaissent de nouveau, puis se précisent : des **triangles**, des **polygones**, des **cailloux**, de menus **brins d'herbe**, l'empierrement du chemin où il se tient maintenant à **quatre pattes, comme un chien** [...] (A,89/90) |

Les récits de la mort du colonel

LA ROUTE DES FLANDRES	HISTOIRE	LES GÉORGIQUES	L'ACACIA
• comme par exemple ce réflexe qu'il a eu de tirer son sabre quand cette rafale lui est partie dans le nez de derrière la haie : j'ai pu le voir ainsi le bras levé brandissant cette arme inutile et dérisoire dans un geste héréditaire de statue équestre que lui avaient probablement transmis des générations de sabreurs, silhouette obscure dans le contre-jour qui le décolorait comme si son cheval et lui avaient été coulés tout ensemble dans une seule et même matière, un métal gris, le soleil miroitant un instant sur la lame nue puis le tout - homme cheval et sabre - s'écroulant d'une pièce sur le côté comme un cavalier de plomb commençant à fondre sur les pieds et s'inclinant lentement d'abord puis de plus en plus vite sur le flanc, disparaissant le sabre toujours tenu à bout de bras [...] (RF,12) • errant tournant en rond dans ces chemins entre ces haies toutes pareilles à celle derrière laquelle s'était embusquée sa mort, où un instant j'avais vu luire l'éclat noir d'une arme avant qu'il tombe s'écroule comme une statue déboulonnée basculant sur la droite [...] (RF,71) • ce fut peut-être seulement son corps pas son esprit qui commanda le geste absurde et dérisoire de dégainer et brandir ce sabre car sans doute était-il déjà complètement mort à ce moment-là si comme il est probable l'autre de derrière sa haie avait visé en premier le plus haut gradé et il faut moins de temps pour vous introduire dix balles de mitraillette dans le corps que pour accomplir la série d'opérations qui consiste à aller attraper de la main droite la poignée du sabre devant la cuisse gauche dégainer et lever la lame... (RF,82/83) • l'obscure silhouette équestre, levant le bras, brandissant le sabre, s'écroulant lentement sur le côté, disparaissant [...] (RF,214/215)	• Il paraît d'ailleurs qu'il a fait ça de façon très élégante : au calme pas de son bidet sur une route où les Allemands les descendaient comme au tir au pigeon [...] (H,76) • piteux dans un temps mort de la bataille, conduisant sur les routes de la retraite tout ce qui lui restait de ses troupes, c'est-à-dire en tout et pour tout un petit sous-lieutenant et deux cavaliers, et descendu comme un vulgaire lapin [...] (H,100) • se sachant peut-être déjà mort ou ayant déjà décidé de mourir désuet brandissant lui aussi une arme dérisoire préférant sans doute ce moyen-là plus élégant qu'un coup de revolver [...] (H,396)	• Peu après la traversée du village de Sars-Poteries les deux officiers seront abattus presque à bout portant par un parachutiste ennemi embusqué derrière une haie. (G,53)	• ce fut seulement comme un toussotement, léger, ténu, comme le bruit d'un pistolet à amorces, d'une arme d'enfant) il le vit élever à bout de bras le sabre étincelant, le tout, cavalier, cheval et sabre basculant lentement sur le côté, exactement comme un de ces cavaliers de plomb dont la base, les jambes, commenceraient à fondre, continuant à le voir basculer, s'écrouler sans fin, le sabre levé dans le soleil [...] (A,304) • A moins que la guerre tranquillement au pas en plein midi sur le dos d'un cheval fourbu entre deux rangées de voitures brûlées et de morts en attendant qu'un de ces types embusqués derrière une haie s'amuse à faire un carton. (A,356) • continuant à rire en même temps qu'à injurier pêle-mêle à voix basse l'espèce d'anachronisme équestre en train de brandir son sabre [...] (A,368)

Les deux séquences présentent toujours le même développement. La scène de l'embuscade, par exemple, décrit successivement dans les trois romans où elle apparaît, la somnolence des soldats, l'attaque surprise, le désordre, la selle du narrateur qui tourne, le choc qui le jette à terre, la perte de conscience, le réveil et l'observation du chemin ; et les mêmes expressions ou images s'y répètent littéralement : « ombres pâles », « insectes géants »/« jambes de sauterelles », « chevaux démontés », « tapage », « désordre », polygones », « chemin empierré »/« empierrement du chemin », « à quatre pattes »... La fixité du discours répond à une fixation inconsciente. Parallèlement, on le constate dans ces quelques extraits, la relation des scènes traumatisantes se fait de préférence au présent ou au participe présent, car le temps vécu s'est arrêté au moment du choc. La fixation au trauma rompt le cours du temps historique dans un éternel présent de la souffrance. Le temps figé dans le présent, c'est le narrateur immobilisé dans son passé traumatique.

Pourtant, ainsi que le dit Freud, à propos des désirs refoulés du petit Hans, « ce qui est ainsi demeuré incompris revient toujours, telle une âme en peine, jusqu'à ce que se soient trouvées solution et délivrance. »[1]. La « chose » de guerre exclue est appelée à revenir sans cesse, le ressassement dans le discours du narrateur signe ce que Freud appelle le « retour du refoulé ». Aussi le jeu ambigu, dans *La Route des Flandres* et dans une moindre mesure *L'Acacia*, entre « je » et « il » désigne l'impossibilité pour le narrateur de maintenir une distance avec le personnage qu'il a été ; la fusion avec le héros marque l'irruption du trauma. La répétition n'est donc pas seulement le symptôme traumatique, elle correspond aussi à une tentative répétée pour lier et abréagir le trauma, c'est-à-dire pour trouver une décharge émotionnelle. La répétition est une recherche de libération même si elle réitère une situation pénible comme l'a observé Freud sur son petit fils lançant sa bobine et la ramenant vers lui, tout en disant « fort-da », reproduisant ainsi, sur le mode du jeu, la séparation avec sa mère[2] :

« Il était passif, à la merci de l'événement ; mais voici qu'en le répétant, aussi déplaisant qu'il soit, comme jeu, il assume un rôle actif. »

La répétition par le narrateur des épisodes de guerre exprime de même, une modalité défensive du moi qui vise à maîtriser rétroactivement la situation, en se donnant un rôle actif. Par ailleurs Freud fait l'hypothèse, concernant la névrose traumatique que retourner aux épisodes traumatisants favorise le développement de l'angoisse, c'est-à-dire une « préparation qui implique un surinvestissement des systèmes recevant en premier l'excitation »[3], alors que « l'effroi » provoqué par un trauma imprévu engendre une effraction du pare-excitations et laisse le sujet sans défense. Mais si revenir mentalement à la scène traumatisante signale une volonté de survie, y revenir par le discours ou l'écriture, comme c'est le cas du narrateur, correspond à un besoin d'historiciser son aventure, de désigner un objet à son effroi dont une narration puisse être faite. C'est aussi la démarche de O., dans *Les Géorgiques*, figure repoussoir pour le narrateur mais troublant double d'écriture : « Peut-être espère-t-il qu'en écrivant son aventure il s'en dégagera un sens cohérent » (G,310). Répéter c'est aussi apprivoiser par la parole l'instant traumatique qui a été

---

[1] S. Freud, « Le petit Hans », *Cinq Psychanalyses*, Paris, P.U.F., 1954, p. 180.
[2] S. Freud, « Au-delà du principe de plaisir », *Essais de psychanalyse, op. cit.*, pp. 52/55.
[3] *Ibid.*, p. 74.

autrefois évacué, c'est pour sortir du corps automatique, la recherche d'une symbolisation.

La répétition, symptôme majeur de la névrose traumatique qui a-néantit le narrateur, se présente aussi comme une tentative salvatrice pour retrouver des forces de vie. Toutefois, même si le choc traumatique est paroxystique, l'expérience traumatique s'insère dans l'histoire et l'organisation particulière d'un sujet. Laplanche et Pontalis rappellent la valeur relative de la notion de traumatisme et conseillent de rechercher « dans l'histoire du sujet, des conflits névrotiques que l'événement ne serait venu que précipiter. »[1]. Précisément d'autres aspects de la répétition, dans le discours du narrateur qui nous relate des événements de sa vie passée, révèlent les signes de refoulements préexistants. Or, ainsi que l'explique encore Freud, cette répétition, « cette reproduction qui survient avec une fidélité qu'on n'aurait pas désirée a toujours pour contenu un fragment de la vie sexuelle infantile, donc du complexe d'Œdipe et de ses ramifications. »[2].

Les figures oedipiennes

La relation triangulaire entre le père, la mère et l'enfant est largement évoquée dans les souvenirs du narrateur puisque, hormis la guerre, le récit de l'enfance et la référence au couple parental sont des sujets obsessionnels de son discours. Un roman comme *Histoire* fait d'ailleurs explicitement référence au mythe d'Œdipe à travers l'évocation répétitive du sphinx (H,56,57,89,99,203,351), « au corps de chien ou de griffon, et à la bouche de bronze » (H,75) qui demande au héros contemporain « quel est l'animal qui marche le matin sur quatre pattes, à midi sur deux et le soir sur trois », (H,99,102). Parallèlement à ces clins d'œil, le motif du triangle ou de ses variantes (pyramide, cône, V), qui figure la relation oedipienne, est particulièrement prégnant dans les textes. Bien souvent la référence au triangle s'y charge d'une valeur symbolique, lecture codée à laquelle nous engagent les « frontons triangulaires », surmontant les « trois rangées de fenêtres », évoquées dans le prologue des *Géorgiques* et dont Georges Raillard a souligné la vertu heuristique pour l'ensemble du roman[3]. Dans le discours narratif, la figure triangulaire se dessine dans le désir et dans la mort. Elle est fréquemment associée au sein dans un rapport métonymique, qu'il s'agisse du « mamelon » que la gitane « faisait saillir entre son index et son majeur écartés en V » (H,205), des « seins protégés par deux cônes de fer » qui figurent sur les timbres allemands (H,256), du décolleté en V de la serveuse du restaurant (H,141,145), ou encore de ce graffiti « composé d'un triangle opposé par sa pointe inférieure à un vague contour de poire gravé à l'aide d'un clou sur la poitrine » (H,390) ; le triangle se présente aussi dans une relation métaphorique avec le sein, en particulier dans les pratiques cubistes où il s'agit de convertir « sous forme d'ineptes triangles, d'ineptes carrés ou d'ineptes pyramides », « les seins, les cuisses, le ventre, la tendre chair respirante » (A,171,180). Figure du désir,

---

[1] J. Laplanche et J.-B. Pontalis, *Vocabulaire de la psychanalyse*, Paris, P.U.F., p. 287.
[2] S. Freud, « Au-delà du principe de plaisir », *Essais de psychanalyse, op. cit.*, p. 58.
[3] Evoquant le destin de L.S.M., du cavalier et de O. qui se rejoignent, le critique indique : « L'image est produite par une machine en X, elle se forme au croisement des faisceaux de lumière venus des trois hautes fenêtres alignées du même côté d'un bâtiment absent. » G. Raillard, « Les trois hautes fenêtres : le document dans *Les Géorgiques* de Claude Simon », *Romans d'archives*, sous la direction de R. Debray-Genette et J. Neefs, Presses Universitaires de Lille, 1987, p. 173.

le triangle est ainsi le substitut métaphorique du sexe féminin, « en forme de triangle au bas du ventre » (H,344), comme du sexe masculin, sous les traits du canon :

« *au premier plan un tube de métal poli court massif légèrement conique luisant monté sur un socle trapu massif lui-même pourvu de petites roues massives l'ensemble (avec cet aspect à la fois terrible borgne turgescent furibond et perpétuellement frustré stupide de ces organes) comme les parties viriles (membres et testicules)* » (H,258)

Le triangle évoque également l'accès à la jouissance, « la fente en V du rideau brusquement agrandie » (H,276), l'image de « ses mains se glissant entre nos deux ventres écartant les lèvres du majeur et de l'annulaire en V » (RF,242). Symbole libidinal, il est inversement fréquemment associé à la mort, celle de la mère agonisante, entrevue « sur les oreillers entre la manche de dentelle et le bord du lit dans un triangle limité par le bras incliné le fronton du pied du lit en bois marqueté et le montant à droite » (H,16) ou celle du père, cadavre aux « chaussures d'une taille toujours bizarrement démesurée, dessinant un V » (A,327), celle du fils entre tous, dans la gloire de sa passion, avec « l'énorme clou enfoncé dans les pieds aux tendons saillants, sculptés dans un bois terreux et poli par les baisers, la tête du clou en forme de cône allongé, à facettes. » (H,255). La forme de mort, c'est aussi l'architecture triangulaire du tombeau de Marianne (G,167), des sépultures grecques (H,379), « la pyramide tronquée » (H,131,133,384) ou le « cône d'éboulis » (H,345), qui abritent la défunte épouse de Charles. Ainsi le triangle, qui désigne, dans le discours narratif, la vectorisation du complexe d'Œdipe entre trois pôles, en figure aussi le contenu par sa géométrie de la mort et du désir.

La répétition est un symptôme de malaise mais on le sait, pour l'avoir déjà souligné, son étiologie est diverse et confuse. Aussi dans le cadre oedipien, on peut formuler des hypothèses à partir de certaines répétitions du discours manifeste, de l'insistance de certains réseaux et images, qui traduisent de façon latente l'invasion de fantasmes liés aux relations d'objets pendant l'enfance. Il est à cet égard intéressant de noter que la répétition est explicitement associée dans *L'Acacia* à la sexualité et à l'enfance : dans le camp de travail, « patiemment, chaque dimanche, il répétait les images du même couple ou de la même femme (il avait appris à leur donner un visage enfantin encadré de chevelures soyeuses) dans les postures de coït, de sodomisation ou de fellation » (A,344). De fait ces adultes aux visages d'enfants et à la sexualité débridée sont une condensation fantasmatique de la relation oedipienne, de cette relation de désir (et de mort) à trois, le narrateur, sa mère et son père.

Les quatre narrations proposent paradoxalement deux couples de parents : bien que la disparité sociale entre la famille maternelle et paternelle reste une constante, la représentation très homogène du père et de la mère, dans *Histoire*, *Les Géorgiques* et *L'Acacia*, semble s'opposer au couple Pierre et Sabine de *La Route des Flandres*. Autant Sabine apparaît comme une femme vulgaire avec sa « flamboyante chevelure orange, les doigts endiamantés, les robes trop voyantes qu'elle s'obstinait à porter non malgré son âge, mais semblait-il, en raison directement proportionnelle à celui-ci » (RF,48), autant la mère des autres narrations est présentée comme un personnage austère et hautain. Autant la première est volubile avec son « insipide et obsédant bavardage » (RF,48), autant la seconde se cache dans une retenue de jeune fille bien élevée (A,115), puis dans son « hurlement muet » de jeune veuve (A,279) et enfin dans le silence mortel de la maladie. Pareillement Pierre, l'intellectuel, est une « montagne de graisse » (RF,205), qui noircit indéfiniment des feuilles de papier, tandis que le père est un militaire au corps d'ascète et dont l'expression écrite est particulièrement laconique. Mais ces oppositions sont beaucoup trop caricaturales pour s'avérer pertinentes. De fait l'exaspérant « caquetage » de Sabine n'équivaut-il pas à un silence dans la mesure où son fils ne tient « ostensiblement aucun compte d'elle ou de ce qu'elle pouvait dire » (RF,214) ? Tandis que la hautaine réserve de la mère, qui contient quelque chose d'« emphatique et sombrement tragique » (A,22), se révèle au bout du compte parfaitement théâtrale (H,30,244,389) et ostentatoire. Mais surtout la présentation des parents est le fruit d'une reconstruction mnésique et imaginaire dans le discours du narrateur. A ce titre, elle est plutôt de l'ordre du fantasme ; or ainsi que l'a expliqué Freud, l'inconscient ne connaît pas la contradiction[1]. Il faut donc dans ces parents si divergents voir les différentes facettes des mêmes personnalités complexes qui expriment les fantasmes du fils dans leur diversité. On sait bien, par exemple, que Freud a donné le nom de roman familial à cette famille imaginaire que l'enfant se forge sous la pression du complexe d'Œdipe. Désireux de rabaisser les parents comme de les grandir, le sujet se trouve « seul en face de deux couples apparemment antithétiques » et se regarde « comme un enfant trouvé, ou adopté, auquel sa vraie famille, royale, bien entendu, ou noble, ou puissante en quelque façon, se révélera un jour avec éclat pour le mettre enfin à son rang. »[2]. S'il ne s'agit pas ici à proprement parler de roman familial car aucun des deux couples ne présente les vertus de l'excellence et de l'exception, les représentations parentales doivent néanmoins être entendues comme des produits fantasmatiques du narrateur. Mais on tiendra le modèle parental de *Histoire*, des *Géorgiques* et de *L'Acacia* pour le plus vraisemblable car il est le plus construit, le plus abouti et le plus fréquent dans le corpus, Pierre et Sabine apparaissant nettement comme des expansions fantasmatiques qui trouveront leur place dans la structure oedipienne.

La mère

La figure maternelle, sous toutes ses formes, est un personnage envahissant ; elle apparaît dans les quatre romans et même morte, elle reste une présence active pour le narrateur : « me dit que du haut du ciel maman me regardait » (H,366). Pourtant, le fait que seul *Histoire* la désigne d'un tendre et filial « maman » ou encore « ma maman », alors que dans les autres narrations elle est présentée comme « ma mère » et même « elle », est l'indice d'une distance que le parcours des deux personnages explique. Dans le discours du fils, la vie de la mère commence au moment de sa rencontre avec le père. Avant, « on aurait dit qu'elle n'avait pas de désirs, pas de regrets, pas de pensées, pas de projets » (A,114), « elle n'avait, de toute son existence, rien fait » (A,114) ; « il semblait qu'elle ignorât même qu'elle avait un corps » (A,115), qu'« elle n'était pas chaste mais pour ainsi dire asexuée » (A,118). Lorsque le père paraît, la mère découvre les voyages, le plaisir, la vie dans une « irréelle extase » (H,388), « une lévitation, quelque apothéose où elle se [tenait], transfigurée et pâmée, portée sur un nuage soutenu par des angelots » (A,123) mais « le temps d'un éblouissement » (A,146) seulement, car le père meurt prématu-

---

[1] S. Freud, « L'inconscient », in *Métapsychologie*, Paris, Gallimard, collection « idées », 1940, p. 96.
[2] M. Robert, *Roman des origines et origines du roman*, Paris, Gallimard, collection « TEL », 1972, pp. 48,47 et plus généralement sur la question du roman familial, pp. 41/78.

rément en août 14. Le narrateur enfant assiste alors à la mort symbolique de sa mère « mortellement calme, monumentale, noire, mortellement résolue, toujours emplie de cette inapaisable détresse » (A,24). Et la mère devient « la veuve », avant de mourir à son tour dix ans plus tard (A,277), portée par son désir de retrouver l'être perdu.

Le discours du narrateur porte les stigmates de cette souffrance de la mère. Pourtant l'insistance de certains motifs signale une première expérience de satisfaction avec elle que la répétitivité discursive cherche à retrouver.

Ainsi les narrations sont littéralement étouffées par le leitmotiv du sein : « m'étoufferait sous la masse molle informe et insexuée de sa poitrine maternelle » (H,169). Frappante d'abord, la facilité avec laquelle, les associations libres dérivent aisément vers l'objet « sein » : « Memel », origine de certains timbres échangés par Lambert, « faisait penser à Mamelle avec dans son aspect je ne sais quoi (les deux e blancs peut-être) de glacé ville noire couronnée de neige auprès d'une mer gelée livide habitée par les femmes slaves aux cheveux de lin aux seins lourds » (H,213). Pareillement « ce B majuscule au double renflement opulent et majestueux initiale de Barcelone comme un poitrail de pigeon » (H,168). Ces deux exemples mettent en évidence la polarisation phonique et graphique opérée par le sein, encore accentuée par l'utilisation des majuscules. C'est que le discours narratif découvre une véritable fixation fantasmatique au sein maternel qui apparaît lui-même quelquefois mais prudemment. Le narrateur est en effet très pudique sur cette poitrine qui émerge métaphoriquement lorsqu'il conclut *Histoire* en disant « ce sein qui déjà me portait » (H,402). La poitrine maternelle est « informe et insexuée » (H,169) car le fils comme la mère n'imaginent pas que ses seins pouvaient servir « à autre chose qu'allaiter » (A,118). Si la situation filiale inhibe tout dire sexualisé sur la poitrine maternelle, l'obsession s'affiche très nettement dans la collusion fréquente entre le sein féminin et le lait. Le discours du narrateur est ponctué par l'évocation de toutes ces mères, en particulier gitanes, qui allaitent, « un sein gonflé, bistre, au mamelon couleur prune barbouillé de lait, gluant, d'où elles détachaient les lèvres de nouveaunés en pain d'épice » (G,213 H,203,204,205,207 G,366). Des seins de Corinne « jaillissait invisible le lait de l'oubli » (RF,241), pour Georges « enfermant le lait de ses seins dans [ses] paumes » (RF,240). Quant à la fille de ferme entrevue par Georges dans la grange, avec « sa chair laiteuse », son « cou laiteux », elle devient ellemême « un bol de lait » (RF,37,39,113,117,255,266...). La fixation laiteuse au sein maternel se déploie par suite en un attachement intense au sein, dans la sexualité. La définition de la femme est avant tout pour le narrateur, celle de Martin Luther :

« *Elle a deux tétons sur la poitrine et un petit pertuis entre les jambes* » (RF,95)

Car le lait est aussi dans la narration simonienne, la « laitance » séminale (RF,176 A,369), « le jaillissement la voie lactée » (H,343), qui fait le lien entre le sein et la libido. Et les textes abondent en poitrines pour séduire, avec des fleurs entre les seins (H,32,168), des poitrines fardées (G,246,436), des poitrines qui s'offrent à demi nues (RF,174 H,56 G,270,391) ou que les costumes mettent en valeur dans des « corbeilles » (H,168 A,57) et soulignent « d'un ruban » (G,389). Des mamelons, dont le dynamisme est l'expression même du désir, qui saillent, qui jaillissent (H,205,255), et que le narrateur convoite visuellement, qu'il s'agisse de la « sacrée paire de jolis nichons » des prostituées (A,303), de la pointe pâle des seins d'Hélène (H,120,384) ou des « bouts rose thé » de ceux de Corinne (RF,240). Et alors surgit une pulsion irrépressible de « toucher presser palper ses seins » (RF,266 H,110), de les déguster (RF,240), ou de les mordre (G,389). Le sein, très investi affectivement comme indice de première satisfaction avec la mère nourricière, devient donc pour l'adulte le lieu d'une fantasmatisation libidinale abondante dont le discours narratif se fait l'écho. Car au plaisir de la succion lié au mamelon s'ajoute le plaisir érogène de l'odeur, de la chaleur, du contact avec la mère pour le narrateur, « accroché comme ces petits singes sous le ventre de leur mère à son ventre à ses seins multiples [s']enfouissant dans cette moiteur fauve » (RF,237). C'est donc dans le sein qu'il faut situer la racine originelle, le modèle et la satisfaction du désir.

A cette union structurelle avec la mère, s'ajoute pour le narrateur simonien une intimité conjoncturelle liée à la disparition du père. L'hypothèse formulée par Freud, à propos de Léonard de Vinci, permet de supposer que la relation mère/narrateur a pu être une expérience d'une intense émotion sexuelle :

« *Sa naissance illégitime le soustrayait jusqu'à la cinquième année peut-être à l'influence de son père, et en fit la proie de la tendre séduction d'une mère dont il était l'unique consolation. Trop tôt mûri sexuellement par ses baisers passionnés, il dut entrer dans une phase d'activité sexuelle infantile, dont nous n'avons de témoignages sûrs que sur un seul point : l'intensité de son investigation sexuelle infantile. L'instinct de voir et de savoir sont élevés par ses premières impressions à la plus haute puissance ;* »[1]

La situation du narrateur simonien peut être comparée à celle de Léonard de Vinci : un père absent qui lègue à son épouse éplorée comme trace concrète de son amour, un fils, sur lequel elle veille « avec une sorte de féroce et possessive passion » (A,207). Par ailleurs les critiques ont bien souvent relevé dans les narrations simoniennes l'importance des pulsions scopiques[2], qui tend à corroborer l'idée d'une séduction précoce, dont l'absence d'évocation explicite dans le discours indiquerait qu'elle a été refoulée. Ce souvenir délicieux du commerce avec la mère laisse des traces dans le discours. La sexualité infantile précoce se traduit, par exemple, dans l'ambiguïté de certains fantasmes et de certaines représentations : le narrateur au stalag produit des dessins érotiques de couples aux visages enfantins (A,344,346) ; inversement il évoque, dans *Les Géorgiques*, des enfants à la sexualité adulte, « l'odeur alcalique de maladroits spermes d'enfants » (G,369). Le discours manifeste laisse entendre une confusion exemplaire dans les phases de la sexualité, témoignage du plaisir éveillé dans les organes génitaux du fils, par les soins d'une mère aimante. Il laisse aussi affleurer d'abondantes situations incestueuses (cf. annexe 2) qu'elles soient métaphoriques, comme dans le cas d'une relation avec un partenaire beaucoup plus jeune (de Reixach/Corinne, Charles/le modèle), de l'amour excessif des tantes pour le père (A,72,309), de l'enterrement dans la même tombe de la grand-mère et de son père (G,218/219) ou supposées réelles ainsi qu'en témoigne l'épisode des paysans dans *La Route des Flandres*. Ces situations incestueuses - qui excluent totalement le cas mère/fils, passé de façon rédhibitoire à la trappe du refoulement - figurent donc la tentation fantasmatique, en l'absence du père, de l'amour interdit avec la mère, de la rêverie sur sa « soyeuse toison » (A,118), mystère de douceur. Car une autre constante des histoires est aussi l'inexistence,

---

[1] S. Freud, « Un souvenir d'enfance de Léonard de Vinci », *op. cit.*, pp. 141/142.
[2] C. Simon lui-même déclare dans *La Corde raide* : « Mais pour l'instant je veux voir [...], j'ai besoin de voir... », pp. 104/105.

l'éloignement ou la mort des pères (cf. annexe 2), dont on sait, grâce à Lacan[1], qu'ils ont une mission séparatrice : ce sont eux qui, en incarnant la fonction castratrice, transmettent l'interdit de l'inceste. L'enfant échappe alors au champ maternel et peut entrer dans le monde symbolique de la Loi. Le narrateur, qui laisse percer dans son discours tant de fantasmes incestueux, dit son délice mais également sa crainte d'être livré ainsi à la mère et à ses propres désirs. Les textes signalent aussi l'idée d'un avant, de la mère encore libre du père, encore libre de la maladie, joyeuse, vivante et désirable (H,167 A,115,119) en Espagne. Que signifie alors dans le discours narratif la cristallisation sur l'Espagne et Barcelone en particulier, lieux fétiches qui se répètent dans les quatre œuvres (cf. annexe 6), que cherche le narrateur lorsqu'il se rend à Barcelone durant la guerre d'Espagne ? « oh laisse tomber Je ne sais même pas moi-même ce que j'ai été y faire » (H,298), dit-il à Lambert. Partir pour un voyage dans l'inconscient à Barcelone, ville de la consommation sexuelle jusqu'à l'écœurement, avec ses « affiches couleur de soufre contre la blennorragie », les « vieilles prostituées aux fausses dents d'acier chromé », ses « luxueux bordels aux baroques décorations noir et or », « les jeunes et dociles Murciennes aux visages ovales dans les bordels de luxe, les sexes flasques, broussailleux et grisâtres qu'exhibent les vieilles putains » (G,322/323), apparaît comme un passage à l'acte, une perpétration symbolique et coupable des fantasmes de désir pour la mère, la retrouvaille de la première expérience de satisfaction.

Mais la poitrine des femmes c'est aussi « les deux seins de métal étincelant » de la guerrière carolingienne (H,258,256), des « seins froids maintenant immobiles » (H,390) ou encore une boule d'argile qui « entraînée par le poids tomberait basculerait en avant et m'ensevelirait m'étoufferait sous la masse molle informe et insexuée de sa poitrine maternelle » (H,169) ; le symbole de maternité est un angoissant risque de mort, le mauvais sein qui menace l'enfant d'annihilation. Aussi bien la relation jouissive avec la mère, que le fils cherche à réitérer par la répétition dans les actes et dans le discours a ses limites et le discours manifeste fait aussi état d'une absence de tendresse entre eux. Le narrateur nous raconte ainsi qu'un soir, lors de la recherche de la tombe du père, « elle avait fait un oreiller au garçon qui s'endormit au contact rugueux et rêche du crêpe, pouvant sentir son odeur, comme rêche elle aussi, et le pesant corps de pierre étendu le long du sien. » (A,14). La mère semble d'un contact difficile, rude, revêche et froid avec son enfant qui est toujours dans ses bras « l'enfant » ou un « paquet de dentelles » (A,219), c'est-à-dire un objet anonyme. Ce sont toujours d'autres femmes qui s'occupent de lui et cela dès avant la maladie : une tante lui raconte des histoires (A,19), ses tantes à l'insu de la mère l'accompagnent dans le plaisir interdit de la recherche des balles (A,321), la nourrice le tient dans ses bras (A,146,218), la grand-mère le promène (A,265). Alors qu'à la mort de son père, le narrateur n'a qu'un an et qu'il vivra dix ans avec sa mère avant qu'elle meure à son tour, bizarrement les narrations présentent une oblitération des souvenirs heureux et une béance des relations affectives. Dans *Histoire* un seul souvenir positif est évoqué : une scène de plage où la mère s'occupe de son fils et de ses neveux orphelins (H,233/235). Toutefois une certaine tension règne dans cet épisode

---

[1] « Vous devez comprendre l'importance du manque de ce signifiant particulier dont je viens de parler, le Nom-du-Père, en tant qu'il fonde comme tel le fait qu'il y a loi, c'est-à-dire articulation dans un certain ordre du signifiant - complexe d'Œdipe, ou loi de l'Œdipe, ou loi d'interdiction de la mère. » in J. Lacan, *Le séminaire*, livre V, « Les formations de l'inconscient », Chap. VIII, « La forclusion du Nom-du-Père », Paris, Seuil, 1998, p. 147.

construit autour du conflit permanent entre Corinne et son frère et sur lequel planent des absences définitives. Le roman actualise, certes, de nombreux souvenirs de la mère, mais presque toujours des visions morbides dominées par la maladie : la mère malade aux corridas (H,366/367), la mère malade lors des concerts donnés à la maison (H,60/61,61/63,77/78), la mère que l'on transporte avec précaution dans les escaliers (H,225,227/228), la mère mourante qui relit ses cartes postales (H,385), l'extrême onction (H,14/17). Un autre épisode la montre encore bien portante, avec son fils, qui relate une banale chute de l'enfant après laquelle la mère affolée exige qu'il soit conduit sur le champ chez le médecin :

« *Le docteur s'approcha de moi s'efforçant de cacher la seringue disant Allons quel petit paquet de nerfs ne te raidis pas comme Puis il me sembla que je tombais sans fin m'enfonçais tandis que tout s'immobilisait se pétrifiait quelque chose sans commencement ni fin* » (H,368)

La scène est dominée, cette fois, par une compassion maternelle excessive, qui étant donné sa nature hyberbolique semble suspecte et peut s'interpréter comme la dénégation d'un désir de mort, auquel le fils répond par une mort métaphorique. Des liens de mort se sont donc tissés entre le narrateur et sa mère. *L'Acacia* présente une enfance amnésique de laquelle émergent seulement trois souvenirs : l'épisode de la recherche des balles perdues de la guerre de 1914-1918, dans un bois du Jura et que l'enfant aligne le soir « sous la lampe à pétrole » (A,320/323) ; il a alors quatre ans. L'épisode de la recherche du corps du père qui inaugure le roman ; il a alors six ans. Celui de l'agonie de la mère qu'on pique à la morphine, afin d'alléger ses souffrances, sous le « regard hardi et gai » du père dans sa photographie sépia (A,330/331) ; il a alors onze ans. Or, dans ces trois souvenirs, la mère est écrasée, par la présence métonymique du père dans le cas des balles, la réalité physique de ce dernier dans la quête du cadavre et sa reproduction photographique. Le discours narratif montre une relation mortifère et un vaste refoulement des échanges de tendresse avec la mère, au profit du père.

On peut, alors, avec André Green[1] et en conformité avec la biographie de la mère telle qu'elle est relatée dans les narrations, faire l'hypothèse du « complexe de la mère morte » : la mère après le décès de son mari s'est déprimée, « transformant brutalement l'objet vivant, source de la vitalité de l'enfant, en figure lointaine, atone, quasi inanimée, imprégnant très profondément les investissements de certains sujets ». Selon le psychanalyste, « la mère morte est donc, contrairement à ce que l'on pourrait croire, une mère qui demeure en vie, mais qui est pour ainsi dire morte psychiquement aux yeux du jeune enfant dont elle prend soin. »[2]. De fait, d'après le narrateur, dès le départ de son mari à la guerre, elle devient « la femme qui ce jour-là comprit déjà qu'elle était morte » (A,212) et elle affiche un « regard fixe, absent » (A,277). De la mère chaleureuse, source d'une expérience fondamentale de satisfaction, dont le discours narratif porte les traces, l'enfant passe à une mère automatique, qui continue certes à le soigner mais est absorbée par son deuil, s'attriste et le désinvestit, et « elle promenait au-dessus de ses longues jupes un de ces bustes naïvement sculptés, montés sur brancards et portés les jours de fêtes votives sur les épaules des pénitents, couronnés de rayons dorés et entre les seins desquels, dans la poitrine

---

[1] A. Green, *Narcissisme de vie, narcissisme de mort*, Paris, Editions de Minuit, 1983, Chapitre 6, « La mère morte », pp. 222/253.
[2] *Ibid.*, p. 222.

évidée, on peut voir par une petite lucarne, derrière une vitre, quelque relique » (A,277) : la poitrine de la mère est le lieu de la béance, « Le cœur n'y est plus », au sens propre comme au figuré, emporté par le deuil d'amour, et à sa place ne subsistent plus que quelques vestiges mémoriels, quelques reliques du père sacré. Ainsi s'expliquent, dans le discours du narrateur, le refoulement des moments heureux et ces trous dans la trame relationnelle avec la mère car il l'a réciproquement désinvestie ; la scène de chute, évoquée plus haut, après laquelle l'enfant perd connaissance, montre que mère et fils ne peuvent se rejoindre que dans la mort ou du moins dans son simulacre :

« *Après que l'enfant a tenté une vaine réparation de la mère absorbée par son deuil, qui lui a fait sentir la mesure de son impuissance* [...], *le Moi va mettre en œuvre une série de défenses d'une autre nature. La première et la plus importante sera un mouvement unique à deux versants : le désinvestissement de l'objet maternel et l'identification inconsciente à la mère morte.* »[1]

C'est ainsi que peut partiellement s'interpréter la recherche asymptotique de la mort, la tentation suicidaire qui pousse le narrateur enfant à s'identifier au néant maternel, en répétant avec la même arme et dans la même pièce, le geste désespéré de l'ancêtre très féminin (« la main un peu grasse, féminine et soignée » (RF,75)) de la lignée maternelle :

« *sa propre main tenant l'arme trop lourde pour son bras d'enfant, relevant le chien (mais pour cela les deux furent nécessaires, la crosse recourbée serrée entre ses genoux, les deux pouces réunis forçant pour vaincre la résistance conjuguée de la rouille et du ressort), posant le canon contre sa tempe et appuyant, son doigt crispé blanchissant sous l'effort, jusqu'à ce que se produisît le bruit sec, insignifiant (on avait remplacé le silex par un coin de bois entouré de feutre) et mortel du chien se rabattant dans le silence de la pièce* » (RF,76)

La simulation du suicide suggère une dépression infantile devant le désert affectif, dont le discours du narrateur montre qu'après coup il s'est rempli d'une haine secondaire à l'égard de celle, qui a engendré la souffrance, le sentiment d'abandon et la déception. Le désinvestissement fait place à la projection sur la mère de caractéristiques négatives et le discours répète des fantasmes de mère menaçante, de « cette femme qui malheureusement pour moi était ma mère » (RF,10). Il développe à son sujet une angoisse de dévoration et signale à plusieurs reprises l'appétit maternel qui a « quelque chose de sauvage, comme une voracité, une fureur, une gloutonnerie » (A,15), « comme si l'énorme appétit qui lui faisait engloutir chocolats, foies gras, pintades et sorbets [...] lui permettait aussi d'engloutir et de digérer sans distinction à la façon d'un paisible ruminant les cathédrales, les bergers landais [...] » (A,118). Les images de dévoration qui infiltrent le discours du narrateur, comme les « araignées dévoreuses » (H,230) ou le féminin matriciel qui absorbe Georges (RF,223/224), s'expliquent par le complexe maternel. Si cette dévoreuse est menace, c'est qu'elle peut avant toute chose retrancher le phallus ainsi que l'expose, dans les textes, l'association du plaisir de la bouche et celui de la mise à mort des mâles, de « ces taureaux à l'agonie desquels elle assistait en s'éventant et en croquant des amandes salées sur les gradins des arènes » (A,117 H,32/33,367,388). Le fantasme de castration par la mère est explicite lorsque le narrateur nous annonce qu'avec la maladie, elle s'était « mu[ée] en une sorte d'objet coupant » (H,60),

---

[1] *Ibid.*, p. 231.

« quelque chose comme un bistouri, une lame de couteau » (A,165). Par ailleurs l'angoisse de castration est confirmée en général par l'obstination du sujet à chercher sur le corps de la femme, des indices de la castration et la confirmation de la réalité de son propre fantasme angoissant. Que nous dit à plusieurs reprises le narrateur, à propos du corps de sa mère, à la fin de sa vie ? Il est livré « aux bistouris qui taillaient et retaillaient dans le corps » (A,165), aux chirurgiens qui « commencèrent à la découper savamment en morceaux » (A,126). Cette insistance sur la mutilation du corps maternel, en écho à l'angoisse de castration, est relayée dans le discours par les multiples fantasmes de corps morcelé, « hommes et femmes troncs » (H,72,95), « main sectionnée au poignet » (H,85,86,266 A,229), « femme sectionnée à la hauteur des seins » (H,135), « homme sans tête », (H,175,197) et « roi décapité » (G,146). Le phallus est pour le garçon une partie fondamentale de l'image du moi, elle fonde le narcissisme masculin ; sa suppression suppose une émasculation, et le texte du narrateur résonne de cette crainte :

« *ou encore, pour les plus malchanceux atteints au bas-ventre, leur décerner par sectionnement de leurs organes virils ce qu'en argot militaire les Anglais appellent avec humour un "D. S. O.", entendant par là non le glorieux "Distinguished Service Order" mais le peu enviable "Dickie shot off" qui fait d'un guerrier une absence d'homme sans pour autant le pourvoir des grâces féminines* » (G,282)

La perte du pénis se solde donc parallèlement par une blessure narcissique, un vide identitaire, ni homme, ni femme. L'émasculation, la blessure aux testicules impose symboliquement un « hors d'état de servir dans une armée active », comme c'est le cas pour L.S.M., qui en raison d'une « tumeur volumineuse » n'est plus sûr « de l'état positif des testicules » (G,66). Perte de virilité, perte d'identité, perte de fonction, l'angoisse de castration qui se diffuse dans les répétitions discursives, dépasse pour le narrateur la simple justification de la différence anatomique. La mère, qui retranche le phallus, est vécue comme celle qui le possède et gagne avec lui les vertus qui le fondent. Elle est très fréquemment, dans la parole narrative, métaphorisée par l'image architecturale de la « forteresse » et de la « citadelle », image érectile de virilité et de puissance. Cette femme est de fait un être de pouvoir et d'argent car elle vient d'une famille de généraux, de riches propriétaires terriens, de sénateurs, d'aristocrates, où se mêlent le pouvoir militaire, économique, politique et social. Le discours du narrateur témoigne de son incertitude sur la place du phallus. On retrouve ici un stade très archaïque du complexe d'Œdipe revisité par Jacques Lacan[1]. Selon le psychanalyste pour comprendre comment l'enfant parvient à se détacher du parent de même sexe, il faut penser l'évolution en trois étapes. D'abord pour satisfaire la mère, l'enfant s'identifie au phallus masculin qui manque à la mère, puis comprend qu'une telle assimilation ne peut la satisfaire et devient celui qui le porte. Or, la fantasmatique du narrateur présente un court-circuit car le sujet reste le phallus masculin que la mère a conservé à l'intérieur d'elle même :

« *[...] quoiqu'il dût y avoir près de trente-cinq ans qu'une femme l'avait mis au monde et sans doute quinze ou dix-huit qu'une autre femme - et par la même partie de son corps, quoique utilisée, si l'on peut se permettre cette expression, en*

---

[1] J. Lacan, *Le séminaire*, livre IV, « Les formations de l'inconscient », chap. X, « Les trois temps de l'Œdipe », Paris, Seuil, 1998, p. 184.

sens inverse - avait dû en quelque sorte l'introduire (le guidant, le faisant pénétrer de sa main maternelle et précise) dans le monde des adultes » (H,271/272)

Ce passage très significatif qui s'applique à oncle Charles, montre que pour le narrateur, le bébé est un substitut phallique, que la mère ou que l'amante à la « main maternelle » entre et sort, selon le cas, par le même orifice. Après tout, le fantasme insistant de sa présence embryonnaire dans le ventre de la mère (RF,214 H,402 A,145,274,278), de son assiduité dans les organes génitaux maternels, semble aussi une façon de s'identifier au pénis qui habite, au cours du coït, le « ténébreux tabernacle ».

Fixé à un stade très archaïque, l'enfant identifié au phallus, mais qui ne le possède pas, ne peut espérer satisfaire sa mère, ce que prouvent, dans la cadre du complexe de la mère morte, l'irrémédiable tristesse maternelle et son inaccessibilité. Face à son rival, le père, si absent mais si présent dans le cœur et le corps de la mère endeuillée, le narrateur reste impuissant. Aussi va-t-il traquer les traces de la jouissance de la mère, qu'il ne peut lui donner, dans des fantasmes très répétitifs de la scène primitive (H,388,399 A,134,135,144). Pour le narrateur incapable de reprendre le contact avec la mère affectivement morte, de l'animer, le père n'est plus ce mort dont elle porte le deuil mais celui qui est apte à lui procurer le plaisir et la mère, qui jouit d'un autre homme, devient une traîtresse décevante. Le fantasme de la scène primitive, perturbe l'image de la mère qui apparaît comme un être vil, bestial et déchu :

« ... *et toi là dedans un peu ahuri un peu effaré comme le bon jeune homme éperdu de respect et d'amour pour son adorable mère et qui l'aurait surprise sur le dos les jambes en l'air dans l'acte même auquel il doit la vie Mais est-ce que tu ne savais pas que ça se passe toujours dans la sueur et les déjections ?* » (H,152)

Aussi bien cette scène, à l'origine de la vie, est conçue comme un cloaque et enraye définitivement tout désir d'engendrement chez le narrateur car s'il est bien une répétition qui manque dans son histoire, c'est la répétition de soi dans un enfant. Son discours, qui le présente pourtant jusqu'à un âge avancé, ne fait jamais état d'une quelconque descendance, comme si le traumatisme de la scène primitive oblitérait toute perspective de procréation. L'image de la mère est dégradée par la souillure originelle ; aussi la coexistence de deux mères antithétiques, la mère idéalisée, respectable et bienséante d'*Histoire*, des *Géorgiques* et de *L'Acacia* et Sabine, la putain à la « flamboyante chevelure orange » de *La Route des Flandres*, s'enracine dans l'opposition entre la mère morte que l'enfant vit au quotidien et la mère jouissante qu'il imagine. De façon ambivalente, la mère, qui refuse maintenant sa chaleur là où elle s'est offerte à un autre, est à la fois la maman et la putain, figure imaginaire vers laquelle se polarisent les pulsions haineuses et par laquelle se neutralisent les pulsions incestueuses, dont nous avons signalé la force dans le discours du narrateur. Sabine est la mauvaise mère, sans cesse méprisée et rejetée, figure diffractée de la mère vraisemblable. Par extension la prostituée réelle est aussi une figure qui hante l'imaginaire du narrateur (H,30 G,224,322/323 A,175), car elle offre une compensation sans risque à l'absence de la mère en deuil. Elle plonge le narrateur dans l'élémentaire du contact physique perdu, dans « quelque chose de vivant, mobile : crins, muqueuses, lèvres, salive, langues, yeux, voix, souffles » (A,369), et rétablit la chaleur de la première expérience d'amour partagée. La prostituée s'avère une figure très centrale dans l'agencement du complexe d'Œdipe, ce qui explique sa prégnance car elle résume toute la problématique maternelle : elle est à la fois la répétition substitutive d'un contact physique qui a autrefois comblé l'enfant et la métaphore de la mauvaise mère défaillante qui trahit l'enfant pour la mémoire du père. Grâce à la répétition de certains signifiés dans le discours du narrateur, se creusent des points de fixation inconsciente, qui révèlent la place irrégulière de la mère dans le complexe d'Œdipe du narrateur simonien.

Le père

Mais si la mère, par sa défaillance, est vécue comme une menace et une souillure, sa présence effective a toutefois occasionné une réalité de l'engagement affectif avec ses satisfactions et ses défections. Tandis que la place du père, reste désespérément vide, en raison de sa disparition prématurée. Le couple parental Sabine/Pierre met très exactement en perspective ce déséquilibre : une présence maternelle tangible mais désertée voire mortifère et une béance de l'effectivité paternelle. C'est Sabine avec son caquetage volubile et intrusif qui tourne à vide et Pierre avec ses rêveries culturelles et humanistes qui l'abstraient de la réalité :

« *la lumière n'apporterait d'autre certitude que la décevante réapparition de griffonnages sans autre existence réelle que celle attribuée à eux par un esprit lui non plus sans existence réelle pour représenter des choses imaginées par lui et peut-être aussi dépourvues d'existence, et alors mieux valait à tout prendre son jacassement de volatile, ses colliers entrechoqués, son perpétuel et insensé verbiage qui avaient au moins la vertu d'exister* » (RF,224)

Pour Roland Barthes « tout récit (tout dévoilement de la vérité) est une mise en scène du Père (absent, caché ou hypostasié) »[1], à l'exemple du discours narratif qui s'élabore en répétant le creux paternel, curieux paradoxe d'une parole qui s'enfle du vide. Car la narration s'emploie, avec insistance, à mettre en scène l'absence du père réel, comme une monstration, comme une ordalie. Il est vrai qu'au cours du temps, l'anamnèse progressive a favorisé un dévoilement hésitant et une appropriation timide de la figure paternelle : dans *La Route des Flandres*, la réalité du père est, en apparence (en apparence seulement), totalement masquée et dévoyée sous les traits de Pierre tandis qu'*Histoire* lui accorde un prénom, « Henri », un fragment de biographie (H,17/19), un portrait (H,17), des traces écrites dans l'évocation des cartes postales qu'il a envoyées, une sépulture sans nom (H,384). Dans le même mouvement de flux et de reflux, *Les Géorgiques* organisent une oblitération complète du père, alors que dans *L'Acacia* le narrateur s'étend plus longuement sur ce qu'il imagine de son passé et de sa mort.

Toutefois sans atteindre la béance narrative qui caractérise *Les Géorgiques*, la narration, même la plus informée, stigmatise toujours l'absence effective du père. Le narrateur répète inlassablement et diversement la perte de cet objet d'amour. La sous-représentation de la branche paternelle ou son absence totale, déjà remarquée dans les arbres généalogiques, marque assez le défaut de reconnaissance dans l'ascendance paternelle ou du moins la déperdition d'informations la concernant. Car ce père est toujours un être qui part, qui est toujours déjà loin ou toujours déjà mort. *Histoire* n'existe que par son absence et se nourrit des multiples cartes envoyées lors de ses voyages lointains. Dans *L'Acacia*, sa mort est toujours annoncée et son décès est inscrit dès le début de l'histoire, pour être ensuite raconté de façon

---

[1] R. Barthes, *Le plaisir du texte*, Paris, Seuil, collection « Points », 1973, p. 18.

très répétitive, parfois théâtralisé sous forme de tragédie (A,212/219,267). Le récit organise systématiquement l'éloignement et la disparition du père qui apparaissent alors comme les conditions mêmes du déploiement narratif. Par ailleurs ce père ne laisse aucune trace de lui, comme cet improbable cadavre, dont seule la ferveur d'une épouse peut se porter garante alors que le discours du fils reste dubitatif : « Et à la fin elle trouva. Ou plutôt elle trouva une fin - ou du moins quelque chose qu'elle pouvait considérer (ou que son épuisement, le degré de fatigue qu'elle avait atteint, lui commandait de considérer) comme pouvant mettre fin à ce qui lui faisait courir depuis dix jours les chemins défoncés » (A,24/25). Il reste bien des traces tangibles du père mais toujours décevantes. Les photographies ne sont que des représentations partielles, incertaines voire mensongères de l'homme car le « sépia clair » y colore des yeux « qu'on **devinait** bleus » (H,17), son expression est « énigmatique » (A,269), image « auréolée de brouillard » (H,18), car il y a l'air « d'une troisième jeune fille déguisée » (A,79), ou y figure « comme un cinquième domestique » (A,269). Les photographies n'illustrent pas clairement ce qu'il était ou exhibent ce qu'il n'était pas. Ses cartes postales, si nombreuses, offrent un texte extrêmement lacunaire, « un simple nom suivi d'une date » (H,15,33 57,65 A,268,125,129). Enfin et surtout, ce père qui n'a pas de nom, tout juste dans *Histoire* un prénom, Henri, par ailleurs d'une extrême neutralité en ce début de siècle, est doublement barré dans sa dénomination. Dans la bouche du fils l'appel au père est toujours de l'ordre de la déficience et du raté : dans *La Route des Flandres*, seul exemple dans les œuvres où apparaisse le mot « papa », le terme est illisible à cause des « minuscules pattes de mouche dans lesquelles Georges était le seul à savoir qu'il fallait lire " Papa " » (RF,204) ; et dans *L'Acacia*, alors que le roman est essentiellement centré sur cet homme, le vocable « père » n'apparaît qu'une seule fois et dans toute sa vacuité : « l'épousée d'à peine quatre ans promenait dans un landau poussé par la négresse un enfant déjà sans père » (A,313). A travers l'indétermination du nom, c'est la place du père qui demeure indéchiffrable, et le vide a priori de son existence qui semble entériné. Alors le rapport au nom du père relève plutôt du frôlement dans les « lui » très caractéristiques d'*Histoire* (« je pouvais maintenant le voir lui c'est-à-dire cet énorme agrandissement » (H,17), « cette autre photo avec lui », « lui entre deux voyages » (H,199) « et pour lui même pas de nom tombe anonyme... » (H,384)) ou les « il » de *L'Acacia*, employés sans antécédent et qui présentent le père comme une existence virtuelle et implicite. Le discours du narrateur s'emploie donc à estomper le nom du père. D'autre part ce père anonyme n'a pu transmettre de patronyme à son fils. Par deux fois, dans *L'Acacia*, la possibilité d'évocation de ce nom est amorcée mais dans un cas il est couvert par « le fracas des vagues déferlantes, des cris discordants des mouettes » (A,212) et dans l'autre il est littéralement escamoté par la narration, lorsque la mère est sur le point de le prononcer : « " C'est du lieutenant... " et ajoutant alors le nom, puis ajoutant le prénom au nom, puis supprimant le grade, puis ne disant plus que le prénom » (A,129/130). Or on se rappelle que pour Jacques Lacan, la fonction du père est un exercice de nomination, il nomme et donne son nom, qui permet à l'enfant d'acquérir son identité et d'entrer dans le monde de la culture et du signifiant ; dans le discours du narrateur tout fonctionne comme si cette fonction paternelle, autrement appelée par Lacan « Nom-du-père », était forclose[1]. Le déni de la fonction paternelle tel que le laissent percevoir

---

[1] J. Lacan, « D'une question préliminaire à tout traitement possible de la psychose », Paris, *Ecrits II*,

les répétitions dans le discours manifeste du narrateur, et qui témoigne d'un complexe d'Œdipe mal résolu, est d'ailleurs sensible dans le choix du prénom Henri, anagramme de « rien ».

Que faire d'un père dont l'identité est une absence et dont la fonction est « rien » ? Parce qu'il n'est pas nommé par son père dont le nom lui-même échappe, le fils ne peut s'inscrire dans la lignée paternelle, il reste assujetti dans une relation archaïque à la mère à forte connotation incestueuse et ne peut se constituer en être de désir et de symboles. Outre l'inexistence du Père symbolique dans le discours du fils, l'absence effective du père inhibe toute possibilité de résolution de cette situation oedipienne irrésolue. L'absence ne permet au fils ni de s'emparer du bien paternel, la mère, tout à sa vénération jouissive du souvenir marital, au sens propre « impénétrable, de nouveau comme ces hauts murs enfermant des jardins secrets » (H,29), ni de faire front à la situation dans un conflit ouvert et salvateur avec le père. Aussi cette problématique oedipienne qui reste en suspens, à l'image du nom du père qui ne se dit que dans des points de suspension, explique dans le discours du narrateur l'impossible passage entre être le phallus et avoir le phallus. Ainsi qu'on l'a déjà évoqué, selon la théorie lacanienne, dans une évolution normale, l'enfant passe d'une identification au phallus, manquant à la mère, à la certitude de posséder le phallus. Or, dans le cas du narrateur, le déni de la fonction paternelle lui oblitère ce registre nouveau de l'économie du désir. Livré à la mère, le fils continue à se constituer comme celui qui est le phallus et non celui qui l'a. On peut alors entendre le trouble répété qui accompagne, dans le discours narratif, l'évocation du sexe masculin, par ailleurs si souvent évoqué. En général, le pénis est l'objet d'une commisération méprisante : « sexe court, terminé en tétine » (G,12), « avec au bout cette espèce de tête d'ogive ou plutôt comme une sorte de bonnet » (RF,267), « terminé par une boule en rognon bleuâtre » (RF,342), « borgne » (H,258), « aveugle » (RF,267 H,258,371), « rougeaud » (H,341) et « apoplectique » (RF,267), il n'a pas la tête de l'emploi et relève plutôt de la routine ménagère ou de la pathologie que de la sexualité sauvage et triomphante. Il est aussi l'outil d'une profanation religieuse ou linguistique : c'est « la bite à Jésus » (H,144), les « pines » fabriquées par Dieu « dans sa toute-puissance sa toute-bonté » (H,374), « ma pine enfoncée en elle » (H,125). La dépréciation du sexe masculin est compensée par une rêverie répétée sur le membre décuplé de l'âne d'Apulée (RF,268,269 H,108,110,115,124,342), comme un fantasme de puissance que le narrateur s'approprie, mais renvoyé à l'inactualité mythologique. Source d'avilissement, le pénis est par ailleurs le lieu d'un évitement lorsqu'il s'agit, pour le narrateur, d'évoquer le sien propre. Autant le narrateur magnifie, avec force détails, les délices débridées de la relation sexuelle avec Corinne dans *La Route des Flandres*, avec Hélène ou le modèle dans *Histoire* et avec les prostituées dans *L'Acacia* (cf. annexe 3), autant il reste discret sur la description de son sexe, alors qu'il n'est pas avare de précisions concernant celui de L.S.M. (G,12,389), celui de O. (G,315), celui de son cousin (A,139/142), celui de l'âne dans le conte d'Apulée (H,108,110), celui de de Reixach (H,342) ou de l'ancêtre suicidé (RF,81). Malgré des passages très érotiques, *L'Acacia* reste muet sur le sexe du narrateur. Dans *La Route des Flandres* et dans *Histoire*, la pratique du contournement passe par une oblitération de l'antécédent des pronoms personnels, qui laisse ainsi au narrataire l'hypothèse de l'interprétation :

Seuil, collection « Points Essais », 1999, pp. 9/61.

« Attends immobiles soudain moi soulevé les cœurs seuls continuant de battre très vite fous pendant qu'elle sa main habile attentive le guidait l'introduisait aveugle impatient poussant trouvant enfin s'enfonçant glissant entre » (H,371)

« elle se contentait de faire entendre ce bruit enfantin qui pouvait aussi bien être des sanglots une plainte ou le contraire, quelquefois je m'écartais le retirais complètement pouvant le voir au-dessous de moi sorti d'elle luisant mince à la base puis renflé » (RF,267)

La mise à distance du sexe personnel renvoie à la difficulté de s'attribuer sûrement et définitivement le phallus. Le narrateur utilise certes, à plusieurs reprises, dans *La Route des Flandres*, une métaphore qui construit une image un peu plus explicite du sexe propre, celle de l'arbre, « sentant cette tige sortie de moi cet arbre poussant ramifiant ses racines » (RF,237), « l'arbre sortant de moi » (RF,269) ; mais cette référence nous renvoie alors, avec la symbolique de l'arbre généalogique, à la question paternelle et à une nouvelle aporie.

La différence des sexes s'inscrit dans la problématique phallique car elle s'organise autour de la possession ou non du phallus. Or une situation oedipienne trouble, où la fonction symbolique du père n'est pas remplie, comme celle qui se révèle dans le discours du narrateur, laisse augurer d'une perturbation dans l'identification sexuelle des individus. La femme pour le narrateur n'est pas celle qui n'a pas le phallus mais celle qui a été castrée, celle à qui il reste pour tout sexe, « cette nacre, ce buisson, cette éternelle **blessure** ruisselant déjà avant d'être forcée et si impudiquement offerte qu'elle semble attendre un acte d'une précision et d'une nudité sinon **chirurgicales** […] du moins presque médicales » (RF,176). La parole narrative renvoie au déni très archaïque de la différence anatomique des sexes. Aussi on y explique mieux maintenant, le flottement répété des identités sexuelles : la tante du père se transforme en homme (A,67), le père ressemble à une jeune fille (A,79), la mère se travestit en homme (A,119), oncle Charles « participait apparemment plutôt du féminin que du masculin » (H,69), Eugène, le fils de L.S.M. est un « colosse » « pour ainsi dire féminisé » (G,457), Jean-Marie semble « en quelque sorte mâle et femelle à la fois » (G,432), quant à Batti, elle apparaît « comme une sorte d'eunuque femelle » (G,462). Le narrateur ne peut s'assurer de la loi qui régit la différence des sexes car elle est fondée sur la Loi du père[1] qui n'a pour lui, en raison de son histoire, aucune portée significative. Aussi bien, dans cette ambivalence généralisée, l'image la plus rassurante est celle répétée du pénis gelé, « rétracté, recroquevillé, difficilement extrait de l'élégante culotte de cheval par sa main dégantée, aux doigts gourds, gelés » (A,139), de ce sexe enfin au repos, qui ressemble à une castration symbolique pour l'homme dans le froid, « pour ainsi dire castré, privé de ses organes naturels recroquevillés de froid dans son caleçon douteux » (G,115) et qui liquide la question de la possession ou non du phallus et de l'impossible distinction des sexes.

Pourtant si les répétitions dans le discours manifeste du narrateur permettent de faire l'hypothèse d'un déni inconscient de la fonction paternelle, la défection du père réel ne permet pas de conclure à une carence totale du Père symbolique (le narrateur serait en ce cas psychotique[2]). Car le discours de la mère présentifie le père auquel elle réfère son désir, comme dans une situation oedipienne normale ; par

---

[1] J. Lacan, « La forclusion du Nom-du-Père », *Le séminaire*, livre V, *op. cit.*, chap. VIII, p. 147.
[2] J. Lacan, « D'une question préliminaire à tout traitement possible de la psychose », in *Ecrits II*, *op. cit.*.

exemple elle fait du récit de la mort du père un épisode grandiose quasiment mythique (A,326). La fonction paternelle s'exerce donc dans la parole maternelle qui lui fait une place, mais aussi grâce à des substituts du père qui permettent à l'enfant de se structurer.

L'absence paternelle est diffractée en trois présences contrastées qui sont toutes à rapporter à la figure du père. De Reixach, (encore appelé « le capitaine » ou « le colonel ») apparaît comme une actualisation du père réel, comme une répétition fantasmée du père absent, dont il possède un certain nombre de caractéristiques : les deux hommes font preuve d'une austère rigidité (RF,11 H,190,191/A,64) et se sont défensivement construits une « carapace faite d'urbanité et de bienséance » (RF,152 H,188/A,125) ; tous deux sont officiers dans l'armée française et à ce titre ont « la peau du visage tannée » par les missions au grand air (RF,10/A,80,83) ; « homme centaure » (RF,50) ou « silhouette équestre » (A,267), ils ont sur leur chevaux les mêmes attributs, « bottes », « éperons » (A,103/A,80), une « tunique serrée comme un corset » (A,104,301 H,190/A,80) et « le buste rigide et corseté » (RF,301) du colonel que le brigadier suit aveuglément sur la route des Flandres n'est pas sans évoquer « le large dos barré par les deux courroies entrecroisées » (A,217) du père qui part à la guerre et que la famille éplorée suit du regard. Les conditions de leur mort héroïque sont parfaitement comparables : de Reixach est frappé par « un éclat d'acier » (H,191) et le père par « un morceau de métal » (A,77), le premier deviendra une « ordure », « sur laquelle les mouches se précipitaient, s'agglutinaient, le sang bientôt non plus rouge mais simplement d'un brun noirâtre, croûteux, son élégant uniforme déchiré, souillé de cette déjection, comme un enfant se barbouille de ses excréments » (H,192) tandis que le « sang pâteux » du second « faisait sur la tunique une tache d'un rouge vif dont les bords commençaient à sécher, déjà brunis, disparaissant presque entièrement sous l'essaim de mouches aux corselets rayés, aux ailes grises pointillées de noir, se bousculant et se montant les unes sur les autres, comme celles qui s'abattent sur les excréments dans les sous-bois. » (A,61). C'est donc ce qu'il pense que son père était que le narrateur croit reconnaître dans le colonel. Après l'embuscade, c'est d'ailleurs le soulagement d'un fils rassuré, que le narrateur semble éprouver, en retrouvant son colonel et il lui témoigne ensuite une obéissance toute filiale lorsqu'il le suit confiant dans la chevauchée suicidaire. Le colonel impose d'ailleurs à la relation avec le narrateur le même vide affectif, ses yeux noirs sont « distants » (RF,10), « sa voix sèche, distante, ennuyée sinon même excédée » (A,103), « à peine teintée d'ironie, de mépris » (A,366) que celui nécessairement entretenu par le père mort. On comprend alors pourquoi la séquence, où de Reixach trouve la mort, est, de loin, dans les quatre narrations, la plus répétée, la plus obsédante : ce qui se joue dans la mort effective de de Reixach, c'est le fantasme de la mort du père, cette scène a le poids affectif de la disparition paternelle.

De Reixach est un double physique, social, affectif du père réel, en revanche oncle Charles, qui remplit aussi le rôle paternel auprès de son neveu, dessine une figure inversée du père absent. Il appartient d'abord à la lignée de la mère dont il est très proche (H,129) et dont il constituera aussi un substitut au moment de la maladie et de la mort de cette dernière. Situé donc de l'autre côté d'une frontière qui détermine le territoire paternel des mâles, guerriers, froids et absents, Charles représente pour son neveu une présence affectueuse grâce à laquelle se développent des échanges vivants et fructueux. Essentiellement nourricier, l'oncle alimente la famille par sa gestion du domaine viticole (H,357/358) et l'esprit du narrateur par une transmission des connaissances. Il instruit son neveu sur l'histoire familiale (G,252/256,444/448), s'occupe de son éducation scolaire (H,46/48,128/129 G,230), surveille ses goûts littéraires (H,129), lui garantit une formation artistique par ses dons en musique et en peinture (H,266 G,230/231), l'initie à l'exigence idéologique (H,147/153,155,165/166,172/174,180/181), philosophique (H,177/178) et morale (H,129), grâce à des conversations quasi socratiques. L'oncle est sur tous les fronts (pacifiques ici) le père de la présence quotidienne qui écoute, conseille et dirige. Figure d'un père vivant et chaleureux auprès duquel grandir, il est l'image antithétique du père réel.

Pierre, dans *La Route des Flandres* n'est pas un substitut paternel car il y est présenté comme le vrai père de Georges. Toutefois, on se souvient qu'on a voulu lire le couple Pierre et Sabine comme l'expansion fantasmatique, dans le discours manifeste du narrateur, des parents réels, comme la caractéristique du « roman familial » élaboré par l'enfant, selon Freud[1], pour résoudre la crise oedipienne. Pierre est un père fantasmé, au même titre que de Reixach et Charles d'ailleurs qui, malgré leur réalité effective dans l'histoire du narrateur ne valent que comme des reconstructions de l'image paternelle dans l'anamnèse du sujet. Cette triple réduplication fantasmatique de la figure paternelle explique la place du père dans l'inconscient du narrateur. Le prénom Pierre contient fondamentalement quelque chose du père exemplaire, dans ses phonèmes où sont inscrits ceux du père mais aussi dans sa symbolique qui nous renvoie au père fondateur de l'église chrétienne, ce que rappelle en écho un passage d'*Histoire* : « Tu es Pierre et sur cette pierre je bâtirai mon Eglise. » (H,310). De fait dans le discours du narrateur, Pierre apparaît comme un père oedipien idéal. Il a l'ultra-présence de son « monstrueux poids de graisse » (RF,31), de son écriture qui surcharge les feuilles de papier (RF,31) et de sa parole qui aligne « encore des mots et des mots et encore des mots » (RF,34), obésité physique, scripturale et verbale, métaphorique de son être-là. Le père idéal est un modèle, en l'occurrence un éclaireur de l'écriture, précieuse et ultime conquête du narrateur ; mais parallèlement, ce père autorise un espace de contestation structurante pour le fils, qui doit dépasser le maître. Réfuter les valeurs de l'humanisme des Lumières, refuser la culture livresque et devenir paysan sont, pour le narrateur, des expédients afin d'affirmer sa liberté et son autonomie par rapport au modèle, s'opposer au père, le « défier » (RF,213), se construire dans l'affrontement. Et dans son discours abattre symboliquement le père pour émerger en tant qu'homme devient une image littérale, car lorsque le fils contrecarre les projets de son père, il perçoit, « dans la pesante montagne de chair », « comme une sorte de craquement, comme le bruit imperceptible de quelque organe secret et délicat en train de se briser » (RF,214). Père présent, père exemplaire, père structurant, Pierre est un fantasme de père idéal, compensateur du père effectif.

Pourtant ces trois répétitions de la figure paternelle, de Reixach, l'actualisation du père réel, Charles, le père inversé et Pierre, le père idéal, ont en commun de produire des pères sans phallus. De Reixach possède la femme désirée, Corinne, mais ne peut la satisfaire ; elle se fait alors « enfiler par le premier venu » (RF,142). Charles, qui participe « apparemment plutôt du féminin que du masculin » est présenté comme un homme castré, aux destinées duquel préside l'image symbolique d'une main coupée (H,85). Quant à Pierre, accablé sous sa « montagne de

---
[1] S. Freud, *La naissance de la psychanalyse*, Paris, P.U.F., 1996, pp. 227/228.

graisse », la vieille chemise aux coins cornés qui contient ses feuilles de papier constitue pour lui comme un « organe supplémentaire inventé sans doute pour remédier aux défaillances des autres » (RF,31). Le père fantasmé peut bien ressembler au père réel, il peut bien contrairement à lui favoriser des échanges affectifs dans une présence chaleureuse ou admettre des relations d'opposition structurante, l'important reste qu'il soit impuissant. La narration répète le désir d'un père défaillant, tel le vieil amoureux de la mère :

« *en me penchant je pourrais apercevoir les inglorieux débris d'où le hasard aidant j'aurais pu sortir éjecté arraché dans un tressautement de ce corps flasque* » (H,52)

Précisément si le père de rêve est pour le fils un père défaillant, le père réel ne l'est pas pour la mère, « rassasiée », « dans un permanent orgasme » (A,134). Le fantasme de castration du père réalise ainsi, dans le monologue inconscient du fils, un acte de vengeance dans les rapports très ambivalents qui existent entre le père et le narrateur.

En effet l'absence c'est l'ab-sens, le non-sens d'un vide généalogique qu'il s'agit de combler grâce à la quête répétée du père par le fils : quête dans le discours lui-même par la répétition narrative des mêmes scènes où intervient le père, comme le film incessamment joué de la perte et des retrouvailles ; quête physique de son cadavre dans la pitoyable traversée épique des trois femmes et de l'enfant (A,chap.I) ; quête affective dans l'incessante relecture de ses mots et de sa signature sur les cartes postales envoyées du bout du monde ; en-quête sur son passé dans la reconstitution de sa jeunesse (A,chap.III), de son départ à la guerre (A,chap.VII) et de sa mort au combat (A,324/327) ; quête symbolique dans la recherche des balles, instruments de sa mise à mort (A,320/323) ; mais surtout quête imaginaire dans ce que la vie du fils rejoue du destin du père. La guerre est principalement le champ de l'identification du fils au père. La date de la mort de l'un, 27 août 14, correspond à celle de la mobilisation du second, 27 août 39. Et puisque le fils « était apparemment destiné à prendre la place des morts » (A,284), il anticipe son propre décès dans des termes semblables à ceux qu'il emploie pour celui de son père (A,303/61). Cette identification peut tout aussi bien s'orienter vers l'expression de la tendresse que vers le désir de l'éviction, car on l'aura noté la rencontre entre le père et le fils s'opère toujours dans le domaine morbide, rejoindre le père dans l'anéantissement est aussi une garantie de son élimination.

Car le père est le rival éternellement chanceux puisque mort - « toujours présent » (H,18) et « éternellement jeune » (H,252) dans son agrandissement sépia - l'objet définitivement choisi du désir maternel. Le narrateur n'est, aux yeux du père substitutif de Reixach, qu'un « moustique insecte moucheron » (RF,10), il est métaphoriquement écrasé par « cet énorme agrandissement qu'elle avait fait faire et placer sur le mur parallèle à son lit à droite de sorte qu'elle n'avait qu'à tourner légèrement la tête pour le regarder » (H,17). La référence au « lit » situe bien la préférence de la mère dans le domaine de l'intimité où le fils ne fait pas le poids, combattant pusillanime d'une guerre sexuelle perdue. Cette rivalité d'ordre phallique est particulièrement explicite dans le jeu métaphorique que génère le métaphorisation guerrière : « petite pétoire » (RF,255), « bâton » (RF,168,170 H,126), « ogive » (RF,267) ; le pénis peut inversement devenir le comparant du canon, « comme les parties viriles (membre et testicules) façonnées sommairement coulées en bronze » (H,258) ou du revolver dans son étui, « comme une sorte d'attribut phallique »,

« enrobé (testicules et pénis) d'un cuir rougeâtre » (G,115). Le phallus a la puissance des armes, notamment à feu, dans le conflit oedipien, où il apparaît comme un instrument belliqueux. La guerre comme toile de fond de l'identification des destins du père et du fils est également la métonymie de leur combat phallique. Aussi dans ce contexte, le père est l'homme à abattre. Dans *Totem et tabou* [1], Freud expose, pour illustrer les composantes du complexe d'Œdipe, comment face à un père primitif « violent, jaloux, gardant toutes les femelles et chassant ses fils à mesure qu'ils grandissaient », la horde des frères finit par contester le despotisme du père, le tue et le consomme. Pareillement, le narrateur ne cesse, dans son discours, de rejouer la mort du père. La répétition, dans les quatre romans, de la mort spectaculaire de de Reixach, père fantasmé, est de l'ordre de cette libération, une façon de s'affranchir de l'hypothèque paternelle. Et dans cette scène l'image la plus obsédante, certainement pas la moins gratuite, est celle de de Reixach brandissant son sabre (RF,12,82,215 H,396 A,304,368), image du phallus triomphant, mais immédiatement abattu car le sabre est dans cette circonstance une « arme inutile et dérisoire » (RF,12 H,396). La mort du père se confond avec sa castration. Quant à la mort du père réel, elle est répétée au moins cinq fois dans *L'Acacia* (A,chap.I, 61, 77, 212, 324/327), où le narrateur s'emploie à la banaliser. Après sa blessure, le père n'était probablement pas « adossé à cet arbre comme un chevalier médiéval ou un colonel d'Empire » (A,327) mais « sous la forme imprécise qu'offrent au regard ces tas informes, plus ou moins souillés de boue et de sang, et où la première chose qui frappe la vue c'est le plus souvent les chaussures d'une taille toujours bizarrement démesurée, dessinant un V » (A,327). Cette désacralisation du mort par la dénonciation du romanesque dans les récits de guerre dévoile toute la violence du fils à l'égard du père et probablement accuse l'imposture idéalisante dans le discours de la mère.

L'obsession du régicide qui hante *Les Géorgiques* désigne aussi ce fantasme de liquidation du père de la horde, l'aïeul étant pour la grand-mère, « souillé d'un crime que, dans son esprit, elle devait tenir (comme l'exécution du tzar) pour le plus abominable : un parricide » (G,196) ; mais comme pour L.S.M. qui paye par la malédiction de sa mère son vote de la mort du roi, de même le narrateur paye de sa culpabilité sa mise à mort répétée du père. Car le parricide, même virtuel, a un coût inconscient que rappelle Freud, en ce qui concerne les fils de le horde primitive:

« *Après l'avoir supprimé, après avoir assouvi leur haine et réalisé leur identification avec lui, ils ont dû se livrer à des manifestations affectives d'une tendresse exagérée. Ils le firent sous la forme du repentir ; ils éprouvèrent un sentiment de culpabilité qui se confond avec le sentiment du repentir communément éprouvé* »[2]

Le narrateur est certes habité par la culpabilité du survivant, qui a subsisté là où son père est mort, mais son discours témoigne d'un sentiment de faute qui dépasse le cadre guerrier. Andréa Goulet[3] analyse, comment le narrateur d'*Histoire* se sent observé par « une série continue de regards condamnatoires ». Elle évoque celui des Stymphalides (H,39) qui viennent le tourmenter, mais aussi celui de l'abbé avec « ses petits yeux de rat » (H,43), ou encore les yeux du vieillard « n'arrêtant

---

[1] S. Freud, *Totem et tabou*, Paris, Ed. Payot et Rivages, 2001, p. 199.
[2] *Ibid.*, p. 201.
[3] A. Goulet, « La percée de l'œil ; *Histoire* », in *Claude Simon 3. Lectures de « Histoire »*, Revue des Lettres Modernes, 1511-1516, 2000, pp. 101/123, pp. 106/108.

pas de m'espionner, me soupeser » (H,68). Pour Andréa Goulet, « si le narrateur se sent coupable, c'est parce qu'il se trouve [...] héritier lui-même d'un œil inquiétant transmis par la lignée masculine : l'œil du pénis », et de citer le passage d'*Histoire* qui voit dans le sexe masculin « une grosse tête borgne comme [...] un œil » (H,374). Ces analyses sont tout à fait éclairantes pour notre problématique car elles établissent d'une part la culpabilité à travers le sentiment de persécution qui étouffe le narrateur mais par ailleurs elles relient la faute à la sexualité. Le narrateur a péché pour avoir voulu braver deux interdits : abattre le père et posséder la mère. Aussi est-ce par là où il a fauté qu'il sera châtié par celui qu'il a offensé : « Pénis et moi compère garce que j'ai beaucoup léchée » (H,45). Le pénis est l'instrument de la punition, administrée par le père, « punissez-moi mon père »/« pénis et moi compère », ainsi que le laisse entendre le calembour érotico-religieux de Lambert. La dette se paye aussi dans le monologue inconscient par la hantise d'une castration punitive, dont les fantasmes envahissants, qui courent dans le discours narratif, sont aussi imputables à la toute-puissance paternelle. Et peut-être le passage à l'écriture par le narrateur (A,380) peut se comprendre comme un sacrifice expiatoire offert au père qui écrit (Pierre), comme le remboursement d'une dette de meurtre. Les répétitions dans le discours manifeste révèlent donc chez le narrateur un rapport très ambivalent au père et très aporétique. Il y a le père que l'on recherche, auquel on s'identifie par tendresse et dont on répète le destin ; mais comment trouver un père absent ? Et il y a le père, rival trop heureux, dont on réitère la mise à mort ; mais comment haïr et tuer un père qui est déjà mort ? Son décès prématuré, qui n'est pas compensé par la présence chaleureuse de la mère, elle-même morte affectivement et appelée à mourir physiquement trop tôt, semble au cœur du complexe d'Œdipe mal négocié et d'une structure inconsciente qui entrave le fonctionnement de la vie du narrateur.

Le deuil impossible

Au-delà des répétitions dans son discours, qui ont permis de découvrir des fixations inconscientes, le destin du narrateur lui-même est marqué du sceau de la répétition. Même si tout son récit tourne autour de ses préoccupations conscientes ou inconscientes, souvenirs d'enfance, biographie des parents et des ancêtres, environnement iconographique, commentaires sur ses lectures, le narrateur nous parle finalement avec parcimonie de ce qu'il a fait de sa vie d'adulte. Il évoque, certes, à loisir sa guerre, mais cet épisode est très circonscrit et captif d'un fonctionnement historique qui dépasse largement le destin individuel. Lorsqu'il en est question, ses activités répètent toutes des situations d'échec.

La compulsion de répétition

Ses études tournent court puisqu'il s'est fait « recaler à Normale », comme il en informe fièrement Blum (RF,204) et a selon Corinne « lâch[é] [s]es études » (H,112). Sa vie professionnelle est au mieux un grand vide de rentier qui surveille la gestion et l'exploitation de ses terres dans *L'Acacia* et au pire une régression par rapport à l'ascension sociale du père, puisqu'il s'agit de cultiver soi-même les terres, dans *La Route des Flandres* (RF,213/214). *Histoire* ne fait pas référence à un quelconque métier, en revanche c'est la vente et l'hypothèque des biens hérités - la commode, « l'Olivette » (H,308) - qui permettent au narrateur de pallier ses difficultés financières. Sans identité professionnelle, il tire sa subsistance des richesses familiales. Son temps est occupé à des activités artistiques qui s'engluent dans l'échec. Avant son départ à la guerre, le futur brigadier se vit comme un imposteur de la peinture, un « apprenti cubiste », « convertissant sous forme d'ineptes triangles, d'ineptes carrés ou d'ineptes pyramides [...] les voiles, les barques et les voiliers du port de pêche où ils passaient l'été » (A,171) ; dans le stalag, en échange de cigarettes et de nourriture, il produit des dessins pornographiques, « quelque chose qui était au dessin à peu près ce qu'une savonnette est à une pierre ou à une racine » (A,345) ; après la guerre et de retour dans sa ville natale, il entreprend « de dessiner, copier avec le plus d'exactitude possible, les feuilles d'un rameau, un roseau, une touffe d'herbe » (A,376). Dans tous les cas cette activité répétée du dessin est vécue comme un ratage en raison de sa stérilité ou de son imposture, comme l'essai de l'écriture dont il nous dit postérieurement avec ironie que sa compagne lui tapait les pages « de ce qu'il se figurait que devait être un roman » (A,171). Le narrateur est un faux artiste.

Il se révèle aussi « un bourgeois raté et un révolutionnaire raté En somme parfaitement inutilisable » (H,298), ainsi qu'il l'avoue à Lambert. Ses choix idéologiques sont assez paradoxaux : le bourgeois rejette sa situation de privilège et son exploitation de la sueur des autres (A,167) ; le révolutionnaire se rend en U.R.S.S. « comme on va dans un jardin zoologique regarder des bêtes curieuses » (A,191) et dans l'Espagne révolutionnaire, achète grâce à son compte en banque bien rempli, « la carte d'un parti politique dont le but déclaré était de supprimer les banques en même temps que leurs clients » (A,192). C'est un tricheur démasqué par son oncle qui ne l'épargne pas : « tu as réussi à te faire croire que tu y croyais » (H,151).

Le domaine relationnel est également le terrain d'échecs répétés. Une « pathétique incompréhension », une « impossibilité de communiquer » avec le père lorsqu'on le fantasme présent (RF,31/35,205), une fausse amitié avec un Lambert arriviste et agressif, une relation orageuse en U.R.S.S. avec l'ami mexicain dont il se différencie tant du point de vue idéologique (A,178,182/183,184/186) que comportemental (A,189/190), mais surtout une vie sexuelle et amoureuse béante. Le discours narratif évoque plusieurs ruptures réelles ou rêvées, Hélène qui part en train et qui se dérobe dans la mort, Corinne qui fuit la chambre d'hôtel. Le narrateur n'est pas au clair de son désir pour les femmes, ce qu'elles sentent et qui les fait décamper, car il est toujours celui qu'on quitte ; son désir de la femme est en effet mâtiné de perversion : le désir pour Corinne est mimétique, il est le désir du désir de l'autre, le désir de de Reixach et Iglésia, « mais tu ne m'aimes pas vraiment » (RF,237), lui dit Corinne, lucide ; l'amour a quelque chose de voyeur car aimer Corinne et le raconter, c'est voir de Reixach et Iglésia en train de lui faire l'amour (RF,240,48). Inversement aimer Hélène (H,124) en la trompant avec un modèle (H,370/371) tout en « pensant à tous les corps d'hommes et de femmes accolés haletants » (H,370), c'est aussi une façon de se regarder copuler dans des situations variées. Le voyeurisme permet de se tenir à distance d'une relation sexuelle inquiétante, tout en en jouissant. La main-mise de la fantasmatisation sur le discours du narrateur procède de la même angoisse. A travers sa rêverie sur Corinne, sur la jeune paysanne, sur le modèle, il n'exprime pas tant un désir de la femme effective, qu'une jouissance purement mentale et autarcique. Le ressassement de ces scènes de séduction s'explique alors par la nature même du fantasme qui consiste à chercher indéfiniment sa réalisation. Ces systèmes de défense montrent combien la femme terrorise le narrateur avec sa vulve en forme de « bouche » (RF,13 G,381), « cette bouche herbue » (RF,39), sa « bouche bête verticale béante moite » (H,340), dévoreuse de phallus et d'identité. Finalement il n'y que deux types de femmes qui l'attirent car elles ne peuvent être des menaces : la petite fille, d'où son attirance pour des vulves épilées, « cela ressemblait à ceux des petites filles qu'on voit quand elles font pipi gras enfantin et tendre » (H,123/123 G,174) et la prostituée, dont le professionnalisme neutralise l'échange sexuel en un commerce. Corinne est selon Iglésia une « espèce de vieille salope ! Vieille garce » (RF,136) et elle-même indique à Georges : « tout ce que je suis pour toi c'est une fille à soldats » (RF,254) ; la paysanne à laquelle il est si sensible est une femme que plusieurs hommes se partagent, tout comme la jeune fille déflorée, derrière la guinguette, lors du service militaire (H,341,343/343). Le comble de la sécurité étant bien sûr la « femme à la vulve cousue » (H,57) dont on ne peut s'empêcher de croire que son apparition dans le discours narratif n'est pas un hasard. La désérotisation symbolique (car sexe et jouissance il y a dans certains cas) de la relation amoureuse fonde l'existence même de ses liaisons amoureuses. Le narrateur ne témoigne par exemple, dans son discours, aucune tendresse, ni aucun désir pour celle qui deviendra sa femme dans *L'Acacia* :

« *la femme - presque une jeune fille encore - qui dormait à côté de lui, se tenait à côté de lui, lisant un livre - ou se dévêtait docilement, restait nue, patiente et immobile* » (A,170)

L'épouse est maintenue à distance et apparaît plus comme un accessoire ou une amie qu'un être de chair et de jouissance. Si on peut expliquer cette crainte de la femme, et surtout de son sexe, par l'empreinte incestueuse de la relation à la mère et ses effets secondaires, culpabilité et angoisse de castration par un père vengeur, il reste que la répétition de ratages dans les relations amoureuses est à l'image d'un comportement d'échec qui entache tous les comportements de la vie du narrateur.

Comment comprendre que le narrateur s'investisse dans des situations esthétiques et idéologiques, dans lesquelles il ne se reconnaît pas, qu'il se prive des forces structurantes de relations constructives ? Comment comprendre que ce sujet répète des conduites d'échec ? « Arrête de faire le con sans doute ou autre chose de ce genre » (H,317), lui dit en pensée son cousin. La vie du brigadier est l'histoire répétée de la recherche du malaise, elle est une illustration de la compulsion de répétition mise à jour par Freud dans *Au-delà du principe de plaisir*. Dans les situations angoissantes qu'il recherche, le sujet répète des expériences anciennes sans se souvenir du modèle qu'il répète et qui est en quelque sorte refoulé et tenu à distance. Dans la compulsion de répétition, l'individu « est bien plutôt obligé de *répéter* le refoulé comme expérience vécue dans le présent, incapable qu'il est de se le remémorer comme un fragment du passé »[1]. Sa vie donne alors l'impression d'un destin qui le poursuit, d'une « orientation démoniaque » de son existence, « et la psychanalyse a d'emblée tenu qu'un tel destin était pour la plus grande part préparé par le sujet lui-même et déterminé par des influences de la petite enfance. »[2]. A la lumière de ce qui a été dit à propos de la situation oedipienne du narrateur, tentons de comprendre à quoi renvoient les actes répétitifs de son destin d'échec, mais aussi pourquoi le dire de soi s'opère dans une langue elle-même si ressassante.

---

[1] S. Freud, « Au-delà du principe de plaisir », *Essais de psychanalyse, op. cit.*, pp. 57/58.
[2] *Ibid.*, p. 61.

La perte

Le discours narratif insiste, quoique avec un certain détachement rationalisant, sur le poids des deuils précoces : la mort du père relayée par celle du colonel, la mort psychique puis physique de la mère, la mort de la tante, la mort de l'épouse. Et cette compulsion de destin, qui apparaît comme une fatalité extérieure dont le narrateur est la victime, est pourtant contenue dans les lettres mêmes d'un prénom qu'il s'attribue. Comme Dominique Viart le souligne, « Georges est fils du deuil, ou plutôt de ce qui marque le deuil : le crêpe Georgette (H,11). »[1]. Or ce crêpe, qui réapparaît en G,24, a une histoire chez Simon : il est le condensé d'une enfance orpheline : « J'ai grandi dans les lamentations les histoires d'hypothèques et l'odeur du crêpe. » (H,76) et le substitut sensoriel de la mère veuve lorsque il s'endort « au contact rugueux et rêche du crêpe » (A,14) dont est fait le voile maternel. Si la récidive effective de la mort échappe indéniablement au contrôle du narrateur et relève bien d'un destin tragique, la place insistante des morts et de leur agonie, dans son discours, remonte à des phénomènes inconscients. *L'Acacia* est le récit de la mort du père, *Histoire* celui de l'agonie de la mère et rôde autour du suicide de l'épouse et de la tante, *La Route des Flandres* met en scène, à travers la chute du colonel, le souvenir écran de la disparition du père, *Les Géorgiques* retentissent en écho des morts ancestrales. La mort des êtres chers hante le discours narratif mais partout elle est associée à l'expérience de la mort propre en mai 1940 sur le front français ou en 36 en Espagne. L'effleurement de la mort pour soi a semble-t-il réveillé des plaies mal cicatrisées et des deuils non faits. Il est entré en résonance avec des affects douloureux autrefois refoulés, comme si la menace de perte narcissique ravivait des pertes plus anciennes. Le discours du narrateur exploite d'ailleurs largement la symbolique de la perte comme métaphore du deuil. C'est aussi le constat de Jean Starobinski qui indique à propos d'*Histoire* :

« *Le héros, qui ne semble pas avoir d'autres ressources, aliène un peu davantage une terre déjà endettée, il se sépare d'un meuble dont il est permis de dire qu'il est comme le sarcophage de la mère, comme le substitut de son corps miné par la longue maladie finale. Le bilan de la journée est : perte, séparation – complétant et aggravant les pertes dont la mémoire obsède le texte tout entier.*»[2]

Outre la terre et la commode, les narrations expriment plus largement la perte de l'enfance dans le regard nostalgique de l'adulte qui se penche inlassablement sur son passé, la perte des illusions idéologiques et politiques devant la forfaiture humaniste et l'impasse révolutionnaire, la perte d'amour dans ces femmes aimées qui vous quittent. L'histoire du narrateur apparaît donc comme celle d'un grand vide qui s'installe et se nourrit de l'échec. L'effondrement actuel est l'écho d'un trauma ancien, chaque nouveau deuil qui assombrit la vie du narrateur vient réactiver le deuil originaire, le retour du signifiant premier, la mort inadmissible du père, que l'on entend clairement dans les phonèmes du mot « per-te ». Et le voyage symbolique qui inaugure *L'Acacia*, la recherche vaine du corps perdu, pour tenter de faire le deuil, en allant sur les lieux mêmes de sa disparition est une représentation physique du travail psychique du deuil impossible ; de même, le mythe d'Orphée qui s'infiltre dans *Les Géorgiques* (G,32,36,39,74), renvoie dans une descente aux en-

---
[1] D. Viart, *Une mémoire inquiète, op. cit.*, p. 104.
[2] J. Starobinski, « la journée dans " Histoire " », *Sur Claude Simon, op. cit.*, p. 14.

fers (au sens figuré comme au sens propre), à l'impossibilité de combler la perte de l'objet perdu.

Pourtant le monologue du narrateur n'avoue jamais explicitement le chagrin de l'absence. Son discours met en place une stratégie variée pour neutraliser les affects. L'évitement d'abord qui oblitère totalement la mort d'oncle Charles, un être pourtant fondateur dans la vie de l'orphelin, et qui suggère obliquement celle d'Hélène. Inversement par le refus de l'euphémisme bienséant, par le choix d'un réalisme cru, le narrateur refuse la sensiblerie mignarde. Lorsqu'il dit par exemple, « qu'il savait que sa mère ne se "reposait" pas, comme disait l'oncle Charles, mais qu'elle allait à son tour mourir » (G,243), la brutalité de sa lucidité intellectuelle écrase le sentiment. Sa parole témoigne également d'une mise à distance du chagrin. Dans « un enfant déjà sans père » (A,313), « sans père » évoque la perte aiguë qu'accentue encore l'injustice de sa prématurité contenue dans « déjà » ; mais le déterminant indéfini « un » dans « un enfant », indique que cet enfant n'est pas moi, déclare le refus de prendre en charge la souffrance d'un autre qui n'est plus moi.

Là où les formulations tendent à évaporer les stigmates du chagrin, la répétition se constitue, dans le discours, comme une relique de l'être perdu. Dénégation et célébration sont les deux modes du culte voué aux morts par la répétition. Lorsqu'elle est rappel du passé, lorsqu'elle fait revivre sous nos yeux les morts, lorsqu'elle fait inlassablement retour sur la vie de la mère jeune fille, sur les conversations avec oncle Charles, sur la Grèce avec Hélène, sur le père aux colonies, elle apparaît comme une dénégation de la perte. En rejouant la présence des disparus, la répétition par le souvenir intervient comme une conservation imaginaire de l'objet perdu. Ces réminiscences, essentiellement visuelles ainsi qu'on l'a déjà noté, restituent de plus l'être aimé dans un champ quasi-hallucinatoire, qui a quelque chose du déni psychotique de la réalité. Au-delà de l'immobilisation du temps, la répétition du passé vivant cherche à immobiliser le désir, à maintenir dans le désir. De même, s'inventer dans le cadre du roman familial, un double vivant des parents morts, Pierre et Sabine, comme des symboles exacerbés de la présence physique (la graisse de Pierre, l'inévitable « chevelure orange » de Sabine (RF,48)), de la présence verbale (la logorrhée de Pierre (RF,33/35), le « caquetage » de Sabine (RF,48)), de la présence scripturale (les écrits de Pierre, les lettres envahissantes de Sabine) est aussi une façon de contourner et de nier le réel.

Pourtant si le discours présente – ou fantasme – les parents vivants, il célèbre aussi avec insistance leur mort : le père au champ d'honneur, la mère agonisante, de Reixach sur la route des Flandres. Rejouer la mort c'est comme Charles devant la tombe de sa femme, tenter de retrouver le lieu de l'autre inexistant :

« *Mais il n'y avait rien d'autre à voir : toujours cette base de pyramide tronquée faite de terre jaune et grumeleuse dont les mottes minuscules blanchissaient sur le dessus, les jeunes herbes, les petites feuilles étoilées en forme de harpons, velues, et moi pensant " Il doit bien y avoir quelque chose que je ne sais pas voir "* » (H,133)

Revenir avec obsession sur la mort de l'objet perdu, c'est chercher à fixer un endroit où penser son absence, d'où la fascination pour les cimetières (cf. annexe 6) et les cercueils, « la longue boîte avec son crucifix de métal vissé sur le couvercle » (H,227), « la boîte de chêne » (A,166). En même temps, le discours narratif marque sa sidération devant l'instant du passage, l'exacte transition entre la vie et la mort : le père comme de Reixach sont saisis au moment de leur blessure mortelle, la mère est présentée lors de son extrême onction (H,15/16). Répéter cet instant, c'est rejouer le moment de la séparation, c'est se figer dans l'instant précis du manque, dans cet instant qui me troue comme sujet. Pour Lacan, « le désir de l'homme trouve son sens dans le désir de l'autre, non pas tant parce que l'autre détient les clefs de l'objet désiré, que parce que son premier objet est d'être reconnu par l'autre. »[1]. Le narrateur n'existe que du regard désirant de sa mère, en dépit de la mort : « me dit que du haut du ciel maman me regardait » (H,366). Aussi, dans cette fascination du narrateur pour l'instant obsessionnel de la perte, c'est à travers la disparition de l'objet, le deuil de lui-même, comme forme pleine puisque désirée par l'autre, qui se dit : « moi ? » (H,402). Cet instant sidérant qui révèle le manque de l'autre et la béance en soi, est un moment à part et tabou, un temps sacré. Aussi sa répétition dans le discours, par une insistance qui l'isole et le solennise, apparaît comme une célébration rituelle. Le retour du discours sur les scènes de mort est comparable à un culte funéraire qui rend hommage au disparu et commémore l'absence. On ne peut s'empêcher par ailleurs d'entendre dans la mise à mort répétée de l'être disparu, une ingestion du mort par la parole, une incorporation cannibalique des vertus et de la présence de l'autre, dans une oralité linguistique. La répétition vaut donc pour une liturgie de la perte.

Le deuil pathologique, c'est-à-dire l'impossibilité pour un sujet de se détacher progressivement de l'objet perdu, trouve son explication, selon les psychanalystes et en particulier Daniel Lagache, dans le blocage par la culpabilité du « déploiement d'agression nécessaire au détachement libidinal »[2]. Chez le narrateur, cette idée se concrétise par la répétition traumatique de la mort du père et de son substitut (de Reixach/le colonel) qui signe le deuil impossible et s'explique par le contexte de la faute contre le père dont on désire ardemment la mort, le phallus et la femme. Ce schéma ambivalentiel d'amour et de haine coupable, qui enraye le travail salvateur du deuil, se répète d'un deuil à l'autre, comme le retour du signifiant premier, et explique pourquoi le narrateur ne peut jamais enterrer ses morts. Il ressasse les images traumatiques de l'agonie et de la disparition de la mère dont le désir fortement incestueux le rend coupable ; quant au décès de l'épouse, il est à jamais fixé dans la tache délictueuse et indélébile de l'infidélité conjugale. Le narrateur ne peut se détacher des êtres perdus car le contexte de culpabilité réelle ou fantasmée, dans lequel s'est établie la relation avec eux, le laisse, à l'égard des morts, redevable d'une dette à jamais impayable.

La répétition mélancolique

Aussi on peut écouter le monologue inconscient du narrateur comme un long symptôme mélancolique qui répète la quête impossible de deuils irréalisables. L'extension sémantique, dans le discours narratif, du mot mélancolie et de ses dérivés insiste sur la pathologie de la tristesse, de l'humeur noire. La mélancolie y est toujours associée à la mort, c'est « la mélancolique épitaphe » du tombeau de Marianne (G,367), la « tragique mélancolie cette chose noire qui était déjà en elle comme un noyau de mort » (H,110) qui annonce le suicide d'Hélène, « une déchi-

---

[1] J. Lacan, « Fonction et champ de la parole et du langage », *Ecrits I, op. cit.*, p. 266.
[2] D. Lagache, « Deuil pathologique », in *Agressivité, structure de la personnalité et autres travaux. Œuvres IV*, Paris, P.U.F., 1982, p. 24.

rante mélancolie, une déchirante agonie » (A,304), « cette funèbre et mélancolique solennité » (H,25), la « couronne funèbre aux teintes mélancoliques » (H,212) ; la mélancolie évoque également la fin, la disparition du jour avec « ce silence insolite et trop silencieux, mélancolique des soirs de bataille » (G,66), épilogue de l'été dans l'automne mélancolique (G,197,330 A,254) ; enfin le terme renvoie au vide, à la solitude comme celle de ces « maîtres d'hôtel aux dos voûtés » qui « déambulaient maintenant avec mélancolie entre les tables désertées » (A,263/264,266). La distribution sémantique du mot décrit très exactement les symptômes que manifeste le narrateur dans ses actes et son discours : une pathologie de la mort, de la fin et du vide, une pathologie du deuil. La mélancolie permet d'éclairer ces conduites d'échec répétées, qui semblent rythmer la vie du narrateur et que l'on retrouve dans le tableau clinique du mélancolique établi par Freud :

« *La mélancolie se caractérise du point de vue psychique par une dépression profondément douloureuse, une suspension de l'intérêt pour le monde extérieur, la perte de la capacité d'aimer, l'inhibition de toute activité et la diminution du sentiment d'estime de soi.* »[1]

La disparition successive des êtres aimés, à commencer par celle du père, empêche le narrateur de se constituer en être d'avenir ; englué dans ses propres stagnations, il se dépeint comme un faux peintre cubiste, un pseudo-écrivain, un militant révolutionnaire ou un bourgeois aux convictions idéologiques inabouties, un fils sadique et un amoureux qui ne peut deviner l'objet réel de son désir.

Car pour apaiser la culpabilité de vivre et maintenir un lien avec l'objet d'amour perdu, le narrateur mélancolique s'identifie au mort. A l'absence de l'autre perdu, s'ajoute une absence à soi, une perte narcissique. Dans *L'Acacia*, le père étouffe le moi : « il » désigne à la fois le père mort et le fils vivant car le narrateur ne peut se dire autrement que dans une confusion morbide avec l'absent ; il n'a d'identité que celle du mort qu'il a installé en lui, comme le souligne la similitude symbolique des plaques d'identité du père et du fils, à la guerre :

« *la petite plaque grisâtre portant le nom du mort et fixée par une chaînette à son poignet, l'autre moitié de la plaque cassée suivant un pointillé de vides ménagé à cet effet à l'emboutisseuse* » (A,61/62)

« *une plaque ovale de laiton attachée à son poignet par une chaînette, pointillée de trous dans le sens de la longueur et qui, de chaque côté de cette ligne médiane facile à briser, portait imprimé au poinçon, son numéro de matricule et son nom* » (A,228/229)

Cette répétition exacte des supports d'identité, dans les termes mêmes de leur description, montre que le narrateur se confond avec l'objet d'amour perdu et ne peut triompher sur la tristesse de l'absence avec ses forces de vie, ni se réaliser dans son propre destin. La part inconsciente qui se répète en actes, dans la récidive de ses échecs, ce sont les restrictions vitales qu'il s'impose pour payer sa dette.

Si le discours narratif nous expose un moi dévitalisé dans le deuil impossible, on ne peut manquer, par ailleurs, d'être frappé par la permanente dévalorisation qui le caractérise. Le narrateur n'a de cesse de rabaisser son corps, humilié dans l'animalité du chien, de l'âne, de la chèvre, d'accentuer ses malhonnêtetés idéologiques, de grossir ses errances esthétiques, de dénoncer sa vie « de paresse et de non-

---

[1] Voir S. Freud, « Deuil et mélancolie », in *Métapsychologie*, Paris, Gallimard, collection « idées », 1940, p. 148/149.

chalante inertie – au mieux, de velléitaire expectative » (A,166), « d'oisiveté, d'impostures et d'inepties additionnées pour se dissimuler à lui-même son inexistence » (A,227/228). La narration insiste sur ses infidélités conjugales, sur les fondements illusoires de sa culture livresque, « une tare héréditaire » (RF,204). Du « têtard gélatineux » (H,402) à l'« inoffensif idiot » (H,237), le narrateur se présente avec une satisfaction masochiste comme un être vil et sans valeur. On y retrouve « le délire de petitesse » signalé par Freud[1], qu'on peut entendre comme le contenu, refoulé et qui se répète dans les actes et les paroles, de la haine contre ce mort, installé par identification en son sein, et maintenant dirigée contre lui-même.

Finalement face à cette précarité du moi propre et à sa dépréciation, on peut se demander si le discours de la tristesse et de la plainte, qui répète le récit des catastrophes, cataclysmes naturels, endettements, veuvages, guerres, semblable à la conversation de la grand-mère et de ses compagnes, « les monotones et éternelles lamentations » (H,26), dont il constitue en somme un hypertexte, se demander donc si l'affect mélancolique et sa verbalisation ne fondent pas le seul facteur de cohésion d'un narcissisme menacé. D'une part le destin de malheurs qui accablent le narrateur et que son discours exhibe sans retenue, répare son sentiment de culpabilité – le bourreau est aussi victime, d'autre part on peut suivre Julia Kristeva qui suggère dans *Soleil noir*, que « l'humeur dépressive se constitue comme un support narcissique certes négatif, mais néanmoins offrant au moi une intégrité »[2]. Le resserrement des narrations autour du thème du malheur en général (les guerres dévastatrices, les révolutions sanguinaires, les catastrophes naturelles), sur le modèle du désespoir familial et personnel, renvoie à une régression narcissique, organisée autour du discours de la plainte. Il y a dans la parole du narrateur comme un désinvestissement du monde, évalué à l'aune de sa propre souffrance, un retrait de la libido sur le moi en souffrance comme seule condition de la survie. De fait le retour, dans les narrations, des mêmes figures, des mêmes thèmes, des mêmes situations rend la parole extrêmement réflexive. Le narrateur est enfermé dans une autarcie discursive, dans un autisme, superbement illustré par l'image récidivante de la « cloche de verre », qui isole du monde (RF,25,36,44,210,212 H,40,49 G,265,379 A,chap.X). Cette répétition intratextuelle peut facilement s'entendre comme un auto-érotisme dans la mesure où le langage en miroir compense l'absence de l'être perdu[3] et supplée à l'impossible dialogue à deux.

Limité à son propre horizon mélancolique, le narrateur s'exprime dans une langue répétitive, monotone et lacunaire. Le deuil impossible induit non seulement une dévitalisation de l'avenir mais aussi une faillite du signifiant, qui bégaie sur certaines séquences (la mort du colonel, celle du père et de la mère) ou s'éclipse dans le mutisme pour d'autres (la mort de Charles, celle d'Hélène). Une sourde menace pèse sur le langage du narrateur : absence de ponctuation, déstructuration logique, infirmité des phrases, litanies récurrentes des rafales de synonymes, d'homonymes, réitération des mêmes scènes, car le narrateur dépressif n'enchaîne

---

[1] S. Freud, *ibid.*, p. 152.
[2] J. Kristeva, *Soleil noir. Dépression et mélancolie*, Paris, Gallimard, collection « folio essais », 1987, p. 29.
[3] « Mais quand Freud parle principalement dans les *Trois essais*, d'auro-érotisme, il n'a pas l'intention de nier l'existence d'une relation primaire à l'objet, il indique tout au contraire que la pulsion ne *devient* auto-érotique qu'après avoir perdu son objet. » J. Laplanche, J.-B. Pontalis, *Fantasme originaire. Fantasme des origines. Origines du fantasme*, Paris, Hachette, collection « Pluriel », 1985, p. 92.

pas, n'est pas plus tourné vers le futur de sa vie et de ses relations que vers le futur de sa phrase. Le passé, concentré sur les traumatismes est hypertrophié et englue le discours dans une stagnation réitérative. Comme autour d'une crypte dans l'inconscient, le discours s'enroule autour d'un signifié et d'une temporalité figés. La répétition dans les actes du narrateur, malade de son deuil, renvoie à un refoulé qui inexorablement fait retour, la compulsion dans le langage s'étaie sur une situation oedipienne non réglée. Ce que le narrateur enfant a désinvesti dans son rapport glacial avec la mère morte (d'abord psychiquement puis physiquement), c'est la langue maternelle. La mère nourrit son petit d'aliments et de mots et la langue maternelle est ingérée sur le mode oral, dans le cadre d'une tendre bienveillance. Mais pour notre narrateur, affectivement abandonné de sa mère dans sa petite enfance, la langue maternelle ne fait pas sens. On comprend alors dans ce langage qui se répète, qui cherche, qui doute (« comment dire ? » « ou plutôt », « peut-être »...), qui souligne l'étrangeté d'une langue qu'il ne s'est pas appropriée, l'histoire d'une absence. Pas d'outil donc avec lequel se dire sereinement ; difficile entrée dans le symbolique aussi car ainsi que le rappelle Julia Kristeva, à la lumière des thèses lacaniennes, « le déni du signifiant s'étaie d'un déni de la fonction paternelle garantissant précisément l'imposition du signifiant. Maintenu dans sa fonction de père idéal ou de père imaginaire, le père du dépressif est dépossédé de la puissance phallique attribuée à la mère. »[1]. Le triomphe du symbolique est impossible au narrateur, précisément à cause du déni de la fonction paternelle qui barre l'accès au signifiant, il ne peut donc pas transposer ses affects de souffrance dans le pays des signes. La répétition mélancolique qui grève le procès linguistique témoigne de la double perte maternelle et paternelle inguérissable. Aussi dans cet être sans vie, sans avenir et sans langage, qui en actes répète inlassablement les mêmes échecs et ressasse en paroles les misères du monde et de son propre destin, on peut reconnaître le travail de la pulsion de mort.

    Devant la compulsion de répétition qui pousse certains sujets à rechercher des situations douloureuses, Freud est conduit à penser qu'il y a un au-delà au principe de plaisir qui tend « à maintenir aussi bas que possible la quantité d'excitation présente dans l'appareil psychique », une pulsion de mort comme tendance de retour à l'inorganique.

    « Si le but de la vie était un état initial qui n'a pas encore été atteint auparavant, il y aurait là une contradiction avec la nature conservatrice des pulsions. Ce but doit bien plutôt être un état ancien, un état initial que le vivant a jadis abandonné et auquel il tend à revenir par tous les détours du développement. S'il nous est permis d'admettre comme un fait d'expérience ne souffrant pas d'exception que tout être vivant meurt, fait retour à l'anorganique, pour des raisons internes, alors nous ne pouvons que dire : le but de toute vie est la mort »[2]

    Le discours mélancolique de notre narrateur apparaît bien comme une culture de la pulsion de mort, qui se littéralise dans l'obsession des images d'enfouissement dans la terre, de retour à l'inanimé, qu'il s'agisse du cadavre d'un cheval « absorbé semblait-il par la terre, comme si celle-ci avait déjà sournoisement commencé à **reprendre** possession de ce qui était issu d'elle, n'avait vécu que par sa permission et son intermédiaire [...] et était destiné à y **retourner**, s'y dissoudre

---

[1] J. Kristeva, *Soleil noir*, op. cit., pp. 56/57.
[2] S. Freud, « Au-delà du principe de plaisir », *Essais de psychanalyse*, op. cit., p. 88.

de nouveau » (RF,26) ou de l'homme « aussi immobile que la carne morte, le visage parmi l'herbe nombreuse, la terre velue, son corps tout entier aplati comme s'il s'efforçait de disparaître entre les lèvres du fossé, se fondre, se glisser, se faufiler tout entier par cette étroite fissure pour **réintégrer** la paisible matière » (RF,224). Ainsi la recherche répétée des situations d'échec douloureux, comme les réitérations dans le discours tragique, stigmatise la mélancolie du deuil impossible, en exploitant le travail d'une pulsion de mort, actualisée par la disparition des êtres chers.

Pourtant en deçà de cette séduisante hypothèse freudienne, qui éclaire si fondamentalement la morbidité et le matérialisme du discours narratif, on ne peut nier que faire retour incessamment sur les morts marque aussi un effort inconscient pour s'en libérer, témoigne d'un travail de deuil, un travail linguistique par lequel il s'agit d'enterrer les morts sous les signes. Répéter la mort des disparus permet de mesurer avec jouissance la certitude d'être en vie ; répéter la mort du père en la désacralisant exprime une mise à mort vengeresse et libératrice, pour solde de tous comptes. Pour le narrateur, la répétition linguistique assure « le meurtre de la chose »[1], c'est-à-dire une autonomie symbolique par rapport aux événements et aux affects. Car il s'agit bien de répéter l'absence par le langage, de combler la perte par du signifiant. Redire la mort du père, de la mère, de Reixach, c'est transposer en signes pleins le vide intolérable. On peut ainsi comprendre la réitération des scènes de mort comme une symbolisation et une maîtrise de la privation.

On a néanmoins insisté, plus haut, sur le malaise oedipien qui a entravé, chez le narrateur, un accès triomphant à la langue maternelle et au symbolique. Aussi son discours s'appuie sur une langue nouvelle – ni celle du père, ni celle de la mère – qu'il se crée, une langue hors d'usage social, une langue subjective dont il crée et le style et la composition. Et cette parole qui nous est donnée à entendre, si particulière par ses ressassements et sa structure spéculaire, sa ponctuation rebelle et sa logique insensée, lui permet de transposer enfin en symboles les émois douloureux. La langue du narrateur, si étrange qu'elle dérange, correspond à un besoin de contourner la langue commune, dont il est orphelin, pour dire autrement sa perte des objets aimés. Le deuil sera pleinement consommé dans *L'Acacia* par le passage à l'écrit (A,380). Cette émergence à l'écriture, cette ultime répétition (il y a le vivre, le dire du vivre, et finalement l'écrire de ce dire puisque l'histoire est déjà racontée avant d'être écrite) vise précisément à briser la répétition. Après un douloureux cheminement d'anamnèse, elle s'affirme comme un acte définitif et officiel, qui proclame la naissance dans le contexte printanier (« C'était le printemps maintenant. » (A,380)), d'un moi délesté du passé et du poids des morts. Le travail que le narrateur a mené dans la répétition de son histoire, est la tentative d'un dégagement, d'une désintrication des morts et des vivants.

Faire exister ou mourir les disparus dans les symboles oraux ou écrits d'une langue narcissique, les sépare physiquement de lui. Et en considérant le cas du narrateur, on peut rejoindre Julia Kristeva qui voit dans l'écriture « un antidépresseur, du moins une survie, une résurrection... »[2].

---

[1] « Ainsi le symbole se manifeste d'abord comme meurtre de la chose, et cette mort constitue dans le sujet l'éternisation de son désir. » J. Lacan, « Fonction et champ de la parole et du langage », *Ecrits I, op. cit.*, p. 317.
[2] J. Kristeva, *Soleil noir, op. cit.*, p. 62.

Les romans simoniens sont donc l'histoire d'un travail de deuil difficile car ainsi que le note Freud, « la perte de l'objet d'amour est une occasion privilégiée de faire valoir et apparaître l'ambivalence des relations d'amour. ». Et il poursuit :

« Là où la prédisposition à la névrose obsessionnelle est présente, le conflit ambivalentiel confère de ce fait au deuil une forme pathologique et le force à s'exprimer sous la forme d'auto-reproches selon lesquels on est soi-même responsable de la perte de l'objet d'amour, autrement dit qu'on l'a voulue. »[1]

C'est, comme nous y invite Freud, dans une couche archéologique plus profonde qu'il faut maintenant traquer l'étiologie de la répétition. Car les signes du deuil mélancolique s'insèrent avec d'autres symptômes dans une structure obsessionnelle.

Répétition et obsessions

C'est donc en terme de structure que nous analyserons ici les répétitions comme des obsessions qui déterminent une constitution psychique et que viennent alimenter les perturbations conjoncturelles telles la guerre et les deuils. Dans la terminologie psychanalytique[2], l'obsession désigne une pensée qui assiège le sujet et le torture, malgré ses efforts pour s'en évader. Dans les narrations, ces obsessions s'apparentent quelquefois à des injonctions (« Pensant : ne pas se dissoudre, s'en aller en morceaux » (H, 89)), parfois à des désirs (« je voudrais » (H, 345, 350, 365, 369, 387, 388)) mais le plus souvent à des idées fixes d'ordre mnémonique qui reviennent sans cesse dans le discours du narrateur. Comment ces obsessions se construisent-elles dans la parole du narrateur ?

Une structure obsessionnelle

Du point du vue thématique, on observe qu'elles ont un champ d'extension relativement limité que l'on peut ramener à quatre grands groupes : les obsessions relatives à la violence (naturelle, guerrière, révolutionnaire), les obsessions morbides (la mort propre, celle des congénères ou des parents), les obsessions érotiques (fantasmes et coïts auxquels sont associées les femmes, Corinne, la fille de ferme, Hélène, le modèle, l'épouse, les prostituées...) et les obsessions originaires (la geste familiale, la gestation, l'enfance). Elles se concrétisent dans le discours grâce à une infrastructure narrative qui elle, au contraire des thèmes qu'elle supporte, est très variée. Il s'agit du retour des mêmes situations (la guerre, le veuvage, le suicide...), l'obsession des mêmes épisodes (la mort de de Reixach, celle du père, l'attaque allemande en mai 40...), la reprise des mêmes personnages dont il a été question dans la première partie, l'évocation des mêmes lieux (Barcelone, les bordels, les cimetières, le bureau de Charles...), la réapparition des mêmes objets, des mêmes choses (le papier peint, le crêpe, le cercueil, le chocolat, la goutte d'eau...) et des mêmes images (le tableau de l'ancêtre, les cartes postales, les photographies familiales...). En somme la constitution de l'obsession comme fait discursif s'organise sur un réseau de constituants narratifs variés mais resserrés autour de thématiques

---

[1] S. Freud, « Deuil et mélancolie », *op. cit.*, pp. 160/161.
[2] Deux textes-phares de Freud ont initié l'analyse de la névrose obsessionnelle : S. Freud, « L'homme aux rats », « L'homme aux loups », in *Cinq psychanalyses*, Paris, P.U.F., 1984, pp. 199/261 et pp. 325/420.

restreintes. Elle se construit par ailleurs sur un langage frappé par la répétition, phonique, sémantique, syntaxique, lexicale et figurative. Et c'est cette confluence des thèmes, des composants narratifs, des structures linguistiques qui donne à la parole du narrateur sa forte concentration obsessionnelle.

Quelque chose subsiste aussi, dans l'organisation de son discours, de l'effraction psychique par l'obsession qui persécute, qui dérange. Le narrateur semble ne jamais pouvoir suivre le fil de son récit, sans cesse perturbé par des pensées secondaires qui s'imposent malgré lui. Dans *La Route des Flandres*, les associations sont des facteurs de bifurcation du discours. Ainsi alors qu'il raconte son arrestation par les Allemands, qui ont parqué tous les prisonniers dans un pré, qu'il se remémore sa faim le poussant à avaler l'herbe du champ, sa pensée dérive momentanément, par la polysémie du mot « gland », vers l'obsession érotique que constitue Corinne :

« *j'avais lu que les naufragés les ermites se nourrissaient des racines de* **glands** *et à un moment elle le prit d'abord entre ses lèvres puis tout entier dans sa bouche comme un enfant goulu c'était comme si nous nous buvions l'un l'autre nous désaltérant nous gorgeant nous rassasiant affamés*, espérant apaiser calmer un peu ma faim j'essayai de la mâcher, pensant C'est pareil à de la salade, le jus vert et âpre faisant mes dents râpeuses » (RF,239)

L'irruption brutale de l'événement sexuel et sa disparition tout aussi inattendue caractérisent bien l'incursion incontrôlée de l'obsession que l'on chasse. Dans *Histoire*, ce sont l'inachèvement des séquences et la brisure de la ponctuation qui se chargent de mettre au jour les pensées obsessionnelles. Par exemple, tandis qu'il médite sur le sphinx moderne que constitue le banquier qui ne livrerait pas des paroles, « quelque sentence ambiguë », « mais un simple bruit de papier froissé », sa pensée soudain dérive vers l'image obsessionnelle de la mort de de Reixach :

« *la sentence sous forme de billets imprimés à l'effigie de prélats, de généraux ou de rois, comme si tout le destin des hommes, comme si le fracas des batailles et les râles des agonisants* **et Reixach tout barbouillé de sang couché dans un fossé**... » (H,76)

Les parenthèses ou les questions qui trouent les narrations (« comment savoir ? », « Mais exactement ? », « Et où irez-vous ? ») marquent aussi ce deuxième discours venu de l'inconscient, que constitue l'obsession, qui parfois se tait, mais continue en sourdine pour s'imposer soudain au fil directeur.

Symptôme massif dans le discours du narrateur, la rumination mentale dénote le signe majeur de la structure obsessionnelle, qui se signale aussi selon Freud[1] par l'incertitude et le doute. Nous ne reviendrons pas sur ce doute qui frappe la perception, la mémoire comme la représentation du monde, déjà évoqué dans la première partie et qui trouve ici son contenu inconscient, mais rappelons simplement, que pénétré de ses hésitations, le narrateur en vient à considérer que tout acte de pensée est légitimé par le doute :

« *d'intelligence (c'est-à-dire de cette faculté de réflexion et par conséquent de contestation et par conséquent de doute et par conséquent d'incertitude d'hésitation)* » (H,236)

Finalement, sa seule certitude, qui a pour mission de le rassurer en gommant sa différence pathologique, est que l'indécision constitue une garantie de la

---

[1] S. Freud, « L'homme aux rats », *op. cit.*, p. 250.

qualité réflexive. L'empire de son irrésolution doit s'étendre à tout le champ de l'intelligence et à tous les êtres véritablement pensants.

Si l'on peut mesurer le poids affectif des obsessions par la fréquence de leur retour et la rumination douteuse qu'elles occasionnent, on est en revanche frappé du peu d'affects qui s'y dégagent. Plus l'émotion devrait être poignante, plus elle est invalidée par le discours. Ainsi la mort de Blum, l'ami bien aimé, le compagnon d'infortune, est presque évincée par le discours : « et Blum le regardant toujours sans répondre, et il ne l'avait plus revu » (RF,87). Les souvenirs les plus vraisemblablement douloureux ou les plus certainement heureux sont dépouillés de leur charge affective et banalisés dans une objectivité insensible. La mère mourante par exemple, est présentée avec acidité comme « l'épouvantail fardé » (H,91) et le cadavre en décomposition du père (A,61) ou de de Reixach (RF,108) décrit sans le moindre sentiment. Cette dissociation de l'affect et de ses représentations, typique selon Freud de la névrose obsessionnelle, est un des mécanismes du refoulement, qui « au lieu de faire oublier le traumatisme », « l'a dépouillé de sa charge affective, de sorte qu'il ne reste, dans le souvenir conscient, qu'un contenu représentatif indifférent et apparemment sans importance. »[1].

Mais ces relations refoulées gardent une certaine force, « de sorte que le malade introduit les rapports refoulés dans la réalité extérieure au moyen de la projection et là, ils témoignent de ce qui a été effacé dans le psychisme. »[2]. Cette structure psychique fondée sur une disjonction des rapports de causalité, contraint le narrateur à un commerce très problématique avec la logique. Ce mécanisme inconscient peut ainsi expliquer la défaillance logique par défaut ou par excès qui frappe et l'organisation narrative de son discours et sa structure linguistique, mais permet aussi d'éclaircir ce réseau de fausses causalités de l'ordre de la superstition, qui caractérise son rapport au monde. Baigné dès son plus jeune âge dans le climat superstitieux des fêtes de la Semaine sainte, « ces mises en scène barbares et funèbres », au cours desquelles les enfants habillés en pénitents étaient conduits « auprès de ces Christs décharnés exposés sur des lits de fleurs et dont ils essuyaient les orteils avant d'y déposer leurs lèvres » (G,225 A,277), le narrateur place la réalité sous l'égide d'une force transcendante dont il faut décoder les signes. Le mariage du père et de la mère « qui ne devait durer que quatre ans », « devait s'annoncer prémonitoirement par un désastre naturel » (A,312) ; le désespoir de la mère, qui apprend la mort de son mari dans une petite station pyrénéenne, annonce « à vingt-six ans d'intervalle le désastre et la désolation », qui « devaient revenir frapper aux mêmes lieux » (A,266), sous la forme d'un torrent furieux et dévastateur. Tissu de signes et de présages, le monde sous le coup d'une fausse causalité, liée à la disjonction inconsciente des affects et des objets, soumet le narrateur à l'irrationnel[3].

Le narrateur dés-affecté est comme étranger à son destin, il se regarde faire et le choix de la troisième personne pour parler de soi dans *Les Géorgiques*, dans *L'Acacia*, et parfois dans *La Route des Flandres*, est à entendre comme l'effet d'une structure psychique qui ne peut habiter son vivre et son ressentir. Alors on est frappé de voir comment dans sa critique acerbe des choix narratifs de O. pour rapporter son

---

[1] *Ibid.*, p. 226.
[2] *Ibid.*, p. 250.
[3] *Ibid.*, p. 248.

expérience espagnole (G,314), le narrateur projette très précisément ce qui caractérise son rapport au monde et son organisation mentale :

« *D'une part son éducation (ou son orgueil – ou sa pudeur naturelle ?) le préserve de toute vantardise (il sera même porté par une sorte de coquetterie à décrire son comportement dans les moments les plus critiques d'une façon sinon ridicule, du moins quelque peu ironique)* [...] » : on retrouve ici la tendance du narrateur à se déprécier.

« [...] *d'autre part*, [...] *il s'efforce (feint ?) de se borner aux faits (par la suite seulement il tentera d'en donner un commentaire), étayant son récit de juste ce qu'il faut d'images pour que celui-ci n'ait pas la sécheresse d'un simple compte rendu, lui conférant plus de persuasion, de crédibilité, par plusieurs notations de ces détails, de ces "choses vues"* » : le narrateur exprime là, malgré lui, sa propension paradoxale à désensibiliser son discours tout en le nourrissant de détails réalistes.

Car la dissociation de l'affect et de l'objet s'accompagne d'un déplacement de l'émoi sur un objet insignifiant. Alors que son épouse, en pleurs, le quitte pathétiquement sur un quai de gare, que l'émotion devrait l'envahir, le narrateur s'attarde sur « une femme avec de grosses fesses dans un pantalon noir » (H,365,366). Alors que sa mère se meurt, il se concentre sur les détails futiles de « la petite casserole d'aluminium à la collerette cabossée », dans laquelle on fait bouillir chaque soir la seringue de morphine, dont « le fond et les parois » « sont recouverts d'un dépôt de tartre calcaire. Son manche, terminé par une boucle qui permet de l'accrocher au mur, est entouré d'un manchon de bois non verni » (A,330). Comme si la focalisation sur des détails, de même que l'obsession, venaient remplir dans le discours, le vide de l'affect manquant.

Le discours du narrateur s'enferme très fréquemment dans des descriptions longues et minutieuse : description du mur de briques et de la porte du poulailler (RF,226/229), description des faux carreaux de faïence du lavabo (A,330), description quasi-géométrique du dessin qui inaugure *Les Géorgiques*. On pourrait multiplier les exemples de ce goût, ou plutôt de ce besoin compulsif du détail qui a une double fonction. D'une part il est le point de reconversion des affects refoulés, d'autre part il signe une fixation au stade anal qui caractérise aussi selon Freud la structure obsessionnelle[1]. Deuxième stade de l'évolution libidinale des enfants, le stade anal marque le primat de l'analité comme zone érogène, dans la défécation et la rétention des matières fécales[2]. Le discours narratif est envahi de références aux excréments : de « l'infecte puanteur d'excréments et d'urine » qui flotte sur le stalag saxon (A,372) aux « légumes pourris, melons, choux, huile rance, excréments [...] qui flottent et descendent mollement sur l'eau du quai » (G,57/58) à Barcelone, le monde n'est qu'un immonde cloaque, qui déteint sur les hommes transformés eux-mêmes en fèces : les soldats allemands ouvrent les portes du train de prisonniers « d'où, comme des excréments, ne cessaient de se détacher des grappes d'hommes aux uniformes couleur de terre » (A,316) ; les soldats en marche forment une « longue colonne d'une couleur ocre d'excréments » (G,63). Car on est loin de « la

---

[1] S. Freud, « La disposition à la névrose obsessionnelle », *Névrose, psychose et perversion*, Paris, P.U.F., 1999, p. 192/193. Voir aussi « L'homme aux loups », *op. cit.*, p. 408.
[2] S. Freud, *Trois essais sur la théorie de la sexualité*, Paris, Gallimard, collection « idées », 1962, pp. 80/81.

glorieuse et légendaire boue des tranchées » (A,29), et la thématique de la boue s'insère dans cette isotopie du scatologique. Cet attrait de l'adulte pour les déjections marque une régression temporelle à un stade infantile. Car la défécation ne dégoûte pas les enfants, au contraire le narrateur rappelle « cette sorte d'extase et de fascination où les plonge, comme les enfants, la vue de leurs excréments » (RF,64). Il relate même un épisode de sidération scatologique qui a marqué l'imaginaire de son enfance :

« *Déjà enfant dans les toilettes d'un train express : il appuie sur la pédale et par la lunette ouverte de la cuvette des W.C. il voit filer dans un tapage brutal de choses concassées qui lui saute au visage les traverses et les cailloux du ballast. Froid puant qui semble soufflé d'en bas. Coulées de merde et papiers de soie détrempés, ridés, plaqués au cylindre gluant du conduit. Presque déséquilibré par les violentes oscillations du wagon malgré ses jambes écartées et obligé de s'appuyer d'une main contre la cloison. Chapelet de gouttes d'urine, tremblotant à l'orifice inférieur avant d'être arrachées, emportées rapidement à l'horizontale.* » (G,80)

Accompagnée d'une débauche sensorielle, l'expérience de la merde a la violence d'une révélation initiatique. Elle est une jouissance fascinante qui mobilise le corps ébranlé de l'enfant. Ce qui disparaît en fait par le trou et explique l'envoûtement du narrateur jeune, c'est une partie de son corps ; Freud indique même que, pour l'enfant, le contenu intestinal « prendra la signification d'un "enfant", qui, selon une des théories sexuelles infantiles, s'acquiert, s'engendre en mangeant et naît par l'intestin. »[1]. L'idée de l'enfant-excrément, qui remonte à un stade pré-génital, libère une fantasmatique mêlant accouchement et défécation. Ce fantasme du stade anal survit dans le discours du narrateur et s'entend dans l'image de l'été 1914 qui accouche de « ce quelque chose de monstrueux dont il s'était **enflé**, qu'il avait **porté à terme** comme une **femme grosse** », « s'en **délivrant** au son des clairons et des clameurs d'ivrognes », « pour le retrouver un an plus tard, devenu adulte, couvert de **boue** et changé lui-même en boue, enterré vivant jusqu'au cou ou pourrissant sous le soleil revenu dans une puanteur d'**excréments** » (A,263). En même temps, l'érotisme anal s'accompagne, pour l'enfant, d'un sentiment de volupté dans la rétention des matières fécales ; or les phrases du narrateur qui hésitent à conclure, rallongées par des parenthèses et des digressions, sans limite en raison de l'incertitude de la ponctuation, ont quelque chose d'une matière que l'on retient, d'une attente qui s'expulse dans le plaisir de l'énonciation.

Une autre composante de la régression anale, qui marque le discours de l'obsessionnel, est la relation très particulière à l'argent ainsi que le besoin d'ordre[2]. Freud voit dans ces deux comportements si fréquemment accusés chez les anciens tenants de l'érotisme anal, « les résultats les plus directs et les plus constants de la sublimation de l'érotisme anal »[3], au moment où au cours du développement et dans le sens de l'éducation, ces pulsions partielles deviennent inutilisables pour des fins sexuelles. L'argent, substitut de l'excrément, occupe une place de choix dans le discours du narrateur, notamment dans *Histoire*, où il manifeste une certaine jouissance à traiter des questions financières : il nous offre le récit de sa visite chez le banquier (H,chap.3/4), il s'attarde sur le paiement de l'addition au restaurant

---
[1] *Ibid.*, p. 81.
[2] S. Freud, « Caractère et érotisme anal », in *Névrose, psychose et perversion, op. cit.*, p. 143.
[3] *Ibid.*, p. 145.

(H,202/203), sur la liasse de billets sortie de son sac par l'antiquaire (H,244/248), il souligne le paiement de ses consommations au café (H,350/351) et le prix de ses cigarettes au bureau de tabac (H,352). Si l'affaire de cette journée si particulière est le retour mélancolique vers le passé, c'est aussi un certain regard sur l'argent. Les billets ne sont pas que les ressorts d'un scénario narratif, ils deviennent de véritables ekphrasis, au même titre que la « scène d'épouvante » de Poussin (H,209) ou l'aquatinte de Barcelone (H,160/165) :

« [...] *sous une peau trop blanche chlorotique souvent ornée de (ou souillée par) ces tatouages dont les dessins d'un bleu encreux et délavé se mêlent au lacis des veines) de même que les accessoires épars autour de lui (au premier plan une roue de charrette attendant sans doute d'être cerclée appuyée contre une borne, voisinant avec un essieu tandis qu'au-dessus de sa tête et à gauche on distinguait, suspendu à une avancée de poutres sous l'inscription MILLE FRANCS qui s'étalait au centre du billet, un paquet de chaînes* » (H,205,206/207)

La prise en charge esthétique des billets montre un intérêt spécial pour ce qui d'ordinaire n'a que valeur d'échange. Pareillement, le discours du narrateur témoigne d'une appropriation affective de la monnaie : le billet avec « le bon grand-père » (H,350,352,354,390) surprend par la familiarité que le narrateur semble entretenir avec lui. Les billets sont de la famille, ils sont une partie de moi, comme la matière fécale[1]. Les billets laissés par l'antiquaire sont d'ailleurs semblables à « quelque déjection, encore posés sur le coin de la commode là où elle les avait comptés, empilés en un petit tas feuilleté et fripé, exhalant cette vague odeur un peu écœurante » (H,247).

La structure obsessionnelle, dans sa dominante anale induit en outre le besoin de tout contrôler, de tout inclure dans un système clos et organisé. Cet ordre suprême, qui s'impose, est une « formation réactionnelle contre l'intérêt pour ce qui n'est pas propre »[2], les restes de la jouissance anale sublimée. Cette contrainte de cohérence se manifeste dans le discours du narrateur à plusieurs niveaux. Toute son histoire se ramasse dans une application désespérée pour maîtriser le passé dans son intégralité, « essayant de tout retenir maintenir » (H,90) ; parallèlement il envisage le rapport actuel à la vie comme un effort, même s'il est vain, de mise en ordre de la réalité. : « Cela nous submerge. Nous l'organisons. Cela tombe en morceaux. Nous l'organisons de nouveau [...] » (H,7). Le signe le plus évident de son besoin d'ordre se lit dans son rapport à l'armée, qui n'est jamais dénoncée pour la discipline très stricte qu'elle impose aux soldats. Pas d'antimilitarisme foncier, si le narrateur accuse les incompétences du commandement militaire en mai 1939, il ne remet jamais en cause la nécessité d'une organisation militaire, hiérarchique et réglementée. Au contraire, c'est le manque d'ordre qui sera pour lui responsable de la débâcle : dans le chapitre II des *Géorgiques*, il revient longuement sur un épisode mineur, un exercice nocturne qui se solde par une désintégration momentanée du régiment et tente d'expliquer « la débandade qui va se produire au cours de la marche, préfigurant la désagrégation ultérieure et définitive au contact du feu » (G,83).

---

[1] *Ibid.*, p. 147 : « En vérité, partout où a régné ou bien persiste le mode de pensée archaïque, dans les civilisations anciennes, dans le mythe, les contes, les superstitions, dans la pensée inconsciente, dans le rêve et dans la névrose, l'argent est mis en relation intime avec l'excrément. »
[2] *Ibid.*, p. 146.

Par ailleurs la tâche de maîtrise revient essentiellement au langage et à sa syntaxe qui assigne aux mots « un ordre pour ainsi dire de bienséante et rassurante immunité » (A,161) ; c'est en effet par la parole que Georges et Blum maintiennent un semblant d'ordre alors que tout se dépiaute autour d'eux ; et en particulier l'écriture, qui, parce qu'elle organise les mots, cherche à « les ordonner élégamment les uns après les autres » (RF,213), « suscitant des images à peu près nettes, ordonnées, distinctes les unes des autres » (A,286), peut permettre d'en « dégager un sens cohérent » (G,310). Quelque critique que soit le regard du narrateur sur la pratique de Pierre et de O., qu'il juge naïve, c'est bien grâce à une parole très structurée qu'il entreprend lui-même de nous narrer son histoire. Sous couvert d'un fouillis associatif, son discours est ponctué de « récapitulation[s] » (H,89/90 G,50,359), d'inventaires qui tentent de classer le contenu de la commode (H,248/251) ou d'une salle de musée (H,379), de listes qui énumèrent des cartes postales (H,329) ou des lieux sur un plan (RF,273/274), de tableaux qui alignent des tarifs (H,254) ou des distances (H,255). Et paradoxalement, le narrateur évoque indirectement la pathologie de son propre discours, en croyant dénoncer celle de O. que ses interlocuteurs écoutent « avec cette indulgence apitoyée que l'on accorde aux obsédés et aux fous [...], le regardant récapituler sur ses doigts pour être sûr de ne rien oublier, de ne pas se tromper, chacun des épisodes depuis le moment où il est entré dans cette caserne » (G,359). Il y a dans sa parole une volonté de dire tout, même l'accessoire, et de tout circonvenir dans une structure cohérente et achevée. Aussi la narration dans *La Route des Flandres* reprend le plan d'un puits artésien, dans *Histoire* elle se ferme en cercle sur l'unité de temps, dans *Les Géorgiques* elle a la structure exemplaire d'un triptyque et d'un diptyque alterné dans *L'Acacia*. La maîtrise maniaque de la forme trahit ici une structure psychique pressée par l'ordre obsessionnel.

Cet effort intellectuel considérable pour penser une totalité, qui correspond à une pulsion d'emprise sur le monde et ses phénomènes, se concrétise aussi dans une forte pulsion de savoir : le narrateur cherche à pénétrer (« comment savoir ? », « que savoir ? ») les mobiles de de Reixach, à imaginer le processus qui a rapproché ses parents, à saisir la démarche idéologique et esthétique de O., à refaire le trajet de son oncle pour le comprendre... La démarche du narrateur, plutôt que narrative, est cognitive : il s'agit moins de raconter une histoire que de faire état d'une recherche de la connaissance, dont le récit témoigne. Cette activité cognitive s'exécute notamment grâce au voir ou à l'imagination du voir (« il me semblait voir cela » (RF,21)) qui n'est pas séparable du savoir : le narrateur rentre assez rapidement de son escapade révolutionnaire en Espagne car il ne lui a fallu « que quelques jours pour voir ce qu'il voulait voir, savoir ce qu'il voulait savoir » (A,193). Dans la structure obsessionnelle la pulsion de savoir est très imbriquée dans la pulsion scopique. De fait pour Freud, le désir de connaître est lié à un refoulement du voyeurisme infantile[1]. Là où la curiosité sexuelle infantile prévalait, l'investissement cognitif devient déterminant. Le narrateur à plusieurs reprises évoque en effet son besoin de surprendre le corps féminin. Il observe dans sa chambre, devant son miroir, Corinne qui le sermonne : « Qu'est-ce que tu fais là Qui t'a permis d'entrer ? J'aurais pu être toute nue » (H,142) ; il épie les prostituées des hauts quartiers de Perpignan, « se hasardait parfois, osant à peine de furtifs regards aussitôt détournés en direction de ces silhouettes immobiles » (G,224).

---

[1] S. Freud, « L'homme aux rats », *Cinq psychanalyses, op. cit.*, p. 258.

L'écoute du discours narratif révèle donc des symptômes névrotiques, une forte rumination mentale sous forme d'obsessions, accompagnée d'un doute chronique et d'une insensibilité apparente, une lourde composante anale et une puissante avidité pour le savoir et le voir, qu'il faut maintenant expliquer en les réintégrant dans l'histoire personnelle du narrateur.

La répétition obsessionnelle et la relation oedipienne

Pour Elisabeth Roudinesco, la structure obsessionnelle « met en scène l'essence de la relation oedipienne »[1], c'est-à-dire le double désir oedipien, inceste et parricide. Elle s'articule sur le désir de mort du père, autour d'un complexe d'Œdipe fondé sur la haine. On a déjà souligné le rapport ambivalentiel qui lie le narrateur à son père, l'amour qui l'amène à s'identifier à lui jusque dans la mort, mais aussi la haine pour ce géniteur qui, même au-delà de la vie, possède définitivement une femme qui s'est éteinte affectivement pour le fils. Selon Freud, c'est précisément cette haine infantile qui est à l'origine de la structure obsessionnelle, voire de la névrose et de tous les conflits ultérieurs. Car « l'amour n'a pas éteint la haine, il n'a pu que la refouler dans l'inconscient et là, assurée contre une destruction par l'action du conscient elle peut subsister et même croître. »[2]. La mise en scène répétée de la mort du géniteur marque le désir de se libérer du père et de la haine à son endroit, qui rend malade, mais s'accompagne d'un fort sentiment de culpabilité. Aussi cette attitude si particulière du narrateur, obnubilé par la mort, obsédé par le récit de l'agonie de ses proches et le deuil qui s'en est suivi, marque le besoin de compenser le souhait compulsionnel de ces événements. La nécessité psychique de la mort est la preuve la plus explicite du conflit haineux qui l'habite. En même temps, la culpabilité du narrateur s'intensifie du fait que le fantasme de mort se double d'une mort effective du père, avec une impossibilité définitive donc de racheter la haine. Cet affect lié à la représentation du meurtre du père, d'autant plus insupportable qu'il est consommé, est trop important et ainsi déplacé sur une autre représentation ou neutralisé ; d'où cette impression, laissée par le discours, d'objectivité insensible, de total détachement par rapport à la souffrance ou même de retournement ironique et d'humour noir[3]. Comme O., son jumeau discursif, le narrateur s'applique inconsciemment « à dissimuler sous une distanciation teintée d'humour ce qu'il y avait de pathétique dans son aventure » (G,331).

La peur d'être puni par le père vengeur et castrateur, pour inceste et parricide, s'est donc transformée en un conflit intérieur où le surmoi sadique traque et dénonce le moi coupable. D'une part l'amour pour les vraies femmes (pas les prostituées et leurs substituts, ni les petites filles métaphoriques) devient un danger mortel ; et le texte fourmille de ces images de femmes, qui ont comme le modèle du peintre « cette inoffensive et terrifiante immobilité de piège » (H,273), qui sont comme l'antiquaire des « araignées dévoreuses » (H,230), les Putiphar (H,278 A,365) et Eve (H,278) bibliques, les Circé (RF,92 G,460,466 A,367) et Déjanire

---

[1] E. Roudinesco et M. Plon, article « Névrose obsessionnelle », *Dictionnaire de la psychanalyse*, Paris, Fayard, 2000, p. 735.
[2] S. Freud, « L'homme aux rats », *Cinq psychanalyses, op. cit.*, p. 254.
[3] Voir D. Alexandre, « Rire, humour, ironie dans *La Route des Flandres* », in *Littératures contemporaines* n° 3, *Claude Simon. La Route des Flandres*, Paris, Klincksieck, 1997, pp. 133/150.

(H,365 RF,175) mythologiques. La culpabilité sonne le glas du commerce amoureux. Aussi le narrateur se plaît-il à tirer une jouissance substitutive de la visualisation de scènes érotiques. Le voyeurisme s'avère une compensation fantasmatique à l'interdiction de la jouissance effective. Mais la culpabilité qui étreint le narrateur est alors projetée sur les autres et l'étreinte amoureuse, même lorsqu'il n'y est pas impliqué, reste, dans son discours, entachée de faute. Les scènes érotiques qu'il relate à plaisir et à répétition : Corinne et Iglésia (RF,48 H,341/342), Corinne et de Reixach (RF,240), Virginie et le valet (RF,76), L.S.M. et Adélaïde (G,388/390), Charles et le modèle (H,370/371,374), sont coupables, passibles d'une sanction morale pour trahison ou inceste. Toutes les relations amoureuses sont entravées par l'idée d'une faute originelle que l'on peut rapporter à l'imagination coupable de la scène primitive. Revenir sans cesse aux ébats amoureux des parents a quelque chose du plaisir interdit, d'une scène taboue à laquelle on n'est pas convié ; et décrire avec précision la jouissance de la mère, « projetée ou plutôt catapultée, précipitée au plein de sa vorace trentaine dans une sorte de vertigineux maelström qui avait pour centre le bas de son ventre d'où déferlait en vagues sauvages quelque chose qui était aux plaisirs qu'elle avait connus jusque-là comme un verre d'alcool à du sirop d'orgeat » (A,134), revient à se substituer délictueusement au père. Le discours narratif dévoile une culpabilité de la jouissance devant le fantasme visualisé de la scène originaire. Alors que sa mère est dans son lit, en compagnie du père dans son portrait « au regard hardi et gai » (A,331), alors qu'on lui enfonce une seringue, alors qu'on se trouve manifestement devant un souvenir-écran ou un fantasme de scène primitive (RF,176), que nous dit le narrateur adulte de son comportement d'enfant ?

« *Quand un faible cri, semblable à celui que pourrait émettre un gosier de souris, lui parvient à travers le panneau de la porte, le gamin plaque violemment ses mains sur ses deux oreilles et peut entendre les battements de son sang* » (A,331)

Il y a, dans sa réaction, de l'émotion qui lui fait battre le sang et de la souffrance qui l'oblige à cacher les oreilles, mais en même temps il ne se soustrait pas à cette scène traumatisante, à laquelle, fasciné, il semble assister « chaque soir » (A,330). L'enfant paraît éprouver une jouissance sadique à l'écoute de cette agression fantasmatiquement perpétrée par le père contre la mère, parallèlement à une certaine angoisse, que l'on peut rapporter à une angoisse de castration. Dans son analyse du *Voyeur* d'Alain Robbe-Grillet, Didier Anzieu fait la même observation :

« *Le Voyeur est le roman de la culpabilité de l'obsessionnel devant la scène primitive qu'il a "vue", devant la jouissance sadique qu'il y a prise et devant l'œil de sa conscience qui le dénonce inlassablement* »[1]

La culpabilité intériorisée transforme en menace la jouissance amoureuse et en infraction tout fantasme visuel susceptible de la compenser. Aussi bien le narrateur ne peut que se maintenir à l'écart du désir, à l'écart de tout émoi qui le ramène à sa faute. Il s'enferme dans sa « cloche de verre », à l'abri de laquelle il assiste aux événements, qui l'isole du contact des gens, des émotions et restaure ainsi un relatif calme intérieur.

C'est dans ce contexte que le maintien de pulsions partielles anales trouve son explication. A la génitalité difficilement accessible, se substitue, dans le discours, une survalorisation de la zone érogène anale, comme si la libido génitale

---

[1] D. Anzieu, « Le discours de l'obsessionnel dans les romans de Robbe-Grillet », in *Le corps de l'œuvre*, Paris, Gallimard, NRF, 1981, pp. 256/281, et notamment p. 265.

ébranlée par la culpabilité régressait vers un stade antérieur. Par peur de la castration, le narrateur semble s'en tenir à l'hypothèse très archaïque du coït anal. Les signes de l'analité sont flagrants mais ceux qui évoquent une libido anale le sont tout autant. D'abord le sexe épilé (H,123/124 G,174), dont on a dit qu'il correspondait à une neutralisation pré-pubère du sexe féminin, peut tout aussi bien se confondre avec le « cloaque indifférencié ». Les femmes dans le coït sont quelquefois présentées dans des positions ambivalentes, « la femme à genoux, cambrée, offrant sa croupe » (A,345), « présentant maintenant non à la terre mais vers le ciel [...] ses fesses jumelles » (RF,176). La femme a d'ailleurs dans l'amour « cette attitude ancestrale dans laquelle elle s'accroupit pour satisfaire ses besoins – parce qu'elle ne dispose que d'une position pour les satisfaire tous » (RF,175). C'est pourquoi l'acte sexuel se confond avec la défécation comme semblent le suggérer les filles à demi-nues des magazines qui « soulevaient leurs combinaisons ou se tenaient à quatre pattes pour exhiber leurs croupes avec des gestes et mimiques invitant non à une étreinte, pas même à une saillie, mais à l'assouvissement de quelque besoin naturel et malodorant comme ceux que l'on satisfait en déboutonnant son pantalon dans la puanteur des feuillées ou des lieux d'aisance. » (G,110). L'expulsion séminale trouve d'ailleurs métonymiquement sa place dans les bas-fonds de la délivrance fécale : « ... je l'ai niquée dans un train [...] Dans les chiottes » (H,240), déclare Paulou dans une intervention où l'emploi d'un niveau de langue grossier en rajoute encore à l'humiliation de l'échange érotique. Ou inversement la défécation se confond avec un coït, lorsque le soldat se rend aux feuillées « la culotte rabattue sur ses talons, les parties les plus intimes, les plus délicates de son corps livrées sans défense à ce froid de ténèbres qui semblait comme le violenter, le fouailler, comme s'il avait été sailli par quelque divinité monstrueuse » (G,132). Le sexe masculin est de fait métaphorisé par « le clystère », « objet non seulement dur mais capable de répandre, projeter avec violence hors de lui et comme un prolongement liquide de lui-même cette impétueuse laitance, ce jaillissement, ce... » (RF,176), or bizarrement le clystère sert d'ordinaire au lavement par l'anus. Les lapsus du discours disent donc à demi-mots la prédilection pour l'érotisme anal, pour le « Baise Cul » (RF,274), substitut d'une génitalité inconsciente refoulée et qui s'accompagne de pulsions sadiques[1].

Le rapport ambivalentiel avec le père explique aussi chez le narrateur son doute permanent, car « si à un amour intense s'oppose une haine presque aussi forte, le résultat immédiat en doit être une aboulie partielle, une incapacité de décision dans toutes les actions dont le motif efficient est l'amour. »[2]. La répétition, l'obsession, la compulsion se présentent alors comme des actions défensives pour pallier l'incertitude. Du point de vue du contenu, la répétition, qui nous semble un symptôme majeur du discours et du comportement du narrateur, est donc un mécanisme de défense qui concilie l'incertain tiraillement entre l'amour et la haine. Mais alors que le narrateur est figé dans une incapacité de décision, paralysé dans un doute qui stérilise tous les compartiments de son activité, la rumination mentale marque une régression des actes inhibés vers la pensée. C'est « cet univers futile, mystérieux et violent dans lequel, à défaut de leurs corps, se mouvait leur esprit »

---

[1] S. Freud, « La disposition à la névrose obsessionnelle », *op. cit.*, pp. 192/193. Voir aussi « L'homme aux loups », *Cinq psychanalyses, op. cit.*, p. 408.
[2] S. Freud, « L'homme aux rats », *Cinq psychanalyses, op. cit.*, p. 256.

(RF,169). Le ressassement des mêmes thèmes, des mêmes scènes, des mêmes mots est alors l'indice d'une sexualisation de la pensée. Là où les actes sexuels sont punis, là où les décisions sont gelées, reste le processus même de la pensée qui offre une jouissance supplétive. Aller et revenir, dire et redire, ainsi que le font Georges et Blum en échafaudant inlassablement les mêmes scénarios, ou le narrateur en ressassant les mêmes épisodes de sa vie, a quelque chose d'un coït psychique, dans cette nouvelle zone érogène, la pensée, dont l'excitation comme celle des autres zones, répond avant tout à un caractère rythmique[1].

L'érotisation du processus même de la pensée, à défaut de l'agir, n'inhibe cependant pas un passage à la parole car le discours narratif réunit les conditions favorables à la verbalisation des affects et leur actualisation.

La répétition transférentielle

Sur fond d'idées obsédantes, de tendances mélancoliques, de sentiments d'échec et de culpabilité, le narrateur se met à parler. A l'occasion d'une crise actuelle angoissante qui réactive les crises passées et refoulées, la débâcle de 39 et sa menace de mort, le retour dans la maison natale pour la vente d'une commode, la parole se dénoue comme une évidence et une nécessité pour parler sa souffrance.

Toutefois il semble que l'espace du dire s'organise de façon très spécifique, sur le modèle transférentiel. On se rappelle que selon la théorie freudienne, le transfert désigne « le processus par lequel les désirs inconscients s'actualisent sur certains objets dans le cadre d'un certain type de relation établi avec eux et éminemment dans le cadre de la relation analytique. »[2]. Il s'agit de revivre avec un partenaire particulier des émotions dont les prototypes sont à rechercher dans l'enfance du sujet. Le transfert se construit sur la répétition du passé, ainsi que le souligne Freud : « nous observons bientôt que le transfert n'est lui-même qu'un fragment de répétition et que la répétition est le transfert du passé oublié, non seulement à la personne du médecin mais aussi à tous les autres domaines de la situation présente. »[3]. Et c'est dans « cette sorte d'arène, où il lui sera permis de se manifester dans une liberté quasi totale » que le sujet pourra enrayer la compulsion de répétition qui le pousse à agir ses émois quand il ne peut s'en souvenir : « à partir des réactions de répétition qui apparaissent dans le transfert, des voies connues conduisent alors au réveil des souvenirs. »[4]. Dans le lien affectif qui unit patient et psychanalyste, se rejouent et se dévoilent les affects refoulés, grâce à l'écoute et aux interprétations du praticien. Dans les narrations de Simon, bien entendu pas de psychanalyste, pas même d'auditeur physique, qui viendrait entendre les larmes du narrateur et lui rendre accessible son histoire. Pourtant par son mode d'instauration comme par sa forme, quelque chose se joue dans le discours du narrateur qui évoque la répétition transférentielle de « type psychanalytique », qui réunit une écoute et une parole.

D'abord le discours instaure par défaut les conditions d'une écoute car il semble bien parfois que le narrateur parle à quelqu'un. Par exemple lorsqu'il écrit, il

---

[1] S. Freud, *Trois essais sur la théorie de la sexualité, op. cit.*, p. 76.
[2] J. Laplanche et J.-B. Pontalis, art. « Transfert », *Vocabulaire de la psychanalyse, op. cit.*, p. 492.
[3] S. Freud, « remémoration, répétition, perlaboration », in *La technique psychanalytique, op. cit.*, p. 109.
[4] *Ibid.*, pp. 113/114.

projette l'existence d'un lecteur dont il faut tenir compte dans l'élaboration des souvenirs :

« *Aussitôt après avoir écrit cette phrase il se rend compte qu'elle est à peu près incompréhensible pour qui ne s'est pas trouvé dans une situation semblable et il relève la main.* » (G,47)

C'est aussi la situation de O., « parlant toujours pour cet invisible public » (G,326), « son auditoire » (G,328), alors qu'il est « solitaire dans la nuit paisible, assis devant sa table » (G,342,312,348), « le visage légèrement crispé, non par le souvenir de ce qu'il essayait de raconter mais par la difficulté de le raconter, de rendre aussi cela crédible » (G,348). Parler ou écrire, pour le narrateur comme pour son personnage, implique la présence d'un auditeur implicite dont il s'agit de ménager la compréhension. Le souci de l'effet produit suppose, dans un processus projectif, un partenaire dans l'échange. Mais O. écrit aussi « avec dans son dos, se penchant par-dessus son épaules, les inapaisables fantômes » (G,342). Parler c'est aussi continuer de dialoguer avec les fantômes du passé. Raconter son histoire n'est-ce pas toujours chercher à convaincre son père de son innocence pour être pardonné mais aussi de sa valeur pour être reconnu ? Le processus relève cette fois non de la projection mais plutôt de l'introjection, de l'incorporation d'un corps étranger disparu que le souvenir intègre au moi. Blum n'est-il pas le modèle de cet auditeur introjecté ? Par-delà la mort, il reste l'interlocuteur privilégié de Georges, au grand dam de Corinne qui se sent trompée par l'imposture du dialogue avec son amant : « Continue parle-lui encore, et lui : A qui ? et elle : Continue parle En tout cas pas à moi, et lui : Alors à qui ? » (RF,88). A ce moment, Georges ne comprend pas, mais le reproche de Corinne fait son chemin et il confie plus loin : « Alors peut-être avait-elle raison après tout peut-être disait-elle vrai peut-être étais-je toujours en train de lui parler, d'échanger avec ce petit juif maintenant mort depuis des années » (RF,255). Blum est bien sûr le compagnon des moments difficiles, mais on peut aussi faire l'hypothèse que c'est sur lui, dans le dialogue que Georges et lui entretiennent, dans la grande connivence fantasmatique qui les lie, que s'opère le transfert du narrateur. Blum n'est pas son thérapeute mais tout de même le dialogue intérieur, qui se poursuit indépendamment de la réalité de la mort, signale l'importance affective de leurs échanges. A travers Blum le narrateur rejoue des situations affectives de son enfance. Par les larmes, uniques dans le récit de son histoire, qui accueillent les retrouvailles, dans le wagon de prisonniers, avec Blum qu'il croyait perdu (RF,89/92 A,232/233), c'est le scénario de la perte du père et de la mère qui se représente. Dans les scènes chatoyantes de jouissance adultérine que Blum fait miroiter à l'imagination avide du narrateur (RF,175/177,182/183,287/288), revient la possibilité de l'inceste, de la trahison et de la culpabilité. On explique alors mieux le refus démesuré du narrateur d'entendre ces histoires, qui sont inconsciemment aussi les siennes et sa colère s'explique car Blum force ses résistances : « "Mais non !... " » (RF,176), « "Mais non !" » (RF,177), « "Non." » (RF,184), « "Oh arrête ! Bon Dieu arrête, arrête ! Ce que tu peux être fatigant ! Arrête donc un peu qu'on..." » (RF,185). La parole de Blum, par sa clairvoyance dévoile, « au moyen de l'incantatoire magie du langage » (RF,169), des parcelles de vérité, dans le comportement psychique du narrateur et explique la solidité de cet attachement transférentiel.

Le narrateur affirme dialoguer « avec lui-même » (RF,172) ou « avec [son] propre fantôme » (H,151), mais la dispersion des marques de l'identité mise en évidence dans la première partie, n'invite pas à accepter une telle rationalisation. Le moi est écartelé entre différentes instances qui interrogent sur l'existence même de son unité et la possibilité de sa circonscription : « moi ?... » (H,402). Le discours monolithique est contesté par le clivage entre un moi conscient à l'écoute d'un moi qui régresse. Le premier, apte à la symbolisation et attaché au principe de réalité, est celui contemporain du moment de la narration et le second, le moi archaïque replonge aux tourbillons du passé. Une telle organisation duelle est parfaitement mise en scène par la composition d'*Histoire* où le moi de la journée laisse régulièrement la parole au moi régressif et où s'instaure une structure substitutive de l'écoute au sein même du monologue, qui crée les conditions favorables à la situation transférentielle. Un témoin de ma parole régressive est là qui contrôle et m'oblige à une certaine honnêteté, à une qualité dans la lucidité. C'est Blum qui pointe au narrateur ses forfaitures dans l'interprétation des événements du passé : « tu interprètes à la façon de ta mère selon la version la plus flatteuse pour votre amour-propre familial » (RF,171), ses dénégations symptomatiques : « "Non ? Non ? Non ? Mais comment le sais-tu à la fin ?" » (RF,184), ses souvenirs écrans alors que Georges réinvente la biographie de Corinne : « "Mais tu ne la connais même pas ! dit Blum. Tu m'as dit qu'ils n'étaient jamais là, toujours à Paris, ou à Deauville, ou à Cannes, que tu l'avais tout juste vue une seule fois, ou plutôt entrevue [...] » (RF,55). Dans le silence du monologue, la figure transférentielle prend, à travers le fantôme de Blum, la voix du surmoi sévère qui traque les failles de la reconstitution, qui déjoue les mécanismes de défense d'un moi qui se protège du refoulé. C'est ainsi dans une écoute intériorisée et virtuelle que se construit le sens de la parole narrative.

Car il est question d'un dire ou d'un écrire qui cherche dans l'après-coup un sens à des expériences passées indécodables au moment du vécu. C'est vrai pour O. (G,310), comme pour le narrateur :

« *plus tard, quand il essaya de raconter ces choses, il se rendit compte qu'il avait fabriqué au lieu de l'informe, de l'invertébré, une relation d'événements telle qu'un esprit normal [...] pouvait la constituer après coup, à froid, conformément à un usage établi [...] tandis qu'à la vérité cela n'avait ni formes définies [...], ni exacte temporalité, ni sens, ni consistance* » (A,286/287)

Répéter dans le transfert signifie avant tout transformer les affects en équivalents symboliques afin de permettre un accès conscient et une réparation du sujet. C'est dans les mots écrits ou parlés que le narrateur recherche le sens de son passé en souffrance, la vérité inconsciente passe par sa verbalisation. Mais l'anamnèse chez le sujet n'est pas seulement de l'ordre du souvenir nostalgique et simplement futile, car la remémoration rejoue, fût-ce symboliquement, les situations du passé, pour ramener en force les affects refoulés. Le narrateur ne se contente pas de feuilleter un album de souvenirs, son discours revit effectivement ce qu'il rapporte. Le passé s'actualise dans l'écrasement de la perspective temporelle, par l'emploi des participes présents, par la soudaine apparition de présents que ne légitime aucun passage au discours direct, par les perturbations dans le système des temps verbaux, par les indécisions chronologiques de la construction narrative, par l'utilisation des déictiques sans référent, par l'apparition du discours indirect libre qui troue le récit au passé : le rapport au passé n'existe que dans l'actualité de l'énonciation, que dans la reviviscence inconsciente des événements d'autrefois. Dans la situation transférentielle, le rappel du passé ressortit à un revivre symbolique. On a pourtant dit précédemment que son monologue, à forte composante obsessionnelle, semblait dés-affecté, mais le contenu émotif de la reviviscence passe par d'autres canaux que le signifié ; c'est ici la forme du discours qui dit l'affect. Fortement associatif, il laisse sourdre l'affect dans les jointures entre les idées qui s'enchaînent ; terriblement répétitif, il dit la charge émotive dans le poids du ressassement ; profondément descriptif et détaillé, il découvre le sentiment dans l'excès même de sa neutralité glacée ; discours qui donne à voir, par la prééminence des descriptions et la puissance évocatrice des transferts analogiques, il est la dramatisation du fantasme, la mise en scène des désirs refoulés. Si le contenu de la parole narrative est régressif du point de vue temporel, sa structure l'est du point de vue affectif. Aussi bien cette remémoration affective, même sans le retour interprétatif d'un tiers, opère malgré tout un travail de dévoilement. Car la verbalisation des souvenirs et l'effort pour suivre au plus près les représentants inconscients refoulés, grâce aux associations et à l'expression des fantasmes, instaurent une répétition transférentielle qui favorise une abréaction des affects et une libération. Si on entend les quatre narrations comme l'évolution diachronique du discours d'un même homme, l'épilogue de *L'Acacia* semble un terme optimiste de ce cycle. C'est pour parler en termes freudiens, le temps d'une perlaboration, c'est-à-dire du travail psychique qui permet au sujet de surmonter ses résistances et d'accepter certains éléments refoulés[1].

La permanence du fantasme inconscient laisse répéter et rejouer, grâce à la situation transférentielle, les émotions refoulées. Le discours du narrateur s'appuie sur un transfert un peu particulier où l'écoute provient d'un être fantasmé (l'auditeur idéal), d'un fantôme de jadis, d'une fraction du moi dissocié mais où la parole, en actualisant une situation passée, en verbalisant les souvenirs refoulés, exploite sa dynamique cathartique.

Parallèlement, l'auditeur réel, que je suis, du discours narratif, ne saurait rester insensible aux souffrances du narrateur ; d'une part, car elles sont réactualisées sous ses yeux et dans ses oreilles, le plongent dans le maelström émotionnel subi par le narrateur lui-même ; mais aussi car dans cette parole tout est orchestré pour que l'auditeur s'approprie l'univers du narrateur. Son environnement historique et culturel reste très proche du nôtre : la seconde guerre mondiale, par exemple, qui apparaît comme le signal traumatique déclencheur de toute la narration, structure encore les données de notre société contemporaine. Le paysage urbain d'une ville du Midi dans la deuxième moitié du XX° siècle (H,331/33 A,207,210), le décor des banques (H70/76), la circulation en voiture et en train, les lois d'organisation d'un restaurant (H,chap.5 et 6) ou encore les silhouettes flottantes d'une population émigrée (G,362) sont autant de constantes d'une culture implicite que nous partageons ; quant aux affiches électorales, publicités, journaux, films qui se déploient à volonté dans la narration, ils constituent le décor de notre quotidien. L'ancrage dans la réalité d'aujourd'hui et dans une réalité historique proche, s'il n'a rien d'extraordinaire pour un narrateur contemporain, est toutefois accentué par les procédures du discours. Ainsi les déictiques non anaphoriques, « Puis ceci » (H,70), « Cela. » (RF,48) semblent désigner une réalité extralinguistique commune au narrateur et à son auditeur. De même l'emploi des pronoms personnels sans référent propulse l'interlocuteur dans la réalité de la diégèse. Le retour des mêmes personnages, la réitération des mêmes situations familiales et personnelles favorisent une familiarité avec l'environnement humain et événementiel du narrateur. Son passé est aussi le

---

[1] *Ibid.*, pp. 114/115.

nôtre, car l'existence d'échos internes dans et entre les narrations mobilise la mémoire de l'auditeur. Le retour des leitmotive qui se précisent, se nuancent et s'enrichissent de récit en récit, crée une profondeur mémorielle et un sentiment de mémoire partagée.

Cette intimité, liée à la communauté des références et à la réitération, favorise l'identification de l'auditeur au narrateur, que viennent aussi étayer les choix linguistiques et narratifs. La vacance de référents (les noms, les lieux, les dates...) laisse libre cours à toutes les projections. L'absence des signes énonciateurs dans l'utilisation de formes verbales non personnelles, tel le participe présent[1], ou dans l'emploi des « on » impersonnels, maintient l'équivoque des possibles identitaires. Quant aux expériences du narrateur et de son interlocuteur, elles finissent par se rejoindre. Tous deux font l'expérience de l'opacité, le premier s'interroge devant un réel insensé, le second affronte un discours simonien brouillé par des structures enchâssées, des décrochages temporels, une syntaxe douteuse. Tous deux s'épuisent dans un travail de mémoire qui ramène l'un aux sources de son histoire tandis que l'autre tente de reconstituer le tissu mémoriel de l'histoire achronologique qu'il entend. Tout dans le contenu comme dans le processus du discours tend à faciliter l'identification de l'auditeur au narrateur qui instaure une mimésis lectorale.

Aussi bien, à la répétition du passé dans le présent du narrateur, s'adjoint un écho de sa vie psychique dans celle de son interlocuteur. Le transfert du narrateur s'accompagne d'un contre-transfert de l'auditeur[2]. La rencontre de ces deux inconscients vient greffer la vie affective du premier sur les propres activités fantasmatiques du second et par l'effet du contre-transfert, c'est-à-dire la résonance inconsciente suscitée chez l'auditeur par les confessions du discours narratif, celui qui écoute est lui-même expédié dans son propre passé affectif. La répétition inconsciente a alors un double champ d'expansion car elle transforme la résonance affective par empathie en retour sur mes propres structures psychiques, qui me poussent à privilégier certains aspects plutôt que d'autres dans l'analyse de la personnalité du narrateur.

Le discours manifeste, grâce au repérage des répétitions lexicales, syntaxiques, sémantiques, figuratives, narratives, a permis d'approcher le fonctionnement inconscient du narrateur : menacé de mort, il développe un traumatisme de guerre qui s'articule sur des traumatismes précédents – la perte des êtres chers – dont le deuil est rendu difficile par le conflit psychique, d'ordre obsessionnel, dont le sujet est le théâtre. Quatre missions de la répétition semblent alors dominer dans l'économie inconsciente du narrateur. D'abord comme re-jouissance, elle y est la requête d'une expérience de satisfaction qui s'est jouée au contact du sein maternel, dans la toute petite enfance. Ensuite, elle apparaît dans le discours comme un substitut inconscient et à l'affect détourné ou refoulé qui suinte dans le ressassement, et à

---

[1] « [...] le recours au participe présent rend le sujet de la narration plus immédiat et produit ainsi un effet dramatique. L'action décrite devient si immédiate, présente à un tel point, en fait, que nous aurions tendance à l'assimiler à notre propre expérience, à nous substituer au personnage dont émane l'action ; » B.T. Fitch, « Participe présent et procédés narratifs chez Claude Simon », *Revue des lettres modernes*, n° 94-99, 1964, p. 205.

[2] « D'autres innovations d'ordre technique intéressent la personne même du médecin. Notre attention s'est portée sur le "le contre-transfert" qui s'établit chez le médecin par suite de l'influence qu'exerce le patient sur les sentiments inconscients de son analyste. Nous sommes tout prêts d'exiger que le médecin reconnaisse et maîtrise en lui-même ce contre-transfert. » S. Freud, « Perspectives d'avenir de la thérapeutique analytique », *La technique psychanalytique, op. cit.*, p 27.

l'objet disparu dont elle commémore le manque. Mais surtout la répétition est fondamentalement un symptôme. Refuge régressif lié au trauma et à la perte, elle marque le refoulé qui fait irrésistiblement retour ; elle dévoile un sujet emprisonné dans une compulsion de répétition qui enlise ses actes dans l'échec et son discours dans la monotonie mélancolique ; elle signe, dans la rumination obsessionnelle, un processus compensatoire de la haine, de la culpabilité et du doute qui habitent le narrateur déstructuré par un conflit ambivalentiel avec son père ; elle stigmatise un auto-érotisme linguistique et une sexualisation du processus de la pensée, mauvais signe d'une libido perturbée ; elle renvoie à la pulsion de mort, comme ultime retour à l'inorganique qui draine de multiples fantasmes dans le discours narratif. Pourtant la répétition témoigne d'une pulsion de vie chez le narrateur en souffrance, qui tente grâce à elle de se libérer des hypothèques mortifères en reprenant la main sur son destin, de symboliser ses traumas pour leur donner un sens et d'abréagir les affects refoulés, par leur verbalisation dans le cadre de la situation transférentielle.

Jouissance, substitut, symptôme et libération, la répétition discursive a permis une archéologie affective, qui toujours plus profondément dans les fouilles, nous plonge aussi dans la problématique de l'origine.

LA RÉ-PÉTITION DE L'ORIGINE

La répétition renvoie par essence à la question de l'origine, car elle suppose un terme premier sur lequel elle articule une série. L'événement fondateur qui l'inaugure lui confère aussi sa substance. Elle existe donc paradoxalement dans un mouvement progressif qui s'appuie sur des repères régressifs. Comme O. dans *Les Géorgiques*, qui court après son passé, nous pouvons dire que la répétition semble « pour ainsi dire avancer à reculons » (G,360). L'étymologie annonce bien cette aimantation originaire dans la répétition ; car re-petere, c'est selon Gaffiot, « chercher à atteindre de nouveau », « aller rechercher », « aller chercher en arrière », c'est retourner en arrière pour chercher l'origine.

Les philosophes ont diversement résolu le tiraillement de la répétition entre un avant et un après, ou plutôt d'un avant dans un après. Kierkegaard, dans *La reprise*[1], met en scène un jeune homme, dans lequel les critiques ont reconnu le philosophe lui-même, qui cherche une reprise de ses relations amoureuses interrompues avec une jeune fille. Toutefois la répétition échoue car le jeune homme transforme son amour en souvenir au lieu de le réaliser dans le moment présent, la jeune fille se marie avec un autre. Son confident Constantin Constantius ne fait guère mieux que son jeune ami lorsqu'il tente de retrouver au cours d'un voyage à Berlin des plaisirs naguère ressentis. Il est constamment déçu par l'impossibilité de faire coïncider le souvenir et le vécu présent. L'hypothèse de Kierkegaard, à la lueur de ces deux exemples, est alors que si la répétition s'éprouve dans le ressouvenir, elle est vouée à la nostalgie et à la souffrance. La vraie reprise créatrice, « la reprise proprement dite est un ressouvenir en avant. C'est pourquoi la reprise, si elle est possible, rend l'homme heureux, tandis que le ressouvenir le rend malheureux »[2]. Il s'agit, en dépassant la sclérose des habitudes, la redite du même, de retrouver ce qui a été sous une forme nouvelle tournée vers l'avenir. Cependant dans le projet chrétien du philosophe, aucune vraie re-naissance n'est possible dans l'immanence, aussi la véritable reprise suppose un saut qualitatif d'ordre religieux, la re-naissance par la foi dans l'éternel divin. C'est le modèle de Job, qui malgré les souffrances et les injustices a maintenu sa foi en Dieu ; aussi « Job est béni et il a tout reçu *au double*. - Cela s'appelle une *reprise* »[3]. La répétition désigne alors une matrice intemporelle qui unit dans l'instant comme « éternité, qui est la vraie reprise »[4], le présent de ce qui a été et qui demeurera et signe la condition de la libération de l'homme échappant ainsi à sa finitude.

Pour Heidegger aussi, indépendamment de tout contexte chrétien, la répétition est la ré-pétition, c'est-à-dire le retour à l'origine pour puiser aux racines, les sources de la fécondité. Dans *Etre et temps*[5], alors qu'il cherche à caractériser l'historialité du Dasein, il indique :

« *La répétition du possible n'est ni une réédition du "passé", ni un lien imposé au "présent" pour le rattacher à quelque chose de "révolu"* ». La répétition, qui

---

[1] S. Kierkegaard, *La reprise*, Paris, GF-Flammarion, 1990.
[2] *Ibid.*, pp. 65/66.
[3] *Ibid.*, p. 156.
[4] *Ibid.*, p. 165.
[5] M. Heidegger, *Etre et temps*, Paris, Gallimard, 1986.

naît d'une projection de soi résolue, ne se laisse pas convaincre par le "passé" de seulement le ramener tel qu'il a été autrefois réel. »[1]

Si elle est enracinée dans l'avenir, la répétition est, selon Heidegger, « le mode de la résolution embrassant un parti par lequel le Dasein existe pour de bon comme destin »[2] et dont elle constitue l'historialité originaire. « Le Dasein ne devient pas historial grâce à la seule répétition ; mais c'est parce qu'il est temporel qu'il est historial, aussi peut-il s'assumer par la répétition en son histoire. »[3]. Loin de constituer la redite d'un passé défini et figé, La répétition définit l'histoire de l'individu dans la dynamique du parcours, entre le provenir authentique de l'existence et l'avenir du Dasein.

Dans des cheminements parfaitement différents, la problématique de la répétition, telle que l'ont développée les deux philosophes, se construit sur un refus de la stase réitérative, sur une base progressiste et libératrice de la répétition. Tout autre fut la démarche de Platon, par rapport à laquelle Kierkegaard se positionne : « la *reprise* est le terme décisif pour exprimer ce qu'était la " *réminiscence* " ou (ressouvenir) chez les Grecs. Ceux-ci enseignaient que toute connaissance est un ressouvenir. […]. Reprise et ressouvenir sont un même mouvement, mais en direction opposée ; car, ce dont on a ressouvenir, a été : c'est une reprise en arrière ; alors que la reprise proprement dite est un ressouvenir en avant. »[4]. Dans la théorie platonicienne de la réminiscence, la connaissance ne se conçoit que comme une remontée d'un avant en arrière. C'est dans le *Ménon* que Socrate demande à un esclave de doubler la surface d'un carré. Le jeune homme y parvient de sorte qu'il faut admettre que « chercher et apprendre n'est autre chose que se ressouvenir. »[5]. Or ceci n'est possible que si l'âme éternelle a contemplé auparavant les vérités éternelles : « c'est une nouvelle preuve que nous devons forcément avoir appris dans un temps antérieur ce que nous nous rappelons à présent. Et cela serait impossible si notre âme n'avait pas existé quelque part avant de s'unir à notre forme humaine. Aussi peut-on conclure de là que l'âme est immortelle. »[6]. Indépendamment des conséquences transcendantes et cognitives tirées par Platon du thème de la réminiscence, son hypothèse nous rappelle que la quête de la vérité s'éprouve dans un retour en arrière, dans une répétition de l'expérience originaire. Aussi bien c'est le même mouvement qui préside à la libération des hommes dans l'allégorie de la caverne[7]. Les humains sont, dans la caverne, prisonniers d'un jeu d'ombres qu'ils prennent pour la réalité – la caverne platonicienne n'est-elle pas figurée dans *Les Géorgiques*, par le cinéma, cette « tumultueuse et sonore caverne étayée de poutres rivetées et retentissant de sauvages échos » (G,220) où les collégiens « avaient vécu d'existences et d'aventures factices » (G,213), « dont les images qui se succédaient sur l'écran accaparaient leur attention » (G,208) - et ces hommes soumis à l'illusion ne peuvent accéder au lieu de l'intelligible que par une « montée rude et escarpée » jusqu'à la lumière du soleil, vers la source originelle du savoir, lumière du Bien et soleil des Idées.

---

[1] *Ibid.*, §74, [386], p.450/451.
[2] *Ibid.*, p. 450.
[3] *Ibid.*, p. 451.
[4] S. Kierkegaard, *op. cit.*, p.65/66.
[5] Platon, *Ménon*, 81c-86c, Paris, Garnier Flammarion, 1967, p.343.
[6] Platon, *Phédon*, 72e, Paris, Garnier Flammarion, 1965, p. 123.
[7] Platon, *La république*, livre VII, Paris, GF-Flammarion, 1966.

Si la pensée simonienne est très marquée par la répétition, on veut y entendre maintenant, non la perspective bondissante d'un Kierkegaard ou d'un Heidegger, mais plutôt la quête d'une expérience primordiale à la manière de Platon, un retour en arrière dans la quête de l'origine. Fondamentalement régressive, la fiction simonienne avance en reculant. *La Route des Flandres*, comme *Histoire, Les Géorgiques* ou *L'Acacia*, en partant d'un ici-maintenant font le chemin à rebours qui conduit vers un étoilement de commencements. Mais le fantasme génétique qui aimante les œuvres de Simon relève d'une démarche complexe, car le déploiement de l'archéologie originaire est pluridimensionnel et polymorphe. Cette quête de l'origine concerne d'abord l'ensemble des actants, personnages, narrateur, auteur implicite. Par ailleurs le concept même d'origine renvoie aussi bien à un lieu de l'origine, qu'à un temps de l'origine, qu'à une causalité originaire. Or si le lieu du commencement est relativement monolithique, la causalité, elle, se dédouble en autant d'interprétations que peuvent en supporter des faits soumis à des subjectivités diverses ; quant au temps de l'origine, il s'abîme dans une remontée toujours plus lointaine : le temps ontogénique, le temps phylogénétique, le temps mythique. Finalement le croisement des chercheurs d'origine (personnages, narrateur, auteur) et des catégories de cette dernière récapitule schématiquement la presque totalité des thématiques des quatre romans.

Le narrateur et les personnages, pour leur malheur comme pour leur bonheur, sont toujours ramenés vers un lieu originel. Tout chemin se fait toujours à rebours comme cette route des Flandres, largement emblématique des rétroversions qui ont lieu dans nos romans, où le narrateur et le jockey refont « maintenant à toute allure et en sens inverse le chemin qu'ils venaient de parcourir » (A,305). Les héros sont ramenés vers l'origine géographique « à la façon de ces balles ou de ces jouets attachés par un élastique » (G,245). Il y a pareillement un espace originaire de l'écriture qui attire l'auteur implicite, c'est la fenêtre ouverte (H,9 G, 312 A,380), condition de production de l'écriture. En élargissant la notion de lieu spatial à celle d'environnement social, on mesure de même que l'homme simonien ne peut guère échapper aux déterminations économiques de son origine. Ainsi le brigadier déguisé en révolutionnaire espagnol, tout comme O, retourne finalement à sa vie aisée de jeune bourgeois (A,194). A l'inverse Pierre, dans *La Route des Flandres*, à qui l'étude de la philologie a permis d'échapper au destin misérablement paysan de son père analphabète, se voit ramené à sa condition première par l'intermédiaire de son fils qui « avait décidé de s'occuper des terres » (RF,213). Le commencement s'ancre donc dans un espace vers lequel les actants font infailliblement retour.

La ré-pétition de l'origine temporelle constitue le vivier des expériences simoniennes. La démarche narrative est toujours profondément régressive dans sa thématique même ; mais outre qu'elle fouille le passé des hommes, et les époques qu'ils traversent, elle est expédiée par l'arsenal des comparaisons et des métaphores ainsi que par les multiples références mythiques qui émaillent le texte, dans un passé archaïque des espèces et du monde ; les quatre œuvres sont centrées sur l'expérience de la réminiscence platonicienne qui ramène au jour des événements autrefois vécus et qui détiennent en eux la source d'un savoir qu'on interroge, afin de résoudre une situation présente problématique.

Car la recherche de l'origine n'est pas seulement la quête d'un moment ou d'un espace initial, démarche qui resterait somme toute assez anecdotique ; elle dévoile surtout ce qui est premier dans l'ordre, c'est-à-dire le fondement des actions.

Et les quatre romans se réduisent finalement, grâce à la remontée spatiale et temporelle qu'ils mettent en scène, à l'illustration par le récit de la ré-pétition des causalités. Les situations et les comportements qui questionnent implicitement dans la narration, sont à expliquer par la recherche de leurs origines. A la question « qui suis-je ? » posée par le narrateur, le texte répond par le récit ontologique de la rencontre et de l'amour entre le père et la mère, qui doit aider à percer le mystère de l'identité. A la question « pourquoi je vis ? » posée par le narrateur, le texte répond par une rêverie sur la création du monde, sur l'origine phylogénétique des espèces et par des fantasmes originaires de conception qui permettent d'expliquer l'énigme de la vie. A la question « pourquoi j'écris ? » posée par l'auteur implicite de nos romans, le texte répond par la narration primordiale des deuils douloureux, des souffrances guerrières, afin d'expliquer le besoin de création. Raconter, c'est expliquer ; raconter l'origine, c'est fournir l'explication fondamentale. Le récit aimanté par la genèse s'affirme donc aussi comme une recherche des causes originaires. On y décèle partout et sous toutes ses formes une fantasmatisation des commencements, une ré-pétition de l'origine en tant que réponse herméneutique à la question du connaître. D'ailleurs le verbe « concevoir » est présenté dans *Les Géorgiques* « dans le double sens du terme, c'est-à-dire dans son esprit et dans son être de femme » (G,406).

C'est cet horizon génétique qu'on se propose d'explorer maintenant, cette vaste rêverie sur la répétition originelle, aux deux sens du terme, recherche de la genèse et réitération d'un dire sur le commencement, qui se développe selon plusieurs échelles : l'origine du moi compris comme l'individualité d'un être humain singulier ; l'origine de l'homme, en tant que représentant de son espèce, des sociétés et du langage humains ; l'origine du monde.

L'origine du moi

L'histoire des personnages mais surtout celle du narrateur permet de tracer dans les textes, les trajectoires d'individus particuliers à partir desquelles on peut extrapoler les conditions de l'émergence du moi, de l'être actualisé dans son unicité. La narration simonienne assigne essentiellement trois origines au moi.

L'origine biologique

L'origine biologique se présente à la fois comme un repoussoir et une nécessité. Les textes étonnent, tout d'abord, par l'importance qu'ils accordent à la thématique de la reproduction. Elle s'y présente dans toute l'extension de ses applications, aux insectes (A217), aux libellules (G,427/428), aux oiseaux (A,157), aux chevaux (G,23,56,75,368...), aux bovidés (A,117), aux ovidés (RF,118/119), aux êtres humains..., dans toute la diversité de ses pratiques, reproduction sexuée des mammifères que sont les humains pour laquelle il faut des « glandes mâles » (G,255) et procréation parthénogénétique de la reproduction asexuée (A,118) ; enfin elle s'y déploie dans la totalité de son cycle : de l'accouplement avec ses « éjaculations de semence mâle » (G,195), à la fécondation, « quelque chose de modifié, quelque chose de nouveau, d'infiniment petit, d'infiniment fragile, qui déjà commençait à se nourrir, se former, grossir » (G,428) ; de la gestation de « cette vie au stade embryonnaire » (A,145) que la femelle porte « dans son ténébreux tabernacle » (H,402), à la naissance avec les « vagissements de bébés » (G,358), « au sortir des ténèbres maternelles » (H,45). La reproduction est partout. Elle surgit, dans les textes, comme une référence immédiate lorsqu'il s'agit de penser l'homme métaphysique dans son destin d'être-pour-la-mort, d'être né pour la mort ou de penser le moi psychologique comme le fruit d'une mère et d'un père ; mais elle émerge aussi métaphoriquement de cette pluie qui tombe inlassablement sur les romans simoniens et les maintient dans un milieu fœtal ou quand il faut évoquer les contractions de l'histoire qui donne naissance, dans « un sanglant accouchement », à des périodes révolutionnaires (G,174) et enfante la guerre (A,263). Butoir inéluctable des trajectoires régressives de la narration chez Simon, la reproduction s'avère aussi une matrice figurative et projective très opératoire. Le poids textuel et symbolique de la reproduction biologique, forme vitale de la répétition, confirme la suprématie d'une répétition qui, sous toutes ses formes, dynamise les thématiques et la poétique simoniennes.

Pourtant les quatre romans s'emploient à une trivialisation de la reproduction humaine. Le poids quantitatif semble décompensé par une dévalorisation de la procréation des hommes, qui y est en premier lieu ramenée à un champ purement scientifique. Décrite dans des termes techniquement très précis, « gestation » (G,428), « fœtus » (RF,176,237 A,327), « glandes » (G,255), « embryon » (G,255 A,145), « matrice » (G,84/85,348 A,216), « placenta » (G,211), la reproduction humaine apparaît comme un exercice de laboratoire qui a perdu le contexte affectif de sa spécificité. Malgré un nombre minoritaire d'occurrences où elle est liée à l'orgasme (G,195 A,145,274,347), la reproduction semble plutôt désinvestie de ses composantes de désir et de plaisir. Elle apparaît comme une fonction à part qui instrumentalise l'homme et l'inclut dans un déterminisme biologique qui le dépasse : le père, par exemple, une fois sa semence déposée, peut « comme ces insectes mâles après avoir accompli leur fonction, s'en aller mourir » (A,217). Car la procréation est mobilisée d'un côté par la nécessité psychologique de perdurer et d'un autre par l'évidence anthropologique de perpétuer la lignée. Le père doit mourir à la guerre et « habité par une sorte de prémonition, pressé par le temps, il avait choisi avant de mourir de déposer sa semence et se survivre dans l'une de ces femelles destinées à la reproduction de l'espèce » (A,128). Aussi bien, dans cette perspective, les ancêtres ne sont jamais présentés, dans les textes, comme de lointains ancêtres indifférents, déconnectés du présent, ils sont les « géniteurs » (RF,50,51,52,55 G,170,174,198,233,457 A,347,355), les conditions de la descendance. Déliée de toute implication affective, la procréation humaine, chez Simon, est comparable à la reproduction chez les végétaux – le retour du terme « semence » pour signifier le sperme n'est pas sans évoquer le personnage de la semeuse qui colore les timbres d'*Histoire*, « immobilisée éolienne et agreste un bras en arrière serrant de l'autre contre sa hanche le sac de graines » (H,54,55,139,225) ou les multiples semailles ordonnées par L.S.M. à Batti – mais plus sûrement à la reproduction animale. La mère est une « femelle destinée à la reproduction » (A,128), une « génisse » (A,117,209) qui attend le taureau, le père un insecte mâle (A,217), leur accouplement est comparable au « coït aérien » de « ces oiseaux capables de copuler en plein vol, rattachés par leurs seuls organes génitaux » (A,157) et celui de L.S.M. et Adélaïde à un « rut » (G,390). Les textes assimilent de façon répétitive certains hommes à des étalons, l'ancêtre Reixach (RF,50,51), L.S.M. (G,169,196,389,390), de Reixach (H,342), les jeunes soldats de Saint-Cyr (A,76), le cousin (A,138) et dans ce contexte, Mustapha, l'étalon arabe, ramené par L.S.M. de Tunisie, tant de fois évoqué dans *Les Géorgiques*, et toujours présenté pour ses fonctions de reproducteur (G,23,50,56,75,185,188,241,254,368,430) devient une figure emblématique de l'utilité masculine. Cet étalon ne polarise pas vainement les textes, il ramène le mâle humain à sa fonction biologique de reproducteur et la procréation humaine à son humble origine animale.

Banalisée, l'origine biologique est aussi une expérience négative. Le seul moment lénifiant est celui de la gestation, un moment de tiédeur (H,324 A,145), de ténèbres rassurantes (H,145,402 A,145), à l'abri d'un ventre qui porte (A,207,278) l'être à venir, comme dans la respectueuse protection d'un « tabernacle » (H,402). Ce moment originel est présenté comme un âge d'or dans lequel le sujet ignore le besoin, la souffrance et les lois du temps. De cet abri il est difficile de s'arracher comme le montre le motif insistant du cordon ombilical (H,43 G,145 A,240), survivance indéchirable du lien regretté avec les « entrailles tièdes » (H,324), et l'imaginaire de Georges est habité par le désir de « disparaître entre les lèvres du fossé, se fondre, se glisser, se faufiler tout entier par cette étroite fissure pour réintégrer la paisible matière (matrice) originelle » (RF,224). Stade euphorique de la genèse en douceur, la gestation s'oppose aux autres moments de l'origine qui sont pour le moins marqués par la violence. L'arrachement agressif du premier stade est celui de l'« éjaculation » (G,195), de la « semence expulsée » (A,347) où l'être, encore à l'état de spermatozoïde est « éjecté, arraché dans un tressautement » (H,52) ; quant à la naissance, elle a lieu dans un « sanglant accouchement » (G,174). De fait, ce qui est métaphoriquement enfanté, est souvent de l'ordre du monstrueux : c'est l'épisode guerrier de 1914, « porté à terme » par l'été « comme une femme grosse » (A,263), ce sont les soldats de 1939 « comme enfantés par la nuit et la guerre » (A,195,200), la meurtrière Révolution française de 1789 (G,174,149).

Malgré l'obsession de son retour, la reproduction humaine, l'avènement du moi est présenté, par les quatre romans, comme une origine déceptive qui paradoxalement renvoie, là où l'humain se crée, à la déshumanisation et à la létalité. On peut expliquer cette perspective avortée de l'origine biologique, d'un côté par la relation complexe entretenue avec la mère, qui parasite le regard du narrateur sur sa propre genèse ; plus largement, elle ramène à la difficulté de se constituer en tant que sujet : l'absence des repères fixes de l'identité, l'impossibilité de ramasser le moi dans une conscience unifiée et un corps structuré, remontent au doute qui plane sur l'hypothèse même du naître, encore plus du naître en tant qu'homme. La répétition de l'origine biologique est une opération qui dévoile la reconnaissance problématique de l'existence et de la nature du moi : « sorte de têtard gélatineux lové sur lui-même avec ses deux énormes yeux sa tête de ver à soie sa bouche sans dents son front cartilagineux d'insecte, moi ? ... » (H,402).

Car la rencontre avec les parents a été ratée, aussi l'origine historique, en amont de l'origine biologique, se présente comme une des pistes de la recherche du moi.

L'histoire parentale

Les textes traquent les signes d'une histoire entre le père et la mère qui pourrait expliquer la genèse du sujet. La reconstitution insistante et pourtant parfaitement hypothétique de l'histoire parentale renvoie au besoin de réintégrer la douteuse question de l'origine dans une causalité historique ; de chercher dans un déroulement objectif et observable, l'explication de la genèse de l'individu ; d'éliminer le hasard troublant de la naissance par l'exploitation d'un déterminisme historique, qui rapporte l'origine d'un événement aux faits qui l'ont précédé. Telle est la vertu des fantasmes originaires ainsi que le rappellent Laplanche et Pontalis ;

« *Dans leur contenu même, dans leur thème (scène primitive, castration, séduction), les fantasmes originaires indiquent aussi cette postulation rétroactive : ils se rapportent aux origines. Comme les mythes, ils prétendent apporter une représentation et une "solution " à ce qui, pour l'enfant, s'offre comme énigmes majeures ; ils dramatisent comme moments d'émergence, comme origine d'une histoire, ce qui apparaît au sujet comme une réalité d'une nature telle qu'elle exige une explication, une "théorie".* »[1]

Les romans partent alors à la quête des informations sur les événements qui ont présidé à la conception : c'est l'en-quête des origines. Le narrateur pratique une réelle autopsie des indices écrits, livrés par les lettres du père (A,135/136) ou ses cartes postales, mais aussi par les écrits de la mère (H,63,391/392,401 A,135,267). Il interroge les témoins directs des scènes du passé, comme ses cousines, chez lesquelles il se rend à Perpignan, en quête d'indices verbalisés (A,chap.VII). Il scrute avec avidité les photographies de ses parents à la recherche d'indices iconographiques : le père dans son portrait sépia (H,17/18 A,331), le père militaire (H,253 A,79/81,83), la mère qui joue au tennis (H,199 A,145), la mère radieuse avec ses chapeaux extravagants (A,269), la mère dans sa maison coloniale (A,146). On est en revanche frappé du peu d'exploitation qui est fait des photographies du couple, une photo du temps des fiançailles montre les parents sur un court de tennis (H,199), celles du mariage sont rapidement évoquées (H,199 A,133), un cliché les représente à Madagascar « sous la galerie de leur bungalow » (A,269). Comme si la ré-pétition de l'origine du moi devait s'expliquer non par le produit d'une histoire parentale unifiée mais comme le résultat de deux histoires entrelacées.

Tout oppose en effet le père et la mère : le milieu social (le père est un paysan, tandis que la mère est une bourgeoise), le niveau économique (le père est très pauvre tandis que la mère est une rentière), les choix idéologiques (le père est issu d'une famille athée et marxiste (A,65) tandis que celle de la mère est conservatrice et ultra-catholique) ; une « antithèse » que souligne *L'Acacia* (A,127). Aussi les textes tentent d'expliquer l'inconciliable. Comment l'unité a-t-elle pu se faire malgré la divergence ? On devrait sans doute plutôt dire « grâce à » la divergence car sans négliger le désir physique qui émeut profondément la mère – elle est fascinée par « les mains brunes et musclées » (A,125) - c'est surtout parce que le père est différent, décalé, qu'elle est attirée par lui. C'est « un homme comme elle n'en avait jamais rencontré, n'avait même jamais imaginé qu'il pût en exister » (A,124), « quelque chose comme un barbare policé » (A,124). La mère semble sous le charme irraisonné de l'inquiétante étrangeté. Précisément parce qu'il est étrangement indéfinissable (« quelque chose »), parce qu'il est exotique (« barbare ») mais acceptable, habituel (« policé »), parce qu'il est autre mais semblable, la mère s'éprend de lui. Pourtant si elle oppose « le même éternel et énigmatique sourire » (A,123) à tous ces prétendants auxquels elle se refuse et accepte les hommages du père, c'est que ce dernier allie l'altérité à la force tranquille, la « paisible assurance

---
[1] J. Laplanche, J.-B. Pontalis, *Fantasme originaire, fantasmes des origines, origines du fantasme*, Paris, Hachette Littératures, collection « Pluriel », 1985, pp. 67/68.

qui, elle aussi était le contraire de ce que trahissaient les madrigaux et les quatrains griffonnés au revers de ces cartes postales dont elle faisait la collection » (A,124). Le désir de la mère s'aiguise aussi « de cet autre décisif et prestigieux atout de séduction qu'est l'absence » (A,128), cet éloignement forcé qui conduit l'homme à travers le monde. L'amour de la mère s'élabore paradoxalement sur l'étrangeté qui sécurise, sur le magnétisme d'un physique qui se renforce dans la séparation. Au terme d'une longue attente, l'homme choisi l'amène à un don gratuit et total de soi, physiquement, affectivement, un engagement retardé et définitif.

Les textes signalent un cheminement du père bien différent. La séduction de la mère est présentée comme un calcul inconscient, « quelque chose qui ressemblait à un pari, un défi qu'il se serait lancé à lui-même en même temps qu'à cet ordre des choses dont il avait déjà triomphé en s'élevant à la force du poignet au-dessus de la condition de paysan » (A,128). L'approche de la mère est d'ailleurs toujours stigmatisée par l'isotopie guerrière, elle est une « forteresse » (A,127,137), dont il conduit « avec circonspection le siège » (A,127), « précautionneusement retranché », « dans cette espèce de cuirasse faite d'urbanité et de souriante bienséance » (A,125). Le père espère un triple bénéfice de sa conquête : d'abord une ascension sociale car « les opulentes et laiteuses épaules, la carnation préservée du soleil, les formes qui commençaient à s'alourdir durent sans doute lui apparaître aussi comme l'antithèse non seulement du monde âpre et dur où il avait grandi mais encore des souples et dociles nudités aux peaux cuivrées ou dorées qui se glissaient à son côté, s'ouvraient à lui sous les moustiquaires dans la moiteur des nuits tropicales » (A,127/128). Le père n'est pas un Rastignac ou un Bel-Ami, cynique et froid, qui programme sa réussite mais il semble que l'amour de la mère lui offre l'opportunité, au terme d'une évolution voulue par son propre père (A,63), entreprise par lui comme une « ascèse » (A,217), comme une « ordalie » (A,217), d'accéder à un statut social inespéré, en convolant avec une « inaccessible princesse » (A,127,217), une « inaccessible et paresseuse sultane (A,137,217). Le mariage lui permet aussi de faire une fin dans le domaine sexuel et amoureux car on ne lui connaît avant la mère que des relations humiliantes avec « quelque gardeuse d'oies culbutée derrière un fourré » (A,76) et de faciles et éphémères amours indigènes (A,81/82,128), dont il est « lassé sinon saturé » (A,269). La mère est présentée comme la première et la seule femme digne d'un engagement durable et flatteur. Pourtant si les textes s'attardent longuement sur les émotions sexuelles de la mère, son « éternel et permanent orgasme » (H,388), ils restent étrangement silencieux sur la jouissance paternelle. Non que le plaisir masculin n'existe pas dans les textes simoniens, bien au contraire, mais il semble que le plaisir du père soit subsumé par un autre objectif, celui de la procréation. Toutes les formulations textuelles indiquent qu'il a choisi cette femme non pour elle mais pour un projet d'enfantement :

« *il avait choisi avant de mourir de déposer sa semence et se survivre dans l'une de ces femelles destinées à la reproduction de l'espèce garantie par leurs facultés d'inertie, d'opulence et de fécondité* » (A,128)

« *il pourrait emmener sans crainte de désastre celle qu'il avait choisie pour se donner un fils* » (A,132/133)

« *il pourrait déposer sa semence, tirant d'elle un fils* » (A,217)

Au déséquilibre initial entre une mère socialement et économiquement dominante, la situation amoureuse substitue un déséquilibre inverse où la mère, soumise d'amour, se laisse utiliser à des fins sociales et génitrices, par le père, apparemment moins épris. La ré-pétition de l'origine correspond donc à la recherche de ce qui a pu faire sens dans l'histoire individuelle des parents et dans leur rencontre pour que naisse le désir d'enfant. Pourtant ces fantasmes originaires débouchent sur une aporie car quelle place accorder à ce moi qui résulte d'un compromis bancal entre une aspiration sociale d'une part et une jouissance amoureuse d'autre part ? Comment s'originer dans une histoire écrite pour la satisfaction narcissique des autres ? Aussi bien l'imagination de l'origine s'élargit-elle à la quête généalogique.

La quête généalogique

Une certaine prévention pèse dans les textes simoniens sur l'idée d'hérédité qui est souvent associée à celle de « tare » (« Une habitude, une tare héréditaire » (RF,204), « les séquelles d'une tare héréditaire » (H,272), « les manifestations d'une hérédité ou d'habitudes honteuses » (G,335)). L'hérédité apparaît comme un manque, comme un défaut définitif et rédhibitoire, contre lequel aucun recours n'est possible, puisque inscrite au plus profond de l'individu. Pourtant toute la conception du moi dans les romans simoniens repose sur le schéma héréditaire. « Le poids quasi zolien de l'hérédité »[1] situe l'origine du moi et de ses diverses composantes ou extensions dans la transmission du patrimoine. La question de l'héritage est d'ailleurs l'enjeu de la cinquième partie des *Géorgiques*, à l'image de l'hérédité qui est au cœur de la problématique génétique du sujet. Car finalement, si on suit Simon, l'individu est, ce dont il hérite. Toutes les inscriptions familiales encore latentes avant la naissance, s'actualisent avec l'avènement du moi. La naissance est certes l'instant datable et social de l'origine du moi, mais le sujet s'ancre dans des déterminations préalables qui le dépassent et elle ne vient finalement qu'entériner, labelliser une situation de fait. Aussi la ré-pétition de l'origine, qui organise les récits simoniens, s'y manifeste comme une prospection et une exhibition des constituants ancestraux du moi.

Les textes n'en finissent pas de signifier les relations familiales, et selon deux représentations. La première est une figuration arborescente, celle de l'arbre généalogique :

« *les imaginant, sombres et lugubres, perchées dans le réseau des branches, comme cette caricature orléaniste reproduite dans le manuel d'Histoire et qui représentait l'arbre généalogique de la famille royale dont les membres sautillaient parmi les branches sous la forme d'oiseaux à têtes humaines coiffées de couronnes endiamantées et pourvus de nez (ou plutôt de becs) bourboniens et monstrueux* » (H,10/11)

Ce modèle allie la schématisation syntagmatique « des alliances et des mésalliances » (RF,50), c'est-à-dire des rapports synchroniques entre les ancêtres et une représentation paradigmatique des relations de descendance. Cette figuration est peu fréquente dans les textes mais elle est sous-entendue par les arbres hautement symboliques qui président aux destinées de nos romans : l'acacia qui ouvre *Histoire*, ferme *L'Acacia* et donne son titre à ce dernier roman, l'arbre contre lequel le père meurt (A,61)... La représentation purement paradigmatique, celle de « la lignée » (RF,49) est beaucoup plus massive et sa lourdeur frise parfois l'ironie : « ton arrière-arrière-arrière-grand-mère » (RF,257,174), « les pères, ou les grands-pères, ou les

---
[1] B. Andrès, *Profils du personnage chez Claude Simon*, Paris, Editions de Minuit, 1992, p. 63.

arrière-grands-pères, ou les arrière-arrière-grands-pères » (RF,140 H,174), « leurs père, mère, grands-pères, grands-mères, arrière-grands-pères, arrière-grands-mères » (A,74), « ce que leurs pères, leurs grands-pères et les grands-pères de leurs grands-pères » (A,181), « une des arrière-arrière-grands-mères des barons de Reixach » (H,190), « il s'agissait de son arrière-grand-père et de son arrière-grand-oncle » (G,255). Cette liste fastidieuse et pourtant incomplète donne un exemple de la jouissance à dire le lien généalogique, à se reconnaître dans la dépendance et l'attachement aux ascendants. Le paradigme descendant est quelquefois représenté : « l'arrière-petit-neveu », « l'arrière-petite-fille » (A,127), « son arrière-petit-fils » (RF,179), « de père en fils et de mère en fille » (G,356) mais les occurrences en sont moins nombreuses et n'occasionnent pas le même délire jouissif de complexité. Car le narrateur simonien ne cherche pas son origine projective dans une raison de vivre, dans un projet de vie, dans l'avenir d'un enfant, dans une descendance, mais dans une origine temporelle qui contient en germes les éléments préalables et constitutifs du moi.

Précisément, quel est, d'après les textes simoniens, ce capital patrimonial transmis d'une génération à l'autre et qui bien avant la naissance fonde l'origine constitutive du moi ?

Evidemment, les ancêtres « géniteurs » lèguent aux « derniers produits de leurs accouplements et de leurs alliances » (G,198) une hérédité génétique, qui se transmet par « une infime parcelle de la semence expulsée, une infime composante du sang qui avait circulé dans leurs veines » et qui « circule encore dans les veines de celui qui sans pouvoir maintenant trouver le sommeil était étendu au-dessous d'eux » (A,348). Le lien généalogique est manifestement un lien du sang, une transmission chromosomique qui explique la permanence de certains caractères physiques, comme cette obésité du cousin, « héritée sans doute du colossal général d'Empire » (A,142).

Pourtant si le patrimoine génétique constitue l'identification fondamentalement originaire de tout individu, le contexte bourgeois, dans lequel évoluent la plupart des personnages des romans, décentre la question de l'hérédité sur celle de l'héritage. Les textes insistent avant tout sur la transmission par les ancêtres de biens matériels : des dots (G,27,70,369) que l'on obtient « des épouses à héritages » (G,148), des maisons (A,207,208), des châteaux (G,183), des hôtels particuliers (RF,50), des tableaux, des bibliothèques (A,379), des bustes en marbre, des « vieux bijoux de famille » (G, 221,143) mais on peut aussi hériter de la fatalité de la misère qui conduit les prolétaires de Barcelone à la révolution contre les uniformes « qui pour eux (les habitants des sordides banlieues, des lugubres blocs de ciment ou de briques) représentaient ce à l'égard de quoi ils nourrissaient une haine héréditairement transmise, comme on peut haïr des symboles, les vivantes personnifications de quelque chose qui, depuis des siècles, de père en fils et de mère en fille, avait représenté souffrance, humiliation et deuil » (G,356).

Quelle que soit la situation sociale, les ascendants transmettent un nom qui fonde l'identité patrilinéaire. La question de l'héritage du nom, de l'identification au nom paternel pose des problèmes à certains héros : pour la grand-mère, son nom de jeune fille a les sonorités du meurtre commis par l'ancêtre régicide (G,150) ; inversement Sabine ne porte pas le nom qu'elle mérite car elle « était elle-même (mais hélas, par sa mère) une de Reixach » (RF,49) et a donc hérité de l'hôtel familial « à défaut du nom et du titre » (RF,50), le changement de nom est dénoncé ici comme une rupture de la lignée.

Le cercle de famille ne se limite pas au périmètre tracé par le nom car le moi se construit aussi sur « les traditionnelles traditions » (RF,12), qui fondent les généalogies. On observe ainsi une hérédité des situations avec par exemple le retour insistant des veuvages, « c'est une tradition de famille chez nous Je veux dire le veuvage Une de ces maladies de femmes vous savez Congénitale comme on dit Oui Transmissible aux hommes du clan par voie utérine » (H,69). L'utilisation ici du vocabulaire de la génétique ancre bien la névrose de destinée[1] familiale dans une hérédité biologique. Les mêmes remarques s'imposent pour les suicides, les adultères, les épreuves guerrières (cf. annexe 2) qui récidivent dans la famille et qui hantent l'imaginaire constitutif du moi. La tradition familiale se développe également par une hérédité comportementale, une « incorrigible bonne éducation » qu'oncle Charles traîne partout (H,272), « cette gaine protectrice faite de niaiserie, de fades afféteries, dont elle [la mère] s'était enveloppée (ou dans laquelle sa naissance, son milieu, son éducation l'avaient pour ainsi dire corsetée » (A,268), un regard chez L.S.M. « circonspect et expectatif d'homme de la terre hérité de ses ancêtres » (G,387). Enfin culture et savoir constituent aussi un patrimoine généalogique qui préside à la formation originaire du sujet : Blum possède « héréditairement une connaissance [...] l'expérience intime, atavique, passée au stade du réflexe, de la stupidité et de la méchanceté humaines » (RF,155) ; dans un autre registre, la famille du narrateur témoigne d'une très forte tradition artistique, aspiration picturale dont le grand-père et oncle Charles sont les fleurons, aspiration littéraire lisible dans les écrits de L.S.M., les poèmes de l'oncle et les productions du narrateur, goût marqué pour la musique chez la tante du narrateur dans *L'Acacia*, oncle Charles et Corinne (cf. annexe 5).

Qu'il s'agisse de l'apparence physique, de la situation économique, du nom, ou bien des contenus comportementaux ou culturels, il apparaît clairement que le moi, d'après les textes de Simon, naît d'une donne héréditaire qui constitue et son point originaire et sa substance. Aussi les romans témoignent d'une remontée thématique constante vers ce commencement généalogique, comme quête du terme initial de l'individualité. C'est aussi le cheminement régressif du narrateur qui se rend dans le Tarn, pour voir le château de l'ancêtre et sa tombe (G,chap.III), qui tente de retrouver le buste en marbre de L.S.M. disparu après « des partages, des lots tirés au sort, puis des partages de partages, des déménagements, des transhumances » (G,236/238), qui feuillette les archives ancestrales ou s'en remet aux historiographes familiaux, Sabine dans *La Route des Flandres* et Charles dans *Histoire* et *Les Géorgiques*, pour écouter « l'histoire, ou la légende, des parents, des grands-parents, de l'ancêtre : le *dit* ou le *bruit* familial, ce discours parlé ou secret, préalable au sujet, où il doit advenir et se repérer. »[2]. Mais si le moi, qui est par définition le cadre d'une singularité, ne peut se constituer en dehors de la lignée héréditaire, d'un repérage collectif, la ré-pétition originaire du moi, cette recherche de ce qui me constitue en tant que sujet individuel ne peut déboucher que sur un non-lieu. La

---

[1] On emprunte le terme à Freud, qui désigne ainsi cette forme de fatalité qui semble frapper certains destins, où les mêmes malheurs se répètent périodiquement. S. Freud, *Au-delà du principe de plaisir*, op. cit., p. 61/62.
[2] J. Laplanche, J.-B. Pontalis, *Fantasme originaire, fantasmes des origines, origines du fantasme*, op. cit., p. 67.

régression vers la source généalogique s'avère en même temps qu'une quête de la substance du moi, une extinction de son essence dispersée dans des causalités plurielles. Partant, la ré-pétition de l'origine se déploie jusqu'aux sources de l'espèce humaine.

L'origine de l'humanité

Les textes simoniens reconnaissent au niveau ontogénique, la validité du modèle évolutionniste. Au cours de sa vie, l'homme connaît une évolution dans sa chair et dans son esprit. Le narrateur insiste même sur ces « foudroyantes compressions » du temps, qui transforment « le garçon – c'est-à-dire plus un garçon alors, devenu un homme par une brusque mutation en l'espace d'une fraction de seconde » (G,215). Les tantes grâce aux photographies « pouvaient voir passer par une série de métamorphoses ou plutôt de brusques mutations le fragile gamin [...] puis, sans transition, un homme tout à coup assuré, hardi, debout » (A,80). Quant à la mère tout à sa félicité orgastique, elle est « dans ce moment où la chrysalide devenue papillon et parvenue à s'extraire par saccades de sa gangue reprend souffle, encore engluée des sucs nourriciers, encore ahurie de sa métamorphose avant de déployer ses ailes et prendre son vol » (A,268). Nul doute donc que l'homme comme l'animal ou sur le modèle de l'animal s'inscrive dans un processus de mutations, lié au temps ontogénique. Pourtant dans leur quête permanente d'un commencement c'est le plus souvent à rebours que les textes approchent la notion d'évolution. Car si le temps est « soumis à de foudroyantes compressions », il l'est aussi à « de foudroyantes annulations ou régressions » (G,215), qui transforment un homme « par une brusque mutation en l'espace d'une fraction de seconde, projeté aussi démuni qu'un nouveau-né dans ce qui est pour ainsi dire comme la face cachée des choses » (G,215). Evolution, il y a bien mais la tendance des textes est de l'évoquer a contrario, non du nouveau-né vers l'adulte mais de l'adulte vers le nouveau-né.

La régression phylogénétique

De l'ontogenèse à la phylogenèse le traitement textuel est comparable : la répétition de l'origine prime toujours sur l'évidence chronologique et s'élabore dans une involution phylogénétique. Simon exploite bien les données des paléontologues et biologistes qui ont retracé l'évolution de la vie depuis la boue originelle jusqu'à l'homme d'aujourd'hui, mais son mouvement part de l'homo sapiens sapiens simonien que sont ses héros pour remonter jusqu'aux origines les plus primitives. O. et ses compagnons se demandent « ce qui les avait amenés ou plutôt fait **régresser** à cet état d'animaux traqués comme du simple gibier » (G,264), l'homme au combat « **retrouve** instinctivement l'aristocratique et gracieuse démarche du singe quadrupède » (H,174), « la fatigue et l'action **ramènent** l'homme à l'état de bête sauvage » (A,344) et pour Georges il s'agit en s'aplatissant dans le fossé de se fondre dans la terre « pour **réintégrer** la paisible matière (matrice) originelle » (RF,244). Tous ces verbes, construits sur le préfixe –re révèlent ce retour irréductible vers une antériorité phylogénétique, les animaux, l'argile primitive...

Dans un ouvrage de vulgarisation scientifique, l'éminent biologiste Joël de Rosnay ainsi que l'astrophysicien Hubert Reeves et le non moins célèbre paléontologue Yves Coppens, tentent d'expliquer au grand public les secrets de nos origines.

Le biologiste rappelle que nous portons en nous les traces de toute l'histoire de la vie :

« *Notre cerveau, avec ses trois couches, conserve la mémoire de l'évolution. Nos gènes également. Et la composition chimique de nos cellules est un petit morceau de l'océan primitif. Nous avons gardé en nous-mêmes le milieu dont nous sommes issus. Notre corps raconte l'histoire de nos origines.* »[1]

Georges, en néophyte, fait aussi le même constat car observant le corps de Corinne, il y perçoit « comme s'il restait persistait là mal effacé quelque chose de nos ancêtres sauvages primitifs » (RF,253). C'est précisément dans cette perspective que les textes simoniens, à la faveur de l'arsenal figuratif, élaborent un évolutionnisme à rebours, un régressionnisme, qui cherche à retrouver dans l'homme les traces de l'origine de l'humanité. La ré-pétition de l'origine s'avère à la fois une thématique, une dynamique textuelle qui invite à rebrousser le chemin de l'histoire et une mnémonique qui repère les traces de la genèse. C'est parce que l'homme présente parfois « cet air vaguement effrayé de gazelle ou d'oiseau capturé » (A,82), qu'il a des « yeux morts, reptiliens » (A,118), qu'il « semblait se tenir fragile et délicat comme à l'intérieur d'une carapace » (RF,250) ou réduit à l'état de « vie élémentaire » (G,147), qu'il concentre en lui l'histoire phylogénétique des espèces ; c'est grâce aux métaphores et aux comparaisons, que les textes partent en quête de cette origine. Au commencement des hommes, qui appartiennent à « cette espèce argileuse » (H,9), il y a la « boue originelle » (A,96,240), « cette argile, cette boue, cette poussière d'où ils étaient sortis » (RF,158/159), « de leur argile et de leur boue originelles » (A,246).

« *La vie n'est pas apparue dans les océans comme on l'a cru longtemps, mais probablement dans des lagunes et des marécages, des endroits secs et chauds le jour, froids et humides la nuit, qui s'assèchent, puis se réhydratent. Dans ces milieux-là, il y a du quartz et de l'argile dans lesquels les longues chaînes de molécules vont se trouver piégées et vont s'associer les unes avec les autres.* »[2]

La boue est une image fondatrice de la prose simonienne de même qu'elle s'avère une condition inaugurale de la vie. On a déjà dit que la fondrière (G,249,321,422/424 A,96,353) était un lieu répétitif et prégnant de la fiction, qui interpelle le fond, qui invite à sonder les profondeurs métaphoriques, il renvoie aussi à l'origine de la vie, née dans un milieu paludéen.

Dans ce contexte favorable, les premières cellules de vie se développent[3], auxquelles renvoie l'homme unicellulaire, qui mène une « sorte de vie larvaire ou plutôt élémentaire » (A,20 G,147), réduit à l'état d' « un organisme vivant » (A,265) et dont le pénis est « comme chez ces organismes primaires [...] où le même orifice sert en même temps à tous les usages » (H,374). Deux mondes se séparent alors[4], celui qui donnera les organismes végétaux, dont l'homme simonien garde en lui la trace et qui se révèle à la faveur des métaphores : le sexe féminin n'est-il pas « une touffe broussailleuse » (RF,237), « un nid de broussaille couleur d'herbe sèche » (A,365) ? Et celui de l'homme, « cet arbre poussant ramifiant ses racines à l'intérieur de mon ventre mes reins m'enserrant lierre griffu » (RF,237) ? Il y a en-

---

[1] H. Reeves, J. de Rosnay, Y. Coppens, D. Simonnet, *La plus belle histoire du monde*, Paris, Seuil, 1996, p. 110.
[2] *Ibid.*, p. 79.
[3] *Ibid.*, p. 84.
[4] *Ibid.*, p. 88.

core du végétal dans l'homme contemporain, comme le prouve l'incertitude de ces silhouettes de pêcheurs « appartenant elles aussi sans doute au végétal » (H,65) ou de ces « trois Noirs, trois squelettes plutôt (ou échalas, ou épouvantails), trois choses hybrides, à mi-chemin entre le végétal et l'humain » (A,134) ; parallèlement le monde animal entame une évolution dont les stigmates demeurent figurativement dans les personnages simoniens : les hommes poissons « avec leurs identiques bouches ouvertes cherchant l'air, leur identique aspect de poissons hors de l'eau » (RF,161) ; l'homme amphibien, qui tente de survivre à la fondrière « comme un de ces organismes à mi-chemin entre le poisson, le reptile et le mammifère qui à l'aube du monde, avant la séparation des terres et des eaux, se traînaient dans la vase en s'aidant de choses elles aussi à mi-chemin entre deux noms : déjà plus de nageoires et pas encore de membres » (G,424) ; les hommes mammifères qui renvoient alternativement au chien, à l'âne, à la chèvre, au loup, au cheval... ; les hommes primates avec leur « pose simiesque (dos voûté, tête enfoncée dans les épaules, genoux remontés) (H,275), avec leurs « minuscules mains de sapajou » (G,123) et leur intelligence de « gorillus sapiens » (RF,172). Enfin presque au terme de la mutation, le texte simonien dévoile dans ses héros, l'homme des cavernes du paléolithique (H,238,302 G,220), l'homo erectus qui découvre le feu (G,124) jusqu'à l'artiste rupestre du néolithique (H,125/126).

L'exploitation figurative insiste sur la diversité mais aussi la fréquence des ascendants végétaux, animaux ou pré-humains qui persistent dans l'homme simonien. Perdus au détour des descriptions et des longues phrases, sentis comme accessoires car contrepoints métaphoriques, les référents régressifs à la faune ou à la flore peuvent passer inaperçus, or ils constituent un composant majeur de l'origine et de la nature humaine selon Simon et un vivier de ses sources scripturales. On est aussi étonné de l'anthropocentrisme de sa pensée régressive, car si quelquefois on rencontre de la sauterelle (RF,29) ou de la mante religieuse dans le cheval, « avec ses pattes de devant repliées son énorme tête douloureuse résignée » (RF,249), la répétition de l'origine phylogénétique concerne essentiellement l'homme.

Quelles sont précisément les circonstances qui motivent, chez Simon, l'évocation régressive de la source ? L'évolution biologique « résulte d'un concours de circonstances génétiques (ce que la lignée initiale apporte avec elle) et environnementales (ce que le milieu y compris les autres êtres vivants, lui offre ou lui oppose) »[1], de même le régressionnisme simonien est produit par certaines persistances physiologiques, comportementales et situationnelles. La langue de la grand-mère rappelle, par exemple, « un ver, une espèce d'animal souterrain qui rentre dans son trou » (G,19), l'abbé subi par le narrateur d'*Histoire* dans son enfance, a des « petits yeux de rats » (H,43, 141) et le sexe féminin a l'apparence d'un « organisme marin », « moule poulpe », « un goût de coquillage salé » (RF,237). L'homme d'aujourd'hui conserve métaphoriquement les traits physiques de ses antécédents phylogénétiques. De même dans l'attitude de l'antiquaire qui guette sa proie, « comme une de ces araignées dévoreuses » (H,230) et celle des gardes mobiles semblables à « ces bêtes à carapace à l'intérieur violacé composé d'un élémentaire système digestif et d'un élémentaire relais de neurones » (A,197), on retrouve le maintien des espèces ancestrales, issues d'une diversification dont nous sommes aussi le fruit. On pourrait multiplier les exemples de ces persistances génétiques

---

[1] Art « Phylogenèse », *Encyclopaedia Universalis*.

entre les espèces ; mais ce sont surtout quelques circonstances très ciblées qui font régresser l'homme vers des états archaïques, notamment le coït et le danger. Les situations de désir, d'orgasme et de jouissance sont probablement celles qui libèrent le plus d'images archaïques car elles ramènent aux racines primitives de la sexualité humaine, à « nos ancêtres sauvages primitifs sombres s'étreignant s'accouplant roulant nus violents et brefs dans la poussière les fourrés » (RF,253/254). Selon Patrick Longuet, « la sexualité renvoie fondamentalement à l'ordre le plus élémentaire des corps avant ou malgré toute appartenance socioculturelle »[1], on peut renchérir en notant que le désir fait revenir à un stade précédant toute espèce décisivement humaine, et même animale. La mère, par exemple, régresse jusqu'à « cette espèce de léthargie, de tiède nirvana, cet orgastique état de végétal épanouissement » (A,144) ; le pénis amoureux « a une grosse tête borgne comme à la fois un œil et une bouche muette de poisson comme chez ces organismes primaires » (H,374) ; tandis que le sexe féminin en attente est comme « un de ces petits chiens poils frisés où l'on passe les doigts frétillant d'aise léchant les doigts de sa langue mouillée se roulant de plaisir en gémissant frétillant comme un poisson dans l'eau » (RF,266,269). L'appel du désir donne « envie de se mettre à ramper » (RF,57,266) et de déplier « ma main mon bras serpent sous son ventre » (RF,269). Le champ du désir balaie à rebours la totalité de l'évolution phylogénétique, car il relève de pulsions archaïques et primitives, indifférentes au progrès et à la raison.

Parallèlement, le danger de mort développe des états régressifs comparables ou complémentaires. Dans l'environnement de la guerre, l'homme est ramené à une « vie larvaire » (A,20), redevenu « une créature ou plutôt un organisme vivant » (A,265). Devant la menace, le soldat se tient « sous le ou plutôt à l'intérieur du (comme dans un habitacle, comme ces animaux aux extrémités rétractiles réfugiés à l'abri d'une coquille ou d'une carapace) vaste manteau de cavalerie » (RF,123). Pourchassé il revient « au stade de bêtes sauvages » (G,264), la peur le « fait régresser à cet état d'animaux traqués comme du simple gibier » (G,264), « se déplaçant à la façon d'un rat le long de la haie » (A,93,91), comme « un vieux loup aux abois » (G,420,459), comme une chèvre qui attend son prédateur (A,348,349). Et sur le point de mourir, il souhaite retourner à la boue originelle (RF,224). Ces deux circonstances, le coït et le danger concentrent naturellement les images les plus régressives, car ce sont elles-mêmes les situations les plus élémentaires et les plus primitives, la vie et la mort résument toute l'histoire des êtres vivants. La régression animale et sa ré-pétition textuelle cherchent alors, à l'échelle phylogénétique une défense contre la mort, une protestation de survie face à la clôture ontogénétique de l'être pour la mort. Chez l'homme simonien en plus, ces contextes très chargés affectivement libèrent une énergie pulsionnelle et instinctive qui prend le pas sur l'intellect. L'être simonien est alors livré à ce qu'il y a de plus archaïque, « quelque chose qui sans doute [...] tient du règne animal » (A,90), la part élémentaire qui survit en lui. C'est un être primitif qui répète indéfiniment l'origine de son espèce.

---

[1] P. Longuet, *Claude Simon, op. cit.*, p. 75.

L'être primitif

L'être primitif, renvoyé, chez Simon, aux sources de son animalité, est conforme à l'imagerie stéréotypée de la primitivité, que précisément Claude Lévi-Strauss a récusée, dans son ouvrage, *La pensée sauvage* :

« *Jamais et nulle part, le « sauvage » n'a sans doute été cet être à peine sorti de sa condition animale, encore livré à l'empire de ses besoins et de ses instincts, qu'on s'est trop souvent plu à imaginer, et, pas davantage, cette conscience dominée par l'affectivité et noyée dans la confusion et la participation.* »[1]

L'ethnologue, au contraire, multiplie les exemples qui prouvent que la pensée primitive dénote des formes de savoir et de réflexion extrêmement pointues, qu'elle est rompue à tous les exercices de la spéculation intellectuelle : elle est généralisatrice, elle produit des systèmes de classification conscients, complexes et cohérents. « L'homme du néolithique ou de la proto-histoire est donc l'héritier d'une longue tradition scientifique »[2]. Pourtant Claude Simon, non sans raison, nous le verrons, se plaît à exploiter un schéma stéréotypé et européocentriste de la primitivité. Car qui sont ces primitifs, répétant inlassablement nos origines et quelles sont leurs caractéristiques différentielles ?

Les quatre romans sont traversés par la figure insistante de l'être primitif, non plus maintenant l'homme phylogénétique ou préhistorique, mais l'humain contemporain qui a régressé ou est resté à un stade archaïque. Ces personnages, aux apparitions souvent fugitives, incarnent là encore cette aspiration vers l'étymologie humaine qui préoccupe les textes. La ré-pétition de l'origine s'exprime à travers trois sortes d'humains archaïques. D'abord le primitif conjoncturel est l'homme civilisé renvoyé à des pulsions ou des instincts originels, en raison de circonstances particulières comme la sexualité, la guerre, la souffrance, l'incarcération, la mort. Cet être, c'est le cas du narrateur, de O., de Jean-Marie L.S.M., régresse à l'occasion de ces situations souvent violentes et hyperboliques par l'extase ou l'angoisse qu'elles occasionnent, à des comportements, des sensations très primitifs. Ensuite le primitif géographique est l'indigène qui vit sur « ces terres, ces continents lointains, sauvages » (A,216), qui vient « du fond de l'Afrique » (A,248). Dans cette catégorie Claude Simon exploite trois sous-types : l'Indien de tous bords (Amérique et Indochine), représenté par l'ami mexicain du brigadier (A,175,178,179,180) et les Jivaros (G,181), évoqué par la référence aux masques aztèques (RF,126), les Indiens Moïs d'une carte postale d'*Histoire* (H,385,391), quelques clichés des pêcheurs d'Haïphong (H,263) et des indigènes du Tonkin (H,135,255) ; les nègres sauvages offrent la galerie de portraits la plus complète de la primitivité géographique : les textes évoquent les noirs de Madagascar (H,137,214,392 A,146,209,274,268), « la femme noire », « ramenée de l'île aux boas » pour s'occuper de l'enfant (A,208215,216,218,265/267), les Sénégalais rapatriés pour la guerre (RF,156 A,37,248,322), les noirs qui peuplent les photos ou les cartes postales (H,256,260/261 A,82,134/135), « le nègre » croisé lors de l'évasion (A,350/351) et le petit nègre Salem, offert à Adélaïde (G,25,73,389) ; enfin les nomades du désert, les Arabes (RF,239,268 H,201,251) traversent aussi les narrations. Les primitifs historiques constituent une classe d'êtres issus du monde civilisé, l'Europe, mais

---

[1] C. Lévi-Strauss, *La pensée sauvage*, Paris, Plon, coll. « Agora », 1962, p. 58.
[2] *Ibid.*, p. 28.

dont le mode de vie et les comportements parfaitement archaïques, en font des « symboles conservés intacts non pas même de ce passé que d'autres avaient répudié en même temps qu'ils coupaient la tête de leurs rois, comme si aux derniers confins d'un continent pendait une sorte de fruit desséché et ridé, oublié par l'histoire » (G,320), il s'agit des Espagnols mais aussi des gitans, « délégation vivante de l'humanité originelle » (G,208).

Quelle que soit leur nature, conjoncturelle, géographique ou historique, ces primitifs présentent globalement les mêmes caractéristiques. Ils sont marqués par un bas niveau économique qu'exhibent leur « sarrau en guenilles » (A,80), leurs « oripeaux » (H,19), leurs « loques » (G,213) ; ce sont des « multitudes faméliques » (H,19), des « foules loqueteuses » (A,134), un « troupeau de loqueteux affamés » (G,319), ils sont « squelettiques » (A,135 RF,140), « misérables » (G,188). L'indigence des primitifs se double ou s'explique par un bas niveau technique et a pour conséquence une carence sanitaire notable. Leurs lèvres sont « crevassées » (A,112), leurs dents « cariées » (H,188), un Buroga porte « une longue plaie aux lèvres éclatées ouverte sur l'un des tibias » (A,135) et les prisonniers des stalags allemands comme les gitans sont couverts de poux et de crasse (G,208,213).

L'homme archaïque se différencie aussi de l'homme civilisé par son intégration dans son environnement ; on a déjà signalé sa proximité avec le monde animal, la mère aux colonies, par exemple, possède trois noirs, « deux mâles et une femelle » (A,146) et le noir qui s'évade s'éloigne du brigadier « solitaire, sauvage, animal » (A,351), bestialité naturelle qui lui donne la force de l'instinct et une primitivité sensorielle ; et si l'Européen ne peut que transplanter son monde là où il se déplace, à l'image de la reconstitution sous les Tropiques d'un restaurant « transporté tel quel de Lannion ou d'Agen » (H,136/137), le primitif, lui, vit en osmose avec la matière, dans un contact fusionnel avec la nature, depuis son apparence physique hybride (A,134), « ce visage qui ressemblait à un masque de terre cuite » (A,179), « les visages couleur de bois et de terre » (G,359), jusqu'à ses habitations, « ville de boue séchée » (H,201) ou paillotes.

La civilisation se signale par une censure des forces pulsionnelles, une maîtrise bien tempérée de son corps et de ses instincts. Au contraire l'archaïque est livré au champ des forces sauvages et incontrôlables. De fait à chaque fois que Claude Simon tente de définir l'idée de « sauvage » ou de « barbare », il l'associe à celle de l'excès, de l'inconvenance et de la bizarrerie :

« *quelque chose de sauvage de démesuré et sans doute aussi étranger incompréhensible* » (RF,114)

« *quelque chose de démesuré et d'incongru, paroxystique indécent barbare* » (H,83)

Le primitif simonien entretient un rapport immédiat et sans retenue avec son corps. Les femmes gitanes exposent leur féminité, sans ambages, lorsqu'elles sortent en public « un sein gonflé, bistre, au mamelon couleur prune barbouillé de lait, gluant, d'où elles détachaient les lèvres de nouveau-nés en pain d'épice » (G,213 H,205), tandis que le sein maternel civilisé est un « mystérieux buste de chair blanche enveloppé de dentelles » (H,402). De la même façon Batti se sent « comme ces épouses légitimes mais stériles de la Bible ou des peuplades primitives sur le corps desquelles quelque esclave circassienne ou numide engrossée vient mettre bas, accroupie et tordue de douleurs les arrosant de son sang et de ses eaux » (G,409). Chez le primitif le rapport au corps n'est ni réprimé ni sublimé, il s'exprime dans une totale évidence et une complète indécence. Car selon Freud, « il est impossible de ne pas se rendre compte en quelle mesure l'édifice de la civilisation repose sur le principe du renoncement aux pulsions instinctives, et à quel point elle postule précisément la non-satisfaction (répression, refoulement ou quelque autre mécanisme) de puissants instincts. »[1]. Le sauvage qui n'a pas sublimé ses pulsions dans des activités psychiques élevées, scientifiques, artistiques ou culturelles, reste habité par les instincts les plus primitifs. Si l'être archaïque ou celui qui a régressé vers l'origine se livre à une libido exacerbée, le primitif simonien frappe aussi par l'exhibition de ses pulsions violentes : c'est la violence des rapports humains dans le camp de concentration où les hommes revenus à l'état de bêtes sauvages se jettent des briques à la figure dans l'espoir d'obtenir un morceau de galette (RF,159), c'est la violence destructrice des gitans avec leurs « têtes d'égorgeurs », leurs « têtes d'assassins » (G,213) qui réduisent « en objets archaïques, primitifs et démantibulés tout ce qu'ils approchaient et touchaient » (G,214), c'est l'Espagne, « un monde où la violence, la prédation et le meurtre sont installés depuis toujours, et non pas de façon plus ou moins sporadique, plus ou moins hypocrite, relativement codifiés, mais sans masque, sans frein » (G,318) parfaitement résumée dans la référence répétée à la pratique de la corrida (H,32/33,166/167,367,38 G,320 A,115,117), « spectacles sanguinolents » (H,367) « où des hommes sauvages combattent des bêtes sauvages » (G,320). Dans ce monde sans sublimation, la vie des êtres primitifs est « tout entière organisée autour de pulsions ou de besoins immédiats comme dormir, manger et se battre » (G,336) et se résume à quelques « actes élémentaires et brutaux comme le meurtre, le troc ou le coït » (G,173).

Aussi la vie de l'homme originel prend son sens par rapport à d'autres repères que ceux du blanc civilisé, la survie, le combat, la mort, la souffrance, la fécondité et se dénoue dans une religiosité très marquée et très théâtralisée. Les textes insistent sur « cette espèce de superstition des primitifs » (G,325) : les nègres « ont leurs joues barrées de cicatrices rituelles » (A,248,322), les Espagnols suivent « en procession des idoles voilées de noir, sanglantes, endiamantées, au cœur percé de poignards » (G,320,225/226) et l'homme en guerre est comme « ces jeunes gens que les peuplades primitives sacrifiaient à leurs dieux » (RF,65). Mais malgré son dénuement, sa soumission aux menaces de la nature, aux conventions d'une idolâtrie expiatoire, à la brutalité du contexte humain, le primitif simonien est un être fier et libre, comme Jean-Marie traqué comme un vieux loup aux abois qui connaît l'« absolue liberté, cette espèce d'état de grâce auquel accèdent ceux qui se sont délibérément installés dans l'illégalité ou la folie » (G,426), comme ces gitans « pouilleux et méprisants » (G,214), ces Indiens Moïs « indifférents sauvages » (H,386) et ces orgueilleux Espagnols, « ancestralement outragés offensés » (H,188). Avec ces différences dans les apparences, dans les valeurs, dans les comportements, l'homme primitif devient un objet de mystère qui déroute et qui questionne, un autre incompréhensible, « impénétrable » (A,215), « étrange » (A,218), « énigmatique[s] » (RF,239), avec lequel aucun échange n'est envisageable tant il est toujours « inexpressif » (A,351), « impassible » (G,213 A,216).

A partir de stéréotypes culturels et idéologiques, les textes simoniens construisent l'image d'un homme primitif, dont, quelle que soit la nature, les caractéristiques sont congruentes, et que tout oppose à l'homme civilisé, c'est-à-dire blanc et

---

[1] S. Freud, *Malaise dans la civilisation*, Paris, P.U.F., 1971, p. 47.

européen. Tout non, car à la faveur de certaines circonstances, la sexualité, la guerre, ce dernier se trouve renvoyé à une primitivité qui l'englue dans la violence de l'affectivité, dans l'immédiateté instinctive et corporelle, dans « une sorte de degré zéro de la pensée » (G,346). Or de ce point de vue, la vie sauvage est pour Simon sinon un modèle du moins un recours théorique, quand il précise que chez les individus nés « dans un milieu où faute de temps et de loisirs ce sous-produit parasitaire du cerveau (la pensée) n'a pas encore eu la possibilité de faire ses ravages, le viscère enfermé par la cavité cervicale restant par conséquent apte à aider l'homme dans l'accompagnement de ses fonctions naturelles » (RF,281). La pensée qui se présente comme un des fleurons de la civilisation, est sans cesse dénoncée pour les apories métaphysiques (RF,69) et pour les impasses capitalistes (RF,172) ou idéologiques (RF,205/206) auxquelles elle conduit. Son invalidité sape donc le système de supériorité, la civilisation, qu'elle prétend instituer. Et les textes ironisent sur « les palmiers décoratifs importés eux aussi de la métropole [...], coûteux, distingués, rachitiques mais increvables comme les symboles mêmes de l'indestructible supériorité de la race blanche » (H,137) ou sur cette semeuse des timbres coloniaux « répandant sa manne civilisatrice au-dessus des palmeraies des pyramides des caravanes des marchés indigènes des grouillements loqueteux de nègres » (H,225). Le monde sauvage, chez Simon, comme dans toute la tradition depuis les Encyclopédistes[1], assure la persistance de la naturalité, l'adhésion essentielle de l'homme à ses origines terrestres et animales, tandis que le monde civilisé est celui de l'artifice, à l'image de la banque, « une sorte d'univers géométrique, poli et minéral quoiqu'il y eût aussi des plantes vertes, mais fabriquées et fournies, semblait-il, avec le reste – c'est-à-dire pas de l'eau, de l'air, de la lumière assemblés, cette silencieuse et humide rumeur de sang vert, pas quelque chose qu'on met dans de la terre et qui pousse, simplement si on l'arrose » (H,70).

Pour autant Simon n'adhère pas au mythe du bon sauvage hérité de la littérature encyclopédiste. Les textes procèdent même à une double réfutation des perspectives de Rousseau. Simon fait bien en amont, l'hypothèse d'un « état de nature » (A,146) heureux où les rapports humains sont harmonieux et où la nature complice, se révèle pourvoyeuse infinie d'abondance :

« *elle avait vertigineusement remonté le temps, transportée dans un primitif Eden, un primitif état de nature, au côté de l'homme à la barbe sauvage, entourée de serpents et de sauvages également domestiqués* » (A,146)

« *Il existait dans un quelque part où elle irait un jour le rejoindre un au-delà paradisiaque et vaguement oriental quelque Eden quelque jardin à l'inimaginable végétation* » (H,18)

Mais cet état de nature radieux ne renvoie pas à un état social primitif de justice et de liberté, il ressortit à un état amoureux de jouissance. On comprend alors que Simon ait préféré l'imagerie chrétienne de la Genèse, Adam et Eve, (« Eden », « jardin », « homme » « serpent ») à la mythologie pseudo ethnologique de Rousseau. En effet dès que l'on sort du champ du désir pour entrer dans l'ordre social, l'état de nature est brouillé par la violence. Ainsi par exemple, après son évasion du stalag, le brigadier et un compagnon de cavale, « auraient pu être les premiers hom-

---

[1] Cf. J.-J. Rousseau : « Car ce n'est pas une légère entreprise de démêler ce qu'il y a d'originaire et d'artificiel dans la nature humaine actuelle de l'homme » *Discours sur l'origine et les fondements de l'inégalité parmi les hommes*, Paris, Garnier Flammarion, 1971, p. 151.

mes dans la première forêt, au commencement du monde. » (A,353). Pourtant dans cet état de plénitude primitive les deux hommes vont rencontrer l'hostilité de la nature à travers une fondrière « dont ils mirent longtemps à se dégager » (A,353) et surtout la brutalité humaine, sans motif, en la personne d'un grand noir, fugitif lui aussi, menaçant, les regardant « au-dessus de cette lame de couteau qui étincelait dans le soleil » (A,351). Le sauvage n'est ni bon, ni juste chez Simon, sa violence et son instinct destructeur existent déjà à l'état de nature.

En aval, si Rousseau propose, dans Le Contrat social, une alternative possible au devenir actuel des hommes, garantissant et la vie sociale et la liberté originelle, Simon lui s'emploie à démonter la caducité de tous les humanismes politiques. Ses textes sont bien traversés par les fantasmes de mondes nouveaux, politiquement vierges. En accumulant les références à la Révolution française, à la révolution bolchevique, à la révolution espagnole de 1936, il dessine bien les lignes d'une sociogenèse. O. croit d'ailleurs « entrevoir l'image d'un monde nouveau » (G,361) et L.S.M. a accompli « l'exploit titanesque d'accoucher un monde » (G,149,174,382). Mais tous les espoirs révolutionnaires évoqués par les romans se dissolvent dans l'échec et la désillusion (cf. annexe 2). Ni dans le monde originel de la genèse, ni dans le monde rénové de la sociogenèse, il n'y a de place chez Simon pour l'optimisme rousseauiste ; et l'auteur de se moquer de Rousseau et de sa prose « idyllique » (RF,77), de « ses convictions naturistes » (RF,184,258), de « son stock de bons sentiments » (RF,257).

Pourtant comme chez Rousseau, dont le rappel si fréquent[1] montre qu'il est aussi une source intellectuelle, il n'y pas, chez Simon, de primitivisme, pas de nostalgie de l'origine. La ré-pétition de l'origine n'est pas une quête temporelle, il ne s'agit pas de retourner à un commencement, à une sauvagerie animale, à une origine qui n'est en somme qu'une fiction ainsi que le précise le philosophe dans sa préface au Discours sur l'origine de l'inégalité, « un état qui n'existe plus, qui n'a peut-être point existé, qui probablement n'existera jamais »[2] ; mais une démarche théorique qui cherche à trouver ce qu'est l'homme dans son irréductible essence et à montrer que ce qui a été rajouté après n'a constitué un progrès, ni dans le développement économique et technique[3], ni dans le développement des connaissances[4].

Le discours sur le primitif comme origine de l'homme, sans validité ethnologique, s'insère donc dans un projet intellectuel global de définition de la nature humaine, mais s'appuie sur une fiction idéologique. La conception de l'humanité originelle se maintient, comme la quête génétique du moi, dans une rêverie sur le commencement, loin des fondements observables d'une réalité objective. La répétition de l'origine, si elle répond chez Simon à une intention profonde et méthodique de savoir et par suite de comprendre, cherche étrangement ses solutions dans une fantasmatisation totalement irrationnelle ou du moins stéréotypée de la genèse.

---

[1] Quelques références à Rousseau : RF,77,178,184,185,257,258,287 G,9,146 A,274.
[2] J.-J. Rousseau, op. cit., p. 151.
[3] J.-J. Rousseau, ibid, « L'exemple des sauvages qu'on a presque tous retrouvés à ce point semble confirmer que le genre humain était fait pour y rester toujours, que cet état est la véritable jeunesse du monde, et que tous les progrès ultérieurs ont été en apparence autant de pas vers la perfection de l'individu, et en effet vers la décrépitude de l'espèce. », p. 213.
[4] Voir J.-J. Rousseau, Discours sur les sciences et les arts, Paris, Garnier-Flammarion, 1971.

Un écrivain sauvage

C'est aussi cette même primitivité illusoire, comme refus de la pensée rationnelle, comme primat d'un fonctionnement antéprédicatif, que Simon revendique pour ses propres productions. Selon Claude Lévi-Strauss, dans *La pensée sauvage*, la pensée primitive se distingue de l'organisation scientifique, comme le travail du bricoleur se différencie de celui de l'ingénieur :

« *Le bricoleur est apte à exécuter un grand nombre de tâches diversifiées ; mais à la différence de l'ingénieur, il ne subordonne pas chacune d'elles à l'obtention de matières premières et d'outils conçus et procurés à la mesure de son projet : son univers instrumental est clos, et la règle de son jeu est de toujours s'arranger avec les "moyens du bord", c'est-à-dire un ensemble à chaque instant fini d'outils et de matériaux, hétéroclites au surplus, parce que la composition de l'ensemble n'est pas en rapport avec le projet du moment, ni d'ailleurs avec aucun projet particulier, mais est le résultat contingent de toutes les occasions qui se sont présentées de renouveler ou d'enrichir le stock, ou de l'entretenir avec les résidus de constructions et de destructions antérieures.* »[1]

La pensée primitive se dessine, selon l'ethnologue, dans une absence de projet déterminé et un travail qui se fait en fonction des moyens dont on profite, « d'événements et d'expériences qu'elle dispose et redispose inlassablement pour leur découvrir un sens »[2]. Au cours de ses entretiens, Claude Simon a toujours défini son travail, précisément, en terme de « bricolage »[3], d'artisanat. Il a très fréquemment insisté sur la vacuité ou en tous cas la caducité, la précarité de son projet d'écriture :

« *Avant que je me mette à tracer des lignes sur le papier, il n'y a rien, sauf un magma informe de sensations plus ou moins confuses, de souvenirs plus ou moins précis accumulés et un vague – très vague – projet.* »[4]

Et de fait ses œuvres se présentent comme la mise en relation d'éléments hétérogènes, toujours identiques, redistribués dans des ensembles structurés, dont le sens émerge des nouvelles relations ainsi organisées. Claude Simon situe explicitement sa démarche d'écriture dans le cadre d'une primitivité fonctionnelle, dans une ontologie préréflexive. L'annihilation intellectuelle liquide les parasites culturels, idéologiques et métaphysiques, garantit un contact essentiel avec les choses en même temps qu'un dévoilement fondamental de l'être. Merleau-Ponty a bien retrouvé dans le fonctionnement simonien, les convictions phénoménologiques de sa philosophie, et il écrit dans ses « notes de cours sur Claude Simon » :

« [la littérature] *parce qu'elle vient de et s'adresse à cette région au-dessous des idées* [...] *a fonction irremplaçable- Car* [...] *c'est là qu'est le solide, c'est là qu'est le durable, c'est là qu'est l'Etre* »[5]

Pour Simon comme pour Merleau-Ponty, la vérité passe par une reconquête du sensible, le rétablissement de notre expérience perceptive du monde, avant toute

---

[1] C. Lévi-Strauss, *La pensée sauvage, op. cit.*, p. 31.
[2] *Ibid.*, p. 36.
[3] C. Simon, « La fiction mot à mot », art. cit., p. 96. C. Simon, préface à *Orion aveugle*, Genève, Skira, coll. « Les sentiers de la création », 1972, p. 12.
[4] C Simon, préface à *Orion aveugle, op. cit.*, p. 6.
[5] « Maurice Merleau-Ponty. Notes de cours sur Claude Simon » in *Genesis*, 6, 1994, p. 136.

connaissance ou interprétation. La ré-pétition de la primitivité choisit le percept contre le concept.

Ouverture à la perception et à l'étonnement devant un monde redécouvert dans sa pure présence, la ré-pétition d'une pensée non-conceptuelle, primitive engage des choix scripturaux qui consacrent le primat de la description. « [...] je ne suis pas un intellectuel, mais un sensoriel. Je suis très concret. »[1], indique fréquemment Claude Simon dans ses entretiens. Or pour lui l'évocation des sensations, s'exprime nécessairement dans la description :

« Le concret, c'est ce qui est intéressant. La description. D'objets, de paysages, de personnages ou d'actions. En dehors, c'est du n'importe quoi. »[2]

L'écriture de Simon, polarisée par une primordialité sensorielle, valorise la description comme fondement d'un connaître primitif.

Non conceptuelle, la pensée sauvage selon Simon et qu'il revendique pour son propre compte, est aussi définitivement non rationnelle. La répétition narrative et figurative ourdit le tissu de cette trame simonienne en apparence déstructurée. En rupture avec la logique classique d'Aristote, le fonctionnement simonien, en faisant le choix de la sérialité et de la répétition des séquences, des motifs, des personnages, refuse le « post hoc, ergo propter hoc »[3] et ruine l'illusion de causalité générée par l'ordre chronologique. Par ailleurs les répétitions introduisent des incohérences qui dérèglent la logique des récits du point de vue de leur temporalité ou de leur situation narrative : la même scène d'atelier est narrée dans *Histoire* selon deux points de vue différents et historiquement incompatibles (je / Charles), les mêmes paroles circulent dans la bouche de Blum et de Georges, rendant parfois indécidable l'origine de la narration, la similitude des situations de L.S.M., du cavalier et de O., dans *Les Géorgiques*, dissout la temporalité narrative dans une universalité intemporelle. Autant d'exemples qui stigmatisent l'inconséquence volontairement pré-rationnelle de la pensée de l'auteur. Con-fusionnel, le fonctionnement simonien refuse de hiérarchiser les situations narratives tout autant que les règnes naturels ou l'ordre des choses. A la faveur de la répétition analogique qui prend forme dans les figures de la ressemblance si fréquentes dans les textes, ou des « comme si » qui pour Jo van Apeldoorn relèvent « d'une certaine causalité primitive (animiste) »[4], la méditation simonienne déstructure l'organisation du monde et du récit dans une labilité systématique des essences.

C'est que précisément la primitivité simonienne, par le choix d'un discours sans concept et sans forme, reproduit paradoxalement un discours d'avant le langage :

« Psychologiquement, abstraction faite de son expression par les mots, notre pensée n'est qu'une masse amorphe et indistincte. Philosophes et linguistes se sont toujours accordés à reconnaître que, sans le secours des signes, nous serions incapables de distinguer deux idées d'une façon claire et constante. Prise en elle-même, la pensée est comme une nébuleuse où rien n'est nécessairement délimité. Il

---

[1] C. Simon/A. Bourin, « Techniciens du roman », *Les Nouvelles Littéraires*, 29 déc. 1960, p. 4.
[2] C. Simon/P. Sollers, « La sensation, c'est primordial », *Le Monde*, 19 sept. 1997, *Le Monde des livres*, p. II.
[3] R. Barthes, *Poétique du récit, op. cit.*, p. 22.
[4] J. van Apeldoorn, « Comme si… Figure d'écriture », in *Ecriture de la religion. Ecriture du roman*, textes réunis par Charles Grivel, Lille, Presses universitaires de Lille, 1979, p. 184.

n'y a pas d'idées préétablies, et rien n'est distinct avant l'apparition de la langue. »[1]

La ré-pétition simonienne de l'origine primitive passe par le retour à une langue antéprédicative qui notamment par les répétitions lexicales, phoniques, syntaxiques s'apparente plus à une matière orale qu'à un langage doublement articulé. Primitivité dans son émission d'une langue toujours maintenue à l'état naissant dont l'écriture s'emploie à dévoiler les processus de fabrication : les conflits métalinguistiques sur le choix du mot juste, l'exposition des stratégies de ponctuation, les remarques phonologiques ou morphologiques qui parcourent les textes et plus généralement la confusion entre les instances de narration et d'écriture font sans cesse régresser le langage simonien à son stade d'élaboration. Mais surtout primitivité dans sa nature, sa consistance, d'une langue qui se fait matière plutôt que structure doublement articulée. Le narrateur donne lui-même une description de cette langue archaïque : « quelques sons articulés qui ressemblaient eux aussi à quelque chose de boueux, primitif, lourd, c'est-à-dire comme une ébauche de langue » (A,246). Cette langue élémentaire à peine sortie de son argile est donc une langue d'avant la culture, une langue du signifiant et non du signifié, une chose matériellement sensible. La langue simonienne de même n'a pas pour fonction de transmettre des contenus intelligibles mais de produire une substance sensorielle, bâtie en volume, audible en silence par le lecteur. Elle prend consistance autour de mots-choses (« Barcelone » (H,168) ; « Memel » (H,213) ; « CULMONT-CHALINDREY » (A,198)) où s'étrangle le sens dans la matérialité sonore du mot :

« elle aCCourt aile de ses cheveux défaits figure volante les deux boucles jumelles de l'ℓ double alanguies inclinées par la course de deux C semblables à deux dos ou plutôt au même dos » (H,124)

Elle désamorce le signifié dans la concaténation de phonèmes, incompréhensibles et réduits à leurs seules sonorités (« liesse kermesse Henin nennin Hirson hérisson hirsute Fourmies » (RF,284) ; « Porphyre Polycarpe Polyphile » (H,343)), dans la répétition de mots identiques ou synonymiques qui par leur nombre écrasent la valeur conceptuelle de chacun des termes et qui par la longueur des rafales dissipent le fil du discours. La répétition ramène le langage à une production élémentaire car elle désinvestit les mots et leurs relations de toute valeur conceptuelle. La matière sonore est en outre sculptée par la ponctuation et les parenthèses qui loin d'ordonner le magma, le laissent à sa primitive et « boueuse » consistance. Les phrases d'une longueur inhabituelle, digressives, imposent une coulée sonore du matériau parole, un flux vocal continu, irréductible au sémantisme, dans la mesure où leur ampleur ne permet pas de mémoriser les contenus intelligibles. La langue simonienne est une parole antérieure à la structuration phrastique et à la validité du sens.

Elle s'entend comme une oralité pure de l'ordre du cri. Car c'est cette langue originelle que l'enfant découvre à sa naissance, lorsque par son cri il inaugure sa vie d'homme. Au moment de sa renaissance, après la bataille, lorsqu'il émerge à la conscience, la première sensation auditive perçue par le brigadier de *L'Acacia*, est le « cri redoublé » (A,97) d'un coucou. La langue primordiale de l'expression et de la communication est l'oralité brute et informe du cri, du cri redoublé, comme si l'état primitif du langage au moment de la naissance s'inscrivait dans une problématique de la répétition. Tous nos textes de fait s'emploient à mimer une oralité constitutive

---

[1] F. de Saussure, *Cours de linguistique générale*, op. cit., p. 155.

de la langue primitive. Pour Jean-Pierre Martin, « la voix dans le roman est un mentir, une imposture, une illusion, une mystification, un faux-semblant. Au mieux une métaphore. »[1]. Personne ne parle dans un texte écrit ; la voix ne peut donc être que de l'ordre de l'effet, elle renvoie au choix d'une rhétorique de l'oralité dans laquelle s'inscrit le processus de répétition. Lorsqu'ils présentent des dialogues ou du discours direct, comme dans *La Route des Flandres*, les romans simoniens miment le fonctionnement de l'oral. La sur-ponctuation et la sur-typographie déterminent une rhétorique de l'illocutoire où le paraverbal est suggéré grâce à l'accumulation des signes. Par ailleurs la transcription phonétique s'efforce de restituer la prononciation orale des particularismes géographiques et sociaux (« Halé ! Raus ! Tout le bonde tescend !... Tehors ! Loos, loos !... » (A,231)). Le niveau lexical est caractérisé par l'infiltration d'un registre de langue familier où fleurissent jurons et expressions argotiques, l'utilisation répétée d'un « on » évasif, d'onomatopées (« tac-tac-tac-tac-tac » (RF,143), « Aaah aaaaaaaah » (RF,268)) et de phénomènes de troncature (« j'te jure çuilà » (RF,43), « i me dit » (H,335) ; la syntaxe oralisée s'exprime par l'emploi de négations sans « ne » (« c'est pas ma faute » (G,152), « Tu vas pas t'arrêter » (A,105)), de structures interrogatives négligées (« Tu veux faire l'échange ? » (H,127), « Ce con de négro t'as vu ça ? » (A,351)), d'interruptions dans les phrases qui reproduisent les hésitations de la conversation, de la mémoire, ou répercutent les manifestations de l'allocutaire (« Oui. C'était... Ecoute » (RF,20), « Un bisc... ? Non, c'est très bien. Non. Je... Alors vous... » (A,212)). L'oralisation de l'écriture se manifeste enfin dans le choix des répétitions qui compensent le bruit de toute communication pour en améliorer la performance, qui masquent le temps de la réflexion, de la surprise ou de l'émotion.

Mais même dans le monologue inconscient du narrateur-écrivain, la langue simonienne a la primitivité de l'oralité originaire ou plutôt la dynamique du parlé, pour reprendre une distinction établie par Henri Meschonnic[2] : « L'idée semble pourtant d'une évidence ancienne, incontestable que l'oral soit le parlé », mais l'oral « arcbouté sur des schèmes déterminés » s'adresse à un auditoire, tandis que le parlé, plus proche des désordres pulsionnels a le relâchement de la parole vive. Car si l'oralité des discours directs renvoie à des tics socio-culturels, à l'habitude collective et inconsciente d'un laisser-aller fautif dans l'emploi de la langue, le parlé scriptural simonien, avec sa maîtrise pénétrante des processus linguistiques, sa pratique réfléchie de l'écart par rapport à la norme, cherche à offrir le semblant d'une présence, d'un corps écrivant dont la phrase transmet à la fois le souffle et le geste, à imiter une intonation et un débit, à marquer une singularité affective et son extériorisation. L'oralité de la langue simonienne nous situe ainsi dans une double ré-pétition de la primitivité, retrouvailles avec une oralité ancestrale qui a précédé l'écriture et sa systématisation, recherche de l'origine singulière d'un être linguistique. Le sentiment presque physique de l'être-là du narrateur-écrivain provient de ses hésitations, ses corrections, ses interventions directes, ses modalisations qui donnent l'illusion d'une mobilité et d'une improvisation sous nos yeux, entérinées par l'emploi du présent et des participes présents assurant la permanence d'une parole témoin. Le parlé scriptural déborde à la fois sur la présence effective d'une oralité extra-textuelle dont témoigne l'emploi de certains déictiques sans référent linguistique

---

[1] J.-P. Martin, *La bande sonore*, Paris, Corti, 1998, p. 32.
[2] H. Meschonnic, « Qu'entendez-vous par oralité ? », in *Langue française*, 56, 1982, pp. 16/18.

explicite ou sur l'oralité des personnages lorsque leurs paroles font irruption dans le texte sans la barrière de la ponctuation, s'alignant ainsi sur les voix narratives.

*« **puis** soudain les cris, les rafales des mitrailleuses, la tête de la colonne refluant, d'autres mitrailleuses alors sur l'arrière, la queue de la colonne prenant le galop, les cavaliers **se mêlant, se heurtant, la confusion, le tumulte, le désordre,** les cris encore, les détonations, les ordres contraires, **puis lui-même** devenu **désordre**, jurons »* (A,89)

La longue phrase, dont voici un court extrait, qui narre, dans *L'Acacia*, l'attaque allemande est symptomatique de cette écriture simonienne qui s'identifie à du parlé : accumulative et non structurée par la subordination (« puis...puis »), digressive et non encagée par la ponctuation, lourdement répétitive du point de vue phonique, lexical et syntaxique (« se mêlant /se heurtant », « confusion/tumulte/désordre »), elle a les caractéristiques de l'oralité primaire. Parole libérée des contraintes de l'écrit, la langue se fait matière corporelle qui reproduit ici, le souffle et le halètement du corps aux abois. L'abondance des petites unités centrées sur des noms ou des participes présents et séparées par des virgules engendre une respiration accélérée du texte, un battement de la phrase à l'unisson des battements du corps terrorisé et des turbulences extérieures. Il y a chez Simon un parlé primordial qui naît des besoins du corps et reproduit la pulsion du désir ou de l'angoisse. Après avoir analysé le schéma rebondissant de certaines phrases de *L'Acacia*, Patrick Suter observe :

« Or, en ne s'élaborant le plus souvent que selon des poussées successives qui se clôturent par des battements explosifs, cette phrase jaillissante est aussi éminemment pulsionnelle (étymologiquement, une pulsion est une poussée). »[1]

La phrase, qui par sa longueur, s'appuie sur des reprises perpétuelles, est sans cesse relancée par des accumulations, des répétitions (« désordre/désordre) ou des bifurcations (« puis lui-même »), rejoint la composante ontologique de la pulsion corporelle. Jamais close, elle rebondit sur des mots et sans ponctuation forte elle reste dans un schéma intonatif ascendant qui lui donne de l'élan et garde ainsi la force de son jaillissement comme la pulsion. Le surinvestissement oral qui sous-tend l'écriture simonienne et la charge pulsionnelle qui lui est associée, est encore une trace de ce fantasme mélancolique de fusion avec la mère, qui a été évoqué ailleurs. Chair de langage, qui se tisse avant la naissance, chair maternelle que l'on boit au sein, l'oralité est originellement objet d'identité et de jouissance et sa ré-pétition la quête d'une primitivité ontologique.

L'origine du moi s'invente dans la reconstitution a posteriori de pseudo-souvenirs biologiques ou historiques, l'origine de l'humanité s'établit dans une phylogenèse métaphorique ou à partir de poncifs culturels, relayée dans une pensée prélogocentriste, par une oralité archaïque engluée dans sa matière sonore et corporelle. Quant à l'origine du monde, elle se construit chez Simon, dans les mythes cosmogoniques.

L'origine du monde

Dans sa ré-pétition de l'origine, la fiction simonienne est aussi à la recherche de cette ultime genèse, de ce « commencement du monde » (RF,183 A,353),

---

[1] P. Suter, « Rythme et corporéité chez Claude Simon », *Poétique*, 97, février 1994, p. 33.

dans « les temps immémoriaux » (H,232). Car la création de la matière se confond chez Simon avec celle du temps, avec « l'origine des temps » (G,212), « le commencement des temps » (RF,257). Il n'y pas d'avant à l'origine du monde, lorsque l'absence de témoin et de témoignage nécessite le recours à des explications magiques. Tant qu'il s'agit d'un commencement relatif telle la formation de la terre, les quatre romans, renvoient à un discours savant emprunté à la géomorphologie, qui évoque « des millions d'années auparavant les lentes contractions et les lents plissements à la surface d'une boule de boue et de laves en fusion » (G,343 H,318/319) ou proposent même sous forme de collages des extraits de manuels de géologie (H,120,383/384). Mais quand il est question de l'origine absolue du monde, alors que depuis les années 30, la communauté scientifique a émis l'hypothèse du Big Bang, formidable explosion de lumière, le discours simonien recourt à des interprétations mythiques. Il est vrai que selon l'historien des religions Mircea Eliade, le mythe cosmogonique fournit une représentation du monde unifiée et cohérente, une explication générale et fondamentale :

« *D'une manière générale, on peut dire que tout mythe raconte comment quelque chose est venu à l'existence : le Monde, l'homme, telle espèce animale, telle institution sociale, etc. Mais du fait que la création du Monde précède toutes les autres, la cosmogonie jouit d'un prestige spécial. Comme nous avons essayé de le montrer ailleurs, le mythe cosmogonique sert de modèle à tous les mythes d'origine. La création des animaux, des plantes ou de l'homme présuppose l'existence d'un Monde.* »[1]

On pourrait penser que Simon choisit des hypothèses religieuses, là où la science tâtonne et la certitude fait défaut ; mais plus sûrement, la nature primitive et mythique de sa propre pensée et de sa langue, explique que la ré-gression vers l'origine du monde, s'opère par des scénarios eux-mêmes archaïsants, les mythes. Par ailleurs il s'agit toujours chez Simon de ré-péter l'origine grâce à des reconstitutions fictionnelles et fictives (la vie in utero, l'aventure des parents, la régression phylogénétique, l'imagination des premières sociétés humaines) auxquelles se prêtent parfaitement les mythes de la création.

Quatre grands schémas d'explication mythique de la création peuvent être relevés à travers l'ensemble des mythologies : la création du monde par la pensée ou la parole d'un dieu, la création par la division d'une matière primordiale non différenciée, le plongeon cosmogonique et la cosmogonie comme résultat du démembrement d'un géant ou d'un monstre[2]. Hormis quelques références passagères à ce dernier modèle – l'allusion à Cadmos (RF,39), fondateur légendaire de la ville de Thèbes, qui tua un dragon, dont il sema les dents dans le sol, d'où jaillit une moisson d'hommes armés ; la comparaison de la muraille de Chine avec « l'épine dorsale de quelque dragon se tordant se convulsant à la surface du vaste monde » (H,132) ; l'assimilation de la terre à « l'excrément expulsé par quelque monstre minéralovore et gigantesque » (H,252) – les thèmes cosmogoniques choisis par Simon correspondent au premier et au second modèle de la typologie, les plus familiers, les scénarios grecs et dans une moindre mesure, l'exemple judéo-chrétien.

---

[1] M. Eliade, *La nostalgie des origines*, Paris, Gallimard, coll. « folio essais », 1971, pp. 129/130.
[2] Cf. M. Eliade, art « Création. Les mythes de la création », Paris, *Encyclopaedia Universalis*. B. Deforge, *Le commencement est un dieu. Un itinéraire mythologique*, Paris, Les Belles Lettres, 1990, pp. 101/119.

Les mythes de la Création, chez Simon, laissent une part importante au grand Dieu primordial créateur, de la *Genèse* biblique, même s'il est parfois convoqué dans un but ironique. C'est le Dieu de Martin Luther (RF,95), « l'invisible metteur en scène » (G,385), « le Créateur » qui « en l'espace de sept jours », « avait employé ce temps à parfaire son œuvre, puis, facétieusement, à la détruire » (A,43), « lui qui peut tout [...] dans sa toute-puissance » (H,374), qui a « ce pouvoir de vie ou de mort réservé d'ordinaire aux dieux » (G,331) ; et le narrateur d'*Histoire* énumère toutes les créatures du Seigneur :

« *Il a créé tout ce qui vole respire palpite se balance les rochers les fleuves les villes tout ce qui court rampe bouge s'édifie s'écroule pourrit les papillons les caïmans les palmiers du Botanical Garden* » (H,371)

Si dans la Bible, c'est par le Verbe que Dieu manifeste sa formidable puissance créatrice, c'est aussi à cette parole sacrée et décisive, adressée aux hommes que se réfère *Histoire* :

« *comment est-ce déjà Je vous ai donné toutes les herbes qui portent leurs graines sur la terre et tous les arbres qui renferment en eux-mêmes leur semence chacun selon son espèce afin qu'ils servent de nourriture et à tous les animaux de la terre, et à tous les oiseaux du ciel, à tout ce qui remue sur la terre et qui est vivant et animé afin qu'ils aient de quoi se nourrir et qu'ils vous servent de nourriture ainsi soit-il* » (H,138/139)

Les romans simoniens accumulent les références à la Genèse, qui exalte le pouvoir fondateur de ce terrible Dieu omnipotent régnant sur le jardin d'Eden (H,18 A,146,174) avec Adam (H,18 A,146) et Eve (H,278), châtiant par ses pluies diluviennes (H,401 G,287) et la « babelesque criaillerie » du langage brouillé (RF,55). Pourtant si l'empreinte créatrice de l'Ancien Testament est indéniable, le modèle cosmogonique principalement évoqué dans l'œuvre simonienne, est emprunté à la mythologie grecque, qui n'exclut pas d'ailleurs une influence biblique, comme le rappelle Bernard Deforge :

« *Il est historiquement, intellectuellement," mythiquement" erroné d'opposer l'empreinte grecque, dite gréco-romaine, et l'empreinte biblique, dite judéo-chrétienne : les cultures grecque et biblique sont nées dans le même creuset méditerranéen de la fin du néolithique ; les contacts entre Sémites et Grecs sont attestés dès l'époque mycénienne, et dans l'Antiquité les deux cultures n'ont jamais été fermées l'une à l'autre ; bien des rapprochements à cet égard ont valeur d'exemple.* »[1]

Claude Simon, lui-même, présente à plusieurs reprises la Méditerranée comme un lieu de contacts, en particulier commerciaux, entre les populations et par suite comme le creuset des échanges culturels et religieux, elle est « cette vieille mare, cette antique matrice, creuset originel, de tout négoce, de toute pensée et de toute ruse » (RF,199/200).

Selon la mythologie grecque, rapportée par Hésiode, tout commence par le chaos :

« *Donc, avant tout, fut Abîme ; puis Terre aux larges flancs, assise sûre à jamais offerte à tous les vivants.* »[2]

La représentation du « chaos originel » (H,66 G,214,291) est variable chez Simon. Le chaos peut s'y présenter comme un vide, un abîme, conformément à la

---
[1] B. Deforge, *op. cit.*, p. 39.
[2] Hésiode, *Théogonie*, Paris, Les Belles Lettres, 1996, p. 36.

tradition hésiodique où « Χαος » a pour sens « béance » et est diversement traduit « Abîme », « Faille », « Vide »[1]. C'est le « néant » simonien (H,252), « le néant sans haut ni bas ni ouverture » (H,320), absence de densité, absence de plein, qu'on retrouve aussi dans la Genèse (I,2), où avant la Création, la terre était « tohu-et-bohu »[2], c'est-à-dire, « déserte et vide ». Ce néant apparaît dans *Histoire*, comme un espace immobile. Il est représenté comme un gouffre sans limite, un lieu d'errance et de chute infinies, avec « la vieille croûte millénaire, desséchée et fissurée d'une vieille bouse tombant sans fin en tournoyant sur elle-même dans le néant » (H,252,126). Gilbert Durand à la suite de Bachelard a observé dans l'univers imaginaire des mythologies et des littératures, la relation entre le chaos et le mouvement. Il fait du Chaos une projection assimilatrice de l'angoisse humaine devant le changement :

« *Cette répugnance primitive devant l'agitation se rationalise dans la variante du schème de l'animation que constitue l'archétype du chaos. Comme le remarque Bachelard, "il n'y a pas dans la littérature un seul chaos immobile... et au XVII° siècle on voit le mot chaos orthographié cahot "* »[3]

L'agitation incessante de la matière nous conduit à une autre variante du Chaos simonien, qui se présente également comme « le tout originel » (RF,275), c'est-à-dire une totalité désordonnée où se trouvent indistinctement mêlés tous les ferments constitutifs de l'univers. Conception plus matérialiste, qui voit dans le chaos, le creuset inorganisé des matières de l'univers : « restituant au chaos, à la matière originelle » (G,214). Les éléments existent déjà mais en fusion ou en confusion, et toujours sous le signe de l'eau : la terre aqueuse, avec la « boue originelle » (A,96,246), le feu liquide, « une boule de boue ou de laves en fusion » (G,343), l'air mouillé, « le monde n'était que vapeurs et boues » (H,232). Le monde primordial simonien apparaît plutôt comme le monde des eaux, conformément à toute tradition religieuse :

« *Les Eaux symbolisent la somme universelle des virtualités ; elles sont fons et origo, le réservoir de toutes les possibilités d'existence ; elles précèdent toute forme et supportent toute création.* »[4]

Par extension, d'ailleurs, le sexe féminin, « orifice de cette matrice, le creuset originel » (RF,39) est très fréquemment assimilé à un organisme aquatique, « moule » (RF,39 H,124) ou « coquillage au goût de sel » (H,124 RF,237), caractérisé par son « humidité » (G,376) et sa « moiteur » fondatrices (G,389 A,368).

Vide ou plein confus, dans ses deux extensions sémantiques, l'univers primordial simonien se meut dans « le silence originel » (H,58), « dans le néant, les solitudes effroyables, le silence effroyable » (H,252) et surtout dans les ténèbres (H,126,324 G,291). L'obscurité est encore un des thèmes fondateurs des mythes cosmogoniques ; on le retrouve aussi bien chez Hésiode, selon qui « de Faille naquit Érèbe et la Nuit toute noire »[5] que dans la *Genèse* (I,2-4) où « la terre était tohu-

---

[1] Hésiode, *Théogonie*, Paris, Gallimard, coll. « folio classique », 2001, p. 40. Hésiode, *Théogonie*, Paris, Librairie Générale Française, coll. « Classiques de poche », 1999, p. 31.
[2] *La Bible*, traduction A. Chouraqui, in *L'Univers de La Bible*, tome 1, Paris, Editions Lidis, 1982, p. 31.
[3] G. Durand, *Les structures anthropologiques de l'imaginaire*, Paris, Dunod, 1992, p. 77. G. Bachelard, *La Terre et les rêveries du repos*, Paris, Corti, 1949, p. 270.
[4] M. Eliade, *Le sacré et le profane*, Paris, Gallimard, collection « folio essais », 1965, p. 112.
[5] Hésiode, *Théogonie*, Paris, Gallimard, coll. « folio classique », 2001, p. 40.

bohu, une ténèbre sur les faces de l'abîme »[1]. La Création, chez Simon est donc précédée par le Chaos primordial, en tous points semblable à celui qui est évoqué dans les mythologies judéo-chrétienne et grecque : il est associé au vide, à l'eau, au silence et à l'obscurité et diffère des explications scientifiques contemporaines selon lesquelles le monde serait né dans la chaleur explosive et la lumière.

C'est dans ce contexte de ténèbres aquatiques qu'advient le cosmos, grâce à la séparation de la matière primordiale. Alors que chez Hésiode et dans la Bible la première division s'opère entre la terre et le ciel (*Théogonie*, v.127/129 *Genèse*, I,6-8), la cosmogonie simonienne constate « à l'aube du monde [...] la séparation des terres et des eaux » (G,424), « le silence originel dont la terre et la mer [...] ont sans doute été tirées » (H,58). Le monde s'inaugure donc par une division, qu'entérine, dans la *Théogonie* d'Hésiode, la castration d'Ouranos dont le fils Kronos coupe l'organe générateur et le jette (*Théogonie*, v.178/184). *Histoire* fait aussi, de façon voilée et actualisée, appel à cette castration mythologique dans l'image du canon qui est « comme les parties viriles (membres et testicules) façonnées sommairement coulées en bronze et tombées sur la terre d'entre les jambes d'un robot géant » (H,258/259). La référence mythique corrobore l'hypothèse de l'angoisse castratrice, dont nous avons montré combien elle pesait sur le paysage psychologique du narrateur. Le choix des allusions mythologiques semble donc dicté par la pression insistante des contraintes inconscientes. De même la modification du scénario mythologique grec, séparation des eaux et des terres au lieu de la séparation de la terre et du ciel, sacre la suprématie féminine dans un monde narratif sans masculin, sans père, et la souveraineté de la mer/mère. La Création chez Simon s'apparente, contrairement à la tradition hésiodique, à une parthénogenèse anthropomorphique, à une fécondation sans principe masculin, « dans l'attente d'une de ces fécondations légendaires, de quelque tintante pluie d'or » (RF,176) et la naissance du monde relève d'un accouchement, à l'image de ces « jumeaux mythologiques jaillis jusqu'à mi-corps d'une blessure de la terre » (H,126). La figure de la terre-mère devient alors dominante et envahissante, symbole de fécondité universelle, « matière (matrice) originelle » (RF,224), c'est la Gaïa d'Hésiode libérée d'Ouranos. Le culte de la terre-mère est loin d'être un mythe propre à Claude Simon, ainsi que le rappelle Gilbert Durand :

« *Cette croyance en la divine maternité de la terre est certainement une des plus anciennes, en tous cas une fois qu'elle est consolidée par les mythes agraires elle est une des plus stables.* »[2]

Elle prend pourtant chez notre auteur, un aspect spécifique et obsessionnel dans la mesure où tous les éléments et tous les événements du cosmos se trouvent référés à cette fusion tellurique, la femme naturellement dont le sexe est pour Georges « le creuset originel qu'il lui semblait voir dans les entrailles du monde » (RF,39), et l'amour qui voit Georges « couché là-bas dans l'herbe odorante du fossé dans ce sillon de la terre respirant humant sa noire et âcre senteur d'humus lapant son chose rose » (RF,236), mais aussi la guerre avec ses soldats boueux, « comme la couleur même de la guerre, de la terre s'emparant d'eux peu à peu » (RF,158) et encore le banal automne où « la terre, reprenant ce qu'elle avait elle-même produit, nourri, s'en nourrissant à son tour » (G,162). La figure de la terre-mère est partout

---
[1] *La Bible, op. cit.*, p. 31.
[2] G. Durand, *op. cit.*, p. 262 et sq.. Voir aussi M. Eliade, *Le sacré et le profane, op. cit.*, pp. 120/127.

car son principe fondamentalement générateur semble féconder aussi l'imaginaire simonien[1].

La Création du monde est achevée mais avant sa stabilisation définitive, son installation se poursuit, selon Hésiode, dans des luttes cosmiques entre les différents acteurs du ciel primordial (*Théogonie*, v.628 /881), qui entérinent le passage entre la cosmogonie et la théogonie. Là encore, Titanomachie, « gigantomachie » (H,126) ne sont pas sans évoquer les terribles combats qui se déroulent dans l'univers simonien. La guerre, par l'impact traumatisant qu'elle a sur le narrateur et le choix d'un vocabulaire hyperbolique pour en décrire le ressenti, « tornade géante » (A,25,73), « herse gigantesque » (A,19) « cataclysme cosmique » (A,235), où « l'air est plusieurs fois ébranlé, brutalement compressé dans quelque gigantesque et furieuse convulsion » (A,98), n'appartient plus au champ humain. C'est bien pour O. sur le front d'Aragon, « la soudaine révélation qu'il ne s'agit plus là de quelque chose à quoi l'homme ait tant soit peu part mais seulement la matière libérée, sauvage, furieuse, indécente. » (G,289). Par sa démesure, elle devient, comme dans la *Théogonie*, l'enjeu de forces surnaturelles et dévastatrices, « échappant à toute justification autre que cosmique » (G,107).

La ré-pétition de l'origine du monde chez Simon, se construit donc sur des scénarios mythologiques et non scientifiques, c'est-à-dire sur des modèles eux-mêmes régressifs. Les mythes cosmogoniques retenus sont essentiellement méditerranéens et leur familiarité favorise, pour l'écriture comme pour la lecture, une adhésion culturelle et une arborescence imaginaire : ce sont des mythes totalisateurs de la naissance, de la connaissance, de la reconnaissance ; des mythes de la Création et de la créativité. Pourtant, leur choix, comme leur infléchissement, est aussi guidé par des nécessités inconscientes, qui élargissent la psychogenèse freudienne à la mémoire collective

Les textes simoniens, sont décidément soumis à la ré-pétition de l'origine, à cette remontée constante vers le commencement absolu qu'est la création du monde, vers des commencements relatifs telles l'apparition de la vie, la naissance des différentes espèces et des sociétés humaines, l'émergence d'une famille, la genèse d'un homme qui raconte son histoire et se renouvelle dans les différentes circonstances de sa vie de souffrance. Mais quelles sont les motivations qui justifient ce mouvement constant et à tous les niveaux, astronomique, géologique, biologique, paléontologique, historique, politique, psychologique, linguistique, de régression vers le primordial ? Comment expliquer ce redire de l'origine ?

La ré-pétition de l'origine : les fondements d'une illusion

Dans son travail « La question primordiale », Lucien Dällenbach propose d'abord de voir « dans cette régression un geste typiquement postmoderne et nihiliste – celui d'un Joyce, d'un Pound ou d'un Gottfried Benn, par exemple, qui pactisent dangereusement avec le mythe et l'élémentaire pour n'avoir pas à faire acte d'allégeance à un humanisme disqualifié à leurs yeux »[2] ; mais prenant acte du fait que Simon est avant tout écrivain, il croit davantage que « si l'élémentaire a chez lui

---

[1] Sur le mythe de la Terre-Mère voir J.-C. Vareille, *Fragments d'un imaginaire contemporain*, Paris, José Corti, 1989, pp. 98/99.
[2] L. Dällenbach, « La question primordiale », *Sur Claude Simon, op. cit.*, p. 80.

un rôle polarisant », c'est en fonction de sa position de romancier qu'il convient d'interpréter cette polarisation :

« *Cela veut dire que, loin de souhaiter une réintégration à l'originaire, l'artiste, même s'il a à faire avec lui et peut, à l'occasion, se réjouir de son irruption décapante, désire d'abord sortir du chaos, puisque son problème est précisément d'informer l'informe – de faire en sorte qu'à partir de cet informe quelque chose prenne forme ou prenne corps.* »[1]

Pourtant entre la position idéologique et la démarche poétique, incontestables et revendiquées par Claude Simon lui-même[2], il y a la place pour d'autres perspectives induites par le concept même d'origine.

Aux sources séduisantes de l'origine temporelle

La ré-pétition du commencement se présente d'abord dans les textes comme une quête d'ordre temporel. Il s'agit en première instance, de retourner en arrière à la recherche ce qui n'a pas été vécu, de ce qui n'a pas été, de ce qui a été raté. Les textes redisent indéfiniment l'origine qui s'ancre dans le manque, à l'image de la matière qui naît de la béance, à la mesure de la naissance humaine qui s'opère dans l'arrachement, car il n'y a pas de commencement sans séparation ni sans faille. Dans ces conditions, redire l'origine, c'est renouer avec la perte, tourner autour de l'abîme, constater avec stupéfaction le néant générateur et éventuellement tenter de le combler avec les mots. Cette ré-pétition du vide originaire est une démarche fréquente dans les quatre romans. Pour le narrateur, par exemple, le retour insistant sur sa naissance et son enfance, fait paradoxalement émerger l'origine du moi, dans le vide constitutif de l'absence paternelle et de la relation maternelle. Chez O., qui raconte son fiasco révolutionnaire, « comme si ces choses étaient arrivées à un autre » (G,345), un nouvel homme est né de la défaillance des repères. La ré-pétition de l'origine vacante puise aux sources du paradoxe et ne laisse pas d'interroger ce vide de matière, ce vide de présence, ce vide de référence qui néanmoins inaugure un existant.

Si la régression temporelle peut s'articuler sur la rencontre d'un vide originaire, les textes montrent aussi une recherche de l'expérience primordiale conçue comme un plein, vécue ou fantasmée sur le mode de la jouissance. La ré-pétition de l'origine se construit alors sur le terrain de la nostalgie, où le redire se substitue au revivre. Revisiter l'enfance de l'humanité ou celle de l'individu singulier s'apparente à un retour à soi, à une régression vers un monde ignorant du besoin, de la souffrance et du temps. Cet âge d'or originel auquel la ré-pétition aspire, s'incarne chez Simon, dans les images persistantes de la matrice associées au confort, à la tiédeur, la protection, qui débordent largement le champ sémantique initial. Les textes répètent non seulement le rêve de la matrice, expérience première et dernière de satisfaction, mais ils disent aussi le désir de réintégrer cette primordialité ahistorique : « m'enfonçant dans ses entrailles tièdes » (H,324), « pour réintégrer la paisi-

---

[1] *Ibid.*, p. 81.
[2] Cf. C. Simon/J.-C. Lebrun, « L'atelier de l'artiste », *Révolution*, art. cit., p. 38 : « Je ne suis ni sociologue, ni historien, ni philosophe, mais après Auschwitz les idéologies s'écroulent, tout l'humanisme apparaît comme une farce. Il me semble qu'après cette horreur, cet effondrement de toutes les valeurs, s'est fait sentir un désarroi qui a amené les plus conscients – ou les plus sensibles – à s'interroger, à recourir au primordial, à l'élémentaire. »

ble matière (matrice) originelle » (RF,224). Le paradis est, à l'échelle mythique, une variante du modèle matriciel. Ainsi la mère, à Madagascar avec son mari, qui « avait vertigineusement remonté le temps, transportée dans un primitif Eden » (A,146), s'éprouve dans un comblement jouissif du corps, auquel pourvoie la nature, « l'inimaginable végétation » (H,18), et « se trouve en quelque sorte dans un état d'apesanteur, libérée des contraintes de la matière » (A,146), « dans une sorte d'état pour ainsi dire fœtal » (A,145).

Retourner au commencement, c'est rejoindre le formidable élan d'énergie, de fertilité qui sous-tend toute naissance, et que prouve la violence des formulations : les « éjaculations de semence mâle » (G,195), la « semence expulsée » (A,347) fondent la naissance de l'être biologique ; le monde naît des « laves en fusion » (G,343) et l'Histoire tragique de la guerre simoniennne s'ancre dans « la matière libérée, sauvage, furieuse » (G,289). Chez Simon, l'origine attire car elle est imprégnée d'une vitalité créatrice qui fascine et qu'on cherche à rejoindre dans la répétition. Parallèlement, expérience de la béatitude fœtale ou paradisiaque, elle est une échappatoire à « l'incohérent, nonchalant, impersonnel et destructeur travail du temps » (RF,289), car le temps simonien effrite, dégrade et éloigne de la perfection et de l'intégrité du commencement. Ré-péter le moment paradisiaque de l'origine, c'est échapper, avant le péché originel, avant l'exil, aux lois du temps et du mal. La ré-pétition du plein marque ainsi une résistance à l'avancée du temps, le maintien dans une stase mythique de satisfaction. Retourner au paradis perdu de l'origine, marque un refus de l'historicité tragique de l'individu et du monde, construite sur des échecs, des guerres, des suicides, des cataclysmes et la réintégration dans le non-temps, qui précède l'expérience temporelle de la création, l'éternel présent de l'immortalité.

Pourtant redire l'origine ramène aussi à une primordialité historique, qui vise à modifier l'Histoire. Récupérer l'époque primordiale, est une façon de dérouler le temps en le réorganisant, de sauver l'être ou le monde du néant, par une confrontation créatrice avec le passé. Les textes simoniens proposent officiellement une acceptation fataliste des sévices du destin : le narrateur d'*Histoire* entérine la mort de sa femme au nom des lois héréditaires, « oui c'est une tradition de famille chez nous Je veux dire le veuvage » (H,69) ; le brigadier de *L'Acacia* se soumet, comme ses camarades aux règles funestes de la guerre, en invoquant le hasard, « "voilà ! Pas de veine. Il a fallu que ce soit nous. C'est le jeu..." » (A,38). Mais en sourdine, et par différents procédés, ils procèdent à une révision de l'Histoire. Sur le mode du souhait d'abord, quand en revenant sur ses amours adultérines, à l'origine de la mort d'une épouse, le narrateur ou oncle Charles se lamente : « je voudrais je voudrais je voudrais si je pouvais l'enlever de moi retrouver la fraîcheur l'oubli » (H,365). La répétition insistante de ce conditionnel dans le roman (H,350,365,369,387,388) signale l'aspiration à refaire l'Histoire. Du désir au passage à l'acte, c'est le récit qui va permettre d'opérer une telle manipulation. Par exemple la variante, d'un roman à l'autre, dans le choix du couple parental témoigne de la refonte historique, autorisée par les choix de la diégèse. La construction de la narration apparaît également comme une façon de dévoyer la réalité historique. Dire est déjà reconstruire pour O. (G,311) et pour le narrateur (A,286).

« peut-être étais-je mort peut-être cette sentinelle avait-elle tiré la première et plus vite, peut-être étais-je toujours couché là-bas dans l'herbe odorante du fossé dans ce sillon de la terre respirant humant sa noire et âcre senteur d'humus lappant

son chose rose mais non pas rose rien que le noir dans les ténèbres touffues me léchant le visage mais en tous cas mes mains ma langue pouvant la toucher la connaître m'assurer, mes mains aveugles rassurées la touchant partout courant sur elle son dos son ventre avec un bruit de soie rencontrant cette touffe broussailleuse » (RF,236/237)

Dans ce passage, la juxtaposition, accentuée par l'inexistence de la ponctuation, rend poreuse la distinction entre les deux états pourtant antinomiques qui y sont évoqués, un état de mort, de menace lié à la guerre et à la présence de la sentinelle allemande et l'état de désir vital que libère la proximité du corps de Corinne. La guerre perd alors ses composantes conjoncturelles et culturelles pour s'intégrer dans un tout fusionnel d'ordre biologique et mythique ; elle s'imprègne par contamination d'un caractère de saturation sensorielle et de primordialité jouissive, dans lesquelles se manifeste le désir manifeste d'en modifier la réalité. La ré-pétition de l'origine, le redire du passé, dénote donc le désir de recommencer l'Histoire, non cette fois pour la revivre dans sa plénitude constituante ou pour retrouver un Paradis terrestre, mais pour la réinventer à l'aune de l'optimisme vital.

Car penser l'origine en terme de temps, c'est aussi réfléchir le commencement, dans un retour en avant, dans la perspective de la mort. On se souvient que selon Heidegger la constitution du Dasein est inséparable de l'ouverture sur la mort :

« *De même que le Dasein est constamment déjà son pas-encore pendant tout le temps qu'il est, de même il est aussi toujours sa fin. Le finir auquel on pense dans le cas de la mort ne signifie pas pour le Dasein être-à-la-fin, mais au contraire être vers la fin de cet étant. [...] Comme être-au-monde jeté le Dasein est chaque fois livré à sa mort.* »[1]

La ré-pétition de l'origine trouve donc sa place, et à divers titres, dans une ontologie de la mort, dans un temps qui projette vers le futur fatal. Et de fait, dans les romans, la fréquentation de la mort, si assidue, renvoie toujours à la problématique du commencement. La menace de mort physique ou psychique que la guerre fait peser sur le moi individuel, dans *L'Acacia* ou dans *Les Géorgiques*, appelle de longues rêveries sur l'enfance du narrateur. Parallèlement, c'est toujours lorsque les héros fuient devant le danger ou s'annihilent dans les vertiges de la libido, qu'émergent les images phylogénétiques de la régression animale. Et lorsque la terre est menacée de désintégration, à la suite de catastrophes naturelles ou guerrières, sont évoqués le Chaos originel ou les combats cosmiques et mythologiques qui ont marqué sa Création :

« *quelques uns de ces débris difficiles à identifier, de ces objets fabriqués semble-t-il tout exprès en prévision des désastres, tremblements de terre, émeutes, bombardements et inondations, c'est-à-dire qui semblent avoir été conçus en quelque sorte en vue d'un double usage, une seconde fonction [...] celle de se muer par simple rotation de cent quatre-vingt degrés autour d'un axe horizontal en autant d'épaves emphatiques et terrifiantes comme pour rappeler qu'à tout instant le monde ordonné et rassurant peut soudain chavirer, [...] retournant au chaos originel* » (H,66)

L'origine du moi, de l'homme, de l'univers a donc à voir avec la fin de l'être, de l'humanité, du monde. On peut rappeler qu'historiquement, ce qui crée l'homo sapiens et le sort de son animalité, ce sont précisément, au Paléolithique

---

[1] M. Heidegger, *Etre et temps*, Paris, Gallimard, 1986, pp. 299, 314.

tardif, les rituels d'enterrement. L'homme s'origine ainsi dans le moment où il peut penser sa mort. De même dans les romans simoniens, la perspective de la mort ramène à l'origine temporelle car elle permet de penser l'être-pour-la-mort dans son entièreté. Il s'agit de donner une unité à une histoire au moment où celle-ci touche à sa fin. De nombreuses séquences narratives sont construites sur ce principe de la fin génératrice d'origine. Par exemple le chapitre III de *L'Acacia* présente d'abord la mort du père puis après une formule transitoire : « Ainsi venait de prendre fin une aventure commencée vingt-cinq ou trente ans plus tôt, lorsque l'instituteur d'un petit hameau [...] » (A,62), puis enchaîne la reconstitution des événements primitifs qui ont conduit au dénouement fatal de cette vie. Avec la journée support dans *Histoire* se clôt un épisode de l'enfance et de la jeunesse du narrateur, qui peut enfin brader une commode, c'est-à-dire se libérer du souvenir traumatisant de la mère malade ; mais en même temps la mort de l'enfance le projette, par la vertu de la réminiscence au cœur même de cette enfance souffrante. « Et maintenant il allait mourir. » (A,163,190), pense le brigadier allongé dans le train de la mobilisation, et la perspective de sa mort ramène à la conscience un flot désordonné de souvenirs originaires. La ré-pétition de l'origine, dans le contexte de la fin, apparaît comme un mécanisme de défense contre la mort car recommencer le récit de sa vie, au moment où celle-ci s'achève, se comprend comme une façon de la recommencer. La ré-pétition est alors bien cette force d'avenir qu'on a signalée chez Heidegger, grâce à laquelle le Dasein se constitue en destin. C'est d'ailleurs parce qu'un destin est suffisamment significatif qu'on en recherche l'origine. C'est toujours dans l'après-coup qu'une vie prend le sens d'une vocation. Pour les vies ordinaires, relier la fin à l'origine, donne à l'entre-deux la dimension d'un destin, la plénitude d'une cohérence, où s'enchaînent des rapports de causalité et qui s'éclaire dans une finalité. Mais pour les existences complexes, exemplaires, ou abattues par la fatalité, la restitution depuis l'origine jusqu'au dénouement apparaît comme une nécessité. A cet égard, la vie des héros simoniens, qui sort de la banalité, parce qu'elle cumule perte des parents, suicide, veuvage, guerre, emprisonnement, parricide, destin historique... exige un retour vers l'origine pour en comprendre le déterminisme. Ré-péter l'origine temporelle en la rapportant à son terme, c'est déjà l'expérience possible d'un sens naissant.

Bien loin que l'origine fonde l'Histoire, c'est donc l'Histoire qui fixe l'origine dans l'après-coup, par un regard constituant. On peut alors s'interroger sur la véritable nature temporelle de l'origine, car si, par essence, elle n'a pas d'avant, et si elle ne peut constituer son avenir que dans un regard extérieur et rétrospectif, c'est qu'elle ne relève peut-être pas seulement du temps. Par ailleurs la répétition elle-même n'est pas en soi un processus temporel mais aussi une affaire de subjectivité, ce que rappelle Gilles Deleuze à la lecture de Hume :

« *La répétition ne change rien dans l'objet qui se répète, mais elle change quelque chose dans l'esprit qui la contemple : cette thèse de Hume nous porte au cœur d'un problème. Comment la répétition changerait-elle quelque chose dans le cas ou dans l'élément qui se répète, puisqu'elle implique en droit une parfaite indépendance de chaque présentation ?* [...] *Le paradoxe de la répétition n'est-il pas qu'on ne puisse parler de répétition que par la différence ou le changement qu'elle introduit dans l'esprit qui la contemple ?* »[1]

---

[1] G. Deleuze, *Différence et répétition*, Paris, P.U.F., 1997, p. 96.

Ces doutes expliquent partiellement les enjeux de la problématique temporelle dans les œuvres de Simon, qui s'emploient à relativiser la nature temporelle de l'origine et par conséquent la possibilité d'évolution qui en dépend. Le temps est confus et labile dans nos romans ; organisés autour de la ré-pétition des origines, ils ne peuvent produire qu'un modèle temporel perturbé ; d'une part car précisément l'origine n'est pas un concept temporel et la suspicion, qui pèse sur elle, brouille la possibilité d'une construction chronologique, le schéma évolutif suppose en effet un premier temps créateur ; d'autre part car l'en soi de la ré-pétition génétique dépend d'une subjectivité originaire qui entre dans sa constitution. La construction temporelle des romans simoniens ne peut se penser ni comme un modèle évolutif qui part d'une origine fondatrice et se déploie dans un progrès diachronique continu, ni véritablement comme un modèle régressif qui partant d'un présent remonterait une filière continue vers un début pour le répéter. L'organisation complexe des séquences de ses romans et la perception feuilletée du temps chez Simon est un défi à ces modèles simplistes. Car il y a aussi un temps « sans commencement ni fin ni repère » (RF,28 H,268 A,377). Pourtant la quête de l'origine est très prégnante dans les quatre textes, c'est que l'origine simonienne ne doit pas être seulement comprise comme ce qui inaugure un processus, mais comme ce qui l'explique et sa ré-pétition comme la recherche d'une primordialité herméneutique plutôt que temporelle.

Aux sources prometteuses de l'origine causale

La ré-pétition de l'origine est la reconstruction intellectuelle non seulement d'un moment historique mais aussi et surtout de ce qui rend possible l'émergence du sens. Elle est un rêve d'appropriation du sens. En somme la perplexité générale des romans simoniens devant la guerre, la révolution, les femmes, le temps, l'être, la mort justifie la spirale régressive des narrations, car en re-quérant l'origine, le texte simonien cherche dans la situation primordiale un principe de causalité, l'identification et la compréhension de l'origine des événements semblant conférer, à son tour, une maîtrise intellectuelle des situations. L'argumentation simonienne obéit à une logique de la récurrence : la connaissance de ce qui a motivé un processus procure la domination cognitive de son déroulement et de son avenir.

Parallèlement à cette démarche spéculative, retourner à l'origine, c'est espérer une vérité quasi-sacrée car traditionnellement l'origine est le lieu de l'idéalité. Platon rappelle que « la vérité des choses existe toujours dans notre âme »[1]. Cette connaissance remonte à la contemplation des Idées, modèles intelligibles des choses, types d'être idéal dont le sensible n'est qu'une imitation, et qui a lieu entre deux existences terrestres[2]. Car en se réincarnant, l'âme sensible oublie le savoir acquis par la contemplation directe des Idées. Accéder à l'idéalité suppose, alors, de se « ressouvenir », de retourner à l'origine de la connaissance pure et parfaite. Pour les hommes, prisonniers de la caverne platonicienne, il faut se détourner des images fallacieuses projetées sur les parois et interroger derrière soi la vérité inconnue[3]. La rétrospection physique et métaphorique rend possible l'ascension vers la lumière de la vérité. Dans la Bible, qui constitue un autre mythe fondateur, le lieu originel,

---

[1] Platon, *Ménon*, 86 b, *op. cit.*, p. 354.
[2] Platon, *Phèdre*, 248 e-249 d, Paris, Garnier-Flammarion, 1965, p. 128.
[3] Platon, *La République*, *op. cit.*, livre VII.

l'Eden primitif se présente aussi comme un espace de vérité, où l'homme vit encore une condition divine, un état de grâce, dévoyé ensuite par le péché originel (*Genèse*,2,8-17). Dans les textes simoniens également ré-péter l'origine, c'est rejoindre un espace sacré où s'exprime la primordialité existentielle des choses et des êtres et le lien entre l'origine et la vérité s'y joue dans un double rapport tautologique.

D'une part, c'est dans les situations primordiales, « comme le meurtre, le troc ou le coït » (G,173), organisées « autour de pulsions ou de besoins immédiats comme dormir, manger et se battre » (A,336), dans les lieux primitifs, que l'homme, les sociétés, le monde se révèlent tels qu'ils sont dans leur vraie nature. Dégagées des scories policées de la civilisation ou de la banalisation émolliente générée par l'habitude, les choses dévoilent leur essence, lorsqu'elles sont renvoyées à des situations originelles. Ainsi la mère, par exemple, dans son île édénique, livrée au coït conjugal, se révèle une grande amoureuse et une grande jouisseuse. Pareillement les sociétés humaines occidentales, « nations policées, bien élevées » (H,362), qui profitent « de cette merveilleuse culture que des siècles de pensée nous ont léguée » (RF,204) implosent et démontrent la fragilité du lien communautaire qui semble les unir, lorsqu'elles sont face au primitif combat qu'est la guerre. Le monde lui-même, y montre son vrai visage, « la matière libérée, sauvage, furieuse, indécente (le mélange, la combinaison de quelques poussières inertes, de minerais, de choses extraites de la terre et s'enflammant pour ainsi dire d'elles-mêmes avec cette démesure des éléments naturels » (G,289). Autant dire que le contact avec l'origine se fait révélation d'une réalité masquée et pervertie. Notons que cette découverte dans la relation à l'originaire, pour les humains au moins, s'accompagne d'une prise de conscience souvent tragique. Alors qu'ils s'avancent au combat ou en reviennent, les héros font le constat de la vanité de leur vie : le brigadier fait le bilan désabusé de ses « vingt-six années de paresse et de nonchalante inertie » (A,166), « de quelque chose qui n'avait pas encore commencé vraiment » (A,169), quant à de Reixach et son ancêtre, la douloureuse révélation s'abîme dans le suicide. L'expérience primordiale est donc l'expérience de la vérité.

Mais ce qui se dévoile de l'essence des choses dans la ré-pétition de l'origine, ce qui s'y révèle de leur vérité ontologique c'est précisément leur nature irréductiblement primitive. Confrontés à l'essentiel, à l'archaïque, le monde, les sociétés humaines, l'individu montrent les principes élémentaires qui définitivement les constituent. Chez Simon, l'origine existentielle se confond avec l'origine cosmogonique, phylogénétique, historique. Quelle est l'essence de l'homme simonien ? Il est toujours dans les textes, soit rapporté à la primitivité matérielle qui le constitue, « cette permanente série d'actions et de réactions d'acides, de bases, de sels, ces relais, ces signaux, d'une fantastique complexité et d'une foudroyante rapidité qui font la raison, la tristesse, la joie, la mémoire, la parole » (G,158), soit à une primordialité comportementale dominée par la force des pulsions et l'animalité instinctive. Quelle est la vérité des sociétés humaines selon Simon ? Non pas les relations bienséantes d'un commerce policé mais la brutalité de ces relations paysannes que la guerre a exacerbée :

« *tout cela (ces cris, cette violence, cette incompréhensible et incontrôlable explosion de fureur, de passion) ne se passait pas à l'époque des fusils, des bottes de caoutchouc, des rustines et des costumes de confection mais très loin dans le temps, ou de tous les temps, ou en dehors du temps* » (RF,59)

Et quelle est la réalité du monde ? Derrière l'apparence tranquille de l'environnement domestiqué, se cache la nature hostile et imprévisible des temps ante-historiques, qui transforme soudainement « les murmurants ruisseaux » « en un torrent furieux, rugissant » (A,266).

Parce qu'elles déjouent les pièges de l'artifice, les situations primordiales permettent ainsi de libérer le mystère ontologique du moi, de l'homme, du monde. L'origine fonde une essence, qui réciproquement se réduit à une élémentarité incompressible. Alors si ré-péter l'origine, c'est déjà chercher la rencontre avec le manque qu'on veut cerner, avec la plénitude qu'on veut réintégrer, avec l'Histoire qu'on veut recommencer, avec la causalité par laquelle on veut s'éclairer, c'est aussi quérir une vérité essentielle qu'on veut dévoiler. Pourtant si la recherche de l'origine trouve des justifications aussi nombreuses que légitimes, sa ré-pétition reste du domaine de l'illusion, en raison de la nature même des concepts d'origine et de répétition.

La ré-pétition chimérique

L'origine apparaît chez Simon comme un objet infini. Compris comme une totalité signifiante et non pas seulement comme un moment ponctuel, l'idée de début est polymorphe. Quelle est l'origine du moi narratif ? Un fœtus ? Le fruit de l'histoire parentale et généalogique ? Le résultat de l'évolution phylogénétique ? Une poussière d'étoile ? En somme la notion de genèse se perd dans le gouffre d'une antécédence sans fond. Il y a bien le commencement absolu, cette origine ponctuelle, d'où tout est né ; mais les textes simoniens ne proposent pas de remonter en-deçà du Chaos initial contenu dans les projets mythiques, de Dieu sur lequel reposent les hypothèses judéo-chrétiennes ou du Big Bang fondateur des théories scientifiques. En même temps, l'origine s'effondre dans une consécution sans cesse reportée. Les textes simoniens insistent sur l'instabilité de l'origine qui ne se trouve pas seulement dans le passé mais aussi dans l'avenir. L'épilogue de *L'Acacia* montre l'avènement d'un homme nouveau, « c'était le printemps » (A,380), dont la naissance est postérieure à son histoire et à la narration de cette dernière, un homme dont l'origine temporelle est datée dans l'avenir glorieux d'une résurrection. L'origine se heurte à l'inconnu et demeure malgré sa sollicitation textuelle, incessante et diversifiée, un objet incertain, fuyant et par conséquent insaisissable.

Par ailleurs, la ré-pétition de l'origine est la reconstruction fantasmée d'un premier terme absent. On a dit qu'elle prenait son sens dans l'après-coup et se déduisait de la reconnaissance d'une série. Déterminer l'origine revient à produire une interprétation a posteriori. *La Route des Flandres*, si on s'intéresse à l'origine de la mort de de Reixach, reprend précisément ce principe de régression vers une causalité originaire, étayée sur des hypothèses interprétatives successives. Mais chez Simon, la reconstitution de la genèse s'opère toujours à partir d'indices objectifs et de données présentes. Ainsi, par exemple, si pour le narrateur, les hommes sont, de façon insistante, issus primitivement de « la terre originelle » (RF,97), de « la boue originelle » (A,240), de « cette argile, cette boue, cette poussière d'où ils étaient sortis » (RF,158/159), c'est parce que le contexte guerrier, au présent de l'énonciation, expose des cadavres en décomposition, « absorbé[s] semblait-il par la terre, comme si celle-ci avait sournoisement commencé à reprendre possession de ce qui était issu d'elle » (RF,26). La ré-pétition du commencement est toujours tributaire d'une subjectivité interprétative et fantasmatique, mais circonstanciée. Alors comment cerner ce premier terme inaugural, dépourvu d'une existence en soi, qui ne prend consistance que dans sa résonance, toujours virtuel mais impensé au présent de son accomplissement, déjà commencé mais insu ? Il vient du rien dans la mesure où il ne relève pas de l'habituel et il n'est rien car il n'est pas reconnu. On comprend alors que l'origine soit toujours chez Simon une imagination, une fiction subjective soit fantasmée, lorsqu'il s'agit de reconstituer sa propre gestation, l'histoire d'amour parentale et les énigmes de la généalogie, soit culturalisée, quand l'histoire de l'homme, des sociétés humaines et du monde se dit dans des stéréotypes ou des archétypes.

Dans ces conditions ré-péter l'origine, c'est-à-dire retrouver un objet infini et fantasmé relève de la gageure, car l'origine est de fait un objet inaccessible. Dans la réalité fictionnelle, d'ailleurs, toute recherche physique de la genèse se solde par un échec. Lorsque enfant, il est conduit à l'origine paternelle, le narrateur trouve à défaut d'un père ou de son cadavre, une pseudo-sépulture (A,24/25). Lorsque adulte, il cherche à retrouver son origine généalogique dans le château de L.S.M. ou dans son buste, la bâtisse est une ruine aux mains de quelques dégénérés, et la sculpture, déjà vendue, a laissé sur la moquette sale, une « empreinte vide » (G,242). Il y a, dans les textes comme une défection asymptotique de l'origine, on l'approche mais elle s'évanouit toujours : « essayant de se rappeler (mais c'était déjà impossible), d'être de nouveau comme il avait été sur ce cheval » (A,303). L'origine n'est plus et ne peut faire l'objet que d'une reconstruction intellectuelle et hypothétique, pour qui cherche à la ré-péter. Mais là encore la tâche est illusoire, car si on suit Gilles Deleuze, « répéter, c'est se comporter, mais par rapport à quelque chose d'unique ou de singulier, qui n'a pas de semblable ou d'équivalent. »[1]. La ré-pétition de l'origine est donc toujours manquée, puisque le retour du même unique est irréalisable.

Alors devant le défaut de l'origine ou son impossible re-quête, force est de conclure que sa ré-pétition, bien qu'elle constitue le fondement dynamique et indéfiniment recherché de la démarche narrative et scripturale, reste chez Simon une velléité sans efficacité, une aspiration vouée à la déception. Est-ce à dire comme le suggère Roland Barthes dans *Le plaisir du texte* que la jouissance « n'a de chance de venir qu'avec le *nouveau absolu*, car seul le nouveau ébranle (infirme) la conscience »[2] ? Non, car face au langage ancien, représentatif de l'institution et du pouvoir, langage de la répétition, involution de la réminiscence, la répétition peut aussi, selon lui, être plaisir : « pour que la répétition soit érotique, il faut qu'elle soit formelle, littérale »[3]. Si le mot stéréotypé est un aveu honteux de faiblesse, la répétition revendiquée vide le mot de ses signifiés habituels, l'écarte du sillon des automatismes et crée ainsi des liens nouveaux. Les romans simoniens se revendiquent comme lieux de la répétition, à l'image, dans *L'Acacia*, de ce « vieux peintre perpétuellement ivre qui répétait sans fin les mêmes vergers de pêchers en fleurs » (A,379) et chez qui vient échouer le narrateur en cours de renaissance. Ce vieil artiste synthétise le système simonien de la répétition : figure paternelle, vecteur de re-naissance (« pêchers en fleurs »), havre de paix artistique pour un personnage blessé, réservoir d'imaginaire qui donne l'ivresse, double du narrateur-écrivain vieillissant, il produit

---
[1] G. Deleuze, *op. cit.*, p. 7
[2] R. Barthes, *Le plaisir du texte*, Paris, Seuil, coll. « Points Essais », 1973, p. 55.
[3] R. Barthes, *ibid.*, p. 57.

des arbres, symboliques de l'origine et les répète à l'infini. On peut légitimement voir en lui un avatar de l'auteur qui revendique sa pratique répétitive comme foyer créatif et il dépasse les apories du débat barthésien, en fédérant la répétition comme reproduction mimétique et la répétition comme production innovante.

Du côté de l'imitation

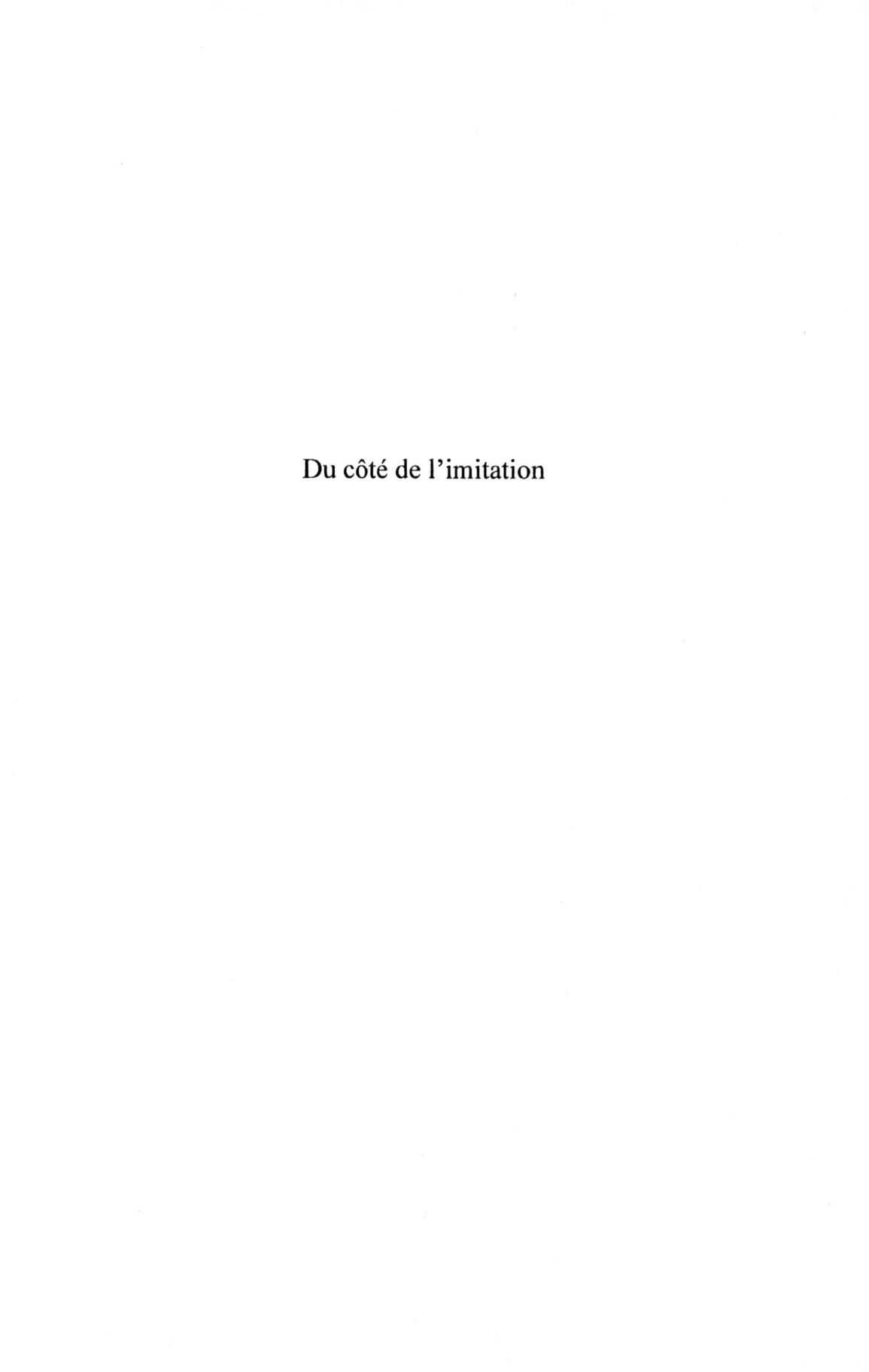

Le traitement de la répétition dans les œuvres simoniennes pose la question beaucoup plus vaste et théorique des objectifs et des contenus de la littérature et en particulier du genre romanesque. Si on accepte avec Gérard Genette, la définition du récit comme « la représentation d'un événement ou d'une suite d'événements, réels ou fictifs, par le moyen du langage et plus particulièrement du langage écrit »[1], on pose d'emblée le récit comme la répétition, reproduction, représentation d'une référentialité ; et on l'inscrit de fait dans l'héritage aristotélicien de la *Poétique* où la diégésis apparaît comme un des modes de l'imitation poétique :

« *L'épopée, et la poésie tragique comme aussi la comédie, l'art du poète de dithyrambe et, pour la plus grande partie, celui du joueur de flûte et de cithare, se trouvent tous être, d'une manière générale, des imitations. Mais ils diffèrent les uns des autres par trois aspects : ou bien ils imitent par des moyens différents, ou bien ils imitent des objets différents, ou bien ils imitent selon des modes différents, et non de la même manière.* »[2]

Si on affine la position d'Aristote en matière littéraire, disons avec G. Genette que l'imitation poétique dans un récit est « le fait de représenter par des moyens verbaux une réalité non-verbale, et exceptionnellement, verbale (comme on appelle imitation picturale le fait de représenter par des moyens picturaux une réalité non-picturale, et, exceptionnellement, picturale). »[3]. La mimésis littéraire s'exerce ainsi dans deux directions, représentation de ce que communément on nomme le réel (les êtres, leurs actions, leurs paroles, et les situations sociales, économiques, morales ou psychologiques dans lesquelles ils sont engagés, les choses du monde....), mais aussi dans une imitation au second degré, répétition d'un réel verbal dans laquelle se reconnaîtront tous les phénomènes d'autotextualité et d'intertextualité.

---

[1] G. Genette, *Figures II*, Paris, Editions du Seuil, 1969, p. 49.
[2] Aristote, *Poétique*, 1/1447a, Paris, Librairie Générale Française, coll. « Le livre de poche », 1990, p. 85.
[3] G. Genette, *Figures II*, p. 53/54.

LA MIMESIS DU REEL

La répétition du réel, le mimétisme référentiel, qu'il soit revendiqué ou non, est un tropisme trans-historique et occidentalement universel, qui s'inscrit dans une permanence consensuelle de la littérature[1]. En revanche le point de vue axiologique et l'exploitation des intentions mimétiques restent deux lignes de fracture qui nourrissent le débat sur la question de l'imitation. Platon, dans le livre III de *La République*, indique que le poète effectue une narration par imitation, « lorsqu'il parle sous le nom d'un autre »[2] ; le cas de la tragédie est encore plus symptomatique puisque le discours du poète disparaît totalement au profit du dialogue, dans lequel il imite plusieurs métiers. Tragédie et comédie représentent donc un danger pour la cité car « le même homme peut-il imiter plusieurs choses aussi bien qu'une seule ? »[3]. Pour Socrate, une seule situation autorise l'imitation dans la littérature, l'imitation de l'homme de bien : « L'homme mesuré, ce me semble, quand il sera amené dans un récit à rapporter quelque mot ou quelque action d'un homme bon, voudra s'exprimer comme s'il était cet homme et ne rougira pas d'une telle imitation, surtout s'il imite quelque trait de fermeté ou de sagesse. »[4]. L'art est la répétition fallacieuse du discours et des actions d'autrui ; il est aussi une imitation douteuse des objets du réel. Dans le livre X de *La République*, Platon affirme que le dieu est le seul créateur du lit car il en a conçu la forme, les artisans-menuisiers créent non pas la forme qui est, ce qui est réellement un lit mais fabriquent un certain lit parmi d'autres. Le peintre et le tragédien n'arrivent qu'en troisième position par rapport à la vérité car ils sont les imitateurs de ce dont les menuisiers sont les artisans : « le faiseur de tragédies, s'il est un imitateur, sera par nature éloigné de trois degrés du roi et de la vérité »[5]. Par conséquent l'art de peindre est une imitation de la semblance, tout comme les ouvrages des tragédiens que l'on peut fabriquer sans connaître la vérité. L'art est création de fantasmes, par nature répétition d'une apparence et en ce sens suspect pour le philosophe à la recherche de la sagesse. Aristote, bien que disciple de Platon, poursuit dans *Rhétorique* et *Poétique*, une réflexion qui va à l'encontre de celle de son maître. Il montre que le langage est par essence mimétique car il ne peut émerger chez le jeune enfant que par la répétition du langage parental. Le langage imite le langage et est imbriqué dans la sphère sociale. Parallèlement Aristote développe une philosophie de l'art où il place l'épopée et surtout la tragédie au sommet de l'activité artistique car « la tragédie est donc l'imitation d'une action noble [...] qui par l'entremise de la pitié et de la crainte accomplit la purgation des émotions de ce genre. »[6]. Pour Aristote, l'art a une fécondité ; il aide l'homme à se perfectionner en permettant à son intelligence de rayonner sur ses activités et ses appétits. Car si l'art « imite la nature », il agit comme la nature, il est un principe de devenir et de développement qui achève la nature. Aristote réhabilite ainsi la mimésis artistique qui loin d'être la reproduction platonicienne de faux-semblants, se présente comme une représentation créative avec comme finalité humaine, l'expression de la liberté.

---

[1] Voir E. Auerbach, *Mimésis*, Paris, Gallimard, coll. « TEL », 1968.
[2] Platon, *La République*, III/393b, Paris, Garnier-frères, coll. « GF-Flammarion », 1966, p. 145.
[3] *Ibid.*, III/395a, p. 146.
[4] *Ibid.*, III/396b, p. 148.
[5] *Ibid.*, X/598a, p. 362.
[6] Aristote, *Poétique*, 6/1450a, *op. cit.*, pp. 92/93.

D'un autre côté, les moyens, les objets, les modes de la réalisation mimétique, pour reprendre les termes d'Aristote, s'avèrent extrêmement variables et polémiques : le mouvement réaliste du XIX° siècle français, engagé sous la bannière de la fidélité au réel, mène le combat contre la conception idéalisée de la réalité chez les romantiques, qui eux-mêmes avec la même motivation, avaient imposé contre les types généraux et abstraits du classicisme, le réalisme des sentiments et de l'âme. Le mimétisme est donc un mouvement éminemment relatif d'une époque et d'un lieu à l'autre, ainsi que l'a montré Auerbach, et dont on peut dire avec Jakobson qu'il est fondé sur un système de conventions reconnues et interprétées comme une fidélité à la réalité :

« *Même en peinture, le réalisme est conventionnel, c'est-à-dire figuratif. Les méthodes de projection de l'espace à trois dimensions sur une surface, la couleur, l'abstraction, la simplification de l'objet reproduit, le choix des traits représentés sont conventionnels. Il faut apprendre le langage pictural conventionnel pour voir le tableau, de même qu'on ne peut saisir les paroles, sans connaître la langue.* »[1]

Reste que la notion de réel peut changer tout comme les canons qui la définissent et la déformation des habitudes en cours apparaître soit comme un rapprochement avec la réalité, soit comme une altération de sa vision. Même si la mimésis du réel semble un principe incontournable qui unifie la littérature, la valeur de ce fondement d'une part et sa mise en œuvre – au sens propre comme figuré - d'autre part, laissent ouvert le débat dans lequel se positionnent les auteurs et en particulier Claude Simon.

Les romans simoniens posent avec insistance la question de la mimésis. Claude Simon fait d'abord clairement le départ entre le réel et sa représentation, puisqu'il oppose « le monde [...] non pas seulement dans sa réalité physique mais encore dans la représentation que peut s'en faire l'esprit » (RF,16). Le monde est un être-en-soi auquel je participe et qui me constitue mais il forme aussi la base miroitante de mon activité psychique et mnésique. Ainsi face à l'immédiateté réflexe de la perception, la représentation du réel s'inscrit dans la permanence, la durée et l'intériorité :

« *il lui semblait toujours la voir, là où elle s'était tenue l'instant d'avant, ou plutôt la sentir, la percevoir comme une sorte d'empreinte persistante, irréelle, laissée moins sur sa rétine [...] que, pour ainsi dire, en lui-même* » (RF,38)

La représentation est d'abord un travail réflexif : un retournement vers l'intérieur subjectif des impressions du réel, suivi d'une élaboration psychique de ces traces, à l'image de l'activité du cheval mourant qui a « renoncé au spectacle de ce monde pour retourner son regard, le concentrer sur une vision intérieure plus reposante que l'incessante agitation de la vie, une réalité plus réelle que le réel » (RF,120). La représentation constitue paradoxalement chez Simon la vraie réalité du monde, sa densité constitutive.

Cette captation interne des indices du réel, la représentation mentale est parfois extériorisée par des activités artistiques. Les romans simoniens proposent alors deux pratiques extrêmes et contradictoires de la répétition du monde. D'abord

---

[1] R. Jakobson, « Du réalisme artistique », in *Théorie de la littérature*, Textes des Formalistes russes réunis, présentés et traduits par Tzvetan Todorov, Paris, Editions du Seuil, 1965, pp. 98/108, et notamment p. 100.

une tendance à traduire les constituants du réel afin de les figurer, les convertir grâce à des équivalences sémiotiques, ainsi les cartes d'état major où sont représentés les mouvements de troupe grâce à « une série de hameçons disposés parallèlement et la pointe retournée vers l'ouest » (RF,275), ou encore ces acteurs d'opéra, « ces personnages réels et sans pourtant plus rien d'humain, vêtus de péplums ou d'armures, leurs visages violemment maquillés éclairés d'en dessous » (G,228), ces tableaux cubistes « convertissant sous forme d'ineptes triangles, d'ineptes carrés ou d'ineptes pyramides (ou cônes, ou sphères, ou cylindres) les voiles, les barques et les rochers du port de pêche où ils passaient l'été (ou les seins, les cuisses, le ventre, la tendre chair respirante) » (A,171). La représentation simplifiée ou caricaturée du monde, dans les exemples qui précèdent, par la linéarisation, par la géométrisation ou par l'outrance théâtralisée apparaît comme une perte d'humanité, un gaspillage des qualités sensibles du monde, une déflation des productions émotives du réel. En ce sens la répétition de la réalité dans ses caractères saillants, scénarise la disparition du réel. Inversement les romans font aussi l'hypothèse d'une fidélité totale au réel qui dans la peinture contraint à « copier avec le plus d'exactitude possible, les feuilles d'un rameau, un roseau, une touffe d'herbe, des cailloux, ne négligeant aucun détail, aucune nervure, aucune dentelure, aucune strie, aucune cassure. » (A,376), « à fignoler les détails, les ombres, dessiner les poils avec minutie » (A,345), mais produit « quelque chose qui était au dessin à peu près ce qu'une savonnette est à une pierre ou à une racine » (A,345), c'est-à-dire un objet fabriqué, médiocrement dédié à de basses tâches d'entretien, sans rapport avec l'assise naturelle et ancestrale de la pierre ou la fougue vitale et pénétrante de la racine. La répétition exacte du réel a la pauvreté d'une reproduction servile, où disparaît le souffle énergique de la création divine, c'est le domaine du « trompe l'œil » tant de fois stigmatisé dans les romans (RF,A55 H,56,84,160,203 G,15,31, 32,221 A,270) qui a la semblance de la duperie. Dans le domaine scriptural, l'entreprise narrative de O., qui vise à copier le réel, s'appuie sur « plusieurs notations de ces détails, de ces choses vues dont tout bon journaliste sait qu'elles constituent les meilleurs certificats d'authenticité d'un reportage » (G,314). Mais cette tentative louable est dépréciée par la préoccupation de « l'effet produit » (G,314) ou s'abîme dans le désordre de la mémoire et les méandres des « priorités affectives » (G, 311) : « il y aura cependant des trous dans son récit, des points obscurs, des incohérences même » (G,311). Répéter obséquieusement le réel aboutit inévitablement au constat d'une incompétence malhonnête. La question de la représentation est bien posée dans les romans mais comment comprendre l'irrésolution aporétique qu'ils en proposent par ailleurs ?

L'analyse des œuvres et des entretiens ou commentaires qui les ont accompagnées rapporte à plusieurs séries de causes les reculades dubitatives de Simon sur la question de la mimésis. Le réel c'est la réalité du monde extérieur, l'En-dehors, ce qui a une existence objective. Mais le réel n'a d'existence et de représentation possible qu'à travers un sujet dans le psychisme duquel les fantasmes ont autant de réalité que les événements concrets. Dans *La Route des Flandres*, l'entremêlement des élucubrations sexuelles de Blum et Georges, avec les indices d'un réel effectif insiste sur l'insaisissable limite entre la réalité objective perçue et la réalité psychique, entre la bonne volonté mimétique et les débordements fantasmatiques. Georges et son compagnon se meuvent dans « quelque chose peut-être sans plus de réalité qu'un songe » (RF,169). Simon rejoint ici les perspectives théoriques de Lacan, qui définit « le réel comme l'impossible »[1]. Dans sa topique réel/symbolique/ imaginaire, le psychanalyste désigne par réel une réalité désirante du sujet, impossible à transmettre, qui reste inaccessible à la symbolisation et que tardivement il assimilera à la folie. C'est aussi ce résidu qui résiste au langage du désir, à l'accès symbolique vers la réalité qu'on peut lire chez Simon lorsqu'il parle d'« innommable réalité » (RF,169). La réalité simonienne est parfois le réel lacanien, cette chose réelle impossible à symboliser, l'irreprésentable, l'inconnaissable. Si on restreint maintenant la réalité au monde extérieur, l'expérience problématique que Simon en a eue, lui a par ailleurs donné la certitude que le réel ne peut être représenté en vérité. A cause des incertitudes et des limites de la perception, des failles de la mémoire et du principe actif de l'écriture, la répétition du réel reste pour Simon de l'ordre de l'illusion :

« *La perception déforme une première fois les choses, ensuite la mémoire les déforme encore, enfin, comme je vous l'ai expliqué la dynamique de l'écriture vient encore apporter d'autres déformations... Concluez. Nous retombons de nouveau dans cette sempiternelle question du réalisme...* »[2]

Ce triple décodage falsifie la représentation référentielle et invalide toute transitivité entre les choses et les mots qui s'organisent dans un discours retiré du monde. Pour Simon comme pour Maurice Blanchot, « les mots ont le pouvoir de faire disparaître les choses, de les faire apparaître en tant que disparues »[3], si bien que les signes au lieu de suppléer la chose manifestent la perte du propre, marquent l'absence qui les constitue ; la représentation fonctionne comme une référence vide de toute effectivité :

« *... entre le lire dans des livres ou le voir artistiquement représenté dans les musées et le toucher et recevoir les éclaboussures c'est la même différence qui existe entre voir écrit le mot obus et se retrouver d'un instant à l'autre couché cramponné à la terre et la terre elle-même à la place du ciel* » (H,152)

La pratique de l'écriture a conduit Claude Simon à une mise en doute de la littérature référentielle. Dans son article, « Claude Simon : la crise de la représentation », Alastair Duncan insiste sur l'évolution de l'écrivain : au début des années 60, Claude Simon explique ses romans en faisant appel à des critères référentiels. Les aspects formels du roman sont soumis aux impératifs du réalisme, chargés de forger une structure qui, par exemple, rende compte de la simultanéité des souvenirs dans la mémoire, de la discontinuité fragmentaire des émotions.

« *Simon a visé un réalisme subjectif. [...] Il a donc brisé les formes traditionnelles du roman et déformé la syntaxe et jusqu'à la ponctuation. Mais cet effort même l'a conduit à une prise de conscience fondamentale : le langage s'opposait foncièrement à son entreprise ; il y avait dans les mots un pouvoir créateur incompatible avec la représentation.* »[4]

La littérature simonienne, notamment à partir de *La Route des Flandres* selon le critique, s'engage alors dans une crise de la représentation, concomitante, au départ, des débats théoriques qui opposent, dans les années 70, les partisans du mot et de la textualité, tel Jean Ricardou, aux fervents de la mimésis. C'est dans ce cli-

---

[1] J. Lacan, *Les quatre concepts fondamentaux de la psychanalyse, op. cit.*, p. 188.
[2] C. Simon/M. Chapsal, « Claude Simon : Il n'y a pas d'art réaliste », *La Quinzaine littéraire*, 15-31 déc. 1967, p. 5.
[3] M. Blanchot, *L'espace littéraire*, Paris, Gallimard, coll. « folio essais », 1955, pp. 44/45.
[4] A. B. Duncan, « Claude Simon : la crise de la représentation », in *Simon*/La Route des Flandres, textes rassemblés par A. Cresciucci, Paris, Klincksieck, 1997, p. 48.

mat passionnel et à la lumière de ses propres découvertes scripturales que Claude Simon tient des propos qui l'engagent dans le camp ricardolien de l'antiréférence :

« *l'écrivain non pas reproduit mais produit un objet qui n'est pas, bien sûr, sans rapport avec l'objet qui a, disons, servi de modèle, mais qui est constitutivement "autre" et en rapport avec un autre contexte que celui de l'objet dans le monde dit "réel".* »[1]

Cependant la crise simonienne perdure et les commentaires de Simon, même à une date récente, comme dans le très officiel *Discours de Stockholm*, laissent supposer que l'auteur, convaincu par le pouvoir infiniment créateur des mots, s'est définitivement détourné de l'illusion référentielle et qu'« il n'y a pas d'art réaliste »[2] :

« *Et, tout de suite, un premier constat : c'est que l'on n'écrit (ou ne décrit) jamais quelque chose qui s'est passé avant le travail d'écrire, mais bien ce qui se produit (et cela dans tous les sens du terme) au cours de ce travail, au présent de ce celui-ci* »[3]

« *ce que l'écriture nous raconte, même chez le plus naturaliste des romanciers, c'est sa propre aventure et ses propres sortilèges.* »[4]

Pourtant un acte de langage n'accède à la signification, y compris l'écriture ou la lecture littéraire, qu'à travers des contextes, celui de l'émetteur et celui du récepteur. L'intelligibilité d'un récit s'ancre nécessairement dans une compréhension a priori du monde, dans l'intégration d'un système conceptuel qui renvoie au réel. Un roman ne peut se passer d'une illusion référentielle minimale, sous peine de se transformer en un jeu linguistique stérile. Bien que verbal, le récit enclenche autre chose que du verbal, il suscite des images mentales. Les mots latins d'*Histoire* ont « un impalpable et subtil relent de cendres, comme le résidu, les indestructibles décombres de ces villes anéanties par quelque séisme, l'éruption d'un volcan, la pluie de feu, et où les cadavres des couples enlacés subsistent intacts, momifiés, ardents, insoucieux, juvéniles et priapiques dans un désordre de trépieds, de coupes renversées, d'agrafes, de boucles de ceintures, de bijoux tombés des chevelures éparses » (H,110). Le pouvoir évocateur des mots est tel qu'ils laissent le champ aux objets qu'ils sont censés signifier, que les représentations mentales l'emportent sur la matérialité physique des signes ; car si pour Maurice Blanchot, les mots disent l'absence des choses, ils « ont aussi pouvoir d'y disparaître eux-mêmes, de se rendre merveilleusement absents au sein du tout qu'ils réalisent, qu'ils proclament en s'y annulant, qu'ils accomplissent éternellement en s'y détruisant sans fin »[5]. Les mots s'évanouissent dans les images qu'ils suscitent, certitude acquise aussi par Claude Simon, lorsqu'en 1972, au cœur de la bataille pour la textualité, il avoue dans ses réponses à Ludovic Janvier :

---

[1] C. Simon, « Claude Simon à la question », *Claude Simon*, Colloque de Cerisy [1974], op. cit., pp. 411/412.
[2] C. Simon/M. Chapsal, « Claude Simon : Il n'y a pas d'art réaliste », art. cit..
[3] C. Simon, *Discours de Stockholm*, p. 25.
[4] *Ibid.*, p. 29.
[5] M. Blanchot, *L'espace littéraire*, op. cit., p. 45.

« *Si, comme je l'ai écrit, on ne doit jamais oublier que le mot feu n'est pas le feu, que le mot sang n'est pas du sang, on ne doit pas oublier non plus que les mots feu et sang nous renvoient aux images et aux concepts du feu et du sang.* »[1]

La valeur des signes du langage est symbolique car d'un côté ils encodent les éléments du réel, tâche à laquelle s'essaie douloureusement Batti qui « s'efforçait pathétiquement, le visage crispé, de **convertir en mots** des prairies, des fossés, de jeunes plants, des poulains, des labours, des bois, des heures de marche, des chemins » (G,461) ; d'un autre, ils restituent des représentations iconiques du monde en faisant « surgir les images chatoyantes et lumineuses au moyen de l'éphémère, l'incantatoire magie du langage » qui seule peut dire « l'innommable réalité » (RF,169). Bien plus chez Simon, les mots se fondent parfois dans la valeur sensible de leur référent, car « ce que l'on appelait le feu était véritablement du feu, brûlait » (G,130) et l'écriture n'est plus seulement une représentation, une transcription du réel, elle en devient le substitut :

« [L.S.M] *labourait, plantait par procuration, usant non de charrues ou de herses mais de cette encre brune, couleur rouille, sur le papier grenu des innombrables lettres envoyées à Batti* » (G,376)

Célia Britton souligne que « la grande majorité des commentaires sur la place du référent diégétique dans l'écriture simonienne suppose un changement fondamental qui aurait eu lieu vers 1980 : une rupture entre la période des années Soixante-dix où Simon a subi l'influence des idées antiréférentielles de Jean Ricardou, et celle de la ″réhabilitation″ du discours réaliste dans *Les Géorgiques* et les autres textes des années Quatre-vingts. »[2]. Mais la position de Simon n'est pas aussi transparente car ce tableau de l'ancêtre qui dès *La Route des Flandres* se met à saigner pour continuer de le faire de roman en roman, répète déjà dans sa pâte dégoulinante, les stigmates d'un réel qui poursuit sa vie dans sa représentation même et signe le parti-pris simonien pour une littérature mimétique, où la référence travaille, nourrit et vitalise l'œuvre. Et c'est avec humour, que Claude Simon revient dans *Le Jardin des Plantes* sur l'épisode de la lettre, reçue par lui du colonel Cuny, se reconnaissant dans le capitaine de *La Route des Flandres*, et mentionnée lors d'un colloque de Cerisy[3] sur le Nouveau Roman : elle y fut censurée comme symbole de la réaction référentielle, par les tenants de la révolution textuelle[4] :

« *par ailleurs, quelques années plus tôt, au cours d'un colloque sur le roman, la divulgation de cette lettre par S. avait suscité un autre genre d'émotion (d'alarme) : S. n'avait-il pas enfreint les principes de base d'un certain mouvement littéraire ? En rendant public un tel document, S. ne contrevenait-il pas aux théories dont se réclamaient les adeptes de ce mouvement ? En montrant comment un texte doit être construit à partir des seules combinaisons qu'offre la langue ne se référant qu'à elle-même, Raymond Roussel n'avait-il pas ouvert (prescrit) au roman une voie*

---

[1] « Réponses de Claude Simon à quelques questions écrites de Ludovic Janvier », *Entretiens*, 31, 1972, p. 29.
[2] C. Britton, « Sens et référence dans la conception simonienne de la langue », in *Claude Simon 1, à la recherche du référent perdu, La Revue des Lettres Modernes*, Paris, Minard, 1994, p. 98.
[3] *Nouveau roman : hier, aujourd'hui, tome II, Pratiques*, Colloque de Cerisy [1971], Paris, U.G.E., coll. « 10/18 », 1972.
[4] Voir, A. Cheal Pugh, « Simon et la route de la référence », in *R.S.H.*, 220, 190-4, pp. 24/25.

dont on ne pouvait s'écarter sans retomber dans les erreurs (l'ornière) d'un naturalisme vulgaire ? » [1]

et Claude Simon de laisser le mot de conclusion à A. R.-G. (alias Alain Robbe-Grillet) :

« *A. R.-G. : Il n'en reste pas moins que C.S. nous donne constamment ses référents (...) Donc, il faut bien croire que S. accorde aux référents une importance supérieure à celle que font les autres romanciers de cette réunion.* »[2]

On peut rire avec Simon de son ironie mordante à l'encontre du dogmatisme textuel mais il est légitime aussi de s'interroger avec A. R.-G. sur les ambiguïtés de la position simonienne en matière de mimésis, sur ses contradictions apparentes entre la défense d'une littérature réflexive et textuelle et le poids fondateur des référents dans une pratique mimétique du langage. Célia Britton propose de résoudre cette tension en montrant que Simon adopte « une position autre, selon laquelle la langue n'est ni simplement référentielle ni absolument autonome. »[3]. D'une part, chez Simon, « la structure de la langue est en quelque sorte étayée par un réseau de correspondances naturelles dans le monde ; autrement dit, la langue n'est pas un système entièrement autonome. »[4]. D'autre part, selon Britton, Claude Simon souscrit réellement au pouvoir de signification des mots, et si sa méfiance porte sur le référent diégétique, jamais il n'a remis en cause la valeur de leur signifié, longtemps occultée par le débat binaire entre signifiant et référent, impulsé par la mouvance structuraliste :

« *[...] chez Simon, nulle trace de la subversion ludique qu'affectionne ce dernier [Robbe-Grillet], mais au contraire un engagement sérieux dans la production du sens. Simon, on l'a déjà constaté, trouve dans la langue un moyen de trouver le monde : or nous sommes maintenant en mesure de comprendre que ce projet est rendu possible uniquement par l'action spécifique du signifié.* »[5]

Pourtant il y a bien du référent dans la prose simonienne et pas seulement du signifié :

« *J'ai voulu décrire des odeurs, des images, des sensations tactiles, des émotions...* »[6]

« *Après quoi, comme je vous l'ai dit, tous mes "romans" ont été "autobiographiques", avec tout juste ce qu'il fallait de transpositions pour que des gens qui auraient pu s'en trouver froissés ne puissent s'y reconnaître. [...] la Route des Flandres, c'est le souvenir de la guerre comme je l'ai faite [...]. Enfin, dans Les Géorgiques, toute fiction est complètement éliminée.* »[7]

Si l'auteur n'est pas farouchement opposé à la référentialité même dans les années 70, comme nous l'avons souligné, si Simon ne renonce pas plus à la fertilité du langage à partir des années 80, c'est peut-être qu'il n'y a pas pour lui de tension entre la puissance créatrice de la langue et une mimésis qui donne à voir ce qui est. La foi dans la production textuelle, il est vrai plus visible dans des œuvres comme

---

[1] C. Simon, *Le Jardin des Plantes*, Paris, Editions de Minuit, 1997, p. 355.
[2] *Ibid.*, p. 358.
[3] C. Britton, art. cit., p.100.
[4] *Ibid.*, p. 103.
[5] *Ibid.*, p.114.
[6] C. Simon/M. Chapsal, « Claude Simon parle », *L'Express*, 5 avril 1962, p. 32.
[7] C. Simon/C. Paulhan, « Claude Simon : "j'ai essayé la peinture, la révolution, puis l'écriture" », *Les Nouvelles Littéraires*, 15-21 mars 1984, p. 44.

Triptyque ou *Leçon de choses*, que dans celles que nous avons choisies, où l'ancrage est plus explicitement référentiel, a probablement été amplifiée par le discours officiel de certains théoriciens du Nouveau Roman, mais n'est pas pour l'auteur incompatible avec la dynamique réaliste. Il faut, pour y voir clair, en revenir à la préface d'*Orion aveugle*, où Claude Simon définit le roman comme

« *cette tout autre histoire qu'est l'aventure singulière du narrateur qui ne cesse de chercher, découvrant à tâtons le monde dans et par l'écriture.* »[1]

La recherche du monde s'effectue « dans et par l'écriture », le langage s'avère donc et un but et un moyen. La pratique simonienne est une lutte avec la matière référentielle : « Comment était-ce ? » et une constante interrogation sur les moyens scripturaux de la répétition du réel : « Comment dire ? ». De fait le langage et le référent ne sont pas en rivalité, chez Simon, non pas l'un contre l'autre mais tous deux face à un auteur aux prises avec les incertitudes référentielles et les tâtonnements linguistiques :

« *Eh bien, lorsque je me trouve devant ma page blanche, je suis confronté à deux choses : d'une part le trouble magma d'émotions, de souvenirs, d'images qui se trouve en moi, d'autre part la langue, les mots que je vais chercher pour le dire, la syntaxe par laquelle ils vont être ordonnés et au sein de laquelle ils vont en quelque sorte se cristalliser.* »[2]

Le *Discours de Stockholm* laisse ici supposer un rapport de complémentarité entre le référent et le langage, d'un côté le « magma », de l'autre « les mots [...] pour le dire ». La mimésis simonienne se construit donc dans le compromis entre une présence indéniable du référent extra-linguistique et la dynamique d'une langue qui obéit par ailleurs à ses propres nécessités créatrices. Les contradictions de Simon sur la question de la référentialité n'existent que dans le cadre d'un débat binaire exclusif, les mots ou les choses ; ses ambiguïtés disparaissent dans un projet scriptural unifié qui donne à voir ce qui est énoncé tout en désignant sa propre littéralité. Référentialité et productivité s'étayent dans un miroitement interactif car l'écriture d'un roman, la composition d'une histoire sont enracinées dans une connaissance a priori du réel et parce que réciproquement, selon Paul Ricoeur, nos vies sont toujours des histoires potentielles, des situations pré-narratives :

« *[...] j'opposerai une série de situations qui, à mon avis, nous contraignent à accorder déjà à l'expérience en tant que telle une narrativité inchoative qui ne procède pas de la projection, comme on dit, de la littérature sur la vie, mais qui constitue une authentique demande de récit. Pour caractériser ces situations je n'hésiterai pas à parler d'une structure pré-narrative de l'expérience.* »[3]

Toute expérience référentielle est déjà médiatisée par des systèmes de signes et toute écriture s'articule sur les structures intelligibles du réel. La relation de complémentarité qui s'établit entre la textualité et la mimésis est de nature circulaire et tautologique.

La répétition est donc l'instrument de forclusion du faux débat entre les mots et les choses, que l'on a greffé sur les romans de Simon. D'une part les deux pôles prétendument antagonistes trouvent en elle le même fondement constitutif car si la mimésis est la représentation, la répétition du réel, le fonctionnement réflexif de

---

[1] C. Simon, *Orion aveugle*, op. cit., préface, p. 5.
[2] C. Simon, *Discours de Stockholm*, p. 25.
[3] P. Ricoeur, *Temps et récit I*, op. cit., p. 141.

la textualité s'appuie largement sur le principe de la répétition comme outil de production. D'autre part la circularité miroitante entre la productivité et la référentialité, fondée sur des implications et des nécessités réciproques, assure la cohésion de cet espace littéraire. Ainsi s'explique la labilité du texte simonien, qui parce qu'il s'unifie dans la répétition, peut passer, sans incompatibilité, d'une esthétique mimétique à une poétique de la production.

La littérature de Simon dégage un puissant « effet de réel »[1] qui émeut et cette répétition très mimétique du monde puise à une longue tradition référentielle car la plupart des mouvements littéraires ont souvent défendu leur nouveauté au nom d'un plus grand réalisme. Comment se situe sa prose dans cet éventail de la mimésis esthétique et quels traits a-t-il retenus pour construire sa propre représentation du monde ? En dépit des fortes préventions réitérées par l'auteur lui-même, les œuvres simoniennes sont d'abord largement marquées de l'empreinte des écoles réaliste et naturaliste du XIX°, dont on sait avec Jakobson[2] que les critères sont devenus les parangons du concept même de réalisme. Mais l'originalité de Simon s'affiche aussi dans un nouveau réalisme du décentrement qui déplace l'objet réel, translate le lieu du réel dans la fiction et dans la réception.

Bien que Simon ne fasse jamais allégeance à l'école réaliste (au contraire), ses romans présentent de nombreuses allusions explicites ou implicites à quelques chefs de file de ce mouvement et à certains de leurs épigones. Courbet, le grand initiateur du réalisme en peinture, qui cherche à représenter sans l'embellir le réel et ses détails, est visible dans l'évocation de certaines de ses toiles. Ainsi *Un Enterrement à Ornans* (1849-1850) est suggéré dans l'enterrement de campagne de *La Route des Flandres*, avec « au-dessous des surplis immaculés les gros souliers du prêtre et les jambes sales de l'enfant de chœur », « la haute croix de cuivre », « le christ de cuivre, les lourdes broderies argentées de la chasuble lançant des éclairs métalliques, durs » et ces paysans, « aux visages hostiles et renfrognés », « insolites et cérémonieux avec leurs costumes de fête mais de deuil pensai-je voilà pourquoi j'avais pensé à ces enterrements qu'on rencontre noirs et compassés dans les verdoyants chemins de campagne » (RF,74,85/86). On y trouve le même contraste de la mort au cœur de la nature vivante, la même foule de paysans noirâtres et défaits par la vie auxquels s'oppose le prestige d'une religion d'apparat. La toile de Courbet qui fit scandale au Salon de 1851, est habitée par la pulsion de mort qui dans la béance du trou au premier plan, renvoie le spectateur à son propre néant. Le même esprit préside à la description de Simon avec « la mort, donc, s'avançant à travers champs en lourde robe d'apparat et dentelles, chaussée de godillots d'assassin » (RF,74). Alors qu'il a concrétisé l'impensable de la mort avec *Un Enterrement à Ornans*, Courbet offre un peu plus tard à ses contemporains *L'Origine du monde* (1866), exhibition alors choquante d'un sexe entrouvert de femme, mais béance du désir et de la vie. La toile légèrement en plongée cadre le sexe féminin, abondamment poilu, depuis les cuisses jusqu'à l'ébauche des seins qui émergent du plissé d'un drap. Le sexe féminin présenté dans *La Route des Flandres*, au moment de la rêverie sur la fille de ferme, reprend le même thème originaire et compensatoire au cœur de la tuerie guerrière et présente les mêmes caractéristiques descriptives :

---

[1] R. Barthes, « L'effet de réel », *Littérature et réalité*, Paris, Seuil, coll. « Points Essais », 1982, p. 81.
[2] R. Jakobson, « Du réalisme artistique », art. cit., pp. 99/100 : « pour estimer le degré de réalisme des écoles artistiques antérieures et postérieures, on les compare avec ce réalisme du XIX° siècle. »

« *sommairement façonnés dans la tendre argile deux cuisses un ventre deux seins la ronde colonne du cou et au creux des replis* [...] *cette bouche herbue* [...] *l'orifice de cette matrice le creuset originel qu'il lui semblait voir dans les entrailles du monde* » (RF,39)

Enfin le portrait de cet ami de Charles, artiste, « qu'un soir d'été nous avions vu arriver avec stupeur à la propriété [...] poussiéreux, barbu et possédant pour tout bagage un sac tyrolien » (H,86), n'est pas sans évoquer la toile de Courbet, présentée au Musée Fabre à Montpellier, *La Rencontre* ou *Bonjour Monsieur Courbet* (1854) et qui met en scène dans une fin d'après-midi l'accueil par Bruyas le mécène, d'un Courbet, voyageur errant, barbu et sac au dos.

De la figure fondatrice du réalisme en littérature, Balzac, les œuvres simoniennes se font aussi les porte-parole ou du moins les échos travestis. Par exemple, au retour des colonies, la mère de *L'Acacia*, peut sentir l'étendue d'eau qui la sépare de son funeste destin, « en train de se rétrécir, de se rétracter à la façon d'une peau de chagrin » (A,149) ; tandis que l'auberge où se rend le fils, lors de son service militaire, (H,335) porte le même nom, « Frascati » (H,335), que la villa où vont festoyer les héros de la nouvelle de Balzac, *Sarrasine* (1830). Enfin toute allusion à la Restauration (RF,78 G,33 A,65) et à l'aristocratique faubourg Saint-Germain (A,52,75,313) rappelle le contexte balzacien, lorsqu'elles viennent d'un narrateur dont on sait qu'au retour de la guerre, « chez un bouquiniste, il acheta les quinze ou vingt tomes de *La Comédie humaine* reliés d'un maroquin brun-rouge qu'il lut patiemment » (A,379). Dans les lettres de L.S.M. en provenance de Milan, est évoqué aussi « le jeune Stendhal arrivé avec l'Intendance » et que « fascinent » « les épaules nues des éblouissantes comtesses italiennes » (G,223). Les textes simoniens rendent par ailleurs hommage (G,332), au précurseur américain Fenimore Cooper dont le réalisme ethnologique sur les Indiens, sert de modèle à la peinture sociale d'Eugène Sue[1]. Enfin n'oublions pas que des œuvres comme *Histoire* ou *Les Géorgiques* se construisent sur des emprunts à cette littérature reportage de tradition journalistique, héritière de l'école réaliste, comme *Ten Days that Shook the World* de John Reed et *Homage to Catalonia* d'Orwell ; et que la texture des quatre romans est largement tissée de photographies, cet art né au XIX° siècle qui semble devoir, du moins au début, accomplir l'idéal d'une mimésis parfaite

Si les références au mouvement réaliste sont fréquentes, l'influence des principes mêmes du réalisme a aussi largement inspiré et les thématiques et l'écriture de Simon. Mais le mouvement réaliste n'est pas un système cohérent et si schématiquement, on peut avancer qu'il s'étend sur trois générations, celle de Balzac et Stendhal, les initiateurs, celle de Flaubert et enfin celle de Zola et du naturalisme, il est bien difficile d'unifier le sensualisme de Stendhal, la maîtrise hégémonique de Balzac, l'impersonnalité et le scepticisme de Flaubert et l'engagement visionnaire de Zola. Difficile, en s'appuyant sur des poétiques singulières ou des proclamations individuelles (préfaces et autres manifestes), de dégager des critères suffisamment généraux pour les faire fonctionner dans l'œuvre de Simon et mesurer l'influence de l'école réaliste dans la répétition simonienne du réel. Aussi nous croiserons deux typologies de critères élaborées par les spécialistes éminents du réalisme. On peut s'en remettre d'abord à Erich Auerbach, qui après de lumineuses explications de

---

[1] E. Sue, *Les Mystères de Paris*, Paris, coll. « Bouquins », 1993, p. 31.

textes, de toutes époques et de toutes origines occidentales, propose en guise de synthèse quelques critères de définition de l'œuvre réaliste :

« *Le traitement sérieux de la réalité contemporaine, l'ascension de vastes groupes humains socialement inférieurs au statut de sujets d'une représentation problématique et existentielle, d'une part, - l'intégration des individus et des événements les plus communs dans le cours général de l'histoire contemporaine, l'instabilité de l'arrière-plan historique, d'autre part, - voilà, croyons-nous, les fondements du réalisme moderne, et il est naturel que la forme ample et souple du roman en prose se soit toujours plus imposée pour rendre à la fois tant d'éléments divers. Si notre point de vue est correct, nous pouvons dire que, durant tout le XIX° siècle, la France a pris la part la plus importante à la genèse et au développement du réalisme moderne.* »[1]

Pour le philologue allemand, l'œuvre réaliste moderne avec laquelle se confond l'œuvre réaliste française du XIX° siècle est en prose, sérieuse, n'exclut la description d'aucune classe sociale, mêle les registres, et intègre l'histoire individuelle des personnages dans le cours général d'une Histoire contemporaine et problématique. Philippe Hamon, dans un article de 1973, « Le discours contraint », propose à son tour mais dans une perspective qui ressortit plus à la poétique, un « cahier des charges » du projet réaliste :

1. *Le monde est riche, divers, foisonnant, discontinu, etc. ;*
2. *je peux transmettre une information (lisible, cohérente) au sujet de ce monde ;*
3. *la langue peut copier le réel ;*
4. *la langue est seconde par rapport au réel (elle l'exprime, elle ne crée pas), elle lui est "extérieure" ;*
5. *le support (le message) doit s'effacer au maximum (la "maison de verre" de Zola) ;*
6. *le geste producteur du message (style, énonciation, modalisation) doit s'effacer au maximum ;*
7. *mon lecteur doit croire à la vérité de mon information sur le monde.* »[2]

Ce cahier des charges impose, selon Hamon, deux contraintes majeures, la description et la lisibilité, dont on peut dégager les principales implications. D'abord, si le réel est un champ complexe et foisonnant, il est, pour les réalistes, accessible à la dénomination grâce à la description. Ensuite parce que le projet réaliste est avant tout un désir pédagogique de transmettre une information sur le réel, son discours doit garantir une certaine lisibilité qui s'appuie premièrement sur la caution du discours encyclopédique et scientifique, sur une parole témoin autorisée, qui s'élabore ensuite grâce à une hypertrophie de la redondance, répétition des histoires, des contenus, effets miroitants entre les systèmes sémiologiques, entre les histoires individuelles et l'arrière-plan historique et politique et qui se fonde enfin sur l'élimination de tout bruit qui pourrait perturber la transitivité du message, en particulier l'instance d'énonciation.

C'est à l'aune de tous ces critères théoriques, qui donnent un aperçu général de la fabrication du modèle réaliste au XIX° siècle que sera mesurée l'emprise de ce

---

[1] E. Auerbach, *Mimésis*, *op. cit.*, p. 487.
[2] P. Hamon, « Le discours contraint », in R. Barthes, L. Bersani, Ph. Hamon, M. Riffaterre, I. Watt, *Littérature et réalité*, Paris, Seuil, coll. « Points Essais », 1982, pp. 132/133.

dernier sur une prose simonienne qui en perpétue (malgré elle) les thèmes, la démarche et le mode narratif.

Les thèmes réalistes

Parmi les thèmes privilégiés par les réalistes en lutte contre l'idéalisme romantique, figure en bonne place, le petit sujet de la vie quotidienne qui vise à montrer le caractère ordinaire de la réalité, source d'inspiration que doit défendre Champfleury, en 1857, car « on n'admet pas que la vie quotidienne puisse fournir un drame complet. »[1]. Les romans simoniens qui présentent souvent des situations d'exception, comme la guerre par exemple, ne répugnent cependant pas à peindre les circonstances courantes d'une vie banale. *Histoire* présente la vie monotone et harassante d'une serveuse de restaurant, les sinistres ratés d'un robinet mal réglé et d'une voiture qui ne démarre pas ou encore le décor et la routine d'une agence bancaire. Mais même au cœur de l'événement explosif, le narrateur s'appesantit sur de petites choses de la vie quotidienne, sans commune mesure avec le déchaînement d'horreur ou de destruction, qui l'environne : en pleine débâcle, le brigadier cire son houseau et regarde « fixement le couvercle de la petite boîte ronde posé à côté de son pied sur le banc, le dessin noir et rouge (il pouvait encore le voir : le lion, les lettres aux fioritures contournées, l'éclat métallique du fond, les rayons comme ceux d'un soleil s'écartant en éventail autour de la crinière) » (A,44). Le récit simonien s'élabore ainsi sur les observations d'une vie triviale, qui, en complément du destin tragique des héros et en liaison avec une esthétique qui se décentre aussi de l'idéalisme héroïque, consacrent la médiocrité de la condition humaine enferrée dans des préoccupations répétées et banales ; tous ces détails disent dans un monde en crise, dans un esprit en souffrance, le besoin de s'en remettre à une matérialité de la vie courante, repérée et rassurante.

Si le caractère ordinaire de la réalité inspire les auteurs de l'école réaliste, un intérêt certain les anime pour les marques d'une altérité ethnologique et d'une singularité culturelle. Là est bien le souci et la revendication des Goncourt dans la préface de *Germinie Lacerteux* en 1864 :

« *Vivant au dix-neuvième siècle, dans un temps de suffrage universel, de démocratie, de libéralisme, nous nous sommes demandé si ce qu'on appelle "les basses classes" n'avait pas droit au Roman.* »[2]

Avec Simon le réalisme reste ancré dans sa base sociale, ce dont témoigne son intérêt pour l'univers des prostituées de bordel (G,223/225 A,363/370) ou la dissection du monde des courses avec la peinture du décor, la description physique et comportementale des parieurs (RF,139/141), véritable vivier de la diversité et de l'altérité sociale ; mais son réalisme se diversifie : il franchit les frontières et c'est à l'occasion d'un voyage vécu, remémoré ou imaginé et à partir des cartes postales reçues, que pointent les remarques ethnologiques et géographiques : la météorologie tropicale (A,145), l'humanité noire de Tamatave (H,256) à la Somali (A,135) en passant par Zanzibar (H,261), la description de Berlin (A,176), Moscou et le tom-

---

[1] J. Champfleury, *Le Réalisme, IV : De la réalité dans l'art*, extrait proposé par A. Chassang et Ch. Senninger, *Les textes littéraires généraux*, Paris, Hachette, coll. « Hachette université », 1958, p. 226.
[2] J. et E. Goncourt, *Germinie Lacerteux*, Paris, Librairie Générale Française, coll. « le livre de poche classique », 1990, p. 4.

beau de Lénine (A,184), les conditions financières et les destinations d'une promenade en rickshas à Colombo (H,254/255). L'intérêt récurrent de Simon pour le monde juif (RF,261/264 A,174/175) ou l'univers gitan (G,208/209,211/214) montre son souci de refléter une singularité ethnique et culturelle, tandis que la silhouette de « ces émigrants flottants dans leurs vêtements élimés, avec leurs identiques visages fiévreux, rongés, leurs identiques regards exténués, leurs identiques chaussettes mauves à baguettes et leurs minces chaussures aux talons tournés » (G,362), motif contemporain du juif errant, renvoie à l'ailleurs de l'ailleurs. Au XIX° siècle, le réalisme s'est décentré, avec des convictions idéologiques et esthétiques, de son milieu de production, pour s'ouvrir notamment à des couches populaires déclassées ; avec des écrivains comme Simon la reproduction du réel s'ouvre à l'ailleurs ethnologique, culturel, social, moral dans un souci d'universel témoignage sur la distinction.

Parallèlement l'œuvre réaliste se pose en œuvre de savoir, animée par un désir encyclopédique d'exposition des connaissances. Pour Philippe Hamon, « le discours réaliste est simplement un discours *ostentateur de savoir* (la fiche descriptive) qu'il s'agit de *montrer* (au lecteur) en le faisant *circuler* (dans et par un récit, et en l'accompagnant des signes les plus ostensibles de l'*autorité*). »[1]. Aussi la description de milieux sociaux originaux (les artistes) ou inférieurs (les ouvriers) devient par exemple pour Balzac ou Zola l'occasion de minutieuses investigations à des fins didactiques. Bien entendu Simon n'est pas un Zola recopiant des manuels d'horticulture pour décrire un jardin dans *La Faute de l'abbé Mouret* ; sa narration n'est pas le prétexte à de longs développements taxinomiques et pédagogiques, comme chez les réalistes mais on trouve quand même dans ses œuvres, cette tendance à s'appesantir sur le pittoresque de l'altérité combiné à un souci pédagogique d'initiation. De même que le père ajoute aux innombrables cartes qu'il envoie à sa fiancée depuis les lointaines contrées où il voyage, « quelques lignes documentaires et éducatives, comme on écrit à une enfant, une écolière, à la petite sœur restée à la maison » (H,253), de même le réalisme simonien se fonde sur une pédagogie de l'ailleurs. Mais la pratique de Simon diffère sur plusieurs points de celle d'un Zola par exemple : d'abord les notices explicatives chez Simon sont saupoudrées dans la narration, s'insinuent dans une pédagogie du détour, alors que chez le naturaliste elles sont massives et concentrées ; ensuite la note explicative zolienne emprunte aux guides, aux manuels, aux traités, elle est le fruit de recherches cognitives et encyclopédiques et présentée dans une neutralité objective, tandis que la pédagogie de l'altérité simonienne se construit sur des constatations empiriques et est en général prise en charge subjectivement par un narrateur ou un personnage. C'est Blum, avec toute l'amertume du paria exploité qui présente de façon très didactique à Georges, la besogneuse rue des Francs-Bourgeois : « après la guerre il faudra que tu viennes me voir, je te ferai visiter ma rue, il y a d'abord un magasin peint en jaune imitation bois avec écrit en lettres dorées [...] » (RF,262) ; et c'est la constatation vécue par le brigadier des misères du règne soviétique (A,179/190) qui fonde son exposé sur la vie quotidienne en U.R.S.S.. Le réalisme encyclopédique du XIX° devient chez Simon, sur des thèmes communs un réalisme de l'expérimentation.

Vie quotidienne, réalité des différences singulières, la grande affaire des réalistes au XIX° siècle reste néanmoins l'attention aux structures et au fonctionne-

---

[1] P. Hamon, « Un discours contraint », art. cit., p. 145.

ment de la société que souligne Erich Auerbach, à propos de Stendhal, : « le réalisme sérieux des temps modernes ne peut représenter l'homme qu'engagé dans une réalité globale politique, économique et sociale en constante évolution »[1]. Le roman simonien s'organise lui aussi largement autour de représentations idéologiques et historiques, qui parallèlement dispersent les marques individuelles dans des déterminations collectives.

L'ancrage explicite des romans de Simon dans un contexte spatial et temporel réel, dans une histoire et une géographie éprouvées, leur assure une prime à la vérité et les autorise à une analyse sociale et historique. Pas de lieux imaginaires mais de constants renvois à des lieux connus (Barcelone, Charleroi, Lyon ...) ou reconnaissables par des périphrases lorsque la référence directe est défaillante (Perpignan (A,56,116), Berlin (A,176), Paris (G,384)...) ; les faits historiques sont eux aussi la plupart du temps repérés, qu'il s'agisse des événements récents de la dernière guerre mondiale dont les dates ponctuent les chapitres de *L'Acacia* ou de ceux qui courent depuis la Révolution française jusqu'à l'Empire scrupuleusement consignés dans les documents de L.S.M.. Et comme les événements évoqués (La condamnation du roi, la Terreur, les guerres napoléoniennes, la guerre civile espagnole, les rafles juives, les stalags allemands...) parlent terriblement par leur violence à la mémoire collective, ils dessinent un horizon culturel commun qui renforce l'assise réaliste. L'évocation de personnages historiques (Napoléon (G,446), Guillaume II (A,313/315), Rommel (A,328/329)) est aussi un facteur d'inflation réaliste, car une garantie confirmée de la véracité référentielle. La probabilité mimétique est encore accentuée par le retour des personnages dans la fiction. Leur réapparition, d'un roman à l'autre, tantôt au premier plan comme de Reixach dans *La Route des Flandres* ou comme simples figurants, de Reixach dans *Histoire*, montre qu'ils continuent à exister même quand le roman est fini, qu'ils ont un avenir et un passé et ils semblent ainsi échapper à la littérature pour habiter la vie réelle. Chez Simon comme dans La *Comédie humaine*, ce procédé permet la composition d'une œuvre cyclique faisant concurrence à l'état civil, d'une totalité autonome donnant l'illusion de refléter la société.

Ce lustre de réalité, que confère au récit simonien son ancrage référentiel, éclaircit l'exposition et la critique des dispositifs sociaux contemporains. La conscience du monde, tel qu'il est représenté dans les romans simoniens, est en effet bien proche, par ses déterminations historiques, sociales, économiques et politiques, de l'appréhension des réalistes du XIX° siècle. Tout commence pour eux comme pour Simon par une question posée à l'histoire.

« *L'œuvre réaliste veut comprendre ce qui arrive. Que ce besoin surgisse après la Révolution française n'a rien pour surprendre : une nouvelle société vient d'apparaître, dont le fonctionnement est à éclaircir. Un nouveau monde s'est constitué et avec lui une nouvelle manière de percevoir et de représenter le réel.* »[2]

Les romans de Simon prennent toujours en charge des époques problématiques, qui meurtrissent ceux qui les subissent : la Révolution française pour L.S.M. et sa famille, la guerre de 14 pour les parents du narrateur, la guerre civile espagnole pour le brigadier et O., la seconde guerre mondiale et ses atrocités qui mettent fin aux illusions humanistes. Le monde représenté par Simon ne va jamais de soi, il est

---

[1] E. Auerbach, *Mimésis, op. cit.*, p. 4.
[2] P. Dufour, *Le réalisme*, Paris, P.U.F., coll. « Premier cycle », 1998, pp. 7/8.

instable, à la charnière de deux périodes, et nécessite des vagues successives de restructuration pour ceux qui l'habitent. Si Stendhal et Balzac ont du mal à trouver leur place dans la nouvelle société qui est née de la Révolution et de l'épisode napoléonien, le quotidien chez Simon est de même hanté par l'Histoire : le retour mémoriel insistant sur les périodes révolutionnaires et guerrières y symptomatise la perplexité face aux bouleversements du monde ainsi qu'une tentative pour les comprendre en les reprenant à leur source. L'intérêt de Simon pour les ruptures du monde contemporain le conduit non à une Histoire figée et close mais à un processus actif dans le présent.

Les coupures de l'Histoire sonnent la fin d'une époque et la fin des illusions. Les romans de Simon et en particulier *Les Géorgiques*, entérinent la disparition du grand homme. L.S.M., cet être qui relève de la geste divine, au « destin hors série, à la fois violent, sacrilège, indocile, ou plutôt indomptable » (G,169), à la stature de colosse, qui a régné sur tous les champs de bataille européens et toutes les institutions politiques entre la Révolution et l'Empire, qui au nom de ses idéaux a accompli « l'exploit titanesque d'accoucher d'un monde et de tuer un roi » (G,149), connaît finalement une humiliante déchéance physique et intellectuelle. De même que Waterloo consacre pour Fabrice, dans *La Chartreuse de Parme*, avec la déchéance de la figure napoléonienne, la fin d'une légende, L.S.M. est le dernier des grands hommes vantés par la légende simonienne, aucun de ses successeurs dans la famille, ni même dans la société n'aura droit aux honneurs de l'auteur. Car avec lui s'évanouit la vérité des Lumières qu'il incarne et la foi courageuse dans des idéaux. La disparition d'un monde est par ailleurs marquée par les suicides qui ratifient l'inadaptation de certaines classes à l'édification d'une société nouvelle. Le suicide de l'ancêtre dans *La Route des Flandres*, signe sa responsabilité dans la défaite des armées révolutionnaires face aux Espagnols, mais aussi sa désillusion devant une génération d'hommes qu'il avait rêvé de transformer par ses généreux idéaux égalitaires empruntés à Rousseau (RF,178). Les héritiers de cette société nouvelle qui a promu la justice et l'égalité sociales, n'ont ni l'engagement, ni l'endurance idéologique des promoteurs de la Révolution, ainsi déphasés dans un monde qu'ils ont construit mais ne comprennent pas. Le suicide est la solution à leur décalage idéologique. Celui de de Reixach, renvoie non plus à un écart entre des convictions et leur inaboutissement dans une société falsifiée mais à l'inadaptation d'une caste nobiliaire qui obéit encore à un code d'honneur, face aux pouvoirs destructeurs et cachés du monde moderne. Avec de Reixach, c'est l'ordre ancien d'une société dépassée qui s'écroule. Et les vieillards de l'ancien temps sont toujours ridiculisés chez Simon. Ils ont gardé de belles manières : la grand-mère du narrateur tient certes salon comme au temps glorieux de la splendeur familiale (G,172), mais ce lustre passager cache mal le rafistolage du papier peint avant la venue des invités car le monde des vieillards simoniens est « un monde disparu » (G,197), imperméable aux décolletés provocants de Corinne et à l'émancipation des garçons-coiffeurs : « Mais enfin, Corinne disant Mais enfin quoi à quelle époque te crois-tu est-ce que tu penses que le fait d'être le fils d'une coiffeuse empêche de bien jouer du violon Dans toute la ville il n'y a pas un seul, grand-mère disant Tout de même il me semble qu' » (H,80). La vieille dame, héritière d'une tradition nobiliaire, petite-fille d'un général d'Empire ne peut s'inscrire dans ces sociétés issues des convulsions de l'Histoire :

« *Et avec elle ce fut comme si tout ce qui subsistait encore d'un passé confus, d'une tranche d'Histoire (fût-ce dans l'incertaine mémoire d'un cerveau vieilli), avait été effacé, aboli* » (G,197)

Aussi le vieux chez Simon est-il, comme symbole d'une ère défaite par les déchirures de l'Histoire, condamné à la dégénérescence et au radotage sénile, qu'illustrent ces vieilles femmes qui ouvrent *Histoire* (H,26/27). Il nous renvoie à ces figures de l'aristocratie décadente, ces vieux émigrés de retour d'exil après 1815, tel M. de Mortsauf, du *Lys dans la vallée*, qui peuplent la société balzacienne.

Mais les nouvelles sociétés qui naissent des coupures de l'Histoire sont pires que les anciennes. A la façon de celui de Maupassant inspiré de Schopenhauer, le réalisme simonien est pessimiste. La période convulsive, le moment de déchirure se cristallise toujours dans une dictature : ravages révolutionnaires en France avec les listes de condamnés de la Terreur (G,388), la justice sommaire (G,429) ; dictature des communistes à Barcelone, entachée d'expéditions punitives (G,265), d'arrestations et de condamnations abusives (G,226/227,279,313), manipulée par la police politique (G,313) qui « sécrétait elle-même sa propre légalité » (G,272) ; mais aussi confiscation dans la guerre des identités et des libertés individuelles. Les quatre romans de Simon, tous balisés par deux dates symboliques, 1789 et 1940, posent donc clairement la question de la démocratie. A travers les figures répétées de l'Histoire, ils en désignent la fragile constitution que menacent et les régimes monarchiques toujours sujets à Restauration (RF,78 G,33 A,65) et les gouvernements totalitaires incarnés par la tyrannie communiste en Espagne (G,chap.IV), par le stalinisme soviétique (A,180/188) et par le nazisme allemand (A,176/178,228). Chaque coupure historique met en évidence la nécessité de renverser le tyran mais la rénovation est vouée à l'échec car elle voit toujours la résurgence des mêmes figures politiques, « les redites d'une pièce cent fois jouée » (G,385). La représentation de la société, chez Simon, entérine la faillite du politique car les différents régimes sont fondamentalement équivalents : « Il vient de faire la plus grande révolution de l'Histoire et ne croit plus à rien, sert docilement le despote dont seul à présent le maintien au pouvoir le protège de la vengeance des Bourbons ». Napoléon I, « le despote » a remplacé Louis XVI, le tyran coupable (G,180). La république, elle-même, s'édifie sur la médiocrité du personnel politique, dont sont ridiculisées les compétences, la formation, les convictions idéologiques et même l'apparence physique :

« *ce genre d'hommes mal habillés, aux pantalons et aux gilets d'anciens pions ou d'anciens professeurs de collèges, dignitaires des loges maçonniques, et arrivés ou plutôt catapultés là (dans les palais au luxe stéréotypé, aux lambris sculptés, aux bureaux d'acajou et aux fades tapisseries ornées de héros et de feuillages) par une suite de hasards combinés avec la robuste capacité stomacale qui pendant des années leur avait permis d'ingurgiter sans broncher aux comptoirs des tournées électorales d'innombrables petits verres* » (G,105)

Ce n'est pas au nom d'un projet collectif que travaille le cercle des politiques : la société se compose d'intérêts particuliers qu'ils défendent à leur profit par « ces querelles, ces intrigues, ces luttes aveugles pour le pouvoir » (G,383) ou pour celui de leurs proches, « veillant sur le sort (la carrière ?) d'un parent de leur crémière ou de leur concierge) » (G,127). Lambert est dans *Histoire* la figure exemplaire du Rastignac ou du Bel-Ami de la politique. Prototype du combinard qui dans son enfance berne ses camarades dans les échanges de timbres (H,214), il oublie la période communiste de sa jeunesse pour devenir le député en croisade contre les « kominformistes » (H,332). La politique républicaine est souillée de forfaiture et d'arrivisme idéologique.

Mais la société qui naît des brisures explosives de l'Histoire est bien plus gravement qu'aux incompétences politiques, soumise à la tyrannie économique. Comme chez tous les auteurs réalistes, pour Simon, l'argent mène sinistrement le monde. Les idéaux révolutionnaires d'égalité, de justice, de liberté, défendus par L.S.M. s'abîment, au sein de sa propre famille, dans les valeurs mercantiles du lucre et de la prospérité bourgeoise :

« *gommant, scotomisant plutôt* [...] *ce que, dans leur bienséance guindée, ils considéraient comme une tache, une honte, assimilant, ramenant dans leur esprit aux dimensions d'inavouables errements de jeunesse et de dettes de jeu l'exploit titanesque d'accoucher un monde et de tuer un roi), la fortune, donc, ne cessant de s'accroître, la famille de prospérer, de se fortifier dans sa cuirasse d'orgueil et de respectabilité* » (G,149).

On retrouve ici l'évocation, très balzacienne, de cette bourgeoisie d'argent qui à partir de la Restauration, tourne le dos aux valeurs qui lui ont pourtant permis de développer les conditions de sa réussite. L'argent est dénoncé comme la condition même de l'existence, la nouvelle définition de l'homme, postulée par le pastiche de la question que le sphinx pose à Œdipe : « quel est celui qui ne peut ni se véhiculer, ni manger, ni se couvrir, ni s'abriter s'il ne peut pas donner de l'argent en échange, ou si vous préférez quel est cet animal qui peut se servir d'aucun de ses cinq sens s'il n'en possède pas un sixième sous forme de carnets de chèques » (H,99). L'imposture de la bourse, déjà démasquée par Zola sous le Second Empire, dispose du sort de millions d'hommes (« les milliardaires échangeaient à la Bourse des populations de chômeurs » (G,122)), et institue une machinerie autonome, dégagée des nécessités humaines, grâce à laquelle « par une sorte de sublimation, les banquiers peuvent acheter simplement de l'argent avec de l'argent » (H,72). Système symbolique imaginé et produit par les hommes, pour faciliter leurs relations d'échange, l'argent trouve en lui-même les principes et les raisons de son auto-fonctionnement et au mieux travaille pour certains, dans l'indifférence et dans la nuisance pour le plus grande nombre. L'appât pour les gains, dans le monde immobilier des années 60, conduit par exemple les hommes d'affaires du sud à calculer « combien on peut en entasser au mètre carré la surface minimum sur laquelle on peut empiler suffisamment de sommeil et d'éviers pour se faire faire des chaussures en peau de crocodile et envoyer sa fille dans un collège anglais » (H,326). Machine à broyer la vie quotidienne de l'humanité, l'argent est aussi partiellement responsable des guerres « puisqu'il paraît que ces sortes de faits sont simplement la conséquence de lois économiques » (RF,65) et pour le moins la conclusion des conflits est dépendante des pouvoirs financiers. Selon l'auteur, en effet la fin de la seconde guerre mondiale est due à la préoccupation mercantile des financiers américains plutôt qu'à leurs convictions philanthropiques (A,39).

La tyrannie économique institue une société de classes dont la représentation chez Simon est particulièrement hiérarchisée. La société simonienne fonctionne, suivant le modèle que Marx a élaboré, en trois classes sociales : l'aristocratie représentée par la famille de L.S.M. et une partie de son entourage, par le clan de Reixach et par le « nain » royaliste, ami de la grand-mère, qui daigne se rendre chez elle (G,178/179). La bourgeoisie simonienne est divisée : d'une part la bourgeoisie rentière, incarnée par la famille du narrateur, issue de la noblesse, dont elle a perdu le titre, la particule et en partie la fortune mais dont elle garde le mode de vie oisif, les valeurs de bienséance et de respectabilité, et les sources de revenu tirées d'une exploitation féodale de la terre (« descendance de rentiers, de propriétaires terriens, d'artistes amateurs, et de dames coiffées d'anglaises » (A,356)) ; la bourgeoisie d'affaires, plus discrète dans les romans, est représentée notamment par le cousin Paulou et son acolyte le Grec, auxquels les spéculations immobilières (H,285,312,326) assurent une aisance financière qui ne masque pas la vulgarité des manières. Face à ce pouvoir de l'argent tente de survivre un prolétariat rural, « les familles de saisonniers espagnols ou gitans » (A,112,121), et autres régisseurs « négriers », une population asservie mais paralysée par le paternalisme des maîtres, amenés parfois dans leur charité chrétienne à s'occuper de leurs gens, comme la mère qui apporte « les premiers soins, à genoux devant une cuvette dont l'eau se teintait rapidement du rouge qui coulait des chairs écrasées » (A,122). La condition du prolétariat domestique est illustrée par le personnage de Batti, qui vit dans une intimité absolue avec ses maîtres, gouvernante, gestionnaire du domaine, confidente, exutoire sexuel et pour finir substitut maternel qui veille sur les derniers jours de L.S.M. ; mais dont Claude Simon insiste sur la vie particulièrement rude, « elle qui depuis qu'elle était en âge de s'habiller s'était levée tous les jours avant l'aube, avait couché toute sa vie dans un galetas sans feu, cassé la glace dans le broc, l'hiver, pour se laver, [...] veillé les morts, n'avait jamais possédé plus d'un vêtement de rechange » (G,413/414). Le domestique vit dans un telle proximité avec son maître qu'il perd toute conscience de classe, et dans le processus d'identification s'égarent les limites de son être propre : Eugène deviendra le propre fils de Batti à la mort de Marianne et elle se rendra coupable de captation d'héritage à son profit. Il en va autrement du prolétariat moderne et industriel que la guerre civile espagnole projette aux avant-scènes.

« *hommes en armes [...] avec ces visages terreux qu'on avait cru oubliés, ravagés, sombres, habités par cette espèce de taciturne et aveugle violence qui dans leurs faubourgs poussiéreux et jaunes, ou encore les bas quartiers du port, les avait déjà précipités moins d'un an plus tôt hors de leurs taudis ou de leurs usines [...] guidés par quelque instinct, quelque réflexe ancestral vers ces avenues* » (G,355)

Ces hommes, sombrement déterminés à défendre, par la lutte armée, leur survie contre les riches, possèdent une réelle conscience de classe, nourrie par la haine ancestrale des classes possédantes ; mais leur lutte restera lettre morte, au moins en Espagne, car ils se font confisquer le pouvoir, par la manipulation communiste, ce que narre l'épisode de O. dans *Les Géorgiques*, puis bien sûr par la force franquiste.

La représentation de la société par Simon est donc très manichéenne : d'une part des classes possédantes enfermées dans des schémas de pouvoir féodal ou capitaliste ; d'autre part des exploités en tous genres, dont les portraits sont très semblables dans leur hyberbolisme de laideur et de misère à ceux des réalistes Courbet et Daumier :

« *vêtus de leurs invariables robes noires, avec leurs fichus noirs noués sous le menton, encadrant leurs visages crevassés de rides, jaunes, indifférents aux larmes qui les inondaient, empreints de cette permanente expression d'hébétude, d'épouvante et de résignation des faibles et des pauvres* » (A,155)

La société simonienne est aussi très hiérarchisée, fermement cloisonnée, à l'image de l'institution militaire, prototype de l'organisation sociale, où Simon montre avec insistance que les hommes de troupe ne jouissent pas des mêmes privilèges que les officiers. Ils ne voyagent pas dans les mêmes wagons (A,52,167), ne lisent pas des journaux de même qualité (G,111), ne logent pas dans les mêmes endroits (RF,195), ne disposent pas des mêmes commodités (G,138). Si bien que Georges qui n'est ni baron, ni colonel, cumule aux yeux de de Reixach un double déficit et devient « quelque chose comme moustique insecte moucheron » (RF,10), il n'existe pas socialement et par suite physiquement. Pourtant toute la dynamique des romans de Simon, comme ceux de Balzac ou des réalistes du XIX° siècle en général, repose sur les assauts répétés contre les frontières sociales. L'histoire du père est l'aventure d'une ascension sociale et économique, d'une lutte armée par la carrière militaire et par « le siège », la conquête « de cette espèce de forteresse de préjugés, d'indolence, de futilité et d'insolence » (A,127) qu'est son épouse. Mais le père meurt prématurément et sa disparition dit l'impossible avenir de la réussite sociale. Inversement, l'épisode relatif à L.S.M. dans *Les Géorgiques* ou à l'ancêtre de *La Route des Flandres*, fonde la généalogie d'un déclassement : l'abandon de la particule (RF,77 G,382), la conversion aux idées révolutionnaires doivent créer un autre homme social ; pourtant on n'échappe pas à sa classe et L.S.M. comme Henri Reixach seront des condamnés de la famille et des déçus de la révolution jusqu'au suicide. La société simonienne est définitivement cadenassée et toute tentative de transgression se solde par la mort physique ou idéologique.

Enfin ces sociétés nouvelles, nées des fractures de l'Histoire, engluées dans les faillites politiques et les servages économiques, étendent aux colonies les conditions modernes d'un esclavage ethnique. Les romans de Simon narrent, avec causticité, l'essor du colonialisme au XIX° et au début du XX° siècle et les redoutables illusions de la domination civilisatrice. Les populations noires colonisées existent en marge de la dignité humaine et puisque l'humanitaire n'est pas encore de mise face à des êtres vivants qui ne sont pas des hommes, on se rend dans les colonies pour apporter les lumières de la civilisation, « les symboles mêmes de l'indestructible supériorité de la race blanche » (H,137), soit un restaurant à l'européenne « traîné à travers marécages, forêts vierges et brousses par les attelages de bœufs aux cornes-lyres ; et enfin déposé entre le casino de station thermale, la basilique de Lourdes et le lycée Jules-Ferry (sans doute également transportés eux aussi par paquebot après miniaturisation préalable et remontés là pièce par pièce) complétant l'ensemble civilisateur et fastueux surgi parmi les paillottes de nègres » (H,137). On s'y rend aussi pour gagner de l'argent et asseoir sa promotion, comme le père qui « économisant sou à sou » pourra, au terme de son ascèse, « acheter la bague, le diamant, le caillou magique » (A,217) et porter « ce troisième galon » (A,132) qui lui donnent accès à son « indolente et oisive sultane ». La société moderne telle que la représente Claude Simon, n'a donc, malgré les secousses de l'Histoire qui l'ont engendrée, accompli aucun progrès. Elle est paralysée par les faillites politiques, corrompue par l'exploitation économique et ethnique, déchirée par les guerres, souillée par les méfaits technologiques de la révolution industrielle issue « de ce siècle encyclopédique, inventif et sacrilège coupable [...] d'avoir engendré la lignée des puantes machines » (G,146). Et Simon ne peut que constater la permanence des comportements humains, et reprendre à son compte la formule de Balzac, dans les premières pages de *La Fille aux yeux d'or* :

« *Qui donc domine en ce pays sans mœurs, sans croyance, sans aucun sentiment ; mais d'où partent et où aboutissent tous les sentiments, toutes les croyances et toutes les mœurs ? L'or et le plaisir.* »[1]

Dans le premier chapitre de *La Fille aux yeux d'or*, intitulé « Physionomies parisiennes », Balzac présente avec les couleurs de l'enfer dantesque, la société parisienne, divisée en cinq sphères : le prolétariat ouvrier, la petite bourgeoisie, la bourgeoisie d'affaires, les artistes et l'aristocratie qui toutes sont asservies à la férule de l'or et du plaisir. Balzac offre d'ailleurs une vue conjointe du Paris moral et du Paris physique dont la ressemblance est frappante avec les descriptions de Barcelone par Simon :

« *Si l'air des maisons où vivent la plupart des bourgeois est infect, si l'atmosphère des rues crache des miasmes cruels en des arrière-boutiques où l'air se raréfie ; sachez qu'outre cette pestilence, les quarante mille maisons de cette grande ville baignent leurs pieds en des immondices que le pouvoir n'a pas encore voulu sérieusement enceindre de murs de béton qui pussent empêcher la plus fétide boue de filtrer à travers le sol* »[2]

« *la brise qui vient de la mer refoulant les épais relents d'huile rance, d'urine, d'égouts, de légumes pourris, repoussant les bruits, la confuse rumeur, de sorte que sous la calotte de ciel déjà décoloré, blanc, la ville [...] se décomposant lentement dans l'odeur de renfermé, sure, cadavérique des chambres closes* » (H,364/365)

Paris comme Barcelone, portent, en des termes équivalents, les stigmates physiques de la vermine morale qui les ronge. Pour Balzac, l'or et le plaisir, qui exténuent les cinq sphères sociales dans une haletante avidité, justifient « physiologiquement la teinte presque infernale des figures parisiennes »[3], tandis que pour Simon l'apparence de Barcelone s'abîme dans la corruption sexuelle et la richesse pitoyable : « les luxueux bordels aux baroques décorations noir et or, les visages impitoyables et rehaussés de carmin des momies aux fausses dents d'or auxquelles les chauffeurs à leggins ouvrent les portières des longues limousines noires » (G,322). Simon comme le réaliste, insiste sur la cupidité des hommes qui entretiennent avec l'argent, au-delà du simple rapport de nécessité, une relation passionnelle et dans la description très balzacienne des parieurs du champ de courses, il confirme que le virus atteint toutes les couches sociales :

« *les têtes des parieurs aux métiers douteux, aux cols douteux, aux visages douteux, aux yeux de faucon, aux visages durcis, impitoyables, frustrés, rongés, corrodés par la passion : les manœuvres nord-africains qui ont payé presque l'équivalent d'une demi-journée de leur travail pour le seul privilège amoureux de voir de près le cheval sur lequel ils avaient misé leur paye de la semaine, les souteneurs, les trafiquants, les marchands de tuyaux de la pelouse, les apprentis, les chauffeurs de cars, les commissaires, les vieilles baronnes* » (RF,140/141)

Si le ressort du social est le gain qui pousse l'antiquaire d'*Histoire* à « piller les familles ruinées de la région » (H,224), le promoteur immobilier à parier impitoyablement sur la résistance à l'exiguïté des habitations (H,326) et les prisonniers d'un stalag à jouer au risque de leur vie (RF,198/199), la dynamique des comporte-

---

[1] Balzac, *Histoire des Treize, La fille aux yeux d'or*, Paris, Editions Garnier Frères, 1966, p. 372.
[2] *Ibid.*, p. 384.
[3] *Ibid.*, p. 371.

ments est aussi le plaisir sexuel. Le réaliste montre la déperdition des sentiments, met à nu le désir. Si *Le Déjeuner sur l'herbe* de Manet choque en 1863, c'est moins pour le dévoilement d'une nudité, auquel nous a habitués l'esthétique antique et classique, que pour la présence d'une chair vibrante, qui sans pudeur nous regarde, en présence d'hommes habillés. En opposition avec une esthétique éthérée du nu qui magnifie la beauté idéalisée des lignes féminines, cette toile manifeste le désir au cœur de la vie civile, au sein de la société des hommes. Les héros de Zola comme ceux de Simon sont vaincus par leurs pulsions sauvages. Il n'y a pas de sentiments amoureux entre les personnages de Simon, hormis peut-être entre le père et la mère, encore que nous ayons vu les aspirations sociales qui poussent le père à conquérir sa femme et les délices orgastiques qui maintiennent la mère défaillante au bras de son époux. Pour tous les autres, L.S.M. et Adélaïde, Georges et Corinne, De Reixach et Corinne, Iglésia et Corinne, Charles et le modèle, Virginie et le valet... la relation amoureuse se révèle essentiellement une aventure sexuelle qui subsume parfois le lien conjugal délaissé par le désir. L'or et le plaisir balzaciens trouvent leur point d'orgue dans la représentation de la femme car la société simonienne est fondée sur l'échange des femmes comme marchandises érotisées. A côté des « épouses à héritages coiffées de bandeaux » (G,148) dont on réclame la dot (G,70), les prostituées dont l'évocation est si fréquente, incarnent ces rapports sexuels, qui sont, indépendamment des situations sociales, étroitement mêlés aux affaires économiques.

A l'instar des auteurs rattachés à l'école réaliste, Claude Simon insiste, dans ses romans, sur les déterminations politiques, économiques et sociales auxquelles l'individu est confronté. Comme eux, il représente une société en transformation dont les battements sont rendus perceptibles à travers le choix du roman de formation : le narrateur, tout en reconstruisant le substrat de sa propre histoire, s'initie à la révolution, à la guerre, au désir... Comme eux, il découvre une société finalement figée, malgré sa mouvance, dans les faillites politiques et les déterminismes économiques et sociaux. La représentation critique de Simon est sévère : la société est inégalitaire à l'égard des pauvres, des noirs, des émigrants ; les révolutions les plus pures finissent en dictatures ; la démocratie pas plus que les livres ne peut protéger des guerres et des stalags et l'Histoire qui s'enlise, annonce que le futur est aussi pire que le passé. Le désenchantement de Simon en matière idéologique, qui marque des romans comme *La Route des Flandres* et *Histoire*, chronologiquement proches des chocs de la seconde guerre mondiale, reste très vivace dans *Les Géorgiques* et *L'Acacia*, pourtant bien postérieurs. Il s'accompagne d'un refus du modernisme, d'un rejet des machines (G,146), des abominations de l'urbanisme balnéaire qui borde les tranquilles étendues de sable « d'assourdissants juke-boxes, d'immeubles (ou plutôt de mille-feuilles) en béton, de fast-foods » (A,210), refus des nouveautés de la vie moderne qui viennent polluer le silence et la paix de la vieille ville « avec ses étroites rues maintenant encombrées d'autos, empuanties de gaz, les rez-de-chaussée de ses vieux hôtels éventrés pour faire place à des vitrines illuminées, peuplées de clinquants mannequins, comme les palmiers en quelque sorte factices, importés eux aussi, accordés au clinquant de fausse Riviera, aux clinquantes musiques de conserve qui s'échappaient des portes, aux clinquants vendeurs ou vendeuses sortis tout habillés de boîtes de conserves garnies de surplus américains » (A,207/207). Le nihilisme de Simon prend dans les romans récents la forme d'un rejet massif d'une certaine modernité menaçante pour l'intégrité de la mémoire et de l'identité. Parallèlement ce négationnisme se double, dans une proportion inversement proportionnelle, d'une nostalgie politique pour le XVIII° siècle, pour l'idéal des Lumières, d'abord largement caricaturé et moqué, à travers Rousseau, dans *La Route des Flandres*. Mais à un journaliste qui lui demande pourquoi *Les Géorgiques* s'ouvre sur une citation du philosophe genevois, Claude Simon avoue :

« *Rousseau s'imposait au seuil d'un roman que traverse un homme du dix-huitième siècle. Tous étaient nourris de lui. J'ai encore dans ma bibliothèque ses œuvres annotées par L.S.M.. En outre, Les Confessions sont pour moi [...] l'un des sommets de la littérature française.* »[1]

La dette à l'égard de Rousseau est littéraire mais aussi idéologique car les valeurs des Lumières se révèlent une référence, un repère butoir au-delà duquel la pensée politique de Simon ne remonte pas et dont, pour lui, semblent découler tous les événements de la France moderne : la démocratie, la révolution industrielle et le capitalisme. Même si Simon constate que ces espoirs ont été dénaturés par l'Histoire, il y a chez lui comme un deuil de cet idéalisme social, de cet élan de rénovation politique, « de ce siècle encyclopédique, inventif et sacrilège » (G,146). Le rejet de la modernité et le refus du politique apparaissent aussi dans le refuge régressif que constituent les thématiques du souvenir, de l'enfance et de la généalogie familiale, beaucoup plus marquées dans les romans postérieurs à *La Route des Flandres*. En somme il semble que la représentation sans espoir de la société, qui s'élabore sur un certain dénigrement du politique, sur une dénonciation des valeurs contemporaines donne lieu au fil du temps, dans les œuvres simoniennes, à une position non pas réactionnaire mais régressive, non pas socialisante mais libertaire.

La défense de l'individu contre les errements du collectif s'impose d'autant plus à Simon comme une nécessité, que le contexte social déteint sur l'individu. C'est chez Balzac que l'interaction entre le milieu et l'individu est la plus frappante d'après Auerbach :

« *tout milieu devient pour lui une atmosphère physique et morale qui imprègne le paysage, l'habitat, le mobilier, les objets, les vêtements, le corps, le caractère, les relations, les opinions, l'activité et le destin des individus, et en même temps la situation historique générale apparaît comme l'atmosphère globale qui enveloppe tous ces milieux particuliers.* »[2]

Chez Simon, pareillement, le cadre social est une entité organique qui intègre les individus dans un tissu osmotique. La mère, par exemple, a été élevée selon les principes bienséants et très stricts de sa classe : « sa naissance, son milieu, son éducation l'avaient pour ainsi dire corsetée » (A,268). La mère s'intègre donc dans une isotopie de la défense et de la rigidité que confirment sa présentation morale comme une « forteresse de préjugés » (A,127), une « forteresse d'inertie » (A,137), sa description physique avec ses « robes-camisoles » (A,117,118) et « les sévères guimpes qui lui engonçaient le cou » (A,143), son lieu d'habitation, « l'espèce de citadelle de silence et de respectabilité au centre du dédale des vieilles rues de la vieille ville, elle-même semblable à une citadelle au pied de celle édifiée par Charles Quint » (A,116). La très puissante unité du contexte et de l'individu crée chez Simon ce « réalisme d'atmosphère »[3], dont parle Auerbach à propos de Balzac. A une échelle supérieure, évoquée par le critique, on observe chez les réalistes comme chez

---

[1] C. Simon/J. Piatier, « Claude Simon ouvre *Les Géorgiques* », *Le Monde*, 4 nov. 1981, p. 13.
[2] E. Auerbach, *Mimésis, op. cit.*, p. 469.
[3] *Ibid.* p. 469.

Simon, une coïncidence entre la vie privée et l'Histoire. L'Histoire n'est pas le simple décor de l'anecdote ; et en accord avec l'ambiguïté du titre *Histoire*, l'histoire de l'individu ne prend forme et sens qu'au sein de l'Histoire des hommes, qu'aux prises avec un contexte global. Avec Julien Sorel, dans *Le Rouge et le Noir*, sous-titré *Chroniques de 1830*, Stendhal lie étroitement le destin tragique d'un héros plébéien et les dernières années de la Restauration au conservatisme exacerbé. Chez Simon, la collusion est frappante entre une Histoire qui trébuche en 1914 et la mort du père, entre une révolution espagnole qui avorte et l'échec idéologique de O., entre une guerre qui déchire le monde en 1939 et l'aventure dramatique du narrateur. Cette fatalité immanente à la condition humaine qui semble enchaîner l'Histoire et les destins individuels, est résumée par Simon dans sa vision d'août 14 : « ce crépuscule d'un monde qui allait mourir en même temps que des millions de jeunes gens enterrés sous la boue » (A,128). L'intégration de la destinée privée à l'Histoire collective s'opère chez Simon de deux façons. Comme Balzac, dont le début d'*Eugénie Grandet* retrace dans une perspective historique, l'origine de la fortune des Grandet, il se livre à des retours en arrière qui rattachent la sphère biographique à la vie publique. Dans *L'Acacia*, par exemple, le retour sur la vie du père après sa mort, « Ainsi venait de prendre fin une aventure commencée vingt-cinq ou trente ans plus tôt » (A,62), permet de balayer l'Histoire française et coloniale depuis la fin du XIX° siècle jusqu'à août 14 : la Belle Epoque (A,128), les prémisses de la guerre (A,148), les premiers combats (A,55/56). Pareillement le souvenir, évoqué par le brigadier, de son voyage en Espagne, en Allemagne, en Pologne et en U.R.S.S., souligne les événements politiques qui bouleversent ou qui rongent l'Europe de 1936 à 1937. Mais le fait biographique se raccorde principalement à l'Histoire collective par une relation de symétrie : ainsi, à la façon de *L'Education sentimentale* où le sort de l'intrigue amoureuse suit celui de la révolution de 48, dans *La Route des Flandres*, la débâcle française en 39 retentit de façon légèrement différée sur l'échec si ce n'est amoureux, du moins relationnel de Georges et Corinne.

La forte empreinte historique et sociale sur les thématiques réalistes n'exclut pas la composante biographique qui précisément sert de levier à l'approche de l'Histoire et son interprétation. Dans les œuvres de Simon, à l'instar des romans du XIX° siècle, l'histoire privée s'enracine dans l'Histoire collective, mais à la différence des réalistes – même si on connaît les emprunts à peine transposés de Balzac et Flaubert à leur propre vie - le réalisme simonien s'étend sans fard et sans déplacement aux événements biographiques, qui relèvent non plus de la fiction mais de la vie réelle de l'auteur. Il ne s'agit pas de réduire le réalisme biographique à l'autobiographie, on sait bien que le réalisme, qui est avant tout une configuration littéraire, s'est élaboré, la plupart du temps au XIX° siècle, à partir d'informations fictives, ou de modifications, de falsifications de la réalité, et de constructions imaginaires. La collusion chez Simon entre la biographie des héros et l'autobiographie confère à son réalisme une densité, une légitimité que peine à reproduire le récit plus fictionnel. De fait dans *L'Acacia*, le récit s'arrête quand commence l'écriture (A,380), la vie précède l'écriture, comme si l'art n'était que la mise en forme du récit de la vie, du vécu. La sphère privée des personnages puise son réalisme à la source autobiographique fournie par l'auteur. Claude Simon ne s'en cache pas lorsqu'il dit à propos du *Palace* : « De même que tous mes autres livres, celui-ci parle de la seule chose dont je puisse écrire sans malhonnêteté (et encore !) :

c'est-à-dire de moi, et de moi seul. »[1]. Selon les époques, les ouvrages et les événements rapportés, l'approche du matériel autobiographique est toujours là mais son utilisation est diverse. Il peut n'être qu'un « magma informe de sensations plus ou moins confuses, de souvenirs plus ou moins précis accumulés »[2], c'est-à-dire un fondement mimétique informel et peu fiable. Certains épisodes de la vie de Simon constituent des stimuli, à l'évidence intelligible, qui engendrent l'écriture des romans. Ainsi, comme le rappelle Claude Simon à Lucien Dällenbach, *La Route des Flandres* est née d'une image mnésique :

« *Pour ce qui est de l'image mère de ce livre, je peux dire que tout le roman est parti de celle-là, restée gravée en moi : mon colonel abattu en 1940 par un parachutiste allemand embusqué derrière une haie : je peux toujours le voir levant son sabre et basculant sur le côté avec son cheval, comme au ralenti, comme un de ces cavaliers de plomb dont le socle serait en train de fondre... Ensuite, en écrivant, une foule d'autres images sont naturellement venues s'agglutiner à celle-là...* »[3]

Il en va de même des cartes postales de *L'Acacia* ou d'*Histoire*[4] et des documents de L.S.M. pour *Les Géorgiques* qui constituent autant de ferments réels pour une écriture référentielle. Enfin au-delà de quelques détails fondateurs empruntés à la réalité, dans certains romans, c'est l'ensemble de l'histoire, qu'il faut chercher dans la vie de leur auteur :

« *Depuis l'Herbe tous mes romans sont à base de mon vécu, plus ou moins romancé pour satisfaire à une vague "loi du genre" ou se prêter à des jeux de construction. Dans Les Géorgiques, L'Invitation et L'Acacia, il n'y a pas un seul événement fictif.* »[5]

Après la période taboue de la critique textuelle initiée par Ricardou, à partir des années 80, les articles et les ouvrages se sont multipliés pour montrer la nature autobiographique des romans simoniens[6]. Mais les œuvres non romanesques de Simon sont aussi là pour témoigner de cette présence massive du réel et du vécu. *La Corde raide*[7], œuvre qui n'est pas présentée comme un roman, offre dès 1947, les motifs et les scènes empruntés à la biographie de Simon qui nourriront les romans ultérieurs : on y retrouve l'acacia qui « au printemps et l'été, à Perpignan, [...] se reflétait dans la glace, des fragments verts, le jeu de toutes ses petites feuilles ovales miroitant. » (CR,4) ; le voyage en Russie (CR,13/21) ; le personnage de l'oncle (CR,21/27) ; Barcelone et la guerre d'Espagne (CR,27/47) ; l'expérience de la mort en mai 1940 (CR,47/58) ; la retraite et le passage des ponts sur la Meuse (CR,79/94) ; la mort de sa femme (CR,105/108) ; l'arrestation et la vie au stalag (CR,129/138) ; la mobilisation et le départ au front (CR,138/146) ; le train des pri-

---

[1] C. Simon, « Je ne peux parler que de moi », *Les Nouvelles Littéraires*, 1809, 3 mai 1962, p. 2.
[2] C. Simon, préface à *Orion aveugle*, Genève, Skira, coll. « Les sentiers de la création », 1972, p. 6.
[3] C. Simon/L. Dällenbach, « Attaques et stimuli », *Claude Simon*, op. cit., p. 181.
[4] « Les cartes postales, aussi bien dans *Histoire* que dans *L'Acacia*, ont joué pour moi le même rôle de stimuli. », C. Simon/M. Calle, « L'inlassable ré/ancrage du vécu », *Claude Simon. Chemins de la mémoire*, Grenoble, Presses Universitaires de Grenoble, 1993, p. 17.
[5] C. Simon/A. Armel, « Le passé recomposé », *Le Magazine Littéraire*, mars 1990, p. 98.
[6] M. Roelens, « La fenêtre de ma chambre à Perpignan », *Claude Simon, Cahiers de l'Université de Perpignan*, 1, automne 86, pp. 7/41. A. Cheal Pugh, « Claude Simon et la route de la référence », *Revue des Sciences Humaines*, 220, 1990-4, pp. 23/45. A. Duncan, « Claude Simon : le projet autobiographique », *ibid.*, pp. 47/62. D. Alexandre, *Le magma et l'horizon*, Paris, Klincksieck, 1997, pp. 14/33. D. Viart, *Une mémoire inquiète*, op. cit., pp. 17/50.
[7] C. Simon, *La Corde raide*, Paris, Editions du Sagittaire, 1947. Les références sont notées par CR.

sonniers (CR, 147/155) sur la route des Flandres et la mort du colonel (CR,156/167). Le *Discours de Stockholm* revient quarante ans plus tard sur ces mêmes événements qui ont appesanti le destin de Simon :

« *j'ai été témoin d'une révolution, j'ai fait la guerre dans des conditions particulièrement meurtrières (j'appartenais à l'un des régiments que les états-majors sacrifient froidement à l'avance et dont, en huit jours, il n'est pratiquement rien resté), j'ai été fait prisonnier, j'ai connu la faim, le travail physique jusqu'à l'épuisement, je me suis évadé* »[1]

Les épisodes de la révolution espagnole et de la débâcle de 39 sont particulièrement prégnants dans ces témoignages car il ont probablement été les plus traumatisants pour l'auteur. Néanmoins dans plusieurs entretiens, Simon revient sur des épisodes plus intimes de son histoire familiale, dans lesquels nous retrouvons les anecdotes ou la texture des romans :

« *Les Géorgiques était complètement à base de vécu, puisque j'ai écrit ce livre à partir des papiers de mon ancêtre Lacombe-Saint-Michel que j'avais trouvés.* […] *Dans L'Acacia, cette vie de ma mère, mon père, cette mort brutale...* »[2]

En s'appuyant sur la réalité vécue, les récits simoniens construisent un réalisme autobiographique. Pourtant, l'expression qui revient à plusieurs reprises dans les entretiens, « à base de vécu », souligne que si Simon ne nie pas l'existence d'un matériau autobiographique, l'architecture romanesque s'est élaborée au-delà de la base avec d'autres constituants ou a été transformée par des facteurs impondérables. « Comment cela pourrait-il être autobiographique ? »[3], demande Claude Simon à Madeleine Chapsal qui en émettait l'hypothèse pour les romans simoniens, puisque la perception, la mémoire et l'écriture sont autant d'intermédiaires douteux. Le même genre d'ambiguïté, qui planait dans la position de Simon à propos du conflit entre référentialité et textualité, se poursuit ici dans la contradiction entre autobiographie et fiction ; ses romans sont largement et de plus en plus autobiographiques sans pouvoir l'être. D'abord le pacte autobiographique[4] n'y est jamais formulé : les quatre œuvres sont désignées dans le paratexte par le terme de « roman », ce sont des fictions et non des récits par une personne réelle d'événements vécus, dont elle assume la véracité. Lejeune suppose l'identité de l'auteur (« personne réelle ») et du narrateur ; or dans *Histoire*, *Les Géorgiques*, *L'Acacia*, il n'y pas d'assimilation nominale explicite entre les deux instances, au mieux un « je » et au pire un « il » ; dans *La Route des Flandres*, le narrateur héros est Georges et non Claude. Par ailleurs pour Lejeune, l'autobiographie est centrée sur la vie de son auteur, or dans les textes, nombre de passages se rapportent à l'histoire de personnages lointains, disparus ou étrangers : L.S.M., le père, la mère, O., dépassant donc largement le récit d'une vie et dont l'unité avec le narrateur n'est pas de prime abord lisible. Inversement la configuration narrative, chez Simon, induit une confusion qui menace la doxa autobiographique car les digressions concernant les autres personnages ne sont pas toujours identifiées comme des récits parallèles et noient l'autobiographie dans des informations douteuses et contradictoires – on pense par exemple à la confusion des destins de O., de L.S.M. et du narrateur au début des *Géorgiques*. La biographie

---

[1] C. Simon, *Discours de Stockholm*, p. 24.
[2] C. Simon/J.C. Lebrun, « L'atelier de l'artiste », *Révolution*, 500, 29 sept. 89.
[3] C. Simon/M. Chapsal, « Il n'y a pas d'art réaliste », art. cit., p. 5.
[4] P. Lejeune, *Le pacte autobiographique*, Paris, Seuil, coll. « Points Essais », 1996, p. 14.

du narrateur est une histoire qui s'étoffe de celle des autres et avec laquelle elle se confond, double dissonance à l'univocité individuelle de l'autobiographie. Mais lorsque le récit se focalise sur la vie du narrateur, cette dernière est mêlée de très près à la vie publique de son époque, est intégrée au mouvement général de son temps qui expulse « l'histoire de sa personnalité ». Lejeune insiste aussi sur la perspective rétrospective du récit dans le modèle autobiographique. Dans les romans de Simon, l'équivalence rigoureuse des expériences perceptives, imaginaires et mnésiques empêche de distinguer le pur niveau mémoriel dans une narration non linéaire où par ailleurs les strates du souvenir sont largement imbriquées. De plus si souvenirs il y a bien, ils sont tout autant orientés vers le passé, c'est-à-dire la collection d'éléments d'autrefois significatifs de la construction d'une personnalité, que vers les conditions présentes de leur avènement, de leur reconstitution par l'écriture. La rétrospective simonienne excède largement le rôle qu'elle a dans l'autobiographie, car elle trace le passé d'un individu mais aussi le présent de son écriture et se fond dans l'intrication des registres qui lui permettent d'appréhender le monde.

L'œuvre simonienne ne colle pas au genre autobiographique, bien qu'elle ait avec lui des accointances que son auteur reconnaît malgré ses réserves. Elle est plus spécifiquement une autofiction, au sens que lui a donné Serge Doubrovsky dans le prière d'insérer de son œuvre *Fils*, parue en 1977 :

« *Autobiographie ? Non. Fiction, d'événements et de faits strictement réels. Si l'on veut, autofiction, d'avoir confié le langage d'une aventure à l'aventure du langage en liberté.* »[1]

Pour Doubrovsky, l'autofiction signale un récit où l'auteur, le narrateur et le héros portent le même nom mais qui est désigné par « ″roman″ en sous-titre sur la couverture, fondant ainsi un pacte romanesque par attestation de fictivité. »[2]. Forme hybride entre la fiction et l'autobiographie, l'autofiction est plus conforme à la configuration simonienne, à la nuance près que chez Simon il n'y a pas d'identité nominale entre l'auteur, le narrateur et le protagoniste. La seule véritable autofiction de Simon serait *Le Jardin des Plantes*, où le héros est désigné par les initiales, C.S.. Pourtant, quand dans *Histoire*, *Les Géorgiques* et *L'Acacia* l'indétermination est totale sur l'identité du protagoniste appelé « je » ou « il », une identité unifiante par défaut donc, et quand le discours péri-textuel de l'auteur confirme à ce point le pacte de référentialité, il est peut-être envisageable d'élargir la définition restrictive de Doubrovsky. Les romans de Simon peuvent être déclarés « auto- » par manque et par ailleurs. Mais alors pourquoi sont-ils aussi « -fiction », présentés contradictoirement comme des romans ? La fiction s'impose là où l'exige la bienséance : « Après quoi comme je vous l'ai dit, tous mes ″romans″ ont été ″autobiographiques″, avec tout juste ce qu'il fallait de transpositions pour que des gens qui auraient pu s'en trouver froissés ne puissent s'y reconnaître. »[3]. Aux raisons éthiques, qui justifient l'estampille fiction, s'ajoute ce droit à l'erreur revendiqué si fréquemment par Simon devant l'impossibilité d'une reproduction fidèle de la réalité. La fausse fiction de l'histoire d'une vraie vie est une déclaration d'irresponsabilité, le choix de l'innocence face aux partialités de la perception, aux insuffisances de la mémoire et

---

[1] La notion a ensuite été développée dans S. Doubrovsky, « Autobiographie/Vérité/Psychanalyse », in *Autobiographiques, de Corneille à Sartre*, Paris, P.U.F., « perspectives critiques », 1988, pp. 61/79.
[2] *Ibid.*, p. 68.
[3] C. Simon, « Claude Simon : ″j'ai essayé la peinture, la révolution, puis l'écriture″ », *Les Nouvelles Littéraires*, 15-21 mars 1984, p. 44.

aux détournements de l'écriture. Fictionnaliser sa vie, c'est avoir conscience de mettre en récit un scénario parmi d'autres, c'est reprocher à l'autobiographie son illusoire univocité par le choix d'un ailleurs puisé dans la pluralité de ses histoires potentielles.

« *Plus ou moins consciemment, par suite des imperfections de sa perception puis de sa mémoire, l'écrivain sélectionne subjectivement, choisit, élimine, mais aussi valorise entre cent ou mille quelques éléments d'un spectacle* »[1]

La fiction autorise l'alternative, tandis que l'autobiographie traque la vérité souveraine. Si la fiction est un choix narratif, elle est aussi une évidence inconsciente car l'individu est ontologiquement un être de fiction. Selon Lacan le je-idéal qui se construit au stade du miroir, forme primordiale du « je » avant qu'il ne s'objective dans la dialectique de l'identification à l'autre, est avant tout une fiction :

« *Mais le point important est que cette forme situe l'instance du moi, dès avant sa détermination sociale, dans une ligne de fiction, à jamais irréductible pour le seul individu, - ou plutôt, qui ne rejoindra qu'asymptotiquement le devenir du sujet, quel que soit le succès des synthèses dialectiques par quoi il doit résoudre en tant que je sa discordance d'avec sa propre réalité.* »[2]

L'approche du je dans le miroir est pour l'enfant un mirage par quoi il devance la maturation de sa puissance. C'est cette même expérience précoce d'altérité fictionnelle, que le héros fait à diverses reprises dans ses rencontres avec les miroirs :

« ce **masque** uniforme de fatigue de dégoût de crasse) alors j'éloignai le miroir, mon ou plutôt ce visage de **méduse** » (RF,40)

« *S'avançant alors dans la glace, vacillant, le **fantôme** inglorieux du genre humain en pyjama fripé* » (H,43)

Le sujet simonien se reconnaît dans les images de la fiction mythologique ou fantastique, théâtralisées par les apparences de l'imagination. L'image spéculaire renvoie l'individu à sa nature fictionnelle. Aussi bien devant la difficulté à se connaître et à parler de soi, l'écriture autobiographique ne peut advenir que par la médiation de personnages fictifs qui sont les figures du moi. De plus chez Simon le ressenti de soi comme un « magma » confus d'images, de souvenirs, de perceptions incertaines qui s'enchevêtrent, dégage l'œuvre de la rigueur référentielle et la transforme en fiction de vie. Inventer le récit de sa vie, c'est ainsi construire une vérité qui n'existe nulle part, qui ne peut être copiée dans l'illusion mimétique de l'autobiographie mais qui émerge de la liberté fantasmatique que la fiction seule peut garantir et qui naît, comme Simon le dit si souvent avec insistance, du travail d'écriture : « Le roman se fait, je le fais et il me fait. »[3]

La constitution du sujet simonien s'opère dans et par l'écriture, en concomitance avec l'entreprise narrative. Or pour Doubrovsky ce qui différencie essentiellement l'autobiographie de l'autofiction, c'est l'approche de l'écriture. La première serait du côté du « discours chronologico-logique » dans lequel on reconnaît les entreprises chimériques voire malhonnêtes du brigadier (A,286/287) et de O. (G,310/311), tentative de maîtrise d'un passé dans le respect de la référence. Il s'agit

---

[1] C. Simon, *Discours de Stockholm*, p. 26.
[2] J. Lacan, « Le stade du miroir comme formateur de la fonction du je », in *Écrits I*, Paris, Seuil, coll. « Points Essais », 1999, pp. 93/94.
[3] C. Simon/J. Duranteau, « Claude Simon : "Le roman se fait, je le fais et il me fait" », *Les Lettres Françaises*, 1178, 13-19 avril 1967.

de proclamer avec Rousseau, « Je veux montrer à mes semblables un homme dans toute la vérité de la nature ; et cet homme ce sera moi. »[1]. L'unité d'une vie s'opère par le déploiement de la vérité référentielle ; l'autofiction, en revanche, qui est « le langage d'une aventure » confié à « l'aventure du langage », se caractérise par une « divagation poétique », un « verbe vadrouilleur »[2], elle exprime le pouvoir poétique du langage qui constitue « le lieu de l'élaboration du sens » : « s'il n'oblitère point la référence, il la problématise, dans la mesure où il soumet le registre de la vie à l'ordre du texte. »[3]. Chez Simon, les jeux de condensation, de déplacement, de répétition, qui réorganisent le temps de la vie en temps narratif, les chaînes référentielles ambiguës qui basculent les personnages hors de la norme réaliste, transforment le récit d'une vie en travail textuel. On comprend alors mieux les réticences de Simon à propos de l'autobiographie : il ne peut renier cette réalité de la vie qui inspire ses œuvres, dont pourtant le sens ne peut advenir que dans le rêve de soi porté par la dynamique de l'écriture. Le terme autofiction semble donc bien caractériser une œuvre qui travaille le matériau biographique tout en s'émancipant des schémas chronologiques et purement référentiels du genre autobiographique, une œuvre de l'entredeux, écartelée entre autobiographie et fiction, une béance permissive que seule l'écriture peut combler.

Le réalisme de Simon très marqué par l'empreinte des écrivains du XIX° siècle, se préoccupe fondamentalement des données historiques, politiques et sociales dans lesquelles il immerge ses héros. Il y rajoute une part originale de référentialité autofictionnelle, qui s'appuie sur les données réelles de sa propre existence et densifie ainsi la teneur réaliste de ses romans.

La démarche scientifique

On retrouve aussi, chez Simon, la patte de l'école réaliste, dans la démarche scientiste qui est parfois la sienne. Car la représentation du réel s'encode chez les réalistes du XIX° siècle, en fonction de critères empruntés au modèle scientifique. Dans *Le Roman expérimental*, Zola accrédite, en dernière analyse, l'hypothèse, « l'idée d'une littérature déterminée par la science »[4], d'un roman qui devrait à la science, sa démarche, son souci cognitif et qui en comblerait les lacunes dans le domaine des comportements sociaux et humains. Balzac déjà dans son « Avant-propos » à la *Comédie humaine*, fait allusion au débat scientifique qui oppose Geoffroy de Saint-Hilaire et Cuvier à propos de l'évolutionnisme, et reconnaît aussi sa dette à l'égard de Buffon dont il transpose au domaine humain, la théorie sur le lien entre milieu et les différentes espèces animales. Zola, séduit par les idées de Taine et du positivisme de Comte emprunte surtout à Claude Bernard la méthode des sciences expérimentales. Il est influencé également par Darwin dont il applique à l'organisation humaine, le modèle théorique sur la sélection, en même temps qu'il utilise les hypothèses récentes du docteur Lucas sur l'hérédité naturelle. On le voit, les réalistes, pour n'évoquer que les principaux, recourent au modèle scientifique,

---

[1] J.J. Rousseau, *Les Confessions, Livre premier*, Paris, Gallimard, coll. « folio classique », 1973, p. 33.
[2] S. Doubrovsky, *op. cit.*, p. 69.
[3] *Ibid.*, p. 64.
[4] E. Zola, *Le Roman expérimental*, Paris, Garnier-Flammarion, 1971, p. 59.

essentiellement naturaliste et médical, dont ils tentent d'appliquer les observations à l'homme et la société humaine.

Claude Simon ne se situe pas dans cette logique d'une science qui tiendrait le discours de vérité sur le monde et qu'il s'agirait d'imiter pour rénover les canons esthétiques. C'est même l'inverse, il a une conception assez poétique de la science qui, comme la littérature, lui semble moins le logos de la vérité qu'un art de l'équivalence :

« *Dans la mesure où le scientifique, comme l'écrivain, apporte quelque chose d'un peu neuf, à savoir des harmonies entre différentes données, entre la chaleur et le coefficient de dilatation, par exemple, pour les scientifiques ; ou entre les mots, entre les groupes de mots, entre les images, pour les écrivains, ou entre les formes pour les peintres, ils participent à cette incessante transformation du monde.* »[1]

Néanmoins pour représenter le réel, Simon utilise parfois comme les réalistes du XIX°, des schémas qui adhèrent au modèle scientifique. Par exemple le corps est fréquemment dévoilé dans ses mécanismes biologiques, tels « ces mannequins transparents sans chair ni os à l'usage des étudiants en médecine (ou sur ces planches anatomiques représentant à l'intérieur de contours schématiques les systèmes vasculaires de l'homme [...]) » (G,103). Le corps d'une vieille femme est présenté comme « une enveloppe à l'intérieur de quoi circulait le sang bleu vert qui gonflait les veines ou plutôt les épaisses tubulures ramifiées que l'on pouvait voir bifurquer, serpenter et se tordre sous la transparente membrane de peau » (G,158) ; le corps d'une épouse en détresse (H,374.375,381) ou celui du soldat avec « les lacis compliqués des bronches, des bronchioles, des vaisseaux, se divisant, se ramifiant, poussant des radicelles épineuses dans chacun des membres, des doigts, des orteils » (G,102) sont montrés dans leur aspect physiologique. La somatique simonienne est toujours engagée dans une représentation scientifique, anatomique et fonctionnelle du corps car la réalité psychologique y est, comme chez Flaubert ou Zola, dominée par un déterminisme physiologique. Les comportements humains les plus nobles, les plus élaborés ne trouvent pas leur source dans l'idéalité de la conscience mais dans la matérialité des corps. L'individu simonien est ainsi déterminé par des « réactions d'acides, de bases, de sels, ces relais, ces signaux, d'une fantastique complexité et d'une foudroyante rapidité qui font la raison, la tristesse, la joie, la mémoire, la parole » (G,158) et animé par des réflexes qu'il ne commande pas, ne contrôle pas, comme les hommes devant Corinne qui se mettent à « saliver » semblables au chien des expériences de Pavlov « quand il entend la sonnette fatidique qui déclenche ses réflexes » (RF,45). Lorsqu'il établit sa physiologie de la conscience et des comportements humains, Simon exprime probablement des convictions phénoménologiques dont il a été question dans la première partie, pourtant quand il insiste sur le modèle scientifique du corps et du fonctionnement social, on ne peut s'empêcher de penser qu'il porte l'empreinte réaliste des auteurs du XIX° et réédite leur approche de la représentation du monde. La société de Simon ne répond pas comme chez Zola au darwinisme social, la notion même d'évolution chez lui s'inverse, on l'a dit, dans un régressionnisme des espèces, néanmoins l'organisation humaine est elle aussi soumise aux déterminations des sciences naturelles et médicales, dont on voudrait donner quelques preuves. L'Histoire, par exemple, possède une matérialité : « l'Histoire

---

[1] C. Simon/C. Vial, « Claude Simon en apprentissage », *Le Monde*, 22 janv. 1988, p. 11.

(ou le destin – ou quoi d'autre ? : l'interne logique de la matière, ses implacables mécanismes ?) » (G,352), et parce qu'elle respecte un protocole très strict qui ramène de façon prévisible les guerres, semble obéir aux lois implacables de la nature, « Des lois peut-être (un ordre ou plutôt une ordonnance impossible à détecter mais d'une nature aussi imprescriptible, aussi mathématique, que celles qui président aux spirales des coquilles, organisent en étoiles les cristaux de neige ou structurent les plus infimes particules vivantes) » (G,131). L'intrication entre le milieu social et l'individu, les constants renvois de conformité entre le personnage romanesque et ses objets, ses maisons, ses vêtements, le décor de sa vie, dont nous avons évoqué plus haut la compacité chez Simon, suggèrent le modèle balzacien et Buffon qui fait toujours le lien entre l'animal et son biotope.

Le déterminisme social est syntagmatique mais il est aussi paradigmatique, avec le poids des hérédités qui pèsent sur les destins. Ce modèle médical de l'hérédité naturelle utilisé par Zola est sensible aussi chez Simon. L'hérédité simonienne n'y est pas comportementale, elle n'explique pas l'homicide d'Etienne dans *Germinal* par « la longue hérédité de soûlerie », ou la folie destructrice de Claude dans *L'Œuvre* par la nervosité du caractère de la mère, elle est plutôt culturelle et sociale. Rarement une « tare » (H,272 G,335), l'hérédité selon Simon est une transposition dans le domaine sociale de l'hérédité génétique. Elle se présente plutôt comme un signe de classe : le cousin de la mère est député « par droit héréditaire » (A,113,116), de Reixach brandit son sabre face à la mort dans « un geste héréditaire » (RF,12), Blum possède « héréditairement une connaissance » (RF,155), les ouvriers de Barcelone éprouvent « une haine héréditairement transmise » (G,356). Le fatalisme pèse sur les différentes générations qui se succèdent et maintient un conservatisme social qui ne favorise aucune évolution dans une société figée : « finalement, donc, l'aînée se résigna à réintégrer la condition dont le père avait voulu les sortir à jamais » (A,67). Le poids de la science médicale pointe aussi chez Simon, dans le souci permanent que constitue l'évolution de la maladie de la mère. Si *L'Acacia*, qui évoque à plusieurs reprises ses transformations physiques et sa souffrance, choisit de peindre dans un raccourci poignant la rapidité de sa disparition. *Histoire* vit au rythme de cette maladie, dont les différentes étapes sont reprises et développées dans une achronie équivalente à l'anarchie des cellules cancéreuses : « Pendant les premières années de son veuvage elle allait faire le catéchisme aux enfants pauvres puis elle avait commencé à être malade » (H,372), quelques scènes la montrent ensuite lors des réceptions musicales, « dissimulant ses jambes squelettiques », « commençant déjà à prendre [...] cette consistance de matière insensible ou plutôt rendue insensible à force de souffrance » (H,60/61), puis proche de l'agonie « le buste tant bien que mal soutenu par une pile d'oreillers [...] ses yeux toujours aussi vides ronds mais auxquels la souffrance avait alors donné cette impitoyable et peureuse dureté des regards des rapaces » (H,389) en train de suivre une messe qui se dit à son chevet, et pour finir n'existant plus que sur « ces cartons bordés de noir où ont la douleur de vous faire part de la mort de leur mère fille sœur tante cousine pieusement décédée en sa quarante-cinquième peut-être quarante-sixième au maximum année » (H,77). Le discours de Simon n'est pas à proprement parler médical, la maladie n'est pas évoquée dans une perspective technique ou par un jargon médicalisant, le terme de cancer n'est même jamais prononcé au sujet de la mère ; mais le texte se construit comme une observation clinique de l'évolution de sa pathologie et de la dégradation de son corps, clinique de la perte et de la révolte dans un langage de néophyte. La médicalisation du regard s'étend aussi à tout le corps social dont métaphoriquement les défaillances sont renvoyées au catalogue des maladies. Barcelone, par exemple, est montrée comme un « énorme et monstrueux cancer gisant là comme baignant dans sa sueur, suintant été comme hiver d'une perpétuelle humidité, secrétant comme une espèce de pus » (G,321,325 H,193)) ; un champ de bataille vu d'avion ressemble à « une étendue croûteuse, pustuleuse, comme une maladie du sol même, une lèpre » (H,105). La préoccupation médicale chez Simon, qui est moins une science du salut qu'une téléologie de la mort, moins une médecine de la guérison qu'un art du symptôme, dépasse le cadre littéralement physique pour s'étendre figurativement au champ social.

Etre réaliste au XIX° siècle, c'est chercher à montrer le vrai. Les sciences qui établissent des lois générales que l'expérience peut infiniment vérifier, apparaissent alors comme la quintessence de la vérité et un modèle suprême auquel réalistes et naturalistes vont adhérer. On en transpose les résultats du domaine zoologique et physiologique à une rationalisation de l'homme et de la société qui fait alors défaut. Mais ce ne sont pas seulement ses conclusions qu'on emprunte à la science, on imite sa démarche rigoureuse et systématique qui permet d'atteindre le vrai. *Le Roman expérimental* de Zola s'aligne par les termes mêmes, sur la méthode que prônait Claude Bernard dans son *Introduction à l'étude de la médecine expérimentale* :

« *L'observateur chez lui donne les faits tels qu'il les a observés, pose le point de départ, établit le terrain solide sur lequel vont marcher les personnages et se développer les phénomènes. Puis l'expérimentateur paraît et institue l'expérience, je veux dire fait mouvoir les personnages dans une histoire particulière, pour y montrer que la succession des faits y sera telle que l'exige le déterminisme des phénomènes mis à l'étude. C'est presque toujours ici une expérience "pour voir", comme l'appelle Claude Bernard. Le romancier part à la recherche d'une vérité.* »[1]

A partir d'une observation sur un fait social (violence, alcool, misère...), Zola invente une situation pour contrôler cette observation. C'est l'hypothèse. Le rôle du récit est de la vérifier, tandis que le dénouement apparaît comme le résultat de l'expérimentation. Ainsi, affirme Zola, doivent, par la démonstration expérimentale, se comprendre les causes et les moyens de nos comportements. La représentation du monde chez Simon n'est pas d'un prosélytisme aussi convaincu, toutefois on observe bien dans ses romans les linéaments de cette méthode rationnelle. Le régime de fiction totale des romans de Zola, lui permet de manipuler à son gré la réalité fictive pour l'intégrer dans un processus expérimental, il invente les observations chargées de conduire à la loi, il construit a priori une situation pour démontrer une hypothèse, et pratique une expérimentation in vitro ; pour Simon la tâche est plus complexe, qui, comme le savant soumis au principe de réalité, voit l'invention de ses protocoles entravée par la part autobiographique, et doit partir de situations effectivement données, organisées dans une expérimentation in vivo. Néanmoins la possibilité de sélectionner dans le matériel autobiographique certains éléments et de choisir le mode de leur présentation redonne à l'auteur une latitude inductive. Comme les rats dans un laboratoire de recherche éthologique, les héros simoniens sont tous soumis et de façon répétitive aux mêmes contraintes : la guerre, le suicide, la révolution, l'échec amoureux, le froid, la faim... L'observation scientifique de leur com-

---
[1] E. Zola, *Le Roman expérimental, op. cit.*, pp. 63/64.

portement d'adaptation, de lutte ou d'évitement face aux agressions permet à l'auteur qui les observe de dégager des lois générales. Ainsi chez Simon le dispositif expérimental repose sur la répétition des destins et des situations, dont on observe et compare les convergences et les divergences, conformément à la méthode scientifique où c'est bien la répétition des phénomènes qui permet d'aboutir à une élaboration théorique : « de même qu'un savant dans un laboratoire recommence inlassablement l'observation du même bouillon de culture ou du même mélange d'acides » (G,104). Le suicide, par exemple, est une situation expérimentale fréquemment soumise à l'étude dans les romans simoniens. L'observation des cas de suicide, l'ancêtre, de Reixach, le général de 1940, la tante du narrateur, sa femme... (cf. annexe 1) à défaut de produire une théorie du suicide, dégage néanmoins un certain nombre de lois.

« C'était en deuxième page avec les bandes dessinées les cours du marché des vins ELLE SE JETTE D'UN QUATRIEME ETAGE d'autres le font au gaz il y en a qui le maquillent en accident tombant d'un train la nuit à moitié endormie se trompant de porte d'autres préfèrent le spectaculaire choisissent des moyens atroces avalant une bouteille d'eau de Javel par exemple comment peut-on... » (H,392)

Le « comment peut-on » constitue l'interrogation initiale de la démonstration sur le suicide à laquelle les romans répondent par un certain nombre d'hypothèses sur le comment et le pourquoi. L'ancêtre ou le général ont choisi l'arme à feu, l'épouse de Charles les médicaments, la femme du fait divers a préféré la défenestration, de Reixach a imaginé de se faire abattre, quant à Hélène le texte laisse supposer qu'elle a choisi l'accident dans le Barcelone express. Les moyens sont divers et dépendent des contextes, des opportunités ou des classes sociales (les bonnes ne se suicident pas comme les banquiers (RF,13)). L'investigation des causes démontre aussi la diversité des raisons : le besoin d'argent (H,51 A,126), la mélancolie (H,110), le désœuvrement (RF,261), le dépit amoureux, l'honneur perdu à la guerre, la déception idéologique. La confrontation des cas engendre d'une part une systématisation taxinomique, permet d'autre part de vérifier la loi selon laquelle les mêmes causes engendrent les mêmes effets – la défaite militaire dont on est responsable implique irrémédiablement le devoir de disparaître de la scène guerrière, c'est le cas de l'ancêtre, du général de 40 et de de Reixach. Enfin le dispositif expérimental engage les textes dans un raisonnement par induction, les cas particuliers s'élèvent toujours vers la remarque d'ordre général :

*« comme s'**il était** déjà mort, pensera-t-il plus tard : comme s'**il n'avait** réchappé de cette embuscade que pour être obligé de se faire tuer... Comme **quelqu'un** qu'un importun, un étranger, dérangerait en entrant dans la pièce où **il est** déjà en train de charger son revolver après avoir soigneusement rédigé son testament »* (A,103)

*« ce suicide que la guerre **lui donnait** l'occasion de perpétrer d'une façon élégante c'est-à-dire non pas mélodramatique spectaculaire et sale comme les bonnes qui se jettent sous le métro ou les banquiers qui salissent tout leur bureau mais maquillé en accident si toutefois **on peut** considérer comme accident d'être tué à la guerre »* (RF,13)

Dans ces exemples, le « il », cas particulier d'un personnage, s'élargit à un « quelqu'un » ou un « on » universels, tandis que le temps de la narration au passé s'ouvre au présent de vérité générale. L'écriture paraît toujours à la recherche d'une théorisation, poussée à quitter le cas du personnage raconté pour des lois supérieures.

Mais si le raisonnement inductif, qui fonde la méthode expérimentale, repose sur l'observation – et on a vu chez Simon l'importance du voir - il nécessite en amont une importante documentation qui fait aussi le lien entre la représentation du monde chez les réalistes et chez Simon. Puisque l'homme de science étudie des faits réels, le romancier fera de même. Son rôle n'est plus d'imaginer mais de travailler sur des documents et de réaliser de minutieuses enquêtes. Les carnets de Flaubert, le *Journal* des Goncourt, les carnets d'enquête de Zola consignent toutes les choses vues, toutes les informations lues pour nourrir le roman avec exactitude. Le culte de la documentation répond à un souci de précision scientifique et de réalisme mimétique. L'œuvre simonienne est, comme celle des réalistes, profondément documentaire : lettres, archives de l'ancêtre, billets de banque, extraits de livre de géologie (H,383/384), affiches, photos, tableaux, cartes postales... Le document est aussi par son origine étrangère l'exhibition d'une déprise subjective, une garantie de neutralité hétéronome dans le contexte autobiographique. En opposition avec l'idéalisme des romantiques et conformément à leur idéal scientifique, les réalistes ont cherché cette objectivité qui garantit l'établissement des lois universelles de la vérité. Zola insiste bien sur « le caractère impersonnel de la méthode »[1] scientifique qu'il prétend adapter à la littérature. L'expérimentateur littéraire des œuvres naturalistes devint regard, une pure réceptivité qui filtre et enregistre. « De sorte que tout ce qu'il pouvait faire c'était se résigner à cette fonction pour ainsi dire de filtre » (RF,66), « se remettant à observer les grenouilles, parfaitement immobile dans cette position d'accroupissement simiesque, insensible à l'écoulement du temps, l'esprit vide (non pas absent : vide) » (A,102) : l'empreinte du modèle réaliste est là aussi sensible dans l'éviction des sentiments personnels au profit d'une sensation nue et non élaborée, un affaiblissement des marques du sujet qui comme Frédéric Moreau ou le héros simonien se morcèle en un puzzle de perceptions et un refus des interprétations psychologiques.

Le mode narratif

Car le réalisme, en raison de ses aspirations scientifiques mais aussi de son souci de transparence mimétique, engage une situation narrative spécifique, que Genette rapporte à deux facteurs :

« *Les facteurs mimétiques proprement textuels se ramènent, me semble-t-il, à ces deux données déjà implicitement présentes dans les remarques de Platon : la quantité de l'information narrative (récit plus développé, ou plus détaillé) et l'absence (ou présence minimale) de l'informateur, c'est-à-dire du narrateur.* »[2]

Essentiellement centrée sur la fonction référentielle aux dépens de la fonction émotive et conative, l'énonciation réaliste a pour idéal de s'absenter de l'énoncé. Présenter le monde tel qu'il est, suppose l'évanouissement de l'instance qui le dit au profit de l'impersonnalité et de la neutralité, la disparition de ce qu'on nomme, dans la théorie de la communication, le bruit. C'est en ces termes que Phi-

---
[1] E. Zola, *Le roman expérimental, op. cit.*, p. 89.
[2] G. Genette, *Figures III, op. cit.*, p. 187.

lippe Hamon détermine l'impartialité des narrateurs réalistes, pour établir son cahier des charges :

« *D'autre part le "cahier des charges" réaliste et la posture pédagogique supposent l'absence de cette instance d'énonciation, sous peine d'introduire dans l'énoncé un brouillage, un "bruit", une inquiétude (qui parle ? que veut dire l'auteur ? pourquoi intervient-il ? pourquoi modalise-t-il son propos ? etc.).* »[1]

Tous les auteurs réalistes ne se sont pas noyés dans l'amuïssement de leur voix narrative, on sait que Balzac ou Stendhal n'hésitent pas à faire dans l'énoncé romanesque des intrusions, mais l'effacement du narrateur reste souvent un modèle de l'efficacité mimétique. C'est peut-être Flaubert qui a poussé le plus loin les limites de cet art objectif, qui recherche avant tout l'impartialité aux dépens des sentiments personnels, si bien que même dans une œuvre d'inspiration autobiographique comme *L'Education sentimentale*, il regarde vivre de l'extérieur le personnage de Frédéric Moreau qu'il a pourtant créé en grande partie à son image. Si Claude Simon, dans le *Discours de Stockholm* reconnaît une valeur aux écrivains comme Flaubert, ce n'est justement pas dans leur prétention à « représenter le monde visible mais seulement les impressions qu'ils en recevaient. »[2] ; et quand une journaliste lui demande :

« *- Pour Flaubert, un écrivain ne doit pas s'écrire, le chef d'œuvre est toujours "impersonnel". Qu'en pensez-vous ?*

- Je ne suis pas de cet avis. Que ce soit en littérature, en peinture, en architecture ou en musique, le chef d'œuvre est toujours l'expression d'une forte personnalité. »[3]

C'est cette volonté de neutralité que Simon repère dans les écrits de O. et qu'il condamne comme signe de malhonnêteté (G,314,331).

Pourtant la transparence narrative est un des traits caractéristiques du narrateur simonien qui, à l'instar de Flaubert ou de O., raconte des événements « comme si ces choses étaient arrivées à un autre » (G,345,352). L'impartialité y est à double voire à triple détente. D'abord on y observe le refus, excepté dans *Histoire*, par l'auteur narrateur de prendre en charge sa propre histoire et la dévolution à un « il » des aventures arrivées au « je », que renforce le choix, dans les quatre romans, de participes présents, qui dépersonnalisent les instances verbales. Mais même dans *Histoire*, où le récit à la première personne laisserait supposer un système d'implication personnelle, l'impersonnalité l'emporte grâce à des stratégies parallèles. Par exemple, toutes les scènes, où sont décrites la déchéance puis l'agonie de la mère, sont présentées dans une totale neutralité. La mère mourante est un élément du décor, intégrée au géométrisme de la vision, au même titre que le lit, la robe du prêtre ou les bouquets de fleurs :

« *un instant j'avais pu voir aussi ou plutôt entrevoir le visage de maman sur les oreillers entre la manche de dentelle et le bord du lit [...] en bois marqueté et le montant à droite dont le sommet était formé par une sorte de chapeau chinois c'est-à-dire une petite boule d'ébène surmontant un cône d'acajou* » (H,16)

---

[1] P. Hamon, « Le discours contraint », art. cit., p. 139.
[2] C. Simon, *Discours de Stockholm*, p. 26.
[3] C. Simon/A. Armel, « Claude Simon : « l'emphase entache trop souvent le style de Flaubert », *Magazine littéraire*, sept. 2001, p. 57.

L'impersonnalité simonienne connaît un second débrayage lorsque ce « il » qui vaut pour un « je », se regarde et s'entend lui-même comme une personne tierce :

« *puis sa propre main lui apparaissant, entrant dans son champ de vision, c'est-à-dire comme s'il l'avait plongée dans l'eau, la regardant s'avancer, s'éloigner de lui, avec une sorte d'étonnement, de stupeur* » (RF,217)

« *puis entendant sa propre voix sortir de nouveau de lui* » (A,104)

Tout comme le « je » ne peut se vivre que sur le mode impersonnel du « il », le « il » se perçoit comme témoin dédoublé de sa propre présence, que dans une trouble distance il ne contrôle plus. Le troisième paravent est décisif lorsque pour brouiller les indices de la personne, le « il » est présenté par la narration comme une instance indépendante, lointaine et anonyme :

« *le seul des trois réservistes (ou plutôt déjà cavaliers, dont l'un allait se trouver élevé à la puissance de brigadier dès qu'il aurait fini de se livrer à son délicat travail de couture)* » (A,227)

Le « je/il » du narrateur auteur devient, lorsque l'objectif prend du champ, un parmi d'autres, et dans cet exemple, où la focalisation n'est même plus centrée sur le « il », le décrochage subjectif est total. Les préoccupations de Simon convergent donc avec celles de Flaubert ou Zola pour qui émotions ou commentaires parasitent l'immédiate lisibilité du monde. La prose simonienne a un toucher réaliste, car elle entérine, par son impersonnalité, la transitivité du message mimétique. Le narrateur simonien vit l'horreur de la guerre, de la maladie maternelle, du deuil sans se plaindre, il désigne les coupables sans les invectiver, il écrit sans s'impliquer dans « une forme d'écriture qui se présente comme neutre » (G,314). Comme pour O., la crédibilité du témoignage, la validité de la mission réaliste sont à la mesure du détachement objectif.

Mais l'objectivité est un leurre, pour les réalistes comme chez Simon. En dépit de cette neutralité narrative, les positions de Simon, comme celles de Flaubert ou de Zola d'ailleurs, sont claires sur le capitalisme, sur la guerre, sur les désillusions révolutionnaires... qui ont permis précédemment de conclure à une intégration de l'homme simonien dans un contexte historique, social et politique. C'est que la transparence narrative n'oblitère pas tous les signes de la personne qui peut s'exprimer ailleurs que dans le dogmatisme ou l'argumentation monolithique. Simon refuse officiellement le roman engagé[1], l'écrivain n'est pas un « moraliste »[2], mais son style, l'agencement des épisodes murmurent une morale et introduisent, à la détournée, des valeurs éthiques. Si ses œuvres ne sont pas des romans engagés, son discours l'est. Dans *L'Acacia*, pas de « je » comme dans *Histoire*, même pas une hésitation comme dans *La Route des Flandres*, un roman donc qui respecte un strict effacement du geste narratif, pourtant la position de Simon sur la guerre y est parfaitement lisible grâce à des moyens détournés dont on voudrait esquisser une petite typologie et dont on verra qu'elle est fidèle, une fois encore, aux pratiques réalistes. D'abord, comme dans le système zolien, le narrateur simonien s'absente et parle par procuration à travers le discours d'un personnage :

---

[1] C. Simon/G. Le Clec'h, « Le jeu de la chose et du mot », *Les Nouvelles Littéraires*, 8 avril 1971, p. 6 : « Nous étions aussi, bien sûr, opposés à ce que l'on appelle le roman engagé. ».
[2] C. Simon/A. Bourin, « Techniciens du roman. Claude Simon », *Les Nouvelles Littéraires*, 29 déc. 1960, p. 4.

« *ils avaient comme tout le monde entendu parler d'unités, de régiments ou même de divisions sacrifiés, de ruses tactiques, de manœuvres de diversion ; et au début ils le crurent, pensant seulement : "Voilà ! Pas de veine. Il a fallu que ce soit nous. C'est le jeu... "* » (A,38)

Le discours du narrateur est ici relayé par celui des soldats de sa division, ce qui lui évite les risques subjectifs d'une prise de position trop nette sur les incapacités du commandement militaire. Cette parole se transforme en témoignage de la vérité, car son objectivité est attestée par le nombre et une origine qui dépasse le sujet. La parenthèse explicative ou comminatoire, dont on trouve des traces chez Balzac est aussi un moyen, en sourdine, de prendre parti contre la guerre :

« *celui qui en avait très précisément donné l'ordre (l'ordre de les envoyer en rase campagne et montés sur des chevaux à la rencontre de chars d'assaut ou d'avions) était une sorte de nain* » (A,37)

La parenthèse libère et autorise les forces subjectives, dans la mesure où, perçue comme un à-côté secondaire, elle ne semble pas fragiliser l'impartialité de la narration principale. L'inachèvement, le balbutiement procèdent de la même subjectivité par relégation, comme dans la dénonciation du chef de guerre qui sombre dans l'implicite et le non-dit : « Il ne pouvait pas se tirer simplement une balle dans la tête ?... Nous obliger à le... A nous... » (A,366). Ce qui n'a pas été formulé n'a pas de trace, n'existe pas. L'intervention idéologique de l'auteur peut aussi émerger de la disposition des scènes car l'opposition ou le parallélisme entre deux séquences neutres, invite à une conclusion implicite et tendancieuse. Ainsi par exemple l'opposition entre ces prisonniers, libérés enfin de leurs wagons à bestiaux, « d'où, comme des excréments, ne cessaient de se détacher des grappes d'hommes aux uniformes couleur de terre qui dévalaient le talus et arrivés en bas s'accroupissaient. » (A,317) et cette virginale « petite fille habillée de clair, aux longs cheveux, qui court en jouant avec un chien au pelage clair aussi » (A,317), le contraste concomitant entre la vilenie honteuse de la défaite et la pure innocence du bonheur, signale l'abomination des guerres qui partagent les hommes entre les victimes et les bourreaux, entre les civils et les soldats, entre des adultes défaits et des enfants pleins de promesses. Les figures de style sont également un moyen de dire sans dire, sous couvert de médiations comparatives ou de transports métaphoriques. La guerre, dans *L'Acacia*, est « un ouragan furieux » (A,33), « un ogre » (A,70), « un mur ou plutôt une muraille de feu » (A,55), un « insatiable monstre » (A,39). Les figures de l'hyperbole sont nombreuses qui délèguent à la fonction poétique du langage le soin des commentaires tandis que la fonction émotive, centrée sur le « je » reste intouchée. L'hyperbole est aussi un des ressorts du réalisme romantique de Zola, qui ne recule pas devant le mélodramatique des faits divers pour dévoiler les horreurs réalistes. Si l'hyperbole en dit trop pour être partiale, l'ironie, procédé cher à Flaubert, dit le mieux pour suggérer le pire :

« *le temps que les banquiers, les hommes d'affaires et les fabricants d'automobiles d'un autre continent décident du meilleur placement de leurs capitaux et se mettent alors à construire suffisamment de canons, de camions* » (A,39)

Ce passage est un véritable réquisitoire muet contre les responsabilités économiques dans la guerre, il dénonce avec une feinte naïveté les intérêts capitalistes ; l'ironie est un engagement par défaut. Le rire noir ou l'euphémisme sont d'autres figures de la subjectivité désamorcée :

« *l'interminable et humiliant cortège des captifs serpentant à travers bois et collines, le train, les wagons à bestiaux aux corps enchevêtrés, la faim, la soif lancinantes, la puante odeur de pommes de terre pourries qui flottait en permanence au-dessus des baraques alignées...), disant donc seulement que tout avait été dur)* » (A,348)

Mais minimiser par le langage (« disant donc seulement ») ou le rire, la gravité des situations, c'est rendre au réel son poids d'injustice et de complication, c'est afficher une apparente neutralité linguistique pour suggérer, de façon inversement proportionnelle, une prise en charge affective de l'horreur. Malgré l'apparente objectivité de *L'Acacia* sur la question de la guerre, la conviction idéologique se glisse dans les voix détournées de la subjectivité : la subjectivité par délégation, par relégation, par disposition, par figuration, par dénégation, qui mine le texte, rend caduc le rêve d'impartialité et d'impersonnalité. La transparence du geste narratif, l'effacement de l'informateur, du moins son apparence, renvoient, chez Simon comme chez les auteurs réalistes, à un désir mimétique.

Parallèlement la transitivité du message s'appuie, selon Philippe Hamon sur « une hypertrophie de la redondance », « une hypertrophie des procédés anaphoriques »[1] qui visent également à éliminer le bruit. La répétition mimétique du monde se construit, dans le code réaliste, sur la répétitivité du discours. La redondance simonienne est particulièrement dense et puissante : l'évidence anaphorique s'ajoute aux réitérations phoniques, syntaxiques, lexicales, aux échos entre les systèmes sémiologiques, au retour des personnages, aux analogies structurelles... mais on voudrait insister ici sur une redondance qui, selon Hamon[2], qualifie particulièrement le personnage réaliste : la forte redondance sémantique entre le héros réaliste, ses vêtements, sa maison, sa ville, son activité professionnelle, son milieu social. Le personnage, l'objet, le paysage simonien s'inscrit toujours dans un réseau signifiant où il est, soit partie prenante par contiguïté, soit partie englobée/englobante par inclusion, selon le principe de la métonymie ou de la synecdoque, caractéristiques, d'après Jakobson de l'école réaliste :

« *Suivant la voie des relations de contiguïté, l'auteur réaliste opère des digressions métonymiques de l'intrigue à l'atmosphère et des personnages au cadre spatio-temporel. Il est friand de détails synecdochiques.* »[3]

Ainsi par exemple ce « nécessaire à fumeur en émail cloisonné où des oiseaux turquoise et rose volaient parmi des joncs et des nénuphars » (A,54), métonymique du père, qui l'annonce avant qu'il entre dans le récit (A,54), qui le représente une fois qu'il en est sorti (A,62,277) condense, sur le mode synecdochique, sa trajectoire sociale et amoureuse : emblème de la vie coloniale, il est à la fois l'indice éthéré, comme le vol des oiseaux, du luxe, du superflu et du raffinement que l'ascension professionnelle a permis d'atteindre mais aussi le miroir de ce cloisonnement social qui finalement condamnera le père. Le vol des oiseaux littéralise par ailleurs l'image de l'homme et de la femme qui « comme dans une sorte de coït aérien, comme ces oiseaux capables de copuler en plein vol, rattachés par leurs seuls organes génitaux » (A,157) s'agrippent l'un à l'autre, lorsque le train qui part pour la

---

[1] P. Hamon, « Le discours contraint », art. cit., p. 134.
[2] *Ibid.*, pp. 146/147.
[3] R. Jakobson, *Essais de linguistique générale*, Paris, Editions de Minuit, 1963, pp. 62/63. Voir aussi « Du réalisme artistique », art. cit., p. 105.

guerre, les sépare. Cet objet condense et répète en lui les signes d'une information qui se doit d'être redondante pour être efficace.

Outre la lisibilité du message, la transmission d'une information plus dense donc plus mimétique caractérise le projet réaliste. Chez Simon ce comportement s'observe dans la préférence des scènes aux sommaires[1]. Les quatre romans sont construits autour d'un nombre restreint de scènes-prétextes qui s'étoffent de digressions, de descriptions, d'analepses, de prolepses et finissent par se gonfler à la taille d'un roman. Dans *Histoire*, par exemple, la journée support, se compose de six scènes de base : le lever, le rendez-vous à la banque, le repas au restaurant, la visite de l'antiquaire, le déplacement chez Paulou et un faisceau d'événements qui couvrent le soir. Mais chaque scène se creuse des souvenirs du passé, des associations inconscientes et des rêveries sur images. L'absence à peu près totale de sommaires dans ce roman, comme dans les trois autres, insiste et sur l'intensité dramatique de l'histoire et sur l'apport d'informations à vertu réaliste que ne permet pas la perspective cavalière. Par ailleurs c'est la description qui actualise le désir réaliste de dénomination du monde. La répétition comme procédé particulier de lisibilité est d'ailleurs un des ressorts du descriptif, qui, comme le souligne Philippe Hamon, dans son étude sur la description dans les œuvres réalistes, répond essentiellement à une conscience paradigmatique dans l'énoncé :

« *D'où, dans le descriptif, le jeu du même contre la différence, et l'hypertrophie de certaines opérations générales comme l'anaphorique, le paradigmatique, la redondance, la mise en mémoire, l'archivage du déjà lu et du déjà vu, l'équivalence, la hiérarchie, la mise en facteur commun, etc., opérations certes très générales mais rendues comme plus manifestes, plus tangibles [...] dans et par les descriptions.* »[2]

La description, caractéristique du discours réaliste, résiste à la linéarité du récit et dans ces tendances accumulatrices qui congestionnent le continuum temporel, on reconnaît les principes de l'écriture simonienne. C'est d'ailleurs dans cette pratique de la description que Simon avoue, pour son écriture, l'héritage reçu de l'école réaliste :

« *Avec Balzac (et c'est là que réside son génie), on voit apparaître de longues et minutieuses descriptions de lieux ou de personnages, descriptions qui au cours du siècle se feront non seulement de plus en plus nombreuses mais au lieu d'être confinées au commencement du récit ou à l'apparition des personnages, vont se fractionner, se mêler à doses plus ou moins massives au récit de l'action, au point qu'à la fin elles vont jouer le rôle d'une sorte de cheval de Troie et expulser tout simplement la fable à laquelle elles étaient censées donner corps* »[3]

Hamon indique que l'installation de la description dans la littérature ne s'est pas faite sans mal. Jusqu'à l'âge classique elle a essentiellement une fonction décorative, « elle est toujours, peu ou prou, discours d'escorte sur un texte ou sur une image, ou plus exactement discours transitoire, lieu d'un embrayage intersémiologique entre deux textes, entre deux images, entre un texte et une image... »[4]. Décrire ce n'est jamais décrire le réel, c'est montrer un savoir-faire rhétorique ou

---

[1] *Ibid.*, pp. 122/144.
[2] P. Hamon, *Du Descriptif*, Paris, Hachette, 1993, p. 5.
[3] C. Simon, *Discours de Stockholm*, pp. 19/20.
[4] P. Hamon, *Du Descriptif*, *op. cit.*, p. 12.

réfléchir des connaissances culturelles. Avec les réalistes, la description au contraire devient l'ancrage de la fonction référentielle du langage, le lieu de la nomination du monde. Il n'est pas sûr, et on le verra plus loin, que l'attrait de Simon pour la description relève des mêmes aspirations mimétiques que celles de Balzac, Flaubert ou Zola, il n'empêche que le résultat est le même ; puisque le réalisme est une convention esthétique, les descriptions simoniennes sont décodées, par assimilation, comme un « effet de réel », leur importance et leur composition, par ailleurs fidèles au comportement scriptural réaliste, leur confèrent définitivement une vertu référentielle. Hamon repère dans les œuvres réalistes, une métaphore fondatrice qui vraisemblabilise et la description, et l'entreprise mimétique, celle de la fenêtre ouverte, qu'il reprend à Zola : « l'œuvre d'art comme une fenêtre ouverte sur la création, comme une mise en spectacle illusionniste et réaliste du monde. »[1]. Thématique sensiblement équivalente à celle qu'utilise Stendhal dans une des épigraphes du *Rouge et le Noir* pour définir le roman « comme un miroir qu'on promène le long d'un chemin. »[2]. Avec la fenêtre ouverte, le roman réaliste s'ouvre sur les objets du monde et les rencontre dans l'immédiateté de sa transparence :

« L'écran réaliste est un simple verre à vitre, très mince, très clair, et qui a la prétention d'être si parfaitement transparent que les images le traversent et s'y reproduisent ensuite dans toute leur réalité. »[3]

C'est la même image qui étrangement préside à l'écriture, dans *Histoire* (H,9), *Les Géorgiques* (G,312) et *L'Acacia* (A,380) où l'écrivain est toujours présenté devant une fenêtre ouverte. L'œuvre de Simon obéit donc au même topos déclencheur, aux mêmes signaux métalinguistiques que le répertoire réaliste. La fenêtre introduit le discours mimétique sur le monde qui sera reproduit dans la limpidité de son être-là et elle encadre le tableau descripteur ainsi justifié par le narratif. Au XIX° siècle, on l'a dit, l'énoncé descriptif s'émancipe. Toutefois entre description et narration, la frontière reste imperméable que les auteurs tentent de gommer, de naturaliser, par des processus de légitimation. Ainsi l'énoncé descriptif est toujours démarqué du narratif et justifié par lui grâce à un regard, une parole, un faire des personnages (narrateurs ou acteurs)[4]. La prose simonienne suit bien souvent ces principes de vraisemblabilisation réaliste. Dans *La Route des Flandres*, la description du quartier juif, parmi d'autres, synthétise les principaux signaux autoréférentiels émis par la description réaliste :

« après la guerre il faudra que tu viennes me voir, je te ferai visiter ma rue, il y a d'abord un magasin peint en jaune imitation bois avec écrit en lettres dorées sur fond de verre noir au-dessus des vitrines : Draperie Tissus Maison ZELNICK Gros Détail, et à l'intérieur rien que des rouleaux de tissus, mais pas comme dans ces magasins où un élégant vendeur parfumé sort des rayons une mince planche de bois sur laquelle est enroulée une fine draperie qu'il déploie avec des gestes élégants : des rouleaux à peu près de l'épaisseur d'un vieux tronc d'arbre, et à peu près de quoi, dans un seul, habiller dix familles, et des tissus laids, épais et sombres, et le magasin où il fait nuit en plein jour est éclairé par six ou sept de ces globes dépolis [...] et le magasin suivant est peint d'une couleur rougeâtre cette fois, se

---

[1] P. Hamon, *Du Descriptif, op. cit.*, p. 174. Voir aussi « Le discours contraint », art. cit., p. 164.
[2] Stendhal, *Le Rouge et le Noir*, épigraphe de I,23.
[3] E. Zola, lettre à Valabrègue, du 18 août 1864, citée par P. Hamon, *Du Descriptif*, p. 207.
[4] P. Hamon, *Du Descriptif*, p. 172.

différenciant aussi du précédent par un soubassement en imitation marbre, vert à veinules vert clair, la raison sociale s'étalant toutefois sur le même fond de verre noir avec les mêmes lettres dorées, et cette fois c'est : Gros Doublures Lainages Z. David et Cie Draperie Française [...] » (RF,262)

Ce passage apparaît comme un canonique morceau de bravoure de la description réaliste. D'abord la description du magasin de tissus, qui évoque *Au bonheur des dames* de Zola, renvoie, de façon réflexive, à la conception du monde comme un magasin, que le discours mimétique a pour fonction d'inventorier. Ensuite l'insertion de ce passage descriptif dans la narration est justifiée par le regard de Blum, « j'ai vu ça pendant vingt ans de notre fenêtre du matin au soir » (RF,264), mais aussi par sa parole qui propose à Georges le prétexte d'une future description ambulatoire. Tout déplacement d'un personnage tend, dans la prose réaliste, à déclencher naturellement la description de tableaux juxtaposés, focalisés par le personnage mobile. Reste qu'ici l'ambulation imaginaire transforme la description du parcours en parcours dans une description divisée en étapes successives ; les connecteurs spatiaux y deviennent des connecteurs temporels (« d'abord », « suivant »), les repères du déplacement des repères de la temporalité discursive. La description s'annonce par « il y a », marque à la fois d'un présentatif inventorial et dans le cadre narratif au passé, du présent d'attestation ; elle se poursuit par l'emploi d'un lexique particulier, des noms propres fortement individualisants, des groupes nominaux et en particulier des adjectifs (« dorées », « élégant », « parfumé », « mince », « fine » « élégants »...). La description de la rue des Francs-Bourgeois est longue et Blum y passe en revue tous les magasins qui ont environné son enfance, magasins de tissus, échoppe du bougnat, boutique de vins, bistrot... On y retrouve cet « effet de liste », qui, selon Hamon[1], vise à griller le réel, en « donnant l'impression au lecteur que le texte s'efforce de saturer un cadre », effort taxinomique pour intégrer la totalité du monde.

Dans les romans réalistes, la description est toujours au service du sujet[2]. Pas de gratuité, verticalement elle a un rôle explicatif car elle apparaît comme un signe social et psychologique du personnage ; horizontalement, elle est le lieu d'une cohérence narrative qui annonce ou reprend les données de la diégèse. La description du quartier juif par Blum n'a pas de vertu esthétique, elle entre dans un système signifiant qui détermine le personnage. Blum est le fruit de cet univers de labeur, où « les lumières sont allumées de six heures du matin jusqu'à onze heures ou minuit sans interruption, et si elles s'éteignent, c'est qu'on n'a pas encore trouvé le moyen de passer vingt-quatre heures sur vint-quatre à tirer sur une aiguille » (RF,264). S'explique ainsi sa distance amicale mais lucide et ironique à l'égard de Georges descendant d'une lignée de rentiers ; se comprend son délire linguistique et fantasmatique qui s'est développé en compensation à une réalité laide et sombre comme les tissus. Enfin l'insistance sur ce ghetto juif dont témoignent les noms sur les enseignes, l'accentuation sur le malheur de leur vie sans échappée de réjouissance, annoncent le destin tragique d'un peuple et l'avenir narratif d'un personnage, Blum, rattrapé aussi par l'Histoire. Les signaux de la description réaliste perdurent dans la prose de Simon, toutefois la ligne de démarcation entre description et narration est beaucoup plus poreuse dans ses œuvres qu'elle ne l'était au XIX° siècle. Si les ré-

---

[1] *Ibid.*, p. 53.
[2] *Ibid.*, pp. 32/33.

alistes ont imposé, dans la littérature, la présence à part entière de la description à côté de la narration, Simon et plus généralement les auteurs du Nouveau Roman en ont assuré la confusion avec le récit. Chez Simon la description n'est plus une pause digressive à l'intérieur du récit. Elle impose sa griffe aux énoncés narratifs qui s'écrivent alors à l'imparfait et se nourrissent d'adjectifs, de participes et de comparaisons, comme le début de *L'Acacia* où l'action se neutralise en un magma descriptivo-itératif. Ou encore c'est le narratif qui devient un épanchement du descriptif : ainsi la description des cartes postales ou de la photo de l'atelier de peinture dans *Histoire*, qui progressivement prend vie, donne à lire que la fable trouve sa source et son élan dans la description. Toute narration se creuse en description et toute description s'anime en narration.

Chez Simon comme chez les réalistes, la description est motivée dans son principe mais les détails qui la constituent ont un statut plus complexe. Le détail participe de l'édification signifiante dévolue à la description. On a vu que les « tissus laids, épais et sombres » de chez « Zelnick Gros Détail » jouaient un rôle dans l'explication du personnage et son avenir. Pourtant certains détails paraissent insignifiants : « les bouilloires de cuivre du vieux Dujardin-Salleron » (G,253), le petit vieux « pourvu d'une loupe à peu près de la grosseur d'un petit pois » (RF,104), transforment le lecteur en herméneute : certains détails vont-ils jouer un rôle dans l'histoire ? Quand ce n'est pas le cas, lorsqu'ils n'ont ni un rôle dans la stratégie narrative, ni un poids dans l'explication d'un personnage, leur raison d'être est à rechercher précisément dans leur insignifiance. Pour Roland Barthes « Tout cela dit que le "réel" est réputé se suffire à lui-même, qu'il est assez fort pour démentir toute idée de fonction, que son énonciation n'a nul besoin d'être intégrée dans une structure et que l'*avoir-été-là* des choses est un principe suffisant de la parole. »[1], en opposition à l'objet artistique où tout s'inscrit dans une architecture signifiante car artificielle et construite. Et c'est cette évidence matérielle et inerte du réel que les réalistes tentent de retrouver dans « l'hypertrophie du détail vrai », selon l'expression zolienne[2], porte-drapeau anti-idéaliste du réalisme, dans la notation « de ces détails, de ces "choses vues" dont tout bon journaliste sait qu'elles constituent les meilleurs certificats d'authenticité d'un reportage » (G,314).

L'exubérance des détails par son estampille « réelle », est ainsi chargée de provoquer un effet de vérité, de preuve, d'autorité que viennent aussi corroborer les niveaux de langue qui supportent l'expression réaliste. L'utilisation, par exemple chez Simon comme chez Balzac ou Zola, de lexiques techniques donne aux textes l'assurance d'un savoir encyclopédique et persuade de la véracité des événements décrits. Chez Simon la dispersion dans les textes du langage technique de la cavalerie (« houseau », « mousqueton », « buffleterie », « décrocher »...) ou du langage des courses (« chambrière », « starter », « bull-finch », « canter », « elle lui avait dérobé »...) renvoie à un témoignage du vécu et relève d'une vérité empirique. Mais l'aspect imposant de certaines descriptions techniques s'affiche avec ostentation comme morceau de savoir ; ainsi le vocabulaire hippique dans le passage qui suit, donne à la description la légitimité d'un modèle élaboré théoriquement dans un autre lieu que l'expérience (dictionnaire hippique, encyclopédie) :

---

[1] R. Barthes, « L'effet de réel », art. cit., p. 87.
[2] P. Hamon, *Du Descriptif*, p. 18.

« *les cinq chevaux avançant d'un pas pour ainsi dire somnambulique quatre **demi-sang tarbais** produits de croisement connu sous l'appellation d'**anglo-arabe** deux d'entre eux **entiers** celui du capitaine **hongre** le quatrième (monté par le simple cavalier) étant en fait une jument, âges s'échelonnant entre six et onze ans, **robes** : celui du capitaine **bai brun** c'est-à-dire presque noir avec une **pelote en tête**, celui du sous-lieutenant **alezan doré**, la jument montée par le simple cavalier **baie avec liste en tête** et deux **balzanes** »* (RF,277)

Cette taxinomie du réel, clamant son attestation théorique confère une validité persuasive au discours qui se déporte sur les faits évoqués, perçus alors comme une performance vraie.

Pour dire « toute la vérité », les romans réalistes doivent exprimer le monde dans sa totalité, pas seulement dans la précision des informations fournies par les détails, mais aussi dans la diversité des faits qui le constituent. Aussi le mélange des styles apparaît-il à Auerbach comme une particularité de ces œuvres. L'histoire littéraire nous explique que le cloisonnement des genres oppose jusqu'au XIX° siècle, un pôle sublime des thèmes et de l'expression réservé à la tragédie, un style intermédiaire pour la comédie et une catégorie du grotesque qui vise le peuple et son langage. Le réalisme signe la disparition de la séparation des genres car il fait accéder à la représentation sérieuse une partie populaire du public et une face cachée de la réalité. C'en est fini des bienséances classiques, l'écrivain réaliste heurte la sensibilité et la morale de son temps en présentant la crudité du réel et s'expose lui-même à l'incompréhension et au rejet : « Lorsque *L'Assommoir* a paru dans un journal, il a été chargé de tous les crimes. »[1], se plaint Zola dans la préface de son livre. Le mélange des styles suppose l'accueil de tous les langages (« Mon crime est d'avoir eu la curiosité littéraire de ramasser et de couler dans un moule très travaillé la langue du peuple. »[2]), de tous les sujets et de tous les tons. L'œuvre simonienne est de même engagée dans cette remise en cause de la hiérarchisation morale et esthétique des registres. Elle intègre au niveau du langage l'argot des soldats, le style parlé et familier de la conversation, les fautes de langue des classes populaires, parallèlement à l'expression châtiée, très XVIII° siècle de L.S.M. et à la richesse d'expression du narrateur. Ce parti-pris ne constitue plus une révolution littéraire dans la deuxième partie du XX° siècle mais renvoie néanmoins à un souci mimétique. En revanche les romans simoniens continuent à travailler la morale contemporaine, dans la représentation de certains sujets encore tabous. Le thème sexuel est un standard rebattu de la banalité littéraire et médiatique. Pourtant les scènes de nus chez Simon gardent quelque chose d'émouvant et de transgressif car elles s'insèrent dans un décalage des valeurs, elles sont de l'ordre de la dissonance, à la façon du *Déjeuner sur l'herbe* de Manet. Le prologue des *Géorgiques* nous présente par exemple des corps nus dans un décor extrêmement habillé, parfaitement détaillé, « le contraste entre la nudité des deux personnages et le décor, les meubles de style, confère à la scène un caractère insolite » (G,12). C'est cet « insolite », cette instabilité qui donne aux romans simoniens son velours érotique qui se niche dans la versatilité, l'absence de cohérence du code.

« *je roulai sous elle l'écrasant de mon poids mais je tremblais trop fébrile tâtonnant à la recherche de sa chair de l'entrée de l'ouverture de sa chair parmi*

---
[1] E. Zola, *L'Assommoir*, Paris, Gallimard, coll. « folio », 1978, p. 17.
[2] *Ibid.*, p. 17.

l'emmêlement cette moiteur légère touffue mon doigt maladroit essayant de les diviser aveugle mais trop pressé trop tremblant alors elle le mit elle-même » (RF,242)

La scène érotique est à la fois présentée dans un vertige métaphorique qui protège grâce au voile pudique de la figure de style, dans un silence qui évite par exemple le mot « poils » ou le mot « sexe » ; mais parallèlement l'activité sexuelle est exhibée dans toute la crudité du langage anatomique, de la fonctionnalité physiologique, de « l'acte en soi, physique, dénudé, débarrassé de son aspect passionnel » (RF,176), dont on évoque les ratés techniques ; c'est l'envolée hyperbolique de l'orgasme : « comme si notre vie tout entière s'était précipitée avec un bruit de cataracte vers et hors de nos ventres s'arrachant s'extirpant de nous de moi de ma solitude se libérant s'élançant au-dehors se répandant jaillissant sans fin nous inondant l'un l'autre comme s'il n'y avait pas de fin » (RF,244) et la chute contrastée de l'eau qui coule dans la salle de bain pour une toilette intime : « j'entendis l'eau couler argentine » (RF,244). La scène érotique se place aussi à la frontière entre l'anonymat, le détachement par rapport au sexe masculin présenté comme un tiers, « le », et le surinvestissement affectif dont il est l'objet quasi divin : « puis le prenant l'introduisant l'enfouissant l'engloutissant » (RF,242). La position du spectateur lecteur n'est pas non plus très nette. Le texte nous situe à la fois en voyeur d'une scène professionnellement réussie par sa lente décomposition et sa précision mais par ailleurs le rythme précipité des phrases qui mime le halètement, l'activité verbale très mimétique de l'acte sexuel, nous happent dans une participation orgiaque : « elle ramena ses deux bras, le droit entourant mon cou le gauche pressant mes reins où se nouaient ses pieds, respirant de plus en plus vite maintenant le souffle coupé chaque fois que je retombais la heurtais l'écrasais sous mon poids m'éloignant et la heurtant elle rebondissait vers moi » (RF,242). Enfin la scène érotique est toujours en lisière de la normalité, si tant est qu'il y ait une normalité dans l'érotisme, mais elle est souvent chez Simon teintée de sadisme, « la heurtant chaque fois plus fort ne lui laissant pas le temps la force de répondre sa gorge son cou ne laissant plus passer qu'un son inarticulé » (RF,243) ou d'un narcissisme exacerbé, comme dans les scènes de *L'Acacia* avec les prostituées qui finalement rapporte l'échange sexuel à un onanisme amélioré. L'érotisme simonien ne se contente pas de montrer des corps nus qui copulent, il interroge par son hésitation entre la pudeur métaphorique et la précision chirurgicale, entre le sublime hyperbolique et le prosaïsme hygiénique, entre le voyeurisme et l'échangisme et entre la normalité et la déviance sexuelle. Le sexe en soi n'est plus un sujet tabou, comme il l'était du temps des réalistes, mais la façon trouble dont il est abordé chez Simon le renvoie dans des zones douteuses. Le scatologique, le bas corporel en revanche restent encore aujourd'hui des thématiques avilissantes et dégradantes pour l'homme, que par conséquent on ignore ou dissimule. Or la prose simonienne témoigne d'une certaine résolution à exposer la « morve » (G,116,416 A,101), le vomi (RF,195,219 A,350), « l'urine » (H,365 G,72 A,372), les « excréments » (H,192,G,347,A,372), les « feuillées » (G,110,132), les « latrines » (RF,110 G,209 A,76), le « dysentérique au visage de cadavre, hagard, tordu en deux, terrifié, qu'ils écoutent se vider bruyamment derrière la mince porte en contre-plaqué, indifférents aux plaintes, aux râles, parfois aux sanglots, à l'odeur fétide » (G,211). Toute vérité corporelle, même la plus triviale, est bonne à décrire. La monstration de la mort dans la matérialité du cadavre est l'ultime tabou que les romans de Simon enfreignent. La présence du cadavre simonien est inflationniste, la narration le traque partout, sur les champs de bataille, dans les cimetières, dans le lit des agonies. Il est dans tous ses états : virtuel, comme chez ce petit vieux « à tête de cadavre, jaune » (RF,104), tout juste advenu dans « le masque grisâtre renversé ou plutôt dans l'oreiller, les poches lie-de-vin sous les yeux » (G,191) de la grand-mère, dans une décomposition avancée avec la « bouillie » qu'est devenue Marianne (G,380), enfin réduit à « quelques ossements », « sous forme de deux crânes et de quelques baguettes ou cerceaux de calcaire » (G,218/219). Toutefois le fait de s'appesantir sur des cadavres, s'il signe le poids d'un traumatisme morbide, n'a rien d'une provocation transgressive. Plus choquant est le réalisme des descriptions qui insistent sur l'aspect matériel répugnant d'une réalité que les sociétés tentent de neutraliser par la dissimulation hygiéniste des corps ou de transcender par les cultes du deuil :

« *un innommable magma flottant mollement dans un liquide noir, putride* [...] *la face aux orbites vides, à la bouche sans langue, sans lèvres, aux incisives saillantes sous le nez dévoré, les seins vidés, pareils à de plates et noires mamelles de guenon* [...] *le ventre (c'était par là qu'elle avait probablement commencé à pourrir, que les vers avaient dû attaquer) déchiré par les gaz, ou plutôt déchiqueté, effondré* » (G,381)

Une telle représentation de l'avenir de l'homme est impensable et le délit de Simon consiste à avoir donné corps ou non corps, à cet innommable, à avoir aussi traité avec irrespect le cadavre que la société révère comme la trace d'un homme disparu, comme les restes d'un amour ou d'une amitié ou comme l'incarnation d'une essence divine. Chez Simon, les cadavres sont des « macchabées » (RF,170 H,229) ou encore mieux des « macchab[s] » (RF,106) et Wack que la mort aurait dû rendre intouchable, affiche un air encore plus stupide :

« *me regardant de ses yeux grands ouverts la bouche grande ouverte sur le revers du talus, mais lui avait toujours eu une tête d'idiot et bien sûr la mort n'avait pas précisément arrangé les choses de ce point de vue, mais sans doute au contraire accentué, du fait qu'elle privait le visage de toute mobilité, cette expression ahurie stupéfaite* » (RF,82)

La familiarité du propos (« arrangé les choses ») qui double cette espèce de familiarité avec les façons de faire de la mort (« bien sûr ») présentée comme une personne connue de longue date, abolit la distance terrifiée que les hommes entretiennent avec la finitude, brise le tabou de la peur en même temps qu'elle introduit la mort dans le champ trivial du dérisoire.

Car si les réalistes du XIX° siècle, comme Simon, ont mélangé les niveaux de langue, ont abordé tous les sujets même les plus socialement incorrects, ils ont aussi mêlé les tons. Selon Auerbach[1], la littérature de Stendhal et Balzac constitue le modèle de l'irruption du sérieux existentiel dans la réalité quotidienne, c'est-à-dire le mélange le plus vrai du style haut et sublime avec la forme du réel bas et grotesque. N'oublions pas que la *Comédie humaine* « qui embrasse à la fois l'histoire et la critique de la Société, l'analyse de ses maux et la discussion de ses principes »[2], cette œuvre aux objectifs immenses et graves, est désignée par le titre « comédie ». Cette extrême intrication entre le comique et le sérieux, Claude Simon en est aussi conscient lorsqu'il laisse dire à son narrateur : « le vaudeville n'est jamais que de la tragédie avortée et la tragédie une farce sans humour » (RF,182). Chez Simon de

---

[1] E. Auerbach, *Mimésis, op. cit.*, pp. 476/477.
[2] Balzac, Avant-propos de *La Comédie humaine*, Paris, Gallimard, « La Pléiade », 1976, p. 20.

même, le mélange du comique et du pathétique, du grotesque et du tragique permet à l'auteur de jouer sur toutes les émotions de la vie et de dénoncer de façon polyphonique certains aspects du réel. Cette mixité des tons particulièrement sensible dans *La Route des Flandres*, où le contexte sombre de la débâcle de 40 donne lieu à des tonalités contrastées, est ponctuellement figurée par ces paysans qui « en plein dans la folie le meurtre les Atrides » (RF,112) sont présentés comme des « tragédiens habillés de salopettes bleues abrités sous des parapluies pataugeant dans leurs uniformes bottes de caoutchouc noir constellées de pastilles rouges » (RF,113). Ce contraste entre le tragique de la situation et le grotesque des costumes correspond à une stratégie d'évitement, de dédramatisation par la déflation du sérieux en bouffonnerie. C'est toute l'histoire de Georges et Blum qui au cœur de la guerre meurtrière et du stalag destructeur, fanfaronnent pour échapper à l'innommable réalité. Ils utilisent l'humour noir : « si tu dois mourir retiens-toi au moins un peu. Que ça en vaille la peine. Qu'ils puissent au moins te donner une décoration » (RF,121) et la noirceur de leur présent comme de leur avenir s'égaie de jeux de mots et de calembours, grâce à « la voix pathétique et bouffonnante de Blum » (RF,257). Ils s'adonnent à des pitreries clownesques : « la malingre et bouffonnante silhouette se mettant en mouvement, se démenant, s'arc-boutant, agitée de brèves secousses, jusqu'à ce qu'elle ait réussi à charger la fourche de quatre ou cinq briquettes » (RF,173) et l'inhumanité de leur travail au stalag se transforme en parodie mécaniste. Le tragique cohabite avec le comique et le burlesque, tout comme l'héroïque se dévalue dans la caricature grotesque : *La Route des Flandres* mais aussi *L'Acacia* renversent le dispositif héroïque de la guerre en une scène de théâtre où les glorieux combattants sont à la recherche du front, où le chef de guerre se fait tirer comme un lapin et s'écroule comme « un cavalier de plomb commençant à fondre par les pieds » (RF,12) et où la seule blessure glorieuse est glanée dans une bagarre avec des compagnons d'infortune (RF,91). La parodie du code héroïque subvertit ici le modèle de la guerre mais sur le mode aigre-doux, de la tragi-comédie.

La dynamique réaliste se construit sur la trivialité, la souffrance et la laideur d'un réel qui doit être exposé dans toute sa vérité ; le style est alors la compensation esthétique à la rigueur sinistre du message. Flaubert incarne l'image de ce travailleur chez qui le culte de la forme et du style récuse les insuffisances et les vulgarités du réel. Pour Simon, qui fait explicitement référence à la minutie stylistique de Flaubert[1] dans le *Discours de Stockholm*, le style n'est pas en concurrence avec le réel, puisque précisément, le langage est pour lui la condition d'une découverte qui n'existe pas a priori ; mais sa pratique scripturale rejoint à bien des égards le réalisme néo-parnassien de Flaubert. D'abord comme les réalistes du XIX° siècle, qui dénoncent l'inspiration des romantiques, il réhabilite la valeur du travail littéraire :

« *Comment donc expliquer qu'aujourd'hui, pour une certaine critique, les notions de labeur, de travail, soient tombées dans un tel discrédit que dire d'un écrivain qu'il éprouve de la difficulté à écrire leur semble le comble de la raillerie ?* »[2]

Claude Simon se présente, lui, comme un écrivain « qui travaille la langue et est en même temps travaillé par elle »[3], comme un consciencieux artisan de la

---
[1] Claude Simon, *Discours de Stockholm*, pp. 23/24.
[2] C. Simon, *Discours de Stockholm*, p. 13.
[3] C. Simon/ J.-C. Lebrun, « Visite à Claude Simon. L'atelier de l'artiste », art. cit., p. 40.

littérature aux prises avec la composition, les mots et le rythme. Dans un entretien, il constate, après avoir encore une fois rappelé Flaubert, « les nécessités (je dirais même : les exigences) musicales de la phrase, à rejeter un mot que l'on croyait juste, ou, au contraire, à rajouter un mot qui, alors, s'avère juste !... Une phrase qui n'est pas bien balancée (que le rythme soit long ou court, heurté ou sinueux, peu importe) est, ipso facto, sur le plan du sens, vide, creuse. »[1]. Et ailleurs il explique comment, dans un passage de *L'Acacia* (A,244/247) qui relate le croisement de la colonne de cavaliers par celle des réfugiés, il lui fallait pour compléter la description de tout ce qui s'entassait sur leurs charrettes, « les entassements de meubles lourds dits par des mots eux-mêmes lourds », « quelque chose de léger pour finir ma phrase, après « ″commodes, bahuts, matelas, etc. ″. J'ai trouvé que ″bicyclette″... le mot lui-même est assez aérien, et il finissait bien la pyramide. Je n'ai pas vu une bicyclette, ou peut-être que si, je n'en sais rien, mais la construction de ma phrase, il fallait qu'elle finisse par une chose légère.»[2]. Ce dernier passage montre à la fois le souci très flaubertien du mot juste et de la prosodie qui occupe la poétique de Simon mais en même temps il marque la limite de l'influence du mimétisme réaliste, « je n'ai pas vu une bicyclette, ou peut-être que si, je n'en sais rien », dans une prose qui ne reproduit pas seulement mais qui produit aussi.

L'empreinte des grands réalistes du XIX° siècle sur les romans de Simon ou du moins la convergence de leurs préoccupations est indéniable. Les thématiques sociales et historiques, la démarche scientifique de la vérité et les modalités narratives impersonnelles et descriptives signent cette influence et confèrent leur forte densité mimétique aux romans simoniens qui sont encore lus en fonction du code réaliste. Toutefois, il n'est pas sûr que Simon se reconnaisse dans les développements précédents car il a au contraire toujours fustigé le roman réaliste qui s'assimile pour lui au roman traditionnel, c'est-à-dire au roman dépassé. Le Nouveau Roman s'est construit sur les ruines du roman réaliste :

« *Il* [Un critique] *ne semble pas s'être encore aperçu que, si par roman il entend le modèle littéraire qui s'est épanoui au cours du XIX° siècle, celui-ci est en effet bien mort* »[3]

Plus de héros unifié et identifiable mais une conscience flottante et contradictoire, pas de déroulement chronologique qui induit une logique des actions mais une arborescence d'épisodes sans commencement ni fin, plus de thèse soutenue par l'auteur mais l'hétéroclite désertion des idéologies déprimées. Plus que le modèle d'un roman, qui nécessite avec le passage du temps une nécessaire et créative rénovation de sa forme, Simon remet en cause, surtout dans ses entretiens et ses textes théoriques, les bases mimétiques du réalisme. Comme si un gouffre existait entre les préventions de l'auteur et la marque implacable d'une histoire littéraire dans ses œuvres, comme si le discours affiché de la rénovation ne pouvait totalement juguler une pratique romanesque qui trouve aussi sa source dans les lectures et comme si en dépit des prétentions textuelles du Nouveau Roman, c'était toujours le réel des hommes qui parlait dans l'écriture. Claude Simon s'en prend, en particulier dans le *Discours de Stockholm* qui est le plus virulent plaidoyer de l'auteur contre le réalisme, aux présupposés de la tradition mimétique tels que les a définis Philippe

---

[1] C ; Simon/J.-P. Goux, A. Poirson, « Un homme traversé par le travail », art. cit., p. 39.
[2] C. Simon/ J.-C. Lebrun, art. cit., p. 40.
[3] *Discours de Stockholm*, p. 15.

Hamon[1] : pour les réalistes, il existe un ordre réel constitué, reproductible, grâce au langage qui doit s'effacer comme but, tout comme l'énonciation comme geste. Chez Simon le monde n'est pas lisible car il est changeant et « douteux » (A,298), c'est « l'incertaine réalité » (H,278). Par ailleurs le monde ne peut être copié car « par suite des imperfections de sa perception puis de sa mémoire, l'écrivain sélectionne subjectivement, choisit, élimine, mais aussi valorise entre cent ou mille quelques éléments d'un spectacle : nous sommes fort loin du miroir impartial promené le long d'une chemin auquel prétendait ce même Stendhal... »[2] ; et le langage ne peut certes pas être l'instrument de cette reproduction car l'écriture obéit à des nécessités et à une dynamique interne. Dissoudre l'écriture au profit de l'imitation, « C'est oublier que les personnages de ces récits n'ont d'autre réalité que celle de l'écriture qui les instaure : comment donc cette écriture pourrait-elle "s'effacer" derrière un récit et des événements qui n'existent que par elle ? »[3] ; gommer le geste producteur, c'est prononcer l'arrêt de mort de la littérature car « Si la personne de l'écrivain est abolie (il doit "s'effacer" derrière ses personnages), son travail l'est aussi, ainsi que le produit de celui-ci, l'écriture elle-même »[4]. Le « cahier des charges » du projet réaliste, est donc point par point critiqué par Simon.

Même si le mimétisme des œuvres simoniennes, porte la marque du réalisme tel qu'il a été codifié au XIX° siècle, ces dénonciations engagent à chercher ailleurs la source de « l'effet de réel » qui caractérise ses romans.

---

[1] P. Hamon, « Le discours contraint », art. cit., pp. 132/133.
[2] *Discours de Stockholm*, p. 26.
[3] *Ibid.*, p. 29.
[4] *Ibid.*, p. 14.

L'ESTHÉTIQUE DE LA REPRODUCTION

Pour cerner ailleurs l'impression extrêmement réaliste, laissée par les romans simoniens, il est nécessaire de redéfinir l'objet réel qui n'est pas seulement le réel ordonné et historique des réalistes du XIX° siècle et déplacer le lieu du réel dans la fiction et l'instance du réel dans la réception.

Les textes font toujours l'effort de maîtriser la référence. Les listes et les inventaires si nombreux et si variés : inventaire des lieux (RF,274 H,371,383 A,54,130), des soldats (A,38), des métiers (A,52), blason du corps (H,273), liste des objets de commerce dans le stalag (RF,156/157), des noms de chevaux (G,47/48), étalage de couleurs (G,369), énumération des préoccupations militaires (G,393), des paysages ruraux (G,377)..., ne sont pas qu'une autodestruction de la narration par son engorgement, ils répondent aussi au besoin de mettre en ordre le réel, d'en faire le tour et de le retenir. De même la dispersion du point de vue entre le narrateur vieilli (A,205/219), le narrateur jeune (H,21/28) et le narrateur à toutes les étapes de l'âge adulte, ou le besoin de se projeter dans l'univers mental d'un autre personnage, ou encore le désir de se voir alternativement à la première ou à la troisième personne, témoignent peut-être moins d'une volonté de contester l'unité narrative que d'arriver à un point de vue complet sur le réel ; vision totalisante et organisatrice que l'épilogue de *La Route des Flandres* met en scène dans la complémentarité du point de vue de Georges et de celui de l'assassin de de Reixach (RF,288). Ce qui ici ou là est pris par la critique textualiste pour une subversion, une dénonciation de la pratique référentielle des récits, par les ruptures dans la progression narrative et l'errance de la position d'énonciation, peut tout aussi bien se comprendre comme un effort désespéré et rénové pour circonscrire un réel fuyant. Pour Simon, le monde est peu lisible et guère signifiant, les récits cherchent parfois avec rigueur et méthode à l'ordonner dans des séries structurantes, des listes et des inventaires ; parfois à lui trouver un sens par une vision panoptique des événements qui exploite tous les points de vue ; mais souvent l'art simonien ne peut qu'imiter le référent dans sa confusion. Le brigadier de *L'Acacia*, ne peut que constater son échec mimétique quand « il se rendit compte qu'il avait fabriqué au lieu de l'informe, de l'invertébré, une relation d'événements telle qu'un esprit normal [...] pouvait la constituer après coup, à froid, conformément à un usage établi de sons et de signes convenus » (A,286). La véritable adhésion au réel est la fabrication « de l'informe, de l'invertébré ». Aussi le réalisme rénové de Simon n'est pas seulement une contrefaçon réaliste du réel, il approche le monde dans la chair de son corps textuel, dans sa structure même : le désordre de la forme et du récit, n'est pas une mise en doute des convictions mimétiques de la littérature, au contraire il rend compte, dans la complicité, de l'incohérence du réel. L'opacité structurelle des romans de Simon répète les contradictions et les confusions du monde et place le lecteur devant la même expérience d'incompréhension. Les incertitudes et les hésitations de la narration présentent le roman comme la vie, c'est-à-dire comme une combinaison d'issues possibles et diversifiées, et l'expansionnisme des phrases digressives renvoie au foisonnement de ce réel qui enfle sa représentation. Le réel simonien n'est pas le contenu du monde mais ses structures et sa texture. Les romans de Simon ne sont pas des œuvres d'après nature mais des œuvres-nature, des livres-réalité, qui répètent non le réel mais les effets de sa fréquentation.

Aussi bien pour résoudre le problème de la représentation d'un réel illisible, où tout est possible et pléthorique, le réalisme simonien propose des voies contradictoires.

Un réalisme tautologique

La première façon, sans prise de risque est un réalisme tautologique. Le discours simonien devant la complexité du réel, lui emprunte directement ses objets verbaux et les transplante tels quels, dans la répétition pure.

Le signifiant simonien, la matérialité du discours, mime le référent verbal dans une mimésis phonique et graphique. Le dialogue, ou peut-être le souvenir du dialogue ou le dialogue qui continue malgré les épouvantes du temps, constitue la structure fondatrice de *la Route des Flandres* (Georges/Blum, Georges/Corinne) et de certains chapitres d'*Histoire* et des *Géorgiques* (je/Charles, le cavalier/Charles). Or ces dialogues le plus souvent dédiégétisés s'insèrent dans la narration comme des effractions du réel. Ils interviennent soudainement dans le texte avec l'imprévisibilité des communications vivantes, comme cette réplique de Blum qui vient interrompre la rêverie descriptive du narrateur : « le chatoyant et impalpable poudroiement de poussière dorée suspendu dans le paisible et vert après-midi aux effluves de fleurs, de crottin et de parfums, et lui... "Ouais !"... fit Blum » (RF,19). Ces échanges s'insèrent par ailleurs dans la narration, sans marques indicielles : des pronoms distributeurs de parole mais pas la ponctuation représentative du dialogue : « je dis Tu es sûr où, et lui A la cuisse le salaud, je dis Peux-tu continuer encore » (RF,72) ; pas de mots introducteurs, pas de ponctuation mais une disposition conventionnelle :

« *et l'autre*
quel autre
le type au parapluie
tu veux dire l'adjoint au maire » (RF,61)

Et parfois plus rien, plus de repères, l'insertion brute d'un morceau de réel :
« Pourquoi parles-tu comme ça à ton frère il ne t'a rien fait de mal il... Bon alors faites la conversation tous les deux Dis donc Paulou si tu racontais à grand-mère où tu traînais l'autre soir quand je t'ai rencontré tu pourrais peut-être... Espèce de cafarde ! Allons mes petits voyous Si tu voulais je suis sûre que Thérèse pourrait te le faire avant ce soir il ne faut pas plus de cinq min... » (H,81). Comme dans la réalité orale, le dialogue qui n'est instruit par aucun signe scriptural, se décode en fonction du contexte. De même il adhère à une imitation phonique directe, lorsque le signifiant textuel reproduit un accent étranger (« "Halé ! Raus ! Tout le bonde tescend !... Tehors ! Loos, Loos !..." » (A,231)) ou des fautes de langue orale (« oh là là t'es même pas capable de te tenir sur tes pattes t'es à moitié crevé tu serais pas seulement foutu de » (RF,63). La coalescence s'opère entre les mots de l'écrit qui deviennent les choses de l'oral, la répétition des mots marque alors la répétition des choses référentielles, les mots pouvant être réitérés autant de fois que les choses ou les événements, dans une sorte d'écho entre la parole narrative et la parole verbale : « les monotones et éternelles lamentations et les mêmes images, les mêmes lacis de rides entrecroisées "... pauvre Marthe quel calvaire – calvaire calvaire – vous gravissez – gravissez gravissez..." » (H,26)

La mimésis graphique, c'est-à-dire la citation de signes ou de textes empruntés au référent et qui tranchent par leur graphisme sur celui du roman est un autre aspect de cette capture du réel par le texte. La formation de certaines lettres remplit une fonction extra-linguistique en mimant le référent, elles n'ont plus la valeur transparente et phonématique de notre alphabet, mais apparaissent comme des signes pleins que Simon utilise fréquemment pour décrire, localiser ou rêver :

« *une série de traits obliques, écrasés et légèrement infléchis en forme d'S* » (G,368)

« *une mitrailleuse nichée au dernier étage dans le O monumental de l'enseigne d'un palace réquisitionné* » (G,305)

« *dans la fente en V du rideau brusquement agrandie* » (H,276)

« *avec ce B majuscule au double renflement opulent et majestueux* » (H,168)

Ces lettres majuscules n'ont pas le même statut fictionnel que les autres, leur graphie différente les désigne comme appartenant non au contexte linguistique en cours, mais à un alphabet référentiel des formes. Pareillement la reproduction d'autres alphabets (« ΧΡΣΤΟΣ » (H,16)), de signes non alphabétiques (signe religieux en H,228) ou dont la police des caractères est décalée par rapport au reste du texte (« les deux boucles jumelles de l'*l* double » (H,124)) donne un réel à voir, transforme la référence en réalité picturale où le sens importe moins que le dessin grâce à une graphie étrange et étrangère, qui attire le regard comme un pictogramme. La lettre n'est plus l'imitation graphique d'un son mais une réalité visuelle. Entre le pictogramme et le texte, à la limite du geste et de l'écriture, la phrase raturée ou les mots barrés, comme dans les derniers écrits d'un L.S.M. sénile (G,373/374) s'insèrent dans une mimésis graphique complexe qui donne à voir ce qu'elle cache tout en donnant fidèlement à voir ce qu'elle copie. Mais le réel est aussi sensible dans la multitude des syntagmes en majuscules qui reproduisent les titres de journaux (« MOBILISATION GENERALE » (A,236)), la légende des cartes postales (« MANOLITO », (H,117), l'épitaphe de la tombe de Marianne, les inscriptions sur les murs (« PUTA » (G,335)), les slogans politiques (« VINCEREMOS » (H,212), « UNION UNION »,(H,214))... Ces mots en majuscules sont doublement mimétiques d'abord ils reproduisent des choses verbales elles-mêmes en majuscules dans le contexte réel mais ils tranchent sur le paysage scriptural de la page, comme ils doivent attirer le regard dans le paysage urbain, sur une carte postale ou dans un cimetière. Parallèlement aux majuscules, le dispositif graphique des italiques souligne la recopie de textes référentiels (les documents de L.S.M. dans *Les Géorgiques*, les passages de César ou de John Reed dans *Histoire*, par exemple) tandis que les listes (RF,273/274 H,35,108 G,47/48) qui introduisent dans la disposition graphique horizontale, une mise en page verticale, un ordre paradigmatique, bouleversent la conception traditionnelle de l'écriture narrative et miment l'effort de récapitulation du réel. La graphie intervient donc pour imiter le monde dans les apparences inattendues de l'écriture.

Toutefois les mimésis phonique et graphique ainsi présentées restent des transpositions, des représentations. Chez Simon la configuration suprême de l'imitation verbale, la forme tautologique par excellence se réalise, dans tous les documents écrits que les romans reproduisent sous leur forme originelle : les cartels des œuvres au musée (H,117,379), la fiche informative sur ses horaires d'ouverture (H,115), la raison sociale et l'adresse de l'imprimeur des cartes postales (H,57,401) ou le jugement de Jean-Marie (G,444), les tableaux de prix directement empruntés aux prospectus d'un hôtel (H,254,255), et puis bien sûr qui constituent la trame même de certains romans, les papiers de L.S.M. et la correspondance reçue par la mère :

« *Acabo de ver a Rosa S. que me ha dicho que nos esperaba a las dos el abado que viene. Irémos todas juntas al teatro y no le molestaráa en absoluto de darte un cuarto para dormir* [...]

Te abrazo y te espero el sabado por la tarde. Tu amiga
 Niñita » (H,32)
« *Madame au moment ou j'aller vous écrire le facteur ma aporter votre lettre, mais je me disais que j'avais le temps Donc c'est bien entendu je rentrerai au service de madame le 1er Octobre* [...] *Angèle Lloveras* » (H,21)

Ces deux documents se présentent comme deux copies totalement mimétiques des textes originaux. La première lettre est parfaitement étrangère dans le roman de Simon et par sa disposition inhabituelle dans un texte narratif et par sa langue espagnole dans un texte en français. Elle vient donc d'un autre monde que du contexte romanesque, elle se montre comme un texte réel. Dans la deuxième, l'orthographe fautive de la bonne est conservée, tout comme certaines graphies ou orthographes anciennes sont reproduites dans les documents de L.S.M. (« C'est cette fituation qui donnait à la cour de Naples cette audace que rien ne pouvait justifier, elle ne voyait pas le précipice où fon ambition [...] » (G,373) ; « long-temps », surtout », « fesait-il » (G,419)) ; la tautologie verbale s'appuie dans les deux cas sur un bouquet mimétique à la fois typographique, linguistique et référentiel.

Enfin ce que mime aussi le texte simonien, c'est le geste de lire, la difficulté dans le réel pour accéder à la signification verbale. La forme simonienne se met paradoxalement au service de cette contrainte : elle montre par son écriture mimétique ce que l'écriture ne peut dévoiler. Car la lecture est empêchée par des dispositions matérielles comme ce journal plié en deux dont l'auteur essaie de décoder les mots à l'envers (H,334,337) ou cette vitre de bar sur laquelle il lit en transparence les lettres inversées (H,335). La lecture est aussi limitée par l'ombre qui cache une partie du message et que traduit sur la page, le vide blanc sur la gauche :

« *l'ombre bosselée de ma main qui s'étire, déformée, sur le haut de la page de droite du cahier format registre recouvre les mots :*
nuit entendait mes plaintes
trouvait sur un cercueil lorsque
changé l'Europe de face
mouvement de la révolution
courir des hasards de toute espèce
[...] » (G,34)

ou par le travail du temps qui a effacé une partie de l'épitaphe sur la tombe de Marianne, et que désignent les points de suspension : « lisant au fur et à mesure que son doigt suivait les lettres alignées MARIE ANNE... puis grattant la pierre de l'ongle, effritant les écailles jaunes des lichens, disant HASSEL..., la fin du nom tout à fait effacée » (G,163). Le réalisme simonien dit ce que nomme le réel dans les mêmes conditions laborieuses et n'en dit pas plus que ce que tait le réel. Enfin la reproduction à plusieurs reprises (RF,51/52 H,109,128) de travaux de traduction où figurent d'un côté la langue étrangère et de l'autre la version française reprend dans sa matérialité même la recherche d'une signification verbale qui se conquiert :

> « *quaedam animi incitatio* : je ne sais quel enthousiasme
> *atque alacritas naturaliter* : et quelle vivacité naturelle
> *innata omnibus* : innée chez tous les hommes
> *quae studio pugnae incenditur* : qu'enflamme l'ardeur du combat » (H,119)

La traduction n'a pas ici sa fonction habituelle qui consiste à traduire dans une autre langue des mots qui représentent. Au contraire le travail de traduction qui se fait sous nos yeux transforme en objet réel ce qui n'est en principe qu'une opération mentale ou préparatoire. La traduction n'est pas ici la mise en abyme de la représentation mimétique du réel : il ne se s'agit pas d'une opération traduisant mimétiquement le réel en mots ; elle est au contraire l'objet réel d'une transcription tautologique, la présence au texte de la quête de sens dans le réel qui se dérobe.

La relation tautologique entre le signifiant textuel et le référent verbal s'appuie sur une mimésis phonique, graphique et sur l'insertion dans les textes, notamment dans *Histoire* et *Les Géorgiques* de documents extra-romanesques. Paradoxalement ces pratiques qui répètent à la lettre le réel travaillent contre le réalisme. Elles sont selon Genette à la limite de la mimésis, puisque « l'imitation parfaite n'est plus une imitation, c'est la chose même, et finalement la seule imitation, c'est l'imparfaite. »[1]. Elles détruisent l'illusion référentielle car elles fonctionnent comme des métalepses qui débrayent la fiction en passant du fictivement réel au réellement non fictif :

> « *(léger tissu couleur de fruits de feuilles taché sous ses aisselles arrêtée devant cette vitrine qu'elle faisait semblant de regarder Visite tous les jours sauf le lundi de 9 h à 16 h, dim. De 9 h à 13 h ; samedi de 20 h à 23 h ;* » (H,115)

Au cœur d'une histoire amoureuse en train de se dénouer, la répétition de la plaquette qui présente les horaires d'ouverture du musée nuit au confort de la lecture référentielle, souligne la précarité du projet mimétique et renvoie le roman à sa matérialité linguistique et à sa production textuelle. Pourtant ces morceaux de réel fondent le nouveau réalisme simonien car ils apportent à la narration la caution du monde et contaminent les autres niveaux narratifs par cet air du dehors qu'ils transportent avec eux. Ensuite ils transforment l'illisibilité du monde en un réel lisible et visible, que la narration cadre, structure et dont elle met en perspective les tentatives pour le décoder. Certes le résultat n'est pas mimétique, et Genette a raison, cet aspect des romans de Simon ne place pas la narration dans un face à face spéculaire avec le réel qu'elle réfléchit, mais plutôt dans une logique d'absorption d'un réel qu'elle exhibe sans le digérer ; pourtant cette forme non mimétique de réalisme révèle le procédé mimétique lui-même, dans sa politique d'emprunt, dans sa pratique d'insertion mais reste métalinguistique par sa fixité et la rupture qu'elle introduit dans son rapport avec les autres séquences. Le néo-mimétisme de Simon définit donc un ailleurs du réel, dans la confusion, et un autrement de sa démarche réaliste, dans un geste qui capture le réel, le répète comme tel et dévoile les dessous du réalisme traditionnel.

Pour Saussure, un signe ne renvoie pas directement à un référent mais uniquement à travers un signifié qui en sélectionne certains traits supposés pertinents[2]. Cette relation tautologique que nous avons voulu observer, comme fondement d'un

---
[1] G. Genette, *Figures II*, Paris, Seuil, 1969, p. 56.
[2] « Le signe linguistique unit non une chose et un nom, mais un concept et une image acoustique. » F. de Saussure, *Cours de linguistique générale, op. cit.*, p. 98.

réalisme rénové, entre le signifiant et le référent extralinguistique, s'étend aussi à un rapport d'imitation entre le signifiant et le signifié.

Si la thèse cratylienne est interrogée dans *Histoire*, dans le quiproquo qui oppose deux soldats ivres, dont l'un, héritier aviné de Cratyle, croit que le nom est l'exacte représentation de la chose, que le nom assigne une nécessaire origine géographique :

« *Alors t'es pas Champenois ?*

si que je dis Champenois c'est moi mon nom c'est Champenois quoi comme y en a qui s'appellent Bourguignon ou Lenormand mais mes parents ils étaient de l'Aube

maintenant qu'i me dit je croyais qu'on te disait Champenois y en a qu'on leur dit bien comme ça Parigot ou Cht'imi » (H,334),

L'Acacia entérine l'hypothèse de la dénomination naturelle des mots en raison de « ces troublants jeux de la langue dont on ne sait si celle-ci se moule sur ce qu'elle dit ou l'inverse » (A,45), qui éliminent toute relation au référent et stigmatisent un rapport d'imitation entre signifiant et signifié. Claude Simon lui-même avoue, dans un entretien, sa perplexité devant l'arbitraire du signe :

« *Quant aux mots, au risque de m'attirer les moqueries des sémiologues, je dois dire que je n'ai jamais pu séparer le signifiant du signifié.* »[1]

Signifiant et signifiant sont liés par un rapport naturel et nécessaire, donc indissoluble et évident. Voilà qui transparaît fréquemment dans ses romans et contribue à amplifier la nature tautologique de son réalisme, car le signifié, comme conceptualisation du référent dans la langue, se répète dans le signifiant ou est répété par lui. Claude Simon joue par exemple sur la désignation des personnages, sur cette justesse des noms propres : Georges, par exemple, est celui qui conformément à l'étymologie grecque, « avait décidé de s'occuper de ses terres » (RF,212) ; Hélène pour son voyage de noces désire faire un voyage chez les Hellènes, « Hélène rêve de faire le Péloponnèse à pied » (H,113), quant au Pierre biblique, son nom est motivé par sa mission apostolique : « Tu es Pierre et sur cette pierre je bâtirai mon église » (H,310). Le dispositif paronymique des étymologies s'élargit même à une forme particulière de motivation entre les mots dont le signifiant de l'un est corrélé par paronymie au signifié de l'autre : « elle était à faire peur pensant faire-part » (H,77) qui devient « Décharnée maigre à faire-part. » (H,383). Ou encore « décidée à mourir » se transforme en « se décider à décéder » (H,362). Certains jeux sur les mots relèvent de ce cratylisme décalé dont la motivation naturelle repose sur l'homophonie.

On peut distinguer plusieurs origines au lien naturel qui se noue entre signifiant et signifié. Les romans simoniens insistent d'abord largement sur le rapport mimétique entre les sons du mot et son contenu sémantique, qui est judicieusement concrétisé par le principe du rébus : la figuration du signifiant phonique vaut pour la désignation du signifié, « c'est-à-dire, comme dans ces rébus où un objet, une lettre majuscule se déplace sur une paire de jambes en fil de fer (canne va, A court) » (H,165). L'onomatopée, preuve simple et exemplaire des thèses naturalistes puisqu'elle suggère par imitation phonétique la chose dénommée, est dans les textes aussi nombreuse que variée : « ce tac-tac de machine à écrire » (H,180), « le flac flac

---

[1] C. Simon/A. Armel, « Claude Simon. Le passé recomposé », *Le Magazine Littéraire*, 275, mars 90, p. 100.

régulier du pneu » (H,211), le « tacatac des mitrailleuses » (H,288), « ce pihihi pihi-hi discordant » (H,230), « un cri-cri dans un fossé » (H,259) pour ne donner que quelques exemples empruntés à *Histoire*. Mais le cratylisme phonique, chez Simon, s'organise aussi dans des dispositifs plus complexes quand ce ne sont plus de simples bruits qui produisent des signifiés en se nominalisant, mais lorsque les sonorités d'un mot déjà constitué se révèlent en accord avec son sens :

« *Veuf mot boiteux tronqué restant pour ainsi dire en suspens coupé contre nature comme l'anglais half moitié sectionné cut of coupé de quelque chose qui manque soudain dans la bouche les lèvres prononçant VF continuant à faire fff comme un bruit d'air froissé déchiré par le passage rapide étincelant et meurtrier d'une lame* » (H,82)

La matérialité phonique du mot constitue son miroir sémantique, elle répète le signifié. A l'inverse les sons peuvent aussi induire le sens, comme « CULMONT-CHALINDREY […] avec ses lourdes consonances d'enclume et de chuintement de vapeur » (A,198), dont les phonèmes expliquent la nature industrielle de la région, ou encore « Anor », « avec ses consonances sombres (comme une contraction d'Anubis, Nord, Noir, Mort) » (G,227) qui sera nécessairement le lieu d'une embuscade mortelle. Le signifiant et le signifié se trouvent ainsi dans une relation de nécessaire implication réciproque. Le cratylisme se complexifie encore quand à cette relation monogamique, se substitue, par glissement paronymique, une liaison polygamique entre les sons d'un mot et d'autres signifiés. Par exemple dans « aisselles », on entend « essaim d'ailes comme si le mot lui-même était plein de battements de froissement feuillu soyeux bruissant des plumes s'envolant de sous ses... » (H,115) ; « parce que "Corinne" fait penser à "corail" » (RF,215), le terme induit une isotopie du rouge et du rose, qui stigmatise le personnage dans *La Route des Flandres*, la robe rouge, la casaque de soie rose, le chiffon rose (RF,23,28,45,125,138,142...). La langue simonienne est construite sur des signifiants, qui se reflètent dans les signifiés qui leur sont naturellement associés, mais aussi par dérivation dans d'autres signifiés, constituant un système cratylien d'universelle motivation. Le nouveau réalisme de Simon se dessine alors dans la très puissante corrélation entre le signifiant et le signifié, dans la profonde intégration, au cœur même du signe, des concepts qui disent le monde et constitue une auto-justification permanente du signe comme contrepoids stable et fixe à un monde qui reste lui sans sens et sans motivation.

Mais la langue réaliste de Simon ne donne pas seulement à entendre ce qu'elle a à dire, le mimétisme n'est pas seulement dans les sons, il est aussi dans le choix des mots eux-mêmes ou dans leur disposition qui singe le signifié. Ce cratylisme lexical, se donne par exemple à voir lorsque la faiblesse du vocabulaire mime la débilité conceptuelle d'un narrateur fatigué et indécis :

« *il y avait des **coucous** dans la forêt d'autres oiseaux aussi **dont je ne savais pas le nom** mais surtout des **coucous** ou peut-être c'était parce que **je savais le nom** que je les remarquai peut-être aussi à cause de leur cri plus caractéristique, le soleil **déchiqueté** passait entre les feuilles dessinait **mon ombre déchiquetée** que je poussais **devant** moi puis un peu à **droite, marchant** longtemps sans rien entendre d'autre que les **coucous** et ces **oiseaux dont je ne savais pas le nom**, à la fin je me fatiguai de **marcher** complètement à travers bois et suivis un **layon** mais **mon ombre** était alors sur ma gauche, au bout d'un moment je trouvai un autre **layon** qui le* *croisait perpendiculairement je le pris et **mon ombre fut de nouveau en avant et à droite** »* (RF,149)

Après l'embuscade allemande, le narrateur choqué et épuisé raconte son errance en forêt, dans un passage qui se nourrit d'un pauvre vocabulaire toujours répété. La misère lexicale reflète ainsi la fatigue intellectuelle d'un héros défait et réfléchit le signifié d'un discours de concentration perceptive, d'urgence vitale qui ne laisse aucune place au luxe rhétorique. De la même façon, le ressassement verbal : « il repart, il marche, il s'arrête, il marche, la neige tombe toujours, il s'arrête, il marche, il marche, il aperçoit un point lumineux, il marche » (G,99), ou adjectival : « elle et son sillage volubile le volubile tintement des bracelets cette aura volubile et inquiétante d'histoires » (H,197), double le signifié de la monotonie épuisée ou au contraire de l'hystérie envahissante. Le cratylisme lexical, c'est aussi le choix de ces mots qui motivent naturellement le devenir du signifié. Par exemple, Reixach se joue « la fable des deux pigeons », avec « cette pigeonne de vingt ans en train de roucouler et de se frotter contre lui », et finalement « c'était lui le pigeon, c'est-à-dire que de retour au pigeonnier avec son aile cassée, ses rêves boiteux, il s'aperçut qu'il s'était fait pigeonner » (RF,183) ; ou de Reixach se fait descendre « comme au tir au pigeon Laissant seule sa petite pigeonne éplorée » (H,76). Le vocable « pigeon », dans le cadre du commerce amoureux, est naturellement relié au signifié « dupe » ou « mort ». La langue place dans un rapport de motivation nécessaire un signe apparemment innocent et positif avec des signifiés connus d'avance qui l'investissent secondairement de leur valeur nuisible.

Les formes d'imitation ou de dérivation motivée entre le signifiant et le signifié peuvent dépasser le cadre élémentaire des phonèmes et des vocables et se déployer à l'échelle de la phrase. Chez Simon, la construction de la phrase mime celle de la pensée et l'organisation des mots renvoie à une conjoncture affective et sensorielle. Dans un entretien l'auteur avoue d'ailleurs cette volonté de mimétisme phrastique qui a contribué à l'élaboration de *La Route des Flandres* :

« *J'étais hanté par deux choses : la discontinuité, l'aspect fragmentaire des émotions que l'on éprouve et qui ne sont jamais reliées les unes aux autres, et en même temps leur contiguïté dans la conscience. Ma phrase cherche à traduire cette contiguïté.* »[1]

La construction des phrases « cherche à traduire », elle mime un signifié et la phrase saccadée, par exemple, renvoie à une perturbation émotionnelle :

« *puis soudain les cris, les rafales de mitrailleuses alors sur l'arrière, la queue de la colonne prenant le galop, les cavaliers se mêlant, se heurtant, la confusion, le tumulte, le désordre, les cris encore, les détonations, les ordres contraires, puis lui-même devenu désordre, jurons* » (A,89)

« *un bras toujours tendu à la recherche d'un point d'appui, le guidant de l'autre main, introduisant en elle entre deux cahots ce pieu, ce pal, Léda, Pasiphaé, exhalant un long soupir, se mettant à haleter, ses reins, ses fesses allant, venant, s'élevant, s'abaissant, puis sautant, puis s'écrasant, avec une sorte de frénésie, de fureur, tous deux hoquetant dans les ténèbres* » (G,390)

Dans le premier extrait, l'hyperponctuation délimite des segments nominaux, courts et énumératifs, sans construction verbale, qui répètent une succession

---

[1] C. Simon/C. Sarraute, « Avec *La Route des Flandres*, Claude Simon affirme sa manière », *Le Monde*, 8 oct. 1960.

d'impressions confuses et un contexte désordonné ; la juxtaposition anarchique des fragments explore et amplifie le signifié de la stupeur angoissée et de la désorganisation. Dans le second passage l'accumulation des participes présents reproduit par le rythme saccadé du discours, le tempo haletant de la lutte amoureuse, le flux et le reflux des sensations sexuelles, la syntaxe de l'amour. Le souci mimétique l'emporte sur les impératifs logiques dans un texte où les secousses de la phrase sont analogues aux secousses émotionnelles. Inversement dans le chapitre X de *L'Acacia* qui décrit la chevauchée du brigadier à la suite de son colonel suicidaire, l'absence de ponctuation cherche à traduire « l'informe » (A,286), à faire coïncider la perception indécise et trouble d'une conscience diffuse avec une langue errante et non hiérarchisée, à refléter par l'incohérence formelle du discours l'incohérence de son contenu. Et dans l'ensemble des romans, la dérive digressive des phrases et l'effacement ponctuel de la ponctuation miment le travail de la remémoration, qui étant donné son principe associatif, ne peut s'accommoder de la logique habituelle des discours ou de la chronologie traditionnelle des narrations. Le cratylisme syntaxique déplace donc le lieu du réel, il est chargé non de dire le réel tel qu'il est mais un paysage intérieur, le monde tel qu'il a été donné à vivre par quelqu'un.

Un réalisme de l'équivalence

Le monde est ma représentation ; le sens de la réalité n'est pas dans l'objet mais dans le regard qui est porté sur lui et ce nouveau lieu phénoménologique du réel, quand le sujet prime sur l'objet, détermine dans l'œuvre simonienne un nouveau réalisme subjectif où l'expression répète les errements tourmentés des perceptions, des émotions et de la mémoire. Ce réalisme subjectif justifie en partie les choix poétiques de l'auteur. L'impossibilité d'atteindre à cette représentation pure rêvée par le XIX° siècle, est problématisée par la partialité, l'instabilité et l'interchangeabilité des points de vue. La description la plus minutieuse et apparemment la plus objective comme celle du mur en briques et de la porte du poulailler dans *La Route des Flandres* (RF,226/229) est toujours perçue par un regard singulier que réforme en plus le travail de la remémoration :

« les yeux ouverts aussi regardant sans la voir cette étroite bande d'univers qui s'étendait devant lui, ce même mur aux briques rouge foncé (les briques trapues, courtes et épaisses, d'une matière grenue, les plus claires tachetées de sombre sur un fond couleur rouille, les plus foncées couleur de sang séché, d'un pourpre brunâtre allant parfois jusqu'au mauve sombre, presque bleu, comme si la matière dont elles étaient faites avait contenu des scories ferrugineuses, du mâchefer, comme si le feu qui les avait cuites pour ainsi dire solidifié quelque chose comme, sanglante, minérale et violente, de la viande à l'étal d'un boucher (les mêmes nuances allant de l'orange au violacé), le cœur même, la dure et pourpre chair de cette terre à laquelle il était collé pour ainsi dire ventre à ventre) » (RF,226)

La description du mur est motivée, dans la plus pure tradition réaliste, par le regard de Georges, et présente avec de nombreuses précisions, la matière (« matière grenue », « la matière dont elles étaient faites »), la forme (« trapues, courtes et épaisses ») et la couleur des briques (« rouge foncé », « tachetées de sombre », « couleur de sang séché », « mauve sombre, presque bleu ») qui le constituent. Mais le regard n'est pas, comme chez Zola ou Balzac, le prétexte à une description panoptique et totalisante, le point de vue ici reste fragmentaire, celui d'un homme couché dans un fossé, qui observe sans pouvoir bouger et dans un angle limité, le paysage qui lui fait face. La situation réelle restreint la représentation du monde. Par ailleurs, le texte dit que Georges regarde « l'étroite bande de monde » « sans la voir » ; la vision simonienne n'est pas une exacte peinture du monde, elle s'annonce plutôt comme une perception intérieure, indépendante de la réalité extérieure. Tout, de fait, dans cette description ramène à la situation matérielle et affective de Georges : décrire un mur, c'est craindre l'horizon bouché d'un piège guerrier qui se referme, c'est anticiper sur l'enfermement dans une prison saxonne ; un mur qui par ailleurs présente la couleur des blessures (« couleur de sang séché », « sanglante ») et évoque dans sa matière même la violence guerrière (« violente », « étal d'un boucher ») ; un mur dont la description dérive irrésistiblement vers le fond subjectif des associations figuratives (« comme si... ») et ramène les thématiques obsessionnelles de Simon comme la fusion avec la terre. La vision n'est pas l'observation objective d'un monde extérieur au moi, elle est le prétexte à une projection du moi intérieur sur les choses du monde. La représentation ne peut existe sans une perception et une perception ne peut s'opérer sans un esprit humain lesté par ses obsessions et ses angoisses. Le réalisme de Simon, qui chemine sur les nouvelles voies ouvertes par Proust, Joyce et Faulkner n'est donc pas à chercher seulement dans la mimésis du monde mais aussi dans la reproduction des mouvements intimes d'une âme qui le vit. La poétique de Simon renvoie aussi l'écho intérieur : les phrases souvent longues qui rebondissent sur des « et », des « donc », sur des « : » ou des « ... », les pages entières des quatre romans sans point, miment ce flux ininterrompu de la conscience. Les procédés divers qui consistent à court-circuiter la position d'énonciation comme la suppression du « je me rappelle », du « je pense », du « je vois » ou du « je me demande », branchent directement le texte, sans modalisateur, sur la vie subjective du sujet. Cette vie tortueuse qui se déploie dans toute sa complexité, est faite d'observations, d'interprétations, de perceptions, de souvenirs, de trouées inconscientes. Le mimétisme simonien tient compte des données conscientes (« pensant », « me rendant compte », « se demandant ») mais s'exerce plutôt dans un abandon total à l'errance d'une pensée qui ne sait pas qu'elle pense, d'une inconscience qui sent et se souvient. Le nouveau réalisme de Simon délaisse le réel tel qu'il se présente au moment particulier de l'acte pensant et croise les flux perceptifs, mnésiques et inconscients d'un moi qui se livre :

« *je ne suis pas un penseur. Je veux dire que je ne tente pas, que je n'essaie pas de rendre, de décrire des pensées, mais de rendre, de donner des sensations. Or, la phrase (dans son organisation) convient fort mal à ce que je veux faire. Et puis, vous savez, je suis un réaliste total. Je me livre, je suis l'objet d'un réalisme scrupuleux.* »[1]

Cette pratique réaliste de l'intériorité s'impose à toutes les composantes de la subjectivité : l'expérience sensible, consciente, mnésique et inconsciente ; et elle s'engage toujours selon les mêmes stratégies textuelles : le temps intérieur est caractérisé par le présent et la simultanéité ; la structure intime de la subjectivité est, elle, frappée par la fragmentation et le désordre ; quant au mode de progression du flux de conscience, il est soumis à la liberté d'association.

Le déplacement topique du réel dans la subjectivité, assigne au mimétisme simonien le nouveau champ du réalisme phénoménologique. Le réel n'est plus

---
[1] C. Simon/H. Juin, « Les secrets d'un romancier », *Les Lettres françaises*, 6-12 oct. 1960, p. 5.

l'objectivité positiviste d'un extérieur, les choses sont, existent, telles que le sujet les perçoit et les décrit. Cette redéfinition de la fonction référentielle induit en même temps l'idée d'un flottement eidétique car si je ne peux dire le monde tel qu'il est mais seulement comment il m'apparaît, j'entre dans le domaine de la relativité, de l'équivalence, du « voir comme », du « voir comme si », je pénètre dans le champ rhétorique de la figure. Le réalisme subjectif est par nécessité un réalisme métaphorique. Et paradoxalement, dans les œuvres simoniennes la densité des images, qui fonde un discours poétique où, si l'on en croit Jakobson, la fonction référentielle est soumise à la fonction poétique du langage[1], loin de consacrer la ruine de la référence subjective, en répète la localisation ; car la fermeture sur lui-même du langage poétique, la désignation par les tropes du travail interne à l'expression, reproduit la vie intime d'une émotion, d'un fantasme qui se dit au-dedans. En même temps, l'image redessine une carte du réel qui bien qu'échappant à l'empirisme objectif, produit malgré tout une figuration du monde, dans une répétition biaisée, substitutive et équivalente.

C'est la métaphore aristotélicienne, comprise au sens élargi de « glissement », de « transport »[2] selon un rapport analogique qui forme « ce vaste ensemble de *figures* métaphoriques dans et par quoi se dit le monde. »[3]. Pour Simon, la métaphore, malgré la prévalence de la fonction poétique qu'elle instaure, n'altère pas la fonction référentielle du discours qui l'emploie. Au contraire elle est chevillée au réel car « les mots possèdent ce prodigieux pouvoir de rapprocher et de confronter ce qui, sans eux, resterait épars dans le temps des horloges et l'espace mesurable »[4], or pour Célia Britton le « ce qui » renvoie à « un réel prélinguistique – quelque chose qui existe hors de la langue et du texte, quelque chose sur lequel les mots agissent afin de lui donner une articulation. »[5]. Le réalisme de l'équivalence s'appuie sur un emploi accentué de la figure qui, bien que ou parce que remettant en cause cette relation traditionnellement figée et fiable entre les mots et les choses, qui dit servilement et littéralement le monde, promeut une voix rénovée et percutante pour répéter le réel.

Dans la *Rhétorique*, la métaphore est présentée par Aristote comme une recréation du monde sensible : « elle place sous les yeux »[6]. La métaphore, en général, donne aussi à voir et à sentir, recréant textuellement les conditions d'un constat perceptif. Chez Simon de surcroît, selon Pascal Mougin dans son étude sur les images, elle ne se présente jamais comme une trouvaille, un fait d'imagination, d'ornementation ou une hypothèse de la raison, elle se donne prioritairement comme l'aventure d'une perception :

« *L'écriture de Simon repose essentiellement sur l'épiphore. Autrement dit, la ressemblance se présente d'abord comme un constat immédiat plus que comme le résultat d'une construction intellectuelle ou textuelle. Cette caractéristique fait de*

---

[1] R. Jakobson, *Essais de linguistique générale, op. cit.*, p. 218.
[2] « La métaphore est l'application à une chose d'un nom qui lui est étranger par un glissement du genre à l'espèce, de l'espèce au genre, de l'espèce à l'espèce, ou bien selon un rapport d'analogie. » Aristote, *Poétique*, 1457b, *op. cit.*, p. 118. « La métaphore est le transport à une chose d'un nom qui en désigne une autre », *Poétique*, traduction Les Belles Lettres, 1979, p. 61.
[3] C. Simon, « La fiction mot à mot », p. 82.
[4] *Discours de Stockholm*, p. 31.
[5] C. Britton, « Sens et référence dans la conception simonienne de la langue », art. cit., pp. 102/103.
[6] Aristote, *Rhétorique*, 1410b, 1411b, et livre III chapitre XI intitulé « Mettre les faits devant les yeux », Paris, Librairie Générale Française, coll. « Le livre de poche, 1991, pp. 333,335,336,337/345.

l'image le micro-récit d'une superposition perceptive ou d'une association d'idées. »[1]

Le régime du « comme si » impose de fait une représentation du réel entièrement rapportée à des données sensibles sans tenir compte de la rationalité du motif. La métaphore produit un effet de réel, malgré son invraisemblance, parce qu'elle rend sensible ce qui n'a pas d'existence effective. Bien souvent le comparant dans l'image ramène l'abstrait au concret, l'intangible au palpable : la notion nébuleuse de progression historique est rapportée au processus familier de la digestion :

« *c'était l'Histoire qui était en train de les dévorer, d'engloutir tout vivants et pêle-mêle chevaux et cavaliers [...] dans son insensible et imperforable estomac d'autruche où les sucs digestifs et la rouille se chargeaient de tout réduire [...] en un magma gluant et jaunâtre [...] peu à peu assimilés et rejetés à la fin par son anus ridé* » (A,243)

L'imperceptible travail de la mort est matérialisé par la colonisation destructrice des insectes :

« *on croyait pourtant entendre cet imperceptible grignotement de termites de vers comme si la gesticulation passionnée des musiciens continuait seule, dans une sorte de vide, tandis que sous la surface des choses, derrière les portraits dans leurs cadres, par-dessous les charbonneux corsages brodés de perles des vieilles dames, les visages effondrés, la chair éclatante des jeunes filles quelque chose de vorace, grouillant, s'activait qui ne laisserait plus à la fin des assistants, des meubles, du salon tout entier qu'une mince pellicule extérieure, une croûte prête à s'effriter* » (H,83)

L'air invisible et le temps abstrait prennent la densité consistante du métal :

« *comme si l'air, le temps lui-même n'étaient qu'une seule et unique masse d'acier refroidi* » (RF,29)

Et à la sensation immatérielle de l'odeur se substituent des perceptions tactiles plus expressives :

« *le parfum glacé coupant de la neige* » (H,22)

Par la nature du comparant, l'effort simonien tente de traduire l'expérience sensorielle, inexistante ou inexprimable par la description directe, grâce à des équivalents proprioceptifs connus. Le réalisme métaphorique organise un espace substitutif qui donne à sentir les insaisissables du monde et consiste à mimer ce que serait l'objet s'il était sensible, à suppléer une expérience perceptive impossible. Il arrive parfois que le comparant revienne sur un comparé qui a une existence matérielle et pourrait faire l'objet ou a déjà fait l'objet d'une description littérale : la fille de ferme est « ce bol de lait » (RF,117) et le rugbyman galope « avec une courge sous le bras » (H,241). En ce cas la démarche mimétique de Simon tente une reformulation, une redéfinition qui vise à transférer l'objet dans un nouveau code perceptif afin de produire une représentation visuelle plus précise. Cette propension de la figure à induire des images sensorielles a d'ailleurs conduit certains critiques à parler du caractère « iconique » de la métaphore[2]. Perception greffée ou perception

---

[1] P. Mougin, *L'effet d'image*, Paris, L'Harmattan, 1997, p. 74.
[2] Paul Ricoeur interroge le caractère iconique de la métaphore en analysant les apports de certains critiques anglo-saxons, et du Français Michel Le Guern, *La métaphore vive*, Paris, Seuil, 1975, pp. 238/272. Pascal Mougin revient à la suite de Michel Le Guern sur « le moment iconique de l'image » chez Simon, *L'effet d'image*, op. cit., pp. 45/50.

transplantée la métaphore fait survenir le réel, en assurant son implantation sensitive dans le corps textuel simonien, qui prend alors les couleurs de la vie.

Il y a transport métaphorique si un écart est senti entre le sens figuré d'un mot et l'isotopie du contexte.

« *la carcasse de ce **camion** brûlé effondré là, indécent comme un **animal** une chienne pleine traînant son ventre par terre* » (RF,12)

« *les **palmiers** aux troncs penchés s'entrecroisant balançant leurs pendantes **chevelures** sur un ciel pâle de pâles **croupes** de **montagnes** fermant un golfe* » (H,400)

Dans les occurrences qui précèdent les disjonctions d'isotopie sont manifestes entre le monde des objets ou des végétaux et celui des animaux et des humains. Le discours simonien fortement métaphorique est toujours sur la brèche, il surprend, il engendre interrogation et interprétation, nécessite des réajustements sémantiques. Toujours ouvert sur de nouvelles perspectives, sur des significations changeantes, son fonctionnement dynamique, qui rompt avec la sclérose d'un langage stéréotypé, présente une structure ontologiquement proche de celle de la réalité. Le réalisme métaphorique se compose dans une langue qui mime le mouvement et les surprises de la vie. Par ailleurs l'image qui unit un comparé et un comparant (comparaison), un motif littéral implicite ou explicite et un motif figuré (métaphore, métonymie, synecdoque), rapproche deux isotopies divergentes. Or quand, comme dans les exemples précédents, elle transforme l'inanimé en animé, elle recrée la vie. On le sait pour Aristote, il n'y a de mimésis que dans le faire[1], la mimésis n'est pas pure copie, elle est création car transposition en figures de la réalité. La métaphore est l'outil de ce passage. Reprenant quelques vers d'Homère où le poète associe l'inanimé à l'animé (« la flèche prit son vol. » « La lance traverse sa poitrine avec rage. »), Aristote conclut :

« *En effet, dans tous ces passages, les objets, par cela même qu'ils sont animés, apparaissent comme agissant. [...] le poète les a placés au moyen de la métaphore par analogie [...] On le voit, il donne à toutes choses le mouvement et la vie ; or l'action est (ici) une imitation.* »[2]

L'image donne la vie, signifie les choses en actes et articule, au niveau de l'expression la prévalence de l'action dans la mimésis.

Si la métaphore reproduit le dynamisme vital, elle a aussi à voir avec la structure du monde selon Simon. Le texte simonien ne s'appuie pas sur un énoncé métaphorique isolé, il s'élabore dans des réseaux métaphoriques denses et répétitifs : Ralph Sarkonak a montré par exemple comment un réseau associatif se constituait dans *Histoire* autour du générateur « lac »[3] et Pascal Mougin a analysé l'évolution, dans *La Route des Flandres*, *Histoire*, *Les Géorgiques*[4] et *L'Acacia*[5], du motif figuratif de la « corticalité ». L'œuvre est un tout, un monde fondé sur des rapports analogiques. Or le cosmos simonien s'étoile en correspondances fondées sur des échos et des ressemblances entre la sphère historique et la vie privée, entre les péripéties

---

[1] Cf. *Poétique*, chapitre VI qui affirme le primat de l'action dans l'imitation, *op. cit.*, pp. 92/95.
[2] Aristote, *Rhétorique*, III,XI, 1412a, Paris, Librairie Générale Française, coll. « Le livre de poche », 1991, p. 338.
[3] R. Sarkonak, *Claude Simon. Les carrefours du texte, op. cit.*, pp. 131/156.
[4] P. Mougin, *L'effet d'image, op. cit.*, pp. 152/236.
[5] P. Mougin, *Lecture de L'Acacia de Claude Simon ; l'imaginaire biographique*, Paris, Minard, « Archives des lettres modernes », 267, 1997, pp. 53/59.

humaines et les événements naturels, entre le microcosme et le macrocosme. Le nouveau réalisme de Simon provient peut-être aussi de la composante fortement métaphorique de son langage, de ces transports analogiques de signification qui initient ou répètent la structure d'un monde lui-même analogique. La référence au sonnet « Correspondances » dans « La fiction mot à mot » marque d'ailleurs nettement le lien entre les correspondances naturelles qui semblent régir le monde selon Baudelaire (« La nature est un temple... »), et l'exemple ou « l'admirable formulation » que Simon en retire pour la composition textuelle qui doit, selon lui, fusionner le niveau du « pas à pas et celui du dessin général du trajet »[1]. La correspondance linguistique et textuelle se présente comme une projection d'un réel analogique par essence.

L'interprétation et la dénotation généralisée fondent enfin les bases d'une nouvelle reproduction métaphorique de la réalité. Pour Ricoeur, dans *La métaphore vive*, « la suspension de la référence, au sens défini par les normes du discours descriptif, est la condition négative pour que soit dégagé un mode plus fondamental de référence, que c'est la tâche de l'interprétation d'expliquer. »[2]. La métaphore opère une suspension de la référence du langage ordinaire, la rupture d'isotopie et la confrontation de contextes insolites abolissent la réalité et créent une zone d'étrangeté. Analysant la valeur transitaire ou expressive de la métaphore, Jean Ricardou observe à ce sujet qu'elle « fait survenir un *ailleurs* (le comparant) dans l'*ici* de la fiction (le comparé) »[3]. *Histoire*, par exemple, décrit le face à face du peintre de l'atelier et de son chevalet :

« *lui, sa casquette de marinier, ses pantoufles à carreaux, et, en face, son chevalet, le tout semblable à quelque idéogramme oriental : deux signes, deux caractères tracés l'un à côté de l'autre en quelques coups de pinceau* » (H,275)

La disjonction d'isotopie est ici doublement perturbatrice car d'un côté l'analogie semble s'opérer dans la continuité thématique de l'univers sémiotique, celui de la peinture et de l'écriture, mais d'un autre côté la rupture est si inattendue entre la familiarité du monde des hommes et de leurs objets, et l'abstraction des signes d'écriture, que l'auteur éprouve le besoin de développer le comparant pour préciser l'origine analogique du rapprochement. Le lecteur est plongé ici dans l'inquiétante bizarrerie d'un milieu dont il reconnaît la coalescence mais qui parallèlement lui échappe et la référence à l'orient littéralise ce que la figure comporte d'étrangeté. L'innovation sémantique due à la perte de familiarité fait porter sur le monde un nouveau regard, enrichi de détails et de rapports oubliés. La métaphore produit le même rapport à la référence que celui que la perte de conscience ou l'alcool favorisent avec l'environnement : l'occasion d'une redécouverte, « quand le monde visible se sépare en quelque sorte de vous perdant ce visage familier et rassurant qu'il a (parce qu'en réalité on ne le regarde pas), prenant soudain un aspect inconnu vaguement effrayant, les objets cessant de s'identifier avec les symboles verbaux par quoi nous les possédons » (H,177). Le langage littéral fonctionne sur la reconnaissance et l'identification qui n'ont rien à voir avec la vue. La métaphore tente la description la plus précise de ce qui d'ordinaire n'est pas perçu mais reconnu

---

[1] C. Simon, « La fiction mot à mot », art. cit., p. 84.
[2] P. Ricoeur, *La métaphore vive*, Paris, Editions du Seuil, 1975, p. 288.
[3] J. Ricardou, « La bataille de la phrase », *Pour une théorie du Nouveau Roman*, Paris, Editions du Seuil, 1971, p. 138.

et désigné, laissant au discours littéral le soin de la nomination. Le réalisme de l'équivalence, en perturbant l'ordre établi du langage, ouvre à une autre référence, celle d'une fiction qui se mue en véritable réalité. Parce qu'elle ouvre à une réalité du monde retrouvée, la fiction métaphorique est la condition d'une véritable mimésis, qui abandonne l'idée de la ressemblance au monde par la copie et la description directe, et s'opère dans l'interprétation. Dire que le peintre et son chevalet sont comme des idéogrammes orientaux, c'est redécrire le monde en ouvrant les yeux, c'est l'imiter en actes, car la métaphore crée cette ressemblance plutôt qu'elle ne la traduit, c'est l'interpréter dans un réalisme heuristique.

Un réalisme décloisonné

La fiction paradoxalement fixe un des lieux du nouveau mimétisme simonien car son statut s'insère dans un réseau complexe de relations avec les autres instances du roman. On peut assigner trois niveaux de réalité aux romans simoniens : la réalité du référent, c'est-à-dire le monde vivant de l'auteur et du lecteur ; la pseudo-réalité qui assoit l'univers du narrateur-héros ; et toutes les représentations si abondantes par les photographies, les tableaux, les documents, les cartes postales, les extraits de journaux, les publicités... qui rendent sensibles au moyen de signes, d'images, de symboles, les objets absents de la réalité fictionnelle. Or précisément les décrochages fréquents entre ces deux derniers niveaux donnent à la pseudo-réalité la présence d'une réalité, par opposition à la représentation ressentie comme une fiction pure. Par exemple dans *Histoire*, l'existence et la description d'une aquatinte de Barcelone (H,160/165) donnent au décor barcelonais des expériences révolutionnaires du narrateur, un surplus de réalité, car ce décor contrairement à celui de la gravure a été fictivement expérimenté. Dans *La Route des Flandres*, Georges observe, tout en écoutant son père, les mouvements de tracteur du métayer qui, en fin d'après-midi, fauche la grande prairie ; puis porte son attention sur son père « le regard perdu dans le vide derrière les lunettes inutiles où Georges pouvait voir se refléter deux fois la minuscule silhouette découpée sur le couchant traversant (ou plutôt glissant lentement sur) la surface bombée des verres » (RF,32). Puisque le reflet est toujours l'image d'une réalité effective, le cadre de la conversation entre le père et le fils doit posséder les caractéristiques de la réalité sensible. Ce qui est vrai de la vue, l'est aussi des écrits. La présence des cartes postales dans *Histoire* favorise également ce jeu entre le fictivement fictif et le fictivement réel des métalepses[1], où par comparaison le relativement plus réel prend la teneur de la présence effective. Le texte écrit sur la carte par l'émetteur raconte des événements :

« *"Nous avons passé l'après-midi d'hier à la mer où les cabines des baigneurs se font de plus en plus rares malgré le beau temps Nouvelle joie des enfants qui ont trempé leurs pieds dans l'eau sauf Corinne un peu fatiguée de nouveau [...]"* » (H,23),

que le narrateur relate à son tour pour les avoir vécus :

« *la saison des bains sur les plages du Midi touchait à sa fin, les derniers enfants pataugeant dans les molles vagues à quelques mètres du bord [...] et grand-mère chapeautée chaussée de bottines montantes ramenant autour d'elles les plis de sa robe, assise en retrait sur la plage s'abritant sous cette ombrelle puce à petits*

---

[1] Selon la terminologie de J. Ricardou, *Pour une théorie du Nouveau Roman*, Paris, Seuil, 1971, p. 18 sq..

pois noirs écrivant que Corinne n'avait pas le droit de se baigner un peu malade de son petit ventre » (H,23/24)

Ce réalisme de rupture profite donc de la profondeur de champ ou du contre-champ que constitue la représentation pour requalifier la réalité fictionnelle en réalité effective.

Ces décrochages s'exercent plutôt dans la clandestinité, le passage d'un niveau à l'autre s'opère insensiblement. La mimésis simonienne s'établit sur la porosité générale des frontières entre le référent, la réalité fictionnelle et la représentation. L'intrication des différents niveaux déplace totalement le principe du réalisme qui ne consiste plus ici à reproduire une réalité grâce à la fiction mais à confondre le réel et la fiction, à transformer le réel en spectacle et la fiction en réalité. D'un réalisme mimétique qui tente de répéter le monde selon le critère de la ressemblance, on passe à un réalisme de l'intégration qui confond le monde et son imagination.

Cette pratique du décloisonnement profite d'une politique générale, dans les romans simoniens, d'ouverture des frontières. Le narrateur et les personnages confondent leur destin et leur personnalité (la fusion est parfois totale entre le narrateur et son oncle dans *Histoire*, entre Georges et Blum dans *La Route des Flandres*, entre le narrateur et son père dans *L'Acacia*, entre le narrateur et O. ou L.S.M. dans *Les Géorgiques*) ; leurs paroles se superposent ; les limites du temps sont pulvérisées par le passage indécidable entre les souvenirs et les événements ; la description inflationniste phagocyte le récit ; la parole directe s'insère sans retenue dans la narration. L'ébranlement des catégories et leur chevauchement s'étend aussi aux différentes strates de la réalité. Le niveau le plus réel, celui du référent, est très lié dans les romans au stade le moins réel celui de la représentation, car les représentations iconographiques ou scripturales, documents de L.S.M., tableaux des ancêtres, photographies familiales, cartes postales, lettres du père, buste de marbre, timbres, billets de banque, publicité, estampes appartiennent tous, comme en témoigne Simon dans ses entretiens, à l'univers réel de l'auteur[1].

De même les événements de la réalité fictive sont directement empruntés à la vie de Simon. Cette infiltration du référent textuel dans les représentations et dans la réalité de la fiction est thématisée dans les œuvres par le double mouvement dialectique entre la fiction et la pseudo-réalité. D'abord l'univers des représentations iconographiques est sans cesse contaminé par les indices de la vie. La représentation imite à s'y méprendre un réel statique et les textes renvoient fréquemment à des phénomènes de trompe-l'œil (RF,155 H,56,84,160,203, G,15,31,32,221) : rideaux, billets, feuille de papier, décor. Mais les représentations simoniennes prennent aussi les couleurs de la vie, par la vertu de ce que Ricardou appelle la libération[2], l'image se découvre réalité en mouvement. L'aquatinte de Barcelone se signale d'abord comme une représentation en raison de son titre et de sa corrélation avec d'autres représentations iconographiques :

---

[1] « j'ai écrit ce livre à partir des papiers de mon ancêtre Lacombe-Saint-Michel que j'avais trouvés. » C. Simon/J.-C. Lebrun, « Visite à Claude Simon. L'atelier de l'artiste », art. cit., p. 37. « Tout est parti des cartes postales. J'ai regardé de vieilles cartes postales. J'ai eu envie de les décrire. », C. Simon/M. Chapsal, « Claude Simon : Il n'y a pas d'art réaliste », art. cit., p. 4. « Pour L'Acacia, j'ai rassemblé des images, des souvenirs – le plus souvent visuels – concernant ma mère. » C. Simon/A. Clavel, « La guerre est toujours là », *L'Evènement du jeudi*, 31 août 1989.
[2] J. Ricardou, *Le Nouveau Roman*, Paris, Seuil, « Points », 1990, p. 129 sq..

« *l'autre une aquatinte dont le titre VUE GÉNÉRALE DE BARCELONE en caractères romantiques épais dessinés en trompe-l'œil de façon à imiter le relief pouvait se lire sur la marge inférieure constellée de taches de rousseur au-dessous de la ville jaunâtre étalée entre une mer pâle et sa ceinture de collines, semblable à ces panoramas que l'on peut voir sur les couvercles des boîtes de dattes ou de fruits confits [...], tout dessiné minutieusement à la façon de ces naïves et orgueilleuses illustrations gravées autrefois sur l'en-tête des factures ou du papier à lettres des firmes commerciales montrant les Filatures du Nord ou les Galeries Modernes en vue cavalière ou en élévations et perspectives* » (H,160/161)

Le choix du vocabulaire pictural (« dessiné », « illustrations », « vue cavalière », « perspectives ») ainsi que l'organisation méthodique de la lecture de l'image par plans successifs renvoient l'aquatinte à son statut représentatif ; pourtant progressivement le lexique devient ambigu :

« *pas simplement étalée au soleil, à l'air libre, c'est-à-dire avec au-dessus d'elle un espace dans lequel son haleine, l'air qu'elle polluait, pourrait s'élever et se dissoudre, mais au contraire (de même qu'elle était coincée entre le mer et les collines) baignant dans ou plutôt aplatie sous une sorte de vapeur opaque, trouble* » (H,161)

La représentation se charge, avec « haleine » et les verbes « polluait », « s'élever », « dissoudre », de velléités vitalistes, encore désamorcées par le conditionnel « pourrait » et la relative fixité passive de la vision, donnée par le verbe « baigner » dont le participe présent annule l'écoulement temporel. Quand la description aborde la question de la rumeur qui paraît sourdre de la gravure, le commentaire reste esthétique avec la primauté accordée à l'œil et aux systèmes sémiotiques :

« *ce que l'œil voyait d'abord monter vers lui c'était cette rumeur confuse, multiple et lourde qui par une transposition graphique (comme d'une page de musique aux portées chargées de notes serrées) semblait émaner de ce grouillement de détails minutieusement dessinés* » (H,162)

Mais la libération, la transmutation de l'image en réalité est ensuite totalement consommée quand les modalisateurs plastiques disparaissent et quand les caractéristiques sensorielles du réel investissent la gravure et transmettent à Barcelone le souffle de la vie, la plus manifeste qui soit, celle du pachyderme :

« *comme s'il leur avait fallu un délai considérable pour traverser ce magma informe, cette respiration oppressée de pachyderme qui s'opposait à leur passage et s'ils n'étaient parvenus à percer que grâce à leur ténuité, leur mince stridence : tintements métalliques de marteaux, sifflets de remorqueurs, aboiements, grincements des roues d'un tramway dans un tournant* » (H,163)

Le statut des représentations est instable chez Simon, toujours sur le point de franchir la limite entre la fixité fictionnelle et l'animation du réel. Les libérations simoniennes donnent parfois lieu à des expansions narratives si conséquentes qu'elles concurrencent même le fictivement réel : l'animation de la photographie de l'atelier, par exemple, couvre la totalité du chapitre 9 d'*Histoire* et la gravure du XVIII° dans *La Route des Flandres* (RF,79/81,173/186) devient grâce aux capacités argumentatives de Blum, la vraie réalité de la mort de l'ancêtre. Le réalisme n'est plus ici un « effet de réel », selon la formule de Barthes, mais l'invasion de la fiction par la réalité. Souvent la substitution est totale et la représentation se révèle le lieu de la seule vie. Dans sa correspondance avec Batti, L.S.M. transforme la réalité objective de son domaine dans le Tarn en espace scriptural où les signes remplacent les objets du réel, où il « embellissait, labourait, plantait par procuration, usant non de charrues ou de herses mais de cette encre brune, couleur rouille, sur le papier grenu des innombrables lettres » (G,377). Le corps de la mère mourante enferme « non plus les organes habituels foie estomac poumons et cætera mais rien d'autre que de la pâte à papier sous forme de vieilles cartes postales et de vieilles lettres » (H,77), les représentations ont pris, dans le vrai monde devenu « irréel », la forme de la vie essentielle et ont remplacé les organes mêmes de la vie. Dans cet univers à l'envers, où la fiction est investie des caractéristiques du réel, le regard s'inverse et ce sont alors les personnages des tableaux « figés et solennels qui dans leurs cadres dorés fixaient leurs descendants d'un regard pensif » (RF,52), les vivants qui sont « contemplés par l'assemblée des ancêtres immobiles dans leurs encadrements de dorures sculptées » (G,198). L'espace virtuel de la représentation devient alors un espace empirique où les personnages de la réalité fictionnelle peuvent se mouvoir comme dans cette carte postale envoyée d'Heidelberg où le narrateur-lecteur se projette, « entendant aussi le bruit de la gaffe du batelier plongeant régulièrement [...] pouvant l'entendre maintenant là-bas courant les remous après les arches du pont pouvant voir le pont lui-même la lune laiteuse sur les toits » (H,257) ; tandis que l'indécision du passage entre la description d'une photographie et le contexte réel qui a occasionné sa prise, laisse flotter les héros dans le monde de la représentation :

« *la photo au dos de laquelle figuraient les explications à l'usage de la vieille dame [...] comme dévorée elle-même de lumière, décolorée, pâle, d'une uniforme couleur soufre ou safran, comme si une implacable couche de poussière, une poussiéreuse et jaune épaisseur de temps ensevelissait la maison, le morceau de jardin entrevu, la terrasse d'où maintenant, appuyée à la balustrade de briques, elle suivait des yeux la tunique de toile blanche qui traversait le jardin, passait derrière le bouquet de bambous* » (A,144)

La lisière n'est pas tranchée entre le décor de l'image et celui de la réalité, la mère semble poursuivre sa vie au cœur de la photographie. Le champ représentatif est chargé des qualités sensibles du monde objectif et à ce titre en sait au moins autant si ce n'est plus que la réalité et un tableau qui saigne illustre et perpétue un suicide historique (RF,52/53 A,355). Le réalisme ne se pose alors plus en terme de mimésis, il ne s'agit pas dans une fiction de copier le monde objectif, puisque la représentation est réalité.

Inversement la réalité dans l'univers simonien est toujours exposée comme une image. Il est bien vrai, rationnellement que certains aspects de la réalité ne sont accessibles qu'à l'aide des représentations. Le passé de l'histoire familiale ne peut se reconstituer qu'à l'aide des documents, des tableaux et des photographies. Il est naturel aussi que la fiction impressionne la pseudo-réalité de la narration : les mots latins d'Apulée, par exemple, apparemment figés dans leur langue morte sont suffisamment chargés de vie et de désir sexuel pour initier le narrateur d'*Histoire* : « Je la pris dans mes bras ma langue dans sa bouche puis descendis le long de son cou ses seins son ventre enfonçai ma langue dedans glabellum était-ce en me rappelant ce passage que je lui avais demandé de le faire » (H,123/124). Mais dans les romans simoniens les liens entre la réalité et la fiction dépassent le cadre de ces relations d'évidence : les formes du spectacle iconographique ou scriptural ne sont plus un mode de représentation mais un mode d'être du monde ; le déplacement réaliste ne consiste plus à représenter le monde mais à le mettre en représentation.

D'abord la réalité, dans tous ses aspects – hommes, paysages, objets, guerre, vie... - est vue comme une représentation qui prend toutes les formes du spectacle. La vie est pour Batti une scène de théâtre « comme si quelque part dans la coulisse quelqu'un veillait à ce que la scène ne restât jamais vide » (G,413), la guerre se déroule dans « le pimpant décor de prés fleuris » (A,43) avec des soldats « boudinés dans des uniformes de théâtre et couverts de dorures » (A,58) et elle laisse sur son passage « les accessoires oubliés ou hors d'usage maintenant que les acteurs et le public étaient partis, le bruit du canon s'éloignant lui aussi » (RF,284). Les quatre cavaliers sur la route des Flandres se tiennent immobiles « comme dans ces trucages de cinéma où l'on ne voit que la partie supérieure des personnages » (RF,67) tandis que les chevaux se déplacent dans un « trot dansant, aérien, comme filmé au ralenti » (G,101). La jeune fille de ferme apparaît « semblable à une apparition : quelque chose comme une de ces vieilles peintures au jus de pipe » (RF,36), sur un fond « ton sur ton, sans couleurs ni valeurs » (RF,37). Le narrateur d'*Histoire* observe « derrière la trame du grillage à moustiques mangé de rouille l'éclatant après-midi [qui] ressemblait à un dessin que l'on aurait biffé emprisonné sous un croisillon serré de hachures » (H,153) et les soldats devant le paysage enneigé « perçoivent cela d'un coup et pourtant de façon détaillée (ou plutôt dénudée, fouillée, comme un de ces dessins minutieux et précis à la mine de plomb) » (G,85). Quittant sa femme sur le quai de la gare, le narrateur d'*Histoire* se représente la scène sous forme photographique : « tout arrêté figé le temps figé Je suppose que si quelqu'un avait pris une photo on aurait pu nous voir tous les deux nets debout face à face devant le flanc de ce wagon » (H,390). La fixité donne lieu à d'autres modes de représentation : « figés soudain, s'immobilisant [...] et restant encore ainsi, pareils à des statues de sel » (A,33). Les longs cortèges funèbres des héros traîtreusement abattus dans la Barcelone révolutionnaire montrent des « foules silencieuses [...] répétant le même méfiant et obsédant questionnement, comme si (à la façon de ces bulles en forme de nuages dont les dessinateurs se servent pour traduire les pensées de leurs personnages) flottait, suspendue, ectoplasmique et vacillante au-dessus des têtes pressées, avec ses points d'interrogation renversés et sans réponses, sa colère impuissante inscrite en lettres écarlates » (G,330/331). Quant à la fumée du bombardement elle se présente « comme un énigmatique point d'exclamation » (A,40), alors que le peintre et son chevalet sont « deux signes, deux caractères tracés l'un à côté de l'autre » (H,275). Ce petit florilège donne un aperçu de la densité et de la variété des formes iconographiques et scripturales qui présentent le réel comme une représentation : la réalité est vue avec insistance comme une image, comme un signe, comme un spectacle. Mais tous ces exemples laissent encore dans le domaine du « comme », la percolation s'y opérant essentiellement par le transit de la comparaison. La représentation est perçue comme un repère, une référence mais maintenue dans l'altérité. Les textes simoniens fusionnent réalité et fiction, lorsque le réel n'est plus « vu comme », mais se confond littéralement avec ses représentations : L.S.M. devient, dans *Les Géorgiques*, son propre buste, « l'immobile visage de marbre ne tressaillant pas, les immobiles lèvres de marbre s'écartant à peine (le marbre peut-être seulement un peu pâle), la voix en marbre elle-même disant : "Strasbourg !", puis presque aussitôt, très vite, encore plus en marbre : "Bien. Strasbourg.", les deux plis jupitériens taillés au ciseau entre les sourcils ne bougeant même pas [...] les laquais se penchant, soulevant de nouveau le bloc de marbre avec des Han ! de portefaix, l'emportant hors du salon » (G,248). L'identification du héros à son modèle de marbre transforme la représentation en réalité, car L.S.M,. par sa stature colossale, par sa force titanesque, par sa résistance aux épreuves et son impassibilité devant l'adversité, se confond avec l'image marmoréenne de lui-même. Son buste était censé le représenter qui à son tour devient le référent du modèle vivant. « La nature imite l'art »[1]. A côté de cette assimilation directe de la réalité à la fiction, les textes présentent une autre structure, consécutive cette fois, où le monde spéculaire se fige diachroniquement en représentation. La description de certains paysages vivants dans *Histoire*, par exemple, grâce à la vertu des captures ricardoliennes, s'immobilise en cartes postales :

« *puis le long navire plat et bas aux cheminées vomissant d'épais panaches de fumée charbonneuse, c'est-à-dire que les deux hauts tubes jumeaux noirs et luisants s'échappent [...] deux nuages d'abord étroits ensuite boursouflés crépus faits de volutes tourbillonnantes s'accumulant s'étageant se poussant s'enroulant rapidement sur elles-mêmes comme des bobines se bousculant s'élevant en s'étalant* » (H,36)

L'énumération des verbes d'action dessine indéniablement, dans ce début, l'appareillage réel d'un paquebot, dont l'hypothèse se confirme jusqu'à l'apparition du timbre qui lui assigne alors son statut de représentation :

« *et on comprend alors qu'il a pris de la vitesse s'éloigne sans rémission solitaire pathétique vers cette ligne irréelle et décevante qui là-bas sépare le ciel de la mer, un sphinx bistre et gras aux yeux allongés de fard fixant d'un regard vide d'invisibles dunes de sable au-delà de la pyramide dessinée en traits pâles à l'arrière-plan au-dessus de la mention POSTES ÉGYPTIENNES* » (H,37)

La soudaine fermeture en une représentation, de ce que le lecteur prend pour le fictivement réel apparaît comme une tromperie, une rupture du contrat de lecture et laisse ainsi affleurer la présence d'une instance toute puissante et manipulatrice, qui relève d'un autre niveau de réalité, celle du référent. Les romans simoniens ajoutent enfin un modèle différé de confusion entre la pseudo-réalité et le modèle représentatif. Dans *Histoire* par exemple, le couple de Charles et son épouse, en rupture, est ainsi présenté :

« *alors lui et elle gisants étendus raides ou plutôt roides sur ce lit et sans doute la même lueur laiteuse répandue sur le drap les deux corps nus peut-être puisque c'était l'été laiteux de la même matière froide inanimée et polie que les plis du drap [...] ou peut-être elle ne s'en souciant même plus indifférente déjà au-delà de ces choses restant peut-être découverte ou seulement à moitié couverte sans même songer à protéger sa poitrine les deux seins avec leurs veines marbrées diaphanes* » (H,355)

Par leur position allongée, leur raideur, par l'allusion à une matière froide et polie, par la référence au marbre, enfin par la suggestion de la mort qui glace et fige la vision, ce passage présente métaphoriquement les époux comme des gisants, le terme est d'ailleurs employé mais dans la forme adjectivale du verbe. Or plus loin dans la narration, survient la description de gisants réels, visités dans un musée grec (H,377/379). Si dans d'autres passages, la résorption de la réalité en représen-

---

[1] « La boutade d'Oscar Wilde est beaucoup plus profonde qu'elle n'en a l'air : "La nature imite l'art" » C. Simon/J.-P. Goux et A. Poirson, « Un homme traversé par le travail », art. cit., p. 37.

tation se produit directement ou encore consécutivement, ici elle s'opère de façon différée et implicite ; la vie se fige dans la représentation immobile des signes et des images qui constitue un pôle d'attraction pour le monde objectif : soit il s'y conforme sur le modèle comparatif, soit il y est capturé et avec lui ses caractéristiques vivantes.

Plusieurs critiques ont ainsi reconnu la médiation sémiotique dans l'univers simonien. Michel Deguy, en 1962, montrait comment le poids de la référence cinématographique dans le roman, transforme l'homme en spectateur de la réalité. L'œuvre restitue le réel comme image exposée et irréalisée[1]. Quelques années plus tard, Françoise Van Rossum-Guyon, démontrait, lors du colloque sur Claude Simon à Cerisy que le réel chez Simon était une mise en scène dans laquelle sa représentation disparaissait au profit d'une imitation des arts du spectacle, essentiellement dramatiques. Après s'être interrogée sur les procédés de la théâtralisation, elle concluait que « la mise en spectacle a ici pour effet de dé-réaliser ce qui est représenté. »[2]. Plus récemment Dominique Viart, revenant sur la médiation picturale dans *La Route des Flandres*, indique que le signe iconique, malgré la stimulation et la fabulation qu'il favorise, désigne une absence dont il parle mais qu'il ne peut suppléer : « Fabuler à partir d'une image, écrire autour de ce centre absent, c'est en quelque sorte inscrire le deuil dans le texte même, donner à voir le vertige de ce que le sujet n'a pas vécu. »[3]. Ces trois perspectives qui se focalisent chacune sur un mode de représentation différent, convergent néanmoins pour affirmer que la forte mobilisation des signaux de la représentation dans les romans simoniens, concrétise une déflation ou un défaut de réel. Sans remettre en cause la validité de ces lectures qui ne tiennent compte que d'un aspect des relations entre le réel et les signes, il semble que l'absence de frontière entre le monde objectif de la fiction et le monde de la représentation est plutôt un embrayeur de réalisme. Philippe Hamon montre que la représentation de la réalité par surcodage sémiologique[4], constitue déjà un des critères du réalisme au XIX°siècle. Mais chez Simon, cette relation bijective entre une réalité qui infiltre l'univers de la représentation pour s'y substituer et inversement des signifiés iconiques et scripturaux qui figent le réel en fiction, fonde un réalisme du décloisonnement. Car cette interpénétration du fictivement fictif et du fictivement réel mime et suscite une autre effraction, celle du référent dans la narration. Si le texte autorise une liberté entre la représentation et la réalité dans la fiction, il favorise par contamination une porosité entre la fiction et la réalité objective, entre la narration et le référent. Le réalisme de Simon, ce très fort sentiment de la présence des choses qui marque la lecture de ses romans, ne provient pas seulement de la vérité mimétique des objets qui sont copiés, mais aussi d'un climat général de relâchement entre les catégories, qui fait mal le départ entre ce qui existe et ce qu'on représente. Le réalisme est moins l'imitation du réel que l'ambiguïté de sa présence.

De fait la démarcation n'est pas non plus très explicite entre le référent et la fiction, dans les textes simoniens qui s'emploient à attirer le lecteur dans le monde fictif et à sortir le narratif de l'univers fictif. La figure du lecteur est maintes fois

---

[1] M. Deguy, « Claude Simon et la représentation », *Critique*, 187, déc. 1962, pp. 1009/1032, et en particulier pp. 1014/1019.
[2] F. Van Rossum-Guyon, « La mise en spectacle chez Claude Simon », *Claude Simon : analyse, théorie, op. cit.*, pp. 88/106, et en particulier p. 103.
[3] D. Viart, *Une mémoire inquiète, op. cit.*, pp. 123/142, p. 142.
[4] P. Hamon, « Le discours contraint », art. cit., p. 139.

mise en abyme dans les textes où le narrateur se présente lui-même comme un consommateur affamé d'ouvrages : César, Apulée, Reed, Orwell, Balzac, Rousseau... La lecture s'expose bien comme une démarche interne à la fiction et interpelle ainsi le lecteur référentiel qui se retrouve, dans l'exigence critique d'un narrateur jugeant Orwell, dans une résurgence livresque (« cette apparition sortie tout droit, aurait-on dit, d'un roman de Fenimore Cooper » (G,332)), dans une hésitation sur les sources (« où avais-je lu cette histoire dans Kipling je crois » (RF,42)) ou dans le plaisir du texte jusqu'à la jouissance (H,108)). Au cœur même du narrateur lecteur, le lecteur réel trouve une place que lui réservent, par ailleurs, les « on » élargis, qu'abrite la fiction :

« *elle était convoquée avec la nuit, c'est-à-dire pas la pluie que l'on regarde tomber de l'autre côté d'une vitre ou que l'on écoute tambouriner sur un toit, mais celle sous laquelle on reste immobile* » (A,239)

Dans ce passage, le « on » dépasse la désignation du narrateur, et même celle de toutes des personnes diégétiques, il s'ouvre à l'espace public, à l'extériorité référentielle et inclut ainsi le lecteur dans le processus narratif. De nombreux dialogues sont à la base, dans nos textes, du déploiement de l'histoire : l'échange entre Blum et Georges est constitutif de *La Route des Flandres*, et la conversation entre Charles et son neveu autorise le développement de nombreuses expansions romanesques dans *Histoire* et *Les Géorgiques*. L'histoire se construit dans et par le dialogue ; pareillement l'avènement de la narration est conditionnée par une situation dialogique entre le narrateur et le lecteur du roman. Tout concourt en effet dans l'écriture, à laisser jaillir le discours à l'intérieur du récit. Dans les passages non dialogués, le narrateur continue à produire une parole contemporaine de son énonciation dont le lecteur de la réalité est le témoin direct. Ainsi l'emploi systématique des déictiques temporels (« maintenant ils étaient tous autour de la voiture » H,187 ; « l'effroyable tapage de sa respiration s'apaisant à présent » A,97), des déictiques spatiaux (« impossible de distinguer du ciel là-bas » (H,320), des démonstratifs qui ne trouvent leur référent ni en amont du discours, ni en aval (« Cela. » (RF,48)), actualise une énonciation qui ne peut se comprendre que par rapport à la situation du locuteur au moment où il parle. Le lecteur est donc placé dans une situation contemporaine de l'acte de langage et transformé en partenaire implicite du narrateur. Un réalisme de connivence s'installe alors où la complicité entre narrateur et lecteur explique (ou est expliquée par) l'exclusion de certaines chaînes référentielles puisque la présence du lecteur au cœur de la parole et de l'action les rend caduques. Le lecteur est happé dans la fiction, où il voit ce que le narrateur perçoit et où il sait ce que le narrateur sait. L'usage fréquent, chez Simon, de la focalisation externe laisse en effet le narrateur aussi spectateur des événements que peut l'être le lecteur devant leur récit :

« *et plus tard, tandis qu'il se faufilait le long d'une haie, hélé soudain, et ne détournant pas la tête, accélérant le pas sourd aux cris qui le poursuivaient, guettant par-dessus son épaule, les yeux en coin, la silhouette qui courait pour lui couper le chemin, courant alors lui aussi (les cris plus forts, plus proches), puis l'autre (soit qu'il connût mieux le pays, soit qu'il fût plus vigoureux) lui coupant le chemin, tout à coup devant lui, haletant aussi, sa main à lui déjà posée sur la crosse de l'arme* » (G,424/425)

Le récit de la fuite de Jean-Marie, présenté du point de vue externe, place le narrateur dans une position passive, il semble subir des événements dont il ne peut prédire l'avenir puisqu'il ne connaît pas les intentions des actants, comme le lecteur subit une narration qu'il ne contrôle pas. Un narrateur omniscient, partout et nulle part à la fois, aurait perturbé cette position commune au narrateur et au lecteur. Projeté dans la fiction, celui-ci partage finalement avec le narrateur, un espace fictif où l'autoréférence constitue la pseudo-réalité, où le retour des personnages, des événements, des situations parce qu'il fonde pour le lecteur une mémoire textuelle, se confond avec la mémoire et le vécu du narrateur.

Réciproquement à cette force d'attraction du référent vers le monde fictionnel, les textes s'emploient diversement à faire sortir le narratif de l'univers fictif. D'abord une énonciation qui se cherche, qui hésite, qui revient sur ses dires comme celle des romans simoniens, est conforme aux situations d'énonciation empruntées à la vie quotidienne. Comme elle n'est plus uniquement centrée sur la diégèse, mais sur les souffrances et les lacunes de son récit, la narration simonienne se signale comme le discours vivant d'un homme réel ; la mise en scène des difficultés mêmes de l'énonciation désigne un contexte extralinguistique à l'origine de la parole, fait sentir l'homme derrière l'histoire. A ce réalisme de l'énonciation, s'ajoute le décrochage fictionnel de certains passages, dont la place semble flotter entre la fiction et le référent. Par exemple ces questions impromptues qui soudain trouent le développement narratif, sans rapport avec ce qui suit ou ce qui précède, parfois dans des caractères d'imprimerie différents pour souligner leur étrangeté apparaissent, comme des sorties de la fiction :

« *il ne nourrissait à présent qu'une vague stupéfaite et impuissante fureur mais comment savoir, que savoir ?* Environ donc deux heures de l'après-midi, le moment où les oiseaux s'arrêtent de chanter » (RF,282)

« *se guidant au juger d'après la position du soleil, handicapés par leur état d'épuisement et le manque de sommeil. **Et où irez-vous ?***[1] Vers quatre heures du matin les artilleurs reçoivent l'ordre de se replier. » (G,44)

Ces interrogations semblent s'adresser non à un narrataire dans son repli fictif mais rejoindre, en raison de leur dédiégétisation, directement le lecteur dans son lieu du réel. Le fonctionnement est le même concernant les explications pédagogiques qui arrêtent la narration, pour livrer un commentaire métalinguistique : « l'une des cinq bêtes – celle du sous-lieutenant – ferrant c'est-à-dire entrechoquant la pince de son postérieur gauche contre le talon de son antérieur droit à l'allure du trot » (RF,278), pour délivrer une information encyclopédique : « le recouvrant donc, l'enveloppant (à la façon de ces reptiles qui commencent par enduire leurs proies de bave ou de suc gastrique avant de les absorber) » (RF,26) ; pour fournir un éclaircissement sur le cours de l'histoire, comme dans ce passage des *Géorgiques* (G,82/100) qui raconte la désintégration de l'escadron lors d'une sortie nocturne et neigeuse : l'appareil explicatif y est très lourd : « Ici il est peut-être nécessaire d'ouvrir une parenthèse » (G,82), « l'affaire donc (ou le phénomène) pouvant être décomposée en trois phases, soit : les prémisses de la désagrégation, la menace de désagrégation (les premiers craquements), enfin la désagrégation elle même » (G,95), « La première phase [...] La seconde phase [...] La troisième phase [...]. » (G,95/96). Cette pragmatique du discours, qui parasite la diégèse, sort du champ strictement romanesque ; elle ne vise plus à raconter une histoire mais à informer, à

---

[1] En italiques dans le texte.

éduquer ; la réception se déplace alors du strict narrataire de la fiction, au lecteur en tant qu'homme complet investi dans une situation réelle.

Si certains aspects de l'énonciation brisent la barrière qui sépare habituellement le fictif et le narratif, d'autres procédés construisent un espace référentiel commun, qui rapproche encore le narrateur du lecteur. La parole narrative est émaillée d'allusions mythologiques, religieuses, littéraires, picturales, historiques... qui sortent la fiction de son statut imaginaire pour l'ancrer dans les pré-construits de la réalité culturelle. Le réalisme de connivence est d'autant mieux réalisé que la référence est implicite : « l'aurore aux doigts de pétales » (RF,194) renvoie naturellement à Homère, « les mères de famille et les lascives odalisques mollement abandonnées sur les coussins des bains turcs » (RF,259) évoquent « l'habileté, le savoir-faire » (RF,259) d'Ingres. La parole narrative s'accroche au monde dont elle entretient aussi la mémoire collective qui résonne dans les stéréotypes. S'interrogeant sur la diversité des définitions du stéréotype dans la réflexion contemporaine, et en particulier dans les études littéraires, Ruth Amossy propose de retenir le stéréotype comme : « un schème récurrent et figé en prise sur les modèles culturels et les croyances d'une société donnée, schème qui n'a pas besoin s'être repris littéralement pour être perçu comme une redite. »[1]. Fondé sur la répétition et même l'usure, le stéréotype instaure une familiarité, signe d'intégration à la mentalité commune. La parole narrative, dans les quatre romans de Simon, se construit aussi sur une stéréotypie, qui valide un horizon d'attente, confère au discours une valeur conventionnelle et référentielle et s'impose comme un embrayeur de réalité. La description des lieux reproduit parfois les clichés des guides touristiques : Anvers est cette ville avec « ses brumes et [...] ses canaux, aux intérieurs reluisants des drapiers et des diamantaires » (G,408) et l'Angleterre est conforme à son modèle : « les grasses prairies, les talus fleuris, les chevaux aux pelages luisants dans les prairies [...] les autobus rouges, les joueurs de cricket, les passants coiffés de chapeaux melons, les pigeons dans Trafalgar square, les pacifiques agents habillés de bleu » (G,310). Les étrangers sont figés dans les poncifs les plus usés : les soldats allemands ont « encore sur l'estomac la tasse de café et les tartines (ou les saucisses) englouties peu avant à la va-vite sur la table du mess » (A,30), et les Anglais sont des « jeunes gens dégingandés et osseux, pourvus de chevelures d'étoupe, aux dents légèrement proéminentes [...] les sexes roses dans les buissons de poils roux, les longs corps laiteux, semés de taches de son » (G,315). Mais si l'emploi de ces lieux communs n'est pas toujours dénué d'humour et de complicité, les clichés sur la femme perpétuent, avec conviction, les modèles figés dont ils sont l'empreinte. Cette idéologie commune qui situe la femme entre l'homme et la bête, transparaît en particulier dans *La Route des Flandres* ; Corinne est assimilable à un animal, elle agit « avec cette foudroyante rapidité des mouvements d'animaux » (RF,134), elle renonce à l'équitation puisque « ça n'a jamais plu à un animal de monter sur le dos d'un autre animal » (RF,128). Elle est au mieux l'homme à l'état primitif, car Corinne a « quelque chose d'impitoyable, de violent et aussi d'enfantin, c'est-à-dire cette totale absence de sens moral ou de charité dont sont seulement capables les enfants » (RF,162). Ainsi que l'opinion commune l'exige, la femme simonienne est traditionnellement menteuse, trompeuse, et comme l'Eve biblique, elle édifie, grâce à sa capacité de séduction, son empire maléfique sur les hommes : le personnage de

---

[1] R. Amossy, « La notion de stéréotype dans la réflexion contemporaine », *Littérature*, 73,1989, p. 36.

Virginie met ainsi en scène ses talents quand au retour d'Henri, il s'agit de faire disparaître les traces de l'adultère (RF,179/183). Le narrateur ne « fait pas dans la finesse », avec ou sans humour, ses commentaires rejoignent les plus stéréotypées des images collectives, il signe ainsi son adhésion sans restriction au contrat de réalité.

A côté de ces structures figées, de ce « bon sens coutumier » (H,114), comme dit Simon, dont la réitération assure l'autorité, la parole fictionnelle présente des expériences, qui reposent sur des observations personnelles mais dont la pertinence et la validité rejoignent le lecteur réel, qui les a probablement vécues. La fiction colle ainsi au réel grâce à ces expériences partagées :

« *c'était un bordel [...] qu'il connaissait seulement comme on connaît un café ou un hôtel dans lequel on n'est jamais entré, simplement pour être souvent passé devant* » (A,358)

« *tenant maintenant la lettre comme un tablier devant le bas de son ventre (comme ces choristes attendant patiemment que le chef d'orchestre dirige vers eux sa baguette, la partition au bout de leurs bras pendants, inexpressifs)* » (G,463/464)

« *Nous restâmes debout sauf lui disant ces choses que personne ne s'entend jamais dire et que personne n'écoute jamais* » (H,303)

A l'inverse du stéréotype qui part de l'opinion commune pour la transférer sur une situation particulière, ces exemples tirent d'une expérience singulière de la chose vue, entendue, vécue, qui a donc la puissance de la réalité concrète, une remarque générale, que modalise l'emploi des « on », des pluriels, des adverbes absolus, extensible au réel du lecteur. Souvent située dans une parenthèse du discours fictif, isolée par un « comme » ou une parenthèse, elle s'adresse non au lecteur de la fiction mais au lecteur qui possède une connaissance empirique de la vie, elle resignifie le vécu du monde, elle fait appel au ressenti du récepteur et pas seulement à sa compréhension : « quand tu seras capable non pas de comprendre mais de sentir certaines choses parce que tu les auras toi-même éprouvées... » (G,445). Par sa mise en scène de l'énonciation, son caractère pragmatique et l'exhibition d'une culture, d'une idéologie communes et d'expériences qui n'appartiennent qu'au référent, le narratif simonien s'exclut donc du fictif pour rallier le réel dans lequel finalement se situe le moteur du réalisme.

Les romans simoniens assignent un nouveau lieu au réel : le lecteur impliqué dans l'univers des signes où il draine avec lui le monde objectif. Le réel n'est plus seulement un effet du texte mais un effet de réception. H. G. Gadamer et à sa suite Paul Ricoeur parle de « fusion d'horizons », de « l'interaction entre l'opérativité de l'écriture et celle de la lecture »[1] ; si le texte fournit les lignes directrices pour une rencontre entre le texte et le lecteur, « d'un autre côté, c'est l'acte de lire qui accompagne la configuration du récit et actualise sa capacité à être suivie »[2]. L'actualisation, chez Simon, se réalise dans la transgression des frontières entre les catégories fictionnelles et référentielles, et transforme aussi la notion de mimésis : de la confrontation tranchée entre la copie d'un côté et son modèle de l'autre, elle passe à une fusion, une connivence, un échange entre le fictif et le réel. Ce réalisme fusionnel, pervertit, en dernier ressort, la notion même de mimésis qui se révèle invalide pour les romans de Simon. Parlons plutôt d'une esthétique de la reproduc-

---
[1] P. Ricoeur, *Temps et récit I, op. cit.*, p. 145.
[2] *Ibid.*, p. 145.

tion, qui induit à la fois une génération du monde re-signifié, re-créé par la fiction et qui confère l'« aisthèsis » grecque, au sens étymologique, c'est-à-dire « ce qui fait sentir », « ce qui affecte ».

Les œuvres de Simon sont une répétition émouvante du monde, qui agit à des degrés divers de la mimésis. Les quatre romans font la part belle à l'imitation, apparentée au code réaliste du XIX° siècle, fondé sur le principe de vérité et d'exactitude. Mais le réalisme simonien se diversifie en une répétition littérale du réel dont la nature tautologique élimine l'imitation même ; se construit à l'inverse comme un réalisme métaphorique qui, sur les ruines du sens dénoté, libère indirectement des aspects de notre être au monde ; enfin par l'abolition des limites entre le modèle et son comparé, entre la réalité et la fiction, émerge un réalisme fusionnel qui détermine aux dépens de la mimésis, une esthétique de la reproduction.

LA MIMESIS DE L'ÉCRITURE

Pourtant, même si la représentation chez Simon est diversement captivée par les mouvements de la réalité, ses entretiens et ses conférences disent que selon lui, le caractère référentiel d'un discours relève autant des lectures que des expériences de son auteur. L'intertexte scriptural et sémiotique constitue un matériau non seulement comparable au vécu : « Remarquez que quand je décris un oiseau ou une feuille d'arbre, il ne faut pas que je me dissimule que je pense aussi aux peintures que j'ai vues ou aux descriptions qui en ont déjà été faites. [...] nous sommes à la fois formés par le monde des textes et par le monde lui-même ; »[1]. Le référent sémiotique peut même supplanter l'expérience : le métatexte simonien reprend de façon insistante l'expérience de Stendhal, tentant de raconter son passage du Grand-Saint-Bernard :

« *Ce phénomène du présent de l'écriture, Stendhal en fait l'expérience lorsqu'il entreprend, dans La vie d'Henry Brulard, de raconter son passage du col du Grand-Saint-Bernard avec l'armée d'Italie. Alors qu'il s'efforce d'en faire le récit le plus véridique, dit-il, il se rend soudain compte qu'il est peut-être en train de décrire une gravure représentant cet événement, gravure qu'il a vue depuis et qui, écrit-il, "a pris (en lui) la place de la réalité".* »[2]

Stendhal ne décrit pas la réalité mais une de ses figurations ; il n'y a pas de virginité dans la reproduction du réel, toujours devancée et influencée par une représentation scripturale ou iconographique. Bien plus encore, si le contenu de la narration ou de la description est infiltré par les modèles littéraires ou plastiques, pour Simon, le fondement même de l'écriture est motivé par le principe du mimétisme artistique car « l'art s'autogénère pour ainsi dire par imitation : de même que ce n'est pas le désir de reproduire la nature qui fait le peintre mais la fascination du musée, de même c'est le désir d'écrire suscité par la fascination de la chose écrite qui fait l'écrivain »[3]. Le langage de Simon est habité par la parole d'autrui, car l'exemple littéraire ou pictural fait l'homme avant même de produire l'écrivain. A l'instar de Georges, qui dans *La Route des Flandres*, en dépit de sa violente diatribe contre les livres « manifestement dépourvus de la moindre utilité » (RF,206), « parle[s] comme un livre » (RF,203), la parole de Simon et sa pratique littéraire sont elles aussi investies par le corpus littéraire. Aussi quand on lui demande pourquoi, en cas de citation, ses ouvrages évitent les guillemets ou les italiques, il répond :

« *Vous savez, mon cerveau comme le vôtre est fait d'une véritable salade de textes. Il en est nourri. Pour une grande part nous sommes constitués par nos lectures. [...] Alors, mettre des guillemets, à tellement de textes, quand j'en suis à ce point nourri...* »[4]

La lecture est consubstantielle à l'être simonien et à ce titre elle est inséparable du travail scriptural ; ses romans s'organisent autour de cette mimésis textuelle qui relie, dans l'interactivité de la lecture et de l'écriture, les énoncés entre eux et

---

[1] C. Simon/J. van Apeldoorn et C. Grivel, « De Claude Simon », entretien cité, p. 106.
[2] *Discours de Stockholm*, p. 25.
[3] *Ibid.*, p. 12.
[4] C. Simon/J. van Apeldoorn et C. Grivel, « De Claude Simon », entretien cité, p. 100.

détermine la « transcendance textuelle du texte », c'est-à-dire « tout ce qui le met en relation manifeste ou secrète, avec d'autres textes »[1].

Modes et valeurs de la répétition littéraire

Les formes intertextuelles

Définie par Genette comme « une relation de coprésence entre deux ou plusieurs textes », l'intertextualité fait l'objet dans *Palimpsestes* d'un développement très restreint, qui ramène à trois formes ses modes d'apparition : la citation, le plagiat et l'allusion[2]. Si l'intertextualité chez Simon, présente bien les formes de l'allusion et de la citation, elle évite en revanche le plagiat c'est-à-dire la citation coupable, sans démarcation aucune et utilise en plus les formes originales de la référence, de la pseudo-citation et de la réécriture.

L'actualisation la plus embryonnaire et la moins explicite de l'intertextualité est l'allusion. Sa perception est très aléatoire du côté du lecteur comme de celui de l'écrivain. Car la révélation de l'allusion, par définition implicite et non littérale, reste dépendante des compétences lectorales du récepteur mais aussi de la clairvoyance de l'émetteur qui nourri de ses lectures peut les avoir totalement digérées. L'allusion peut être thématique. Christine Genin[3] signale par exemple, à la suite Michael Evans[4], un réseau de correspondances entre *Sylvie* de Nerval et *La Route des Flandres*. Elle retrouve la même importance accordée à la mémoire, la même ambiguïté entre le rêve, la réalité et le souvenir, la même figure trouble des femmes rencontrées ou fantasmées, le même poids de la demeure familiale et de ses tableaux, dans un texte où Nerval comme Simon cite Apulée et Rousseau. L'allusion thématique à Homère est fréquente. Maria Minich Brewer[5] évoque à propos de *la Route des Flandres*, les thématiques de la violence, de la guerre, de la boue, des sauterelles qui marquent l'*Iliade*. L'allusion métaphorique circonscrit la relation intertextuelle à une image : on a déjà évoqué à propos de l'incipit de *La Route des Flandres*, « les chiens ont mangé la boue » (RF,9), l'évocation déguisée au songe d'Athalie (« Mais je n'ai plus trouvé qu'un horrible mélange/D'os et de chairs meurtris et traînés dans la fange,/Que des chiens dévorants se disputaient entre eux »[6]), et qui fait aussi écho à l'*Enfer* de Dante où Cerbère dévore la boue lancée sur ses mâchoires[7]. L'allusion diégétique inclut, dans une relation in abstentia, un élément de l'intrigue de l'intertexte dans le texte support : par exemple, la recherche du corps du père par la mère, au chapitre I de *L'Acacia*, évoque la situation d'Antigone, dans le texte de Sophocle ; la séparation du père et de la mère en présence de la « négresse » portant l'enfant, au chapitre VII reprend l'abandon d'Andromaque par Hector raconté dans l'*Iliade* ; alors qu'il se retrouve réduit à

---

[1] G. Genette, *Palimpsestes*, Paris, Seuil, 1982, p. 7.
[2] G. Genette, *Palimpsestes, op. cit.*, p. 8.
[3] C. Genin, *L'écheveau de la mémoire*, Paris, Honoré Champion, 1997, pp. 139/141.
[4] M. Evans, « The framework of *La Route des Flandres* », *Claude Simon and the transgressions of modern art*, New York, Saint Martin's Press, 1988, pp. 39/46.
[5] M. M. Brewer, « An energetics of reading: intertextual in Claude Simon », *The Romanic Review*, 78, n° 4, 4 nov., 1982, p. 493.
[6] J. Racine, *Athalie*, II,5.
[7] Dante, *Enfer*, chant VI, v. 22-33.

l'état animal, dans un wagon à bestiaux, Georges évoque la situation d'Ulysse et de ses compagnons auprès de la magicienne Circé, « nous serions devenus sans nous en rendre compte quelque chose comme des bêtes, il me semble que j'ai lu quelque part une histoire comme ça, des types métamorphosés d'un coup de baguette en cochons ou en arbres ou en cailloux, le tout par le moyen de vers latins » (RF,92). L'allusion entretient un rapport diffus avec l'intertexte pour l'auteur comme pour le lecteur mais parfois l'allusion est signalée (« un souvenir peut-être » (RF,9), « il me semble que j'ai lu ça quelque part » (RF,92)) sous la forme d'un vague souvenir de lecture ; en ce cas il semble que la perplexité du narrateur devant ses propres références mime celle du lecteur devant l'intertexte simonien, d'autant que parfois le narrateur simonien brouille, comme dans le dernier exemple, l'allusion transparente à Homère, en la parasitant avec l'allusion aux *Métamorphoses* d'Ovide et « ses vers latins ». L'allusion ressortit alors à un jeu de cache-cache, où l'intertextualité dépassant le cadre d'une motivation métaphorique, qui justifie son insertion dans le texte en raison d'analogies thématiques, métaphoriques, diégétiques..., devient l'enjeu d'une négociation textuelle autonome entre le lecteur et l'écrivain. Le jeu de piste de l'identification littéraire subsume le plaisir de la lecture linéaire, c'est « la mise en scène d'une apparition-disparition »[1] qui participe selon Barthes de la jouissance textuelle.

Avec la référence, l'intertexte se dévoile plus clairement car si elle n'expose pas l'hypotexte dans sa littéralité, elle s'y raccroche par une désignation explicite. La référence peut se faire par un titre, *Les Géorgiques*, « les deux pigeons » (RF,183), « la belle au bois dormant » (RF,266), *L'Ane d'Or* (H,124), *La Comédie humaine* (A,379). La référence s'enclenche sur le nom d'un personnage, Arnolphe (RF,180), Agnès (RF,179,181,182), Nausicaa (H,109,304), Othello (RF,260), Charles, le « Commandeur » (RF,261), Sabine ; sur le nom d'un auteur, Apulée (RF,269 H,124,342), Kipling (RF,42), Balzac (A,119), Fenimore Cooper (G,332), Rousseau (A,379) ou sur les caractéristiques d'un écrivain, si lisibles qu'elles en viennent à le dénoter : « vingt-trois volumes de prose larmoyante, idyllique et fumeuse, ingurgitant pêle-mêle les filandreuses et genevoises leçons d'harmonie, de solfège, d'éducation, de niaiserie, d'effusions et de génie » (RF,77), Genève, éducation, sentiments, Rousseau est identifié.

Chez Simon, l'insertion de la référence est toujours motivée, soit parce qu'elle s'intègre dans une isotopie métonymique : le héros est alors placé dans une situation de lecture qui justifie l'émergence de la référence : le brigadier de *L'Acacia* achète « les quinze ou vingt tomes de *La Comédie humaine* » ; il trouve « une collection dépareillée des œuvres complètes de Rousseau » (A,379) que son ancêtre a lui-même parcourues avec avidité (RF,77) ; le narrateur et Lambert dans *Histoire* s'échangent *L'Ane d'Or* d'Apulée (H,124). La référence s'insère naturellement dans le cours de la diégèse et reste enchaînée à la fiction. La plupart des références occupent cependant une fonction métaphorique. Il s'agit par la comparaison avec un type littéraire ou un écrivain marqué de faire saillir les traits d'un héros ou d'une situation. Arnolphe est dans *L'Ecole des femmes*, le modèle du barbon tyrannique et du mari trompé ; Agnès, celui de la jeune fille ingénue, élevée pour faire une épouse soumise et idiote, qui découvre le principe de plaisir et la liberté d'aimer. Les deux personnages de Molière donnent ainsi à lire les destinées d'Henri et de Virginie,

---

[1] R. Barthes, *Le plaisir du texte*, Paris, Seuil, « Points Essais », 1973, p. 18.

selon un processus typique chez Simon où la fiction littéraire de l'intertexte devient une garantie de réalité référentielle face à la fiction simonienne. Le temps et l'autorité ont donné aux personnages de Molière l'épaisseur et la réalité d'êtres vivants. De la même façon le prénom Sabine trouve un ancrage intertextuel dans *Horace* de Corneille, dont la référence est précisément évoquée à propos de l'héroïne qui rapporte les histoires de famille, « scandaleuses, ou ridicules, ou infamantes, ou cornéliennes » (RF,53). Or si la pièce de Corneille présente un héros qui préférera l'honneur patriotique à la fidélité aux sentiments, le livre de Simon efface le dilemme mais non la question de l'honneur pour un Reixach qui choisit le suicide afin d'effacer et l'infamie militaire et le déshonneur conjugal. L'alternative se transforme en addition, et avec l'apparition de Sabine, dès la première page du roman, le sort de l'ancêtre semble déjà joué avant même d'avoir été raconté. La référence occupe donc une fonction prémonitoire et résolutive : elle dessine la fatalité qui pèse sur les personnages et annonce les situations ; elle confère un sens balisé par la tradition critique à ce qui flotte encore dans les limbes de la modernité.

Si *La Route des Flandres* et *L'Acacia* sont profondément marqués par les allusions et les références, *Histoire* et *Les Géorgiques* s'ouvrent largement aux citations. Forme la plus explicite et la plus littérale de l'intertextualité, la citation désigne, selon Antoine Compagnon, « tout à la fois deux opérations, l'une de prélèvement, l'autre de greffe, et encore l'objet de ces deux opérations. »[1]. Définissant à la fois un produit et un acte de production, la citation est en même temps « un énoncé répété et une énonciation répétante »[2]. C'est pourquoi il convient de voir selon quelles modalités les citations chez Simon répètent un intertexte de départ et comment le corps étranger se fixe dans son propre discours.

L'auteur John Reed n'est jamais explicitement évoqué dans *Histoire*, bien que des extraits de la traduction française de son oeuvre, *Dix jours qui ébranlèrent le monde*[3] y soient longuement et fréquemment cités[4] ; dans le chapitre 4, le livre en tant qu'objet et l'image qui figure sur sa couverture sont tout au plus évoqués, lors d'un échange entre le narrateur et Lambert (H,125). L'ouvrage circule bien dans la fiction et l'apparition des citations y trouve une justification métonymique mais le nom de leur auteur y est toujours tu, tout comme d'ailleurs le nom des différents orateurs dont le discours est reproduit dans les citations (H,108,128). L'énonciation répétante procède donc à un effacement partiel des indices qui permettraient d'identifier facilement son ancrage spatio-temporel. John Reed, journaliste américain, socialiste et antimilitariste, débarque à Petrograd le 10 septembre 1917 et se trouve mêlé au mouvement révolutionnaire d'Octobre. Séduit par la détermination des bolcheviks, il s'engage alors aux côtés des révolutionnaires. Son livre est à la fois le témoignage d'un journaliste sur la conquête du pouvoir par les bolcheviks en 1917 et l'histoire d'un cheminement idéologique individuel. On peut comprendre dans cette ambivalence, un des liens avec *Histoire*, qui se présente aussi comme l'histoire d'un homme dans ses dimensions affectives, généalogiques, inconscientes et le destin de ce même homme aux prises avec les convulsions de l'Histoire, la guerre civile espagnole. Car si Claude Simon s'emploie à gommer le nom de Reed,

---

[1] A. Compagnon, *La seconde main*, Paris, Seuil, 1979, p. 29.
[2] *Ibid.*, p. 56.
[3] J. Reed, *Dix jours qui ébranlèrent le monde*, traduction Martin-Stahl, Paris, U.G.E., 1962.
[4] H,108,111,118 (x2),119 (x4),120 (x4),122,127 (x2),128 (x3). On trouve aussi deux occurrences au chapitre 11, H,328,352.

comme celui de Lénine (H,108) ou de Krylenko (H,128), c'est que la Révolution d'Octobre est une révolution parmi d'autres, au même titre que la Révolution française ou l'insurrection espagnole. La référence est inutile, là où l'auteur s'en tient à l'essence des événements. Pourtant malgré l'absence de leur auteur, les citations de Reed sont toujours démarquées dans *Histoire*, les italiques les isolent comme texte étranger ; le vocabulaire décalé par rapport au contexte simonien, « cosaques » (H,121), « junkers » (H,120), « gardes rouges » (H,119), « édification de l'ordre socialiste » (H,108), « Palais d'Hiver » (H,121), « izvoztchiks » (H,111) fonde un démarquage sémantique ; l'emploi du passé simple pour les nombreux verbes d'action qui racontent les événements révolutionnaires, « éclata », « se jetèrent », « pénétrèrent », « se sauvèrent », « grimpa », tranche dans le non temps du discours simonien organisé autour de l'imparfait et du participe présent ; enfin le retour à deux reprises d'une citation en anglais : « apotheosis and millenium without end » (H,118,121) signe l'étrangeté originelle du texte de Reed. Si l'énoncé répété n'est pas repéré mais démarqué par des indicateurs typographiques, lexicaux, temporels et linguistiques, l'énonciation répétante quant à elle, vise plutôt la fusion. Véronique Gocel, dans une étude comparative minutieuse entre la traduction française du texte de Reed et ses citations dans *Histoire*, montre que Simon procède à des modifications mineures sur l'intertexte, qui n'occasionnent pas de réelle réécriture[1]. Le texte de base n'est pas dénaturé et pourtant il se fond aisément dans la phrase simonienne qui cherche à gommer toute hétérogénéité. Dans *Histoire* l'absence générale de ponctuation favorise, de fait, l'absence de rupture entre les énoncés qu'ils soient interdiscursifs ou autotextuels. Mais l'écriture simonienne opte toujours pour des stratégies d'intégration facilitantes. La citation s'insère dans une phrase dont elle poursuit la structure syntaxique (on souligne en gras les italiques dans le texte simonien qui signalent les citations de Reed) :

« *quel triomphe quel **apotheosis and millenium without end*** » (H,118)

ou dont elle inaugure une construction qui sera continuée :

« ***des milliers de soldats et d'ouvriers se précipitèrent par les fenêtres les portes et les brèches du mur*** *l'odeur acide aigre de la sueur mêlée à celle du nuage de poussière soulevée* » (H,119)

La citation s'insère grâce à une association lexicale, grisâtre/gris dans l'exemple qui suit :

« *quel moutonnement de mourants entremêlés exsangues grisâtres dans le grisâtre crépuscule **de là on avait une vue grandiose sur l'immense plaine grise*** » (H,118)

Le discours simonien incorpore l'intertexte dans une continuité diégétique. Alors qu'il décrit une photographie de la révolution soviétique, montrant Lénine à une tribune, Simon enchaîne avec un extrait de Reed relatant la prestation orale de Lénine et l'ovation qui s'en est suivie (H,107/108) ; alors qu'il décrit une autre photographie fixant un épisode de guérilla urbaine en Octobre, il poursuit avec un épisode où Reed narre un combat de rue (H,110/11). Enfin l'insertion des citations se fait toujours dans une unité thématique avec ce qui les précède ou les suit : l'ardeur au combat (H,119), la crainte d'être défiguré dans la bataille (H,119/120), le bruit des armes (H,121) :

---

[1] V. Gocel, *Histoire de Claude Simon : écriture et vision de monde*, Leuven, Peeters, « Bibliothèque de l'information grammaticale », 1997, p. 141.

« *les derniers crépitements des incendies et par-ci par-là les dernières détonations absurdes incohérentes tiraillant **des voix donnèrent des ordres et dans l'épaisseur de la nuit nous distinguâmes une masse sombre qui se mettait en marche ne troublant le silence que par le bruit de ses pas et le cliquetis des armes*** » (H,121)

La suture entre certaines citations et le texte simonien est parfois totalement insensible, lorsque la greffe s'organise sur une liaison, et syntaxique, et sémantique :

« *suivant les lignes dépourvues de sens **apotheosis without end*** » (H,121)

Le collage simonien joue donc moins de l'hétérogénéité des fragments que de leur ambiguïté, l'entreprise est plus conjonctive que disjonctive. La limite n'est même pas toujours très claire entre deux citations d'auteurs différents :

« *César ne dit qu'un mot aux siens soldats frappe au visage c'était là justement que la belle jeunesse de Rome craignait le plus d'être blessée // ils aimèrent mieux être déshonorés que défigurés et s'enfuirent à toute bride* » (H,120)

La première citation est extraite de *La Guerre civile*[1] de César et présentée en italiques, tout comme le fragment de Reed qui la suit et avec lequel elle se confond. Pareillement deux ou trois citations de l'Américain peuvent s'enchaîner (H,121/122, 127,128) semblant former un tout, alors qu'initialement elles ne se font pas suite et appartiennent même à des contextes différents. Véronique Gocel, par exemple, indique que le passage en italiques qui court depuis « des voix donnèrent des ordres... » (H,121) jusqu'à « ...quelques coups de feu isolés » (H,122), constitue en fait trois citations aboutées, appartenant respectivement aux pages 145,146, 257 de la traduction française de Reed[2].

En dépit de leur démarquage, les citations de Reed, parce qu'elles n'ont pas de repérage explicite, parce qu'elles se fondent dans la phrase simonienne, et dans son corpus intertextuel, semblent constituer la chair même d'*Histoire*, au même titre que les énoncés de Simon. L'italique n'est plus alors l'indice de l'intertextualité devenue symbiose mais l'expression d'une distance ironique avec un texte dont Simon partage les préoccupations thématiques, la guerre et la révolution, mais dont il désavoue la naïveté idéologique, avec un écrivain dont Simon comprend les soucis d'auteur mais dont il rejette les choix poétiques. Simon, comme Reed, comme César, L.S.M. et Orwell d'ailleurs, ont été les témoins d'événements historiques majeurs. Mais contrairement à Reed, Simon refuse le principe de la littérature reportage, chronologique et causaliste. Aussi, si les citations qu'il emprunte à Reed ne mettent pas en péril l'intégrité de l'intertexte, respecté par Simon, la désorganisation dans laquelle il les présente et la confusion dans laquelle il les maintient, pervertissent le genre journalistique. Par ailleurs si Reed a voulu montrer un soulèvement jeune, spontané, authentique auquel il s'est offert avec enthousiasme, pour Simon la guerre et la révolution restent des désillusions mortelles. « apotheosis and millenium without end », citation de l'historien Thomas Carlyle au sujet de la Révolution française, que reprend Reed à son compte à propos de la Révolution d'Octobre et que Simon répète à son tour, est loin d'être pour lui une Apothéose et un Age d'or à tout jamais. Le choix des mots, qui encadrent immédiatement la citation, transforme l'idéalisme révolutionnaire en non-sens et en fait la semence des génocides :

---

[1] J. César, *De bello civili*, III,90.
[2] V. Gocel, *op.cit.*, p. 144.

    « *les lignes dépourvues de sens apotheosis and millenium without end* »
(H,121)
    « *apotheosis and millenium without end massacre quel moutonnement de mourants* » (H,118)

Les modes de répétition du texte américain et les formes de son insertion dans le discours simonien déterminent ainsi une axiologie de la citation : citer c'est répéter fidèlement, dans le respect de la transcription ; citer c'est greffer sans traumatisme dans le tissu endogène mais citer c'est aussi dénoncer obliquement une pratique d'écriture et un comportement idéologique.

Moins nombreuses les citations tirées de *La Guerre civile* (III,90,1) de César sont toutefois comme celles de Reed, concentrées dans le chapitre 4 d'*Histoire*[1]. Comme celui de Reed, l'ouvrage de César narre une guerre civile, celle qui l'a opposé à Pompée, défait à Pharsale[2]. Les citations s'inscrivent donc dans une association métaphorique avec *Histoire* qui fait référence à la guerre civile espagnole. Toutefois les fragments de César servent un jeu intertextuel plus complexe puisque certains d'entre eux (H,118/119,128) interviennent dans la fiction comme dans le corpus d'une version que le neveu tente de traduire sous l'œil critique de son oncle. Cette inscription métonymique comprend une partie latine et sa transcription en français dans une traduction mot à mot. Le texte fait bien le départ entre le rapport métaphorique présenté en italiques et uniquement en français et le rapport métonymique en caractères romains et bilingue. Le démarquage des citations est ainsi soit typographique, soit linguistique (on met en caractères gras, les passages en italiques chez Simon) :

    « **depuis la plus haute antiquité on a établi l'usage de faire sonner de toutes parts les trompettes et pousser par toute l'armée une clameur, avec l'idée qu'on effrayait l'ennemi et qu'on excitait les siens** propter quod est : parce qu'il y a

    qaedam animi incitatio : je ne sais quel enthousiasme
    atque alacritas naturaliter : et quelle vivacité naturelle
    innata omnibus : innée chez tous les hommes
    quae studio pugnae inceditur : qu'enflamme l'ardeur du combat »
(H,118/119)

Le repérage des citations est également explicite puisque César dont on sait qu'il parle de lui-même à la troisième personne, y est nommé (H,119). Les extraits de *La Guerre civile*, choisis par Simon, se rapportent tous à la violence des actions guerrières. En somme comme dans le texte de Reed, Simon a retenu des passages particulièrement épiques qui sont amplifiés par la mise en parallèle des citations ou leur entrelacement : les fragments de *La Guerre civile* sont toujours encadrés par les extraits de Reed. La confrontation de citations tirées de contextes historiques, sans rapport, dénonce d'elle-même, sans commentaire, la permanence des comportements humains depuis vingt siècles : l'esprit belliqueux, la ruse, la cruauté, la soumission au chef, l'héroïsme. Si la dévaluation des idéaux révolutionnaires de Reed s'opère, ainsi qu'on l'a indiqué, dans une contextualisation contradictoire, celle du souffle épique césarien s'ancre dans une structure sémantique de la redite.

---

[1] H,118,119 (x3),128.
[2] Voir la référence au même passage du *De bello civili* dans *La Bataille de Pharsale*, p. 43.

En concurrence directe avec les citations de César, celles d'Apulée, concentrées de même dans le chapitre 4 d'*Histoire*[1], entrent dans un dispositif axiologique contraire. Leur origine est totalement repérée puisque le titre (H,124) et le nom de son auteur, dans une résurgence tardive (H,342) sont cités. Contrairement à celles de César, les citations d'Apulée sont toutes en latin et parfois suivies d'une traduction approximative, bien moins rigoureuse que le mot à mot qui traduit César : « lacinia remota impatientem mae monstrans : relevant le pan de mon vêtement, me troussant, lui dévoilant, lui montrant, disant vides jam proximante vehementer intentus regarde comme je le membre d'âne dressé douloureux aveugle insupportable oppido formoso ne nervus » (H,108). Elles ne sont pas démarquées typographiquement et se glissent subrepticement dans le texte simonien, d'autant que leur extrême émiettement, qui atteint parfois la citation d'un seul mot (« enfonçai ma langue dedans glabellum était-ce en me rappelant ce passage que [...] » (H,124)) favorise leur insertion délictueuse. Courtes et éparpillées, les citations s'enchâssent syntaxiquement dans les phrases (« nervus, tendon, ligament, membre viril, nerf, rigoris nimietate rumpatur, sur le point d'éclater, bourgeon, tendu à se rompre » (H,110)), phoniquement (« palmula palme palmé » (H,123)) et participent de la thématique érotique qui accompagne la lecture de *L'Ane d'Or* par le narrateur adolescent et la relation avec Hélène. L'absence de guillemets ou d'italiques peut se justifier formellement par l'emploi du latin qui constitue en soi un isolement naturel ; mais elle signifie plutôt l'abolition de la distanciation générée par des signes typographiques, pour des citations que l'auteur, cette fois, reprend à son compte. Les fragments d'Apulée se rapportent tous aux chapitres XVI et XVII de *L'Ane d'Or* où Lucius métamorphosé en âne, séduit la jeune servante Photis. A caractère érotique, les fragments retenus sollicitent, contrairement à ceux de Reed et César qui s'insèrent dans un champ historico-politique mortifère et dévalué, l'univers privé du désir et de l'identité. Ferment actif d'une vie pulsionnelle éternelle, les citations d'Apulée émeuvent le narrateur adolescent (H,108) comme elles guident sa sexualité adulte (H,124). Rattachée métonymiquement à la fiction par son échange sous le manteau entre Lambert et le narrateur, l'œuvre d'Apulée constitue une mise en abyme métaphorique des principales thématiques d'*Histoire* : celle de l'identité – « moi ? » (H,401) – que pose de façon burlesque l'animalisation de Lucius et celle de la sexualité jouissive mais incontrôlée et funeste, « le membre d'âne dressé douloureux aveugle insupportable » (H,108), qui fait jouir Hélène mais qui la tue.

Les Géorgiques sont également marquées par le souci intertextuel. Nous ne reviendrons pas sur les multiples citations tirées des documents de L.S.M. qui construisent le roman, car nous avons ici limité notre prospection aux œuvres littéraires publiées. Deux citations de Michelet, qui proviennent de son *Histoire de la Révolution Française*[2] sont insérées dans le roman (G,57,61).

« *Le 16 du mois d'octobre 1793, à midi, à l'heure précise où la tête de la reine tombait sur la place de la Révolution, Carnot, Jourdan, silencieux, marchaient avec la moitié de l'armée et laissant derrière eux le vide vers le plateau de Wattignies.* » (G,57)

---

[1] H,108,110,113,123,124,125,126.
[2] J. Michelet, *Histoire de la Révolution Française*, Paris, Gallimard, coll. « La Pléiade », 1952, tome I, p. 607 et tome II, p. 966.

« *La nuit du 10-Août fut très belle, doucement éclairée par la lune, paisible jusqu'à minuit. A cette heure il n'y avait encore personne ou presque dans les rues. Toutes les fenêtres étaient illuminées. Tant de lumières pour une si belle nuit, ces lumières solitaires pour n'éclairer personne, c'était un effet étrange et sinistre.* » (G,61)

Sans indication de leur auteur ou de leur origine, ces citations ne sont pas non plus démarquées typographiquement. Elles sont ainsi difficilement repérables dans une troisième section de la première partie des *Géorgiques*, où mettant fin à une distinction entre le destin de O., L.S.M. et du narrateur par le jeu des italiques qui caractérisait les deux premières sections, Simon accentue sa poétique de rupture qui éclaire dans un désordre chronologique et géographique, la biographie des trois personnages. Les citations s'installent anonymement dans la narration, en profitant du désarroi du lecteur qui ne peut les identifier comme corps étrangers dans un chapitre où tous les passages sont étrangers les uns aux autres ; si le lecteur parvient à repérer les trois fils qui s'y entrelacent, le sort des citations de Michelet ne gagne pas en autonomie car elles pourraient parfaitement se fondre dans la série L.S.M., tant par les références historiques - la date du « 10-Août » apparaît à propos de L.S.M. et dans la même graphie ancienne (G,31,60), Jourdan et Carnot sont aussi évoqués le concernant (G,25,31) – que par les aspects soutenus et lyriques du style de Michelet et de L.S.M.. Elles sont liées aussi à la série contemporaine du narrateur car si Wattignies a vu la victoire révolutionnaire de Jourdan et Carnot sur les Prussiens en 1793 (G,57), la ville est également le théâtre de la débâcle de 1940 (G,53,107). Le mode d'insertion des citations, dans le texte, ne les distingue pas non plus des autres fragments dont le collage s'opère sur le principe de l'association thématique avec ce qui suit ou précède :

« *comme une **lune** indécise entourée peu à peu d'un halo* [...] *La **nuit** du 10-Août fut très belle* » (G,61)

« *Le 16 du mois d'octobre 1793, à midi, à l'heure précise où **la tête de la reine tombait*** [...] // ***La mort** a une couleur de salissure* » (G,57)

Il n'y a donc guère que l'emploi des imparfaits et passés simples tranchant sur le présent du contexte, qui révèle la « non-grammaticalité »[1] des citations. Avec Michelet, nous atteignons, un stade ultime de la greffe, puisque les sutures entre le corps étranger et le tissu autographe, disparaissent littéralement. Et pourtant Simon a peu modifié le texte initial. Dans le premier extrait, il a supprimé les signes de ponctuation, une majuscule et a préféré 1793 à 93 ; dans le deuxième, il a éliminé cinq phrases, une virgule et choisi « éclairée par la lune » plutôt que « de la lune ». Il semble ainsi que le texte de Michelet se moule par essence dans celui de Simon. Outre l'intérêt commun pour la Révolution française dans laquelle Simon a choisi la date symbolique du 10 août – chute de la monarchie et arrestation du roi – Simon se retrouve peut-être aussi dans la méthode historique de Michelet, parfois plus poétique qu'érudite et rationnelle, dans sa curiosité majeure pour les documents originaux sur lesquels il était chargé de veiller aux Archives Nationales et dans l'attention qu'il portait à la vie quotidienne et aux sentiments des hommes du passé, dans cette

---

[1] Cette trace de l'intertexte prend toujours la forme d'une aberration à un ou plusieurs niveaux de l'acte de communication : elle peut être lexicale, syntaxique, sémantique, mais toujours elle est sentie comme la déformation d'une norme ou une incompatibilité par rapport au contexte. Donc une non-grammaticalité, au sens large du terme. » M. Riffaterre, « La trace de l'intertexte », *La Pensée*, 215, 1980, pp. 5/6.

Histoire des mentalités naissante où Simon tente lui aussi de retrouver les motivations de son ancêtre.

Si l'insertion des fragments de Michelet dans *Les Géorgiques* est le parangon de la citation occultée, la répétition du texte de Lytton Strachey (G,308/309), *Victoriens éminents*[1], dans sa version française, s'offre à livre ouvert. L'auteur y est explicitement cité trois fois, et la narration simonienne se présente avec insistance comme le relais de sa parole : « dit Strachey », « continue Strachey ». Toutefois le narrateur hésite entre le discours direct avec guillemets que supposent ces verbes introducteurs, et la paraphrase qui caractérise majoritairement ce passage, à une exception près : l'expression de Strachey, « doués d'une capacité infinie à faire des discours » (G,308) est présentée entre guillemets. Comparant précisément le texte de Strachey et celui de Simon, Jo van Apeldoorn et Cora Reitsma-La Brujeere[2] repèrent de nombreux passages de l'auteur anglais qui sont littéralement et fidèlement repris par Simon sans démarquage, les guillemets dans l'expression qui précède sont donc moins la trace d'une citation que l'indice d'une mise en valeur : l'énoncé sera de fait repris pour caractériser O.. La référence à Strachey se situe en effet dans le chapitre qui concerne la participation et la désillusion idéologique de O. pendant la guerre civile espagnole (G,chap. 4). L'insertion de l'intertexte est abrupte car elle intervient après un blanc et des astérisques, et semble totalement changer de sujet : des combats révolutionnaires à Barcelone en Juin 1937, le texte passe au portrait de quelques grands hommes d'église pendant l'époque victorienne en Angleterre, pour plonger ensuite sur le front d'Aragon avec O.. Manifestement Simon cherche avec ce processus de citation une rupture qui interroge, qui donne un sens spéculaire à l'aventure de O. et plus largement à celle du narrateur. O. est anglais comme les personnages décrits par Strachey et comme eux, issu des classes les plus distinguées de la société anglaise. Mais leur histoire à tous est celle d'une désertion et d'une désillusion. Strachey raconte que Manning, séduit par un théologien du nom de Newmann, dont tel un Moïse, ses disciples attendaient qu'il « frappât le rocher de sa baguette » et fît jaillir à la lumière « les eaux de la véritable foi » (G,309), trahit sa confession anglicane, tandis que deux de ses compagnons la perdent, « avec cependant cette différence que pour l'un l'événement se trouva ressembler plutôt à la perte d'une lourde valise dont on découvre ensuite qu'elle n'était pleine que de plâtras et de vieux chiffons, tandis que l'autre en resta si mal à l'aise qu'il continua à la chercher partout jusqu'à la fin de ses jours. » (G,308). O. trahit sa classe sociale pour la religion marxiste, consignée dans « l'autre Bible dont, à son tour, son adolescence avait été nourrie, œuvre d'un autre Moïse, tout aussi barbu » (G,283). Déçu par son expérience révolutionnaire, O. se retrouve aussi devant une valise de documents, « cette valise dont la poignée lui était restée dans la main, ses serrures de camelote arrachées, ses flancs béants, ses dérisoires intestins de débris et de vieux journaux au papier maintenant jauni, qu'il s'escrimait encore à ramasser, ranger dans leur cercueil de simili-cuir » (G,361), tombeau de ses illusions. Dénonciation métaphorique de l'idéalisme et du dogmatisme contenus dans les valises philosophiques, les textes de Strachey et de Simon convergent. Déroutante au premier abord, la répétition du

---

[1] Lytton Strachey, *Victoriens éminents*, Paris, Gallimard, 1933.
[2] J. van Apeldoorn, *Pratiques de la description*, Amsterdam, Rodopi, 1982, pp. 124/125. C. Reitsma-La Brujeere, *Passé et présent dans* Les Géorgiques *de Claude Simon*, Amsterdam, Rodopi, 1992, pp. 79/83 et notamment pp. 21/22,80.

premier dans le second se révèle finalement exemplaire car elle constitue une mise en abyme historique et littéraire du destin de O..

Les citations institutionnelles témoignent en dépit de l'impression d'hétérogénéité donnée par *Histoire* et *Les Géorgiques,* de la recherche de cohésion profonde qui guide leur choix, leur insertion et leur signalement. Apparemment incongrus, les intertextes sont toujours dans un rapport métaphorique avec la fiction simonienne : repoussoir ou modèle, leur contenu et même leur forme développent les convictions de Simon. Il arrive que ce lien métaphorique se double d'une connivence métonymique qui renforce encore la convergence intertextuelle. A peu près toujours démarquées par des moyens divers, et en dépit de leur littérarité globalement respectée qui pourrait être un frein à leur intégration, les citations s'enchâssent aisément dans le texte simonien grâce aux liens syntaxiques, lexicaux, thématiques, sémantiques qu'elles entretiennent avec le contexte immédiat. Si la citation comme « énoncé répété » est peu ou prou toujours démarquée, l'« énonciation répétante » a quelque chose de conjonctif, de fusionnel.

Poussant à son terme cette digestion des citations, cet effacement de l'intertexte, deux modes dévoyés de la citation émergent dans *Histoire* : la fausse citation et la réécriture. Précédée d'une citation latine d'Apulée et justifiée par la consultation du dictionnaire par le narrateur enfant qui peine sur sa version, s'introduit, dans le roman, une liste de termes latins dont spontanément le lecteur suppose qu'ils sont tirés de *L'Ane d'Or* (H,108/109). Pourtant selon Véronique Gocel[1], ces fragments, en dépit de quelques convergences sémantiques n'appartiennent pas au corpus d'Apulée et ne peuvent même pas pour certains figurer, sous cette forme, dans le dictionnaire (« sicea », « flora »). Il s'agit donc d'une liste créée de toute pièce par Simon, qui prend l'apparence, par sa proximité spatiale et sémantique avec Apulée, d'une citation de l'auteur latin. En fait, cette fausse citation est en correspondance non avec l'intertexte latin mais avec les thématiques dominantes d'*Histoire,* puisqu'elle se partage en une double série : l'amour et la beauté féminine (« cubile », « flora », « formosus », « nympha », « Nausicaa », « nuditas », « recingo », « sicera ») et la violence guerrière (« numides », « Nero », « rostrum »). Par une révolution scripturale assez perverse, le texte simonien ouvert à l'accueil digestif des citations en vient à se produire comme citation. La liste de termes latins n'est jamais présentée comme un extrait d'Apulée, mais elle est supposée l'être. Elle n'est pas, par sa contiguïté avec l'auteur latin, supposée être de Simon et pourtant elle l'est. Le jeu de l'apparence et de la vérité déguise la vraie fausse citation d'Apulée en fausse vraie citation de Simon. Le texte simonien s'exhibe comme la citation d'un autre, l'image spéculaire d'une tautologie.

La réécriture est un autre procédé citationnel perturbé. Le début du chapitre 4 d'*Histoire* (qui concentre décidément les principaux exemples de l'intertextualité littéraire dans ce roman), présente d'obscurs passages (H,100/101)[2] concernant la bataille de Waterloo, qui renvoient à un livre des *Misérables* (partie II, livre 1) de Victor Hugo. Regroupés en trois morceaux auxquels s'ajoute une citation isolée, les fragments intertextuels sont entrelacés de passages relatifs à la banque et la rapidité

---

[1] V. Gocel, *op. cit.*, pp. 177/179.
[2] « plus besoin aujourd'hui de la frégate [...] derniers feux du jour expirant (H,100). « la Haie-Sainte, la Belle Epine » (H,100). « la frégate ou la corvette [...] envahis par la nuit » (H,100/101). « l'armée de Waterloo [...] dernières salves » (H,101/102)

de ses moyens de communication, et à la mort de de Reixach en 1940. Ils sont reliés à leur nouveau contexte par la thématique de la mort au combat et celle du progrès de l'information qui régit aujourd'hui le monde commercial alors qu'au XIX° siècle l'annonce des victoires ou des défaites (en particulier celle de Waterloo) se fait à l'aide de frégates et de coursiers. L'enchâssement est aussi réalisé par la syntaxe qui parfait le processus de collusion : le narrateur, à la banque, décrit le bruit des « téléscripteurs ou quelque chose comme ça, de sorte que plus besoin aujourd'hui de // **la frégate prête à appareiller attendant que le dernier grenadier de la dernière rangée soit tombé** » (H,100). La citation, soulignée en gras, s'insère dans le fil syntaxique de la phrase simonienne. Seuls les temps verbaux, au passé pour les fragments incorporés, signalent grammaticalement l'insertion. Les deux premiers passages et la citation isolée reprennent, sous forme de bribes abouties, des éléments essaimés dans *Les Misérables*, II,1 : les toponymes (Waterloo, Haie-Sainte, Belle Epine pour Belle Alliance), les jeux de couleur (le crépuscule, le rouge de l'habit anglais et du sang) ; ils imitent aussi, dans leur reconstitution, la tonalité stylistique de Hugo qui, à des fins dramatiques, favorise les anaphores (« le dernier grenadier de la dernière rangée soit tombé et qu'ait retenti l'écho du dernier feu de salve » (H,100)), le jeu des négations (« plus besoin aujourd'hui de la frégate » (H,100), « pas de télégraphe alors » (H,101)), l'ellipse générale des verbes et le souffle épique des longues phrases sculptées par la ponctuation. Mais le troisième fragment (H,101/102) cible un passage précis des *Misérables*, dont il propose une réécriture : celui du chemin d'Ohain où commence la perte de la bataille :

« le ravin était là, inattendu, béant, à pic sous les pieds des chevaux, profond de deux toises entre son double talus ; le second rang y poussa le premier, et le troisième y poussa le second ; les chevaux se dressaient, se rejetaient en arrière, tombaient sur la croupe, glissaient les quatre pieds en l'air [...] le ravin inexorable ne pouvait se rendre que comblé, cavaliers et chevaux y roulèrent pêle-mêle se broyant les uns sur les autres, ne faisant qu'une chair dans ce gouffre, et, quand cette fosse fut pleine d'hommes vivants, on marcha dessus et le reste passa. »[1]

Dans sa réécriture, Simon emploie le même lexique (« fosse »/« fossé », « comblé », « marcher dessus », « passer »/« passant dessus »), la même idée de vagues successives sacrifiées (« les premiers entassés dans le fossé les suivants venant à leur tour s'abattre dessus » (H,102)), les mêmes images (« montagnes de chevaux morts, hérissés de pattes raidies » (H,102) / « les chevaux [...] les quatre pieds en l'air »). S'accrochant à quelques syntagmes, quelques visions hugoliennes, la prose simonienne se construit en réinventant le désespoir d'un Waterloo contemporain : celui de mai 40 et celui du pouvoir des banques qui sacrifient les hommes au champ du déshonneur pécuniaire. La réécriture maintient certes avec l'intertexte une relation de référence mais institue parallèlement une distance parodique parfois, car si le chemin creux d'Ohain est pour Hugo, « un ravin », « béant », « à pic », pour Simon, il s'agit « d'un prosaïque fossé d'irrigation » (H,100), tandis que le « dernier cheval avec ses longues dents jaunes ricanant » (H,102), se moque d'un héroïsme inutile. La réécriture marque ici le fossé ironique avec le lyrisme patriotique de Hugo. Elle indique aussi la nécessité d'une prise en charge plus personnelle d'un événement narré dans lequel l'auteur se sent investi : *Histoire* est clairement le récit

---

[1] V. Hugo, *Les Misérables*, partie II, livre 1, chap. 9, Paris, Gallimard, coll. « folio », 1973, pp. 430/434 et notamment p. 433.

d'un Waterloo financier, professionnel, relationnel, idéologique et métaphysique. La citation est un énoncé dont le signifiant et le signifié sont répétés ; la réécriture est un énoncé dont seul le signifié est redit mais dont le signifiant original marque une distance parodique ou affective.

Les formes métatextuelles

De la réécriture du Waterloo des *Misérables* à la réécriture du texte d'Orwell, *Homage to Catalonia*[1], dans *Les Géorgiques*, il y a la distance du commentaire. Car « la métatextualité, est la relation, on dit plus couramment de "commentaire", qui unit un texte à un autre texte dont il parle »[2]. La quatrième partie des *Géorgiques* (à l'exception de la première section consacrée à la description d'une photographie de révolutionnaires dans un train) et ponctuellement quelques passages de la première, se livrent à un commentaire du texte d'Orwell, cherchent à révéler le « double fond » de sa parole dans une attitude à la fois de répétition et d'évaluation. Ni l'auteur, ni le titre de son livre ne sont mentionnés, l'intertexte orwellien est difficilement identifiable. Seules les preuves biographiques convergent pour confondre Orwell et O. : nationalité anglaise, appartenance à une élite sociale, convictions marxistes, journalisme, participation à la guerre d'Espagne, mais O. que l'on retrouve dans *La Bataille de Pharsale* pour désigner d'autres personnages, appartient proprement à l'autotexte simonien et constitue un indice ambigu. C'est donc dans un article du *Monde*, que Claude Simon a éclairci l'origine de sa répétition douteuse[3].

Si l'insertion du texte d'Orwell n'est pas explicite, en revanche sa conservation est littérale, notamment dans les sections deux, trois et quatre de la quatrième partie des *Géorgiques* qui reprennent trois épisodes majeurs de l'expérience de l'Anglais en Espagne ; là le commentaire critique s'exerce obliquement dans les modes de la répétition textuelle pour désavouer les choix idéologiques d'Orwell. La cinquième et dernière section de la partie, parallèlement au récit de quelques épisodes complémentaires concernant l'expérience de O., répète de façon plus lointaine l'intertexte, et développe une fiction historique montrant Orwell, de retour en Angleterre au travail sur son livre ; le narrateur simonien se livre alors à une évaluation méthodique des conditions de production du texte d'Orwell qu'il condamne directement. Le commentaire critique s'exerce donc à deux niveaux et selon deux modes : les options politiques sont implicitement déjugées par une stratégie de la répétition, les options poétiques explicitement condamnées dans une forme proche de ce que le Moyen Age a baptisé « continuation » et qui imagine ici la suite fictive des aventures effectives d'Orwell.

Dans *Hommage à la Catalogne*[4], l'auteur narre chronologiquement ses aventures. Arrivé en décembre 1936 à Barcelone (chap. I), il s'engage volontairement dans les milices trotskistes du P.O.U.M. et est acheminé sur le front d'Aragon où il reste dans le froid et l'inactivité de janvier à mai 37 (chap. I à VII). De retour à Barcelone pour une permission, il assiste alors aux combats de rues qui opposent les

---

[1] G. Orwell, *Homage to Catalonia*, London, Secker and Warburg, 1938. Nous citons la traduction française d'Yvonne Davet, *Hommage à la Catalogne*, Paris, Editions Ivréa, coll. « 10/18 », 1982, réédition de *La Catalogne libre*, Paris, Gallimard, 1955, version consultée par Claude Simon.
[2] G. Genette, *Palimpsestes, op. cit.*, p. 10.
[3] C. Simon/J. Piatier, « Claude Simon ouvre "*Les Géorgiques*" », *Le Monde*, 4 nov. 1981, p. 11.
[4] Nous nous référons à la réédition de 1982. Les citations sont signalées par HC.

factions rivales (chap. VIII à IX). Affligé par le tour que prend la révolution, il repart au front du côté de Huesca, mais grièvement blessé par une balle qui lui traverse le cou, il est hospitalisé (chap. X), puis libéré du service dans une Barcelone tombée aux mains des communistes. Pourchassé comme membre du P.O.U.M., il est contraint de se cacher afin d'échapper aux purges (chap. XI et XII). Il tente néanmoins d'obtenir la libération de son ancien chef de bataillon, Kopp, en vain, et, grâce à la rapidité d'intervention du consul d'Angleterre pour régulariser son passeport, quitte l'Espagne pour Banyuls avant de regagner son pays natal (chap. XII). Le texte simonien reprend très exactement les épisodes narrés par Orwell mais dans un ordre différent qu'il restructure en trois parties : les événements de juin 37 relatifs à l'épuration pendant lesquels O. est contraint de se cacher, la visite à Kopp en prison et les tentatives pour l'en sortir, l'intervention du consul et sa fuite d'Espagne (G,263/280) ; la vie de O. sur le front d'Aragon marquée par une fausse guerre et l'attaque de la redoute fasciste (G,280/293) ; les combats de rue à Barcelone, pendant une permission de O. en mai 37, au cours desquels il se tient en faction dans les locaux du P.O.U.M. (G,293/308). La dernière section du chapitre IV des *Géorgiques*, moins thématique revient pêle-mêle sur certains épisodes ou en explore de nouveaux : l'arrivée de O. à Barcelone, son engagement et son départ pour le front (G,330/341), les difficultés de la vie quotidienne sur le front d'Aragon (G,343/348), les événements de mai 37 (G,353/360), sa blessure (G,361)... Toutes les situations vécues par O. dans *Les Géorgiques* sont donc directement empruntées aux faits narrés par Orwell dans *Hommage à la Catalogne*. La répétition des séquences y est conforme jusque dans les moindres détails comme le titre d'un roman policier (G,284 HC,79) ou l'allusion comique au nom donné à un vieil obus qui fait la navette entre les deux camps sur le front d'Aragon (G,283 HC,67). L'assimilation se produit aussi au niveau des syntagmes que Simon transfère littéralement parfois avec des guillemets qui marquent la citation ou du moins une insistance particulière sur sa reprise : « pantomime avec effusion de sang » (G,284/HC,66), « enchantement » (G,348) / « caractère enchanté » (H,111/112), « D.S.O. » (G,282/HC,80) ; mais le plus souvent les reprises textuelles s'opèrent dans la clandestinité littérale que laissent supposer les multiples « dit-il » (G,332), « raconta-t-il » (G,263,299), « dira-t-il plus tard » (G,316) qui se présentent comme autant de garanties d'une allégeance référentielle.

Pourtant le commentaire critique, malgré la servilité des verbes introducteurs, se glisse précisément dans les failles et dans les modes de la répétition. D'abord en manipulant l'ordre chronologique choisi par Orwell, Simon modifie le sens de son expérience espagnole : commencer dans *les Géorgiques* par la relation de la traque dans Barcelone puis la fuite vers l'Angleterre, alors qu'Orwell finit par ce chapitre malheureux de son aventure, c'est donner de la valeur à l'échec décevant plutôt qu'à l'expérience formatrice. Randi Brox Birn et Valérie Rudig[1], émettent l'hypothèse que Simon aurait ainsi restituer l'ordre affectif dont le narrateur simonien déplore l'absence dans *Hommage à la Catalogne* car O. « va énumérer dans leur ordre chronologique des événements qui se bousculent pêle-mêle dans sa mé-

---

[1] « Selon Simon, ce dont "O" se souviendrait tout d'abord et passionnément après son expérience serait logiquement l'événement le plus récent et le plus choquant – sa fuite, poursuivi par le gouvernement pour lequel il avait risqué sa vie. » R. Brox Birn et V. Rudig, « Deux hommes et un texte : Simon face à Rousseau, Proust et Orwell », *Revue des Sciences Humaines*, 94,1990, p. 74.

moire ou se présentent selon des priorités d'ordre affectif » (G,310/311). Echec idéologique ou reproche poétique, l'atteinte à l'ordre orwellien sonne toujours comme une critique, signale un ratage.

Par ailleurs, si on a précédemment insisté sur les convergences entre le texte simonien et son intertexte, il convient aussi de dévoiler les carences d'une répétition scripturale qui omet des éléments significatifs. Par exemple, le texte d'Orwell est truffé de toponymes (Alcubierre, Monte Oscuro, Huesca ...), de patronymes (Kopp, Benjamin, McNair, Cottmann...), de sigles (P.O.U.M., C.N.T., F.A.I., P.S.U.C....) que le roman simonien a totalement gommés. La situation géographique, humaine et politique, dépourvue des explications objectives auxquelles Orwell a voulu procéder, flotte alors dans une universalité inconsistante ; les actes et les choix de O. apparaissent comme des événements sans cohérence ni sens dans un monde non identifié et sans repère discriminant. Simon opère aussi dans le texte d'Orwell des coupes sombres qui vont dans le sens d'une dévalorisation du héros. Par exemple, sur le front d'Aragon, après l'attaque du parapet fasciste, présentée par Simon comme une épopée burlesque, Orwell avoue un petit acte d'héroïsme : deux hommes ayant disparu, il se propose de partir sous le feu à leur recherche (HC,102/104). L'épisode courageux et flatteur pour l'Anglais n'est pas relaté dans *Les Géorgiques*.

La répétition pêche par omission, mais aussi par addition car elle introduit la critique dans les éléments qu'elle additionne. Simon ajoute peu d'épisodes postiches à la narration d'Orwell[1]. L'ajout simonien consiste surtout en une focalisation digressive qui prenant appui sur un détail chez Orwell devient l'enjeu d'une dramatisation critique. Comparons ainsi le même événement narré dans les deux œuvres. Traqué par les communistes en juin 37, Orwell trouve refuge dans un établissement de bains :

« *Je passai beaucoup de temps ce jour-là et le suivant, à prendre un bain dans l'un des établissements de bains. L'idée m'était venue que c'était là un excellent moyen de passer le temps tout en me tenant hors de vue. Malheureusement quantité de gens eurent la même idée et quelques jours plus tard – j'avais alors déjà quitté Barcelone – la police fit une descente dans l'un de ces bains publics et arrêta un grand nombre de "trotskystes" dans l'habit du père Adam.* » (HC,212/213)

« *il y avait bien aussi les établissements de bains publics, avec leurs suintantes parois de briques émaillées, leurs fades relents de stupre et cette vague, émolliente et libidineuse atmosphère qui imprègne ces sortes de lieux, les corps exténués, flottant laiteux et sans poids dans les transparences couleur d'huître d'où s'élevaient en grises fumerolles rampant et se tordant à la surface de l'eau brûlante d'impalpables et convulsives vapeurs, comme les ectoplasmiques exhalaisons d'innombrables étreintes masculines, d'innombrables orgasmes tarifés d'innombrables gitons : ce fut l'un d'entre eux sans doute (ou peut-être le garçon de bains frustré de ses habituels suppléments) qui alerta ceux qui le traquaient, car bientôt ils (les rats) apprirent qu'ils (leurs poursuivants) commençaient à faire là aussi des descentes, repartant en emmenant l'un ou l'autre des imprudents clients seulement vêtu d'une serviette ou même pas vêtu du tout [...] de sorte encore que, de*

---

[1] Cora Reitsma-La Brujeere signale tout au plus que la blague du « type qui se prend pour un grain de millet » (G,267) ne figure pas dans l'intertexte. C. Reitsma-La Brujeere, *Passé et présent dans Les Géorgiques de Claude Simon*, op. cit., p. 71.

même que les bordels pour la nuit, il leur fallut renoncer à ces endroits » (G,271/272)

On est frappé d'abord par la différence de longueur accordée au même événement. L'information chez Orwell devient une fiction chez Simon. La phrase d'Orwell est courte, occupée exclusivement par une communication purement référentielle, logiquement structurée en trois temps : action, origine de l'action, conclusion de l'action. Le style journalistique est dépourvu de descriptions, fait l'économie d'une rhétorique qui ralentirait le reportage, « étayant son récit de juste ce qu'il faut d'images pour que celui-ci n'ait pas la sècheresse d'un simple compte-rendu » (G,314)) et s'interdit des hypothèses qui entacheraient l'objectivité d'un récit se bornant aux faits, « tout ce qui pourrait ressembler à une interprétation partisane ou tendancieuse des événements » (G,314). La répétition du même passage dans *Les Géorgiques* s'enroule dans une phrase sans fin qui imite les convulsives vapeurs s'échappant du bain, qui tragifie aussi la situation en créant l'attente d'une clausule à la phrase en même temps qu'un dénouement à la traque policière. Les digressions – description et atmosphère des bains, représentation des fumerolles, fantasmes érotiques concernant ces baigneurs interlopes – ralentissent le mouvement conclusif et créent un suspens psychologique propice à une dramatisation. Parallèlement les interprétations auxquelles sont soumis les événements (« sans doute », « ou peut-être », « ou même pas vêtu du tout »), témoignent d'une liberté de penser face aux faits, que ne s'octroie pas Orwell embrigadé dans ses évidences idéologiques : Simon garde une distance avec l'événement, Orwell est englué dans sa contingence. La fréquence des figures de style, dans le discours du narrateur simonien, témoigne enfin d'un investissement dans la circonstance, d'une prise en charge imaginaire et affective des situations dont O. reste irrémédiablement exclu, limité à sa machinerie idéologique. Les écarts entre le style de Simon et celui d'Orwell ne se bornent pas à une transtylisation, naturelle puisqu'elle concerne deux auteurs différents. Tout fonctionne comme si Simon donnait à Orwell, non seulement une leçon d'écriture, par la réduplication révisée de son texte, mais aussi lui expliquait comment être au monde, la leçon de poétique incluant une leçon de vie. La répétition amplificatrice et dramatisante a des fonctions diégétiques et métaphysiques. C'est aussi cette dimension pathétique et péjorative que vise un certain nombre de modifications opérées sur le texte d'Orwell. Par exemple, alors que O. a désespérément cherché, au péril de sa propre vie, à sauver son chef de bataillon, le narrateur conclut, « et naturellement cela ne servit à rien, car après le chef de bataillon fut mis au secret (ou peut-être fusillé le soir même – en tous cas on ne le revit plus jamais) » (G,279). Le texte de Simon laisse entendre que l'intervention de O. a eu au mieux l'évidence d'un acte inutile mais même qu'elle a pu précipiter l'élimination de Kopp. La version primitive de Orwell est tout autre. D'abord Orwell et sa femme rendent visite plusieurs fois à Kopp dans sa prison (HC,217,226), ensuite le chef de bataillon donnera de ses nouvelles, alors que l'Anglais est rentré chez lui (HC,229). Si le résultat final est le même, la probable exécution de Kopp n'est cependant pas chez Orwell la conséquence directe de ses interventions. Par ailleurs la réalité des faits n'a pas la teneur simonienne de cette séparation brutale et définitive conférée par les adverbes hyperboliques – « on ne le revit plus jamais », la nature dramatique d'un rapt imprévisible dont on ne peut faire le deuil. Dans cet exemple précis, l'altération du texte d'Orwell engage un processus tragifiant qui invente la culpabilité de O.. La répétition intertextuelle fait d'Orwell l'éternel coupable de ses actes et de son écriture.

Simon introduit en outre de fréquentes informations et commentaires qui ne figurent pas dans l'intertexte, qu'il tire de son expérience personnelle. Barcelone par exemple, présentée en termes succincts et utilitaires par Orwell donne lieu chez Simon à des développements acides (G,320/323,325,348/350) ; O. est implicitement montré comme un néophyte qui ne connaît pas les dessous, au propre et figuré, de cette ville peinte par Simon comme une « bouffissure » de sexe et de luxe. Simon ajoute au texte d'Orwell des considérations sur l'Espagne et ses habitants (G,319/320,336), des remarques sur le pouvoir politique stalinien qui œuvre en douce à la confiscation du pouvoir (G,272,340/341). Toutes ces intrusions, dans le récit rapporté de O., ces rajouts à la narration d'Orwell, par un narrateur qui semble toujours en savoir plus que son inspirateur, pour avoir lui-même vécu des situations identiques en Espagne et à la guerre, présentent l'intertexte comme l'œuvre d'un naïf aveuglément exalté par une aventure nécessairement vouée à l'échec dans un milieu géographique, humain et politique qu'il ne connaît pas.

Le commentaire critique se fonde enfin sur la tonalité ironique de la répétition scripturale. L'Anglais est par culture lui-même très ironique comme le reconnaît le narrateur : « il sera même porté par une sorte de coquetterie à décrire son comportement dans les moments les plus critiques d'une façon sinon ridicule, du moins quelque peu ironique » (G,314), il dissimule « sous une distanciation teintée d'humour ce qu'il y avait de pathétique dans son aventure » (G,331). L'Anglais a l'humour anglais. Néanmoins Simon se plaît à accentuer le mode ironique du récit initial pour prendre lui-même ses distances avec les valeurs qui y sont exprimées. O. est d'abord présenté par le narrateur simonien comme « l'ange ou l'archange exterminateur », engagé volontaire pour « racheter des siècles de débauche et d'iniquité » (G,283). Voix de la vérité révélée par « un autre Moïse, tout aussi barbu » (G,283), apôtre du Bien absolu, O. est dénoncé pour son idéalisme crédule et son dogmatisme marxiste. Un peu plus loin la métaphore ironique est reprise, lors de l'attaque du parapet fasciste sur le front d'Aragon qui montre O. au combat :

« *puis lui, l'**ange exterminateur**, en train de boiter sur le remblai, poursuivant à coups de baïonnettes une silhouette d'homme à moitié vêtu [...] s'escrimant à enfoncer une lame d'acier entre les omoplates de l'**Iniquité** en fuite (un pauvre diable, selon toute vraisemblance, enrôlé de force), la manquant, trébuchant sous son élan, reprenant sa course, l'**Iniquité** gagnant de vitesse sur lui* » (G,290)

Le même épisode narré par Orwell dans des termes très comparables se conclut sur une note humoristique: « Quand j'y repense, c'est pour moi un souvenir comique, mais j'imagine que pour lui il doit être moins comique. » (HC,93) ; mais le rajout par Simon de « l'ange exterminateur » et de « l'Iniquité » transforme une course grotesque en combat allégorique où s'affrontent les forces du Bien et du Mal, colore l'épisode d'une touche autrement plus mordante. En plus de dénoncer l'idéalisme idéologique, l'ironie simonienne ridiculise toute velléité d'héroïsme.

La réécriture du texte d'Orwell dans *Les Géorgiques*, silencieuse et fidèle, masque un commentaire critique qui transparaît dans les jointures de la répétition. La modification de l'ordre chronologique, les omissions et les coupures, les ajouts digressifs de commentaires et d'interprétations, les transformations insensibles et la tonalité globalement ironique du texte simonien laisse entendre une voix qui condamne et l'innocence idéologique et la pratique scripturale d'Orwell. Le narrateur simonien possède plus de maturité politique, idéologique et esthétique que son modèle, avec lequel il a partagé pourtant les mêmes expériences révolutionnaires, les mêmes préoccupations poétiques. Orwell est finalement le prétexte d'une mise au point personnelle : dans son commentaire critique, Simon réfléchit sur sa propre production qui n'est parfois pas en contradiction avec celle de O. ; sur les conditions d'émergence des souvenirs et des sensations dont la préoccupation est commune aux deux écrivains et qu'exprime Orwell dans des termes que ne renierait pas Simon :

« Tout pour moi est étroitement mêlé à des visions, des odeurs, des sons, que les mots sont impuissants à rendre : l'odeur des tranchées, les levers du jour sur des horizons immenses dans les montagnes, le claquement glacé des balles, le rugissement et la lueur des bombes » (HC,232)

Simon se pose aussi avec Orwell, la question du témoignage historique et de son objectivité, « Je crois que devant un événement comme celui-là, personne n'est, ne peut être, absolument véridique. Il est difficile d'arriver à une certitude à propos de quelque fait que ce soit, à moins d'en avoir été soi-même le témoin oculaire, et, consciemment ou inconsciemment, chacun écrit en partisan. » (HC,233). La vérité est inaccessible, seules restent les convictions que finalement Simon reproche à Orwell non d'avoir eues, comme lui, mais de les avoir gardées en dépit du principe de réalité. Le commentaire critique d'Orwell est à entendre tout compte fait comme une autocritique sur un mode spéculaire, comme l'approfondissement d'un art poétique et d'une négociation idéologique.

Les formes paratextuelles

La paratextualité, comme répétition transtextuelle, prend dans les quatre romans essentiellement deux formes : un titre et des épigraphes.

Sous l'impulsion de Mécène et Auguste, Virgile écrit *Les Géorgiques* pour remettre à l'honneur les travaux des champs chez des Romains qui s'en détournaient. A l'image de la société des abeilles (livre quatrième), le rêve de Virgile est une paix sociale garantie par des petits paysans cultivateurs et soldats, dans l'adoration de leur roi. Pour ramener la plèbe urbaine à la terre, le poème de Virgile présente les vertus rustiques dans un véritable traité d'agriculture, où s'enchaînent les explications sur le labourage, les arbres et la vigne, les troupeaux. En reprenant son titre à Virgile, Claude Simon place le roman de 1981, sous le signe de cet auteur latin. A plusieurs reprises apparaît dans le roman, la référence à Virgile (G,26,64,197), dont Charles dit par ailleurs qu'il fut une des passions de L.S.M.. Cet ancêtre, outre les nombreuses caractéristiques romaines et antiques par lesquelles l'œuvre l'identifie (G,12,49,64,75,196,197,233,244,250,367,381,389,404), est le modèle de ce guerrier paysan vanté par Virgile : général d'artillerie, « au fond comme toute cette petite noblesse et en dépit de ses connaissances en mathématiques, c'était un paysan. » (G,447). Car les travaux de la terre, racontés par L.S.M. dans ses lettres à Batti, se présentent comme « un véritable précis d'agriculture » (G,447) et la notion de cycle qui rythme le jour et la nuit, l'alternance des saisons et du labeur agricole, le flux et le reflux de la guerre, est un thème commun à Simon et à Virgile :

« le cycle toujours recommencé des saisons, des labours, des semailles, des moissons, des vendanges » (G,448/449)

« *Le travail des laboureurs revient toujours en un cercle, et l'année en se déroulant le ramène avec elle sur ses traces.* »[1]

Mais l'œuvre de Virgile est avant tout un poème et se lover sous son aile intertextuelle, c'est aussi induire une prose poétique qui chez Simon, par exemple dans la description bucolique d'un coucher de soleil sur la montagne, a des échos virgiliens :

« *la lumière changeant peu à peu, déclinant, les aboiements affaiblis du chien qui rassemblaient les vaches éparses dans le pré, au flanc du coteau, de l'autre côté du vallon, les lourdes formes claires galopant avec raideur, oscillant d'avant en arrière, harcelées par l'infatigable boule rousse filant rapidement, descendant, remontant, le parfum soudain plus fort des prairies s'élevant avec l'humidité du soir, les premières roulades du merle, en bas, quelque part dans les carolins* » (G,378/379)

« *Puis donne-leur encore de minces filets d'eau et fais-les paître encore au coucher du soleil, quand la fraîcheur du soir tempère l'air, quand la lune verseuse de rosée ranime les clairières, quand le rivage retentit des chants de l'alcyon et les buissons de ceux du chardonneret.* »[2]

En même temps, marquer l'œuvre, dès son titre, de l'empreinte intertextuelle, c'est laisser présager la nature transtextuelle du roman dans son ensemble. Le titre désigne l'œuvre, mais parallèlement contrat de lecture, le titre oriente aussi l'horizon d'attente du lecteur. Avec le titre *Les Géorgiques*, la coprésence du texte de Virgile est si littérale, qu'elle engage le roman dans une poétique de la mimésis littéraire.

Marqué par Virgile, que le lecteur rencontre dès le titre de l'ouvrage qui reconstitue son histoire, L.S.M. l'est aussi par Rousseau – « Avec le "Contrat social" et Virgile il semble que c'est été une de ses passions. » (G,446) – que le lecteur trouve dans l'épigraphe. *Les Géorgiques* opèrent une fictionnalisation de la paratextualité dont les épigraphes constituent après le titre, un second aspect.

Les quatre romans comportent des citations en exergue, au début de l'œuvre pour *Histoire*, *Les Géorgiques* et *L'Acacia*, en tête des trois chapitres dans *La Route des Flandres*. Dans tous les cas, Simon désigne l'auteur de l'épigraphe et dans les deux derniers romans, il précise également le titre de l'œuvre d'où elle est tirée, sans indiquer toutefois la référence précise :

La Route des Flandres :	Léonard de Vinci[3]
	Martin Luther[4]
	Malcoolm de Chazal[5]
Histoire :	Rilke[6]
Les Géorgiques :	J.-J. Rousseau (*Les Confessions*)[7]
L'Acacia :	T.S. Eliot (*Four Quartets*)[8]

---

[1] Virgile, *Les Géorgiques II*, in *les Bucoliques, les Géorgiques*, Paris, Garnier-Flammarion, 1967, p. 127.
[2] Virgile, *Les Géorgiques, III. op. cit.*, p. 145.
[3] Léonard de Vinci, *Les Carnets de Léonard de Vinci*, Paris, Gallimard, coll. « TEL », 1987, tome 1, p. 68.
[4] M. Luther, *Propos de table*, chap. XXXIII, Paris, Aubier, 1992, p. 287.
[5] M. de Chazal, *Sens plastique*, Paris, Gallimard, coll. « L'imaginaire », 1985, p. 137.
[6] Rilke, *Les élégies de Duino*, VIII, Paris, Aubier, coll. Bilingue, 1943, p. 89.
[7] J.-J. Rousseau, *Les Confessions*, livre IX, Paris, Gallimard, coll. « Folio », 1973, p. 495.
[8] T. S. Eliot, « Burnt Norton I », vers 1-3, *Four Quartets* in *Poésie*, édition bilingue, Paris, Seuil, coll. « Le Don des langues », 1969, p. 156.

Cette pratique des épigraphes, relativement unifiée, connaît néanmoins deux variations mineures, en plus du degré de précision de leur origine : dans *La Route des Flandres* et *Histoire*, les épigraphes sont en italiques qui entérinent ainsi leur statut de citation, tandis que dans les deux derniers romans, les caractères romains leur confèrent le même statut que le texte. Par ailleurs si dans *La Route des Flandres* et *Histoire*, Simon a choisi une traduction française pour les auteurs étrangers, *L'Acacia* présente la version anglaise. Comme pour la pratique des citations internes à l'œuvre, la répétition est respectueuse du texte original malgré quelques transformations de détail : dans la citation de Martin Luther[1], Simon a modifié deux expressions, la reprise de Rilke ne suit pas la disposition originelle[2] et la phrase de Rousseau, en exergue dans *Les Géorgiques*, a été tronquée. Répétition plutôt fidèle donc, dont il convient de mesurer la référentialité avec l'œuvre. Qu'est ce qui se répète de la parole de l'autre littéraire par le truchement de l'épigraphe ? Aux quatre fonctions assignées par Genette[3] aux épigraphes, il semble que nos romans en remplissent deux. D'abord l'exergue chez Simon a une valeur programmatique, c'est un « commentaire du texte dont elle précise ou souligne indirectement la signification. »[4]. La citation de Léonard de Vinci, « Je croyais apprendre à vivre, j'apprenais à mourir. », pose ainsi la lecture de *La Route des Flandres* entre l'illusion de la croyance et la certitude de la réalité, entre la vie et la mort, double paradigme qui construit le roman, dont la question de l'autobiographie est également posée dès l'épigraphe avec l'exhibition du « je », que le narrateur simonien a tant de doutes à imposer. Martin Luther et Malcoolm de Chazal laissent émerger la thématique de la sexualité, si fondamentale dans *La Route des Flandres* ; mais si le premier l'évoque en termes de reproduction avec un retour élémentaire au « limon », qui annonce les images de boue ensevelissant le roman, le second la replace dans un contexte érotique, où se lit la relation entre Géorges et Corinne, dans une « étreinte » qui seule peut « assassiner » le temps et son « incohérent, nonchalant, impersonnel et destructeur travail » (RF,289), terme ultime de la route de la connaissance. L'épigraphe d'*Histoire* raconte la lutte sisyphéenne de l'ordre contre le désordre, qui est aussi celle du narrateur et l'indécision du « cela » (« Uns überfüllts », « Es »), dans le texte de Rilke, permet de situer le combat tant au niveau de la mémoire, qu'à celui des émotions ou de l'identité. Avec l'éclatement du sujet qui « tombe en morceaux », s'annonce aussi la fragmentation structurelle et formelle d'un roman « submergé ». La citation de Rousseau dégage les grandes thématiques des *Géorgiques* : la nature (« les climats, les saisons », « les éléments »), le matérialisme sensoriel (« les sons, les couleurs, l'obscurité, la lumière », « le bruit, le silence, le mouvement, le repos ») ; et restituée dans son contexte initial, où Rousseau entendait montrer l'extrême labilité des hommes au cours de leur vie :

« *L'on a remarqué que la plupart des hommes sont, dans le cours de leur vie, souvent dissemblables à eux-mêmes, et semblent se transformer en des hommes tout différents.* »[5],

---

[1] « les êtres mâles et femelles »/« des êtres mâles et femelles » (RF,95), « L'homme voilà qu'il donne la femme »/« L'homme, voilà qu'il lui donne la femme » (RF,95).
[2] « Uns überfüllts. Wir ordnens. Es zerfällt.
 Wir ordnens wieder und zerfallen selbst. »
[3] G. Genette, *Seuils*, Paris, Seuil, coll. « Points Essais », 1987, pp. 147/163.
[4] *Ibid.*, p. 160.
[5] J.-J. Rousseau, *Les Confessions*, Paris, Gallimard, « folio classique », 1973, p. 495.

l'épigraphe, qui propose un certain nombre de causes à ces variations, laisse augurer de la polysémie de ce « il », héros du roman et annonce la part de retournements idéologiques qui marquent les personnages. Parallèlement, comme l'a souligné Michel Bertrand, la construction de la phrase en exergue, « reflète l'organisation de l'œuvre, se développant selon des tempi différents, procédant par brusques contrastes, associations antithétiques, réunions de contraires, et mêlant les diverses composantes du cosmos. Enumérations, assonances (sur le type « saisons »/« sons »), paronomases (sur le modèle « éléments »/« aliments »), autant de procédés employés par l'auteur des *Confessions* auxquels recourt fréquemment Claude Simon dans *Les Géorgiques*. »[1]. Préfiguration thématique, l'épigraphe est aussi une matrice stylistique. De même dans *L'Acacia*, la complexité logique des vers de T. S. Eliot, accentuée par sa présentation en langue étrangère, reproduit au cœur du signifiant, le signifié de l'impossible et simpliste linéarité du temps. L'alternance entre la geste du père et celle du fils, le passé et son futur, se joue dans le même fragment temporel de la répétition, l'organisation binaire de la citation (« Time présent and time past ») renvoyant à la structure alternative du roman. Cette première fonction de l'épigraphe consiste à répéter la parole littéraire comme une herméneutique des thèmes et une prémonition des structures formelles.

Selon Genette, la citation en exergue ne vaut parfois pas pour elle-même mais « pour l'identité de son auteur, et l'effet de caution indirecte que sa présence détermine à l'orée d'un texte. »[2]. Par exemple placer sous le patronage de Léonard de Vinci, *La Route des Flandres*, où la référence picturale est si fondamentale, et dans la fiction, et pour la composition du roman, et comme modèle de l'écriture[3], prend le sens d'une dédicace au grand peintre de la Renaissance. Choisir un fragment des *Confessions* pour ouvrir *Les Géorgiques*[4], indépendamment du contenu de l'épigraphe, c'est placer le roman sous le signe d'une époque, d'une idéologie et d'un genre littéraire. C'est l'esprit des Lumières qui anime L.S.M. et l'idéalisme humaniste de l'Encyclopédie qui fonde l'aspiration sociale depuis le XVIII° siècle jusqu'aux mouvements révolutionnaires contemporains évoqués par *Les Géorgiques*. Aussi Rousseau, auteur du *Contrat Social* et des *Confessions*, patronne-t-il la double entreprise de Simon dans ce roman, dire l'Histoire à travers un récit autobiographique et généalogique. L'épigraphe simonienne est l'annonciation d'une parole à venir, la révélation thématique, diégétique, énonciative, formelle et générique du roman qui se construit dans sa lumière ; elle est aussi, de la même façon que le titre, la reconnaissance d'une affiliation aux grands noms de la littérature cités par Simon, l'indice d'une hypertextualité.

---

[1] M. Bertrand, *Langue romanesque et parole scripturale*, Paris, P.U.F., 1987, p. 135.
[2] G. Genette, *Seuils, op. cit.*, p. 161.
[3] Voir B. Ferrato-Combe, *Ecrire en peintre. Claude Simon et la peinture*, Grenoble, ELLUG, 1998.
[4] « Rousseau s'imposait au seuil d'un roman que traverse un homme du dix-huitième siècle. Tous étaient nourris de lui. J'ai encore dans ma bibliothèque ses œuvres annotées par L.S.M.. En outre, Les Confessions sont pour moi, avec Les Mémoires d'outre-tombe et la Recherche du temps perdu, l'un des sommets de la littérature française. » C. Simon/J. Piatier, « Claude Simon ouvre "Les Géorgiques" », *Le Monde*, 4 sept. 1981, p. 13.

Les formes hypertextuelles

Genette définit l'hypertextualité comme une « relation unissant un texte B (que j'appellerai hypertexte) à un texte antérieur A (que j'appellerai, bien sûr, hypotexte) sur lequel il se greffe d'une manière qui n'est pas celle du commentaire. »[1]. B ne parle nullement de A, mais ne pourrait exister tel quel sans A. Pourtant malgré ce silence, l'hypertextualité relève d'une pragmatique consciente et organisée, car « la dérivation de l'hypotexte à l'hypertexte est à la fois massive (toute une œuvre B dérivant de toute œuvre A) et déclarée, d'une manière plus ou moins officielle. »[2]. Si la relation hypertextuelle est moins consistante chez Simon, que ne l'annonce la perspective théorique de Genette, elle est toutefois clairement suggérée par la paratextualité ou les entretiens de l'auteur.

Le titre, *Les Géorgiques*, est l'indice contractuel d'une relation de dérivation entre l'œuvre de Virgile et celle de Simon. Mary Orr, après avoir souligné les points de convergence entre les deux textes, préfère lire dans *Les Géorgiques* contemporaines la parodie de l'œuvre latine[3]. Selon Mary Orr, les thèmes virgiliens sont conservés chez Simon mais retournés dans une composante parodique et humoristique. Par exemple, si chez Virgile, l'hiver est une période de repos et de convivialité festive, chez Simon, l'hiver est présenté comme un moment de souffrance où le soldat affronte la brutalité de la nature ; si chez Virgile, l'Italie est montrée comme une terre fertile et tempérée, l'Italie dans la bouche de L.S.M. apparaît comme un sinistre pays morose ; et Mary Orr poursuit sa comparaison entre les deux textes, sur le thème des animaux, de la famille, de la guerre, de la société idéale, du traitement du mythe d'Orphée montrant à chaque fois comment tout en s'en recommandant, Simon inverse la perspective de Virgile et en dénonce la nature utopique.

Si le passage de Virgile à Simon est bien une translation au sens français et anglais du terme, on peut s'interroger sur la volonté péjorative de la transformation. Car Simon reprend à son compte, sans ironie, certaines composantes du texte virgilien : l'idée du cycle des temps et des guerres, la thématique de la terre associée à celle de la guerre, l'inspiration mythique qui alimente la narration, la prose poétique, jusqu'à la présence de l'arbre qui du hêtre à l'acacia protège le poète[4]. On peut alors aussi lire *Les Géorgiques* de Simon comme une transformation sérieuse du texte latin, qui en conserve certains aspects formels, qui en reprend les principales thématiques, qui en garantit le statut axiologique et sémantique, mais qui, poussée par les contingences de l'époque contemporaine et les problématiques de leur auteur y opère des modifications. La transvocalisation et la transmodalisation font passer, de Virgile à Simon, d'un texte didactique à la première personne à une œuvre narrative à la troisième. Le roman de Simon apparaît alors comme une mise en narration, des préceptes théoriques de Virgile. La plupart des histoires racontées par Simon, bourgeonnent à l'état descriptif chez Virgile : le précis d'agriculture s'anime à travers la vie et les lettres de L.S.M., la soumission des hommes aux grands rythmes cycliques

---

[1] G. Genette, *Palimpsestes, op. cit.*, pp. 11/12.
[2] *Ibid.*, p. 16.
[3] M. Orr, *Claude Simon, the intertextual dimension*, Glasgow, University of Glasgow, 1993, pp 27/33 et notamment. p. 27.
[4] « En ce temps-là, la douce Parthénope me nourrissait, moi, Virgile, florissant aux soins d'un obscur loisir, moi qui ai dit par jeu les chansons des bergers, et qui, audacieux comme la jeunesse, t'ai chanté, ô Tityre, sous le dôme d'un vaste hêtre. » Virgile *Les Géorgiques, IV, op. cit*, p. 172.

du cosmos s'incarne dans le destin croisé de L.S.M., O. et du narrateur, la présentation pédagogique de la société des abeilles se fictionnalise dans le rêve d'une société idéale en laquelle croient les trois personnages, l'allégorie des frères qui s'opposent[1] prend corps dans la lutte entre Jean-Marie et Jean-Pierre. Néanmoins Simon inflige au texte de Virgile des extensions, car certaines séquences de son roman sont totalement étrangères au modèle virgilien : les relations amoureuses, par exemple largement développées à propos de L.S.M., l'interrogation des archives généalogiques, le deuil parental, les questions de politique moderne qui mettent en doute les idéalismes révolutionnaires... Héritier de Voltaire et de Freud, Simon a ajouté à son modèle antique, la dimension de l'Histoire et celle du moi. Car la distance temporelle entre les deux hommes implique nécessairement une transformation diégétique de l'hypotexte c'est-à-dire un déplacement du contexte historique du premier siècle avant Jésus-Christ à l'époque contemporaine, auquel s'ajoute une modification partielle du cadre géographique, puisque seule une partie de l'action se déroule en Italie. Cette transdiégétisation, ne peut évidemment aller sans une modification du cours même des actions, et de son support instrumental : la charrue vénérée par Virgile, « La charrue ne reçoit plus l'honneur dont elle est digne »[2], devient chez Simon, signe des temps, « l'espèce de crustacé métallique, infirme et boueux » (G,154), un tracteur. *Les Géorgiques* de Simon se placent donc vis à vis de leur illustre antécédent dans une problématique complémentaire de la perpétuation (Virgile ne transmet-il pas héréditairement son nom à un personnage simonien *Géorgiques*/Georges ?) et de la transposition, moins contestataire et parodique que reprise adaptée à d'autres temps et d'autres problématiques, répétition solidaire et actualisée. Le contrat hypertextuel, qu'établit le titre entre les deux œuvres, est donc assorti d'une clause libératoire.

Le rapport hypertextuel aux *Confessions* de Rousseau, dont la déclaration officielle est formulée par l'épigraphe des *Géorgiques*, les multiples références dans les textes et les entretiens de Simon, est plus extensif car il concerne l'ensemble des quatre romans et plus transcendant car il engage le statut générique des œuvres. Le lien avec Rousseau est à la limite de l'hypertextualité et de l'architextualité qui définit pour Genette la relation qu'un texte entretient avec la catégorie générique à laquelle il appartient. Chaque œuvre étudiée est présentée comme un « roman », indice paratextuel qui figure sur la couverture. Pourtant, on l'a déjà dit, leur inspiration nettement autobiographique et leur réalisation finale sur le mode autofictionnel, interrogent le genre autobiographique dont Rousseau a été un des fondateurs modernes[3]. Le préambule des *Confessions* formule le contrat autobiographique et exprime le dessein de Rousseau qui cherche à faire toute la lumière sur lui-même afin de se réhabiliter auprès de ses détracteurs (réels ou fantasmés). L'entreprise qui vise moins à se connaître, qu'à se donner à connaître et à voir, s'inscrit dans une problé-

---

[1] Cf. Virgile, *Les Géorgiques, II,496* : « la discorde poussant des frères sans foi », *op. cit.*, p. 130.
[2] Virgile, *Les Géorgiques, I*, op. cit., p. 112.
[3] « Voici le seul portrait d'homme, peint exactement d'après nature et dans toute sa vérité, qui existe et qui probablement existera jamais. Qui que vous soyez, que ma destinée ou ma confiance ont fait l'arbitre du sort de ce cahier, je vous conjure par mes malheurs, par vos entrailles, et au nom de toute l'espèce humaine, de ne pas anéantir un ouvrage unique et utile, lequel peut servir de comparaison pour l'étude des hommes, qui certainement est encore à commencer, et de ne pas ôter à l'honneur de ma mémoire le seul monument sûr de mon caractère qui n'ait pas été défiguré par mes ennemis. » J.-J., Rousseau, *Les Confessions*, préambule de la première partie, *op. cit.*, p. 31.

matique pathologique de la culpabilité. Collation d'aventures distinctes, *Les Confessions* tentent la reconstitution d'une vie dans la quête d'une identité et d'une reconnaissance.

Si Simon ironise, surtout dans *La Route des Flandres*, sur la philosophie de Rousseau et ses convictions idéologiques, « prose larmoyante, idyllique et fumeuse » (RF,77), en revanche ses œuvres sont la transposition sérieuse du modèle autobiographique et en proposent une version post-freudienne. La transvocalisation (Passage du « je » au « il ») opérée sur l'hypotexte par les œuvres de Simon, manifeste la prise de conscience de l'effritement du moi, de son impossible cohésion autour du cogito cartésien, « je est d'autres ». La modalisation qui substitue la distance de la fiction simonienne à l'adhésion autobiographique des *Confessions*, remet en cause la vérité sur le moi, à laquelle Rousseau prétend parvenir dans le récit de sa vie et l'aveu de ses fautes. Chez Simon, la narration biographique construit la fiction d'un moi falsifié par les perceptions, la mémoire, la diversité des points de vue en fonction des temps, des lieux et des relations. Enfin le texte simonien obéit à une autre motivation que celle du modèle « exhibitionniste et pleurard » (RF,77) des *Confessions*, orchestré par une ambition volontariste et apologétique, à destination d'un lecteur qui doit rendre un arbitrage contre les ennemis ; car dans un même contexte de culpabilité, dont nous avons souligné la persécution chez le narrateur simonien, la motivation psychologique de Simon, beaucoup plus autarcique, est un laisser-parler en soi le souvenir de la vie, pour tenter de s'y trouver. Le lien architextuel et hypertextuel avec le modèle canonique de l'autobiographie, que constituent *Les Confessions* de Rousseau, s'élargit à d'autres textes, qui sans être de véritables autobiographies en constituent néanmoins les prémisses ou les à-côtés. Au sens strict les *Essais* ne sont pas une autobiographie puisque Montaigne ne donna jamais à son texte la forme d'un récit chronologique. C'est même le contraire d'un récit clos. Il s'agit en fait d'un autoportrait extrêmement fouillé portant une attention particulière aux circonstances de la vie privée[1]. Les *Essais*, reprennent la tradition antique de l'exercice de soi, ils se conçoivent donc dans la sphère intime, et ne répondent pas au besoin d'être disculpé ou au désir d'être loué (« ny de ma gloire »). En même temps qu'il partage avec Montaigne cette humilité dans la peinture de soi, « je suis moy-mesme la matière de mon livre : ce n'est pas raison que tu employes ton loisir en un subject si frivole et si vain »[2], Simon lui reprend ses interrogations permanentes sur sa propre existence en transformant à peine les questions que l'auteur de la Renaissance se pose (« Que savoir ? », « Comment savoir ? ») : « le "Que sais-je ?" de Montaigne [...] Il me semble que c'est là [...] la démarche créatrice de l'esprit même »[3]. Proches des *Essais* par leur dialogisme intertextuel, les œuvres de Simon se greffent aussi à cet hypotexte qui initie la tradition du doute dans l'exploration indécise du moi. En complément des visées intimistes de Montaigne, les *Mémoires d'outre-tombe*, que Simon présente comme « l'un des sommets de la littérature française »[4], ouvrent une autre voie au modèle autobiographique qui inspire aussi Simon. Chateaubriand écrit ses mémoires à la croisée d'une Histoire de France et de son histoire personnelle. La conjugaison des termes Histoire/histoire

---

[1] Montaigne, *Les Essais I*, préambule, Paris, Garnier-Flammarion, 1969, p. 35.
[2] *Ibid.*
[3] C. Simon/H. Juin, « Les secrets d'un romancier, Claude Simon s'explique », *Les Lettres Françaises*, 844, 6-12 oct. 1960, p. 5.
[4] C. Simon/J. Piatier, art. cit., *Le Monde*, 4 sept. 1981, p. 13.

n'est, bien entendu, pas indifférente concernant Simon, qui comme Chateaubriand, assume le rôle de biographe de lui-même et de témoin de son temps. Certes Simon n'a pas joué dans son siècle un rôle aussi important que ce qu'a pu être celui de Chateaubriand à son époque, néanmoins, l'autofiction simonienne ne se conçoit pas sans une confrontation entre le destin individuel de l'auteur et le cadre cataclysmique de l'Histoire de son temps.

Sur le principe de la transformation, la répétition hypertextuelle, toujours informée par les déclarations de l'auteur dans ses romans ou ses entretiens, élabore la pertinence d'un double modèle : avec Virgile, Simon adapte, en le répétant, un paradigme thématique et formel ; avec Rousseau, il réitère partiellement un archétype générique, en le confrontant à d'autres pratiques scripturales. Si la transformation est un détournement de texte, en somme un exercice de traduction par lequel « il s'agit de transcrire un texte de sa lointaine langue d'origine dans une langue plus proche »[1], l'imitation « serait inversement un exercice de thème »[2] :

Claude Simon, dans ses entretiens, souligne le rôle fondamental qu'ont joué sur son écriture, certains écrivains novateurs dont les plus fréquemment cités sont Conrad, Joyce, Dostoïevski, Faulkner et Proust. Si tous ont construit Simon, les œuvres des deux derniers se réfléchissent le plus nettement dans les romans de notre corpus.

L'entrée en littérature de Simon correspond au moment de la découverte de Faulkner en France, dont la traduction française de *Absalon ! Absalon !* date de 1953. Avec Faulkner, et en particulier *Le Bruit et la Fureur*, lui est alors « révélé ce que ce pouvait être qu'écrire »[3]. Et l'accointance est d'ailleurs telle entre Simon et Faulkner que certains critiques n'ont vu dans les premières œuvres de Simon qu'un « pastiche »[4] des œuvres de l'Américain. Pourtant Simon s'explique sur ce mimétisme car quand on lui demande ce qu'il pense des rapprochements souvent opérés entre ses œuvres et celles de Faulkner, il reconnaît le fait hypertextuel comme un facteur constitutif de la littérature :

« *Descendre de Faulkner ? Cela ne me gêne pas. Nous descendons tous de quelqu'un, l'art est une succession ; on met le pied sur la marche établie par quelqu'un d'autre. Faulkner lui-même est inexplicable sans Joyce...* »[5]

La critique[6] a en général identifié *La Route des Flandres* comme un mimotexte de *Absalon ! Absalon !*. Cette relation de répétition s'élargit aux quatre romans et se vérifie également avec *Le Bruit et la Fureur*[7]. D'abord les œuvres de Simon, comme celles de Faulkner, prennent pied dans une histoire familiale pathétique et

---

[1] Genette, *Palimpsestes, op. cit.*, p. 69.
[2] *Ibid.*, p. 88.
[3] « J'étais abonné à une bibliothèque : c'est là que j'ai découvert *Sanctuaire*, qui ne m'a guère plu, et *Le Bruit et la Fureur*, qui m'a vraiment révélé ce que ce pouvait être qu'écrire. » C. Simon/A. Bourin, « Techniciens du roman. Claude Simon », *Les Nouvelles Littéraires*, 29 déc. 1960, p. 4.
[4] « Le malheur c'est que de l'ensemble Claude Simon a fait un pastiche ingénu de Faulkner » R. Kanters, « La difficulté d'être romancier », *La Table ronde*, 81, sept. 1954, p. 121. « Quelle que soit l'opinion qu'on ait du talent de Claude Simon, on éprouve toujours devant ses romans une impression de pastiche. » J. Bloch-Michel, *Le présent de l'indicatif*, Paris, Gallimard, 1963, p. 29.
[5] C. Simon/M. Chapsal, « Claude Simon parle », *L'Express*, 5 avril 1962, p. 32.
[6] En particulier : S. Sykes, *Les romans de Claude Simon, op. cit.*, pp. 83/84. J. de Labriolle, « De Faulkner à Claude Simon », *Revue de Littérature Comparée*, n° 3, juil.-sept. 1979, pp. 358/388. M. Orr, *Claude Simon, the intertextual dimension, op. cit.*, pp. 140/148.
[7] W. Faulkner, *Absalon ! Absalon !*, Paris, Gallimard, coll. « L'imaginaire », 1997. *Le Bruit et la Fureur*, Paris, Gallimard, coll. « folio », 1972.

sentimentale : celle du narrateur simonien avec ses deuils prématurés et ses ancêtres suicidés, fratricides, vaincus et désillusionnés, est le pendant de la conflictuelle lignée des Stutpen aux prises avec le sang mêlé, dans *Absalon ! Absalon !*, et l'incestueuse famille des Compson, qui dans *Le Bruit et la Fureur*, expose l'anormalité de Benjy, le suicide de Quentin, la haine violente de Jason et la sensualité de Caddy ; des histoires de famille donc, que les narrateurs balayent sur plus d'un siècle dans *Absalon ! Absalon !* aussi bien que dans *Les Géorgiques* ou *L'Acacia*. Par ailleurs, la structure temporelle est chez les deux auteurs organisée autour d'analepses et de prolepses, tributaires des aléas affectifs de la mémoire. Les romans de Simon comme ceux de Faulkner sont élaborés sur une reconstruction mnésique où s'enchevêtrent des fragments narratifs éparpillés. A la reconstitution du destin de Stutpen le patriarche dans *Absalon ! Absalon !*, répond chez Simon, la restitution de celui de Reixach, de L.S.M., de de Reixach, du père et dans l'ensemble un retour mnésique par le narrateur sur sa propre vie. La place de la mémoire induit dans les œuvres des deux auteurs une composition apparemment désordonnée, qui nécessite de la part du lecteur un constant effort d'attention, pour faire le départ entre les différentes scènes et les différents personnages et pour resituer temporellement les séquences les unes par rapport aux autres. Chez Faulkner, la pratique de la réminiscence repose sur des correspondances entre les sensations mémorielles, dans laquelle se reconnaît également Simon[1]. Le modèle faulknerien fonctionne chez Simon aussi bien pour l'origine de la recomposition des images mémorielles que pour le cadre où elles prennent place. Les deux romans de Faulkner jouent en effet des associations libres qui caractérisent le monologue intérieur : *Le Bruit et la Fureur* est raconté à travers le langage de l'idiot Benjy, hésitant, imprécis, dicté par ses impressions fugitives, et par les monologues de Quentin et Jason dans la deuxième et la troisième partie du roman ; dans *Absalon ! Absalon !,* les événements narrés par Rosa Coldfield sont filtrés par la conscience de Quentin Compson. De même on peut lire les quatre romans de Simon comme le monologue intérieur d'un narrateur, qui tente de reconstituer son histoire et celle de son origine. Mais l'unité de cette parole singulière, qui exprime ses traumas, n'empêche pas l'irruption du discours de l'autre, mobilisé par la mémoire : celui de Blum, de Charles, de Corinne, de la grand-mère, des cousines... Ce processus de polyphonie vocale trouve peut-être son origine dans la lecture de Faulkner (et plus loin dans celle de Joyce), car Quentin, dans *Absalon Absalon !*, est aussi traversé par les voix de Miss Rosa, et celle des Compson, dont il constitue, pour reprendre une expression judicieuse de de Labriolle, un « écho sonore »[2]. Mais si cette rapide comparaison d'ordre narratologique entre les deux auteurs, qui a mis en évidence la complexité des constructions diégétiques, temporelles et vocales, permet de conclure avec de Labriolle à un plaisir de la composition chez Faulkner comme chez Simon, nous pouvons aussi la suivre lorsqu'elle indique que l'élève dépasse le maître : « sur cette voie, Cl Simon s'avance plus résolument que Faulkner. Rien n'est éclairci à la fin de *La Route des Flandres*,

---

[1] « il m'apparaît tout à fait crédible, parce que dans l'ordre sensible des choses, que [...] le malheureux Benjy de Faulkner hurle de souffrance lorsqu'il entend les joueurs de golf crier le mot caddie, et tout cela parce qu'entre ces choses, ces réminiscences, ces sensations, existe une évidente communauté de qualités, autrement dit une certaine harmonie, qui, dans ces exemples, est le fait d'associations, d'assonances mais peut aussi résulter, comme en peinture ou en musique, de contrastes, d'oppositions ou de dissonances. » *Discours de Stockholm*, p. 22.
[2] J. de Labriolle, « De Faulkner à Simon », art. cit., p. 382.

on y voit même mis en doute le postulat initial sur lequel tout était construit : "Mais l'ai-je vraiment vu ou cru le voir ou tout simplement imaginé après coup ou encore rêvé, peut-être dormais-je, n'avais-je cessé de dormir les yeux grands ouverts... " (R.F. p.314) »[1], tandis que Faulkner procède à une élucidation progressive et efficace. On peut parallèlement relever des thématiques comparables entre Simon et Faulkner, la guerre constitue le décor de toutes les intrigues : guerres napoléoniennes, première et seconde guerre mondiale, guerre civile espagnole chez Simon, guerre de Sécession chez Faulkner. Et malgré la différence de contexte, la catastrophe nationale vient toujours doubler un drame personnel. Dans *Absalon ! Absalon !*, la guerre de Sécession est le théâtre où se joue le conflit entre Henry Stutpen, le fils légitime et Charles Bon, le fils au sang noir et elle a laissé dans *Le Bruit et la Fureur*, un sud décomposé dont les habitants vivent dans la morbidité passionnelle de sa splendeur dégénérée. Chez Simon, la guerre est le lieu résolutoire du drame d'amour pour de Reixach, le lieu révélatoire du plaisir d'aimer pour Georges et en général pour tous les hommes, le cadre d'une blessure narcissique. La guerre stigmatise, dans la dévalorisation de l'héroïsme, l'absurdité de la vie. Chez les deux auteurs, le temps qui répète les mêmes violences (la haine raciale chez les Stutpen, « la fureur » chez les Compson, la guerre chez Simon) conduit fatalement dans un schéma tragique à une destruction finale. L'idiotie du temps et de la vie trouve une compensation dans le mythe de l'éternel féminin, dans le modèle purifiant de la relation charnelle et sensuelle. Corinne, Virginie, la fille de ferme, le modèle, Adélaïde, constituent comme Caddy Compson et les belles créatures noires donc interdites dans le sud américain, les figures d'un fantasme sexuel insistant ou d'une décharge libératoire. La composante incestueuse qui façonne la vie fantasmatique est suggérée chez Simon, par la différence d'âge qui existe entre de Reixach et Corinne, entre Charles et son modèle ou par les soupçons de consommation qui pèsent sur la famille de paysans des Flandres ; dans *Absalon ! Absalon !* Charles Bon et Judith les deux enfants de Thomas Stutpen tombent amoureux l'un de l'autre et Quentin dans *Le Bruit et la Fureur* est attaché à sa sœur Caddy de façon morbide. Mais si ces thèmes assurent une filiation entre Faulkner et Simon, c'est probablement par les aspects formels de leur prose que le relais s'est transmis le plus manifestement entre eux ; et en particulier on y relève un traitement comparable d'une phrase tortueuse qui sinue autour de précisions, de digressions, de rectifications, l'emploi commun des participes présents qui immobilisent le temps, le gommage semblable des référents qui transforme les pronoms personnels en complexe polysémique ou qui abandonne parfois la référence entre parenthèses, l'utilisation identique de niveaux de langue contrastés.

Pour évidentes que soient les analogies narratologiques, thématiques et formelles entre Faulkner et Simon, l'hypertexte simonien ne saurait exister sans un autre modèle, que Faulkner a lui-même imité : « Oui, Faulkner est tout simplement imprégné de Proust. Il le connaît par cœur. »[2]

Proust est métaphoriquement le grand Autre lacanien de Simon. Dans l'ordre symbolique, il est celui auquel renvoie le dire du sujet simonien et à partir duquel le sujet simonien parle. Il représente l'altérité irréductible du semblable, il façonne l'intersubjectivité dans laquelle se joue le désir du sujet qui passe par le

---

[1] Ibid., p. 385.
[2] C. Simon/M. Chapsal, *L'Express*, 5 avril 1962, p. 32.

désir de l'Autre. Pas un entretien ou une conférence de Simon qui ne fasse référence à Proust comme un des « géants »[1] de la littérature, qui « a écrit avec la *Recherche* l'un des quatre ou cinq plus grands textes de toute l'histoire de la littérature... »[2]. L'œuvre de Simon est un hommage rendu au génie de Proust qui, avec quelques élus, a bouleversé la littérature[3], a « ouvert de tout autres voies »[4]. On ne fera ici ni une étude exhaustive, ni novatrice du rapport hypertextuel unissant Simon à Proust, car au fil des années de nombreux travaux ont été menés sur le sujet[5], parce que d'autre part notre perspective est moins centrée sur le repérage spécifique de l'influence proustienne que sur la taxinomie et les opérations de la répétition scripturale.

La relation avec Proust connaît son apothéose avec la *Bataille de Pharsale*, comme le montre l'article de Françoise Rossum-Guyon qui a recensé pas moins d'une trentaine de brefs fragments empruntés à la *Recherche* et dont à sa suite Randi Brox Birn et Valérie Budig ont récapitulé les éléments proustiens. Dans nos œuvres la présence de Proust est plus discrète mais toujours latente comme si avant *La Bataille de Pharsale*, pour *La Route des Flandres* et *Histoire*, la noce était encore en projet et comme si après *La Bataille*, la noce était consommée et présentait dans *Les Géorgiques* et *L'Acacia* la plénitude des vieux couples. Quelques citations émaillent les quatre romans, les « haies d'aubépine » [6] (cf. annexe 7), « l'allée des Acacias »[7] (cf. annexe 7), « Ce pauvre Charles »[8] (H,68,69,351) mais elles restent éparses et ne permettent pas de fonder une véritable intertextualité. La transtextualité est plutôt à rechercher dans le rappel des personnages, la reproduction des scènes, la répétition des thèmes et l'imitation de la composition et du style de l'hypotexte proustien.

Le personnage central de l'œuvre proustienne est Marcel dont le prénom se devine deux fois dans l'inscription effacée d'un tombeau antique d'*Histoire* (H,118,379). Oncle Charles dans le choix même de son prénom, ses occupations et ses goûts artistiques rappelle naturellement Charles Swann qui, par sa passion irraisonnée pour Odette, s'est comme lui « Vulgairement amouraché c'est comme ça qu'on dit d'un modèle qui couchait avec tout le monde » (H,351) ; en outre

---

[1] C. Simon, *Discours de Stockholm*, p. 15. C. Simon, « Le métier de romancier », *Le Monde*, 19 oct. 1985, p. 13.
[2] C. Simon/J.-C. Lebrun, « L'atelier de l'artiste », *Révolution*, 500, 29 sept. 1989, p. 40.
[3] « dans le même espace historique (à peu près une soixantaine d'années) où Marx, Nietzsche, Freud, Einstein bouleversaient le monde par leur pensée, Dostoïevski, Proust, Joyce, Kafka, Cézanne et Van Gogh bouleversaient la littérature et la peinture. », C. Simon, « Tradition et révolution », *La Quinzaine littéraire*, 1-15 mai 1967, p. 12.
[4] *Discours de Stockholm*, p. 15.
[5] F. van Rossum-Guyon, « De Claude Simon à Proust : un exemple d'intertextualité » *Les Lettres nouvelles*, 4, sept.-oct. 1972, pp. 107/137. J.A.E. Loubère, *The Novels of Claude Simon, op. cit.*, p. 166 sq.. R. Brox Birn et V. Budig, « Deux hommes face à un texte : Simon face à Rousseau, Proust et Orwell », art. cit., pp. 66/71. M. Orr, *Claude Simon, the intertextual dimension, op. cit.*, pp. 106/137. P. Schoentjes, *Claude Simon par correspondances, op. cit.*, pp. 129/178. V. Gocel, *Histoire de Claude Simon : écriture et vision du monde, op. cit.*, pp. 185/200.
[6] M. Proust *A la recherche du temps perdu II*, Paris, Gallimard, 1988, coll. « La Pléiade », p. 36. *IV*, p. 335.
[7] *A la recherche du temps perdu I*, Paris, Gallimard, coll. « La Pléiade », 1987, pp. 409/410,419.
[8] La conjonction de l'adjectif « pauvre » et des dénominatifs de Swann est un leitmotiv de la *Recherche* : « Pauvre Charles » dit Odette à propos de Swann, après sa mort ; « le pauvre Swann » s'apitoie la duchesse de Guermantes devant les frasques amoureuses de Charles ; « Votre pauvre père » lache-t-elle avec commisération devant Gilberte. *A la recherche du temps perdu IV*, Paris, Gallimard, coll. « La Pléiade », 1989, pp. 598/599,156,162.

l'identification du narrateur d'*Histoire* à son oncle, répète celle de Marcel à Swann. D'autres personnages se superposent plus modestement : Mary Orr[1] montre, par exemple, comment par sa richesse, ses toilettes et la couleur flamboyante de ses cheveux, Corinne de *La Route des Flandres* peut être assimilée à Gilberte et que la visite de Lambert au narrateur (H,215/223) recouvre celle de Bloch à Marcel[2]. Par ailleurs l'univers domestique du narrateur simonien est dominé comme celui de Marcel par deux figures maternelles, la mère et la grand-mère. Les personnages comparables de Proust à Simon se distribuent aussi dans des scènes qui se recoupent. Ainsi les soirées à l'opéra du jeune narrateur des *Géorgiques* évoquent les scènes proustiennes où apparaît La Berma, les « soirées de musique de chambre », autour de la mère mourante, dans *Histoire*, avec au violon le fils du coiffeur rappellent le médiocre salon de Madame Verdurin et les réunions mondaines que L.S.M. cherchent à fuir, « empli[e]s comme des volières de femmes à demi-nues » (G,246) renvoient aux fêtes du Faubourg Saint-Germain où se dévoilent « des femmes à demi-nues et emplumées. »[3].

Mais c'est surtout par les convergences thématiques que l'on mesure le rapport d'imitation qui unit Simon à Proust. Les deux œuvres mettent l'accent sur « le destructeur travail du temps » et si l'entreprise de Proust est la recherche du temps perdu, de même le narrateur simonien tente de faire resurgir le temps de l'origine généalogique, les limbes de l'enfance et les souvenirs de la guerre. Les romans des deux auteurs n'existent que dans et par la reconstruction du temps passé, du temps perdu, par un mouvement fondamentalement rétroactif, où se cachent les avatars d'une autobiographie fictionnalisée, et soumis aux aléas incertains d'une mémoire trouée. Architectures mnésiques, les romans de Simon s'appuient sur la forme proustienne de la réminiscence, fondée sur les sensations, la mémoire involontaire, la mémoire des muscles « pleins de souvenirs engourdis »[4], sur cet « ordre sensible des choses » qui explique que « Proust soit soudain transporté de la cour de l'hôtel des Guermantes sur le parvis de Saint-Marc à Venise par la sensation de deux pavés sous son pied »[5]. La mémoire, dont Proust et Simon mettent en narration les processus, fragmentaires et non exhaustifs, associatifs et non causalistes, affectifs et non chronologiques, explique la composition comparable de leurs œuvres, lacunaires, intermittentes et combinatoires. Le poids du passé lesté de souvenirs douloureux chez Proust comme chez Simon, associés à la passion amoureuse, à la culpabilité, à l'infidélité, auxquelles souffrances s'ajoutent plus nettement chez Simon le deuil précoce et la guerre, empêche le sujet de s'investir dans le présent et de s'unifier autour d'un moi stable :

« *Pour être exact, je devrais donner un nom différent à chacun des mois qui dans la suite pensa à Albertine ; je devrais plus encore donner un nom différent à chacune des Albertine qui apparaissaient devant moi, jamais la même* »[6]

Personnalité éparse à soi même et pour les autres, le héros simonien rejoint celui de Proust qui s'éparpille selon le regard qui l'observe, selon les états confusionnels de sa présence et selon le temps et le lieu où il se dit, variation qui autorise,

---

[1] M. Orr, *op. cit.*, p. 114/115, p. 119.
[2] *A la recherche du temps perdu I*, pp. 90/93.
[3] *A la recherche du temps perdu IV*, p. 617.
[4] C. Simon/M. Chapsal, *L'Express*, 5 avril 1962, p. 32.
[5] *Discours de Stockholm*, p. 22.
[6] *A la recherche du temps perdu, II*, p. 299.

par exemple, cette distance ironique entre le narrateur vieilli et le jeune homme qu'il fut, chez Simon comme dans la *Recherche*[1]. Pourtant c'est cette même expérience profonde de la souffrance liée à la perte du temps, du moi, des autres qui chez les deux romanciers engage la création artistique : *Histoire* s'ouvre, devant la fenêtre, sur l'écriture de la déchirante perte maternelle, *L'Acacia* se referme, devant la fenêtre, sur la douloureuse disparition du père et sur l'indépassable souffrance de guerre et pour Proust, « L'imagination, la pensée peuvent être des machines admirables en soi, mais elles peuvent être inertes. La souffrance alors les met en marche. »[2] ; la création littéraire est intimement mêlée, dans sa composition même, à l'épanchement des blessures de la vie. La *Recherche* comme les romans simoniens insistent sur les processus auto-référentiels qui mettent à jour cette étiologie de l'écriture et narrent avant toutes choses la naissance d'un écrivain. Dans la bibliothèque des Guermantes le narrateur proustien, entrevoit « l'œuvre d'art que je me sentais prêt déjà, sans m'y être consciemment résolu, à entreprendre »[3], prend conscience de sa vocation d'écrivain ; devant sa feuille blanche le brigadier de *L'Acacia* le devient. Des écrivains novateurs car si Simon a repris à Proust l'utilisation frappante des participes présents, l'emploi en rafale des adjectifs qualificatifs, l'accumulation des « peut-être » et des « comme si » et les longues phrases chargées d'incidentes et de digressions, il a cherché à le dépasser sur la traçabilité de la description et sur l'usage du transport analogique :

« *ce que j'ai tenté, donc, c'est de pousser encore le processus amorcé par Proust, et de faire de la description (autrefois ornement-parasite, même, aux yeux de certains) le moteur, ou si vous préférez le générateur de l'action* »[4]

Avec Proust la fable perd sa valeur démonstrative et devient le prétexte à une accumulation de descriptions, avec Simon la rénovation s'accentue et la description s'anime en narration. Parallèlement la description proustienne se construit sur des associations harmoniques entre les éléments :

« *On peut faire se succéder indéfiniment dans une description les objets qui figuraient dans le lieu décrit, la vérité ne commencera qu'au moment où l'écrivain prendra deux objets différents, posera leur rapport, analogue dans le monde de l'art à celui qu'est le rapport unique de la loi causale dans le monde de la science, et les enfermera dans les anneaux nécessaires d'un beau style. Même, ainsi que la vie, quand en rapprochant une qualité commune à deux sensations, il dégagera leur essence commune en les réunissant l'une à l'autre pour les soustraire aux contingences du temps, dans une métaphore.* »[5]

Ce passage célèbre du *Temps retrouvé*, se lit comme un concentré des conceptions poétiques et métaphysiques de Simon, chez qui la vision du monde s'articule sur un réseau de correspondances cosmiques entre les éléments, « une évidente communauté de qualités, autrement dit une certaine harmonie »[6] et dont l'écriture se bâtit sur un réseau d'associations, d'assonances, de métaphores qui

---

[1] Le narrateur âgé de la *Recherche* considère avec commisération un Marcel, qui, par retenue, laisse supposer à son oncle Adolphe qu'il le condamne comme le font les membres de sa famille (I,79) et regarde avec ironie le jeune garçon qui cherche à s'identifier à Swann (I,406).
[2] M. Proust, *A la recherche du temps perdu IV*, p. 487.
[3] M. Proust, *ibid.* p. 449.
[4] C. Simon/J.-P. Goux et A. Poirson, *La Nouvelle Critique*, 105, juin-juil. 1977, p. 35.
[5] *A la recherche du temps perdu IV*, p. 468.
[6] *Discours de Stockholm*, p. 22.

restitue par l'écriture le rapport souterrain d'analogie entre les choses. Simon reprend fréquemment à Proust, la scène du restaurant au Grand-Hôtel de Balbec :

« *Pour ma part, afin de garder, pour pouvoir aimer Balbec, l'idée que j'étais sur la pointe extrême de la terre, je m'efforçais de regarder plus loin, de ne voir que la mer, d'y chercher les effets décrits par Baudelaire et de ne laisser tomber mes regards sur notre table que les jours où y était servi quelque vaste poisson, monstre marin qui au contraire des couteaux et des fourchettes était contemporain des époques primitives où la vie commençait à affluer dans l'Océan, au temps des Cimmériens, et duquel le corps aux innombrables vertèbres, aux nerfs bleus et roses, avait été construit par la nature, mais selon un plan architectural, comme une polychrome cathédrale de la mer.* »[1]

Comme Proust, Simon se réclame de Baudelaire et la représentation du poisson dans l'assiette constitue pour lui un modèle de cette écriture proustienne capable de susciter tout un ensemble de résonances et d'harmoniques :

« *Or qu'est-ce qui se passe ? C'est qu'en (ou plutôt par) une phrase de dix lignes, ce poisson est littéralement arraché de son contexte dans le monde quotidien (les fourchettes, les couteaux qui sont à côté du plat sur la table – Proust le dit expressément) pour se trouver "contemporain" (autre mot employé par Proust) des époques primitives, des commencements de la vie habitant des "profondeurs marines", et au centre, non d'une table de restaurant, mais un faisceau de concepts : nature, plan, architecture, cathédrale, etc.* »[2]

Constitué comme celui de Proust sur le transport analogique le style de Simon engage comme chez son prédécesseur une vision du monde, « le style pour l'écrivain aussi bien que la couleur pour le peintre est une question non de technique mais de vision. »[3].

La répétition transtextuelle est ainsi très foisonnante dans les romans simoniens comme le soulignent la fréquence et la diversité de ses référents littéraires et elle se réalise à des degrés divers de la mimésis, depuis l'allusion ponctuelle et cryptée à Dante jusqu'à la densité quantitative et qualitative de l'influence proustienne. Mais comment comprendre cette pratique de la répétition scripturale, qui risque de masquer la parole propre de Simon ?

Entre père et fils littéraires

Toutes sortes d'explications sont envisageables, mouvement naturel d'une littérature qui pour les formalistes russes se construit sur la reprise de formes anciennes déformées et réactivées, dialogisme de Bakhtine qui charge chaque mot d'une parole autre marquée socialement, intertextualité de Barthes et Kristeva qui dissémine dans les textes la « sociabilité », pratique du Nouveau Roman qui renvoie le texte à sa textualité dans l'exhibition des signes de sa littéralité... Les causes poétiques, socialisantes, littéraires sont multiples qui expliquent le processus transtextuel. Pourtant on peut faire l'hypothèse, concernant les quatre romans choisis, que la répétition transtextuelle répond aux mêmes mécanismes et aux mêmes complexes que les obsessions et les réitérations dans le discours du narrateur ou que les actes

---
[1] *A la recherche du temps perdu II*, pp. 54/55.
[2] C. Simon/J.-P. Goux et A. Poirson, « Un homme traversé par le travail », p. 35.
[3] *A la recherche du temps perdu IV*, p. 474.

compulsifs et les répétitions dans l'agir du héros. Sans aller jusqu'à prétendre à une analyse psychanalytique de la pratique transtextuelle, on peut néanmoins lire la transtextualité comme un symptôme doublement asservi à la répétition, dans son retour insistant et dans sa nature même qui consiste à reproduire l'écriture d'autrui. On se souvient, pour l'avoir vu dans la deuxième partie de ce travail, que le discours du narrateur revient sans cesse sur les mêmes scènes, qu'il ressasse dans une langue qui réitère les mêmes signifiants et les mêmes images, et que le héros simonien répète des conduites d'échec qu'il ne maîtrise pas. On avait imputé tous ces symptômes de répétition au traumatisme de guerre, à la recherche d'un père absent, à un narcissisme mal élaboré sur un complexe d'Œdipe mal résolu dans la haine. Or il semble bien que le retour compulsif dans l'écriture simonienne des références de lecture, le symptôme de répétition scripturale, stigmatise les mêmes conflits : la question de la filiation, la place de la pulsion de mort et le statut du sujet.

Le symptôme de répétition est le signe d'un retour du refoulé, qui n'ayant pu être maîtrisé par la symbolisation, revient et reproduit de façon déguisée les éléments d'un conflit passé. La transtextualité est de même une trace qui fait retour, elle est, dans l'écriture, un retour de lecture. Originaire de la bibliographie plutôt que de la biographie, la mimésis littéraire est à la fois une trace mnésique consciente – et l'on mesure l'importance de la mémoire dans le processus transtextuel, mais aussi le résultat d'un frayage qui a impressionné l'appareil psychique et s'y est enkysté. Le retour de lecture est comparable au retour des scènes traumatiques de guerre ou au retour des signes paternels dans le discours du narrateur. Il constitue comme eux un reste indépassable. Car précisément, répéter sans cesse la référence aux pères littéraires, aux modèles antérieurs de la littérature, réactive de façon spéculaire la complexité du rapport au père que posaient le discours du narrateur et son comportement dans la vie fictive.

La transtextualité interroge sur la question de la filiation, tout comme les narrations simoniennes posent le problème de la généalogie. La matrice de cette problématique simonienne est parfaitement éclairée par le lien que trace *La Route des Flandres* entre Rousseau et Pierre. Rousseau est le modèle du père littéraire haï et rejeté pour « son stock de bons sentiments invendus » (RF,257) mais dont on imite désespérément *Les Confessions*, qu'on place en exergue, pour signer la forme architextuelle de l'écriture de soi. Pierre est le père fictivement réel, détesté pour son humanisme désuet mais dont le fils, dans « les minuscules pattes de mouches » de son écriture « était le seul à savoir qu'il fallait lire "Papa" » (RF,204). Or la collusion est très mimétique entre Rousseau, le père littéraire, et Pierre, le père de la fiction, assimilés non seulement métaphoriquement par leur fonction mais aussi métonymiquement par l'usage interdiscursif que le second fait du premier : « Et son père parlant toujours, comme pour lui-même, parlant de ce comment s'appelait-il philosophe qui a dit que l'homme ne connaissait que deux moyens de s'approprier ce qui appartient aux autres, la guerre et le commerce » (RF,33). La référence fréquente à Rousseau, identifié au père dans *La Route des Flandres*, formule clairement la question de la filiation qui se joue dans la transtextualité de l'écriture simonienne. En particulier elle exemplifie le rapport ambivalent qui se tisse entre le modèle et le fils littéraire. Père haï, car rival heureux qui donne la jouissance à la mère, le père, dans le discours du narrateur reste cependant un homme aimé et regretté, d'autant plus que sa mort gèle en culpabilité toute velléité de haine. La transtextualité instaure un rapport comparable au père littéraire : à la fois on le vénère et la référence aux grands textes manifeste la reconnaissance d'une *auctoritas*, on le respecte et la fréquente littéralité des citations manifeste l'intégrité des emprunts, on l'imite, modèle indépassable mais convoité. Mais par ailleurs la pratique transtextuelle perpètre une mise à mort comparable aux multiples récits de la mort du père qui émaillent *L'Acacia*, façon de lever symboliquement l'hypothèque vitale qu'il représente ; la répétition de moments douloureux représente, dans la théorie freudienne, le dépassement du principe de plaisir, la tendance à la décharge absolue qui s'illustre dans la pulsion de mort. Celle-ci œuvre, dans sa réalité transtextuelle chez Simon, à la destruction du modèle. C'est la torture physique infligée par exemple, à l'intertexte emprunté à Reed, César, Apulée ou Hugo, dont on disloque, écartèle, raboute les fragments, tout en en conservant la littéralité ; c'est cette rivalité avec Proust terrassé par l'enrichissement d'une phrase, que Simon tente de saturer encore plus que son modèle, concurrence qui confine à la mise à mort du père littéraire et même à son enterrement, dans *Histoire*, où le narrateur s'attarde sur le « Tombeau de MARCEL » (H,379), après avoir stigmatisé sa vanité et son hermétisme : « et alors quel orgueilleux MARCELL vainqueur ou quoi DIVIN illisible USQUE... » (H,118) ; l'agressivité c'est aussi l'assimilation dans son propre texte, de la parole de l'autre qui est confisquée, détournée, usurpée au point que Simon n'en donne même pas l'origine, comme pour les citations de Michelet ou des références à Hugo. La liquidation s'opère ici par la dévoration d'un texte qui devient la jouissance jubilatoire d'une prise de pouvoir. La répétition scripturale réalise le meurtre de la paternité littéraire.

Pourtant la place du père, bien qu'activement ambivalente, n'est jamais manifeste. Dans les quatre romans, la répétition dans le discours narratif comble le vide d'une absence paternelle par la reconstruction des scènes où intervient le père, par le retour sur les signes de sa présence comme les cartes, les lettres, les photographies, constitue les reliques de l'être perdu. De même la transtextualité dit la quête d'un père littéraire, qu'on cherche à approcher par tous les moyens, dans toutes les formes et tous les lieux d'un attouchement intellectuel : allusions, références, citations, réécritures, commentaires, titres, épigraphes, transformations, imitations. Et une pratique transtextuelle implicite, à l'acte dans les allusions, les citations de Reed ou de Michelet, la réécriture des *Misérables*, ou encore le commentaire critique d'Orwell et la position hypertextuelle vis à vis de Faulkner ou Proust, laisse affleurer un désir d'intégration, un fantasme fusionnel, « une lecture palimpsestueuse »[1], que l'on retrouve au fil du discours narratif de *L'Acacia*, dans la confusion en un « il » des figures du père et du fils, dans l'entrelacement syncrétique des dates, des lieux et événements qui ont marqué leur vie. Au vide creusé par la mort prématurée du père, le narrateur substitue de multiples figures qui dans la fantasmagorie de l'enfant et de l'adulte suppléent l'absence du titulaire : L.S.M., Charles, de Reixach, Pierre remplissent le creux déserté. De même la multiplicité des référents littéraires, dont nous avons signalé la diversité générique et l'éparpillement temporel, reflète l'écran troublé que constitue le fantasme paternel, l'impossibilité d'une figure unique désinvestie de sa réalité.

---

[1] « L'hypertexte nous invite à une lecture relationnelle dont la saveur, perverse autant qu'on voudra, se condense assez bien dans cet adjectif inédit qu'inventa naguère Philippe Lejeune : lecture *palimpsestueuse*. », G. Genette, *Palimpsestes, op. cit.*, p. 452.

Envahie par les modèles fantasmatiques de la paternité littéraire avec laquelle elle se confond, l'écriture simonienne pose le problème de sa propre identité. Y a-t-il une identité de l'écriture pour un sujet dont la narration ne cesse de mettre en évidence la vacuité ? Annulé par les performances sexuelles du père imaginaire, an-onymé par la désaffection du père symbolique, dés-affecté par un conflit oedipien que rend insoluble la culpabilité, le narrateur simonien se présente sur le mode de la perte narcissique, étouffé par la colonisation des fantasmes paternels pathologiques. Quelle est la place de Simon dans l'écriture simonienne, parole ouverte à tous les vents du discours et de l'autorité de l'autre ? La transtextualité représente le sujet scriptural comme un autre, ou plutôt comme un éparpillement de sujets qui confond le « je » en un « il » et questionne sur l'identité narcissique de l'écriture. Malgré l'irrésolution de sa démarche, le processus transtextuel reste néanmoins un procédé cognitif où il s'agit de se définir et de se trouver dans les signes de l'autre. Tout comme la quête généalogique du personnage simonien se révèle finalement, une quête de soi, le défilé des objets transtextuels, le foisonnement de la mimésis littéraire, la confrontation avec les pères littéraires, renvoient à la constitution d'une écriture autonome. Précisément l'entreprise transtextuelle ne se limite pas à une reproduction, elle s'affirme aussi comme une production qui se libère de ses pères littéraires, tout comme la production écrite qui amorce la renaissance finale du narrateur de *L'Acacia*, le déleste enfin du poids douloureux des fantasmes paternels.

L'émancipation du fils : de la reproduction à la production

Laurent Jenny et Mary Orr rappellent la théorie de Harold Bloom[1] qui considère l'évolution littéraire comme une succession de conflits de générations où les fils littéraires rivalisent avec leurs pères afin de s'émanciper de leur influence. C'est bien un conflit de cet ordre, un complexe d'Œdipe littéraire, où se joue l'identité du créateur par rapport à celle de son modèle, que Simon résout, en utilisant à des fins scripturales, la transtextualité. *L'Acacia* constitue à cet égard une mise en abyme de cette émancipation par rapport au père dont le fils a digéré la mort et renouvelé le meurtre dans et par l'écriture finale. L'intertexte emprunté par Simon devient le support d'une production scripturale spécifiquement simonienne qui assimile le référent littéraire en transformant sa forme, le digère en manipulant sa disposition, l'absorbe en extrapolant à partir de sa diégèse, l'annule en délestant sa signification. L'entreprise transtextuelle chez Simon se présente naturellement comme la démonstration d'un acquis culturel qui, face au père, donne droit à la parole, comme l'exhibition d'un discours d'autorité qui pose son homme. Pourtant les phénomènes transtextuels qui nourrissent les romans de Simon ne répondent pas seulement à la revendication d'une reconnaissance :

« *La culture n'est asphyxiante que pour les faibles. Pour les autres, elle est au contraire stimulante. Proust était un homme d'une vaste culture, Picasso aussi, Dubuffet aussi...* »[2]

---

[1] H. Bloom, *The Anxiety of influence*, New York, Oxford University Press, 1973. L. Jenny, « La stratégie de la forme », *Poétique*, 27, 1976, pp. 258/259. M. Orr, *Claude Simon ; the intertextual dimension, op. cit.*, pp. 106/107.
[2] C. Simon/M. Calle, « L'inlassable réa/encrage du vécu », art. cit., p. 17.

L'héritage est avant tout pour Simon un stimulus dont la pseudo-citation d'Apulée (H,108/109) constitue une démonstration hyperbolique et subversive : texte autographe, il se présente pourtant dans le tissu simonien comme une échappée allographe. La production brave la reproduction et signe ainsi l'acte d'émancipation d'un scripteur qui outrepasse son modèle.

Comment l'écriture simonienne s'émancipe-t-elle des grands modèles qui pourtant la constituent ? Comment le principe de reproduction devient-il le prétexte, selon tous les sens du terme, à une production scripturale, dont on peut globalement considérer qu'elle s'étend à trois domaines : la production formelle, fictionnelle et sémantique ?

Les emprunts simoniens sont caractérisés, on l'a dit, par une respectueuse littéralité. Pourtant Simon opère sur les intertextes des manipulations même infimes qui les modifient formellement et occasionnent ainsi une appropriation créatrice par l'auteur. La traduction constitue une première classe de ces transpositions qui permet à Simon une création textuelle étayée sur un discours étranger. L'opération de traduction des textes de César ou d'Apulée, qui s'agence sous nos yeux, substitue des signifiants personnels aux signifiants existants. Par ailleurs la traduction, comme opération et non comme résultat, qui se déroule au présent du texte simonien, dans le mot à mot sur César ou dans la transposition approximative de *L'Ane d'Or*, ce dévoilement du procès insiste sur le travail créateur d'une parole nouvelle qui se déploie dans la répétition des mots d'autrui. A l'inverse, la non traduction, le maintien dans leur langue vernaculaire de certaines citations, par exemple « apotheosis and millenium without end » dans *Histoire*, ou des épigraphes empruntées à Rilke et Eliot, malgré leur conservation littérale, relève aussi d'un processus productif. En effet la décontextualisation linguistique et l'immersion dans le texte simonien, selon le principe du collage, donnent au fragment étranger, une forme rénovée, dépoussiérée par la confrontation avec le système phonétique et syntaxique de la langue française. L'art de la disposition constitue une autre façon de s'approprier l'intertexte. Simon met par exemple bout à bout les citations de César, d'Apulée et de Reed dans le chapitre 4 d'*Histoire*, créant ainsi un texte original, qui ne doit pourtant son existence qu'à la prose des autres. Il rapproche des morceaux séparés dans *Les Misérables* et même suture des fragments de Reed qui appartiennent à des contextes différents. Dans la brisure et l'hétérogénéité du collage, dans la décontextualisation et la confrontation de fragments littéraires se combine l'émergence d'une forme nouvelle et personnelle. L'utilisation productive de la répétition littéraire se réalise également chez Simon par les transformations qu'il fait subir aux intertextes. Dans l'ensemble les modifications sont mineures, mais si minimes soient-elles, elles impriment aux textes de base la patte littéraire de Simon : la ponctuation est supprimée dans la reprise à Reed et Michelet, le vocabulaire hugolien est trivialisé dans le sens d'une déshéroïsation de l'épique, les sigles et la plupart des noms propres sont gommés dans l'emprunt à Reed et Orwell. Le corps étranger est asservi aux contraintes formelles du tissu endogène. Mais la production formelle est avant tout conditionnée par le tri sélectif que Simon opère entre les champs littéraires. On peut par exemple s'étonner du peu d'usage qui est fait par Simon, des textes plus contemporains que ceux de Proust et Faulkner. L'intertextualité simonienne dessine de fait un paysage littéraire très classique pour une forme, qui elle, au contraire, déroute par son innovation et doit sa créativité au parasitage subversif ou hyperbolique du modèle établi plutôt qu'à un rapport dialogique avec la poétique de la modernité. Simon sélectionne également à l'intérieur d'un même référent : chez César, Reed ou Hugo, par exemple, il a retenu les scènes les plus épiques, dans *L'Ane d'or* il a sélectionné les passages les plus érotiques, chez Virgile il a interpellé une œuvre parmi d'autres, de Faulkner et Proust il a imité les caractéristiques formelles les plus congruentes avec ses aspirations poétiques ; en revanche dans l'épigraphe emprunté à Rousseau ou dans le texte d'Orwell, il a opéré des coupes sombres, pour parallèlement greffer des expansions digressives. En somme la productivité formelle repose, chez Simon sur des choix, des oblitérations, des dilatations transtextuels que manipulent les translations, les combinaisons et les transformations.

Le déploiement fictionnel que permet l'utilisation transtextuelle constitue un autre volet de l'émancipation productive générée par la reproduction. Cette production fabulatrice, cette expansion imaginaire, due à l'emprunt transtextuel, repose chez Simon sur deux procédés : l'extrapolation et l'interpolation. L'extrapolation consiste à appliquer une chose connue à un autre domaine pour en déduire des conséquences, des hypothèses. C'est ce connu des textes antérieurs qui nourrit l'imaginaire simonien et alimente ses propres intrigues. Les femmes en noir, errant dans la boue et la tuerie, à la recherche du corps d'un mort, au début de *L'Acacia*, répètent l'entrée du chœur des *Suppliantes* d'Eschyle ou la quête tyrannicide d'Antigone. Quand l'hypotexte est une fiction, la modification du cadre spatiotemporel, actantiel et événementiel permet l'extrapolation fictive et l'appropriation productive. Quand l'hypotexte est un texte didactique, comme *Les Géorgiques* de Virgile, le texte simonien opère, à travers l'histoire de L.S.M., le paysan soldat de l'époque révolutionnaire, une fictionnalisation, des principes théoriques de l'auteur latin. La part personnelle de l'invention simonienne s'y manifeste dans la transformation diégétique et pragmatique, par la transvocalisation et la transmodalisation. L'aventure narrée par Orwell est aussi un texte connu qui sera débordé par l'invention simonienne, non comme dans les exemples précédents par une reproduction décontextualisée ou une mise en application, mais par une réorganisation temporelle qui, en abandonnant la structure chronologique de l'intertexte, recrée une fiction affective et par la continuation qui poursuit l'aventure de O., en imaginant la suite de sa vie à son retour d'Espagne. La production fictionnelle utilise diversement les ressources transtextuelles et l'extrapolation peut se construire sur la transposition contextuelle, sur la mise en narration, sur la restructuration ou sur la continuation. Dans tous les cas, Simon produit en s'appuyant sur l'hypotexte, un travail particulier qui intègre ses propres données. La reproduction libère la production personnelle de Simon, elle est matière à récit. La reconstruction et la poursuite de l'histoire d'Orwell, c'est aussi la fiction de sa guerre de 39 et de sa révolution espagnole ; l'animation de la théorie virgilienne à travers L.S.M., c'est la confrontation d'un idéalisme social avec le réel de la fiction. L'allusion à la tragédie de Sophocle, c'est enfin, dans des circonstances rénovées, la souffrance d'une femme aux prises avec son deuil.

La productivité fictionnelle est aussi générée par le processus d'interpolation par lequel sont intercalées des valeurs étrangères dans une série connue. Parallèlement à l'extrapolation qui produit de la fiction par débordement du modèle, la production fictionnelle s'opère ici dans la rencontre dialogique du texte simonien avec son hypotexte littéraire. La reproduction d'un fragment des *Confessions* dans *Les Géorgiques* mais aussi toutes les références et allusions à Rousseau travaillent le système narratif de l'autofiction ; tout comme les imitations de Faulkner et Proust engendrent des romans simoniens fondés sur les investigations de la mémoire, et les interrogations sur l'identité. La création simonienne trouve son lieu dans sa conjugaison avec des modèles qui favorisent un développement fictionnel personnel. Et avec le chapitre 4 d'*Histoire*, tout se passe comme si la transtextualité elle-même devenait l'authentique objet de la fiction, comme si la production fictionnelle se constituait dans et par l'aboutement de fragments littéraires interpolés, modélisation exacerbée du processus créateur simonien.

La mimésis littéraire embraye une fiction propre à Simon, elle donne à imaginer ; en même temps elle donne à comprendre. Car les processus transtextuels établissent, par la répétition, une relation entre deux systèmes de pensée. Leur confrontation est productrice de sens. Dans les quatre œuvres, l'insertion sur le principe métaphorique, de références ou d'intertextes qui recoupent les thématiques simoniennes, crée une production sémantique convergente. La référence à Molière pour la présentation de Reixach et Virginie comme un Arnolphe et une Agnès, la réécriture du texte de Hugo pour réinventer le Waterloo personnel du narrateur d'*Histoire*, la répétition de Lytton Strachey pour abymer l'analyse du cas O., fournissent ou confirment le sens d'interprétation du texte simonien. La reproduction peut à l'inverse donner lieu à une production antinomique du sens. La modification de l'ordre chronologique choisi par Orwell, commencer par la traque dans Barcelone, c'est créer un retournement sémantique où les convictions, malgré tout optimistes de l'Anglais, se dévaluent dans la débâcle idéologique. Pareillement décontextualiser la citation « Apotheosis and millenium without end » et l'insérer dans un espace littéraire étranger et contradictoire, modifient son sens initial et le livrent à une interprétation ironique. La pratique transtextuelle, qui fournit à Simon le produit littéraire des autres, recrée une signification neuve, parfois congruente, parfois divergente, mais toujours différente car il veut dire autre chose que son prédécesseur, car il l'applique à un autre domaine, car il le formule dans un autre contexte. La production sémantique se glisse dans la dénivellation entre l'objet récupéré et son espace littéraire d'intégration, où la confrontation des fragments qui cohabitent, ajoute des perspectives différentes et nouvelles. Pourtant selon Antoine Compagnon le sens de la citation ne se limite pas à sa seule signification : le critique fait la différence entre la valeur de signification de la citation, qui est ce qui est à comprendre, et ses valeurs de répétition qui s'interprètent. C'est pourquoi on peut substituer « au sens d'un mot, le sens de la répétition de ce mot. »[1]. Jamais l'élément répété ne l'est avec le même sens car il est identifié comme effet de connotation. La production sémantique issue de la reproduction textuelle s'étage donc sur un double niveau, la compréhension de la référence en soi, la constellation des interprétations provoquées par sa répétition comme acte et comme résultat. L'épigraphe empruntée à Rousseau par exemple se présente comme une véritable constellation sémantique : elle signifie d'abord, par elle-même, la variabilité de la nature humaine soumise à des contingences qui la bouleversent ; répété en exergue des *Géorgiques*, le fragment s'interprète comme une mise en abyme thématique, poétique et générique du roman simonien ; enfin comme acte d'énonciation répétante, cette épigraphe se comprend comme un signe d'allégeance ou du moins de confrontation au modèle que représente Rousseau.

---

[1] A. Compagnon, *La seconde main*, *op. cit.*, pp. 76/86 et notamment p. 86.

La répétition transtextuelle produit des formes, des fictions, du sens, autonomes ; la production tient à distance la reproduction qu'elle dépasse grâce aux forces vives qu'elle a inaugurées. Mais les éléments transtextuels, à l'origine externe, absorbés par les textes de Simon peuvent être si bien assimilés qu'ils en deviennent la chair même et nourrissent alors les échanges d'une répétition, interne à l'œuvre simonienne. La transtextualité devient autotextualité. La description du clocher de Combray, « doré et cuit lui-même comme une plus grande brioche bénie »[1], dont Proust assimile, à plusieurs reprises, la boursouflure à des pâtisseries, devient chez Simon un motif architectural répétitif, sans aucune référence à Proust, comme si la comparaison imitée du modèle et devenue sienne, se coupait de son intertexte et miroitait dans les quatre romans comme effet autotextuel (RF,141 H,188,263,348,362/363 G,353 A,266). Pareillement la référence à *L'Ane d'Or*, dans *La Route des Flandres*, se déploie ultérieurement dans les autres œuvres comme l'étalon anonyme d'une sexualité débridée, puissante et animale (RF,269 H,108/109,123,124,125 G,353), comme l'amorce d'un réseau référentiel interne. La transtextualité chez Simon donne ainsi lieu à une production qui l'émancipe de la reproduction mais aussi à une autotextualité qui réitère au sein même de l'écriture simonienne les processus de reproduction textuelle.

Le miroir autotextuel

La répétition autotextuelle travaille doublement les textes simoniens car elle recouvre les traces laissées dans un produit final par ce que Jean Bellemin-Noël appelle l'avant-texte[2], une autotextualité génétique et le retour dans une œuvre achevée, des éléments d'un autre texte publié par le même auteur.

Expliquant à Madeleine Chapsal, le cheminement créatif qui a présidé à l'écriture d'*Histoire*, Simon évoque d'abord les stimuli qu'ont constitués les cartes, puis la production d'un avant-texte transformé ensuite en roman :

« *Tout est parti des cartes postales. J'ai regardé de vieilles cartes postales. J'ai eu envie de les décrire. Cela a donné un petit texte, paru à l'époque dans Tel Quel. Et puis ça s'est peu à peu gonflé, il a éclaté, comme un tronc d'arbre dans lequel on enfonce des coins. Avec cette différence que le bois résiste aux coins, alors que lui les appelait...* »[3]

La métaphore, qui explique comment l'avant-texte en question, intitulé « Correspondance » et paru dans *Tel Quel*[4] en 1964, est devenu *Histoire*, renvoie au motif de l'arbre dont l'incipit d'*Histoire* et l'épilogue de *L'Acacia* indiquent assez qu'il préside aux destinées de l'aventure scripturale et généalogique chez Simon. La formulation de Simon, « ça s'est peu à peu gonflé, il a éclaté », qui suggère un mouvement de dilatation montre que l'autotextualité génétique est une forme d'hypertextualité où le texte final se constitue sur une implosion expansive de l'hypotexte. Le processus autotextuel est selon Simon lui-même à la racine du déploiement de son écriture :

---

[1] *A la recherche du temps perdu I*, op. cit., p. 64.
[2] J. Bellemin-Noël, *Le Texte et l'Avant-texte*, Paris, Larousse, 1972.
[3] C. Simon/M. Chapsal, « Claude Simon : "Il n'y a pas d'art réaliste" », art. cit., p. 4.
[4] *Tel Quel*, 16, hiver 64, pp. 18/32.

« Chaque bouquin, l'un après l'autre, a été différent, a été amené par quelque chose qui était dans le livre précédent et qui l'a éclairé. »[1]

Dans une structure arborescente, chaque nouvelle branche romanesque s'enracine dans la précédente ou pour prendre une image développée par Simon lui-même : « mes livres sortent les uns des autres comme des tables gigognes. [...] En général, c'est avec ce qui n'a pas su être dit dans les livres précédents que je commence un nouveau roman. »[2]. Tous les romans puisent aux mêmes unités fictionnelles mais chacun d'entre eux revient sur un aspect que n'ont pas saturé les précédents. Ce système d'emboîtement autotextuel est révélé aussi par le commentaire méta-autotextuel des œuvres qui reviennent sur l'écriture des romans précédents. *Les Géorgiques* font explicitement référence à l'existence de *La Route des Flandres* : « il rapporte dans un roman les circonstances et la façon dont les choses se sont déroulées entre temps » (G,52) ; *L'Acacia* dénonce les problèmes de fidélité à l'expérience, posés par l'écriture, dans *La Route des Flandres* de l'épisode narrant la marche suicidaire du colonel : « plus tard, quand il essaya de raconter ces choses, il se rendit compte qu'il avait fabriqué au lieu de l'informe, de l'invertébré, une relation d'événements telle qu'un esprit normal [...] pouvait la constituer après coup, à froid, conformément à un usage établi de sons et de signes convenus [...] tandis qu'à la vérité cela n'avait ni formes définies, ni noms, ni adjectifs, ni sujets, ni compléments, ni ponctuation (en tout cas pas de points) » (A,286) et le roman de 89 fait le choix de relater le même événement sans aucun point (A, chap.X)[3] ; enfin on ne peut entendre au sens dénoté le passage qui évoque Reixach « écrivant à son tour sa page d'Histoire », dans un roman intitulé *Histoire* après l'avoir écrite dans *La Route des Flandres*. L'autotextualité de la production simonienne, reconnue dans le péri-texte comme dans la fiction, fonde dans les quatre romans une homogénéité très redondante car chaque roman renvoie au précédent pour ses thèmes, ses personnages, ses histoires et sa forme.

Pourtant pas plus que pour la transtextualité, reproduction n'équivaut à copie. La production autotextuelle de Simon, qu'elle soit génétique ou non, nourrie par la répétition, fonctionne comme une hypertextualité restreinte et utilise les mêmes processus de transformation, amplification, réduction et substitution.

« Correspondance »[4], le petit texte en prose, de quinze pages, paru dans *Tel Quel* qui constitue, selon Simon, lui-même, l'embryon d'*Histoire*, est divisé en deux parties par une ligne de points (C,30) qui semble séparer un avant le départ de la mère pour les pays lointains et un après : « Puis ce fut elle qui les envoya » (C,30) ; en réalité la première partie, comme nous le verrons, évoque aussi la maladie de la mère donc l'après, la division correspond plutôt à ce qui sera pressenti pour le début d'*Histoire* et ce qui le sera pour la fin ; ce texte comporte très peu de signes de

---
[1] C. Simon, « La fiction mot à mot », *Nouveau Roman : hier, aujourd'hui*, Colloque de Cerisy, op. cit., p. 106.
[2] C. Simon/T. de Saint-Phalle, « Claude Simon franc-tireur de la révolution romanesque », *Le Figaro littéraire*, 6 avril 1967, p. 7.
[3] « là, vraiment, c'était une telle mélasse, c'était tellement informe et cahotique que je pouvais tout juste placer des virgules ! J'avais déjà raconté le même épisode dans *La Route des Flandres*, mais avec des points, c'est-à-dire des arrêts. Je trouvais que ça traduisait mal cette impression de débâcle infinie. J'ai toujours voulu le reprendre différemment. » C. Simon/A. Clavel, « La guerre est toujours là », *L'Evénement du jeudi*, 252, 31 août 1989, p. 87.
[4] C. Simon, « Correspondance », *Tel Quel*, 16, hiver 1964, pp. 18/32. Pour plus de facilité, nous noterons ce texte C.

ponctuation, se rassemble en paragraphes très fortement marqués que viennent parfois éclaircir des signatures précédées de dates. Cet avant-texte d'*Histoire* décrit successivement la messe dite par un prêtre auprès du lit de la mère agonisante (C,18/19), la photo sépia du père (C,20), revient rapidement sur les brèves fiançailles des parents (C,20) puis oscille entre un portrait de la mère et de son mode de vie dans sa jeunesse, et la description des cartes postales souvent accompagnées de leur texte littéral (C,21/32). « Correspondance » est pour ainsi dire le noyau dur d'*Histoire* puisqu'il est centré sur le thème principal du roman, la mère et le traumatisme de sa perte et parce qu'il utilise les cartes postales comme stimulus majeur de l'écriture. Il s'est ensuite « gonflé », ainsi que le dit Simon, d'éléments satellites comme la vie du narrateur depuis sa jeunesse jusqu'à l'époque contemporaine de l'écriture, la guerre d'Espagne et s'est élargi à d'autres personnages, la grand-mère et ses compagnes, oncle Charles, Corinne... Mais l'essentiel est déjà là que le roman définitif va répéter. Si « Correspondance » ne contient que quinze pages, il couvre néanmoins la totalité d'*Histoire*, puisqu'il commence par la même épigraphe de Rilke, se poursuit par le début légèrement différé d'*Histoire* et s'achève à quelques détails près, sur la même fin : « ce sein qui peut-être déjà me portait dans son ténébreux tabernacle sorte de têtard gélatineux lové sur lui-même avec ses deux énormes yeux sa tête de chenille sa bouche sans dent son front cartilagineux d'insecte, moi... » (C,32).

    Une étude précise des correspondances entre son avant-texte et *Histoire* montre que le passage de l'un à l'autre obéit, du point de vue macro-textuel aux mêmes principes que les transpositions hypertextuelles. Les amplifications sont nombreuses qui ont nourri le petit texte initial. Inversement certains passages ont été supprimés : la description courte d'une carte intitulée « Singapore. Botanical Garden » (C,22) et une autre beaucoup plus développée qui présente « Singapore - Club and Post-Office » (C,24/26). Ces deux cartes, pourtant répertoriées dans un inventaire des cartes postales proposé dans *L'Acacia* (A,130), restent cependant introuvables dans l'un ou l'autre roman, sous leur forme développée. Le passage de l'avant-texte au texte final s'appuie aussi sur des déplacements et une réorganisation des paragraphes qui va toujours dans le sens d'une rationalisation de la lecture, comme si le texte définitif s'imposait des contraintes de clarté et d'enchaînement nécessaires à son décodage. Le coup d'essai reste plus libre de ses errances : par exemple, la description, dans « Correspondance », d'une carte représentant un lac, accompagnée de son texte (C,22/23) suit sans transition la présentation de « Singapore. Botanical Garden » (C,22). Dans *Histoire*, en revanche la même carte postale du lac, présentée d'abord par son texte puis par son image, suit un passage qui stigmatise les stéréotypes de la correspondance de voyage : « s'extériorisant en formules passives et bienséantes comme celles tracées au verso des paysages radieux, touristiques ou consacrés » (H,28), dont la carte du lac est en soi un exemple. Le texte final se resserre donc autour de ses enchaînements, de même il se recentre sur son personnage central : le premier chapitre d'*Histoire*, tout comme l'extrême fin du roman d'ailleurs, est concentré sur une correspondance dont la mère est soit l'émetteur, soit le récepteur, soit le sujet ; aussi la carte d'Heidelberg dont l'origine est plus incertaine (C,24) est reportée au chapitre 8 d'*Histoire* (H,257/258) qui s'élargit à une correspondance plus variée. Un tableau comparatif du début des deux textes, observés dans le détail, révèle que la répétition micro-textuelle obéit aux mêmes lois de transposition.

« Correspondance » (p. 18)	*Histoire* (p. 14/15)
Un instant il se retourna ouvrit les bras j'essayai de voir ce qu'il y avait écrit par devant mais il tourna de nouveau le dos et de nouveau je ne pus voir que les roses mais ce n'étaient pas elles qui sentaient tellement je cherchai il y avait aussi de ces fleurs arums ou quoi qui poussent dans l'eau ces grands cornets enroulés sur eux-mêmes évasés blancs les moins fraîches frangées de jaune les bords recroquevillant se fendillant on en avait mis des brassées dardant leur espèce de langue jaune érectile comme de la peluche pollen couleur de safran qui m'était resté sur les doigts lorsque je les avais touchées mais ce n'était pas d'elles non plus que venait l'odeur cela sentait le poivre on avait aussi rempli de roses les deux vases de la cheminée du salon les deux cornes d'abondance décorées elles-mêmes de fleurs peintes sortant des queues de cygnes au plumage de porcelaine voguant sur des vagues de porcelaine à l'écume ourlée d'or où je pouvais voir se refléter danser multipliées les flammes de deux bougies	*Quand* il se retourna, ouvrit les bras, j'essayai de voir ce qu'il y avait écrit par devant, *puis* il tourna de nouveau le dos et de nouveau je ne pus voir que les roses. *Mais* ce n'était pas elles qui sentaient tellement. Je cherchai : il y avait aussi de ces fleurs arums ou quoi qui poussent dans l'eau, ces grands cornets enroulés sur eux-mêmes évasés blancs, les moins fraîches frangées de jaune *leurs* bords se recroquevillant se fendillant... *X Amoncelées, exubérantes,* dardant leur espèce de langue jaune érectile, comme de la peluche, pollen couleur de safran qui m'était resté sur les doigts lorsque je les avais touchées, mais ce n'était pas d'elles non plus que venait l'odeur *:* cela sentait le poivre, on avait aussi rempli de roses les deux vases de la cheminée du salon les deux cornes d'abondance décorées elles-mêmes de fleurs peintes sortant *de la* queue de cygnes au plumage de porcelaine voguant sur des vagues de porcelaine à l'écume ourlée d'or où je pouvais voir se refléter *aussi* danser multipliées les flammes *des* deux *cierges*

Cette comparaison met en lumière la littéralité de la répétition, au niveau phrastique, entre *Histoire* et son avant-texte ; le texte initial est fidèlement reproduit dans son contenu et dans sa lettre à l'exception de quelques détails (une suppression (X), deux ajouts) et un mouvement qui, ainsi que nous l'avons constaté à l'échelle du texte dans son ensemble, tend à restituer des facteurs de clarification comme la ponctuation (, . : ...), le saut de paragraphe et les connecteurs temporels et logiques (« quand », « puis », « Mais », « aussi ») ou de dramatisation telle la substitution de « cierges » à « bougies », qui plonge la scène dans une religiosité funeste. Cette conformité des deux passages est représentative de ce qui se répète entre les deux textes dans leur ensemble (à l'exception de la description de la messe dont la concordance entre *Histoire* et « Correspondance » est plus troublée), mais aussi de ce qui se joue entre d'autres romans et leurs avant-textes. Par exemple nous avons confronté *La Route des Flandres* à « La poursuite »[1], texte paru dans *Tel Quel* en

---

[1] C. Simon, « La poursuite », *Tel quel*, 1, printemps, 1960, pp. 49/60.

1960 et *Les Géorgiques* à « Les Géorgiques »[1] paru en 1978 dans *La Nouvelle Revue Française*, pour arriver au même constat de répétition serrée, modérée de quelques suppressions, amplifications et substitutions ponctuelles. L'autotextualité génétique chez Simon est donc puissante, et un texte comme *Histoire*, en particulier le passage que nous avons repéré plus haut, est assez exemplaire des champs de la répétition scripturale car il en cumule toutes les facettes : expansion fidèle de son avant-texte, précédé d'une citation paratextuelle, *Histoire* intègre aussi dans son cours de nombreux fragments empruntés littéralement aux cartes postales, de nombreux passages, en particulier dans le chapitre 4, qui relèvent de la transtextualité littéraire, des thèmes et des personnages de l'autotextualité, et l'extrait présenté plus haut par sa référence aux fleurs dont la description s'appuie sur une mémoire des sensations n'est pas sans évoquer les motifs d'une hypertextualité proustienne. Les aubépines sont liées chez lui aussi à la sensualité et à la thématique religieuse[2].

L'autotextualité concerne aussi la spécularité entre les œuvres publiées, cette fois, du même auteur. Dans *La Route des Flandres*, le motif des archives familiales, contenues dans les « malles poilues » (RF,50/51), rapidement évoqué, devient dans *Les Géorgiques* le support du roman ; l'histoire amoureuse du père et de la mère à peine élaborée dans *Histoire* (H,18,388) donne lieu à des développements essentiels dans *L'Acacia*. Si le principe d'expansion, qui transforme un détail de l'hypotexte en une base fondatrice de l'hypertexte, est fréquent, le processus d'excision y est aussi très actif : la guerre d'Espagne par exemple, ressassée dans *Histoire* et dans *Les Géorgiques*, ne fait plus l'objet dans *L'Acacia* que d'allusions réduites (A,166,191/194) ; quant à l'image fondatrice de *La Route des Flandres*, la mort du capitaine, sabre au clair, glissant de son cheval, elle connaît entre *Histoire* (H,100,189/192,396) et *Les Géorgiques* (G,53) une éclipse progressive. La substitution travaille aussi les textes et garantit, dans la répétition d'une œuvre à l'autre, la productivité textuelle : la Corinne d'*Histoire* bien qu'ayant gardé les traits dominants de sensualité et d'indomptabilité n'occupe pas exactement la même place actantielle, que celle de *La Route des Flandres* ; de même la mère des trois derniers romans se substitue à Sabine pour en accuser par contraste les traits saillants ; la guerre civile espagnole, massive dans *Histoire,* est présentée dans *Les Géorgiques* par un double déplacement : elle est d'une part relayée par l'intertexte orwellien et non plus présentée directement d'après l'expérience du narrateur, d'autre part elle est suppléée par la Révolution française, qui développe les mêmes thématiques de la désillusion idéologique et de l'idéalisme politique trompeur.

La répétition autotextuelle est aussi créative que la reproduction transtextuelle et leurs procédés scripturaux se rejoignent. La production simonienne est donc largement soumise à l'intertextualité générale et restreinte qui littéralement la provoque, l'« appelle dehors ». Mais cet appel d'air fait question. Certes l'entreprise simonienne a aussi respiré l'air d'un temps, où l'intertextualité fait la démonstration

---

[1] C. Simon, « Les Géorgiques », *La Nouvelle Revue Française*, 308, sept. 1978, pp. 1/27.
[2] « C'est au mois de Marie que je me souviens d'avoir commencé à aimer les aubépines. N'étant pas seulement dans l'église, si sainte, mais où nous avions le droit d'entrer, posées sur l'autel même, inséparables des mystères de la célébration desquels elles prenaient part, elles faisaient courir au milieu des flambeaux et des vases sacrés leurs branches attachées horizontalement les unes aux autres en un apprêt de fête, et qu'enjolivaient encore les festons de leur feuillage sur lequel étaient semés à profusion, comme une traîne de mariée, de petits bouquets de boutons d'une blancheur éclatante. », *A la recherche du temps perdu I, op. cit.*, pp. 110/111.

explicite d'une littérature et d'une culture nécessairement dialogiques, où l'intertextualité signe une scripturalité qui expose ses processus de création. Le phare de la modernité textualiste brille cependant aujourd'hui d'une lumière plus paisible et pourtant l'intertextualité générale et restreinte reste tout aussi vivace dans les dernières œuvres de Simon. *Le Jardin des Plantes* se présente comme une somme de fragments épars qui réécrivent la parole de l'auteur (la débâcle de 40, la guerre civile espagnole, les prostituées, la plantation de l'acacia...) y compris le texte de certains de ses entretiens et qui empruntent largement aux œuvres d'autrui (carnets de Rommel, citations de Trotsky, référence à Racine, Faulkner, Proust...). Quant au *Tramway*, sa dédicace « à Réa encore » montre que depuis *Les Géorgiques*, adressées « à Réa », Simon n'a pas fini de tout redire. Ce *Tramway* de 2001, s'il dessine une voie qui mène de Perpignan à la mer, s'il retrace le cheminement d'une vie depuis l'enfance jusqu'aux couloirs d'un hôpital, écrit aussi l'aboutissement d'un trajet autotextuel commencé avec *Histoire*. A peine évoqué dans ce dernier roman où il constitue le décor de Perpignan (H,324), le tramway reste dans *Les Géorgiques* un « grincement lointain » (G,202), mais il prend dans *L'Acacia* la fonction plus précise qu'il acquerra en 2001. Le roman de 1989 y fait des références plus fréquentes (A,116,210/211,363,377), en propose une description plus complète, « pas beaucoup plus grand qu'un jouet d'enfant passant, anachronique et ferraillant » (A,116) et en dessine le parcours précis en ville (A,116,363) et vers la plage (A,210/211,377). *Le Tramway* est donc clairement le fruit d'une pression autotextuelle, qui gonfle et s'hypertrophie avec le temps, au point de devenir le titre et le motif fédérateur du roman de 2001. Le poids de cette intertextualité générale et restreinte n'obéirait pas seulement aux lois de la conjoncture littéraire.

La transtextualité et la fragmentation des textes qu'elle génère renvoient à une vision du monde morcelé soumis à la violence humaine et au destructeur travail du temps. Le texte de Simon est comparable à ces paysages de ruines guerrières qui désolent ses romans, « ne laissant debout que des sortes de moignons, des chicots de maisons, des murs étayés parfois par des poutres arrachées à d'autres décombres » (A,12). La poutre arrachée à d'autres décombres c'est aussi ces morceaux de textes allographes qui viennent étayer une prose, qui à l'image du monde, est toujours en passe de se morceler et de s'écrouler, et qui ne tiendrait pas sans l'effraction d'une autre parole. De ce fait l'autotextualité, qui puise au réservoir limité des souvenirs et des obsessions, peut aussi se lire comme un refuge régressif face à la dévastation extérieure. Cette écriture qui se mire dans ses reflets autotextuels dit quelque chose du narcissisme, dont on sait, selon Lacan, qu'il se constitue dans la spécularité du stade du miroir. L'intertextualité restreinte met en scène une écriture spéculaire qui se cite, qui cherche à s'élaborer dans un retour sur soi, qui tente de s'unifier dans l'image miroitante d'elle-même. Car la redondance autotextuelle avoue la difficulté de se constituer comme sujet plein, écrit l'incomplétude du moi, qui en revenant toujours sur les mêmes thèmes, les mêmes épisodes, les mêmes structures formelles dénonce l'incapacité fondamentale de l'écriture à dire définitivement. Il faut toujours redire, revenir sur l'événement, refaire le chemin car le moi est dispersé dans les variabilités du temps :

« *Vous dites : "Ce discours qui paraît au-dehors sous le nom de Claude Simon." Pour moi, ce Claude Simon est un étranger, un autre [...] Et puis, s'il est aussi bien évident que je ne suis plus le même homme qui a publié il y a cinq, dix ou vingt ans des romans sous la signature de Claude Simon (les cellules, les tissus qui me composent se sont renouvelés, certains sont définitivement morts), l'inévitable transformation se poursuit pendant le temps passé à écrire chaque livre (le travail fourni contribuant même à l'accélérer). Et cela est si vrai qu'après avoir écrit mes dernières pages je suis souvent amené à réécrire les premières produites par quelqu'un que je ne suis déjà plus... »*[1]

L'écriture comme le moi sont des valeurs passagères qui impliquent une permanente reprise et désignent un sujet dispersé. Aussi bien ces morceaux de moi, que constituent les fragments autotextuels, évoquent les objets partiels, définis par la psychanalyste Mélanie Klein[2], ces parties autonomes et détachables fantasmatiquement du corps, qui forment dans le premier stade de l'évolution infantile les objets d'amour en lieu et place des objets totaux ; le sein maternel, le pénis par exemple et leurs équivalents symboliques, visés par les pulsions partielles, constituent les premiers ancrages de la relation d'amour. Dans l'écriture simonienne, compte tenu de la difficulté à constituer un sujet total, étant donné la régression narcissique que forment l'autotextualité et la stagnation à un stade de développement précoce qu'elle induit, les fragments de cette écriture, qui sont de moi sans être moi (« Pour moi ce Claude Simon est un étranger, un autre »), ces objets partiels sont l'enjeu, au même titre que le sein maternel (et la référence n'est pas innocente concernant Simon dont nous avons montré la fixation au motif du sein dans ses romans) d'un désir et d'une jouissance. Répéter son histoire, revenir sur son écriture, reprendre les objets partiels des romans précédents, c'est d'une certaine façon retrouver une expérience de satisfaction fantasmatique qui ne demande qu'à se renouveler : la répétition c'est l'être même du désir.

La Route des Flandres, *Histoire*, *Les Géorgiques* et *L'Acacia* s'édifient sur une ligne de fracture. D'une part, ils sont investis dans une logique référentielle qui sur les modes divers du réalisme et du mimétisme phénoménologique, les conduit à reproduire une réalité. D'autre part, ils suivent une orientation scripturale, qui de la démarche transtextuelle jusqu'aux pratiques assidues de l'autotextualité, les construit grâce au dynamisme de la mimésis littéraire et à la productivité textuelle. La répétition est à la base de cette apparente dispersion paradoxale, car c'est elle qui régit à la fois les processus de reproduction du réel et organise le principe d'imitation des œuvres littéraires. C'est elle qui en plaçant les romans de Simon sous sa bannière, unifie des perspectives d'ordinaire incompatibles. Une littérature qui mise sur la créativité linguistique tout en cultivant l'axe référentiel, qui invente son propre discours tout en reproduisant la parole d'autrui, n'a rien d'incohérent dans la mesure où ces apories ne font qu'exprimer la répétition dans sa diversité. Il faut alors entendre la répétition, non plus comme le procédé banal et usé d'opérations linguistiques et narratologiques diverses et ponctuelles mais la considérer comme un concept poétique à part entière, la manipuler comme un opérateur transversal et l'intégrer dans une sémiologie universelle des signes du monde, des comportements humains et des productions esthétiques.

---

[1] C.Simon, « Réponses de Claude Simon à quelques questions écrites de Ludovic Janvier », *Entretiens*, 31, pp. 15/16.
[2] M. Klein, *La psychanalyse des enfants*, Paris, P.U.F., 1959.

CONCLUSION

Le foisonnement polymorphique de la répétition chez Simon s'explique par l'importance quantitative des phénomènes référentiels, narratifs, linguistiques qui sont par essence redondants mais aussi par l'insistante reprise dans les œuvres de processus singulatifs dont Simon exploite le retour. La répétition sature le champ littéraire simonien car elle concerne toutes les composantes du héros comme être individuel ou collectif, comme être biologique ou métaphysique, car elle régit les phénomènes spatiaux, temporels, historiques, sacrés du monde où il prend place, car elle fonde le discours du narrateur avec ses données inconscientes, sociales et ontologiques, car elle entérine les fidélités esthétiques de l'écrivain et favorise sa productivité scripturale et enfin car elle poursuit l'instance de lecture jusque dans sa réalité effective.

Une telle transversalité de la répétition ainsi que sa densité dans les quatre romans explique à son tour les pouvoirs polyvalents qui lui sont dévolus dans l'administration de l'espace textuel.

La répétition remplit en premier lieu une fonction problématique. Par l'insistance des thèmes et des figures de la destruction, de la violence, de la confusion, de la perte, par le retour de pratiques narratives qui cherchent l'indétermination déconcertante et le désordre structurel, par la réitération d'images amphibologiques et de séquences formulées dans une langue elle-même redondante, la répétition est un signal d'alarme. Elle dit le symptôme des hommes sans unité, perdus dans un monde déchiré et insensé, soumis à l'incessant retour des cataclysmes, incapables de supporter le temps du passé coupable et d'envisager le futur de leur mort ; elle stigmatise la détresse d'un sujet dont le ressassement discursif tente de traduire les expériences morbides insurmontables et les failles affectives ; elle ratifie les comportements d'échec et l'identification à des paternités existentielles ou littéraires stérilisantes ; elle renvoie le langage à ses ambiguïtés et, ironiquement, l'écrivain à son travail hésitant de bricoleur. Dans un idéal général de fluidité des écritures, d'évolution des sociétés, de progrès des individus, la répétition est le symptôme d'une stase cancéreuse qui fixe, qui régresse et qui alerte sur la santé des êtres, du monde et des discours.

La répétition occupe paradoxalement une fonction doublement thérapeutique. Face aux errances du dérèglement généralisé, elle insuffle un ordre structurant : elle organise des réseaux de repérage qui permettent d'identifier les héros, les lieux, les époques, les trames narratives et d'articuler le langage à ses référents ; elle stabilise les chronologies, grâce à la loi du retour, de l'analogie et des séries, mais aussi les identités que certifie un système de traces métaphoriques et métonymiques ; elle propose des modèles de références ontologiques et littéraires qui fournissent une origine temporelle, causale, mythique, générique aux destins, aux narrations et à l'écriture elle-même. Grâce à cette intelligibilité des catégories enfin restaurée, la répétition peut aussi exercer ses vertus curatives. Refaire, redire, revivre c'est circonvenir un réel labile. La répétition donne la possibilité d'une emprise physique sur le monde grâce à l'habitude, l'expérience, grâce à cette efficacité pragmatique que confèrent la vérification indubitable de la permanence des causes et des effets et l'insistance des paroles ; mais elle est surtout l'instrument d'une reformulation cathartique du réel : du réalisme naturaliste aux formes spécifiques du réalisme phénoménologique de Simon, l'approche mimétique est le versant esthétique de la cure ; tandis que l'anamnèse, la décharge émotionnelle, l'abréaction des traumas que constituent la répétition du passé dans le discours, la quête d'un baptême originel, en élaborent l'aspect inconscient. La répétition guérit de la confusion destructrice, du doute incertain et du temps douloureux qui se manifeste par elle comme l'épiphanie d'un éternel retour.

Dans les circonvolutions d'un destin sans finitude, elle opère l'émergence d'un nouvel homme, advenu à l'écriture. Car la répétition a aussi une fonction génératrice. Elle produit en effet les romans par la réitération du matériel biographique, par la mimésis du monde réel ; elle engendre la production romanesque grâce à la réécriture transtextuelle de l'héritage littéraire et par la vertu de constructions narratives miroitantes ; quant au tissu scriptural, il se déroule grâce aux nécessités internes d'une expression redondante et analogique.

La répétition fait signe dans les romans simoniens où elle est présentée parallèlement comme l'outil résolutoire des symptômes qu'elle révèle. En même temps, elle induit par sa fonction herméneutique des possibilités d'interprétation face à ces signes qui, par elle, prolifèrent. Chaque répétition résurgente occasionne un apport progressif d'informations complémentaires et renouvelées qui amène à la compréhension et chaque répétition remontante, chaque ré-pétition du passé constitue la recherche de cette compréhension fondamentalement enracinée dans une histoire/Histoire qui la conditionne existentiellement ; la répétition construit alors, dans une architecture en strates, une sémiologie profane des phénomènes, des destins, des récits et de leur écriture ; car la chair analogique de la répétition permet de décoder les signes du monde, des hommes, de la narration par les correspondances qui se murmurent dans les « forêts de symboles ». Dans un univers romanesque sans vérité révélée ni par Dieu, ni par l'auteur, la poétique simonienne devient une herméneutique de la répétition car elle montre d'une part des héros et un narrateur qui tentent de donner un sens à leur vie et à l'univers qui les environne, qui essaient de lire l'obscur texte du monde à travers les signes qui s'y répètent ; d'autre part elle place le lecteur devant des romans confus et silencieux dont la quête du sens passe par une exégèse des analogies, des réitérations, et par la revisitation de systèmes eux-mêmes herméneutiques, tels le fonctionnement mythique ou la théorie psychanalytique. L'herméneutique simonienne de la répétition est de l'ordre de l'ontologie car sans répétition pas de signe fondateur, de l'ordre de la nécessité car sans symptôme pas de décryptage envisageable et de l'universel car sans analogie pas de système interprétatif.

Enfin la fonction eudémonique de la répétition est à rechercher dans la jouissance narcissique d'une forme auto-érotique qui varie autour du même, dans l'incessant retour simonien vers la satisfaction primordiale des origines, vers ce rêve harmonieux d'une élémentarité linguistique et instinctive, vers l'annulation régressive et symbiotique dans l'inorganique, vers cette re-jouissance au contact du corps maternel dont le maniement métonymique de la langue constitue un substitut. C'est aussi cette libération des pulsions morbides et érotiques qui favorise, par une répétition projective et identificatoire, la jouissance d'un lecteur autorisé à son tour, dans une situation contre-transférentielle, à vivre sans honte et sans scrupules ses propres fantasmes. Car ces romans de Simon si lacunaires, qui ne comblent pas les trous, qui ne saturent pas le référent, s'offrent à l'euphorie intellectuelle du lecteur qui grâce à sa mémoire textuelle reconstitue le sens et la chronologie des événements, restitue l'identité des personnages et qui à la faveur de sa culture intertextuelle mesure l'ancrage jubilatoire des héritages littéraires ; ces romans laissent surtout la liberté de se rêver, de se répéter dans une structure imaginaire que vide l'effet hypnotique de sa langue redondante, de s'éprouver dans l'accomplissement apollinien de la répétition, forme fusionnelle, harmonie universelle, perfection ordonnée de l'idéalité conclusive.

ANNEXES

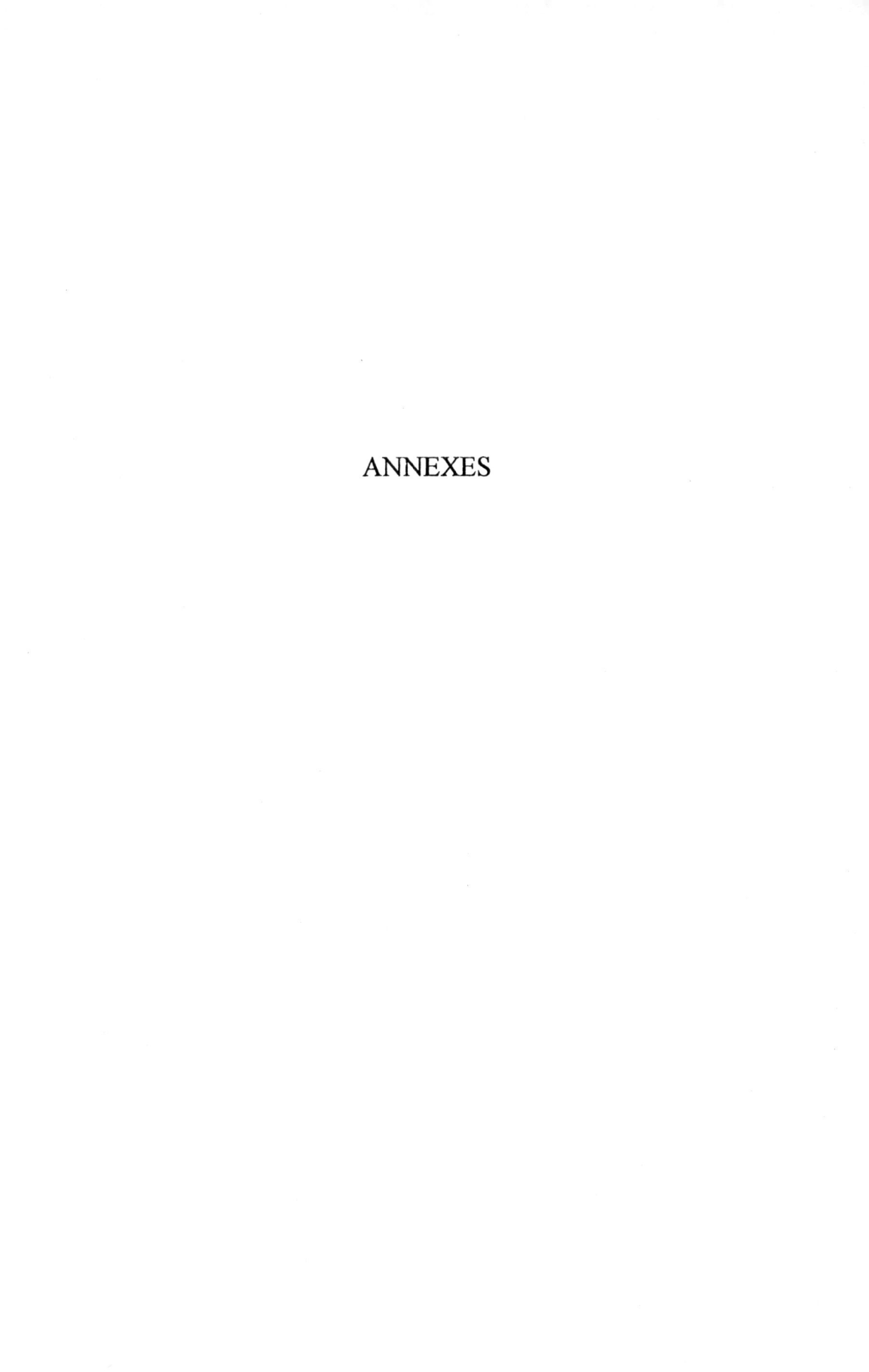

ANNEXE 1 Inventaire des revenants

Personnages	Localisations	Noms/Dénominations	Caractéristiques communes
Ancêtre 1	• RF 50/53-68/69-74/81-171-180/185- 196/197-203-206/208-257-287/288 • A 208-212/213-341-343-347-355/356	Henri Reixach ø	Dans **RF**, les deux ancêtres se confondent · Se suicide après une défaite militaire. Est représenté par des portraits.
Ancêtre 2	• G chap.II-III-V • A 113-127-143-218	L.S.M. partiellement **RF** 50/51-53 ø	Arrière-arrière-arrière-grand-père du narrateur, général dans l'armée révolutionnaire puis général d'Empire, colosse qui se fait faire un buste monumental.
Arrière-grand-père paternel	• RF 34-204 • A 62/63	ø ø	Paysan pauvre et illettré (du Jura dans A).
Arrière-grand-père maternel	• H 85/86 • G 171-174 • A 109/112-123-208	ø « Le faux pasteur baptiste » « Le pasteur anglican » « Le patriarche »	Personnage sec et hautain, qui porte une toque d'astrakan. Propriétaire terrien, artiste dans sa jeunesse.
La grand-mère	• H 10/14-78/82-233/235-380/381-392/394-396/399 • G chap.III • A chap.V-IX	« Grand-mère » « La vieille dame » « La vieille dame »	Grand-mère du narrateur, veuve malheureuse. S'occupe de ses petits-enfants orphelins, nostalgique de sa lignée illustre.

Charles	• H chap. 2-3-4-5-6-7-9-10-11-12 • G chap.III 438/440	ø ø	Frère de la mère du narrateur, gère la propriété depuis son bureau aux volets fermés. Artiste à ses heures.
Le cousin	(RF 49) • H 63 • A 113-137/142	ø Paul ø	Cousin germain de la mère, lieutenant de dragons, un peu gras et bon vivant.
Les tantes	• RF 156 • A chap.I-III-V-X-XI-XII	Marie, Eugénie « Nom d'impératrice ou de fastueuse courtisane »	Sœurs du père du narrateur.
Le père	• H 17/18- 253- 384/385-387 • A ensemble du roman	Henri ø	Père du narrateur, militaire qui voyage et envoie des cartes postales. Vit d'interminables fiançailles avec la mère avant de l'emmener dans les colonies. Meurt en 1914. A les yeux couleur faïence.
La mère	• H chap. 1-2-3-5-8-12 • G 242/243 • A chap.I-V-VII-IX-X	ø ø ø	Mère du narrateur, veuve, meurt prématurément de maladie.
L'amie espagnole	• H 31/32-115-117-147-166/167-200-366 • A 119-267	Niñita Ninita	Meilleure amie de la mère. Correspondance en espagnol entre les deux jeunes filles. Se font photographier déguisées.
Corinne	• RF ensemble du livre • H chap.2-4-5-6-7-8-11-12	Corinne Corinne	Cousine par alliance du narrateur dans **RF**, cousine germaine du narrateur dans **H**. Délurée, sensuelle, séductrice, objet des fantasmes du narrateur. Mariée à de Reixach.

De Reixach	• **RF** ensemble du roman • **H** 76-100-122- 189/191 • **G** 51/53-130 • **A** chap.II-X 102/105 323/324 355/356-366	Capitaine de Reixach Baron de Reixach « Le chef de l'escadron » « Le colonel »	Officier de cavalerie, noble et méprisant, mène l'escadron du narrateur à la mort et est tué par un tireur isolé. Dans **H** et **RF**, de Reixach subit la relation adultère de Corinne avec un jockey, et est associé au monde des courses.
Le cavalier-narrateur	• **RF** ensemble du roman • **H** 61-100/101-147/153-155-165/166-chap.6-chap.7-347/350-376/377-391 • **G** alternativement dans chap.I-II • **A** ensemble du roman	Georges « Je » « Le cavalier » « Le brigadier »	Fait l'expérience de la violence : - au cours de la débâcle de mai 40. Rescapé d'une embuscade allemande dans **RF,G,A**. - pendant la guerre d'Espagne dans **H, G, A**.
Le cavalier-narrateur devenu vieil homme	• **G** chap.I (47-62...)-235/238-241/242 • **A** 207	ø ø	A la recherche des traces de ses origines.
L'Américain	• **H** 173-184 • **A** 192/193	ø ø	Compagnon du narrateur pendant la guerre d'Espagne, professionnel du tir.
L'Autrichien	• **H** 149-174 • **A** 194	Karl ø	Compagnon du narrateur pendant la guerre d'Espagne.

Le petit juif	• **RF** ensemble du roman • **A** 225/226-232/233-256-328	Blum ø	Compagnon du narrateur pendant la guerre de 1940. Petit juif malingre, issu du milieu parisien du textile. Est enrôlé dans la cavalerie, alors qu'il ne sait pas monter à cheval. Retrouvé par le narrateur, dans le wagon qui mène au stalag.
Le jockey	• **RF** ensemble du roman • **H** 189-341 • **G** 52/53 • **A** 288/289	Iglésia ø ø ø	Compagnon du narrateur pendant la guerre de 1940. Physique de jockey, ordonnance de de Reixach. Rescapé avec le narrateur de la chevauchée suicidaire. Dans **H** et **RF** a une liaison avec Corinne. Deuxième jockey italien dans **A** (224/227, 229/231, 328). Iglesia dans **RF** apparaît comme une synthèse des deux.
Le général	• **RF** 186/188-195/196-275/276 • **G** 121/122-129	ø ø	Se suicide peu après la disparition de sa brigade en mai 40.
Le gigantesque capitaine	• **G** 88-91-103 • **A** 43-249-251/252	ø ø	Capitaine géant au visage couperosé, qui encadre la colonne de cavaliers.
Le second officier	• **RF** 14/18-20/21-278/279 • **H** 100-189/191 • **G** 51/53 • **A** 104- chap.X	ø ø ø ø	Suit de Reixach dans sa chevauchée suicidaire et converse avec lui.
Le fantassin	• **RF** 43-208/210 • **A** 300/301	ø ø	Tente de monter sur un cheval de main durant la chevauchée suicidaire.

Les deux cyclistes	• RF 277	ø	Suivent d'abord le colonel dans sa chevauchée suicidaire puis disparaissent.
	• G 130	ø	
	• A 104-286-292/294-366	ø	
L'homme qui gesticule	• RF 99/102	ø	Après la mort du colonel, met en garde le narrateur et son compagnon jockey contre les tireurs isolés.
	• A 305/306	ø	
La serveuse de l'estaminet	• RF 21	ø	Sert une bière aux quatre cavaliers durant la chevauchée suicidaire.
	• A 299/300	ø	
Le roi juif	• RF 200/202	ø	Souteneur juif qui contrôle les trafics et les tripots du stalag. Respecte le Kippour pour la première fois de sa vie, dans le camp allemand.
	• A 344/345-371/373	« L'Oranais »	

ANNEXE 2 Répétition des expériences

Les expériences	Les personnages concernés	les conditions de l'expérience	La localisation
La guerre et la défaite	Ancêtre 1	Défaite face aux Espagnols, à la fin du XX° siècle	RF 53- 68-177- 197-206 H 122 A 212/213
	Le père	Défaite en août 1914	A 60/61-325/326
	Le narrateur	Défaite en mai 1940	RF 186/187
	De Reixach	Défaite en mai 1940	RF 16
	Intertexte historique	César *La Guerre civile*	H 118/120
		Waterloo	H 100 A 302
La révolution et la désillusion	Ancêtre 1	La Révolution française	RF 178-180-185-203-206/207-287
	L.S.M.	La Révolution française et la Terreur	G 222-383/390-436
	O.	La révolution espagnole 1936/1937	G chap. IV
	Le narrateur	La révolution espagnole 1936/1937	H 147/153-159-172/174-180/181 G 42 A 190/195
	Intertexte historique	John Reed *Dix Jours qui ébranlèrent le monde*, révolution russe de 1917	H 110/111-121-124/128
Les voyages	L.S.M.	A travers l'Europe	G 171
	Le père	-A travers le monde -A travers la France, lorsqu'il se rend au front	A 83-128 A 51/52
	La mère	-Voyage en bateau pour les colonies et retour - Se rend dans le Jura chaque été	H 398-400/402 A 144/150 A 321
	O.	Aller/retour Angleterre/Espagne	G 279-280-318/319
	Le narrateur	-Europe de l'est -Espagne -Voyage en train vers le front, puis vers le stalag allemand, puis vers la France	A 171/190 A 191/195 G 226 RF 65/66 89/92 A chap.VI-231/238-234/238- 316/318-359 G 79/82
	Hélène	Départ pour Barcelone en train	H 366-390
	Les tantes	-Voyagent en train pour travailler -Se rendent dans le midi pour le mariage et au moment de l'exode de 40	A 66-309/310 A 312 A 342
	Intertexte culturel	Homère *Odyssée*	RF 92 G 460
Opposition au père et au milieu	L.S.M.	Cherche à fléchir l'opposition de son père à son mariage	G 27
	Eugène	Ne devient pas le militaire courageux souhaité par son père	G 174-456/458-469
	Aînée des tantes	Abandonne sa condition d'institutrice souhaitée par le père	A 65/67
	Fils 1 du sénateur (frère de la mère)	Mauvais politicien	A 142

	Fils 2 du sénateur	Faux militaire	A 137/142
	Le père	Epouse une riche héritière, catholique, contre l'avis de ses sœurs	A 127-271
	La mère	Epouse un « garde-chasse », contre l'avis de sa mère et de son grand-père	A 127-268
	O.	Devient communiste, alors qu'il est issu d'un milieu bourgeois	G 290-311
	Corinne jeune	S'oppose au puritanisme familial	H 78/82
	Le narrateur (RF)	refuse d'être un intellectuel comme son père	RF 213/214
	Le narrateur (H,G,A)	Jeune homme dilettante contrairement à son père courageux et travailleur	A 166-169
L'adultère (avec un être déclassé)	Virginie	Trompe Reixach avec un valet	RF 177-182/183-287/288
	Charles	Trompe sa femme avec un modèle	H 35-351-354/357-370/371
	Corinne	Trompe de Reixach	RF 47/48 H 341
	La paysanne	Trompe son mari qui est à la guerre	RF 247
	Le narrateur	Trompe Hélène	H 359/362
	« La vieille rombière »	Trompe son mari général avec un valet	A 177
	Intertexte littéraire	D.H. Lawrence, *L'amant de Lady Chatterley*	A 177
L'inceste (réel ou métaphorique)	La grand-mère	Avec son père	G 218/219
	Les tantes	Avec le père du narrateur	A 72-309
	Charles (et narrateur ?)	Avec le modèle plus jeune que lui	H 373/374
	De Reixach	Avec Corinne plus jeune que lui	RF 12-131 H 237
	La paysanne	Avec son frère	RF 119
	Solange	Avec un garçon de 20 ans de moins	H 171
La séparation	Le père	Quitte sa famille pour partir à la guerre	A 214/215-217/218
	le narrateur	Quitté par Hélène	H 39/40-322-324/325-365/366-381-390/391
	Le narrateur	Quitté par Corinne	RF 270/271
	Un soldat	Quitte une jeune fille sur le quai de la gare	A 156/158
	Intertexte mythologique	*Orphée et Euridice*, opéra de Glück	G 36-39
Les suicides	Ancêtre 1	Se tire une balle dans la tête	RF 52/54-68/69-75/78 A 208/209-212/213-354/357
	Le vieillard, ami de jeunesse de la mère	chantage au suicide à ses parents	H 51
	La femme de Charles	Prend des médicaments (?)	H 392/394
	Narrateur enfant	Imite l'ancêtre	RF 76
	Hélène	Se jette du train (?)	H 109/110-392

	De Reixach	Se laisse tuer en mai 40	RF 68/76-115 H 191 A 103- 304-323/324
	Le général	Se tire une balle en mai 40	RF 186/187-195-265-277 G 122-129
	Rommel	Est suicidé	A 329
L'agonie et la mort (autre que suicide)	Virginie		RF 257/258
	L.S.M.	Meurt de vieillesse et d'usure	G 66-365-367-402-436
	Marianne		G 380/381-408
	Le patriarche		G 218
	La grand-mère paternelle		A 66-78
	La grand-mère maternelle		G 151-185-191/193-216-243-429-438
	Le père	Meurt au champ d'honneur	H 387 A 24/26-77-212-324/327
	La mère	Meurt d'un cancer	H 60.63-77/78-225-227/228-362-388/389 G 242/243 A 165
	Le narrateur	Imagine sa mort	A 303
	Blum	Meurt sans doute de tuberculose	RF 172
L'impossible sépulture	Jean-Marie	Fusillé	G 428-449
	L.S.M.	Son corps est déterré et envoyé à la fosse commune	G 167/169-449
	Le père	Son corps est introuvable	A chap. I
	Cadavres introuvables pendant la guerre d'Espagne	Liquidés par les communistes	G 342
	Les soldats	En 40	A 39
	Intertexte mythologique	Antigone recherche le corps de son frère Polynice	G 196
		Andromaque vient réclamer le corps d'Hector	H 313
Le veuvage	La grand-mère		G 149-182 A 110
	Charles		H 129/130-132/134
	La mère		H 69 A chap. I
	Corinne		H 76
	Le narrateur		H 384
L'absence du père	Eugène	Son père L.S.M. toujours en campagne	G 377-408-411-456/457
	La mère	Son père n'est jamais évoqué	A 110
	Le père	Son père meurt jeune	A 62/63
	Le narrateur	Son père meurt en 1914 « un enfant déjà sans père »	A 313

ANNEXE 3 Répétition des émotions, des sentiments, des situations affectives

Les émotions	Les personnages concernés	Les situations	La localisation
La jouissance physique ou fantasmatique	L.S.M.	- Avec Marianne - Avec Adélaïde	G 367 G 389/390
	Virginie	Avec le valet	RF 176
	Charles	Avec le modèle	H 370/371
	La mère	Avec le père	A 133/134-268
	Le narrateur	Avec Hélène	H 123/124-125/126
		Avec Corinne jeune	H 92
		Avec la paysanne de la grange	RF 266/267
		Avec les prostituées	A 368/370
		Avec Corinne femme	RF 48-288
	Intertexte mythologique	Apulée *L'Âne d'or*	RF 268 H 108/109-124/125-342
La peur	La grand-mère	Peur de la découverte du secret de famille	G 194/195
	Charles	Peur du suicide de sa fille	H 393
	Le vieil ami de la mère	Peur de la solitude	H 50-69
	O.	Peur au moment de l'attaque de la tranchée fasciste et de la traque dans Barcelone	G 285/286-288-291
	Le conducteur de la roulante	Terré dans une cave	A 34
	Les soldats	Peur à la guerre	G 40-240 A 169-318/319
	De Reixach	Peur au moment de la chevauchée suicidaire	H 191
	Le jockey	Accompagnant le colonel dans sa chevauchée suicidaire	A 288/289
	Le narrateur	- En Espagne - Attaque de l'avion sur la route - Pendant l'embuscade	H 177 A 296-304 G 61
La souffrance physique			
Le froid	L.S.M.	En campagne	G 22
	Les tantes	Conditions de travail	A 309/310
	O.	Sur le front d'Aragon	G 281-293-344/346-351
	Le narrateur	-Pendant l'hiver 39/40 - Au stalag	G chap. II A 256/258 RF 198 A 344-363
La faim	O.	Sur le front d'Aragon	
	Le narrateur et les prisonniers	Au stalag	RF 110-158/159 A 32/33
Les poux	O.	Sur le front d'Aragon	G 280/281-284-344/346-351
	Le narrateur et les prisonniers	Au stalag	RF 198 A 344-363

Les blessures	L.S.M.	Durant sa vie militaire	G 22-252-371-376-436-446
	Le père	Deux blessures avant sa mort	A 472
	O.	Blessure au cou	G 309/310-360/361
	Le narrateur	- En Espagne - Dans le wagon qui mène au stalag	H 175-187 RF 91
	Le jockey	Après la mort du colonel	RF 72 G 53 A 305
	Divers soldats		RF 148 A 41/42-87-332
	Intertexte culturel	Le Christ	G 225/226
La fatigue	L.S.M.	A la fin de sa vie	G 25-365-372-472
	Batti	Vie de labeur	G 420
	Les tantes	Vie de labeur	A chap. III
	Le père	Militaire dans les colonies	A 77
	O.	A Barcelone	G 265-296
	Le narrateur	- Pendant les marches - En suivant le colonel et après	RF 36 G 95-233 RF 44-99-210 H 40 G 52 A 241/242 et chap. X
	Le jockey		RF 282
	Blum	Au cours des marches	RF 37/38
	Les soldats en général		G 38-40
L'amour des chevaux	L.S.M.	Possède de nombreux chevaux	G 368-446
	La mère	Assiste à des courses de chevaux	H 63/65 A 120
	De Reixach	Officier de cavalerie, possède une écurie de course	RF 131/141-160/168
	Iglésia	Jockey	RF 21/22
	Corinne		RF 21/22-124/131
	Le narrateur	Appartient à une famille de cavaliers et est enrôlé dans la cavalerie	G 446
	Les soldats-paysans		G 81

ANNEXE 4 Répétition des perceptions

Les perceptions	Les personnages concernés	Les situations	La localisation
Les lumières et les formes	L.S.M.	Vieux sur sa terrasse	G chap.I-36-372
	Le narrateur	- Au réveil - Après la guerre avec Corinne	H 41 RF 248
	Le narrateur	Vieux à sa table de travail	G 40-42/44-49-55-56-61-62-65-
Vol des oiseaux (corneilles et étourneaux)	L.S.M.	Vieux sur sa terrasse	G 5-25-36 /37-67/68
	Le narrateur	Vieux dans sa voiture	A 206
Cri des oiseaux (coucou)	Ancêtre 1	A la fin de la bataille	RF 207/208
	Jean-Marie L.S.M.	En fuite	G 427
	L.S.M.	Vieux sur sa terrasse	G 378/379
	La mère	Au cimetière	A 25
	Le narrateur	Après l'embuscade allemande	RF 149/151 G 52 A 97/100
Frémissement et froissement des feuilles	L.S.M.	Sur sa terrasse	G 367-378/379
	La mère	Dans son jardin colonial	A 144
	Le narrateur	- Avant la guerre - A la guerre - Ecrivain	H 230 A 200 RF 151 G 248 A 97-352-380 H 10
	Les vieilles dames	Lors de leurs réunions	H 25
Le réveil des sensations	L.S.M.	Vieux sur sa terrasse	G 378/379
	Jean-Marie L.S.M.	Lors de son retour d'exil	G 421/428
	O.	Traqué dans Barcelone	G 263/264
	Le narrateur	- Après l'embuscade - Après l'évasion du stalag	A 91/97 RF 268 A 349/354

ANNEXE 5 Répétition des pratiques culturelles et artistiques

Les pratiques intellectuelles et artistiques	Les personnages concernés	Les situations	La localisation
La pratique du latin	L.S.M.	Passionné de Virgile	G 197-368/369-446
	Charles et le narrateur	Aux prises avec les versions latines	H 128/129 G 230-243
	Intertexte littéraire	César *La Guerre civile*	H 118/119-128
		Apulée *L'Ane d'or*	H 108/109-113
La lecture de Rousseau	Ancêtre 1	Convaincu aux thèses révolutionnaires	RF 77-178
	L.S.M.	Passionné de Rousseau	G 446
	Pierre		RF 33
	Le narrateur	Relit Rousseau à son retour de la guerre	A 379
L'opéra	L.S.M. jeune	A l'opéra de Besançon	G 36-39/40
	La mère jeune et Charles	A l'opéra de Paris	H 55/60 A 134
	Le narrateur et sa grand-mère	A l'opéra de Perpignan (?)	G 27/30-219/221-227/228
La pratique de la peinture	Le patriarche	Dans sa jeunesse	H 85/86 G 174 A 109
	Charles		H 85/87
	Van Velden	Peintre de l'atelier	H chap. 9
	Le narrateur	Pseudo-peintre cubiste	A 171
Les portraits (l'autoreprésentation)	Ancêtre 1 et sa femme		RF 52-68/69 A 341/343-347
	Virginie		RF 174/175-258/259-266
	L.S.M.	Portrait par Vicar, portrait à l'huile, dessin du prologue, buste	G 54/55-58/59-62/63 G 11/17 G 36-243 A 311
	Adélaïde	Dessin en grisaille	G 389
	Eugène	Miniature	G 174-457
	Le patriarche	- Jeune, autoportrait - En famille - Dernière photo	H 85/86 G 171 A 120 A 122/123
	Le père	- Photo sépia dans la chambre de la mère - Photo des colonies - Photo du mariage	H 17/18 A 79/80-269/270 A 133
	La mère	Prend des photos et est photographiée	H 199 A 120-122/123-133-145-146-269
	Charles	Photo de l'atelier	H chap. 9
	La galerie des portraits de famille		RF 50/52-55 H 25 G 198 A 311-379-313
	Toutes les photos de famille prises par la mère		G 148 A 122/123

La pratique de l'écriture	L.S.M.	Chronique de sa vie	G 372/373
	Le cousin de la mère	Poète	A 142
	O.	Chroniqueur journaliste, raconte sa guerre d'Espagne	G 312-342
	Pierre	Ecrits philologiques	RF 31-224
	Le narrateur	Jeune, s'essaie vainement à l'écriture, finalement confirmé dans cette voie	A 171 H 9 A 380
La musique	Charles	piano	G 229/230-233/234
	La tante	piano	A 120
	Corinne	piano	H 221

ANNEXE 6 **Répétition des lieux**

Les lieux	Les personnages concernés	Les situations	La localisation
Espagne	Ancêtre 1	Battu dans les Pyrénées	RF 53-97
Barcelone	L.S.M.	Gouverneur militaire	G 24-66-418
	La mère	Se rend aux fêtes de la Merced et aux corridas	H 32/33-166/167 A 114-267
	Charles	Se rend avec sa sœur chez son amie espagnole	H 148
	O.	Combat de rues pendant la guerre civile espagnole	G 263/279-293/309-320/327-348/351-354/360
	Le narrateur	- Marqué par les fêtes religieuses espagnoles durant sa jeunesse	G 225/226
		- Participe à la guerre d'Espagne	G 226/227 H 147/153-159-165/166-172/179 A 191/195
	Hélène	Prend le Barcelone-Express	H 160/165-179
	Intertexte iconographique	L'aquatinte de Barcelone	H 160/165-179
Lérida	L.S.M.	Victoire de Lérida	G 473
	O.	Se bat sur le front d'Aragon	G chap.4-472
Belgique Les Flandres	L.S.M.	Fait la campagne de Belgique et dirige l'armée de Sambre et Meuse	G 25-380
	Le père	Meurt à Jaulnay en 1914	A 18
	Le narrateur	Se bat près de la Meuse en 1940	G 26-201/202-227
	Intertexte historique	Waterloo	H 100
Les cimetières et les tombes	L.S.M.	Sur la tombe de Marianne	G 365
	Virginie	Dans sa tombe	RF 257/258
	Le caveau familial		A 109/110
	La mère	Sur la pseudo-tombe du père	H 385 A chap. 1
	Charles	Sur la tombe de sa femme	H 120/121-130-131-132/133-345
	Le narrateur	- Devant les tombeaux grecs - Sur la tombe de Hélène - Devant la tombe de Marianne	H 121 H 384 G 160/166
	Charles et sa femme ou le narrateur et Hélène	Devenus des gisants	H 377 /378

ANNEXE 7 Constantes qui accompagnent la vie des personnages

Les constantes	Les personnages concernés	Les situations	La localisation
Présence de l'acacia	L.S.M.	Fait planter des acacias dans son domaine	G 462-466-475
	Le général de mai 40	Se promène Allée des Acacias	G 121/127
	Le narrateur	- Jeune - Ecrivain	H 219-223 H 9/10-38-40/42-358-394/395 A 380
La haie (notamment la haie d'aubépine)	L.S.M.	Les haies de son domaine	G 21-377-166/167-217-377-404-440-447-449-461-468-476
	Jean-Marie L.S.M.	En fuite se cache derrière les haies	G 167-217-413-424-425
	Batti	Se donne aux deux frères derrière une haie	G 406
	De Reixach	- Les haies de la course hippique - Son meurtrier est caché derrière une haie	RF 138/165 RF 12-15-272-289 H 122-190 G 53 A 304-329-356
	Le narrateur	- Observe les courses - Pendant les marches - Après embuscade - Pendant la marche avec le colonel et après - Après évasion - Vieux	RF 44/46 RF 28 G 132-247 A 247-249/250-255 G 52 A 91 RF 71-83-86-107-208-230-276-283 A 291-298 A 353-374-376 H 299
	Le général	Avant son suicide	RF 195 G 129
	Intertexte historique	Bataille de Waterloo	H 100/101
La pluie	L.S.M.	- En campagne pendant la Terreur - Vieux sur sa terrasse	G 392 G 373
	Les tantes		A 65
	Le père	- Issu du Jura, pays de la pluie - Sous la pluie, décoration du drapeau, à titre posthume	A 131 A 57/60
	Le père et la mère	Sous les pluies coloniales	H 401 A 145
	La mère	Au moment de la recherche du corps du père	A 19
	Charles	Lors de l'enterrement de sa femme	H 345
	O.	- Dans son Angleterre natale - Sur le front d'Aragon	G 315-317 G 287/288-292-346/347
	Le narrateur	- En Espagne, pendant la guerre civile - A différents moments de la guerre de 40 - Dans le stalag saxon - Au château dans le Tarn	A 194/195 RF 29/30-35-40-59/62-113-118-245 G 106-125-128 A 237/239-240/242-376 RF 171 G 162/163
	Iglésia	Lors des courses hippiques	RF 123

La boue	Ancêtre 1	Couvert de boue en rentrant chez lui	RF 180-257 A 213
	L.S.M.	En campagne pendant la Terreur	G 392
	Jean-Marie	Pris dans une fondrière	G 423
	Le père	- Vêtements boueux des ennemis - Enterré dans la boue	A 62-327 A 128-327
	La mère	Recherche du corps	A 11/12-20-22
	Les tantes		A 77
	O.	- En Angleterre - A Barcelone - Sur le front d'Aragon	G 315 G 269-283-323 G 287-289/292-343-346/347
	Le narrateur jeune et Corinne	Développe des photos sous le robinet extérieur	H 97
	Le cheval couvert de boue	Pendant la débâcle de mai 40	RF 25/26-97-221/222 G 53 A 42/43
	Le narrateur	- En guerre - Au stalag - Pendant son évasion - Pendant la visite du château de l'ancêtre	RF 9/11-25/26-60-221 G 53-99/100-137-216 A 42-96-103-245-250-259-302 RF 112-158 A 353 G 160/162-170
	Paulou	Sur le terrain de rugby	H 235
	Corinne (fille de Paulou)	Joue dans la boue	H 305-308-315/316
Le sang qui se fige	Le père	Au moment de sa mort	A 355
	Corinne jeune	Blessure à la cheville	H 122-154
	Hélène		H 154-355
	Les cadavres	A Barcelone, pendant la guerre civile	H 350
	Le narrateur	Imagine sa mort	A 303
	Le cheval		RF 26-98
	Les soldats		G 26 A 42
	De Reixach	Au moment de sa mort	H 192/193
Le rideau	Ancêtre 1	Se suicide dans la pièce aux rideaux	RF 76
	L.S.M.	Regarde la foule affamée derrière le rideau	G 394
	Batti	Observe les retrouvailles entre les frères derrière le rideau	G 434/435
	Charles	Le rideau de l'atelier au modèle	H 273-276-279
	O.	- Les magasins-prisons aux rideaux de fer - Le rideau de théâtre qui sert de literie - Les apparachiks derrière le rideau	G 64 G 293-299-358 G 337-339

		Le narrateur jeune	Lambert en visite écarte le rideau	H 218
			Le rideau du cinéma	G 205/206-221
			Le rideau de l'opéra	G 27-31-221-224
		soldat	Le rideau au paon	**RF** 57-62-112-242-248/249-253-263-270/271
		vieux	Le rideau le long de la route soulevé par une femme	H 321
		Blum	Les rideaux de la rue des Francs-Bourgeois	**RF** 263
		Intertexte historique	Le rideau de l'appareil photo qui prend les émeutiers de Limoges	H 67
		Intertexte iconographique	Réclame de bière anglaise, rideau qui cache un visage	**RF** 20

ANNEXE 8 Itinéraire chronologique d'un narrateur réunifié

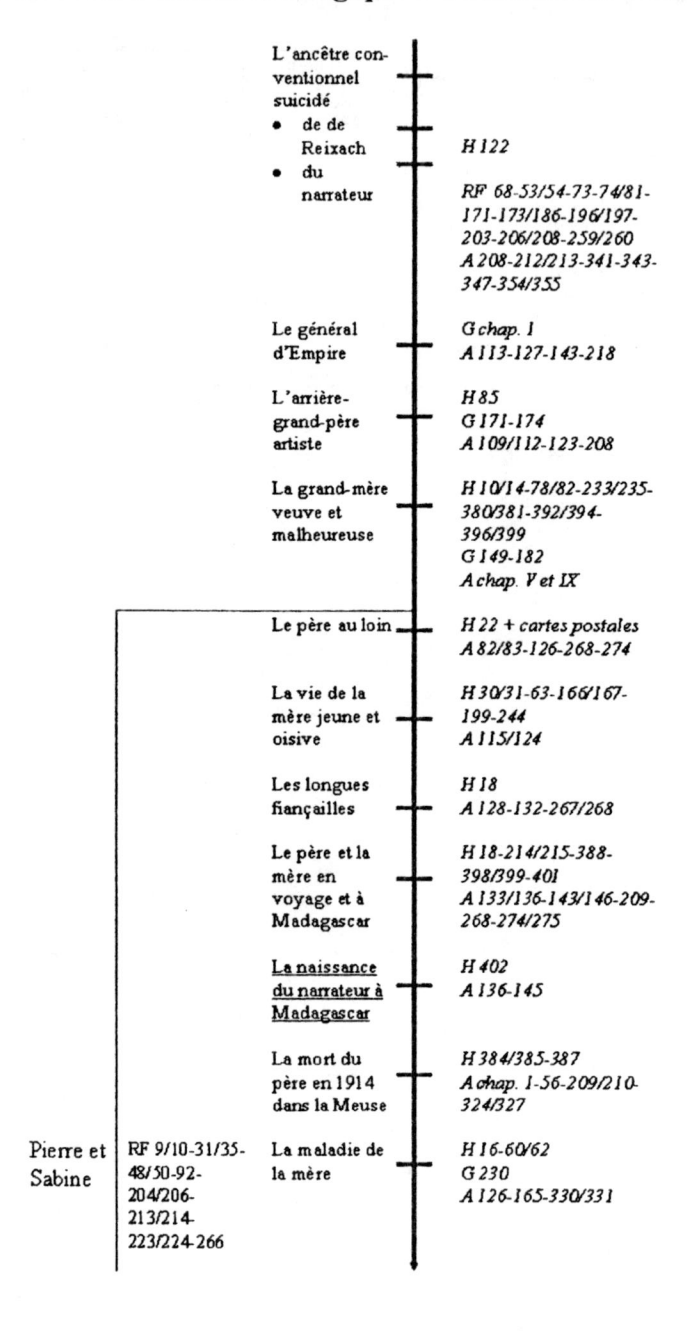

		L'ancêtre conventionnel suicidé	
		• de de Reixach	*H 122*
		• du narrateur	*RF 68-53/54-73-74/81-171-173/186-196/197-203-206/208-259/260* *A 208-212/213-341-343-347-354/355*
		Le général d'Empire	*G chap. 1* *A 113-127-143-218*
		L'arrière-grand-père artiste	*H 85* *G 171-174* *A 109/112-123-208*
		La grand-mère veuve et malheureuse	*H 10/14-78/82-233/235-380/381-392/394-396/399* *G 149-182* *A chap. V et IX*
		Le père au loin	*H 22 + cartes postales* *A 82/83-126-268-274*
		La vie de la mère jeune et oisive	*H 30/31-63-166/167-199-244* *A 115/124*
		Les longues fiançailles	*H 18* *A 128-132-267/268*
		Le père et la mère en voyage et à Madagascar	*H 18-214/215-388-398/399-401* *A 133/136-143/146-209-268-274/275*
		<u>La naissance du narrateur à Madagascar</u>	*H 402* *A 136-145*
		La mort du père en 1914 dans la Meuse	*H 384/385-387* *A chap. 1-56-209/210-324/327*
Pierre et Sabine	*RF 9/10-31/35-48/50-92-204/206-213/214-223/224-266*	La maladie de la mère	*H 16-60/62* *G 230* *A 126-165-330/331*

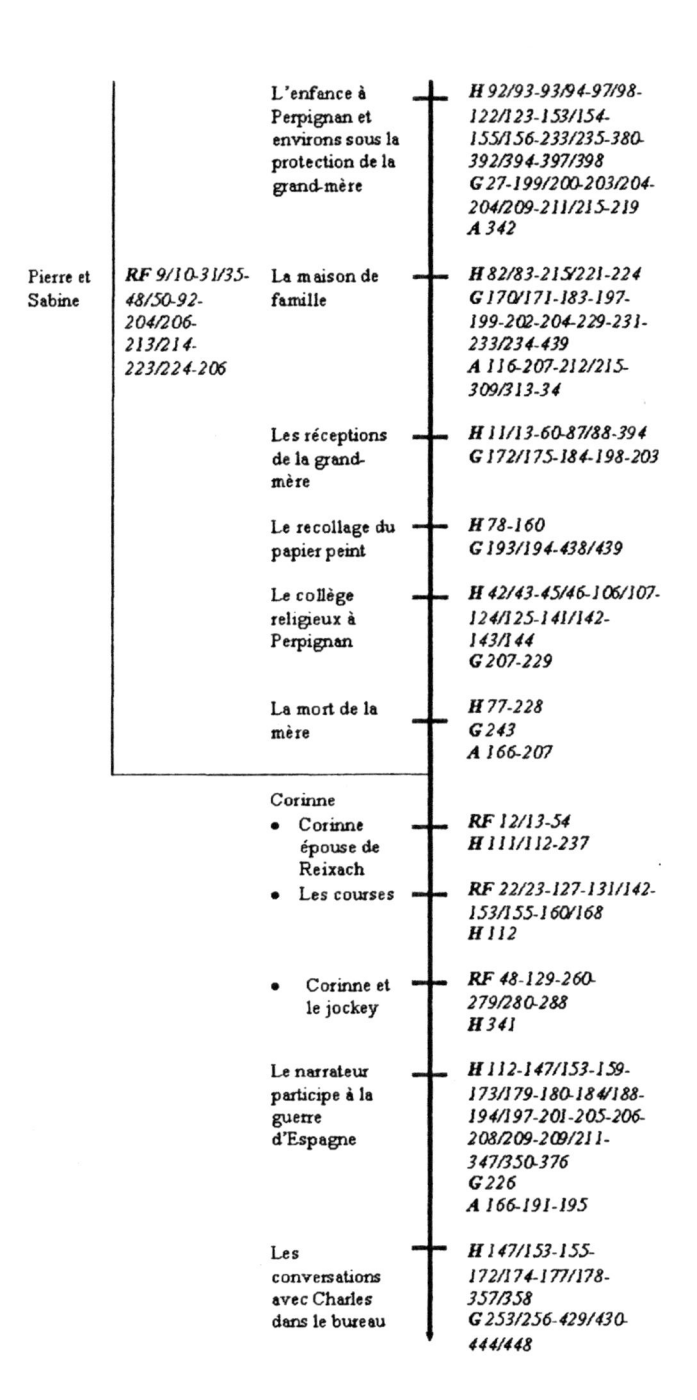

Pierre et Sabine	*RF 9/10-31/35-48/50-92-204/206-213/214-223/224-206*	L'enfance à Perpignan et environs sous la protection de la grand-mère	*H 92/93-93/94-97/98-122/123-153/154-155/156-233/235-380-392/394-397/398* *G 27-199/200-203/204-204/209-211/215-219* *A 342*
		La maison de famille	*H 82/83-215/221-224* *G 170/171-183-197-199-202-204-229-231-233/234-439* *A 116-207-212/215-309/313-34*
		Les réceptions de la grand-mère	*H 11/13-60-87/88-394* *G 172/175-184-198-203*
		Le recollage du papier peint	*H 78-160* *G 193/194-438/439*
		Le collège religieux à Perpignan	*H 42/43-45/46-106/107-124/125-141/142-143/144* *G 207-229*
		La mort de la mère	*H 77-228* *G 243* *A 166-207*
		Corinne • Corinne épouse de Reixach	*RF 12/13-54* *H 111/112-237*
		• Les courses	*RF 22/23-127-131/142-153/155-160/168* *H 112*
		• Corinne et le jockey	*RF 48-129-260-279/280-288* *H 341*
		Le narrateur participe à la guerre d'Espagne	*H 112-147/153-159-173/179-180-184/188-194/197-201-205-206-208/209-209/211-347/350-376* *G 226* *A 166-191-195*
		Les conversations avec Charles dans le bureau	*H 147/153-155-172/174-177/178-357/358* *G 253/256-429/430-444/448*

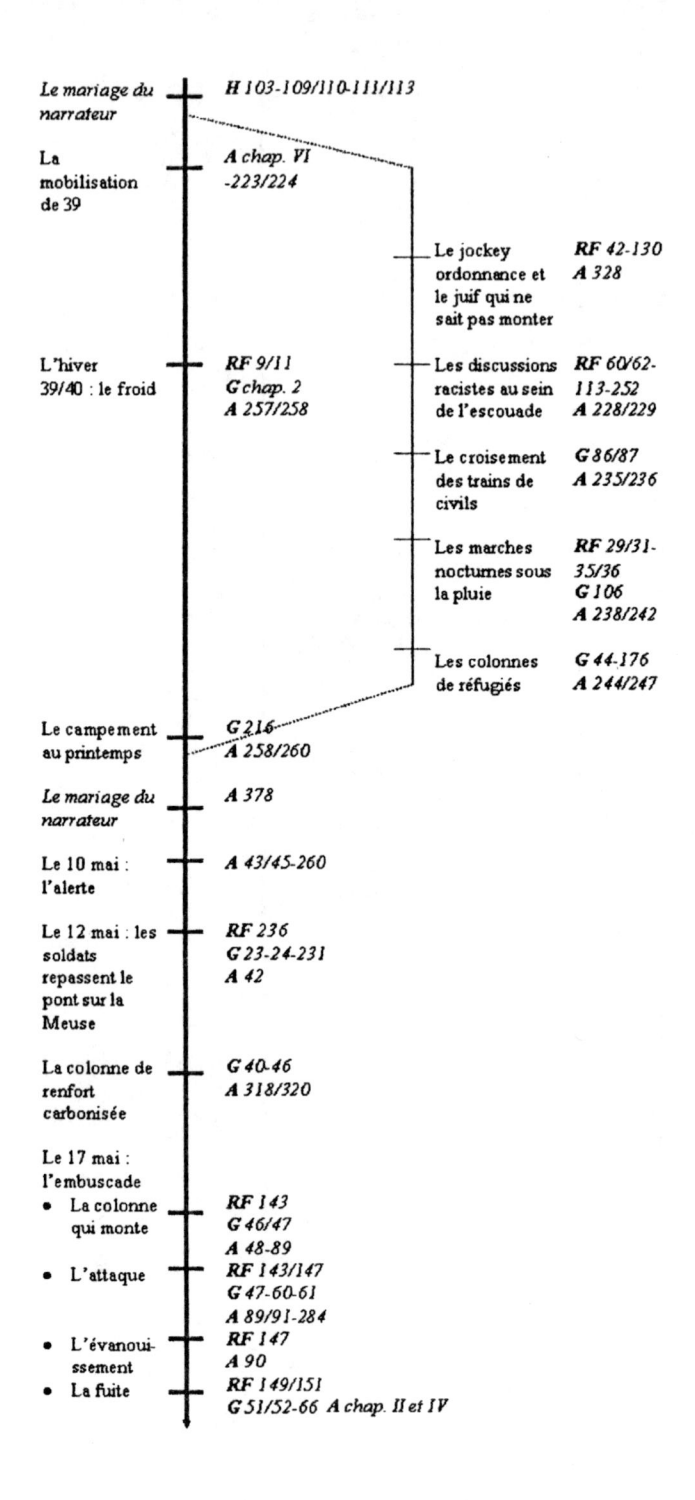

Le mariage du narrateur	*H 103-109/110-111/113*
La mobilisation de 39	*A chap. VI -223/224*
	Le jockey ordonnance et le juif qui ne sait pas monter — *RF 42-130* / *A 328*
L'hiver 39/40 : le froid	*RF 9/11* / *G chap. 2* / *A 257/258*
	Les discussions racistes au sein de l'escouade — *RF 60/62-113-252* / *A 228/229*
	Le croisement des trains de civils — *G 86/87* / *A 235/236*
	Les marches nocturnes sous la pluie — *RF 29/31-35/36* / *G 106* / *A 238/242*
	Les colonnes de réfugiés — *G 44-176* / *A 244/247*
Le campement au printemps	*G 216* / *A 258/260*
Le mariage du narrateur	*A 378*
Le 10 mai : l'alerte	*A 43/45-260*
Le 12 mai : les soldats repassent le pont sur la Meuse	*RF 236* / *G 23-24-231* / *A 42*
La colonne de renfort carbonisée	*G 40-46* / *A 318/320*
Le 17 mai : l'embuscade	
• La colonne qui monte	*RF 143* / *G 46/47* / *A 48-89*
• L'attaque	*RF 143/147* / *G 47-60-61* / *A 89/91-284*
• L'évanouissement	*RF 147* / *A 90*
• La fuite	*RF 149/151* / *G 51/52-66* *A chap. II et IV*

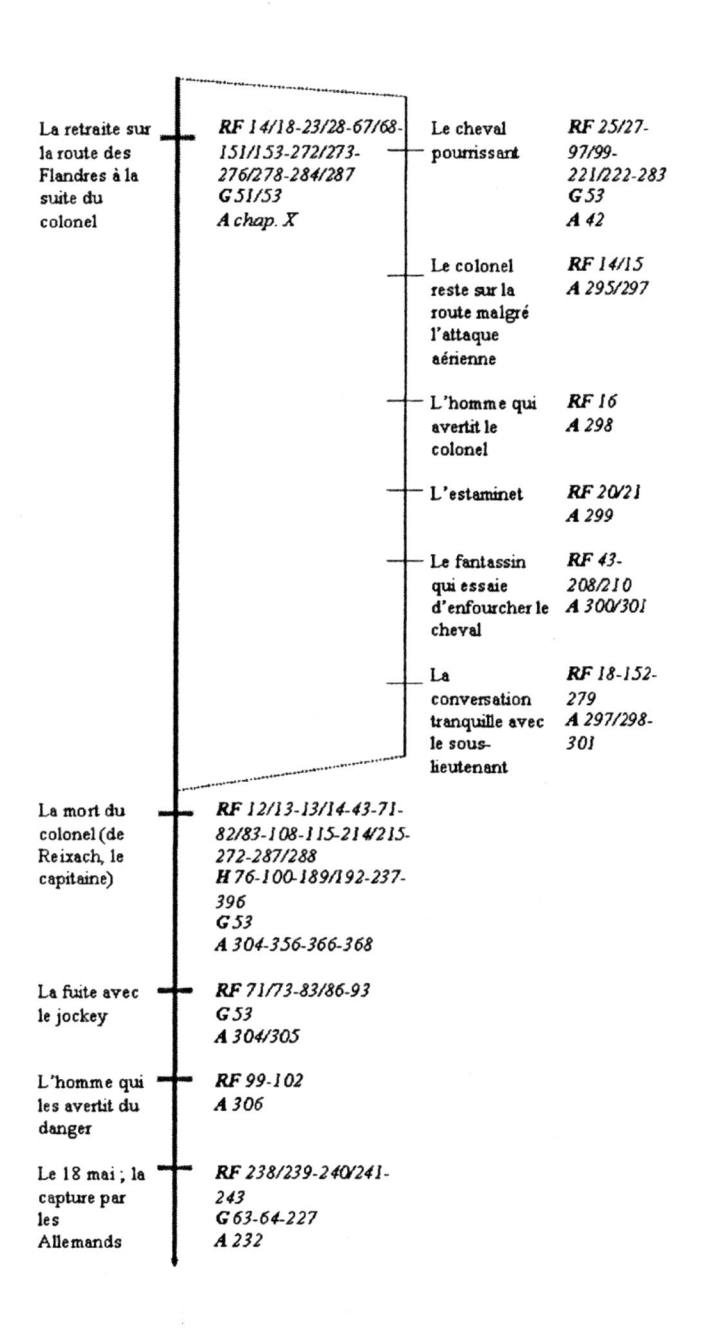

La retraite sur la route des Flandres à la suite du colonel	*RF 14/18-23/28-67/68-151/153-272/273-276/278-284/287* *G 51/53* *A chap. X*	Le cheval pourrissant	*RF 25/27-97/99-221/222-283* *G 53* *A 42*
		Le colonel reste sur la route malgré l'attaque aérienne	*RF 14/15* *A 295/297*
		L'homme qui avertit le colonel	*RF 16* *A 298*
		L'estaminet	*RF 20/21* *A 299*
		Le fantassin qui essaie d'enfourcher le cheval	*RF 43-208/210* *A 300/301*
		La conversation tranquille avec le sous-lieutenant	*RF 18-152-279* *A 297/298-301*
La mort du colonel (de Reixach, le capitaine)	*RF 12/13-13/14-43-71-82/83-108-115-214/215-272-287/288* *H 76-100-189/192-237-396* *G 53* *A 304-356-366-368*		
La fuite avec le jockey	*RF 71/73-83/86-93* *G 53* *A 304/305*		
L'homme qui les avertit du danger	*RF 99-102* *A 306*		
Le 18 mai ; la capture par les Allemands	*RF 238/239-240/241-243* *G 63-64-227* *A 232*		

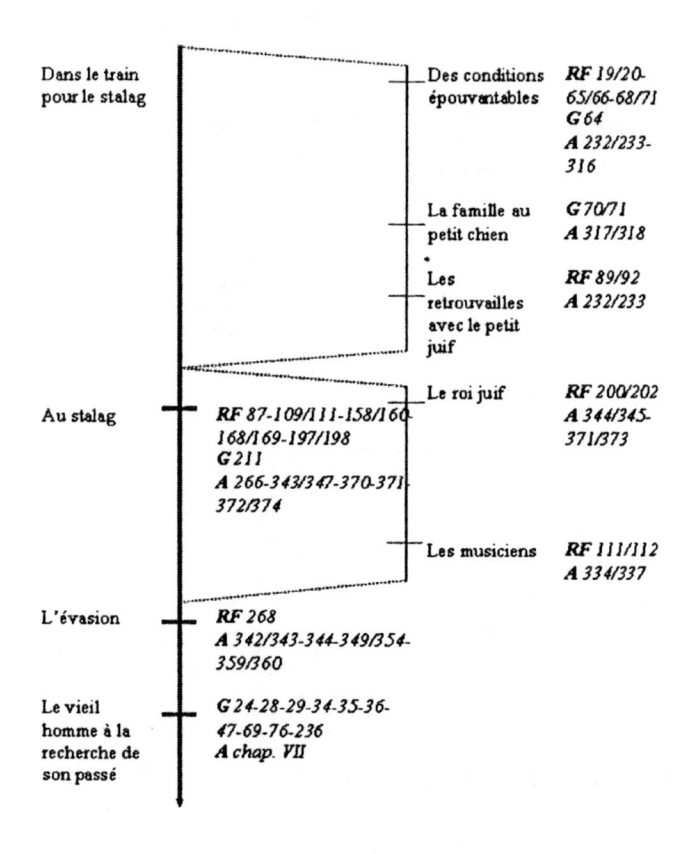

Dans le train pour le stalag	Des conditions épouvantables	*RF 19/20-65/66-68/71* *G 64* *A 232/233-316*
	La famille au petit chien	*G 70/71* *A 317/318*
	Les retrouvailles avec le petit juif	*RF 89/92* *A 232/233*
Au stalag	Le roi juif	*RF 200/202* *A 344/345-371/373*
	RF 87-109/111-158/160-168/169-197/198 *G 211* *A 266-343/347-370-371-372/374*	
	Les musiciens	*RF 111/112* *A 334/337*
L'évasion	*RF 268* *A 342/343-344-349/354-359/360*	
Le vieil homme à la recherche de son passé	*G 24-28-29-34-35-36-47-69-76-236* *A chap. VII*	

TABLE DES MATIERES

INTRODUCTION 5

LA RÉPÉTITION :
SYMPTÔME ET RÉPARATION D'UN ÊTRE-AU-MONDE PROBLÉMATIQUE 9

L'ÊTRE 13
   L'évaporation du sujet *13*
      L'identité en question 13
      Une conscience inopérante 23
      Une existence proprioceptive 26
      Le corps défait 29
   La répétition et l'avènement du personnage *31*
      l'identification 31
      Le retour des personnages 35
      Les traces 37
      La superposition des destins 39
      Gémellité et dédoublement 42
LE MONDE 49
   Un monde chaotique *50*
      Violence et destruction 50
      Décomposition et confusion 54
   Le non-sens du monde *57*
      Du sens inexistant 58
      ... à l'impossibilité de donner du sens 62
   La répétition ou l'harmonie au monde *66*
      La cohérence du monde 66
      La lecture du monde : les sens / l'essence 73
      L'emprise sur le monde 83
L'ESPACE-TEMPS 87
   Espace / temps : la convergence spéculaire *89*
   Les affres du temps orphelin *94*
      L'impensable du temps 94
      Les représentations contradictoires du temps 96
      Les confusions temporelles 100
      Le poids du temps 106
   La maîtrise du temps *108*
      La saisie du temps 108
      La stabilisation chronologique 110
      Les ordres clandestins du temps : le temps analogique 113
      Les ordres clandestins du temps : le temps cyclique 116
   Espace et répétition *123*

LA RÉPÉTITION OU L'ARCHÉOLOGIE DES PROFONDEURS 131

LE DISCOURS DE L'AFFECT 135
   Qui parle ? *137*
      Les configurations narratives 137
      Un narrateur hégémonique 139
      Un narrateur réunifié 141
   Le monologue inconscient *144*

  Le matériel fantasmatique 144
  Les processus inconscients 146
LES FOUILLES DE L'INCONSCIENT 151
 Le psychotraumatisme de guerre *151*
  Les circonstances traumatiques 151
  Les symptômes 154
  Le retour du refoulé 157
 Les figures oedipiennes *162*
  La mère... 164
  Le père... 172
 Le deuil impossible *180*
  La compulsion de répétition 180
  La perte... 183
  La répétition mélancolique 185
 Répétition et obsessions *190*
  Une structure obsessionnelle 190
  La répétition obsessionnelle et la relation oedipienne 197
 La répétition transférentielle *200*
LA RE-PETITION DE L'ORIGINE 207
 L'origine du moi *210*
  L'origine biologique 210
  L'histoire parentale 212
  La quête généalogique 215
 L'origine de l'humanité *218*
  La régression phylogénétique 218
  L'être primitif 222
  Un écrivain sauvage... 227
 L'origine du monde *231*
 La ré-pétition de l'origine : les fondements d'une illusion........*236*
  Aux sources séduisantes de l'origine temporelle 237
  Aux sources prometteuses de l'origine causale 241
  La ré-pétition chimérique 243

DU CÔTÉ DE L'IMITATION **247**

LA MIMESIS DU REEL 251
 Les thèmes réalistes..*262*
 La démarche scientifique *278*
 Le mode narratif...*283*
L'ESTHETIQUE DE LA REPRODUCTION 299
 Un réalisme tautologique *300*
 Un réalisme de l'équivalence *307*
 Un réalisme décloisonné *313*
LA MIMESIS DE L'ECRITURE 325
 Modes et valeurs de la répétition littéraire *326*
  Les formes intertextuelles 326
  Les formes métatextuelles 337
  Les formes paratextuelles 342
  Les formes hypertextuelles.. 346
 Entre père et fils littéraires *355*
 L'émancipation du fils : de la reproduction à la production ... *358*
 Le miroir autotextuel *362*

CONCLUSION 369

ANNEXES 373

    ANNEXE 1 INVENTAIRE DES REVENANTS.. 375
    ANNEXE 2 RÉPÉTITION DES EXPÉRIENCES... 380
    ANNEXE 3 RÉPÉTITION DES ÉMOTIONS, DES SENTIMENTS, DES SITUATIONS AFFECTIVES
    383
    ANNEXE 4 RÉPÉTITION DES PERCEPTIONS... 385
    ANNEXE 5 RÉPÉTITION DES PRATIQUES CULTURELLES ET ARTISTIQUES 386
    ANNEXE 6 RÉPÉTITION DES LIEUX 388
    ANNEXE 7 CONSTANTES QUI ACCOMPAGNENT LA VIE DES PERSONNAGES 389
    ANNEXE 8 ITINÉRAIRE CHRONOLOGIQUE D'UN NARRATEUR RÉUNIFIÉ 392

CRITIQUE LITTERAIRES ET ESSAIS
à l'Harmattan

Bataille conservateur
Emprunts intimes d'un bibliothécaire
CORNILLE Jean-Louis
Georges Bataille, qui avait une formation d'archiviste, occupa durant sa vie divers postes de bibliothécaire. Si l'auteur fut un véritable rat de bibliothèque, comme l'attestent les registres où furent consignées ses innombrables lectures, il resterait à établir la liste, tout à fait officieuse, des lectures d'oeuvres le plus souvent littéraires qu'il pratiquait dans les marges de ses propres romans et récits, avant de chercher à discrètement les y intégrer. Mais c'est derrière ces oeuvres littéraires "empruntées" que se développeront les récits propres à Bataille.
(13 euros, 142 p.)   *ISBN 2-7475-7633-7*

Louis Aragon, la théâtralité de l'oeuvre dernière
VALLIN Marjolaine
Toute l'oeuvre de Louis Aragon trahit la tentation du théâtre. Le théâtre s'y inscrit d'abord comme genre, dramatisant la forme comme l'écriture, mais l'oeuvre n'imite les codes génériques que pour mieux s'en démarquer: le Théâtre aragonien est avant tout métaphorique, se traduisant par la pluralité du sujet, la présence de figures du double, une intertextualité dramatique essentiellement mythique et tragique, enfin un imaginaire baroque.
(Coll. critiques littéraires, 30 euros, 370 p.)   *ISBN 2-7475-7819-4*

Lecture de Mandiargues
LAROQUE-TEXIER Sophie
André Pieyre de Mandiargues (1909-1991) commence à écrire vers 1935 les poèmes de L'Age de craie. Entre l'étude et les lectures, il voyage en Europe et dans l'Orient méditerranéen et publie son premier livre en 1943. Cette *lecture* interroge tous les écrits de Mandiargues : poème, conte, récit, théâtre et essai à partir de la poétique, et montre en quoi cet ensemble importe comme oeuvre. Elle analyse l'imagination qui détermine une relation au monde de nature fortement visuelle et la singularité d'une parole incarnée.
(Coll. Critiques Littéraires, 23,80 euros, 276 p.)   *ISBN 2-7475-7846-1*

Le roman algérien de langue française de l'entre-deux-guerres
Discours idéologique et quête identitaire
HARDI Ferenc
Le roman algérien de langue française de l'entre-deux-guerres est méconnu aussi bien du grand public que des spécialistes des littératures francophones du Maghreb. Ce travail constitue une présentation originale et une nouvelle approche de la production romanesque algérienne de cette période. En s'appuyant sur les concepts de Bakhtine de "dialogisme" et "d'idée d'inachevée", il propose de lire l'entreprise romanesque de ces oeuvres comme fondée sur la rencontre de deux sphères culturelles plutôt que sur la question de l'assimilation.
(Coll. Critiques Littéraires, 23 euros, 270 p.) ISBN 2-7475-7834-8

En quête du Français d'Egypte
LUTHI Jean-Jacques
Préface de Daniel LANCON
De 1860 à 1960 environ, le français était la langue des échanges en Egypte. Des circonstances internes et internationales sont à l'origine de ce phénomène: le projet du Canal de Suez, le commerce extérieur, entre autres. Les écoles françaises religieuses et laïques implantées depuis la moitié du 19e siècle, ont formé et forment encore des générations de francophones. Poètes, conteurs, romanciers, ont produit une oeuvre aussi abondante qu'intéressante. Toutefois, on ne peut guère pénétrer les ouvrages des écrivains francophones d'Egypte sans l'aide de cette étude sur la langue française d'Egypte.
(25 euros, 292 p.) ISBN 2-7475-7806-2

Le proverbe en Afrique
Forme, fonction et sens
BOUNFOUR Abdellah, BAUMGARDT Ursula
En interrogeant le sens des proverbes africains, et en maintenant ouvertes leurs contradictions et leurs tensions, de nombreux critiques et chercheurs (tels que A.MOHAMADOU, S.NIRHY-LANTO, S.RUELLAND, ou A.BOUNFOUR) ont tenté dans cet ouvrage de remettre en question la définition des proverbes comme vecteurs de vérités générales. En prononçant le proverbe, l'énonciateur met en relation l'énoncé avec un contexte spécifique, ce qui fait du proverbe le genre littéraire contextualisé par excellence.
(Coll. Bibliothèque des Etudes Africaines, 19 euros, 202 p.) ISBN 2-7475-7629-9

Travaux de linguistique fonctionnelle
CLAIRIS Christos
Ce volume présente un ensemble de réflexions sur les aspects fondamentaux de la recherche linguistique: les classes et les fonctions syntaxiques, la dynamique linguistique, le changement linguistique, les procédures de mise en valeur, l'élaboration de grammaires modernes. Deux débats sont menés autour des ouvrages la "Grammaire fonctionnelle du français" et la "Grammaire du néo-hellénique", et un dossier sur les grammairiens alexandrins vise à montrer le besoin d'apprendre ce qui est déjà connu. Dans l'ensemble de l'ouvrage se manifeste le souci d'apporter des précisions théoriques et méthodologiques qui rendent encore plus opératoires les outils de travail d'une linguistique descriptive générale moderne.
(31 euros, 348 p.)   *ISBN 2-7475-7808-9*

La traduction entre philosophie et littérature
La traduzione fra filosofia e letteratura
Bilingue Français/Italien
LAVIERI Antonio
Dans cet ouvrage se croisent les chemins de la philosophie et de la littérature, par la question clef du traduire. Linguistes, philosophes, spécialistes de poétique, d'esthétique et de littérature s'interrogent sur les mécanismes, les possibilités et les limites mêmes de la compréhension, et de l'interprétation. Entre théories et pratiques, les contributions ici réunies livrent au lecteur une réflexion riche et exemplaire sur les enjeux de la traduction dans la formation des cultures et des sociétés. A la fin, on trouvera un répertoire bibliographique sur la traductologie italienne.
(Coll. Indagini e Prospettive, 19,50 euros, 196 p.)   *ISBN 2-7475-7453-9*

Achevé d'imprimer par Corlet Numérique - 14110 Condé-sur-Noireau
N° d'Imprimeur : 26321 - Dépôt légal : septembre 2005 - *Imprimé en France*